한눈에 보이는

개정3판

컴퓨터 구조

Computer Architecture

전중남 지음

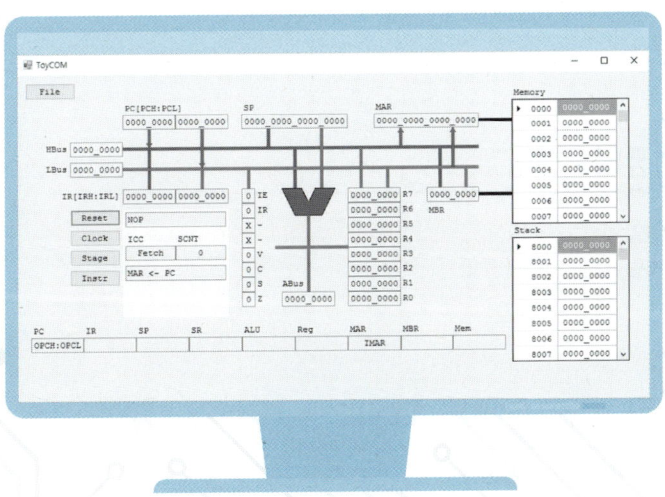

생능출판

저자 소개

전중남
연세대학교 공과대학 전자공학과
현재 충북대학교 전자정보대학 교수

〈저서〉
객체지향 프로그래밍(공저), 마이크로프로세서(공역), Verilog를 이용한 논리설계 기초(공역),
동작 원리 중심의 논리회로와 컴퓨터 구조

〈관심분야〉
컴퓨터 구조, 임베디드 시스템

한눈에 보이는 컴퓨터 구조

초판발행 2014년 7월 4일
제3판2쇄 2023년 8월 18일

지은이 전중남
펴낸이 김승기, 김민수
펴낸곳 (주)생능출판사 / **주소** 경기도 파주시 광인사길 143
출판사 등록일 2005년 1월 21일 / **신고번호** 제406-2005-000002호
대표전화 (031)955-0761 / **팩스** (031)955-0768
홈페이지 www.booksr.co.kr

책임편집 신성민 / **편집** 이종무, 유제훈 / **디자인** 유준범
마케팅 최복락, 심수경, 차종필, 백수정, 송성환, 최태웅, 명하나, 김민정
인쇄 교보p&b / **제본** 일진제책사

ISBN 978-89-7050-935-8 93000
정가 29,000원

머리말

PREFACE

컴퓨터는 소프트웨어를 실행하는 하드웨어 장치다. '컴퓨터 구조'는 컴퓨터라는 기계가 어떠한 구성 요소들로 만들어져 있는지, 프로그램을 실행하기 위하여 구성 요소들이 어떻게 동작하는지 학습하는 교과목이다. 소프트웨어는 궁극적으로 컴퓨터 하드웨어 위에서 동작한다. 소프트웨어는 하드웨어가 실행할 수 있는 명령어들을 차례대로 배치한 프로그램이다. 그러므로 소프트웨어가 실행되는 바탕은 컴퓨터 구조다. 이런 의미에서 컴퓨터 하드웨어 전공자뿐만 아니라 소프트웨어 전공자들도 컴퓨터 구조를 알고 있어야 한다.

선수과목

이 교재를 학습하기 위한 선수과목은 기초 프로그래밍 언어, 이산구조(또는 이산수학), 논리회로(또는 디지털 공학)가 있을 수 있다. 프로그래밍 언어와 컴퓨터 구조는 서로 보완적이다. 컴퓨터는 프로그램을 수행하는 기계이므로, C 언어와 같은 프로그래밍 언어를 알고 있는 것이 컴퓨터의 동작 원리를 공부하는데 많은 도움이 된다. 반대로 컴퓨터 구조를 이해하고 있다면, 프로그래밍 언어를 이해하는데 많은 도움을 받을 수 있다. 컴퓨터 내부의 동작은 0과 1로 구성된 2진시스템으로 해석될 수 있다. 이산구조는 2진시스템에 대한 수학적, 이론적 기초를 제공한다. 논리회로 과목에서 배우는 조합논리회로인 게이트, 인코더, 디코더, 멀티플렉서와 순차논리회로인 플립플롭, 레지스터, 카운터 등은 컴퓨터의 하드웨어를 조립하는 기본 부품으로 사용되기 때문에, 컴퓨터의 동작 원리를 학습하기 위하여 이 소자들의 동작을 이해하고 있을 필요가 있다. 이 교재는 컴퓨터 및 소프트웨어 관련 전공자들을 위하여 개발되었으며, 여기에서 제시한 선수과목들을 수강한 이후에 학습하기에 적당할 것이다.

교재의 구성

프로그램은 중앙처리장치 또는 프로세서가 제공하는 명령어들을 순차적으로 나열한 것이다. 프로그래머는 명령어들을 의미 있는 순서로 배열하여 프로그램을 작성하고, 컴퓨터는 그렇게 작성된 프로그램을 실행한다. 따라서 컴퓨터는 명령어를 해석하여 실행하는 기계라고 정의할 수 있다. 교재의 구성은 다음과 같다.

1장과 2장은 컴퓨터 구조를 설명하기 위한 서론 부분에 해당한다. 1장은 컴퓨터 구조가 다루는 범위를 제시하고 컴퓨터의 발달 과정을 다룬다. 2장은 기초지식으로서 조합논리회로와 순차논리회로의 빌딩블록들을 소개한다.

3장은 컴퓨터의 세 가지 구성 요소인 중앙처리장치, 기억장치, 입출력장치가 서로 협동하여 프로그램을 실행하는 과정을 설명한다. 4장부터 8장까지는 중앙처리장치를 설명한다. 중앙처리장치는 처리장치와 제어장치로 나눌 수 있다. 처리장치는 4장에서 주로 설명하는 레지스터와 5장에서 다루는 연산기로 구성되어 있다. 6장은 처리장치와 제어장치를 연결하는 명령어를 다룬다. 7장에서 RISC 형식의 8비트 프로세서인 ToyCOM을 설계한다. 중앙처리장치의 구성 요소와 명령어의 특징을 종합하여 간단한 프로세서를 설계하는 과정을 제시하였다는 것이 이 교재만의 특징일 것이다. 8장은 제어장치를 구현하는 두 가지 방법인 하드와이어드 방법과 마이크로프로그램 방법의 특징과 구조를 설명한다.

9장은 기억장치 소자와 캐시기억장치를 설명한다. 컴퓨터 하드웨어를 구동하는 운영체제를 위한 가상기억장치도 간단하게 소개한다. 10장은 입출력장치 개요와 프로그램, 인터럽트, 그리고 DMA 방식에 의한 세 가지 입출력 방식을 다룬다. 마지막으로, 11장은 RISC 프로세서의 특징과 슈퍼스칼라 프로세서, 그리고 고전적인 병렬 컴퓨터 분류 방식에 대하여 설명한다.

부록으로 제공하는 ToyCOM 시뮬레이터는 이 교재에서 개발한 프로세서인 ToyCOM을 프로그램으로 구현한 것으로, 프로그램의 실행 과정을 시스템 클럭 단위로 관찰할 수 있도록 개발한 응용 프로그램이다. 프로세서의 동작 원리를 이해하는데 많은 도움이 될 것으로 기대한다.

개정판에 대하여

이 교재는 2014년 7월에 초판이 나온 이래, 그 동안 교재로 채택한 교수님들의 피드백을 반영하고, 그 이후 수업을 진행하면서 부족하다고 느낀 부분을 추가하고, 최신 기술 동향을 반영하여 다음과 같은 부분을 보완하였다.

1장에 컴퓨터 발달 과정을 간략하게나마 추가하였다. 2장에는 정논리와 부논리에 대한 설명을 추가하였다. 그리고 4장에 프로세서 레지스터의 예로써 ARM 프로세서 레지스터를 추가하였다.

7장 프로세서 설계에서 제안하는 ToyCOM 프로세서의 스택 운영 방법을 변경하였다. 초판에는 푸시 동작에서 스택 주소가 증가하는 것으로 설계하였는데, 일반적으로 반대로 동작하는 프로세서 사례가 많음을 고려하여, 푸시할 때 스택이 감소하는 것으로 변경하였다. 이에 따라 부록으로 제공하는 ToyCOM 시뮬레이터도 수정하였다. 초판에는 ToyCOM의 제어신호를 추출하는 과정을 8장에서 매우 자세하게 설명하였는데, 컴퓨터 하드웨어의 동작을 이해하는 수준으로 볼 때 이 부분이 어렵다고 판단되어, 제어신호 추출 결과만을 7.6절에 제시하였다. 즉, 초판의 '8.2 제어신호 추출'을 '7.6 제어신호'로 옮기면서 추출 과정을 생략하고 제어신호 생성 결과만을 제시하였다.

초판에는 '8장 하드와이어드 제어장치', '9장 마이크로프로그램 제어장치'로 분리하여 제어장치를 만드는 과정을 자세하게 설명하였으나, 이번에는 두 가지를 합쳐 각 제어장치의 구조 및 동작 원리 위주로 '8장 제어장치'를 다시 작성하였다.

11장 고성능 컴퓨터에는 SIMD형 컴퓨터에 최신 동향을 반영하여 SIMD형 명령어 확장과 그래픽 프로세서의 구조를 소개하는 부분을 추가하였고, 마지막 부분에 병렬처리의 속도 개선에 대한 한계를 논하는 암달의 법칙과 구스타프슨의 법칙에 대한 소개를 추가하였다.

개정3판에 대하여

교재를 수정하여 출판한지 5년이 지났다. 교재를 점검하여 내용을 많이 바꾸기보다 읽기 편하도록 글을 수정하였다. 다음과 같은 관점에서 교재를 개정하였다.

- 각 장을 시작하면서 절을 소개하는 부분을 개조식으로 짧게 수정하였다.
- 긴 문장을 가능한 짧게 바꾸고, 불필요하게 많다고 생각되는 수식어를 없애고, 읽기 불편하다고 생각되는 부분을 수정하였다.
- 여러 단어로 표현되는 영문 용어를 한글로 번역하면서 붙여 썼다.
- 기억장치를 표현할 때 가능한 위쪽에 큰 주소, 아래쪽에 작은 주소가 되도록 수정하였다.

내용면에서 다음과 같은 부분이 바뀌었다.

- 2장 논리회로 기초: '2.1.7 문자 코드'에 유니코드를 설명하는 문장을 추가하고, '2.4.1 레지스터 간 데이터 전송'을 추가하였다.
- 4장 중앙처리장치: '4.2.4 스택 포인터'에서 스택을 위에서 아래로 사용하도록 수정하였다.
- 6장 명령어 집합: '6.2.4 0-주소 명령어 형식'을 추가하여 스택 연산을 추가하였다.
- 8장 제어장치: 제어부와 실행부라는 표현을 제어장치와 처리장치로 수정하였다.
- 9장 기억장치: '9.4.4 매핑함수' 설명 방법을 개선하고 예제를 추가하였다.

마지막으로 교정을 도와준 박상환 군과 교재 출판을 위해 노력을 아끼지 않은 생능출판사 관계자 분들께 감사드리고, 마지막으로 교재의 부족한 점을 피드백 해 주신 여러 교수님들께 진심으로 감사의 마음을 전한다.

2022년 7월

전중남

강의 계획안

이 교재는 저자가 대학에서 10년 이상 컴퓨터 구조를 강의하면서 사용하였던 자료를 바탕으로 집필한 것이다. 이 교재는 선수과목인 기초 프로그래밍 언어와 논리회로를 이수한 학생을 대상으로 한 학기에 강의하기에 적당하도록 만들어졌다. 저자는 일반적으로 다음과 같이 15주 동안 수업을 진행한다.

주	장	강의 주제
1	1장 컴퓨터 구조 소개	컴퓨터 구조가 다루는 범위를 소개하고, 컴퓨터 발달 과정, 그리고 교재의 구성에 따른 학기 강의 내용을 소개한다.
2	2장 논리회로 기초	논리회로 과목을 수강하였다고 가정하고, 조합논리회로와 순차논리회로 빌딩블록의 기능 위주로 설명한다.
3	3장 컴퓨터 구성 요소	컴퓨터 구조의 세 가지 구성 요소인 중앙처리장치, 주기억장치, 입출력장치의 기능과 프로그램 실행 과정을 설명한다.
4	4장 중앙처리장치	레지스터 종류를 자세히 설명하고, 인터럽트 개념을 소개한다. '4.2.5 베이스 레지스터'에서 소개하는 레지스터 활용 예제는 생략해도 된다.
5	5장 연산기	연산 명령어와 연계한 컴퓨터 정수 산술을 소개하고, 실수 표현의 표준 방법인 IEEE754 형식을 소개한다. '5.5.3 곱셈', '5.5.4 나눗셈', 그리고 '5.7 실수 연산'은 생략해도 된다.
6	6장 명령어 집합-주소지정방식	6장은 한 주에 모두 강의하기에 양이 많은 편이다. 첫 번째 주에 '6.3 주소지정방식'까지 강의하기를 권고한다.
7	6장 명령어 집합-명령어 종류	'6.4 오퍼랜드 저장'과 '6.5 명령어 종류'를 한 주에 강의하기를 권한다. 명령어 종류에서 기계어 명령어 종류에 익숙해질 수 있을 것으로 기대한다.
8	중간고사	
9	7장 중앙처리장치 설계	ToyCOM의 프로그래머 모델과 명령어를 소개한다. 부록에 제시한 ToyCOM 시뮬레이터를 사용하여 프로세서 내부의 동작 과정을 확인함으로써 학습 효과를 높일 수 있다.
10	8장 제어장치	제어장치 기능을 제시한 후에, 조합논리회로와 순차논리회로로 제어장치를 만드는 예를 제시하고, 하드와이어드 제어장치와 마이크로프로그램 제어장치의 구조를 소개한다.

PREFACE

11	9장 기억장치-캐시기억장치	기억장치 특성을 소개한 후, '9.2 반도체 기억장치'와 '9.3 기억장치 모듈 설계' 부분에 대한 설명을 생략하고, '9.4 캐시기억장치'를 설명한다. 대개의 경우 '9.4.4 매핑함수'까지 진도를 나간다.
12	9장 기억장치-가상기억장치	'9.4.5 교체정책' 이후 가상기억장치 부분을 설명한다.
13	10장 입출력	입출력장치의 동작 원리를 소개한 후, 프로그램에 의한 입출력과 인터럽트 구동 입출력, 직접기억장치액세스에 의한 입출력을 자세하게 설명한다.
14	11장 고성능 컴퓨터	명령어 파이프라인, 분기예측, 슈퍼스칼라 프로세서를 자세히 설명하고, 병렬처리 컴퓨터는 소개 수준으로 수업을 진행한다.
15	기말고사	

이 교재는 처음으로 컴퓨터 구조를 학습하는 학생들에게 조금 어려운 주제 또는 예제를 포함하고 있기도 하다. 저자의 생각에 이런 부분은 다음과 같다.

- 베이스 레지스터와 스택의 활용
- 5장 정수 곱셈, 나눗셈 연산 및 실수 연산
- 7장 '7.4 명령어 사이클' 이후
- 8장 '8.3 하드와이어드 제어장치'와 '8.4 마이크로프로그램 제어장치'
- 9장 '9.2 반도체 기억장치'와 '9.3 기억장치 모듈 설계'
- 10장 인터럽트 구별 방법
- 11장 슈퍼스칼라 스케줄링 정책

처음 읽을 때 이런 부분을 건너뛰고, 나중에 다시 읽을 때 또는 심화 학습이 필요할 때 해당 부분을 참고하는 것도 좋은 방법이라고 생각한다.

차례

C O N T E N T S

C O N T E N T S

C O N T E N T S

CONTENTS

CHAPTER 09 기억장치

CONTENTS

CHAPTER 10 입출력

CHAPTER 11 고성능 컴퓨터

CONTENTS

Chapter

01

컴퓨터 구조 소개

Chapter

01 컴퓨터 구조 소개

컴퓨터는 성능, 크기, 응용 분야에 따라 그 종류가 매우 다양하지만, 전자식 컴퓨터가 도입된 이래 컴퓨터가 동작하는 기본 원리는 변하지 않고 있다. 컴퓨터는 기본적으로 프로그램(program)을 실행하는 기계이다. 프로그램은 데이터와 그 데이터를 조작하는 명령문의 모임으로 구성되어 있다. 컴퓨터의 중앙처리장치(CPU, central processing unit)는 자신이 실행할 수 있는 명령어 집합(instruction set)을 제공한다. 프로그래머는 명령어 집합에 속한 명령어들을 의미 있는 순서로 나열하여 데이터를 처리하는 프로그램을 만든다. 컴퓨터가 프로그램을 실행하려면, 프로그램과 데이터가 기억장치에 적재되어 있어야 한다. 컴퓨터는 기억장치에 저장된 명령어를 하나씩 중앙처리장치로 가져와서 실행하고, 처리 결과를 기억장치에 저장한다. 컴퓨터는 외부와 데이터를 주고받기 위하여 입출력장치를 사용한다.

이 교재는 처음으로 컴퓨터 구조를 학습하는 학생들에게 하드웨어 관점에서 컴퓨터의 동작 원리를 소개하는데 그 목적이 있다. 이 장에서는 컴퓨터 구조가 다루는 범위를 정의하고, 컴퓨터의 기본 구조를 살펴본다. 그러고 나서 컴퓨터의 발달 과정과 이 교재의 구성을 소개한다.

1.1 컴퓨터 구조 범위

컴퓨터(computer)는 그 이름이 의미하듯이 처음에 많은 수치 계산을 빠르고 정확하게 수행하는 용도로 개발되었다. 컴퓨터 발전과 함께 수치 이외의 데이터를 2진수 코드(code)로 표현하는 것이 가능해짐에 따라 컴퓨터의 응용 분야는 신호 및 영상 처리, 제어 계측, 데이터베이스 응용, 인터넷 활용, 인공지능, 가상현실 등 여러 분야로 확장되었다.

현대의 컴퓨터는 계산을 수행하는 기계라기보다 프로그램을 수행하는 기계라고 정의하는 것이 더 적합하다. 프로그램은 명령어들이 의미 있는 순서로 나열된 것(sequence of instructions)이다. 컴퓨터는 프로그램에 포함된 명령어를 실행한다. 즉, 컴퓨터는 명령어를 실행하는 기계이다. [그림 1-1]은 컴퓨터를 계층으로 분해한 것이고, 〈표 1-1〉은 컴퓨터 구조에 해당하는 부분에서 다루는 사항을 정리한 것이다.

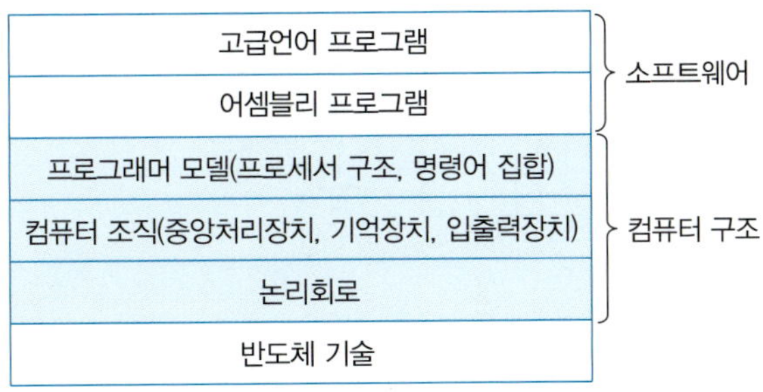

그림 1-1 계층적으로 본 컴퓨터

표 1-1 컴퓨터 구조 계층별 고려 사항

계층	대상
2진수 체계 및 논리회로	부울 대수, 게이트, 조합논리 빌딩블록, 레지스터, 카운터 등
컴퓨터 조직	중앙처리장치(제어장치, 연산장치), 기억장치, 시스템 버스
프로그래머 모델	레지스터 용도, 주소지정방식, 기억장치 구조, 데이터 형식, 명령어 집합

반도체 기술과 전자회로 이론이 제일 아래 계층을 받치고 있다. 반도체 기술은 반도체의 물리적 특성을 이용하여 전기신호로 동작하는 스위칭 소자를 제공한다. 스위칭 소자는 전기신호를 전달하고 차단하는 기능을 갖는 소자이며, 스위칭 소자는 안정된 두 개의 상태를 갖는다. 각 상태를 논리 0과 논리 1에 대응시키면, 스위칭 소자는 2진수 한 비트를 표현한다. 대표적인 스위칭 소자는 트랜지스터이다. 트랜지스터를 사용하여 논리 값을 다루는 기본 소자인 논리게이트(logic gate)를 구현한다. [그림 1-2(a)]는 스위치 끊김과 연결을 논리 0과 1에 대응한 모습이고, [그림 1-2(b)]는 두 개의 트랜지스터를 사용하여 AND 게이트를 만든 회로도이다. [그림 1-2(c)]는 논리회로로 표현한 AND 게이트이다. 논리와 논리게이트 개념을 도입함으로써 컴퓨터 구조가 다루는 부분을 반도체 기술 및 전자회로 계층으로부터 분리할 수 있다.

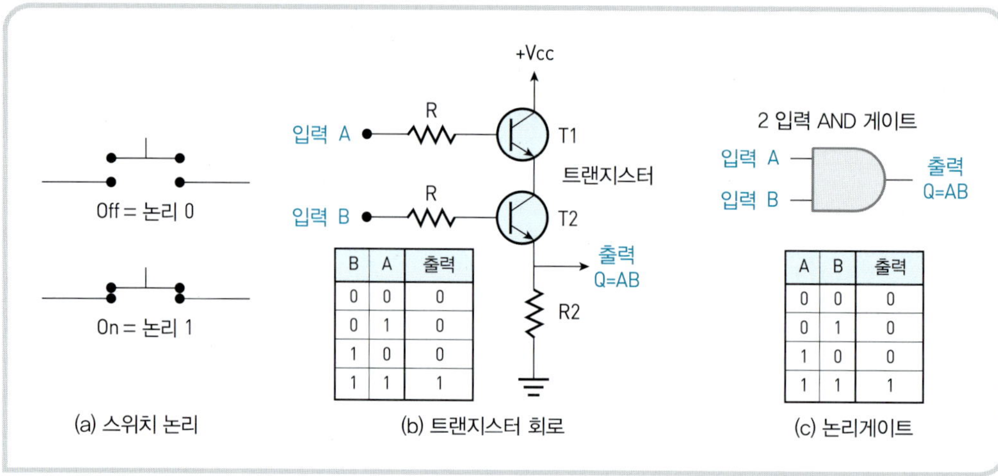

B	A	출력
0	0	0
0	1	0
1	0	0
1	1	1

A	B	출력
0	0	0
0	1	0
1	0	0
1	1	1

그림 1-2 전자회로와 논리회로의 분리

논리회로는 반도체의 물리적 특성을 논리 개념으로 분리한다. 논리 개념이란 실제로 회로에 발생하는 전압과 전류의 개념에서 탈피하여 보다 쉬운 개념인 참과 거짓의 개념을 사용하는 것을 말한다. 논리회로 개념을 도입함으로써, 컴퓨터를 설계하는 사람들은 반도체 소자의 물리적 특성으로부터 해방된다. 논리회로의 수학적 배경이 부울 대수(Boolean Algebra)이며, 부울 대수의 참과 거짓을 각각 숫자 1과 0으로 대응시켜 생각할 수 있으므로 2진수 체계(binary system)가 컴퓨터 시스템의 이론적 배경을 제공한다. 논리회로의 동작을 표현하는 기본 소자는 논리게이트이다. 컴퓨터는 논리게이트로 만든 조합논리회로(combinational logic circuit)와 순차논리회로(sequential logic circuit)로 만들어져 있다. 특별한 기능을 수행하도록 미리 만들어둔 부품을 빌딩블록(building block)이라고 한다. 조합논리회로 빌딩블록은 디코더, 인코더, 멀티플렉서, 연산기가 있고, 순차논리회로 빌딩블록은 레지스터와 카운터가 있다.

컴퓨터 구성 요소는 중앙처리장치, 기억장치, 입출력장치이다. 구성 요소들의 세부 사항과 서로 간의 물리적인 연결을 컴퓨터 조직(computer organization)이라고 한다. 입출력장치는 프로그램과 데이터를 컴퓨터로 입력하고 처리 결과를 외부로 출력한다. 기억장치는 프로그램과 데이터를 저장한다. 중앙처리장치는 프로그램의 지시에 따라 데이터를 처리한다. 이 중에서 중앙처리장치가 컴퓨터 기능을 수행하는 핵심 요소이다.

프로그래머는 컴퓨터 조직을 자세히 알지 못하더라도 프로그램을 작성할 수 있다. 컴퓨터 조직 중에서 프로그램을 작성할 수 있도록 프로그래머에게 제공하는 부분을 프로그래머 모델(programmer model)이라고 한다. 프로그래머 모델은 컴퓨터가 제공하는 명령어 집합, 레지스터 수와 용도, 기억장치에 대한 주소지정방식, 기억장치 구성 방식 등을 포함한다. 프로그래머 모델은 컴퓨터 조직에 중에서 논리적인 기능에 관점을 둔 부분이라고 말할 수 있다.

컴퓨터는 명령어 집합(instruction set)을 제공한다. 명령어 집합은 컴퓨터가 해석하고 실행할 수 있는 명령어(instruction)의 모임이다. 명령어는 컴퓨터가 실행할 수 있는 가장 기본 작업 단위이다. 명령어 집합은 컴퓨터 하드웨어와 소프트웨어를 연결한다. 프로그래머는 명령어로 프로그램을 작성하므로, 명령어 집합을 어떻게 설계하는지는 매우 중요한 주제이다. 명령어는 2진수 코드(binary code)로 정의되어 있다. 코드는 유한 개의 데이터 집합에 대하여 각 원소를 구분할 수 있도록 서로 다른 숫자를 할당한 것이다. 컴퓨터는 모든 정보를 2진수로 표현하므로, 중앙처리장치가 제공하는 명령어도 2진수 코드로 표현되어 있다. 2진수 코드로 표현된 명령어를 기계 명령어, 기계어(machine instruction) 또는 기계 코드(machine code)라고도 한다.

명령어 집합 위에 소프트웨어 계층이 있다. 기계 명령어는 2진수로 정의되어 있기 때문에, 프로그래머가 직접 기계 명령어로 프로그램을 작성하기가 쉽지 않다. 2진수 명령어를 사용자가 그 뜻을 알기 쉽도록 문자로 바꿔서 표현한 것을 어셈블리 언어(assembly language)라고 한다. 어셈블리 언어는 기계어와 일대일로 대응된다. 프로그래머는 어셈블리 언어로 프로그램을 작성한다. 어셈블러(assembler)는 어셈블리 프로그램을 기계어 프로그램으로 번역한다. 어셈블리 프로그램을 작성하는 일은 프로그래머 모델에 의존한다. 프로그래머는 프로그래머 모델을 알고 있어야 어셈블리 언어로 프로그램을 작성할 수 있다. 고급언어(high-level language)는 컴퓨터 구조와 독립적이다. 프로그래머는 프로그래머 모델을 모르더라도 고급언어 프로그램을 만들 수 있다. 컴파일러(compiler)는 고급언어 프로그램을 어셈블리 프로그램으로 번역한다.

일반적으로 컴퓨터 구조의 범위는 [그림 1-1]의 논리회로 부분부터 프로그래머 모델까지를 포함한다. 컴퓨터 구조는 세부적인 논리소자들의 연결로 컴퓨터를 해석하는 물리적인 측면보다 프로그램을 실행하는 기계로서 컴퓨터 구성 요소들의 기능을 주로 다룬다. 이 교재는 컴퓨터 구조를 처음으로 배우는 학생들을 위하여 컴퓨터 하드웨어의 기본 동작을 소개할 목적으로 만들어졌다. 소프트웨어 개발을 전공하는 학생들이라 할지라도 컴퓨터에서 이루어지는 최하위 동작을 이해할 필요가 있다. 프로세서를 설계하려는 학생들에게도 도움을 줄 수 있다. 또한, 시스템 프로그래밍, 마이크로프로세서 활용, 운영체제, 임베디드 시스템을 학습하는데도 선수 지식을 제공한다.

1.2 컴퓨터 구성 요소

기계식 계산기가 발명된 이후 전자식 컴퓨터가 개발될 때까지 컴퓨터는 그 구조가 일정하지 않았다. 컴퓨터 발달 과정에서 컴퓨터는 여러 형태로 진화하였지만, 마지막엔 1940년대에 폰 노이만(Von Neumann)이 제안한 프로그램 내장(stored program) 구조로 모아졌다. 프로그램 내장 구조는 프로그램과 데이터를 기억장치 안에 저장해 두고 실행하는 방법이다. 현대의 모든 컴퓨터는 프로그램 내장 구조를 따르고 있다. 이 개념을 기반으로 컴퓨터를 '프로그램을 실행하는 기계'라고 정의할 수 있게 되었다. 지금은 당연하다고 생각되는 개념이지만, 현대의 컴퓨터로 진화하기까지 1642년 파스칼이 기계식 계산기를 만든 이래 약 300년의 세월이 걸린 셈이다.

프로그램 내장형 컴퓨터는 프로그램과 데이터를 입력하여 기억장치에 저장하고, 중앙처리장치가 프로그램을 실행함으로써 데이터를 처리하고, 처리 결과를 출력한다. 컴퓨터는 [그림 1-3]과 같이 중앙처리장치(CPU, central processing unit), 기억장치(memory unit), 입출력장치(input/output device), 그리고 이것들을 서로 연결하는 시스템 버스로 구성되어 있는 시스템이다. 시스템이란 각자 고유의 기능을 갖고 있는 여러 구성 요소들이 조직적으로 결합하여 큰 개념의 새로운 기능을 수행하는 것을 의미하는 용어이다. 컴퓨터도 시스템이므로 각 구성 요소의 기능을 이해함으로써 전체 기능을 이해할 수 있다.

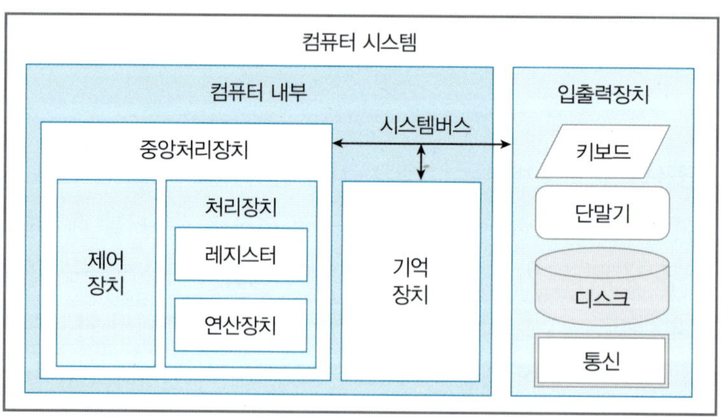

그림 1-3 컴퓨터 시스템의 구성 요소

중앙처리장치는 기억장치에 저장된 명령어들을 하나씩 가져와 명령어의 의미를 해석하고 데이터를 처리한다. 중앙처리장치는 제어장치와 처리장치로 구성되어 있다. 처리장치는 레지스터와 연산기로 구성되어 있다. 제어장치는 명령어를 해석하고 컴퓨터 시스템의 모든 동작을 제어하는 제어신호를 생성한다. 처리장치는 데이터를 처리하며, 레지스터는 연산에 필요한 데이터와 상태를 잠시 저장하는 기억소자이고, 연산기는 컴퓨터 내부에서 모든 연산을 담당한다.

기억장치는 프로그램과 데이터를 저장한다. 기억장치는 중앙처리장치와 온라인으로 연결되어 있어, 중앙처리장치가 필요할 때 즉각 명령어와 데이터를 제공할 수 있다. 명령어는 2진수 코드로 만들어져 있으므로, 넓은 관점에서 보면 명령어도 기억장치에 저장되는 데이터의 일종이다. 이러한 의미에서 기억장치는 두 가지 형태의 데이터를 저장한다고 말할 수 있다. 한 가지는 중앙처리장치가 처리할 명령어이고, 나머지는 명령어가 처리할 대상인 좁은 의미의 데이터이다.

입출력장치는 사용자 또는 컴퓨터 외부에서 프로그램과 데이터를 컴퓨터로 공급하고 처리 결과를 받아가는 기능을 수행한다. 만일 컴퓨터가 프로그램을 수행하고 그 결과를 자체적으로 보관한다면, 컴퓨터는 쓸모 없는 기계일 뿐이다. 컴퓨터 내부를 외부로 연결하는 입출력장치는 컴퓨터의 세 가지 주요 구성 요소 중 하나이다.

컴퓨터의 구성 요소인 중앙처리장치, 기억장치, 입출력장치는 시스템 버스(system bus)를 통해 서로 연결된다. 시스템 버스는 여러 개의 선으로 구성된 데이터 전달 경로(data path)이다. 한 개의 선은 한 비트의 정보를 전달할 수 있다. 시스템 버스는 주소(address), 데이터, 제어신호를 전달한다.

1.3 컴퓨터 발달 과정

일반적으로 컴퓨터 발달 과정은 컴퓨터를 만드는 하드웨어 소자에 따라 구분한다. 1971년에 중앙처리장치를 한 개의 반도체 칩으로 구현한 마이크로프로세서가 개발되었다. 이 사건은 현대식 컴퓨터가 획기적으로 발전하는 계기가 되었다. 이 절에서는 먼저 세대별 컴퓨터의 특징을 간단하게 살펴보고, 마이크로프로세서 이후 컴퓨터 발달 과정을 살펴보기로 한다.

1.3.1 세대별 컴퓨터 구분

기계식 계산기의 역사는 1600년대부터 시작되나 그 당시는 프로그램 개념은 없었고, 계산기는 주로 산술 계산용으로 쓰였다. 일반적으로 전자식 컴퓨터의 역사를 나눌 때, 컴퓨터를 만드는 기본 논리소자로 구별한다.

1946년에 전자식 컴퓨터인 에니악(ENIAC)이 개발되면서, 제1세대 컴퓨터가 시작된다. 약 18,000개의 진공관으로 만들어진 애니악은 무게가 무려 30톤이고, 높이 3미터, 길이 24미터 정도라고 한다. 그때까지 10진법 체계를 채택하고 있었고, 내부 기억장치가 없고, 계산기 전면에 있는 스위치 판에 붙어있는 스위치를 조작하여 분당 5,000회의 덧셈과 500회의 곱셈을 수행할 수 있다고 한다. 이때까지 프로그래밍 언어가 없었다.

1945년에는 헝가리 출신 수학자인 폰 노이만(Von Neumann)은 컴퓨터의 명령어를 주기억장치 안에 저장한다는 개념을 도입한 내장형 프로그램(stored program) 방식의 컴퓨터 구조를 제안하였다. 그는 컴퓨터가 능률적으로 작동하려면 중앙처리장치, 중앙제어장치, 기억장치, 입력장치, 출력장치로 구성되어야 하고, 컴퓨터는 기계식이 아닌 전자식이어야 하고, 한 번에 하나의 연산을 처리하고, 2진수를 사용해야 한다고 주장하였다. [그림 1-4]는 폰 노이만 구조를 보여준다. 이것은 오늘날까지 전자식 컴퓨터의 기본 구조로 채택되고 있다.

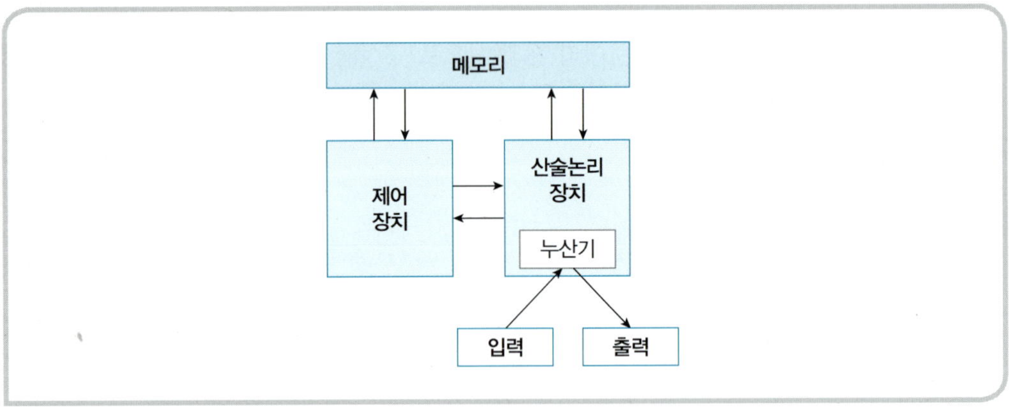

그림 1-4 폰 노이만 구조(위키백과)

1948년 미국의 벨 연구소에서 트랜지스터를 발명하였고, 1954년에는 값이 싼 실리콘 트랜지스터가 개발되었다. 트랜지스터는 진공관과 같은 스위칭 기능을 수행하면서 진공관보다 훨씬 크기가 작고, 발열이 적고, 동작 속도가 빠르다. 1950년대 중반 이후 트랜지스터로 만든 컴퓨터가 등장하면서 컴퓨터는 제2세대로 들어선다. 주기억장치로 자기코어(magnetic core)를 사용하였다. 이때부터 ALGOL, COBOL, FORTRAN 등과 같은 고급 프로그래밍 언어를 사용하였다.

1960년대 중반에 여러 개의 트랜지스터를 하나의 반도체 칩(chip) 안에 구현한 집적회로(IC, Integrated Circuit)가 개발되어 컴퓨터에 적용되면서, 컴퓨터는 제3세대에 들어선다. 요즈음 컴퓨터 주기억장치로 사용되는 반도체 기억장치는 이때부터 사용되었다. 그리고 PASCAL, LISP과 같은 구조화된 프로그래밍 언어를 쓰기 시작하였고, 여러 개의 응용프로그램이 가격이 비싼 컴퓨터를 공유하기 위하여 운영체제(OS, Operating System)를 개발하여 쓰기 시작하였다.

반도체 집적 기술이 가속되어 고밀도 집적회로(LSI, Large Scale IC)가 개발되면서 컴퓨터는 제4세대로 들어선다. 일반적으로 1971년에 인텔에서 최초의 마이크로프로세서를 개발한 이후부터 현재까지를 제4세대로 분류하고, 미래의 컴퓨터를 제5세대로 분류한다. 제1세대부터 제3세대까지는 약 10년 정도의 시간이 걸렸고, 제4세대는 상당히 오랜 기간 지속되는 셈이다. 1970년대 말에 개인용 컴퓨터(PC, Personal Computer)가 등장하여 컴퓨터를 대중화하는 계기를 마련하였다. 1990년대에는 데이터 통신에 기반을 둔 인터넷 기술이 개인용 컴퓨터의 확산에 기여하였다. 2000년대에 보급된 스마트 폰은 개인마다 한 대의 컴퓨터를 갖는 계기를 마련하였다. 지금은 모든 사물에 컴퓨터가 내장되는 IOT(Internet Of Things) 시대를 맞이하고 있다. 컴퓨터 구조 관점에서 제3세대까지 컴퓨터의 기본 골격이 완성되었고, 제4세대 이후는 반도체 기술의 발전에 따라 처리 용량을 늘리고, 처리 방법에 있어서 병렬화를 도입하는 방향으로 컴퓨터 하드웨어가 발전하였다.

1965년 인텔의 공동 창업자 중 한 명인 고든 무어(Gordon E. Moore)는 "반도체 집적회로의 성능이 18개월마다 2배로 증가한다"고 발표하였다. 이것을 무어의 법칙이라고 한다. 놀랍게도 지금까지 반도체 칩당 트랜지스터 수가 매 18~24개월마다 두 배로 증가하고 있다. 이에 따라 컴퓨터 성능은 같은 기간에 2배씩 향상되고, 컴퓨터 가격은 같은 기간에 반으로 떨어지고 있다. [그림 1-5]는 무어의 법칙을 그래프로 표현한 것이다. 인텔 계열 프로세서에 탑재된 트랜지스터 수는 24개월에 두 배로 되는 선을 따라 증가하고 있음을 확인할 수 있다. 이 경향은 지금도 지속되고 있다.

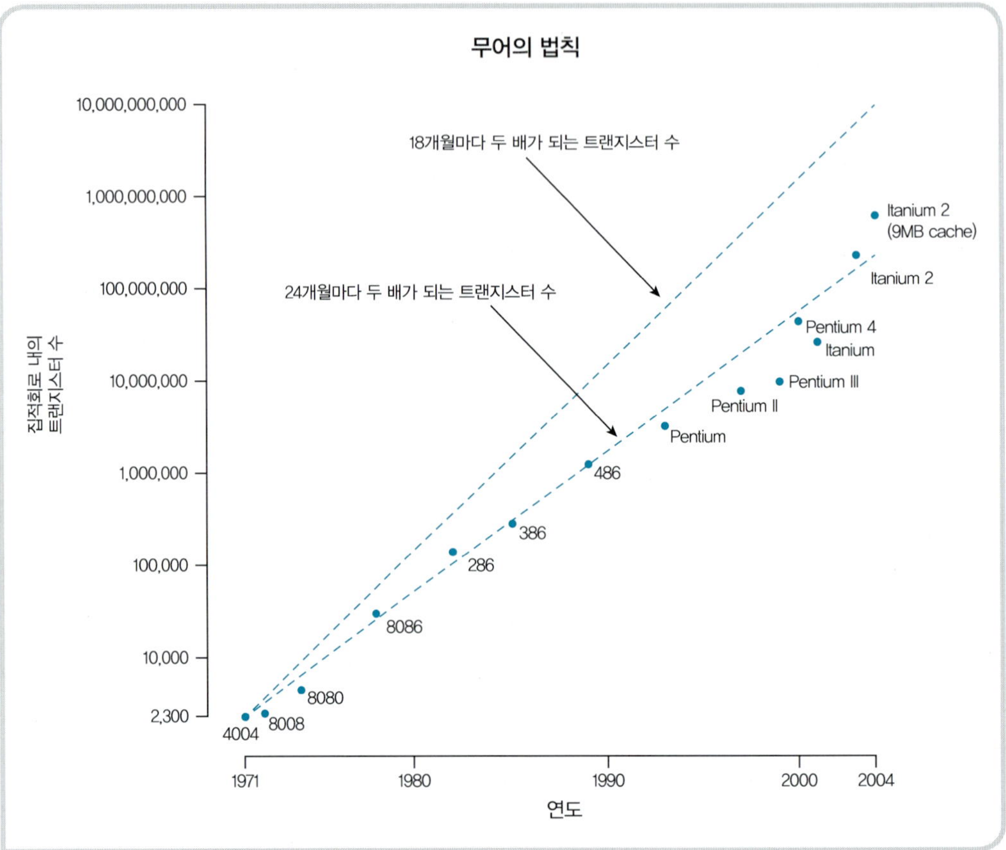

그림 1-5 인텔 프로세서의 트랜지스터 수와 무어의 법칙(위키백과)

1.3.2 마이크로프로세서 이후

[그림 1-6]은 반도체 칩과 중앙처리장치의 상대적인 크기를 비교한 것이다. 점선 사각형이 반도체 칩의 크기이다. 아직 집적회로 기술이 발달하기 이전인 1960년대에 중앙처리장치는 [그림 1-6(a)]와 같이 넓은 프린트 기판(printed board) 위에 많은 전자회로 칩들을 연결해서 만들었다.

컴퓨터 역사에서 가장 중요한 사건은 마이크로프로세서의 출현일 것이다. 마이크로프로세서(microprocessor)는 [그림 1-6(b)]와 같이 중앙처리장치를 한 개의 칩 안에 내장한 소자이다. 이전까지 크기가 컸던 중앙처리장치를 작은 칩 안으로 집어넣었다는 의미로 마이크로(micro)란 단어가 붙었다. 최초의 마이크로프로세서는 1971년 인텔사에서 개발한 4비트 프로세서 4004이다. 1970년대 말에 8비트 마이크로프로세서를 탑재한 개인용 컴퓨터가 등장하여 컴퓨터의 대중화에 선도적 역할을 담당하였다. 그 예는 애플 컴퓨터와 IBM-PC/XT이다.

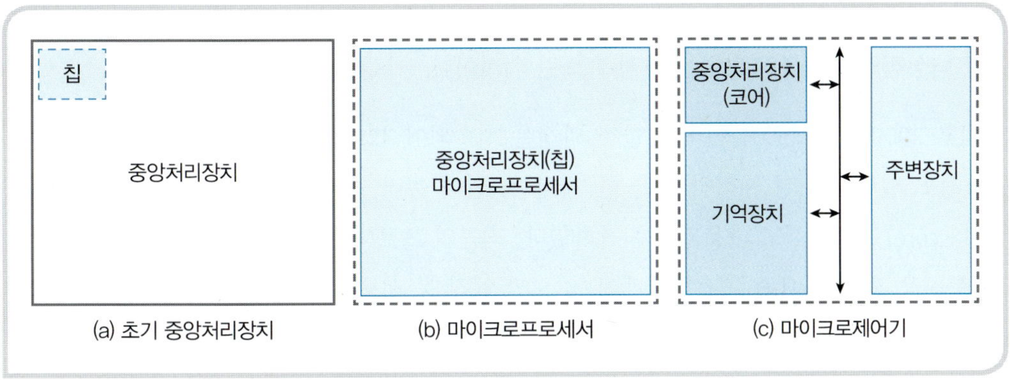

그림 1-6 중앙처리장치, 프로세서, 코어

1980년대 후반까지 프로세서가 한 번에 처리하는 비트 수를 늘리고 기억장치 용량을 늘리는 것과 같이 양적으로 컴퓨터 성능을 개선하는 노력이 지속되었다. 반도체 집적 기술의 발달이 컴퓨터 발달을 주도하였다. 그 동안 계열(family) 개념을 바탕으로 마이크로프로세서가 발전하면서 프로그램 호환성을 유지해 왔다. 즉, 버전이 낮은 마이크로프로세서의 구조를 그대로 유지하면서 새로운 명령어를 추가하고 처리 용량을 높임으로써, 새로 개발된 마이크로프로세서도 이전에 사용하던 프로그램을 사용할 수 있었다. 이 개념을 상향 호환성(upward compatibility)이라고 한다.

1980년대 중반 이후에 하드웨어의 전기적 처리 속도가 한계에 달하면서 컴퓨터는 구조를 변경하는 새로운 형태로 발달하기 시작하였다. 기억장치 액세스 속도를 개선하기 위하여 캐시기억장치(cache memory)를 도입하고, 기억장치 용량을 높이기 위하여 가상기억장치(virtual memory)를 도입하고, 여러 개의 명령어를 동시에 처리하는 파이프라인 기법을 도입하였다. 한편으로 프로세서가 명령어를 실행할 때 나타나는 특성을 분석한 결과를 바탕으로 프로세서 구조를 개선하기 시작하였다. 그 결과로 프로세서 내부 구조를 단순하게 만든 RISC(Reduced Instruction Set Computer) 프로세서가 개발되었고, 한 번에 여러 개의 명령어를 처리하는 슈퍼스칼라(superscalar) 프로세서도 개발되었다. ARM, Power PC, MIPS 등이 그 예이다.

반도체 기술이 발달하면서 [그림 1-6(c)]와 같이 1980년대부터 한 개의 칩에 중앙처리장치뿐만 아니라 주기억장치와 입출력장치를 제어하기 위한 주변장치(peripheral)까지 집어넣은 단일 칩 마이크로컴퓨터(one-chip microcomputer)도 개발되어 산업용 제어기로 활용되었다. 요즘은 단일 칩 마이크로컴퓨터란 이름 대신에 마이크로제어기(microcontroller)라는 이름을 더 많이 사용한다. 주로 소형 기기의 제어기로 많이 사용되기 때문이다. 마이크로제어기 안에 들어있는 중앙처리장치를 프로세서 코어(processor core) 또는 단순히 코어라고 부르기도 한다. 가장 핵심적인 처리를 담당하는 구성 요소란 의미이다.

이후 2000년대 들어서 이러한 발전 과정은 지속되어 32비트 프로세서에 이어 64비트 프로세서도 널리 쓰이기 시작하였고, 한 개의 칩 안에 여러 개의 프로세서를 탑재한 멀티코어(multi-core) 프로세서도 사용되기 시작하였다. 최근의 프로세서는 용도에 따라 기억장치 제어기, 통신용 제어기, 네트워크 인터페이스, 보안 엔진 등 서로 다른 입출력 인터페이스를 포함하고 있다. 이러한 발전 과정에 휴대전화도 크게 이바지한 것으로 보인다.

1.4 교재의 구성

[그림 1-7]은 이 교재의 구성을 제시한 것이다. [그림 1-1]의 계층 구조에서 컴퓨터 구조는 논리회로부터 명령어까지 포함하지만, 논리회로를 이미 학습하였다고 가정하고 간단하게 정리하는 의미로 2장에서 다룬다.

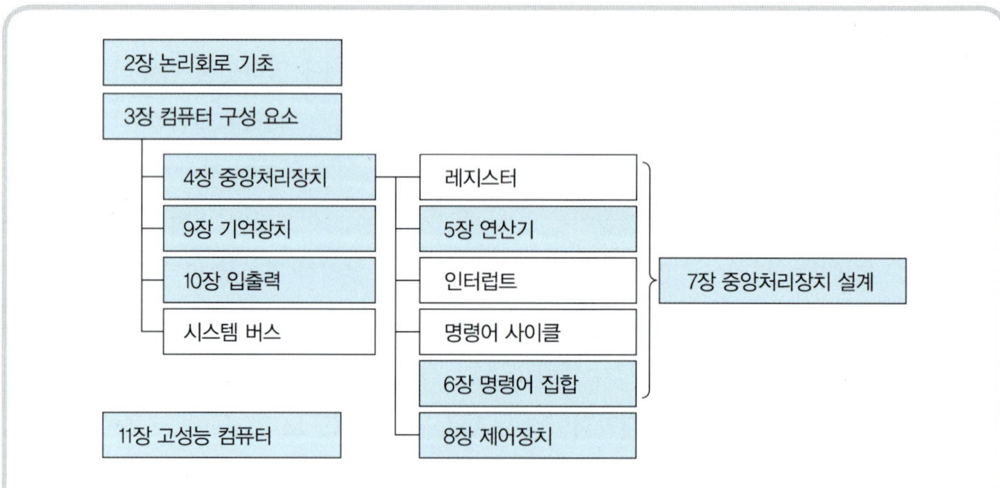

그림 1-7 교재의 구성

컴퓨터는 중앙처리장치, 기억장치, 입출력장치로 구성된다. 이 중에서 명령어를 처리하는 중앙처리장치가 컴퓨터 구조의 주요 대상이다. 4장부터 8장까지 중앙처리장치를 설명하면서 전체적인 기능을 이해하고 점차 세부 내용을 이해할 수 있도록 하향식 방법을 채택하였다. 구조적으로 중앙처리장치는 레지스터, 연산기, 제어장치로 구성된다. 이와 같은 구성 요소 이외에 기능 관점에서 명령어 사이클, 명령어 집합, 명령어 사이클을 알아야 중앙처리장치의 동작 원리를 이해할 수 있다. 4장부터 6장까지 중앙처리장치 구성 요소와 기능을 제시한 후, 이것들을 종합하여 간단하면서도 컴퓨터의 특징을 모두 갖춘 중앙처리장치를 설계하는 과정을 7장에서 제시한다. 그리고 컴퓨터에서 사용되는 모든 제어신호를 생성하는 제어장치를 8장에서 다룬다. 간단한 조합논리회로와 순차논리회로를 하드웨어와 기억장치로 구현하는 예제를 제시함으로써 하드와이어드 제어와 마이크로프로그램에 의한 제어 방식을 쉽게 이해할 수 있도록 구성하였다. 그러고 나서 중앙처리장치를 벗어나 기억장치와 입출력장치를 다루고, 마지막으로 컴퓨터의 처리 능력을 개선하기 위한 고성능 컴퓨터를 소개한다. 각 장의 내용은 다음과 같다.

2장 논리회로 기초에서는 컴퓨터 구조를 이해하기 위한 기초 지식인 논리회로를 학습한다. 수를 표현하는 방법과 논리회로 빌딩블록의 종류와 기능을 이해하는데 목적을 둔다. 여기에서는 디지털 회로 분석과 설계 과정을 다루지 않는다.

- 2.1 수와 코드: 2진수 체계에 대한 이론적 배경을 점검하고, 수를 여러 가지 진법으로 표현하는 방법과 숫자 이외의 정보를 코드(code)로 변환하는 방법을 설명한다.
- 2.2 조합논리회로: 논리게이트를 소개하고, 입력의 조합에 의해 출력이 결정되는 조합 논리회로를 진가표, 논리식(부울식), 논리회로도로 표현하는 방법을 소개한다. 이어서 조합논리회로 빌딩블록인 디코더, 인코더, 멀티플렉서, 디멀티플렉서와 가산기의 기능을 소개한다.
- 2.3 순차논리회로: 한 비트 정보를 저장하는 플립플롭을 소개하고, 순차논리회로의 빌딩블록인 레지스터, 시프트 레지스터, 카운터의 기능을 소개한다.
- 2.4 레지스터 전송: 레지스터의 데이터를 처리하는 하드웨어 구조를 제시하고 나서, 레지스터 전송 언어로 디지털 회로가 수행하는 동작을 표현하는 방법에 대하여 설명한다.

3장 컴퓨터 구성 요소에서는 프로그램을 실행하는 기계 관점에서 컴퓨터의 세 가지 구성 요소인 중앙처리장치, 기억장치, 입출력장치를 설명한다. 이 장은 컴퓨터 구성 요소의 기능을 이해하는데 목적이 있다.

- 3.1 프로그램 실행: 고급 프로그래밍 언어 프로그램을 일련의 기계어 명령어로 번역한 모습을 제시하고, 프로그램 내장형 컴퓨터가 이것을 기억장치에 저장해 두고 실행한다는 것을 보여준다.
- 3.2 컴퓨터 구성 요소: 컴퓨터는 중앙처리장치, 기억장치, 입출력장치로 구성되어 있음을 설명하고 나서, 각 구성 요소의 기능을 개략적으로 설명한다.
- 3.3 시스템 버스: 컴퓨터 구성 요소들을 서로 연결하는 시스템 버스를 데이터 버스, 주소 버스, 제어 버스로 구분한다. 그리고 제어 버스에 속하는 여러 가지 제어신호를 소개한다.
- 3.4 명령어: 프로그램은 명령어의 모임이다. 명령어는 실행 동작을 표현하는 동작 코드와 동작의 대상을 표현하는 오퍼랜드로 구성된다. 명령어를 데이터 전달 명령어, 데이터 처리 명령어, 프로그램 제어 명령어로 구분하여 그 기능을 소개한다.
- 3.5 명령어 실행 과정: 간단한 프로그래머 모델의 예를 제시하고, 컴퓨터가 명령어 인출단계와 실행단계를 반복 수행하면서 프로그램을 실행하는 과정을 설명한다.

4장 중앙처리장치에서는 중앙처리장치를 더 자세히 살펴본다. 중앙처리장치 구성 요소인 제어장치, 레지스터, 연산기의 기능과 인터럽트 처리 과정을 이해하는데 목적이 있다.

- 4.1 중앙처리장치 구조: 중앙처리장치 구조를 제어장치와 처리장치로 나누어 설명한다. 제어장치는 순서제어와 동작제어를 수행하고, 처리장치는 레지스터와 연산기로 구성되어 있다.
- 4.2 레지스터: 중앙처리장치가 처리하는 데이터를 임시로 저장하는 레지스터를 제어용 레지스터, 데이터 레지스터, 주소 레지스터로 구분한다. 상태 레지스터 소개하고, 스택 포인터, 베이스 레지스터, 인덱스 레지스터와 같은 주소 레지스터를 활용하는 방법을 설명한다.
- 4.3 인터럽트: 컴퓨터에서 발생하는 갑작스러운 이벤트에 대응하는 중앙처리장치 기능인 인터럽트 개념을 소개한다. 인터럽트를 처리하는 과정, 인터럽트를 허용하고 금지하는 방법, 인터럽트 서비스 루틴에 대하여 설명한다.
- 4.4 명령어 사이클: 컴퓨터가 명령어를 처리하는 과정인 명령어 사이클에 대하여 설명한다. 기본적으로 인출단계, 실행단계, 인터럽트단계를 포함하며, 프로세서에 따라 명령어 사이클의 단계를 더 세분화하기도 한다.

5장 연산기에서는 컴퓨터에서 모든 데이터 조작을 담당하는 연산기에 대하여 자세히 설명한다. 이 장은 컴퓨터에서 정수와 실수를 표현하는 방법과 데이터를 처리하는 연산의 종류를 이해하는데 목적이 있다.

- 5.1 연산기 개요: 연산기의 구조와 입출력신호를 설명한다.
- 5.2 정수 표현: 컴퓨터에서 표준으로 채택하고 있는 2의 보수에 의한 정수 표기법을 설명한다.
- 5.3 논리 연산: 레지스터에 저장된 데이터에 대한 NOT, AND, OR, XOR 논리 연산을 소개한다.
- 5.4 시프트 연산: 레지스터에 저장된 데이터에 대한 논리시프트, 산술시프트, 회전 연산을 소개한다.
- 5.5 산술 연산: 2진수에 대한 사칙 연산을 소개한다.
- 5.6 실수 표현: 실수를 32비트로 표현하는 단정도 실수 형식(single precision)과 64비트로 표현하는 배정도 실수 형식(double precision)을 설명한다.
- 5.7 실수 연산: 실수에 대한 사칙 연산을 수행할 때 고려할 사항을 설명한다.

6장 명령어 집합에서는 프로세서가 제공하는 명령어에 대하여 다룬다. 명령어는 중앙처리장치가 프로그램을 실행하는데 필요한 모든 정보를 포함하고 있다. 이 장은 명령어의 구성 요소와 명령어를 표현하는 방법인 명령어 형식을 이해하는데 목적이 있다.

- 6.1 명령어 특성: 명령어는 동작코드와 한 개 이상의 오퍼랜드로 구성된다. 니모닉 코드, 명령어 종류, 명령어 형식을 소개한다.
- 6.2 주소의 수: 명령어에 포함된 오퍼랜드 필드의 수에 따라 명령어를 0-주소, 1-주소, 2-주소, 3-주소 방식으로 표현하는 방법을 설명한다.
- 6.3 주소지정방식: 명령어에 표현된 오퍼랜드 필드에서 실제로 처리되는 유효 데이터를 구하는 방법을 설명한다.
- 6.4 오퍼랜드 저장: 일반적으로 한 개의 레지스터는 여러 바이트의 데이터를 저장하고, 기억장치는 바이트 단위로 데이터를 저장한다. 레지스터의 데이터를 여러 개의 기억장소에 분산하여 저장하는 방법을 다룬다.
- 6.5 명령어 종류: 컴퓨터가 제공하는 명령어의 종류별 목록을 제시하고 처리하는 과정을 상세하게 설명한다.

7장 중앙처리장치 설계는 다른 컴퓨터 구조 교재와 차별되는 부분이다. 이 장에서는 ToyCOM이라는 교육용 8비트 RISC 프로세서를 설계하는 과정을 제시한다. 이 장은 프로세서를 설계하는 과정을 이해하는데 목적이 있다.

- 7.1 프로그래머 모델: 8비트 프로세서인 ToyCOM의 프로그래머 모델을 소개한다.
- 7.2 명령어 형식: ToyCOM 프로세서가 정의하고 있는 네 가지 명령어 형식을 제시한다. 명령어 길이는 모두 16비트이다.
- 7.3 명령어 집합: ToyCOM 명령어에 대한 2진수 비트 패턴을 제시하고 동작을 정의한다.
- 7.4 명령어 사이클: 인출단계, 실행단계, 인터럽트단계, 정지단계로 구성되는 ToyCOM 명령어 사이클을 소개한다.
- 7.5 마이크로오퍼레이션: ToyCOM 명령어 사이클과 각 명령어에 대하여 클럭 단위의 동작을 정의한다.
- 7.6 제어신호: ToyCOM의 제어신호를 유도하고, 프로그래머 모델에 제어신호를 할당한다. 간단한 프로그램이 실행되는 과정을 클럭 단위로 설명한다.

8장 제어장치에서는 제어장치를 구현하는 방법인 하드와이어드 제어장치와 마이크로프로그램 제어장치의 구조와 동작 원리를 설명한다. 이 장은 프로세서의 제어장치를 구현하는 방법을 이해하는데 목적이 있다.

- 8.1 제어장치 기능: 제어장치의 순서제어와 동작제어 기능을 설명한다. 순서제어는 프로그램이 진행되도록 만들고, 동작제어는 명령어를 실행하도록 만든다.
- 8.2 제어장치 종류: 간단한 제어장치를 순차논리회로로 구현하는 하드와이어드 방법과 기억장치로 구현하는 마이크로프로그램 방법을 소개하여, 제어장치를 두 가지 방식으로 구현할 수 있음을 보여준다.
- 8.3 하드와이어드 제어장치: 타이밍 신호 발생기, 명령어 디코더, 제어신호 발생기로 구성된 하드와이어드 제어장치의 구조를 제시하고 제어신호를 생성하는 과정을 설명한다.
- 8.4 마이크로프로그램 제어장치: 제어주소 레지스터, 제어 기억장치, 제어버퍼 레지스터, 마이크로프로그램 순서제어기로 구성되는 마이크로프로그램 제어장치의 구조를 제시하고 제어신호를 생성하는 과정을 설명한다.

9장 기억장치는 컴퓨터의 주기억장치로 활용되는 반도체 기억소자의 종류와 특성을 소개한다. 이 장은 기억장치 관련 용어를 이해하고, 기억장치 모듈을 구현하는 방법을 이해하고, 캐시기억장치와 가상기억장치의 구조와 동작 원리를 이해하는데 목적을 둔다. 중앙처리장치는 생각보다 복잡한 방법으로 기억장치를 액세스한다.

- 9.1 기억장치 특성: 기억장치 종류를 소개하고, 물리적 특성, 용량 및 전송 단위, 액세스 방법, 성능 등 기억장치와 관련된 용어를 소개한다.
- 9.2 반도체 기억장치: 주기억장치로 활용되는 반도체 기억장치인 ROM과 RAM의 종류와 특성을 설명한다.
- 9.3 기억장치 모듈 설계: 용량이 작은 기억장치 모듈을 여러 개 연결하여 기억장치의 비트 폭과 용량을 늘리는 방법을 설명한다.
- 9.4 캐시기억장치: 컴퓨터가 기억장치를 빠르게 액세스하기 위하여 도입한 캐시기억장치의 구조와 동작 원리를 설명하고, 이것이 올바로 동작하기 위하여 요구되는 기능을 설명한다.
- 9.5 가상기억장치: 기억장치 용량을 증가시키기 위하여 도입한 가상기억장치를 구성하는 페이지 테이블과 변환우선참조버퍼의 기능에 대하여 설명한다.

10장 입출력은 컴퓨터와 입출력장치 간에 데이터를 교환하는 방법을 다룬다. 입출력장치는 그 종류가 다양하며 컴퓨터를 사람 또는 기계와 연결하는 기능을 수행하기 때문에 중앙처리장치나 기억장치보다 동작이 매우 느리다. 따라서 특별한 조치가 필요하다. 이 장은 컴퓨터와 입출력장치를 연결하는 방법과 컴퓨터와 입출력장치 사이에 데이터를 전송하는 방법을 이해하는데 목적이 있다.

- 10.1 입출력장치 개요: 컴퓨터와 입출력장치를 연결하는 부분인 입출력 모듈의 구조와 기능, 그리고 입출력 주소를 할당하여 입출력장치를 구별하는 방법을 설명한다.
- 10.2 프로그램 구동 입출력: 중앙처리장치가 프로그램을 수행하면서 입출력장치와 데이터를 주고받는 방법을 설명한다.
- 10.3 인터럽트 구동 입출력: 외부 인터럽트에 의하여 중앙처리장치가 입출력장치와 데이터를 주고받는 방법을 설명한다. 여러 장치가 동시에 인터럽트를 요청하는 다중 인터럽트를 관리하는 방법을 제시한다.
- 10.4 직접기억장치액세스: 중앙처리장치가 입출력 동작에 개입하지 않고, 입출력장치와 기억장치 간에 직접 데이터를 주고받는 방법을 설명한다.

11장 고성능 컴퓨터는 기본형 컴퓨터 구조를 개선하여 처리 속도를 높이는 기법을 제시한다. 이 장은 기본형 컴퓨터에 대하여 구조적 관점에서의 문제점을 파악하고, 최신형 프로세서에 도입된 기술을 이해하고, 병렬처리 컴퓨터의 구조를 이해하는데 목적이 있다.

- 11.1 축소명령어집합 컴퓨터: 기본형 컴퓨터가 명령어를 실행하는 과정을 분석한 결과를 제시하고, 명령어를 실행하면서 시간이 많이 소요되는 부분을 개선한 RISC(Reduced Instruction Set Computer) 프로세서를 소개한다. 이 프로세서는 명령어 파이프라인과 분기예측 기법을 포함하고 있다.
- 11.2 슈퍼스칼라 프로세서: 슈퍼스칼라 프로세서는 여러 개의 단순한 명령어를 동시에 실행하는 특성을 갖는다. 이를 위하여 RISC 프로세서에서 채택된 기법 이외에 데이터 의존성 분석에 의한 스케줄링 정책이 필요해진다.
- 11.3 병렬처리 컴퓨터: 동시에 실행되는 명령어의 수와 데이터의 수에 따라 컴퓨터의 종류를 구분하고 나서, 동시에 여러 개의 명령어와 데이터를 처리하는 병렬처리 컴퓨터의 구조를 소개한다. 마지막으로 병렬처리 한계를 규정하는 법칙을 소개한다.

연습문제

1.1 컴퓨터 구조 범위

01 컴퓨터 구조가 다루는 범위가 아닌 것은?

① 기억장치 구조 ② 프로그래머 모델
③ 명령어 집합 ④ 프로세스 스케줄링

02 컴퓨터의 하드웨어와 소프트웨어를 연결하는 요소는?

① 명령어 집합 ② 프로그램
③ 논리소자 ④ 반도체 소자

03 프로그래머 관점에서 본 컴퓨터 하드웨어를 표현하는 용어는?

① 어셈블러 ② 명령어 집합
③ 시스템 버스 ④ 프로그래머 모델

04 프로그래머가 컴퓨터에게 동작을 지시하는 최소의 작업 단위는?

① 명령어 ② 고급 언어
③ 논리 동작 ④ 제어신호

05 기계 코드(machine code)란?

① 명령어를 2진수로 표현한 것
② 고급 언어로 작성한 프로그램
③ 기계식 컴퓨터의 숫자 표현 방법
④ 10진수를 2진수로 표현한 것

1.2 컴퓨터 구성 요소

01 폰 노이만이 제안한 컴퓨터 구조는?

① 기계식 컴퓨터
② 진공관 컴퓨터
③ 트랜지스터 컴퓨터
④ 프로그램 내장형 컴퓨터

02 프로그램 내장(stored program) 구조에 대한 가장 올바른 설명은?

① 프로그램과 데이터를 기억장치에 저장한다.
② 프로그램과 데이터를 레지스터에 저장한다.
③ 프로그램과 데이터를 보조기억장치에 저장한다.
④ 프로그램과 데이터를 중앙처리장치에 저장한다.

03 중앙처리장치를 제어장치와 처리장치로 구분할 때 처리장치에 해당하는 것을 모두 선택하라.

① 레지스터 ② 연산기
③ 주기억장치 ④ 시스템 버스

04 제어장치의 기능은?

① 데이터에 대한 산술 연산을 담당한다.
② 명령어를 해석하고 제어신호를 생성한다.
③ 중앙처리장치가 처리할 데이터를 임시로 저장한다.
④ 입출력장치를 제어하여 데이터를 입력하거나 출력한다.

05 컴퓨터 구성 요소들 간에 데이터를 교환하는 전달 경로는?

① 레지스터 ② 연산기
③ 주기억장치 ④ 시스템 버스

06 제어장치에서 생성된 제어신호가 전달되는 곳은?

① 레지스터 ② 연산기
③ 주기억장치 ④ 세 가지 모두

07 중앙처리장치에 있고 연산에 필요한 데이터를 잠시 저장하는 기억장소는?

① 레지스터 ② 연산기
③ 주기억장치 ④ 시스템 버스

08 컴퓨터의 기억장치에 저장되는 것을 모두 선택하라.

① 데이터 ② 레지스터
③ 프로그램 ④ 입출력 포트

09 한 개의 버스선은 몇 비트의 정보를 전달하는가?

① 1비트 ② 4비트
③ 8비트 ④ 16비트

10 컴퓨터의 하드 디스크는 어느 구성 요소로 분류되는가?

① 레지스터 ② 연산기
③ 주기억장치 ④ 입출력장치

1.3 컴퓨터 발달 과정

01 컴퓨터에 가장 먼저 주기억장치로 사용된 기억소자는?

① 자기 코어 ② 하드 디스크
③ 자기 테이프 ④ 반도체 기억장치

02 제2세대 컴퓨터를 구성하는 기본 소자는?

① 진공관 ② 집적회로
③ 트랜지스터 ④ 고밀도 집적회로

03 설명에 해당하는 용어를 적어라.

(1) 최초의 전자식 컴퓨터를 구성한 기본 소자는?
(2) 여러 개의 트랜지스터를 한 개의 칩 안에 넣은 소자는?

04 무어의 법칙에 따라 컴퓨터의 처리 속도가 24개월마다 2배로 빨라진다고 가정하자. 2016년의 컴퓨터는 1980년의 컴퓨터보다 대략 몇 배나 빠른가?

① 약 250배 ② 약 2500배
③ 약 2만5천배 ④ 약 25만배

05 구형 프로세서에서 개발된 프로그램을 신형 프로세서에서도 실행할 수 있다는 개념을 설명하는 가장 적합한 용어는?

① 상향 호환성 ② 하향 호환성
③ 프로그램 호환성 ④ 명령어 호환성

06 설명에 해당하는 용어를 적어라.

(1) 중앙처리장치를 한 개의 칩으로 구현한 소자는?
(2) 중앙처리장치, 기억장치, 입출력장치를 모두 한 개의 칩 안에 넣은 소자는?

07 멀티코어 프로세서란?

① 한 번에 64비트의 데이터를 처리하는 프로세서
② 한 개의 칩에 여러 개의 주기억장치를 탑재한 프로세서
③ 한 개의 칩에 여러 개의 입출력 모듈을 탑재한 프로세서
④ 한 개의 칩에 여러 개의 중앙처리장치를 탑재한 프로세서

Chapter

02 논리회로 기초

Chapter

02 논리회로 기초

컴퓨터는 논리소자(logical elements)의 모임으로 만들어져 있으므로, 논리소자의 동작을 미리 알고 있어야 컴퓨터 구조를 공부할 수 있다. 이 장은 컴퓨터 구조의 선수 과목인 논리회로(디지털 공학) 과목에서 다루는 내용을 요약하여 정리한다.

이 장에서는 2진수 체계와 논리소자의 동작을 설명한다. 논리회로를 설계하는 방법과 비동기 회로는 설명에서 제외한다. 규모가 큰 논리회로는 자주 쓰이는 기능을 수행하도록 미리 만들어 놓은 부품을 연결하여 구현한다. 이 부품을 빌딩블록(building block)이라고 한다. 디코더, 인코더, 멀티플렉서, 레지스터, 카운터가 빌딩블록의 예이다. 여기에서는 빌딩블록을 설계하는 과정을 제외하고 기능 위주로 설명한다.

- 2.1 수와 코드: 컴퓨터에서 데이터를 표현하는 2진수와 코드를 다룬다.
- 2.2 조합논리회로: 논리게이트와 조합논리회로 빌딩블록을 다룬다.
- 2.3 순차논리회로: 플립플롭과 순차논리회로 빌딩블록을 다룬다.
- 2.4 레지스터 전송: 레지스터가 데이터를 주고받음으로써 데이터를 처리하는 하드웨어 구조를 소개한다.

2.1 수와 코드

이 절에서는 부호 없는 수(unsigned number)만 고려하여 임의의 R진수를 표현하는 방법을 설명한다. 이로부터 진법 간 변환 공식을 유도할 수 있다. 그러고 나서 2진수를 소개한다. 컴퓨터는 전기 신호의 흐름과 끊김(on/off)으로 수를 표현하기 때문에, 각 상태를 1과 0에 대응시킨 2진수를 사용한다. 사람은 1과 0으로 구성된 2진수를 다루기 불편하므로, 2진수 대신에 8진수나 16진수를 사용한다. 컴퓨터는 문자도 숫자로 표현한다. 이 절에서는 영문자 표현에 가장 널리 사용하는 아스키코드(ASCII code)와 전세계 문자를 표현하는 유니코드(Unicode)에 대하여 설명한다.

2.1.1 수의 체계

역사적으로 볼 때 수를 표현하는 방법은 크게 두 가지가 있었다. 로마자나 한자처럼 무게(weight)를 의미하는 별도의 문자(예를 들면, 십, 천, 만)를 사용하여 수를 표현하는 방법과 아라비아 숫자처럼 크기만 정하고 무게는 수가 위치한 자리에 따라 결정하는 방법이다. 후자를 무게 수(weighted number)라고 한다. 현재 전세계는 무게 수인 아라비아 숫자를 통용하고 있으며, 컴퓨터도 이 방식을 사용한다.

수의 표현	…	1	2	3	4	.	5	6	…
자릿수	…	3	2	1	0		–1	–2	…
무게	…	10^3	10^2	10^1	10^0		10^{-1}	10^{-2}	…

그림 2-1 수의 표현

[그림 2-1]을 참고하여 10진수 1234.56이 무엇을 표현하는지, 수가 의미하는 값은 얼마인지 살펴보자. 10진수는 각 자리의 크기를 나타내는 기호, 각 숫자가 나타나는 자리 또는 위치, 각 자리의 무게, 그리고 값으로 나누어 설명할 수 있다.

- 기호(symbol): 각 자리에 나타나는 숫자 크기를 표현하기 위하여 0부터 9까지 10개의 기호를 사용한다.
- 자리(position): 소수점(.)을 기준으로 0보다 큰 수는 0, 1, 2, 3, …의 자리를 차지하고, 소수점 이하는 −1, −2, −3, …의 자리를 차지한다. 자리에 배정된 숫자를 자릿수라고 한다.
- 무게(weight): 각 자리에 나타나는 숫자는 자리에 따라 무게가 다르다. 각 자리의 무게는 10^n이다. 여기서 n은 자릿수이다.
- 값(value): 전체 값은 다음 식으로 계산할 수 있다.

$$\begin{aligned}(1234.56)_{10} &= 1\times10^3+2\times10^2+3\times10^1+4\times10^0+5\times10^{-1}\\ &\quad +6\times10^{-2}\\ &= 1000+200+30+4+0.5+0.06\\ &= 1234.56\end{aligned} \quad \text{(식 2-1)}$$

당연히 10진수 1234.56의 값은 1234.56이다. 여기서 중요한 것은 10진수에 적용한 규칙이 임의의 R진수에도 그대로 적용된다는 것이다.

예제 2-1 10진수 519.87을 (식 2-1)과 같은 형태로 표현하라.

풀이

$$\begin{aligned}(519.87)_{10} &= 5 \times 10^2 + 1 \times 10^1 + 9 \times 10^0 + 8 \times 10^{-1} + 7 \times 10^{-2} \\ &= 500 + 10 + 9 + 0.8 + 0.07 \\ &= 519.87\end{aligned} \quad \text{(식 2-2)}$$

2.1.2 R진수

10진수 규칙을 R진수로 확장할 수 있다. R은 2보다 큰 수이다. 소수점 이상이 n자리, 소수점 이하가 m자리인 R진수 N은 (식 2-3)과 같이 표현된다.

$$N : (A_{n-1}A_{n-2} \cdots A_1A_0 \cdot A_{-1}A_{-2} \cdots A_{-m})_R \quad \text{(식 2-3)}$$

여기서 $A_k(n-1 \leq k \leq -m)$는 각 자리에 표시되는 수이고, 수를 괄호로 묶고 진법을 첨자로 적는다. 10진수 각 자리의 수가 0부터 9까지 10개의 값 중 하나인 것과 마찬가지로, A_k는 0, 1, ⋯, (R−1)까지 R개의 값 중 하나이다. (식 2−3)으로 표현되는 R진수 N의 값을 10진수로 변환한 값을 $V(N)$이라고 하면, $V(N)$을 (식 2−4)와 같이 계산할 수 있다.

$$\begin{aligned}V(N) &= A_{n-1} \times R^{n-1} + A_{n-2} \times R^{n-2} + \cdots + A_{-m} \times R^{-m} \\ &= \sum_{k=-m}^{n-1} A_k \times R^k\end{aligned} \quad \text{(식 2-4)}$$

예제 2-2

5진수에 대하여 질문에 답하라.

(1) 5진수 각 자리에 표현할 수 있는 수는 무엇인가?
(2) $(1234.2)_5$의 값은 10진수로 얼마인가?

풀이

(1) 5진수 각 자리에 {0, 1, 2, 3, 4} 5개의 수를 사용할 수 있다.
(2) 변환식

$$\begin{aligned}(1234.2)_5 &= 1 \times 5^3 + 2 \times 5^2 + 3 \times 5^1 + 4 \times 5^0 + 2 \times 5^{-1} \\ &= 1 \times 125 + 2 \times 25 + 3 \times 5 + 4 \times 1 + 2 \times 0.2 \\ &= 194.4\end{aligned} \quad \text{(식 2-5)}$$

예제 2-3

2진수에 대하여 질문에 답하라.

(1) 2진수 각 자리에 표현할 수 있는 수는 무엇인가?
(2) $(1011.1)_2$의 값은 10진수로 얼마인가?

풀이

(1) 2진수 각 자리에 {0, 1} 2개의 수를 사용할 수 있다.
(2) 변환식

$$\begin{aligned}(1011.1)_2 &= 1 \times 2^3 + 0 \times 2^2 + 1 \times 2^1 + 1 \times 2^0 + 1 \times 2^{-1} \\ &= 1 \times 8 + 0 \times 4 + 1 \times 2 + 1 \times 1 + 1 \times 0.5 \\ &= 11.5\end{aligned} \quad \text{(식 2-6)}$$

예제 2-4

8진수에 대하여 질문에 답하라.

(1) 8진수 각 자리에 표현할 수 있는 수는 무엇인가?
(2) $(427.3)_8$의 값은 10진수로 얼마인가?

풀이

(1) 8진수 각 자리에 {0, 1, 2, 3, 4, 5, 6, 7} 8개의 수를 사용할 수 있다.
(2) 변환식

$$\begin{aligned}(427.3)_8 &= 4 \times 8^2 + 2 \times 8^1 + 7 \times 8^0 + 3 \times 8^{-1} \\ &= 4 \times 64 + 2 \times 8 + 7 + 3 \times 0.125 \\ &= 279.375\end{aligned} \quad \text{(식 2-7)}$$

2.1.3 진법 변환

수를 표현하는 진법 간 변환을 다음과 같은 두 가지로 구분할 수 있다.

- 임의의 R진수를 10진수로 변환
- 10진수를 임의의 R진수로 변환

R진수를 10진수로 변환하는 과정은 '2.1.2 R진수'에서 이미 설명하였다. 이 절에서는 10진수를 다른 진법의 수로 변환하는 방법을 설명한다. 소수점 이상 정수 부분과 소수점 이하 소수 부분을 나누어 처리해야 한다.

정수 부분 변환은 "나누기 R" 방법을 사용한다. 10진수의 정수 부분을 N_i라고 할 때, N_i의 크기 $V(N_i)$는 R진수로 표현해도 변하지 않아야 한다. 즉, 다음 식이 성립해야 한다.

$$\begin{aligned} V(N_i) &= A_{n-1} \times 10^{n-1} + A_{n-2} \times 10^{n-2} + \cdots + A_0 \times 10^0 \\ &= X_{k-1} \times R^{n-1} + X_{k-2} \times R^{n-2} + \cdots + X_0 \times R^0 \end{aligned} \quad \text{(식 2-8)}$$

(식 2-8)에서 $A_i(i=0, 1, 2, \cdots, n-1)$는 10진수 각 자리의 값으로 0부터 9까지 값 중 하나이고, $X_j(j=0, 1, 2, \cdots, k-1)$는 R진수 각 자리의 값으로 0부터 R−1까지 값 중 하나이다. 10진수를 R진수로 변환하는 것은 미지수 X_j를 구하는 것과 같다. (식 2-9)와 같이 $V(N_i)$를 R로 나누어 X_0를 구할 수 있다.

$$V(N_i)/R = X_{k-1} \times R^{n-2} + X_{k-2} \times R^{n-3} + \cdots + X_1 \times R^0 \quad Remains \quad X_0 \quad \text{(식 2-9)}$$

이와 같은 방법으로 몫이 0이 될 때까지 남은 몫을 계속 R로 나누면, 단계마다 X_1, X_2, $\cdots$, X_{k-1}을 구할 수 있다.

소수 부분 변환은 "곱하기 R" 방법을 사용한다. 정수 부분과 마찬가지로 10진수의 소수 부분을 N_f라고 할 때, N_f의 크기 $V(N_f)$는 R진수로 표현해도 변하지 않아야 한다. 즉, 다음 식이 성립해야 한다.

$$V(N_f) = A_{-1} \times 10^{-1} + A_{-2} \times 10^{-2} + \cdots + A_{-l} \times 10^{-l}$$
$$= X_{-1} \times R^{-1} + X_{-2} \times R^{-2} + \cdots + X_{-m} \times R^{-m} \quad \text{(식 2-10)}$$

(식 2-10)에서 $A_i(i=-1, -2, \cdots, -l)$는 10진수 각 자리의 값으로 0부터 9까지 중 하나이고, $X_j(j=-1, -2, \cdots, -m)$는 R진수 각 자리의 값으로 0부터 R−1까지 중 하나이다. 10진법의 소수를 R진법의 소수로 변환한다는 것은 미지수에 해당하는 X_j를 구하는 것과 같다. (식 2-11)과 같이 $V(N_f)$에 R을 곱하여 X_{-1}을 구할 수 있다.

$$V(N_i) \times R = X_{-1} \times R^0 + X_{-2} \times R^{-1} + \cdots + X_{-m} \times R^{-m+1} \quad \text{(식 2-11)}$$

(식 2-11)에서 X_{-1}은 1의 자리에 나온 숫자이다. X_{-1}을 제외하고 남은 값에 대하여, 결과값이 0이 될 때까지 계속 R을 곱하면, 매 단계마다 $X_{-2}, \cdots, X_{-m}$을 구할 수 있다. 이 과정에서 결과값이 0이 되지 않으면, 무한 소수이다.

예제 2-5 10진수 527.390625를 8진수로 변환하라.

풀이

정수 부분:	$527 / 8 = 65 \cdots 7$	$(X_0 = 7)$	
	$65 / 8 = 8 \cdots 1$	$(X_1 = 1)$	
	$8 / 8 = 1 \cdots 0$	$(X_2 = 0)$	
	$1 / 8 = 0 \cdots 1$	$(X_3 = 1)$	따라서 $(527)_{10} = (1017)_8$
소수 부분:	$0.390625 \times 8 = 3.125$	$(X_{-1} = 3)$	
	$0.125 \times 8 = 1.0$	$(X_{-2} = 1)$	따라서 $(0.390625)_{10} = (0.31)_8$

$(527.390625)_{10} = (1017.31)_8$

예제 2-6 10진수 27.625를 2진수로 변환하라.

풀이

정수 부분:	$27 / 2 = 13 \cdots 1$	$(X_0 = 1)$
	$13 / 2 = 6 \cdots 1$	$(X_1 = 1)$

	$6 / 2 = 3 \cdots 0$	$(X_2 = 0)$	
	$3 / 2 = 1 \cdots 1$	$(X_3 = 1)$	
	$1 / 2 = 0 \cdots 1$	$(X_4 = 1)$	따라서 $(27)_{10} = (11011)_2$
소수 부분:	$0.625 \times 2 = 1.25$	$(X_{-1} = 1)$	
	$0.25 \times 2 = 0.5$	$(X_{-2} = 0)$	
	$0.5 \times 2 = 1.0$	$(X_{-3} = 1)$	따라서 $(0.625)_{10} = (0.101)_2$

$(27.625)_{10} = (11011.101)_2$

2.1.4 2진수, 8진수, 16진수

사람이 10진수를 사용하는 이유는 손가락이 10개이기 때문이다. 10진수를 표현하기 위하여 0부터 9를 구별하는 10가지 서로 다른 기호(symbol)가 필요하다. 이것이 아라비아 숫자 기호이다. 컴퓨터와 같은 기계가 10진수를 직접 다루기 위해서 기계가 구별할 수 있는 10가지 신호가 필요하다. 그러나 10가지 서로 다른 안정 상태를 갖는 물리 신호를 만들기가 쉽지 않다. 따라서 두 가지 상태를 정의하고 각각을 숫자 0과 1에 대응시키는 것이 가장 편리하면서 오류가 적은 방법이다. 0과 1을 안정적으로 구분하는 물리 신호의 예는 다음과 같다.

- 스위치가 끊어짐/연결(off/on)
- 전기가 통하지 않음/통함
- 자성이 N극/S극
- OMR 카드에 검정색을 칠함/칠하지 않음

컴퓨터는 2진수를 사용하지만, 2진수는 0과 1로만 구성되어 있어서 사람이 직접 다루기 불편하다. 예를 들어 다음 2진수를 종이에 옮겨 적어 보자. 어려운 일은 아니지만 불편함을 느낄 것이다.

$$10110001101011.111100100$$

2진수를 직접 사용하는 대신에 사람은 2진수로 변환이 쉬운 8진수(octal number)나 16진수(hexadecimal number)를 사용하는 것이 더 편리하다. 사람은 8진수나 16진수를 사용하고, 컴퓨터는 이것을 2진수로 변환하여 사용한다.

$2^3 = 8$이므로 2진수 세 자리가 8진수 한 자리에 해당한다. 8진수는 0부터 7까지 8개의 기호를 사용한다. 2진수를 8진수로 변환하려면, 소수점을 기준으로 세 자리씩 나누어 변환하면

된다. 처음이나 마지막에 세 자리를 채우지 못하면, 0을 채워 세 자리 수로 만든 후 변환한다. 숫자 앞에 있는 0(leading 0)과 소수점 이후 가장 작은 숫자 다음에 있는 0(tailing 0)은 크기에 영향을 미치지 않는다. 예를 들어, 위에서 제시한 2진수를 세 자리씩 끊어서 다시 적으면 다음과 같다.

010_110_001_101_011.111_100_100

이 수를 8진수로 읽으면, "26153.744"이다. 8진수를 2진수로 변환할 때 단순히 8진수 한 자리를 2진수 세 자리로 풀어내는 것으로 충분하다.

표 2-1 2진수, 8진수, 16진수 간의 대응 관계

10진수	2진수	8진수	16진수
0	0000	00	0
1	0001	01	1
2	0010	02	2
3	0011	03	3
4	0100	04	4
5	0101	05	5
6	0110	06	6
7	0111	07	7
8	1000	10	8
9	1001	11	9
10	1010	12	A
11	1011	13	B
12	1100	14	C
13	1101	15	D
14	1110	16	E
15	1111	17	F

$2^4 = 16$이므로 2진수 네 자리가 16진수 한 자리에 해당한다. 16진법은 10진수 0부터 15에 해당하는 16개의 기호가 필요하다. 0부터 9까지는 10진수 기호를 그대로 사용하고, 10부터 15까지 여섯 개의 기호는 영문자 A부터 F를 사용한다. 즉, A는 10, B는 11, C는 12, D는 13, E는 14, F는 15를 표현하는 기호이다. 2진수를 16진수로 변환하려면, 소수점을 기준으로

네 자리씩 끊어서 읽는다. 처음이나 마지막에 네 자리를 채우지 못하면, 0을 채워 네 자리 수로 만든 후 변환한다. 예들 들어, 예로 사용한 2진수를 네 자리씩 끊어서 다시 적으면 다음과 같다.

$$0010\_1100\_0110\_1011.1111\_0010$$

이 수를 16진수로 읽으면, "2C6B.F2"이다. 16진수를 2진수로 변환할 때 단순히 16진수 한 자리를 2진수 네 자리로 풀어 적는다.

〈표 2-1〉은 0부터 15까지 10진수에 대한 2진수, 8진수, 16진수의 대응 관계를 보여준다.

예제 2-7 $(523.25)_8$를 2진수로 변환하라.

풀이

8진수 한 자리를 단순히 세 자리로 확장한다. 편의상 '_'를 추가하였다.

$$(523.25)_8 = (101\_010\_011.010\_101)_2$$

예제 2-8 $(D1AF)_{16}$를 8진수로 변환하라.

풀이

16진수를 2진수로 변환한 다음에, 2진수를 세 자리씩 묶어 8진수로 변환한다.

$$(D1AF)_{16} = (1101\_0001\_1010\_1111)_2 = (1\_101\_000\_110\_101\_111)_2 = (150657)_8$$

이 교재에서 수의 자릿수가 많아 구분하기 어려울 때, 일정한 간격으로 '_'를 추가하여 수를 표현하기로 한다. 여러 자리의 수가 영역 별로 표현하는 의미가 다를 때, 영역을 구별하기 위하여 '_'를 추가하기도 한다. '_'는 단지 수를 보기 좋게 구분하려고 추가하는 것이고, 수의 크기에 아무 영향을 주지 않는다. 이것은 하드웨어를 표현하는 프로그래밍 언어의 일종인 Verilog 언어에서 채택하고 있는 방법이기도 하다.

2.1.5 코드(Code)

코드(code)는 유한 개의 원소로 구성된 어떤 집합에서 각 원소를 서로 구분하기 위하여 부여한 숫자이다. 서로 구분할 수 있도록 각 원소에 유일한 숫자를 부여해야 하고, 가능하면 원소를 표현하는 데 필요한 비트 수가 적도록, 그리고 사용 목적에 맞도록 부여해야 한다. 컴퓨터에서 자주 사용되는 코드는 숫자 코드, 문자 코드, 명령어 코드가 있다. 데이터를 표현하는 숫자 코드와 문자 코드는 표준화되어 있으나, 명령어를 나타내는 명령어 코드는 프로세서마다 다르게 정의되어 있다. 2장에서는 숫자 코드와 문자 코드에 대하여 설명한다.

2.1.6 이진화십진 코드

이진화십진(BCD, Binary Coded Decimal) 코드는 10진수를 표현한다. 이것은 10진수 0부터 9까지 열 개의 기호에 2진수를 할당하여 서로 구별할 수 있도록 만든 코드이다. 여기서 10진수 열 개의 기호라고 표현하였다. 0부터 9를 수로 생각하는 것이 아니고 집합의 원소라고 생각하는 것이다. 따라서 10진수를 2진수로 변환하는 것과 접근 방식이 다르다. 단지 열 개의 10진수 기호에 열 가지 서로 다른 2진수를 부여하여 10진수를 표현하는 것이다. 열 개의 기호를 2진수로 표현하기 위하여, $2^3 = 8$이고 $2^4 = 16$이므로, 최소 4비트가 필요하다. 〈표 2-2〉는 대표적 이진화십진 코드 두 가지이다.

표 2-2 이진화십진 코드의 예

10진수 기호	0	1	2	3	4	5	6	7	8	9
8421 BCD 코드	0000	0001	0010	0011	0100	0101	0110	0111	1000	1001
3초과 BCD 코드	0011	0100	0101	0110	0111	1000	1001	1010	1011	1100

8421 BCD 코드는 가장 많이 사용하는 이진화십진 코드이다. 특별한 수식어를 붙이지 않고 BCD 코드라고 하면 이 코드를 의미한다. 이것은 10진수 크기에 해당하는 2진수 값으로 코드를 만든다. 각 자리의 무게를 $2^3 = 8$, $2^2 = 4$, $2^1 = 2$, $2^0 = 1$로 정하고, 각 자리의 무게를 더하여 만든 코드이다. 이와 같이 각 자리에 일정한 무게가 부여된 코드를 무게 코드(weighted code)라고 한다.

3초과(Exccess-3) BCD 코드는 8421 코드에 3(0011)을 더하여 만든다. 각 자리의 무게는 의미가 없다. 그렇지만 3초과 코드는 임의의 수 n(n=0~9)에 대하여 1의 보수를 취하면 9의 보수가 된다. 2진수에 대한 1의 보수는 0을 1로, 1을 0으로 바꾼 수이고, 10진수에 대한 9의 보수는 9에서 그 수를 뺀 수이다. 예를 들면, 3에 해당하는 0110에 대한 1의 보수인 1001은 6에 해당하는 코드이다. 이와 같은 특성을 갖는 코드를 자보수(self-complementary) 코드라고 한다.

예제 2-9 10진수 1225를 8421 코드와 3초과 코드로 변환하라.

풀이

8421 코드: 10진수의 각 숫자를 해당 코드로 직접 변환한다.

8421 BCD 코드: 1225 → 0001_0010_0010_0101

3초과 코드: 각 자리에 3(0011)을 더한 후 2진수로 변환한다.

3초과 BCD 코드: 4558 → 0100_0101_0101_1000

2.1.7 문자 코드

문자 코드는 영문자와 특수기호, 숫자를 표현하는 코드이며, 미국에서 제정한 아스키코드(ASCII code, American Standard for Information Interchange code)를 가장 많이 사용한다. 〈표 2-3〉은 아스키코드 표이다. 아스키코드는 영문자, 숫자, 편집 기호, 통신용 특수 기호를 모아 만든 7비트 코드이다. 각 기호에 대하여 가로에 해당하는 3비트와 세로에 해당하는 4비트를 모아 7비트 코드를 형성하고, 일반적으로 맨 앞에 0을 추가하여 8비트로 표현한다. 예를 들어, 문자 'A'에 해당하는 아스키코드는 0100_0001(41h)이다.

표 2-3 아스키코드 표

$b_3b_2b_1b_0$	$b_6b_5b_4$							
	000	001	010	011	100	101	110	111
0000	NUL	DLE	SP	0	@	P	`	p
0001	SOH	DC1	!	1	A	Q	a	q
0010	STX	DC2	"	2	B	R	b	r
0011	ETX	DC3	#	3	C	S	c	s
0100	EOT	DC4	$	4	D	T	d	t
0101	ENQ	NAK	%	5	E	U	e	u
0110	ACK	SYN	&	6	F	V	f	v
0111	BEL	ETB	'	7	G	W	g	w
1000	BS	CAN	(	8	H	X	h	x
1001	HT	EM	)	9	I	Y	i	y
1010	LF	SUB	*	:	J	Z	j	z
1011	VT	ESC	+	;	K	[	k	{
1100	FF	FS	,	〈	L	\	l	|
1101	CR	GS	-	=	M	]	m	}
1110	SO	RS	.	〉	N	^	n	~
1111	SI	US	/	?	O	_	o	DEL

16진수 00부터 1F까지는 편집용 또는 통신 제어용 코드로 눈에 보이지 않는 기호이다. 이 중에서 키보드로 입력할 수 있는 몇 가지 소개하면, BS(0000_1000, 08h)는 백스페이스, HT(0000_1001, 09h)는 수평 탭, CR(0000_1101, 0Dh)은 엔터키, ESC(0001_1011, 1bh)는 이스케이프, SP(0010_0000, 20h)는 공백에 해당한다. 숫자 뒤에 붙은 'h'는 16진수를 나타낸다.

예제 2-10 "Good Morning!"에 해당하는 아스키코드를 16진수로 나열하라.

풀이

G	o	o	d	공백	M	o	r	n	i	n	g	!
47h	6Fh	6Fh	64h	20h	4Dh	6Fh	72h	6Eh	69h	6Eh	67h	21h

인터넷이 활성화되면서 세계 여러 나라의 언어를 모두 수용할 수 있는 문자 코드가 필요하게 되었고, 이에 따라 전세계가 함께 사용하는 16비트 문자 코드 체계인 유니코드(Unicode)가 제정되었다. 유니코드는 1991년에 최초 버전 1.0이 발표되었고, 계속 포함하는 문자가 늘어나면서 2018년에 버전 11.0까지 발표되었다. 지금은 전세계 문자 대부분을 포함하고 있다. 유니코드는 U+(16진수 코드) 형태로 적는다. 유니코드는 U+0000부터 U+007F까지 128자 영역에 기본 라틴 문자를 정의하고 있다. 이 부분은 7비트 아스키코드를 16비트로 확장해 놓은 것과 같다. 그 이후는 여러 문자들이 나열되어 있다. 한글 문자는 가나다순으로 U+AC00부터 U+D7A3까지 11,172 글자를 정의하고 있다. 응용프로그램 문서편집기로 문서를 편집할 때, 특수 문자를 문자표에서 선택해 넣는다. 이 문자표에서 유니코드를 확인할 수 있다.

2.2 조합논리회로

컴퓨터는 크기가 큰 논리회로이다. 컴퓨터를 구성하는 전자회로는 물리 신호(physical signal) 전압과 전류로 구동된다. 전기의 흐름과 흐르지 않음을 2진수 1과 0이나 논리값 참(true)과 거짓(false)으로 표현할 수 있다. 일반적으로 1을 참에 대응시키고, 0을 거짓에 대응시킨다. 물리 신호를 논리값으로 바꾸어 표현하면, 물리 신호를 직접 다루는 것보다 편하면서도 같은 해석을 유도할 수 있다. 논리값을 다루는 회로를 논리회로라고 한다.

논리회로는 크게 조합논리회로와 순차논리회로로 구분한다. 조합논리회로는 입력 값의 조합으로 출력을 결정하고, 순차논리회로는 내부에 기억소자(storage element)를 포함하고 있어 기억소자의 값과 입력 값의 조합으로 출력을 결정한다. 기억소자의 출력을 회로 상태(state)라고 한다. 이 절에서는 조합논리회로를 설명하고, 다음 절에서 순차논리회로를 설명한다.

조합논리회로를 구성하는 기본 요소는 논리게이트(logic gates)이다. 2.2.1절에서 논리게이트를 소개한다. 조합논리회로의 동작은 논리식(logic equation), 진가표(truth table), 또는 논리회로도(logical circuit diagram)로 표현할 수 있다. 이에 관하여 2.2.2절에서 설명한다. 2.2.3절 이후는 조합논리회로로 만든 여러 가지 빌딩블록을 소개한다.

2.2.1 논리게이트

논리게이트는 전기 신호를 논리 값으로 해석하는 최소 단위 논리소자이다. 논리게이트는 0 또는 1의 논리 값을 갖는 한 개 이상의 신호를 입력으로 받고, 0 또는 1의 값을 갖는 한 개의 신호를 출력한다. 게이트는 이진신호가 통과하는 '문'이란 뜻이다. 입력이 두 개 이상인 논리게이트 종류는 AND 게이트, OR 게이트, XOR 게이트가 있고, 이것들의 출력 값을 반전한 NAND 게이트, NOR 게이트, XNOR 게이트가 있다. 그리고 한 개의 입력신호를 다루는 NOT 게이트와 버퍼(buffer)가 있다. 〈표 2-4〉는 각 논리게이트에 대한 동작특성표고, [그림 2-2]는 그래픽 기호이다.

표 2-4 기본 논리게이트의 동작특성표

입력		AND	NAND	OR	NOR	XOR	XNOR	NOT	BUFFER
X	Y	F=X · Y	F=(X · Y)′	F=X+Y	F=(X+Y)′	F=X⊕Y	F=(X⊕Y)′	F=X′	F=X
0	0	0	1	0	1	0	1	1	0
0	1	0	1	1	0	1	0		
1	0	0	1	1	0	1	0	0	1
1	1	1	0	1	0	0	1		

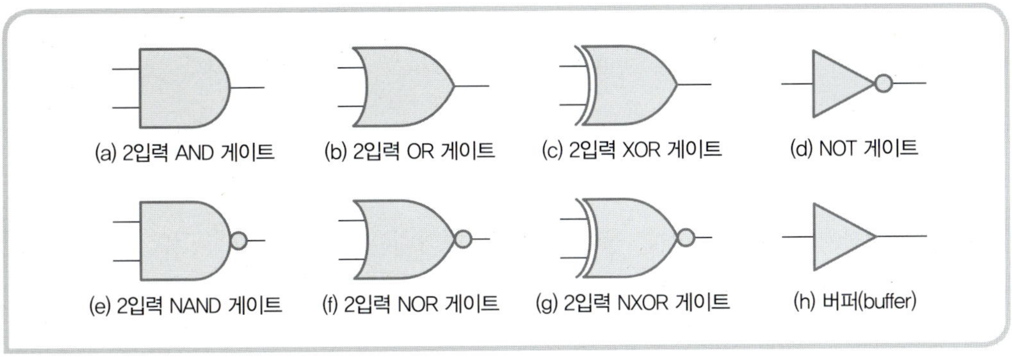

그림 2-2 논리게이트의 그래픽 기호

AND 게이트는 두 개 이상의 입력을 가질 수 있다. 입력신호 값이 모두 1일 때 1을 출력한다. 입력선이 세 개 이상일 때 AND 게이트 그래픽 기호의 왼쪽에 입력선 수가 늘어난다. AND 연산을 논리곱(logical product)이라고 한다. 두 개의 입력신호를 X와 Y, 출력신호를 F라고 할 때, AND 동작을 나타내는 논리식을 $F = X \cdot Y$ 또는 '·'를 생략하여 단순히 $F = XY$로 표기한다.

OR 게이트도 역시 두 개 이상의 입력을 가질 수 있다. 입력신호 중 적어도 한 개의 값이 1일 때 1을 출력한다. 입력선이 세 개 이상일 때 OR 게이트 그래픽 기호 왼쪽에 입력선 수가 늘어난다. OR 연산을 논리합(logical sum)이라고 한다. 두 개의 입력신호를 X와 Y, 출력신호를 F라고 할 때, OR 동작을 나타내는 논리식을 $F = X + Y$로 표기한다.

XOR(exclusive OR) 게이트는 영어 단어를 그대로 번역하여 배타적 OR 게이트라고도 한다. 입력신호가 두 개일 때 〈표 2-4〉의 XOR 항목과 같이, 입력신호 값이 같으면 0, 서로 다르면 1을 출력한다. 그렇지만, 입력신호가 세 개 이상일 때는 입력신호 값이 1인 입력 수가 홀수이면 1, 짝수이면 0을 출력한다. 두 개의 입력신호를 X와 Y, 출력신호를 F라고 할 때, XOR 동작을 나타내는 논리식을 $F = X \oplus Y$로 표기한다.

NOT 게이트는 입력과 출력 수가 모두 한 개이고, 출력 값은 항상 입력 논리값의 반대이다. 즉, 입력이 0이면 1을 출력하고, 입력이 1이면 0을 출력한다. 입력을 X라고 할 때, NOT 게이트의 동작을 나타내는 논리식은 $F = X'$ 또는 $F = \overline{X}$로 표기한다.

NAND 게이트는 AND 게이트 출력을 반전시켜 만든 게이트이다. 입력신호 역시 두 개 이상일 수 있고, 입력신호 값이 모두 1일 때 0을 출력한다. [그림 2-2(e)] 게이트 기호에서 출력 단의 작은 동그라미는 출력이 반전됨을 의미한다. 두 개의 입력신호를 X와 Y, 출력신호를

F라고 할 때, NAND 동작을 나타내는 논리식을 $F = (X \cdot Y)'$ 또는 $F = \overline{X \cdot Y}$ 로 표기한다. AND 연산을 의미하는 '·'을 생략할 수 있다.

NOR 게이트는 OR 게이트 출력을 반전시켜 만든 게이트이다. 입력신호 역시 두 개 이상일 수 있고, 입력신호 중에 값이 1인 것이 하나 이상일 때 0을 출력한다. 두 개의 입력신호를 X와 Y, 출력신호를 F라고 할 때, NOR 동작을 나타내는 논리식을 $F = (X + Y)'$ 또는 $F = \overline{X + Y}$ 로 표기한다.

XNOR(exclusive NOR) 게이트는 배타적 NOR 게이트라고도 하며, XOR 게이트 출력이 반전된 신호를 출력한다. 입력신호가 두 개일 때, 입력 값이 같으면 1, 다르면 0을 출력한다. 입력이 세 개 이상일 때는 입력 값 중에 1의 수가 홀수면 0, 짝수면 1을 출력한다. 두 개의 입력신호를 X와 Y, 출력신호를 F라고 할 때, XNOR 동작을 나타내는 논리식을 $F = (X \oplus Y)'$ 또는 $F = \overline{X \oplus Y}$ 로 표기한다.

버퍼(buffer)는 입력과 출력이 모두 한 개이고, 출력 값은 입력 값과 같다. 즉, 입력 값이 0이면, 0을 출력하고, 입력이 1이면 1을 출력한다. 버퍼는 입력신호의 논리값을 바꾸지 않는다. 다만, 입력신호와 논리 값은 같으면서 힘이 센 신호를 출력한다.

2.2.2 정논리와 부논리

디지털 회로의 신호는 다음과 같이 두 가지 방법으로 사용된다.

- 수치 데이터: 여러 비트가 모여 2진수 숫자를 형성한다.
- 이진신호: 일반적으로 한 비트 단위로 사용되며, 어떤 사건(event)이 발생하였음을 나타낸다.

예를 들어 엘리베이터를 생각해 보자. 사람이 이동하려는 층의 번호는 수치 데이터에 해당한다. 엘리베이터 문을 여닫는 버튼은 입력 이진신호고, 탑승한 사람들의 무게가 한도를 초과하였음을 나타내는 경보(alarm)는 출력 이진신호다. 여기에서는 이진신호에 2진수 값을 부여하는 방법을 생각해 본다.

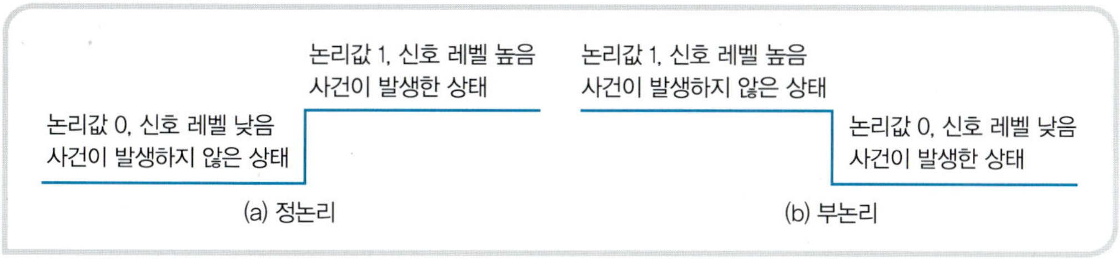

그림 2-3 이진신호의 정논리와 부논리

이진신호에 2진수 값을 부여하는 방법은 다음과 같이 두 가지가 있을 수 있다.

- 정논리(positive logic): [그림 2-3(a)]와 같이 신호의 전압 레벨이 0(low)일 때 사건이 발생하지 않음을 나타내고, 전압 레벨이 1(high)일 때 사건이 발생함을 나타낸다. 일반적으로 신호 이름에 아무 표시를 하지 않는다. 예를 들어, 경보 신호의 이름을 *alarm*으로 표시한다.
- 부논리(negative logic): [그림 2-3(b)]와 같이 신호의 전압 레벨이 1(high)일 때 사건이 발생하지 않음을 나타내고, 전압 레벨이 0(low)일 때 사건이 발생함을 나타낸다. 일반적으로 신호 이름 위에 바(bar)를 그리거나, 이름 앞에 '/' 또는 '–' 기호를 붙인다. 예를 들어 경보 신호의 이름을 $\overline{alarm}$, $/alarm$, 또는 $-alarm$으로 표시한다.

일반적으로 논리식을 표현할 때, 1을 참(true), 0을 거짓(false)에 대응시키기 때문에, 우리는 정논리 개념이 더 친숙하다. 그렇지만 부논리를 적용한 실제 논리회로를 자주 볼 수 있다. 정논리와 부논리 개념은 입력신호와 출력신호에 별도로 적용될 수 있다. 그리고 논리회로도에 포함된 신호선이 부논리임을 표현하기 위하여 신호선에 작은 동그라미(bubble, o)를 붙인다.

'2.2.1 논리게이트'에서 기본 논리게이트에 대한 동작 특성, 그래픽 기호를 소개하였다. AND, OR, XOR 게이트는 출력에 정논리 개념을 적용한 것으로 생각할 수 있고, NAND, NOR, XNOR 게이트는 출력에 부논리 개념을 적용한 것으로 생각할 수 있다.

2.2.3 조합논리회로 표현

조합논리회로는 입력 값의 조합에 의하여 출력이 결정된다. 즉, 같은 입력 조합에 대하여 항상 출력이 같다. 조합논리회로는 [그림 2-4]와 같이 입력이 n개($n \geq 1$)이고 출력이 k개

($k \geq 1$)이다. 조합논리회로는 내부에 궤환경로(feedback path)를 포함하지 않는다. 한 게이트의 출력이 그 게이트를 포함하여 그 게이트보다 이전 단에 있는 게이트의 입력으로 연결되는 것을 궤환경로라고 한다. 회로에 궤환경로가 있으면, 이진 값을 저장하는 기억 기능이 생긴다. 조합논리회로는 내부에 정보를 기억하는 기능이 없다.

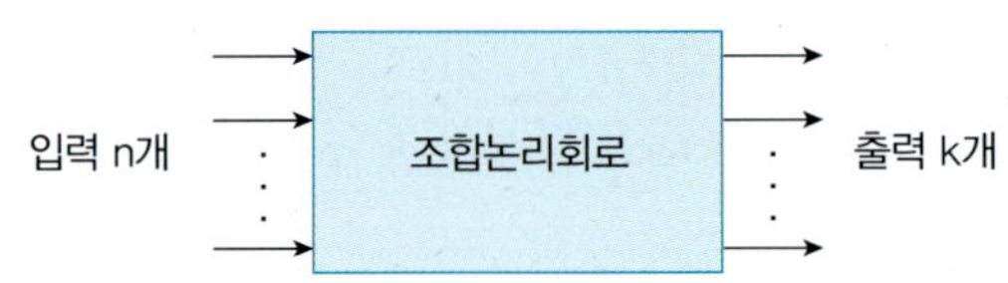

그림 2-4 조합논리회로의 입력과 출력

조합논리회로의 입력과 출력신호는 모두 0 또는 1의 값을 갖는 이진신호이다. 조합논리회로는 n개의 입력신호에 대하여 2^n개의 출력 조합을 갖는다. 조합논리회로의 동작을 세 가지 방법(논리식, 논리회로도, 진가표)으로 표현할 수 있다. 진가표로 표현할 때, 왼편에 2^n개의 입력 조합을 모두 나열하고, 그 오른편에 해당 조합에 대한 k개의 출력신호 값을 적는다. 각 출력신호에 대한 k개의 논리식으로 조합논리회로의 동작을 표현할 수 있으며, 출력 논리식은 n개의 입력 변수의 항으로 표현되는 함수이다.

예를 들어, 입력신호가 X, Y, Z 세 개이고, 출력이 F인 다수 함수(majority function)를 생각해 보자. 입력신호 중에 값이 1인 신호 수가 0인 신호 수보다 많으면, 다수 함수의 출력

입력			출력
X	Y	Z	F
0	0	0	0
0	0	1	0
0	1	0	0
0	1	1	1
1	0	0	0
1	0	1	1
1	1	0	1
1	1	1	1

$$F(X,Y,Z) = X \cdot Y + Y \cdot Z + X \cdot Z$$

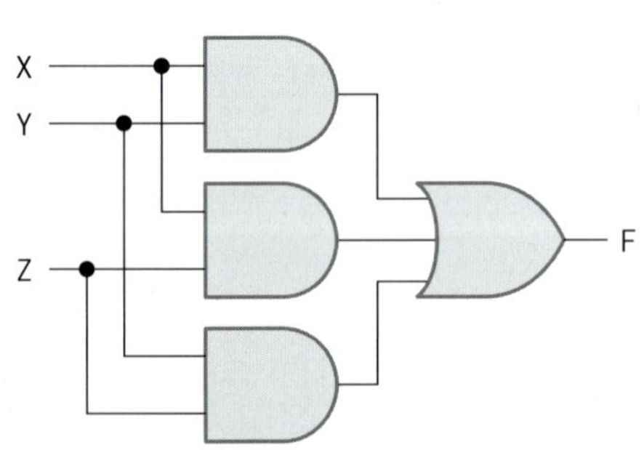

그림 2-5 다수 함수의 논리식, 논리회로도, 진가표

F는 1이고, 그 외는 출력 F는 0이다. 출력 F는 정논리이다. [그림 2-5]에 다수 함수의 진가표, 논리식, 논리회로도를 제시하였다. 조합논리회로를 설계할 때, 회로의 동작에 대한 진가표를 구하고, 진가표에서 논리식을 유도하고, 이로부터 논리회로도를 구한다. 반대로 조합논리회로를 분석할 때는 주어진 논리회로도에 대하여 논리식을 구한 후 진가표를 작성하여 해석한다. 이와 같이 논리식, 논리회로도, 진가표 중에서 어느 하나라도 주어지면 다른 것을 유도할 수 있다.

규모가 큰 논리회로를 설계할 때 미리 만들어져 있는 부품을 사용하는데 이 부품이 빌딩블록이다. 조합논리회로 빌딩블록의 예는 디코더, 인코더, 멀티플렉서, 디멀티플렉서가 있고, 연산기를 구성하는 기본 소자인 전가산기가 있다. 빌딩블록을 만들 때는 게이트 레벨의 논리회로를 설계하고 구현하는 방법을 알아야 하지만, 사용할 때는 그 기능과 입출력신호의 용도를 알고 있는 것으로 충분하다. 빌딩블록을 설계하는 방법은 논리회로 교재를 참고하여 학습하기로 하고, 여기에서는 여러 가지 빌딩블록의 기능과 용도에 대하여 설명한다.

2.2.4 디코더

디코더(decoder)란 '코드를 푸는 장치'라는 뜻이다. 예를 들어, 2비트로 00, 01, 10, 11의 네 가지 정보를 표현할 수 있는 데, 만약 이 값들이 차례대로 봄(00), 여름(01), 가을(10), 겨울(11)을 나타낸다면, 두 비트 숫자는 계절을 나타내는 코드이다. 이 코드를 다시 네 가지 정보인 봄, 여름, 가을, 겨울로 풀어내는 장치가 디코더이다.

n비트의 이진 코드는 2^n개의 이진 정보를 나타낼 수 있다. 디코더는 n비트 입력을 최대 2^n비트의 단일 출력으로 변환하는 조합논리회로다. 입력이 n비트이고 출력이 m비트인 디코더를 $n \times m$ 디코더 또는 *n-to-m* 디코더라고 표현한다. 이때, $m \le 2^n$이어야 하고 $m < 2^n$일 때에는 사용하지 않는 출력을 포함하고 있는 것이다. 디코더는 최대 2^n비트의 출력 중 한 비트만 다른 비트들과 다른 값을 갖는다.

[그림 2-6]은 정논리 출력을 갖는 2×4 디코더의 블록도(block diagram)와 동작특성표다. 입력신호는 I_1I_0 두 비트이고, 이에 대한 출력신호는 $Y_3Y_2Y_1Y_0$ 네 비트이다. 입력신호의 2진수 값에 해당하는 출력신호만 값이 1이고 나머지는 값이 0이다. 의미가 있는 신호 값이 1로 표현되므로, 이 회로의 출력은 정논리이다.

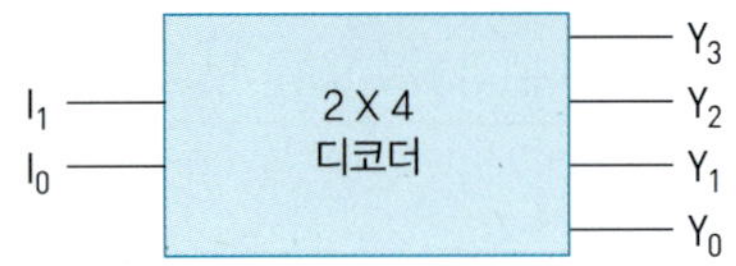

I_1	I_0	Y_3	Y_2	Y_1	Y_0
0	0	0	0	0	1
0	1	0	0	1	0
1	0	0	1	0	0
1	1	1	0	0	0

그림 2-6 정논리 2×4 디코더의 블록도와 동작특성표

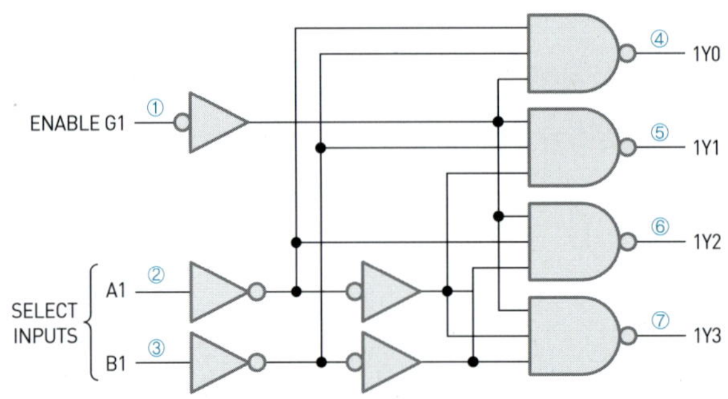

Inputs			Outputs			
Enable	Select					
G	B	A	Y3	Y2	Y1	Y0
H	X	X	H	H	H	H
L	L	L	H	H	H	L
L	L	H	H	H	L	H
L	H	L	H	L	H	H
L	H	H	L	H	H	H

그림 2-7 인에이블 입력이 있는 2×4 디코더(74139)

[그림 2-7]은 인에이블 입력이 있는 2×4 디코더이다. 특성표의 X는 don't care임을 의미한다. 즉, X는 H(high)이든 L(low)이든 상관이 없다는 것이다. 인에이블 신호 /G가 H일 때, 출력은 모두 H로 되어 디코더 기능을 수행하지 않는다. 인에이블 신호 /G가 L일 때, 입력신호 (B, A)에 해당하는 출력이 L이고 나머지 출력은 H이다. 그러므로 인에이블 신호 /G는 부논리이고, 출력 역시 부논리이다.

2.2.5 인코더

인코더(encoder)는 '코드를 만든다'는 의미로 디코더의 반대 동작을 수행하는 조합논리회로다. 인코더는 최대 2^n 비트의 입력신호를 받아 n비트의 출력 코드를 생성한다. 인코더 출력은 입력신호 순서에 대응하는 이진 코드이다.

〈표 2-5〉는 입력이 8비트이고 출력이 3비트인 인코더의 동작특성표다. 입력이 8비트이므

로 2^8 = 256개의 가능한 입력 조합이 있으나, 입력 조합 중에서 여덟 개만 사용하고 있다. 여기에는 입력신호 중에서 동시에 값이 1인 경우가 없고, 언제나 입력신호 한 개만 1이라는 전제가 있어야 한다. 이 인코더는 입력신호 여러 개가 동시에 1이 되면, 인코더 기능을 상실한다. 이러한 문제점을 해결하기 위하여 입력신호에 우선순위를 부여한 것이 우선순위 인코더(priority encoder)이다.

표 2-5 8 x 3 인코더

I_7	I_6	I_5	I_4	I_3	I_2	I_1	I_0	Y_2	Y_1	Y_0
0	0	0	0	0	0	0	1	0	0	0
0	0	0	0	0	0	1	0	0	0	1
0	0	0	0	0	1	0	0	0	1	0
0	0	0	0	1	0	0	0	0	1	1
0	0	0	1	0	0	0	0	1	0	0
0	0	1	0	0	0	0	0	1	0	1
0	1	0	0	0	0	0	0	1	1	0
1	0	0	0	0	0	0	0	1	1	1

〈표 2-6〉은 9×4 우선순위 인코더의 동작특성표다. 이 회로는 입력과 출력이 모두 부논리이다. 그러므로 전압 레벨인 H, L을 이진수로 해석할 때, H를 0, L을 1로 해석해야 한다. 9개의 입력이 모두 H일 때, 출력은 모두 H가 되어 활성화된 입력신호가 없음을 나타낸다. 큰 숫자 입력이 우선순위가 높다. 우선순위가 가장 높은 9번 입력이 L이면 다른 입력들과 무관하게, 출력신호 DCBA는 LHHL로 되어 9(1001)를 출력한다. 8번 입력은 두 번째로 우선순위가 높다. 자신보다 우선순위가 높은 9번 입력이 H이고 8번 입력이 L일 때, 출력신호 DCBA는 LHHH로 되어 8(1000)을 출력한다. 1번 입력은 우선순위가 가장 낮다. 자신보다 우선순위가 높은 다른 입력신호들이 모두 H이고 1번 입력만 L일 때, 출력신호 DCBA는 HHHL로 되어 1(0001)을 출력한다.

표 2-6 9 x 4 우선순위 인코더(74147)

INPUTS									OUTPUTS			
1	2	3	4	5	6	7	8	9	D	C	B	A
H	H	H	H	H	H	H	H	H	H	H	H	H
X	X	X	X	X	X	X	X	L	L	H	H	L
X	X	X	X	X	X	X	L	H	L	H	H	H
X	X	X	X	X	X	L	H	H	H	L	L	L
X	X	X	X	X	L	H	H	H	H	L	L	H
X	X	X	X	L	H	H	H	H	H	L	H	L
X	X	X	L	H	H	H	H	H	H	L	H	H
X	X	L	H	H	H	H	H	H	H	H	L	L
X	L	H	H	H	H	H	H	H	H	H	L	H
L	H	H	H	H	H	H	H	H	H	H	H	L

2.2.6 멀티플렉서와 디멀티플렉서

멀티플렉서는 여러 개의 입력선 중에서 하나를 선택하여 한 개의 출력선으로 전달하는 조합 논리회로다. 디멀티플렉서는 멀티플렉서와 반대 동작을 수행하는 빌딩블록으로 하나의 입력신호를 여러 출력 중 한 곳으로 분배한다. [그림 2-8(a)]는 멀티플렉서와 디멀티플렉서의 기능을 스위치 형태로 표현한 것으로, 멀티플렉서는 네 개의 입력선 중에서 하나를 선택하여 출력으로 전달하는 스위치 기능을 수행하고, 디멀티플렉서는 하나의 입력선을 네 개의 출력 중 하나로 전달하는 스위치 기능을 수행한다.

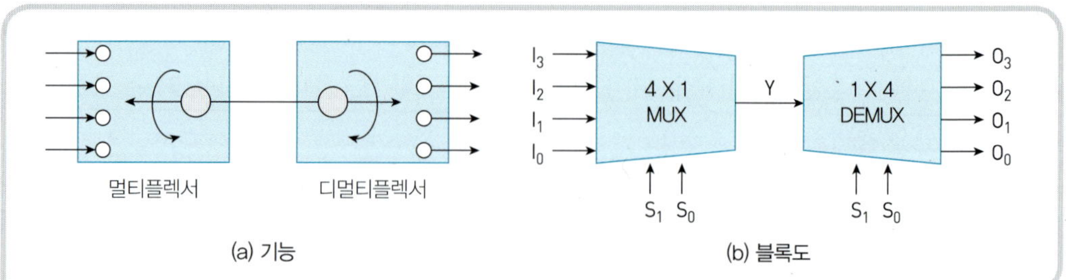

그림 2-8 멀티플렉서와 디멀티플렉서

표 2-7 멀티플렉서와 디멀티플렉서의 동작특성표

멀티플렉서		
S_1	S_0	Y
0	0	I_0
0	1	I_1
1	0	I_2
1	1	I_3

디멀티플렉서					
S_1	S_0	O_3	O_2	O_1	O_0
0	0	0	0	0	Y
0	1	0	0	Y	0
1	0	0	Y	0	0
1	1	Y	0	0	0

멀티플렉서 입력은 회로를 통과하려는 신호선과 통과하는 신호를 선택하는 제어선으로 구성되어 있다. [그림 2-8(a)] 멀티플렉서는 스위치로 표현되어 있지만, 논리회로 멀티플렉서는 스위치를 어느 입력으로 연결할지 결정하는 선택선을 필요로 한다. 2^n비트의 입력선 중 하나를 선택하기 위하여 n비트의 선택선이 필요하다. [그림 2-8(b)] 4×1 멀티플렉서는 입력선이 4비트이고 선택선이 2비트이다. 디멀티플렉서는 한 개의 입력선, 입력을 출력으로 연결하는 선택선, 그리고 여러 비트의 출력선으로 구성되어 있다. 입력선을 2^n비트의 출력선 중 하나로 연결하기 위하여 n비트의 제어선이 필요하다. [그림 2-8(b)] 1×4 디멀티플렉서는 2비트의 선택선으로 입력신호를 전달할 출력을 결정한다. 〈표 2-7〉은 [그림 2-8]의 멀티플렉서와 디멀티플렉서에 대한 동작특성표다.

디멀티플렉서는 하드웨어 회로 관점에서 인에이블 신호가 있는 디코더와 같다. [그림 2-7]의 디코더는 G 인에이블 입력을 입력선으로 해석하고, A와 B 입력을 선택선으로 해석하면, 디멀티플렉서 기능을 한다.

2.2.7 가산기

산술 연산 회로는 2진수에 대한 덧셈, 뺄셈, 곱셈, 나눗셈과 같은 산술 연산을 수행하는 조합논리회로다. 연산 회로는 사람과 같이 산술 연산의 뜻을 이해하고 계산하는 것이 아니고, 올바른 계산 결과를 출력하도록 설계한 조합논리회로일뿐이다. 여기에서는 연산 회로의 기본 빌딩블록인 반가산기와 전가산기를 소개한다.

[그림 2-9(a)] 반가산기(HA, Half Adder)는 [그림 2-9(b)]와 같이 한 비트 수 두 개를 더하여 합과 자리올림수를 구하는 조합논리회로다. 입력 비트를 X, Y라 하고, 합을 S(Sum), 자리올림수를 C(Carry)라고 할 때, 반가산기 동작은 [그림 2-9(c)]의 논리식으로 표현된다. 반가산

기 동작특성표는 〈표 2-8〉과 같다.

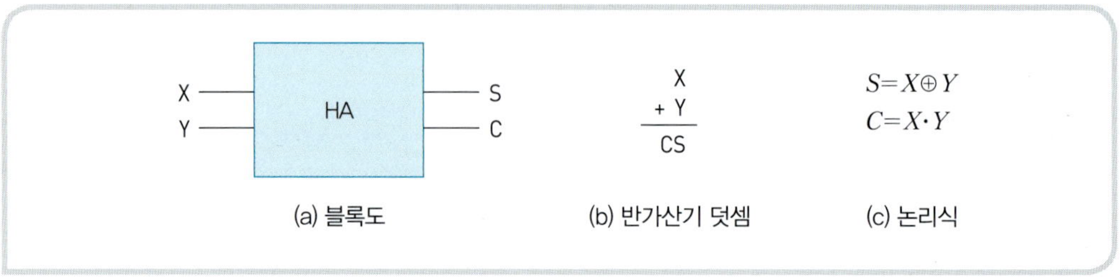

그림 2-9 반가산기

표 2-8 반가산기 동작특성표

입력		출력		설명
X	Y	C	S	
0	0	0	0	0 + 0 = 00
0	1	0	1	0 + 1 = 01
1	0	0	1	1 + 0 = 01
1	1	1	0	1 + 1 = 10

[그림 2-10(a)] 전가산기(FA, Full Adder)는 [그림 2-10(b)]와 같이 한 비트 수 두 개와 그 자리보다 한 자리 아래 단에서 올라오는 자리올림수까지 세 비트 값을 더하여 합과 자리올림수를 구하는 조합논리회로다. 입력 비트를 X, Y, 이전 단에서 올라오는 자리올림수를 Z라 하고, 세 비트의 합을 S(Sum), 자리올림수를 C(Carry)라고 할 때, 〈표 2-9〉와 같은 값을 출력한다. 전가산기의 출력 논리식은 [그림 2-10(c)]와 같다.

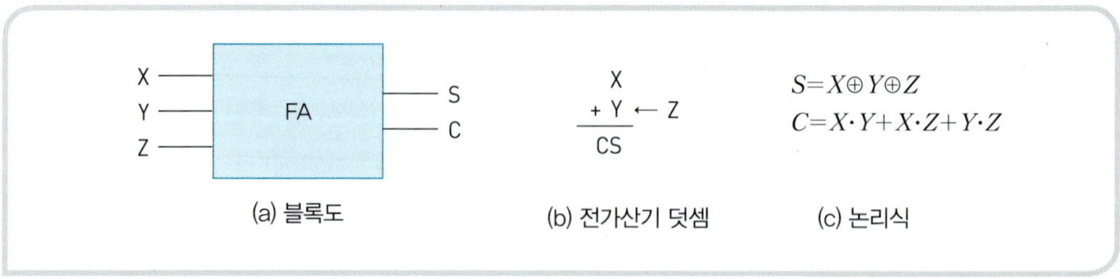

그림 2-10 전가산기

표 2-9 전가산기의 동작특성표

입력			출력		설명
X	Y	Z	C	S	
0	0	0	0	0	0 + 0 + 0 = 00
0	0	1	0	1	0 + 0 + 1 = 01
0	1	0	0	1	0 + 1 + 0 = 01
0	1	1	1	0	0 + 1 + 1 = 10
1	0	0	0	1	1 + 0 + 0 = 01
1	0	1	1	0	1 + 0 + 1 = 10
1	1	0	1	0	1 + 1 + 0 = 10
1	1	1	1	1	1 + 1 + 1 = 11

전가산기 여러 개를 사용하여 여러 비트를 병렬로 더하고 빼는 병렬 가산기(parallel adder)를 만들 수 있다. 그리고 병렬 가산기를 사용하여 더하기와 빼기를 여러 번 반복 수행하면, 곱셈기와 나눗셈기도 만들 수 있다. '5장 연산기'에서 이러한 연산장치에 대하여 설명한다.

2.3 순차논리회로

조합논리회로는 입력의 조합에 따라 출력이 결정되기 때문에, 항상 같은 입력에 대하여 같은 출력이 나타난다. 반면에 순차논리회로(sequential circuit)는 입력의 조합뿐만 아니라 회로에 포함되어 있는 기억소자 값에 따라 회로 출력이 변할 수 있다. 그러므로 같은 입력이 인가된다고 해도, 기억소자 값에 따라 서로 다른 출력이 나타날 수 있다. 기억소자 출력을 상태(state) 또는 내부 상태(internal state)라고 한다. 입력신호 값에 따라 상태가 변하고, 입력신호 값과 내부 상태에 따라 출력신호 값이 결정된다.

순차논리회로는 동기 순차논리회로(synchronous sequential logic circuit)와 비동기 순차논리회로(asynchronous sequential logic circuit)가 있다. [그림 2-11] 동기 순차논리회로는 회로에 포함된 기억소자들이 모두 같은 시간에 동작한다. 동작 시간을 맞추기 위하여 클럭 펄스(clock pulse)를 사용한다. 클럭은 주기적으로 0과 1이 계속 반복되는 신호이다. 컴퓨터는 규모가 큰 동기 순차논리회로다. 비동기 순차논리회로는 회로 동작을 동기화하는 클럭 펄스를 사용하지 않는다. 회로에 포함된 기억소자들이 동시에 동작하지 않는다. 입력신호나 내부상태가 변할 때, 그 출력에 연결된 기억소자 출력이 변한다.

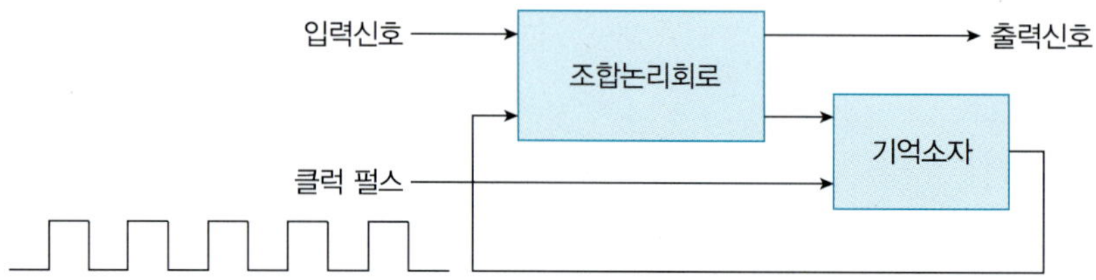

그림 2-11 동기 순차논리회로

이 교재에서는 비동기 순차논리회로는 다루지 않는다. 기억소자인 플립플롭에 대하여 설명하고, 그 후에 순차논리회로 빌딩블록인 레지스터, 시프트 레지스터, 카운터를 소개한다.

2.3.1 플립플롭

플립플롭(flip-flop)은 데이터 한 비트를 저장하는 기억소자이다. [그림 2-12]는 플립플롭을 일반 형태로 표현한 것이다. 플립플롭은 입력신호(I), 클럭 펄스(CP), 출력신호(Q)를 갖는다. 클럭이 변하는 시간에 맞추어 입력신호 값에 따라 출력신호가 변한다. 클럭 펄스는 계속해서 0과 1을 반복한다. 다음과 같은 두 가지 사항으로 구분하여 플립플롭의 동작을 알아둘 필요가 있다.

- 플립플롭이 동작하는 시기
- 입력신호에 따른 플립플롭 종류별 동작 특성

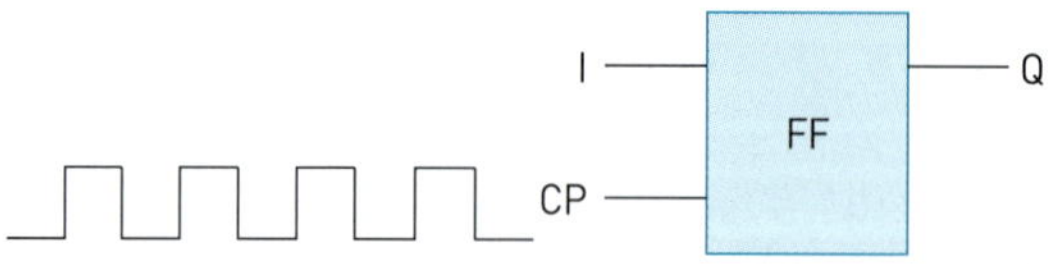

그림 2-12 플립플롭의 일반 형태와 클럭 펄스

플립플롭은 입력이 변하더라도 클럭이 변하지 않으면 출력이 변하지 않는다. 클럭이 변할 때, 입력 값에 따라 출력의 상태가 변한다. 플립플롭 출력을 현재상태(current state)라고 하고,

클럭 펄스가 인가된 이후에 변경될 출력을 다음상태(next state)라고 한다. 플립플롭의 동작 시기는 [그림 2-13]과 같이 세 가지 방법으로 구분할 수 있다.

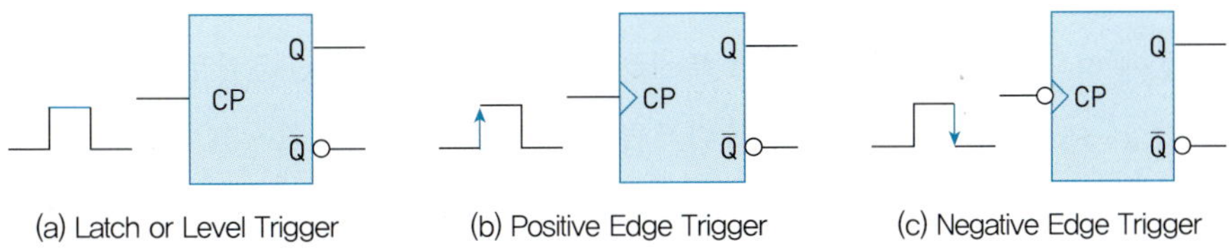

그림 2-13 플립플롭의 동작 시기

- 클럭이 high인 상태(값이 1인 구간)일 때 동작하는 플립플롭을 래치(latch) 또는 레벨 트리거(level trigger) 플립플롭이라고 한다. 일반적으로 레벨 트리거는 클럭을 그릴 때 아무 표시도 하지 않는다.
- 클럭이 0에서 1로 변하는 순간에 동작하는 플립플롭을 상승 에지(rising edge triggered 또는 positive edge triggered) 플립플롭이라고 한다. 일반적으로 클럭 단자에 작은 삼각형을 그려 클럭의 상승 에지에서 동작하는 플립플롭임을 표시한다.
- 클럭이 1에서 0으로 변하는 순간에 동작하는 플립플롭을 하강 에지(falling edge triggered 또는 negative edge triggered) 플립플롭이라고 한다. 일반적으로 작은 삼각형과 함께 작은 동그라미를 그려 클럭의 하강 에지에서 동작하는 플립플롭임을 표시한다.

그림 2-14 상승 에지 플립플롭의 입력과 출력 타이밍

플립플롭 출력은 동작 시기의 입력신호 값에 따라 출력이 변한다. [그림 2-14]는 상승 에지 플립플롭에 대한 동작 타이밍을 표현한 것이다. [그림 2-14(a)]는 시간을 나노초 단위로 정밀하게 나누어 본 타이밍이다. 입력신호는 플립플롭 동작 시기에 해당하는 상승 에지보다

셋업 시간(t_{setup}) 이전에 안정되어야 하고, 상승 에지 이후에 유지 시간(t_{hold}) 동안 변하지 않아야 한다. 이 조건을 만족할 때, 상승 에지부터 지연 시간(t_{delay})이 지난 후 출력 값이 결정된다. 이 과정을 거시적으로 본 타이밍이 [그림 2-14(b)]이다. 플립플롭은 클럭의 상승 에지 직전 입력 값에 따라 상승 에지 직후에 출력 값이 변한다.

입력신호에 따른 플립플롭 종류는 D 플립플롭, SR 플립플롭, JK 플립플롭, T 플립플롭이 있다. [그림 2-15]는 네 가지 종류의 플립플롭에 대한 모양과 동작특성표다. 편의상 네 가지 모두 상승 에지 플립플롭으로 설명한다. 레벨 트리거 또는 하강 에지 방식의 플립플롭도 있다. 플립플롭은 출력이 두 개이다. 하나는 정상 출력(Q)이고 다른 하나는 부출력 $\overline{Q}$ 이다. 부출력은 항상 정상 출력의 반대 값을 갖는다. 종류별 플립플롭 동작은 다음과 같다. 에지 트리거 방식인 플립플롭은 클럭이 인가되기 직전의 입력신호에 따라 직후에 출력신호가 변한다. 이후의 설명에서 다음상태는 클럭이 인가된 직후의 출력을 말한다.

CP	D	Q
↑	0	0
↑	1	1

(a) D-FF

CP	S	R	Q
↑	0	0	Q
↑	0	1	0
↑	1	0	1
↑	1	1	NA

(b) SR-FF

CP	J	K	Q
↑	0	0	Q
↑	0	1	0
↑	1	0	1
↑	1	1	$\overline{Q}$

(c) JK-FF

CP	T	Q
↑	0	Q
↑	1	$\overline{Q}$

(d) T-FF

그림 2-15 플립플롭의 종류

- D 플립플롭
  - 입력선이 하나(D)이다.
  - 클럭의 상승 에지 직전 D 입력에 따라 상승 에지 직후에 다음상태를 결정한다.
  - D 입력이 클럭 인가 직후에 출력에 나타나므로 입력 값을 지연(delay)하는 효과가 있다.

• SR 플립플롭

– 입력선이 S(set)와 R(reset) 두 개이다.

– 클럭이 변할 때 입력이 S=0, R=0이면, 현재상태를 그대로 유지한다. 이것을 특성표에 Q로 표현한다.

– 클럭이 변할 때 입력이 S=0, R=1이면, 다음상태는 0(reset)이다.

– 클럭이 변할 때 입력이 S=1, R=0이면, 다음상태는 1(set)이다.

– 클럭이 변할 때 입력이 S=1, R=1인 조합은 사용할 수 없도록(not allowed) 규정하고 있다. 즉, SR 플립플롭은 S와 R의 값이 동시에 1이 되도록 사용할 수 없다.

• JK 플립플롭

– 입력선이 J와 K 두 개이다.

– 입력이 (J=0, K=0), (J=0, K=1), (J=1, K=0)일 때 SR 플립플롭과 동작이 같다.

– 클럭이 변할 때 입력 값이 J=1, K=1이면, 다음상태는 현재상태의 반대 값이다. 이것을 동작특성표에 $\overline{Q}$로 표현한다. 이렇게 출력 상태가 현재상태의 반대 값으로 변하는 것을 토글(toggle)이라고 한다.

• T 플립플롭

– 입력선이 T 하나이다.

– 클럭이 변할 때 T 입력이 0이면, 출력의 다음상태는 현재상태를 그대로 유지한다. 즉, 값이 변하지 않는다.

– 클럭이 변할 때 T 입력이 1이면, 출력은 토글한다.

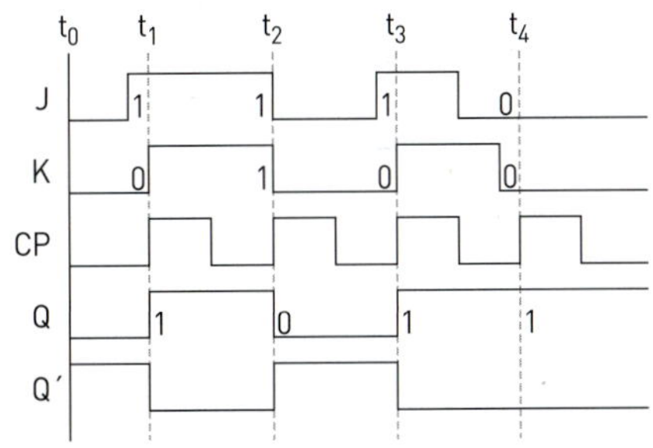

그림 2-16 상승 에지 JK 플립플롭의 동작 예

[그림 2-16]은 상승 에지에서 동작하는 JK 플립플롭의 동작 예이다. t_0에서 초기값은 J=0, K=0, Q=0으로 가정한다. 상승 에지에서 동작하므로, 클럭이 0에서 1로 변하는 순간(t_1, t_2,

t_3, t_4)에 입력의 클럭 직전 값에 따라 클럭 직후의 출력이 변한다. 여기서 상승 에지 직전의 입력 J와 K의 값에 따라 상승 에지 직후에 출력이 변한다는 것이 중요하다. 다른 구간에서 JK 플립플롭의 다음상태는 변하지 않는다. 각 시간별 동작은 다음과 같다.

- t_1에서 클럭 상승 에지 직전에 J=1, K=0이므로, Q는 1로 세트된다.
- t_2에서 클럭 상승 에지 직전에 J=1, K=1이므로, Q는 토글한다. 즉, 현재상태가 1이므로 다음상태는 0으로 변한다.
- t_3에서 클럭 상승 에지 직전에 J=1, K=0이므로, Q는 다시 1로 세트된다.
- t_4에서 클럭 상승 에지 직전에 J=0, K=0이므로, Q는 현재상태 1을 그대로 유지한다.
- 부출력 $\overline{Q}$는 항상 Q와 반대 값을 갖는다.

2.3.2 레지스터

레지스터(register)는 여러 비트의 이진 정보를 저장하는 빌딩블록이며, 저장하는 비트 수만큼 플립플롭을 포함하고 있다. [그림 2-17]은 D 플립플롭 네 개로 만든 간단한 레지스터이다. 레지스터를 구성하는 플립플롭은 한 개의 소자처럼 동작하도록 클럭이 함께 연결되어 있다. 그러므로 플립플롭 출력이 모두 동시에 변한다.

[그림 2-18]은 비동기 리셋과 동기 적재 기능이 있는 4비트 레지스터의 모양과 동작표이다. 이 레지스터는 다음과 같이 동작한다. Enable은 정논리이고, /Clear는 부논리 제어신호이다.

- /Clear가 0일 때, 클럭 상태와 관계 없이 출력은 즉시 0으로 변한다. 이와 같이 클럭 신호와 상관 없이 출력이 변하게 만드는 입력신호를 비동기 입력이라고 한다.
- /Clear가 1이고 Enable이 0일 때, 출력은 현재상태를 유지한다.
- /Clear가 1이고 Enable이 1일 때, 클럭의 상승 에지에서 입력신호 D 값을 레지스터 출력 Q로 전달한다.

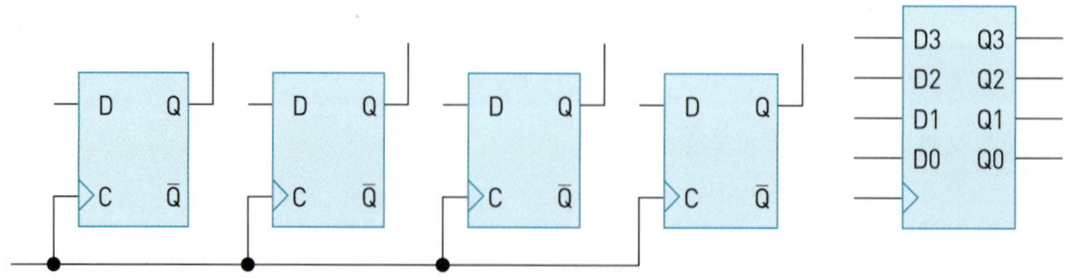

그림 2-17 4비트 레지스터

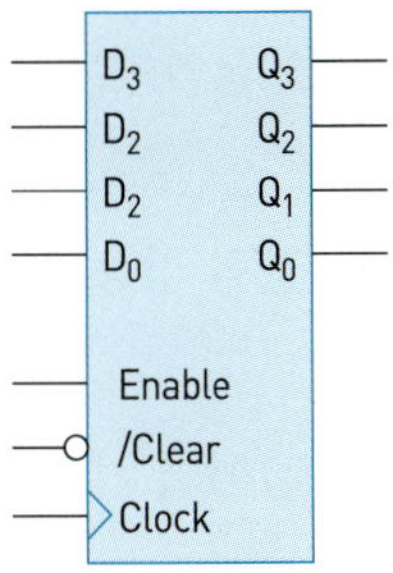

/Clear	Enable	Clock	Q	기능
0	X	X	0	비동기적으로 0으로 리셋
1	0	X	Q_0	현재상태 유지
1	1	↑	D	동기 적재

그림 2-18 비동기 리셋과 동기 적재 기능이 있는 4비트 레지스터

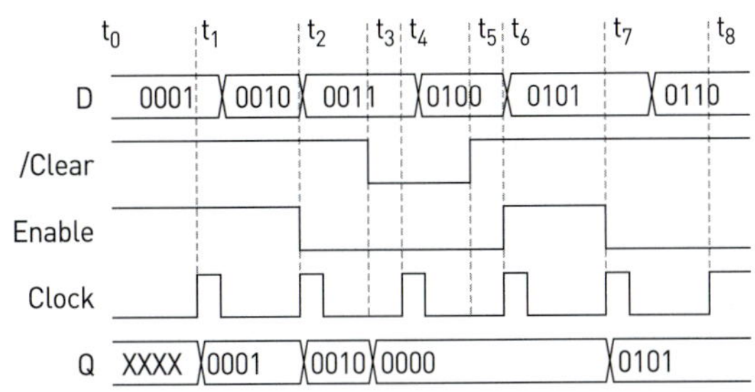

그림 2-19 4비트 레지스터의 동작

[그림 2-19]는 이 레지스터의 동작 예이다. 4 비트 신호가 동시에 변하는 것을 나타내기 위하여 입력 D와 출력 Q를 두 줄로 표현하고, 각 구간의 값을 2진수로 적어 넣는다. 해석은 다음과 같다.

- t_0에서 초기값은 D=0001이고, Q는 임의의 값(XXXX)으로 가정한다.
- t_1에서 /Clear=1이고 Enable=1이므로, 클럭의 상승 에지 직전에 입력 D 값(0001)이 레지스터에 적재되어, 클럭의 상승 에지 직후에 출력 Q가 0001로 변한다.
- t_2에서도 /Clear=1이고 Enable=1이므로, 클럭의 상승 에지 직전에 입력 D 값(0010)이 레지스터에 적재되어, 클럭의 상승 에지 이후에 출력 Q가 0010으로 변한다.
- t_3에서 비동기 /Clear 입력이 0으로 변함과 동시에 출력 Q는 0000으로 변한다. 이때 입력 D는 아무 역할도 하지 못한다.
- 비동기 /Clear 입력이 t_5까지 유지되므로, t_4의 클럭 상승 에지는 레지스터의 출력에 아무 영향을 주지 못하고, 출력 Q는 계속 0000을 유지한다.

- t_5에서 /Clear=1이고 Enable=0이므로, 출력 Q는 이전 값인 0000을 계속 유지한다. 이와 같이 조건을 검사할 때는 클럭 상승 에지의 직전 값을 보아야 하고, 출력은 클럭 상승 에지의 직후에 변한다는 것에 주의해야 한다.
- t_7에서 /Clear=1이고 Enable=1이므로, 입력 D 값(0101)이 클럭 상승 에지 이후에 출력 Q로 나타난다.
- t_8에서 /Clear=1이고 Enable=0이므로, 출력 Q는 이전 값인 0101을 계속 유지한다.

지금까지 레지스터 기능을 설명하였다. 중앙처리장치는 [그림 2-18]과 같은 레지스터를 여러 개 갖고 있다. 중앙처리장치는 레지스터에 처리하려는 데이터를 임시로 저장한다.

2.3.3 시프트 레지스터

레지스터에 저장된 데이터를 왼쪽이나 오른쪽으로 자리 이동(shift)하는 레지스터를 시프트 레지스터(shift register)라고 한다. 시프트 레지스터는 병렬 데이터를 직렬로 변환하거나 직렬로 입력한 데이터를 모아 병렬 데이터로 변환한다. [그림 2-20]은 D 플립플롭으로 만든 간단한 시프트 레지스터이다. 왼쪽 플립플롭 출력이 오른쪽 플립플롭 입력으로 연결되어 있다. 따라서, 클럭이 인가될 때마다 각 플립플롭 출력이 오른쪽 플립플롭 출력으로 나타나게 되어, 플립플롭 출력이 오른쪽으로 자리 이동한다.

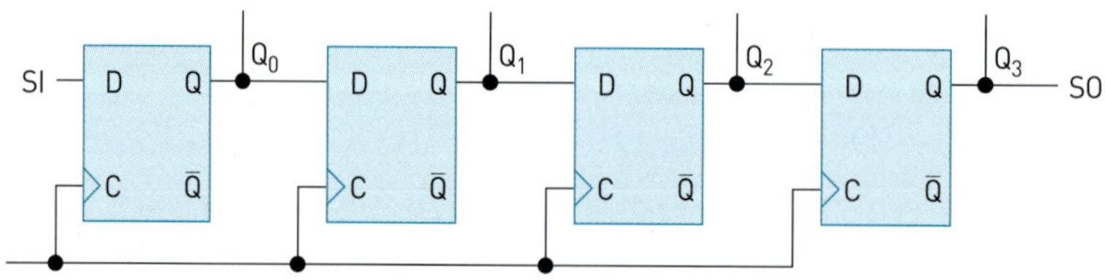

그림 2-20 간단한 시프트 레지스터

[그림 2-21]은 시프트 레지스터의 동작 예이다. 클럭의 상승 에지에서 입력(SI, Serial In)은 Q_0로, Q_0 출력은 Q_1로, Q_1 출력은 Q_2로, Q_2 출력은 Q_3으로 전달된다. 전체적으로 왼쪽에서 오른쪽으로 값이 전달되기 때문에 오른쪽 시프트(shift-right) 기능을 수행한다.

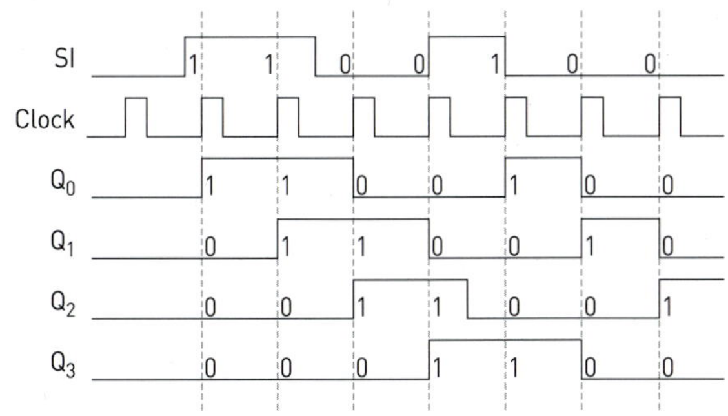

그림 2-21 시프트 레지스터의 동작

[그림 2-22]는 병렬 적재 기능이 있는 4비트 양방향 시프트 레지스터이다. 이 레지스터는 값을 적재하는 일반 레지스터 기능과 데이터를 왼쪽과 오른쪽으로 이동하는 시프트 레지스터 기능을 모두 갖고 있다. 레지스터 출력을 0으로 만드는 비동기 /Clear 제어선과 레지스터 기능을 선택하기 위한 2비트 선택선(S_1S_0)을 갖고 있다.

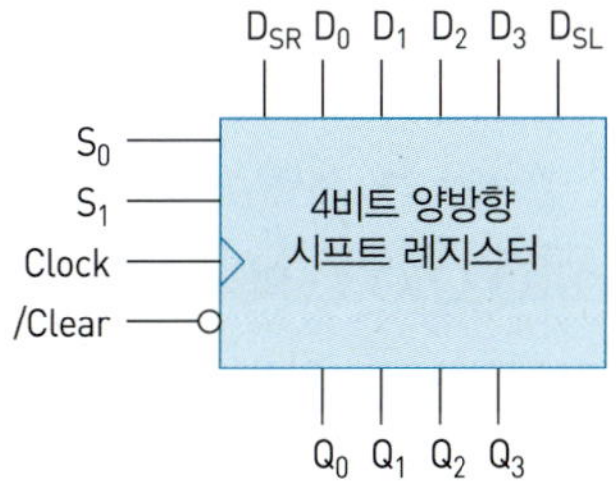

/Clear	Clock	S_1S_0	Q_0 Q_1 Q_2 Q_3	기능
0	X	X X	0 0 0 0	비동기 리셋
1	↑	0 0	Q_0 Q_1 Q_2 Q_3	이전 상태 유지
1	↑	0 1	D_{SR} Q_0 Q_1 Q_2	오른쪽 시프트
1	↑	1 0	Q_1 Q_2 Q_3 D_{SL}	왼쪽 시프트
1	↑	1 1	D_0 D_1 D_2 D_3	병렬 적재

그림 2-22 4비트 양방향 시프트 레지스터

2.3.4 카운터

카운터(counter)는 클럭 펄스가 인가됨에 따라 미리 정해진 순서로 상태를 변경하는 레지스터의 일종이다. 이진 카운터(binary counter)는 미리 정해진 순서가 2진수 증가 순서이다. n 비트 이진 카운터는 0부터 2^n-1까지 값을 순환하면서 카운트 한다. 4비트 이진 카운터의 동작은 [그림 2-23(a)]와 같이 0000부터 1111까지(0부터 15까지) 16개의 상태를 갖는 상태도로 표현할 수 있다. 클럭이 0에서 1로 변할 때 상태가 변하는 4비트 이진 카운터는 [그림 2-23(b)]와 같이 동작한다. 클럭이 변할 때마다 출력($Q_3Q_2Q_1Q_0$)을 16진수로 읽으면, 0, 1,

2, ..., D, E, F, 0, 1, ... 순서로 순환하는 것을 볼 수 있다.

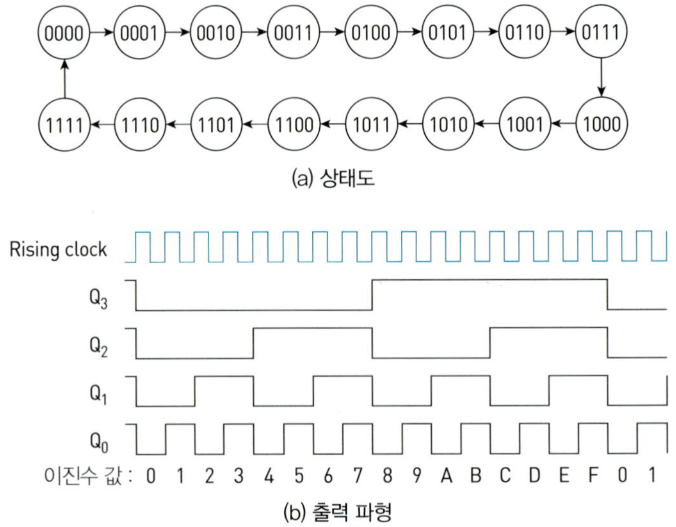

그림 2-23 4비트 이진 카운터

[그림 2-24]는 병렬 적재가 가능한 4비트 이진 카운터이다. 이것은 레지스터와 카운터 기능을 모두 갖고 있다. 블록도 왼쪽 /Clear, /Load, Enable, Clock은 제어신호이고, 위쪽 $D_3D_2D_1D_0$는 내부 레지스터로 인가되는 입력신호이다. 아래쪽 $Q_3Q_2Q_1Q_0$와 CO는 카운터 출력신호이다. 출력 $Q_3Q_2Q_1Q_0$=1111일 때, CO(Carry Out) 값이 1이고 나머지는 0이다. 이 신호는 4비트 카운터 여러 개를 연결하여 8비트, 16비트 카운터로 확장할 때 사용된다. 병렬 적재 카운터의 기능은 다음과 같다.

- /Clear가 0일 때, 클럭 신호와 상관 없이 출력은 비동기로 0으로 리셋된다.
- /Clear가 1이고 Enable이 0일 때, 카운터 출력은 변하지 않는다.
- /Clear가 1이고 Enable이 1이고 /Load가 0일 때, 레지스터처럼 동작하여 클럭의 상승 에지에서 입력 D가 출력 Q에 나타난다.
- /Clear가 1이고 Enable이 1이고 /Load가 1일 때, 카운터로 동작하여 클럭의 상승 에지에서 출력 Q 값이 증가한다.

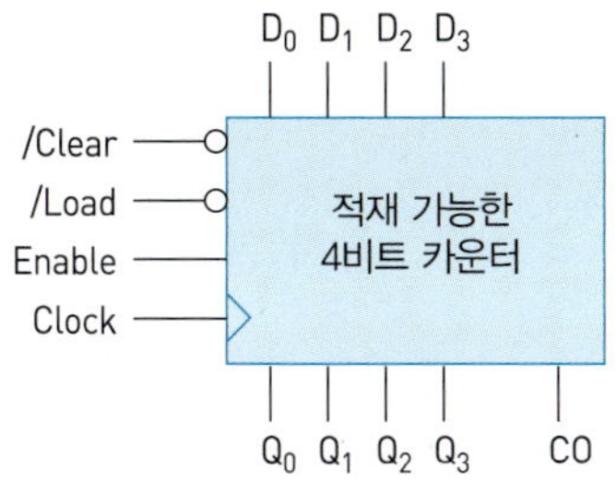

/Clear	Enable	/Load	Clock	기능
0	X	X	X	비동기 리셋
1	0	X	X	이전 상태 유지
1	1	0	↑	동기 병렬 적재
1	1	1	↑	카운트

그림 2-24 병렬 적재 가능한 4비트 카운터

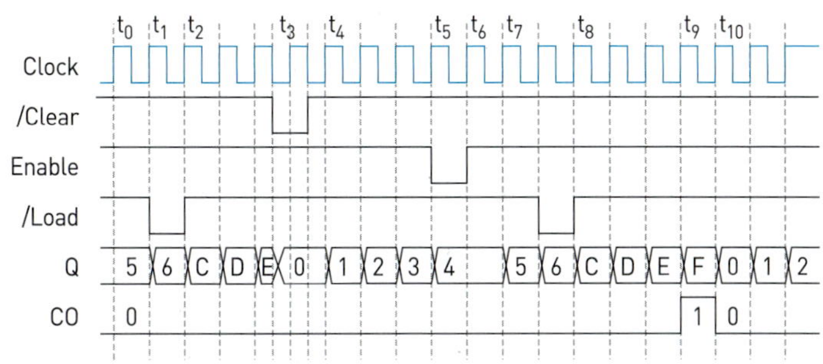

그림 2-25 병렬 적재 가능한 4비트 카운터의 동작 예

[그림 2-25]는 카운터 입력 $D(D_3D_2D_1D_0)$에 1100(16진수 C)이 인가되어 있고, /Clear, Enable, /Load 제어신호가 그림과 같이 인가될 때 병렬 적재 카운터의 동작 예이다.

- t_0에서 출력 Q의 초기값을 0101(5h)로 가정한다. CO 출력은 Q 값이 F일 때만 1이므로, CO의 값은 0이다. 입력 D에 값 C가 연결되어 있으며 이 값은 변하지 않는다고 가정한다.
- t_1에서 클럭이 인가되기 직전에 Enable = 1이고 /Load = 1이므로, Q는 6으로 증가한다.
- t_2에서 클럭이 인가되기 직전에 Enable = 1이고 /Load = 0이므로, 동기 방식으로 입력을 출력에 적재한다. 동기식으로 적재하기 때문에 입력이 출력으로 나타나는 시간은 클럭의 상승 에지 이후이다. 따라서 t_2 직후에 출력 Q에 입력 D 값인 C가 나타난다.
- 이후 t_3 이전까지 카운트하여 출력이 E까지 증가한다. t_3에서 비동기 리셋 신호인 /Clear가 0으로 변하고, 따라서 즉시 출력 Q 값은 0으로 변한다.

- t_4에서 다시 카운트를 시작하여 출력 Q의 값이 1, 2, 3으로 증가한다.
- t_5에서도 클럭이 인가되기 직전에 Enable = 1이고 /Load = 1이므로, 계속 카운트하여 Q 값이 4로 증가한다.
- t_6에서 클럭이 인가되기 직전에 Enable = 0이므로, 카운트하지 않고 Q 값은 4를 유지한다.
- t_7에서 다시 카운트 모드로 전환되어 Q 값은 5, 6으로 증가한다.
- t_8에서 클럭이 인가되기 직전의 Enable = 1이고 /Load = 0이므로, 입력 D 값을 적재한다. 따라서, 출력 Q는 C로 변한다. 이후 계속 카운트하여 출력은 F까지 증가한다.
- t_9에서는 출력 Q 값이 F이고, 이때 출력 CO는 1을 출력한다.
- 4비트 카운터이므로, t_{10}에서 카운터 출력이 F에서 0으로 변하고, 이후 계속해서 카운트한다.

2.4 레지스터 전송

중앙처리장치는 레지스터에 저장되어 있는 데이터를 연산기에서 계산한다. 컴퓨터가 수행하는 최소 단위 동작을 마이크로오퍼레이션(microoperation)이라고 한다. 이것은 레지스터 간 데이터를 전송하는 동작이다. 마이크로오퍼레이션을 레지스터 전송 언어(register transfer language)로 표현한다. 이 절에서는 마이크로오퍼레이션과 레지스터 전송 언어 표기법에 대하여 설명한다.

2.4.1 레지스터 간 데이터 전송

레지스터 간 데이터 전송은 레지스터 데이터를 조작하여 다른 레지스터로 전달하는 과정이다. 여기에서는 레지스터 간 데이터 전송을 위하여 하드웨어를 어떻게 연결하는지, 어떤 신호를 주고받음으로써 데이터를 전달하는지, 데이터 전송을 어떻게 표현하는지에 대하여 설명한다.

여기에서는 [그림 2-18] 4비트 레지스터로 만든 회로에서 데이터를 전송하는 방법을 설명한다. [그림 2-26(a)]는 레지스터 R1에서 레지스터 R2로 데이터를 전달하는 회로를 보여준다. 회로도의 선에 표시한 빗금은 선이 여러 비트임을 나타낸다. 회로 연결은 다음과 같다.

- 회로 전체를 리셋 상태로 만드는 /reset 신호가 있고, 이것이 레지스터의 리셋(/Clr)으로 연결되어 있다. 이 신호가 0일 때, 레지스터들은 즉시 0으로 리셋된다.
- 시스템 클럭(clock)은 두 개의 레지스터에 공통으로 연결되어 있다.
- 레지스터 R1의 출력 Q1이 레지스터 R2의 입력 D2로 연결되어 있다.
- 레지스터에 데이터를 적재할지 결정하는 제어신호 En1과 En2는 제어장치에서 생성되어 각 레지스터로 연결된다.

처음 두 가지 설명은 동기 순차논리회로의 특성이다. 동기 순차논리회로는 항상 리셋과 시스템 클럭을 공유한다. 그리고 각 레지스터의 동작 여부를 인에이블 제어선으로 결정한다. 앞으로 소개할 레지스터 전송 예제에서 리셋과 클럭에 대한 설명을 생략한다.

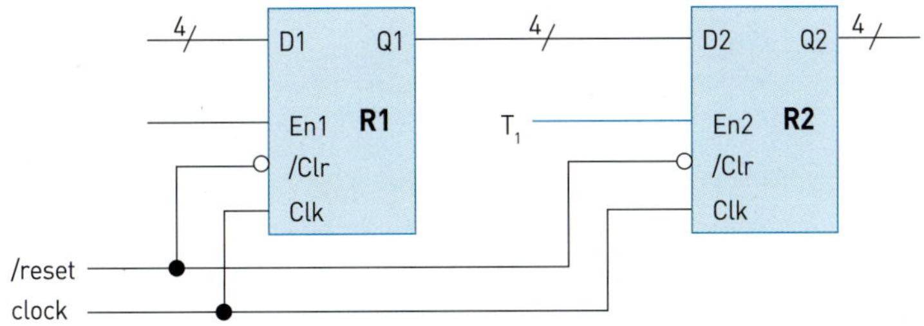

(a) 레지스터 데이터 전달 회로

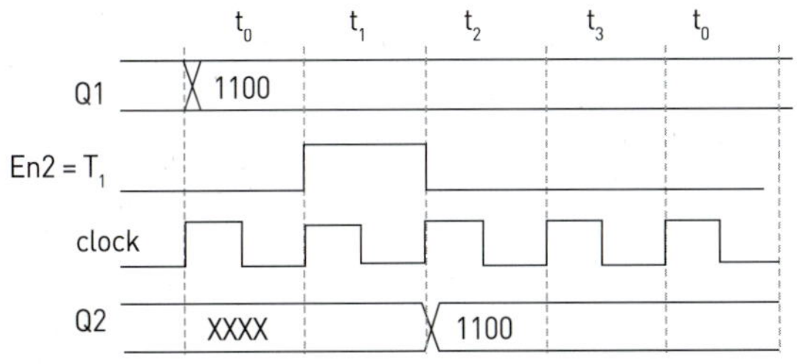

(b) 데이터 전송 타이밍 다이어그램

그림 2-26 레지스터 간 데이터 전달

[그림 2-26(b)]는 데이터 전송이 실행되는 상황에 대한 타이밍 다이어그램이다. 제어장치가 데이터 전송 시간을 결정하는 제어신호를 생성한다. 여기에서는 t_0, t_1, t_2, t_3 네 개의 시간 구간을 반복한다고 가정한다. 레지스터는 클럭 직전의 입력 값에 따라 클럭 직후에 출력이 변한다는 것을 참고하여 해석해 보자. 여기에 사용된 가정과 동작 해석은 다음과 같다.

- 시간 t_0에서 레지스터 R1의 출력이 1100로 결정되었다고 가정한다.
- 제어신호 T_1이 레지스터 적재 신호 En2에 연결되어 있다고 가정한다. 따라서 t_1 구간에서 En2의 값이 1이다.
- R2의 초기값은 임의의 값 XXXX이다. t_1 구간에서 R2가 인에이블 되므로, t_1에서 t_2로 넘어가는 클럭 에지의 직전 D2 값(1100)이 클럭 에지 직후에 R2로 적재되어 Q2에 나타난다.

제어신호 T_1 값이 1일 때, R1 출력을 R2로 적재하는 동작을 다음과 같이 표현한다.

$$T_1 : R2 \leftarrow R1$$

콜론 앞에 동작을 수행할 조건 논리식을 적고, 콜론 뒤에 클럭 구간에서 수행할 동작을 적는

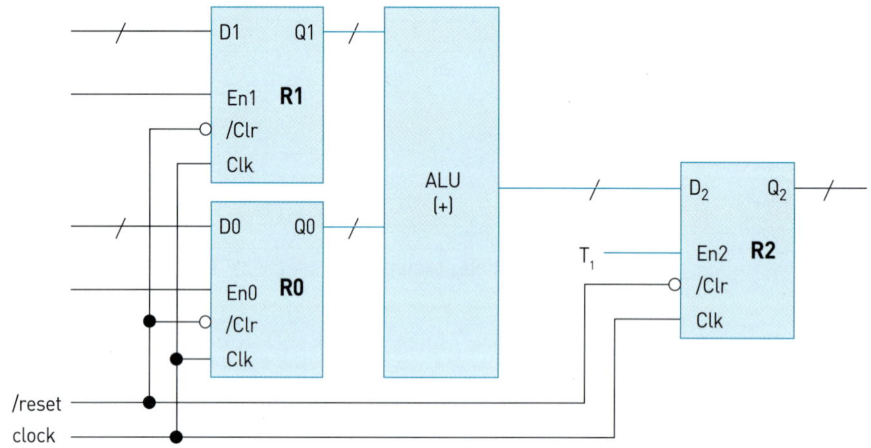

(a) 레지스터 덧셈 회로도

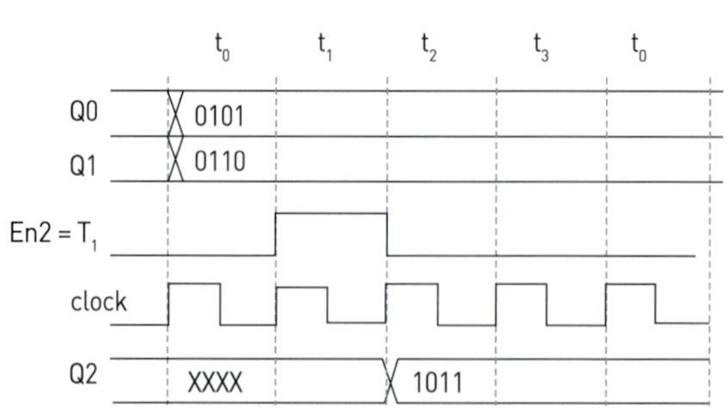

(b) 타이밍 다이어그램

그림 2-27 레지스터를 이용한 덧셈

다. 콜론 앞의 조건식이 참일 때, 콜론 뒤의 동작이 발생한다. 이 동작은 한 개의 클럭 구간에서 수행되므로 하나의 마이크로오퍼레이션에 해당한다. [T1: R2 ← R1]와 같은 마이크로오퍼레이션을 보면, 이것이 실행되기 위하여, [그림 2-26(a)]와 같은 하드웨어 연결이 필요하고, [그림 2-26(b)]와 같은 과정으로 데이터를 전달한다는 것을 머리 속에 그릴 수 있어야 한다.

[그림 2-27]은 레지스터를 이용한 병렬 덧셈 회로와 덧셈이 수행되는 타이밍 다이어그램을 보여준다. 여기에서 R0, R1, R2는 4비트 레지스터이다. [그림 2-27(a)] 회로도에서 연산기(ALU)는 덧셈을 수행하는 조합논리회로다. 그러므로 연산기는 클럭과 관계 없이 입력이 정해지면 약간의 지연 시간이 지난 후 더한 결과를 출력한다. 회로 연결은 다음과 같다.

- 레지스터 R0과 R1의 출력이 연산기(ALU) 입력으로 연결되고, 연산기 출력이 R2 입력으로 연결되어 있다.
- 레지스터 R2의 적재 인에이블 신호 En2에 제어장치가 생성한 제어신호 T_1이 연결되어 있다.

[그림 2-27(b)]는 레지스터 데이터를 더하는 타이밍 다이어그램의 예이다. 여기에 사용된 가정과 동작 해석은 다음과 같다.

- 시간 t_0에서 R0 값은 0101이고, R1 값은 0110이라고 가정한다. R0와 R1의 출력이 연산기로 연결되어 있다. 연산기는 약간의 지연 시간을 거친 후 두 수를 더한 1011을 출력한다.
- 시간 t_1 구간에서 En2의 값이 1이다.
- R2 초기값은 임의의 값이다. t_1 구간에서 R2가 인에이블 되므로, t_2가 시작하는 시점에 연산기 출력을 R2에 적재한다.

이 회로에서 수행되는 마이크로오퍼레이션을 다음과 같이 표현할 수 있다.

$$T_1: R2 \leftarrow R0 + R1$$

제어신호 T_1 값이 1일 때, R0와 R1을 더한 값을 R2에 적재한다는 의미이다.

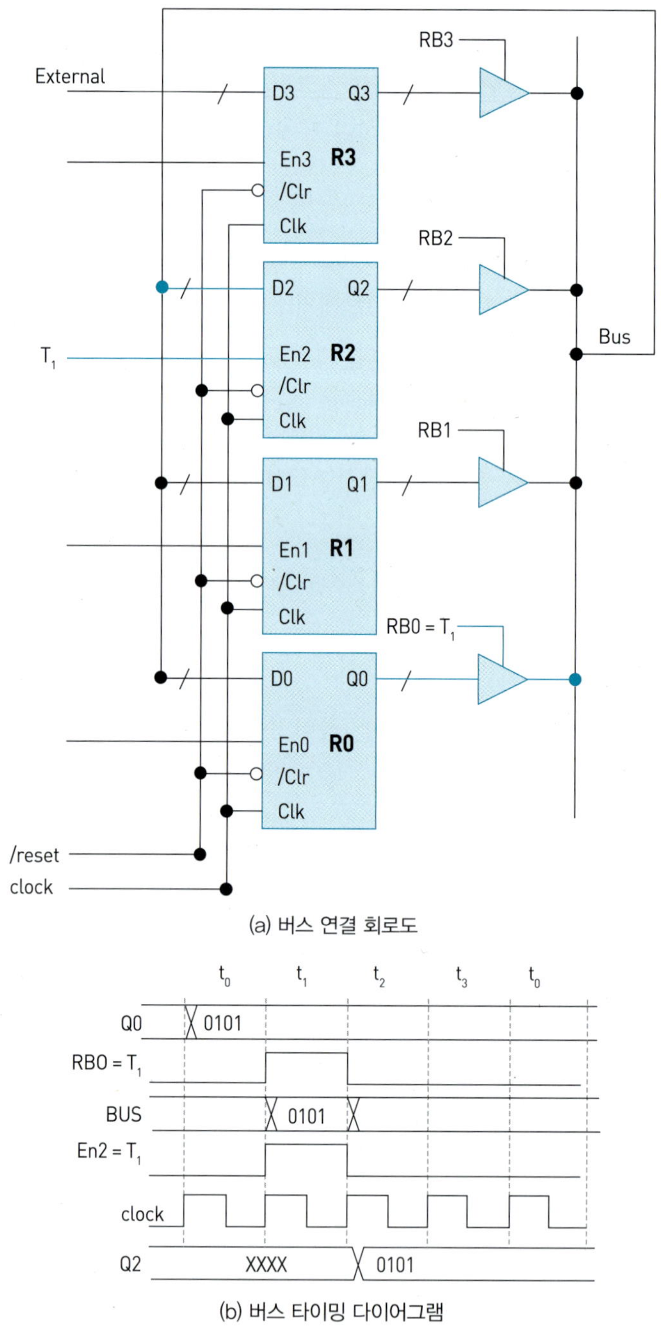

(a) 버스 연결 회로도

(b) 버스 타이밍 다이어그램

그림 2-28 버스 연결

레지스터가 여러 개일 때, 임의의 레지스터 쌍 간에 데이터를 전송하는 문제를 생각해 보자. 임의의 레지스터 쌍 간에 데이터를 전송하려면 모든 레지스터 쌍 간에 데이터선이 연결되어 있어야 한다. 이렇게 만들면 회로가 너무 복잡해지기 때문에 일반적으로 [그림 2–28(a)]와 같은 버스(bus) 구조를 채택한다. 버스는 레지스터들이 공유하는 데이터선이다. 다만 한 순간에 한 개의 레지스터만 버스에 데이터를 실을 수 있다. [그림 2–28(a)]의 회로는 다음과 같이 연결되어 있다.

- 레지스터 출력은 3상태 버퍼(tri-state buffer)를 통하여 버스에 연결된다. 3상태 버퍼는 선택된 레지스터 출력을 버스로 연결하는 멀티플렉서 기능을 한다.
- 제어장치는 3상태 버퍼의 제어선(RB0, RB1, RB2, RB3) 중 하나를 1로 세트하여, 버스에 데이터를 실을 레지스터를 선택한다. 단, 한 순간에 이 제어신호 중 하나만 1이고, 나머지는 0이어야 한다.
- 버스는 레지스터 입력(D0, D1, D2)으로 연결되어 있다. 레지스터 R3 입력 D3에 외부에서 공급되는 데이터를 저장할 수 있도록 외부 데이터선(External)이 연결되어 있다.
- 제어장치는 레지스터 인에이블 제어선(En0, En1, En2, En3) 중 하나를 1로 세트하여, 데이터를 적재할 레지스터를 선택한다.

[그림 2–28(b)]는 다음과 같은 마이크로오퍼레이션에 대한 타이밍 다이어그램이다.

$$T_1: R2 \leftarrow R0$$

콜론 앞 부분은 동작 조건을 나타내는 논리식이다. 이 예에서는 제어장치의 출력 T1이 RB0와 En2로 연결되어 있다고 가정한다. 타이밍 다이어그램은 다음과 같이 해석된다.

- 시간 t_0에서 레지스터 R0의 값이 0101이라고 가정한다.
- 시간 t_1에서 3상태 버퍼의 제어선 RB0가 세트된다. 그러므로 제어신호 T_1이 1인 동안에 R0의 출력 0101이 버스에 나타난다. 이 값은 D2로 전달된다.
- 시간 t_1 동안 En2가 인에이블된다. 따라서 D2 값은 시간 t_2가 시작할 때 R2로 적재된다.

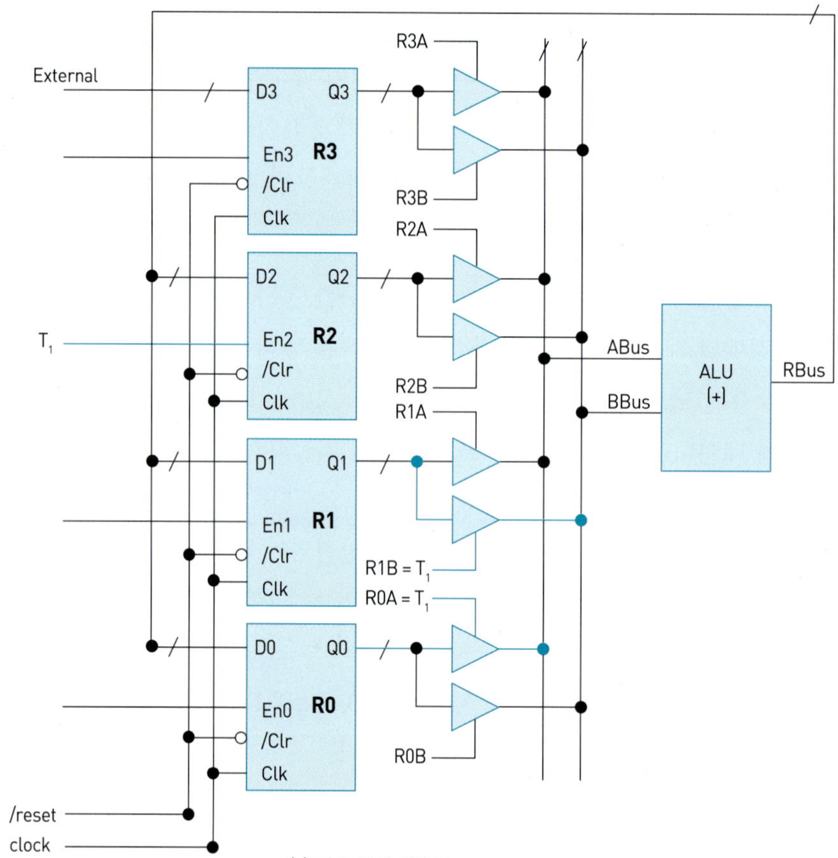

(a) 버스 연산 회로도

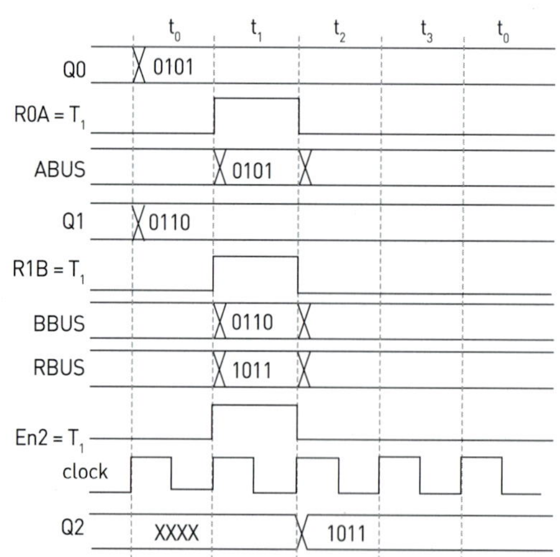

(b) 연산 타이밍 다이어그램

그림 2-29 디지털 시스템의 처리장치 구조

[그림 2-29(a)]는 연산기(ALU)가 추가된 레지스터 회로를 보여준다. 이 회로는 다음과 같이 연결되어 있다.

- 연산기 입력으로 연결되는 두 개의 버스 ABus와 BBus가 있다. 연산기는 일단 덧셈만 할 수 있다고 가정한다.
- 레지스터 출력은 ABus 또는 BBus로 연결될 수 있다. 레지스터 출력을 ABus로 연결하는 제어신호가 R0A, R1A, R2A, R3A이고, BBus로 연결하는 제어신호가 R0B, R1B, R2B, R3B이다.
- 연산기는 ABus와 BBus의 값을 더하여 결과를 RBus로 출력한다.
- RBus는 레지스터 R0, R1, R2의 입력으로 연결된다. 레지스터 R3는 외부에서 공급되는 데이터를 적재할 수 있다.
- 제어신호 레지스터 인에이블 En0, En1, En2, En3으로 데이터를 적재할 레지스터를 결정한다.

[그림 2-29(b)]는 제어신호 T_1=1일 때 R0+R1을 계산하여 R2에 저장하는 동작에 대한 타이밍 다이어그램이다. 이 마이크로오퍼레이션을 다음과 같이 표현한다.

$$T_1: R2 \leftarrow R0 + R1$$

제어신호 T_1이 R0A, R1B, En2에 연결되어 있다. 이 동작의 해석은 다음과 같다.

- 시간 t_0에서 레지스터 R0 값은 0101, 레지스터 R1 값은 0110이라고 가정한다.
- 시간 t_1에서 제어신호 R0A, R1B, En2가 동시에 1이다.
- R0A가 인에이블이므로 레지스터 R0 값 0101이 ABus에 실린다.
- R1B가 인에이블이므로 레지스터 R1 값 0110이 BBus에 실린다.
- 연산기는 덧셈 결과인 1011을 RBus에 출력한다.
- 시간 t_2가 시작할 때 RBus 값이 레지스터 R2로 적재된다.

[그림 2-29(a)]는 제어신호를 인가하는 방법에 따라 외부 신호를 레지스터에 적재할 수 있고, 한 레지스터의 값을 다른 레지스터로 옮길 수도 있고, 두 개의 레지스터에 저장된 값을 더하여 다른 레지스터로 적재할 수도 있다.

2.4.2 레지스터 전송 언어

하드웨어 설계자는 마이크로오퍼레이션을 표현하기 위하여 레지스터 전송 언어(register transfer language)를 사용한다. 이것은 하드웨어 동작을 표현하는 의사 코드(pseudo-code)의 일종이다. 레지스터 전송 언어는 콜론(:), 레지스터 이름, 화살표, 콤마(,), 논리식과 산술식으로 구성된다.

- **콜론(:)**: 마이크로오퍼레이션과 수행 조건을 구분한다. 수행 조건을 콜론 앞에 적고, 마이크로오퍼레이션을 콜론 뒤에 적는다. 조건은 논리식으로 표현한다.
- **레지스터 이름**: 문자와 숫자의 조합으로 마이크로오퍼레이션을 수행하는 레지스터를 표현한다. 레지스터의 일부 비트만 지정할 때 괄호 안에 해당 비트를 나타내는 숫자를 적는다.
- **화살표**: 데이터가 전달되는 방향을 나타낸다.
- **콤마(,)**: 한 개의 시간 구간에서 여러 개의 마이크로오퍼레이션이 동시에 수행될 때 마이크로오퍼레이션을 구분한다.
- **논리식과 산술식**: 콜론 오른쪽에 나타나며, 조합논리회로로 만든 연산기 동작을 나타낸다.

레지스터 전송 언어로 마이크로오퍼레이션을 표현한 예는 다음과 같다. 예제에 나타난 MAR, MBR, PC, IR 등은 중앙처리장치 안에 있는 레지스터 이름이다.

- MAR ← PC: 조건은 표현되어 있지 않으며, 단지 PC 값을 MAR로 전달한다는 것을 나타내고 있다.
- IR ← MBR[7:0]: MBR 크기가 몇 비트인지 표현되어 있지 않으나, MBR의 일부인 7번 비트부터 0번 비트까지 8비트를 레지스터 IR로 전달한다는 것을 나타내고 있다.
- $R_2 \leftarrow R_1$, $R_1 \leftarrow R_2$: R_1과 R_2는 레지스터의 이름이다. 한 개의 클럭 구간에서 R_1과 R_2의 데이터를 서로 교환하는 것을 나타낸다. 즉, 두 가지 동작이 동시에 수행된다. 동작 조건은 표현되어 있지 않다.
- T_2+T_3: $R_3 \leftarrow R_1+R_2$: 제어신호 T_2가 1이거나 제어신호 T_3이 1일 때, R_1과 R_2를 더하여 R_3에 저장하는 것을 나타낸다. 조건의 '+'는 OR 연산을 의미하고, 동작의 '+'는 덧셈 연산을 의미한다. 콜론 오른쪽 동작은 T_2가 1일 때도 수행되고 T_3이 1일 때도 수행된다.
- if (START = 1), R1 ← 0: 레지스터 전송문의 실행 조건을 if (조건) 형태로 표현하기

도 한다. 조건을 결정하는 신호 START가 1이면, 레지스터 R_1을 0으로 초기화 하는 마이크로오퍼레이션을 나타낸다. 'START: R1 ← 0'과 같은 의미이다.

지금까지 레지스터 전송문의 표현 방법을 설명하였다. 하드웨어 설계자는 구현하려는 회로의 동작을 여러 개의 레지스터 전송문으로 표현하고 나서, 이것들을 모두 수용할 수 있는 회로를 설계한다.

2.5 요약

지금까지 논리회로에서 학습하는 수의 체계, 진법, 코드, 조합논리회로와 순차논리회로 빌딩블록, 그리고 레지스터 간 데이터 전송에 대하여 설명하였다.

수의 체계에서 자릿수에 무게를 곱하여 수의 크기를 계산하는 방법을 알고 있어야 하고, 10진수를 2진수로 변환하고, 2진수를 10진수로 변환하는 방법을 알아야 한다. 기계는 안정된 상태가 두 개인 2진수를 사용하지만, 사람은 2진수를 사용하려면 불편하다. 따라서 사람은 2진수를 세 자리씩 묶어 8진수로 표기하고, 네 자리씩 묶어 16진수로 표기하는 것이 더 편리하다. 컴퓨터는 모든 정보를 2진수로 표현하므로, 숫자 이외의 정보는 코드로 표현된다.

조합논리회로에서는 기본 논리게이트를 소개하고 디코더, 인코더, 멀티플렉서, 디멀티플렉서, 가산기의 기능을 설명하였다. 순차논리회로에서는 기본 기억소자인 플립플롭을 소개하고 레지스터, 시프트 레지스터, 카운터의 기능을 설명하였다. 디코더, 인코더와 같은 조합논리회로나 레지스터와 카운터를 설명할 때 4비트 소자를 위주로 설명하였지만, 컴퓨터에서는 8비트, 16비트, 32비트로 확장된 소자를 많이 사용한다. 컴퓨터 동작은 마이크로오퍼레이션의 집합으로 표현할 수 있으며, 마이크로오퍼레이션을 표현하는 방법이 레지스터 전송 언어이다.

2장에서 소개한 빌딩블록은 컴퓨터 내부의 중앙처리장치에 있는 레지스터, 연산기, 제어장치와 같은 구성 요소에 중요하게 사용되고 있다. 이 소자들의 기능에 관하여 반드시 알고 있어야 3장 이후를 학습할 수 있다. 이 장의 내용이 어렵다고 느끼는 학생들은 별로도 논리회로 과목을 학습하기 바란다.

연습문제

2.1 수와 코드

01 $(2195.12)_{10}$를 (식 2-1)과 같은 형식으로 표현하라.

02 다음 진법의 수를 10진수로 변환하라.

(1) $(421.3)_5$ (2) $(726.4)_8$

03 7진법의 수의 각 자리를 표현하기 위한 숫자를 모두 적어라.

04 10진수를 지시에 따라 진법 변환하라.

(1) 381을 2진수로 (2) 381을 8진수로 (3) 381을 16진수로

05 2진수 1010100111011010.1010111에 대한 8진수와 16진수 표현을 구하라.

06 집합 {♠, ◇, ♡, ♣}의 원소에 차례대로 {00, 01, 10, 11}의 코드를 부여한다. 질문에 답하라.

(1) '♡◇◇♠'를 인코드한 2진수를 16진수로 표현하라.
(2) '10111100'을 디코드하여 기호로 표현하라.

07 다음 동물에 2진수 코드를 부여하고, 어떠한 점을 고려하였는지 설명하라.

소, 말, 닭, 오리, 개, 양, 도마뱀, 두꺼비, 원숭이, 치타, 뱀, 개구리, 거위, 학, 호랑이, 늑대

08 10진수에 대한 BCD 코드와 3초과 코드를 구하라.

(1) 301 (2) 408 (3) 516 (4) 1026 (5) 1225

09 "Computer Architecture"에 대한 아스키코드를 16진수로 적어라.

2.2 조합논리회로

01 논리식에 대한 논리회로도를 그려라.

(1) $F = A \cdot B + A' \cdot C$　　　(2) $F = (X \oplus Y + Y \cdot Z)'$

02 4비트 수를 더하여 1비트 자리올림수와 2비트 합을 출력하는 조합논리회로의 진가표를 완성하라.

입력				자리올림수	합		설명
A	B	C	D	C	S_1	S_0	
0	0	0	0	0	0	0	0 + 0 + 0 + 0 = 000(0)
0	0	0	1				
0	0	1	0				
0	0	1	1				
0	1	0	0				
0	1	0	1				
0	1	1	0				
0	1	1	1				
1	0	0	0				
1	0	0	1				
1	0	1	0				
1	0	1	1				
1	1	0	0				
1	1	0	1				
1	1	1	0				
1	1	1	1	1	0	0	1 + 1 + 1 + 1 = 100(4)

03 [그림 2-6] 2×4 디코더의 네 개의 출력에 대한 논리식을 입력신호의 조합으로 표현하라.

04 [그림 2-7] 디코더의 신호가 정논리인지 부논리인지 밝혀라.

(1) Enable 신호　　(2) Select 신호　　(3) Output 신호

05 〈표 2-5〉와 같이 동작하는 인코더의 문제점은 무엇인가?

06 〈표 2-6〉 우선순위 인코더의 입력과 출력이 정논리인지 부논리인지 밝혀라.

07 〈표 2-6〉 우선순위 인코더에서 다음과 같은 입력값에 대한 출력을 구하라.

입력									출력			
1	2	3	4	5	6	7	8	9	D	C	B	A
H	L	H	H	L	L	H	L	H				
H	L	H	H	L	H	H	H	H				

08 멀티플렉서의 선택선 S_1S_0의 값이 01이고 디멀티플렉서의 선택선 S_1S_0의 값이 11일 때, 신호가 전달되는 과정을 아래 그림 위에 선으로 표시하라.

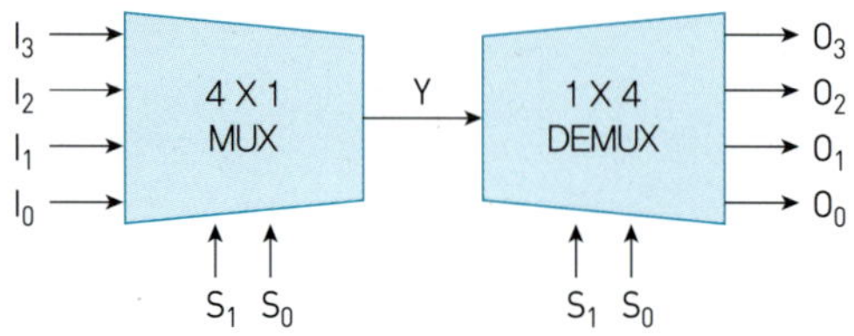

09 [그림 2-7] 74139 디코더를 디멀티플렉서로 사용하려고 한다. 입력신호가 다음과 같을 때, 회로도 위에 각 게이트의 출력값을 표시하라. 그리고 이 회로가 어떻게 디멀티플렉서로 동작하는지 설명하라.

입력신호: ENABLE G1 = 0, SELECT INPUTS A1 = 0, B1 = 1

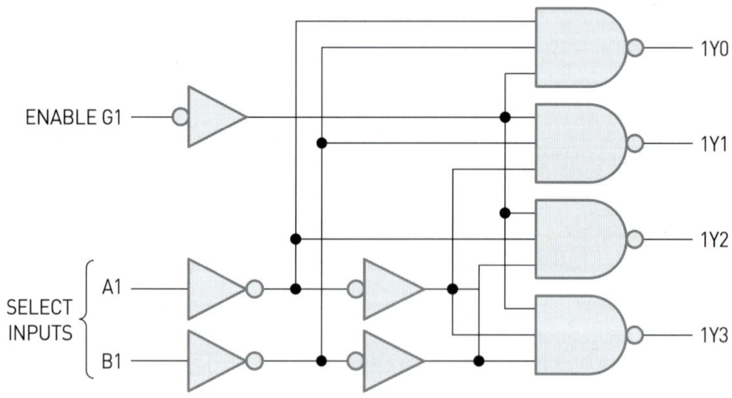

10 그림의 전가산기 네 개를 선으로 연결하여 4비트 병렬 가산기 회로를 그려라.

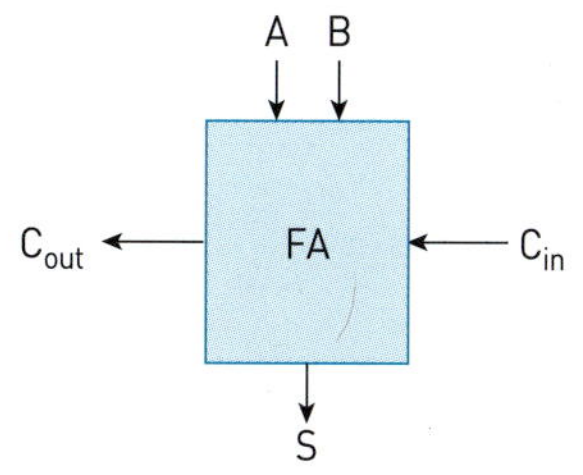

2.3 순차논리회로

01 입력 파형에 대한 하강 에지 D 플립플롭(negative-edge triggered D-FF)의 출력을 그려라. 출력 Q의 초기값을 0으로 가정한다.

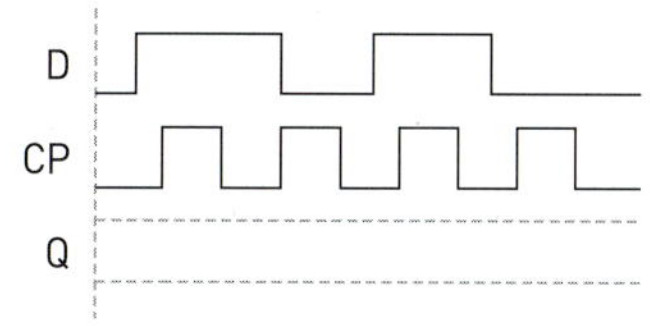

02 [그림 2-18] 4비트 레지스터에 대하여 입력 파형이 다음과 같을 때 출력 파형을 그려라. 출력의 초기값은 don't care로 처리하라.

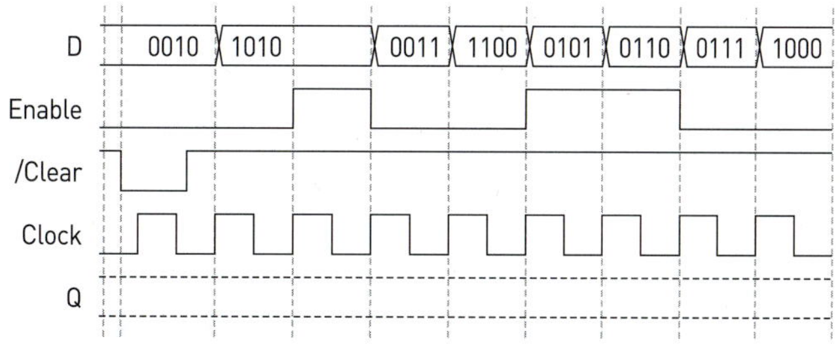

03 전화기의 키 12개를 코드로 변환한 후 직렬로 한 비트씩 전송하려고 한다.

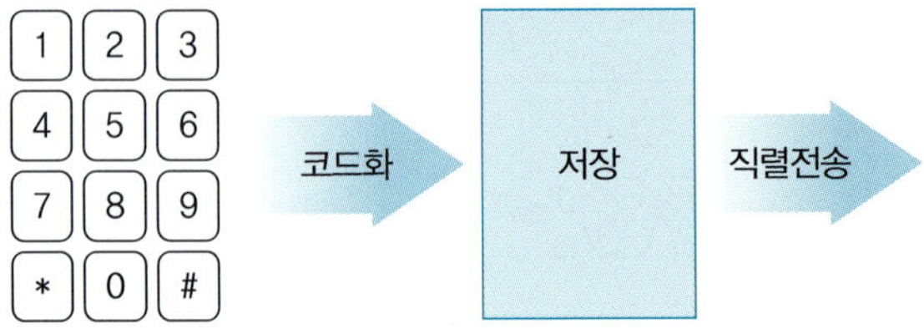

(1) 각 키에 할당해야 할 비트의 최소 수는?
(2) 코드를 만드는 장치의 이름은?
(3) 코드를 저장하기에 적합한 장치의 이름은?

04 카운터는 시간을 측정하거나 숫자를 세는데 사용된다. 일상 생활에서 카운터가 사용되는 예를 세 가지 이상 제시하라.

2.4 레지스터 전송

01 마이크로오퍼레이션에 대한 설명으로 옳은 것을 모두 선택하라.

① 타이밍 신호 발생기가 수행하는 동작이다.
② 컴퓨터에서 수행되는 최소 단위의 동작이다.
③ 컴퓨터 회로에서 한 개의 논리게이트를 통과하는 동작이다.
④ 컴퓨터가 한 개의 클럭 사이클 구간 동안 수행하는 동작이다.

02 다음 설명을 레지스터 전송 언어로 표현하라.

(1) 제어신호인 INT의 값이 1이면, 레지스터 PC에 8을 적재한다.
(2) 레지스터 R1에서 R2를 뺀 값을 레지스터 R3에 적재한다.
(3) 제어신호 A가 1이거나 B가 1일 때, 레지스터 R1의 비트 0을 1로 만든다.
(4) 타이밍 신호 발생기의 T2가 1일 때, 레지스터 IR에 레지스터 MBR의 값을 적재한다.

Chapter

03

컴퓨터 구성 요소

Chapter

03 컴퓨터 구성 요소

컴퓨터는 프로그램을 실행하는 기계이다. 컴퓨터는 중앙처리장치, 기억장치, 입출력장치로 구성되어 있으며, 이것들이 서로 역할을 분담하여 프로그램을 실행한다. 이 장에서는 최상위 레벨에서 본 컴퓨터 구조와 구성 요소의 기능에 대하여 설명한다.

컴퓨터는 기계어 프로그램을 이해한다. 프로그램은 명령어의 모임이고, 명령어는 컴퓨터가 수행할 동작을 나타내는 부분과 명령어가 처리하는 데이터를 나타내는 부분으로 구성되어 있다. 컴퓨터는 프로그램을 기억장치에 저장해 두고 명령어를 중앙처리장치로 하나씩 가져와 해석하고 실행한다. 이 장은 다음과 같이 구성되어 있다.

- 3.1 프로그램 실행: 고급 언어 프로그램을 기계어 프로그램으로 번역한 결과를 제시하고, 내장형 컴퓨터의 동작 방법과 명령어 사이클에 대하여 설명한다.
- 3.2 컴퓨터 구성 요소: 중앙처리장치, 주기억장치, 입출력장치에 대하여 설명한다. 중앙처리장치 내부의 프로그램 카운터, 명령어 레지스터, 제어장치, 연산기를 소개하고, 컴퓨터가 주기억장치와 입출력장치를 액세스하는 방법에 대하여 설명한다.
- 3.3 시스템 버스: 구성 요소를 서로 연결하는 주소 버스, 데이터 버스, 제어 버스를 소개한다.
- 3.4 명령어: 명령어 종류, 명령어를 표현하는 방법, 명령어가 처리하는 데이터 종류에 대하여 설명한다.
- 3.5 명령어 실행 과정: 컴퓨터의 기본 동작을 이해할 수 있도록 간단한 컴퓨터에 대한 프로그래머 모델과 명령어를 정의하고, 이 컴퓨터가 기계어 프로그램을 실행하는 과정을 설명한다.

3.1 프로그램 실행

컴퓨터는 프로그램을 실행한다. 컴퓨터가 이해할 수 있는 언어로 컴퓨터가 수행할 작업을 순차적으로 나열한 것이 프로그램이다. 일반적으로 프로그램은 C 언어와 같은 고급 언어(high-level language)로 작성된다. 컴퓨터는 고급 언어 프로그램을 직접 실행할 수 없다. 컴퓨터는 자신이 이해하는 기계어 프로그램(machine language)을 실행할 수 있다. 컴파일러(compiler)는 고급 언어 프로그램을 기계어 프로그램으로 번역한다. 고급 언어와 상대적인 개념으로 기계어 프로그램을 저급 언어(low-level language)라고 한다.

이 절에서는 고급 언어와 저급 언어 간의 관계를 살펴보고, 컴퓨터가 기계어 프로그램을 실행하기 위하여 채택한 프로그램 내장형 컴퓨터(stored program computer)에 대하여 설명한다.

3.1.1 기계어 프로그램

여기에서는 고급 언어 프로그램을 기계어 프로그램으로 번역한 결과를 제시하고, 기계어 프로그램의 특성에 대하여 설명한다. 기계어 프로그램은 명령어(instructions)를 의미 있게 나열한 것이다. 명령어는 프로그래머가 컴퓨터에 지시할 수 있는 최소 단위 작업이다. 고급 언어로 표현한 한 개의 문장(statement)은 한 개 이상의 명령어로 번역될 수 있다.

[그림 3-1(a)]는 1부터 100까지 더하는 C 언어 프로그램이고, [그림 3-1(b)]는 이것을 Pentium 프로세서 기계어 프로그램으로 번역한 것이고, [그림 3-1(c)]는 Atmega128 프로세서 기계어 프로그램으로 번역한 것이다.

[그림 3-1(b)]와 [그림 3-1(c)]에서 번호는 편의상 차례대로 부여한 라인 번호이다. 주소 부분은 기계어 명령어가 배치된 주기억장치 주소이다. 기계어 코드 부분은 그 주소에 저장되어 있는 기계어 명령어이다. 어셈블리 언어 부분은 기계어 명령어에 대한 어셈블리 언어 명령어이다. 주소와 기계어 코드는 16진수로 표현되어 있다. 기계어는 2진수 코드로 만들어져 있다. 2진수로 표현된 기계어 명령어를 기계 코드(machine code)라고 한다. 코드는 한정된 개체의 집합에 속한 원소에 부여한 2진수이다. 기계어 명령어도 2진수로 표현되므로 일종의 코드이다.

```
int n = 1;
int sum = 0;
while (n <= 100) {
    sum = sum + n;
    n = n + 1;
}
```

(a) C 언어 프로그램

번호	주소	기계어 코드	어셈블리 언어	
1.	0041138E	c745f800000001	mov	dword ptr [n],1
2.	00411395	c745ec00000000	mov	dword ptr [sum],0
3.	0041139C	837df864	cmp	dword ptr [n],64h
4.	004113A0	7f14	jg	wmain+46h (4113B6h)
5.	004113A2	8b45ec	mov	eax, dword ptr [sum]
6.	004113A5	0345f8	add	eax, dword ptr [n]
7.	004113A8	8945ec	mov	dword ptr [sum], eax
8.	004113AB	8b45f8	mov	eax, dword ptr [n]
9.	004113AE	83c001	add	eax, 1
10.	004113B1	8945f8	mov	dword ptr [n],eax
11.	004113B4	ebe6	jmp	wmain+2Ch (41139Ch)

(b) Pentium 프로세서의 기계어 프로그램

번호	주소	기계어 코드		어셈블리 언어	
1.	000067	e001		LDI	R16, LOW(1)
2.	000068	e010		LDI	R17, HIGH(1)
3.	000069	e020		LDI	R18, LOW(0)
4.	00006a	e030		LDI	R19, HIGH(0)
5.	00006b	3605	_0x3:	CPI	R16, LOW(101)
6.	00006c	e0e0		LDI	R30, HIGH(101)
7.	00006d	071e		CPC	R17, R30
8.	00006e	f42c		BRGE	_0x5
9.	00006f	0f20		ADD	R18, R16
10.	000070	1f31		ADC	R19, R17
11.	000071	5f0f		SUBI	R16, LOW(-1)
12.	000072	4f1f		SBCI	R17, HIGH(-1)
13.	000073	cff7		RJMP	_0x3
14.	000074		_0x5:		

(c) Atmega128 프로세서의 기계어 프로그램

그림 3-1 고급 언어 프로그램과 기계어 프로그램

기계어는 2진수 코드이므로, 사람이 그 의미를 알아보기 거의 불가능하다. 따라서 기계어의 의미를 쉽게 이해할 수 있도록 기계어와 일대일로 대응되는 기호를 도입한다. 기계어를 대신하는 언어를 어셈블리어(assembly language 또는 어셈블리 언어)라고 하고, 어셈블리어로 작성한 프로그램을 어셈블리어 프로그램이라고 한다. 어셈블리어 프로그램을 기계어 프로그램으로 번역하는 프로그램을 어셈블러(assembler)라고 한다.

[그림 3-1]에서 볼 수 있듯이, 기계어와 어셈블리어는 프로세서 종류마다 서로 다르다. 프로세서를 설계하는 사람이 기계어와 어셈블리어를 정의한다. 지금은 [그림 3-1]의 기계어와 어셈블리어를 이해할 필요는 없다. 다만, 어셈블리어를 보면 Pentium 프로세서는 데이터 이동(move), 비교(compare), 더하기(add), 분기(jump) 정도의 명령어들이 나열되어 있고, Atmega128 프로세서는 적재(load), 비교, 분기(branch), 더하기(add), 빼기(subtract) 정도의 명령어들이 나열된 것으로 대략 유추해 보는 것만으로 충분하다. 어셈블리어로 표현된 명령어를 정확하게 이해하려면 각 프로세서 제조사가 제공하는 명령어 설명서(instruction manual)를 찾아보아야 한다.

3.1.2 프로그램 내장형 컴퓨터

현대의 모든 컴퓨터는 기계어 프로그램을 주기억장치에 저장해 놓고, 중앙처리장치에서 실행한다. 헝가리 출신 미국의 수학자 폰 노이만(Von Neumann)은 1946년에 다음과 같은 개념을 처음으로 제안하였으며, 이러한 컴퓨터를 프로그램 내장형 컴퓨터(stored program computer 또는 Von Neumann computer)라고 한다.

- 프로그램과 데이터를 주기억장치에 저장한다.
- 컴퓨터는 프로그램을 구성하는 명령어를 하나씩 중앙처리장치로 가져와 실행한다.

프로그램 내장형 컴퓨터는 [그림 3-2]와 같은 구조를 갖는다. [그림 3-2(a)]는 중앙처리장치와 주기억장치 간의 통신 채널이 한 개이다. 따라서 중앙처리장치는 명령어와 데이터를 동시에 가져올 수 없다. [그림 3-2(b)]와 같이 주기억장치를 프로그램 기억장치와 데이터 기억장치로 분리하면, 명령어와 데이터를 동시에 액세스할 수 있으므로 기억장치 액세스 속도를 개선할 수 있다. 이 구조를 하버드 구조(Harvard architecture)라고 한다.

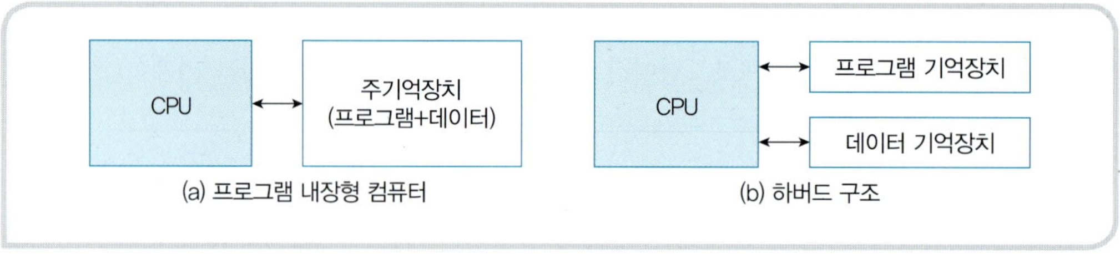

그림 3-2 프로그램 내장형 컴퓨터의 개념

중앙처리장치는 컴퓨터에 전원을 인가한 후 [그림 3-3]과 같이 두 가지 단계를 무한히 반복함으로써 프로그램을 실행한다. 이 과정을 명령어 사이클(instruction cycle) 또는 머신 사이클(machine cycle)이라고 한다. 첫 번째를 명령어 인출단계(fetch stage), 두 번째를 명령어 실행단계(execute stage)라고 한다. 각 단계에서 수행하는 일은 다음과 같다.

- 인출단계: 주기억장치에서 명령어 하나를 중앙처리장치로 가져온다.
- 실행단계: 인출한 명령어를 해독하고 그 의미에 해당하는 동작을 실행한다.

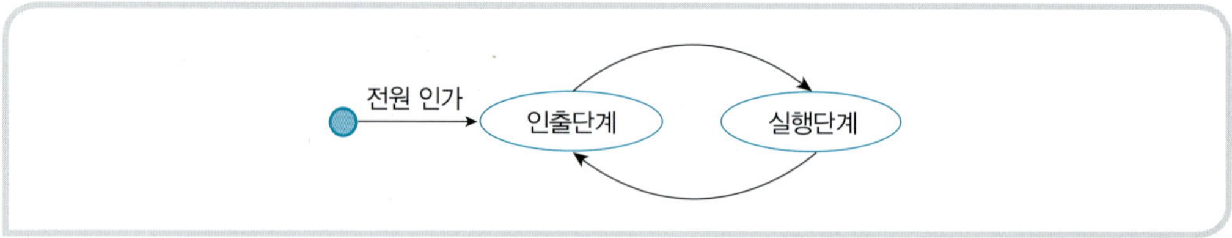

그림 3-3 명령어 사이클

인출단계에서 중앙처리장치가 수행하는 일은 명령어 종류와 상관없이 항상 같다. 실행단계에서 중앙처리장치는 명령어가 의미하는 일을 수행한다. 이때 처리할 데이터를 주기억장치에서 가져올 수도 있다.

3.2 컴퓨터 구성 요소

컴퓨터는 [그림 3-4]와 같이 중앙처리장치, 주기억장치, 입출력장치로 구성되어 있다. 중앙처리장치는 프로그램을 실행하며 컴퓨터의 모든 동작을 제어한다. 주기억장치는 프로그램과 데이터를 저장한다. 입출력장치는 컴퓨터 내부와 외부의 데이터 전송을 담당한다. 이 세 가지 구성 요소는 시스템 버스에 연결되어 있고, 서로 데이터를 주고받을 수 있다. 이 절에서는 각 구성 요소의 기능과 특징에 대하여 설명한다.

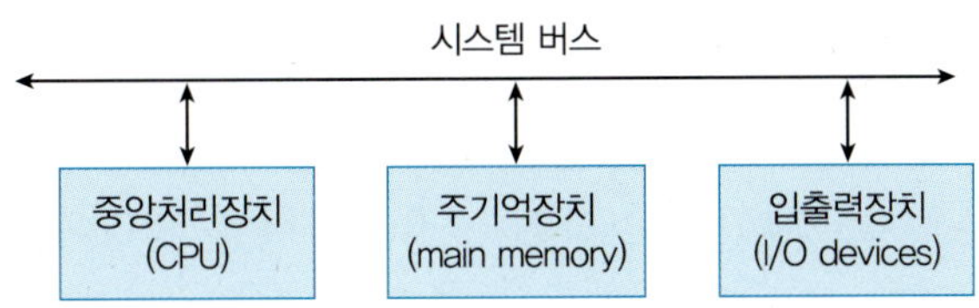

그림 3-4 컴퓨터의 구성 요소

3.2.1 중앙처리장치

중앙처리장치는 명령어 사이클을 수행함으로써 프로그램을 실행한다. 명령어 사이클의 각 단계를 처리하기 위하여 필요한 구성 요소가 무엇인지 알아보자.

인출단계에서 중앙처리장치는 주기억장치에서 다음에 실행할 명령어 가져온다. 이 과정을 수행하기 위하여 다음에 실행할 명령어가 들어있는 기억장소 주소를 저장할 레지스터와 인출한 명령어를 저장할 레지스터가 필요하다. 이 레지스터가 프로그램 카운터(PC, Program Counter)와 명령어 레지스터(IR, Instruction Register)이다. 프로그램 내장형 컴퓨터가 명령어를 실행하려면 반드시 이 두 가지 레지스터를 포함하고 있어야 한다. 각 레지스터의 기능은 다음과 같다.

- 프로그램 카운터(PC): 다음에 실행할 명령어가 들어있는 기억장소 주소를 저장한다. 프로그램을 구성하는 명령어들은 주기억장치에 차례대로 저장되어 있으므로, 프로그램 카운터 값은 명령어를 인출한 다음에 그 명령어 길이만큼 증가한다. 프로그램 카운터는 명령어를 인출한 후에 항상 다음에 실행할 명령어가 저장된 기억장소 주소를 가리키도록 수정된다. 따라서 인출단계가 끝나면 프로그램 카운터는 '다음에 실행할 명령어의 주소'를 저장한다.
- 명령어 레지스터(IR): 인출단계에서 프로그램 카운터가 지정한 기억장소에서 인출한 명령어를 저장한다. 명령어 레지스터는 '현재 실행 중인 명령어'를 저장한다.

인출단계에서 수행하는 일을 레지스터 전송 언어로 표현하면 다음과 같다.

인출단계: IR ← Mem[PC], PC ← PC + [명령어의 길이]

주기억장치 PC 번지에 있는 명령어를 IR에 저장하고, 이와 동시에 다음 명령어를 가리키도록 PC 값을 증가시킨다.

실행단계는 명령어 레지스터에 저장된 명령어를 해독하고 실행한다. 중앙처리장치에서 명령어를 해독하는 부분을 제어장치(CU, Control Unit)라고 하고, 명령어를 실행하는 부분을 처리장치(PU, Processing Unit)라고 한다. 처리장치는 내부 레지스터(internal registers)와 연산기(Arithmetic and Logic Unit, ALU 또는 산술논리연산장치)로 구성되어 있다. 각 구성 요소의 기능은 다음과 같다.

- 제어장치: 명령어 레지스터에 저장된 명령어를 해독하고, 필요한 제어신호(control signals)를 생성한다. 제어장치는 컴퓨터에서 사용되는 모든 제어신호를 생성한다. 제어장치는 중앙처리장치 내부의 구성 요소를 제어하는데 필요한 제어신호 이외에 중앙처리장치 외부의 주기억장치와 입출력장치를 제어하기 위한 제어신호도 생성한다.
- 내부 레지스터: 명령어를 처리하기 위하여 중앙처리장치에 데이터를 저장하는 임시 기억장치가 필요한데, 이것이 내부 레지스터이다. 프로세서 종류별로 내부 레지스터 이름, 개수, 용도가 서로 다르다.
- 연산기: 중앙처리장치에서 데이터를 처리하는 기능을 담당한다. 주로 레지스터 또는 주기억장치에 저장된 데이터에 대한 산술연산과 논리연산을 수행한다. 일반적으로 조합논리회로로 만들어져 있다.

[그림 3-5]는 단순하게 표현한 중앙처리장치 내부 구조이다. 각 구성 요소는 내부 버스(internal bus)로 연결되어 있다.

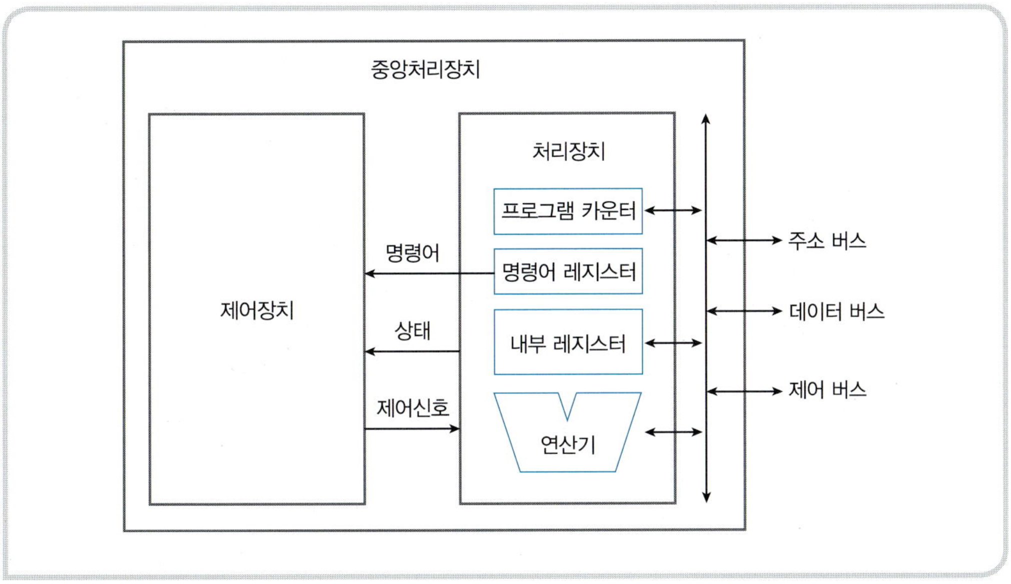

그림 3-5 중앙처리장치의 내부 구조

3.2.2 주기억장치

이 절에서는 컴퓨터 동작 원리를 개략적으로 이해할 수 있는 수준에서 기억장치 내부 구조

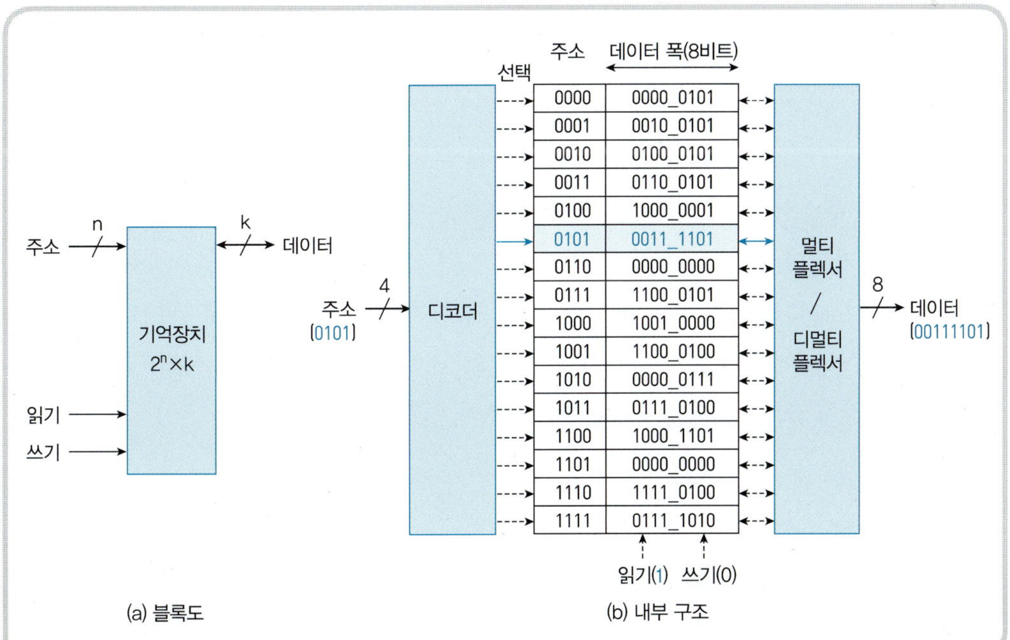

그림 3-6 기억장치의 구조

와 동작 원리를 설명한다. 기억장치 특성과 캐시기억장치, 가상기억장치와 같은 자세한 사항은 '9장 기억장치'에서 다룬다. 주기억장치(main memory)는 중앙처리장치와 항상 연결(on-line)되어 있어서 중앙처리장치가 필요할 때 바로 데이터를 액세스할 수 있다.

주기억장치는 프로그램과 데이터를 저장한다. 기억장치는 주소를 지정하여 데이터를 액세스하는 거대한 1차원 배열로 생각할 수 있다. [그림 3-6(a)]와 같이 n비트의 주소선(address lines), k비트의 데이터선(data lines), 그리고 읽기(read)와 쓰기(write) 제어선으로 외부와 연결된다. 각 선의 용도는 다음과 같다.

- 주소선: 기억장치에 대한 입력신호로 작용한다. 기억장치에 포함된 여러 개의 기억장소 중 하나를 지정한다. n비트의 주소선으로 2^n개의 기억장소를 지정할 수 있다.
- 데이터선: 기억장치에 대한 입력과 출력신호로 작용한다. 기억장치와 외부 다른 장치(예를 들면 중앙처리장치) 간에 데이터를 주고받는 경로이다. 데이터선이 k비트라는 것은 한 개의 기억장소에 k비트 데이터를 저장한다는 의미이다.
- 읽기/쓰기 제어선: 제어선은 기억장치에 대한 입력신호이다. 기억장치의 제어선은 읽기와 쓰기 신호가 있다. 만일 읽기 제어신호가 인가되면, 주소선으로 지정된 기억장소에 저장된 데이터가 읽혀 나온다. 만일 쓰기 제어신호가 인가되면, 주소선으로 지정된 기억장소에 데이터선으로 인가된 데이터가 저장된다.

중앙처리장치는 다음과 같은 두 가지 방법으로 기억장치를 액세스한다. 일반적으로 적재와 저장을 동시에 지칭할 때 액세스라고 표현한다.

- 적재(load): 기억장치 한 장소에서 데이터를 읽어 중앙처리장치의 레지스터로 가져온다. 주소선에 기억장치 주소가 인가되고, 기억장치 읽기(memory read) 제어신호가 인가된다.
- 저장(store): 중앙처리장치의 레지스터에서 기억장치 한 장소에 데이터를 저장한다. 주소선에 기억장치 주소가 인가되고, 데이터선에 저장될 데이터 값이 실리고, 기억장치 쓰기(memory write) 제어신호가 인가된다.

각 동작에 대한 레지스터 전송 표현은 다음과 같다.

```
Register ← Mem[Address]       // 적재
Mem[Address] ← Register       // 저장
```

기억장치 용량은 (기억장소 수×데이터 폭)으로 표현한다. [그림 3-6(b)]는 16×8비트 기억장치에 대한 내부 구조를 보여준다. 괄호 안의 2진수 숫자는 현재 인가된 신호 값이다. 그 해석은 다음과 같다.

- 주소선은 4비트이다. 기억장소 수는 2^4 = 16개이다.
- 데이터선은 8비트이다. 기억장치 용량은 16×8비트이다.
- 주소선의 값이 0101이다. 기억장치는 디코더를 갖고 있으며, 디코더 출력으로 동작할 기억장소를 선택한다(그림의 실선).
- 읽기 제어신호가 1이고 쓰기 제어신호가 0이므로, 이 기억장치는 읽기 모드로 동작하고 있다.
- 기억장소 0101 번지의 데이터 값(0011_1101)이 멀티플렉서를 지나 데이터선으로 출력된다.

실제로 기억장치는 수많은 기억장소를 포함하고 있지만, 이해를 돕기 위하여 [그림 3-6(b)]에 기억장소를 16개만 할당하였다. 기억장소 수가 많아지면 주소선의 비트 수가 증가한다. 그렇더라도 동작 원리는 같다.

예제 3-1

[그림 3-6(b)]에 대하여 질문에 답하라.

(1) 주소선=1010, 읽기=0, 쓰기=1, 데이터선=1101_0000일 때, 기억장치의 동작을 설명하라.
(2) 주소선=1101, 읽기=1, 쓰기=0일 때, 데이터선에 어떤 값이 출력되는가?

풀이

(1) 기억장소 1010 번지의 이전 값 0000_0111이 1101_0000으로 갱신된다.
(2) 기억장소 1101 번지의 값 0000_0000이 데이터선으로 출력된다.

예제 3-2

다음과 같은 용량을 갖는 기억장치의 주소선 수와 데이터선 수를 구하라.

(1) 16M×16비트
(2) 4G×8비트

풀이

(1) 16M=2^{24}이므로, 주소선은 24비트, 데이터선은 16비트
(2) 4G=2^{32}이므로, 주소선은 32비트, 데이터선은 8비트

일반적으로 중앙처리장치가 제공하는 데이터 비트 수와 주기억장치 데이터선의 비트 수가 같다. 중앙처리장치는 한 번에 자신이 제공하는 데이터 비트 수만큼 데이터를 액세스할 수 있다. 중앙처리장치가 한 번에 액세스하는 데이터를 단어(word)라고 한다. 컴퓨터 발달 과정의 초창기에 문자를 8비트(한 바이트)로 표현하였기 때문에 단어 크기는 바이트의 배수이다. 중앙처리장치 내부 레지스터 비트 수도 단어 크기와 같은 것이 일반적이다. 예를 들어, 32비트 프로세서는 레지스터 크기도 32비트이고, 연산기도 한 번에 32비트 데이터를 처리하고, 기억장치에서 한 번에 32비트 데이터를 액세스한다.

3.2.3 입출력장치

이 절에서는 컴퓨터 시스템에서 입출력장치(input/output device, I/O device, peripheral)의 역할, 종류, 연결 방법, 입출력 방식에 대하여 간단히 설명한다. 자세한 입출력 동작은 '10장 입출력'에서 다룬다.

입출력장치는 컴퓨터와 외부 세계를 연결한다. 컴퓨터는 외부에서 데이터를 받아 처리하고 그 결과를 외부로 제공한다. 컴퓨터로 데이터를 제공하는 장치가 입력장치이고, 컴퓨터가 처리한 데이터를 가져가는 장치가 출력장치이다. 하드 디스크와 같이 입력과 출력을 겸하는 장치도 있다. 다음과 같은 다양한 종류의 입출력장치가 있다.

- 입력장치: 키보드, 마우스, 마이크, 카메라, 터치 스크린, 스캐너
- 출력장치: 모니터, 프린터, 플로터, 스피커
- 입출력장치: 보조기억장치(디스크, USB 메모리 등), 네트워크 어댑터

입출력장치는 기계 동작을 수반하기 때문에 대부분 동작 속도 면에서 전기 신호로 동작하는 중앙처리장치나 주기억장치보다 느리다.

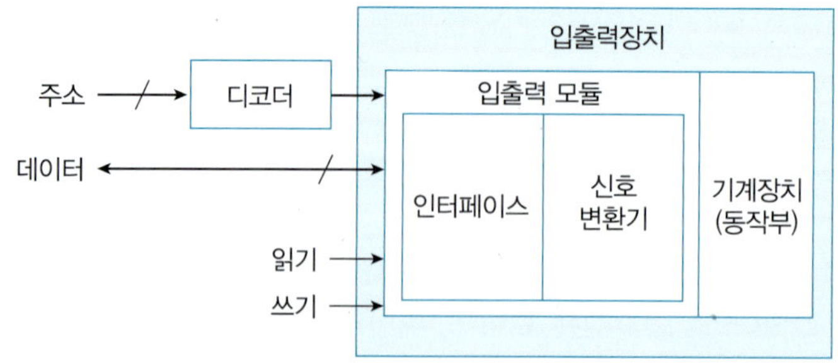

그림 3-7 입출력장치 구조

입출력장치는 그 종류가 너무나 다양하여 한 가지 구조로 그 기능을 표현하기 어렵지만, 공통적으로 [그림 3-7]과 같은 세 가지 기능을 포함하고 있다. 각 부분의 역할은 다음과 같다.

- 인터페이스(interface): 입출력장치를 컴퓨터 시스템과 연결한다. 입출력장치와 중앙처리장치의 차이점인 동작 방식, 데이터 전송 속도, 데이터 형식을 조절한다.
- 신호변환기(transducer): 전기 신호를 입출력장치 고유의 기계 동작으로 변환하거나, 그 반대의 변환을 수행한다.
- 기계장치(actuator): 실제 입출력장치 고유 기능을 수행한다. 예를 들어 프린터 동작부는 기계장치를 구동하여 종이를 공급하고 글자를 인쇄한다.

컴퓨터 한 대에 여러 개의 입출력장치가 동시에 연결된다. 컴퓨터는 입출력장치를 구별하기 위하여 장치마다 고유 주소를 할당한다. 입출력장치에 할당한 주소를 입출력 주소(I/O address) 또는 입출력 포트(I/O port)라고 한다. 일반적으로 한 개의 장치는 여러 개의 포트를 사용한다. 컴퓨터는 입출력장치마다 서로 다른 주소 영역을 할당한다.

중앙처리장치가 볼 때 입출력장치와 주기억장치는 구동 원리가 같다. 즉, 주소와 읽기 또는 쓰기 제어신호를 주고 데이터를 액세스한다. 그러므로 기억장치와 입출력장치의 외부 신호선 구성이 같다. 입출력장치는 [그림 3-7]의 왼편에 있는 신호선으로 컴퓨터 시스템에 연결된다. 연결에 사용되는 신호와 역할은 다음과 같다.

- 주소선(address lines): 입출력장치는 주소선을 디코드하여 자신에게 할당된 주소, 즉 입출력 포트를 선택한다.
- 데이터선(data lines): 입출력장치는 중앙처리장치와 데이터선을 통하여 데이터를 주고받는다. 일반적으로 8비트 단위로 데이터를 송수신한다.
- 제어선(control lines): 기억장치와 마찬가지로 입출력 동작을 제어하기 위하여 읽기(read)와 쓰기(write) 제어신호를 사용한다. 읽기 제어신호가 인가되었을 때 입출력장치에서 컴퓨터로 데이터를 전송하고, 쓰기 제어신호가 주어졌을 때 컴퓨터에서 입출력장치로 데이터를 전송한다.

3.2.4 AVR 마이크로제어기

마이크로제어기(micro-controller)는 하나의 칩 안에 중앙처리장치와 기억장치, 그리고 여러 가지 주변장치를 모두 포함하고 있는 반도체 소자로서 주로 소형 시스템의 제어장치로 사용된다.

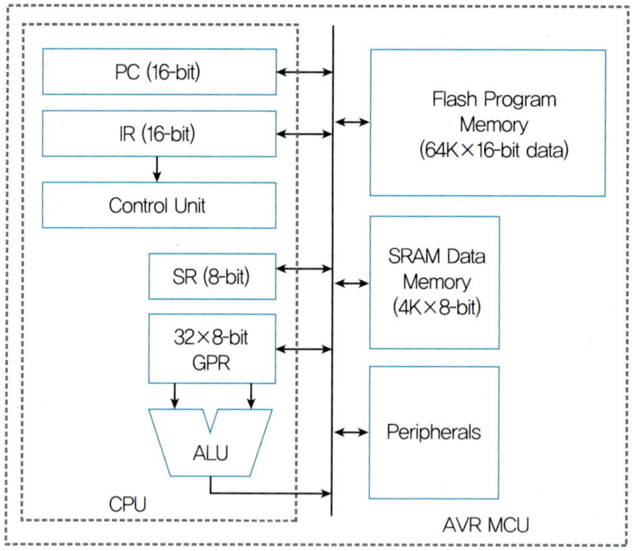

그림 3-8 AVR 계열 프로세서 구조

여기에서는 AVR 마이크로제어기의 구성 요소를 살펴보고자 한다. [그림 3-8]은 AVR 계열의 Atmega128 마이크로제어기 구조를 간단하게 표현한 것이다. 이 장치의 특징은 다음과 같다.

- 기억장치가 프로그램 기억장치와 데이터 기억장치로 나뉘어져 있는 하버드 구조이다.
- 프로그램은 플래시 프로그램 기억장치(Flash Program Memory)에 저장된다. 이 부분은 전기가 끊어지더라도 저장된 내용을 보존한다. 프로그램 기억장치의 용량은 64K×16비트이다. 바이트 단위로 128K바이트이다.
- 프로그램이 처리하는 데이터를 저장하는 별도의 데이터 기억장치(SRAM Data Memory)를 포함하고 있다. 이 부분은 전기가 끊어지면 내용이 지워진다. 용량은 4K×8비트이다.
- 프로그램 카운터(PC) 크기는 16비트이고, 프로그램 기억장치로 주소를 제공한다.
- 대부분의 명령어는 크기가 16비트이고, 기억장치 주소를 포함하는 명령어만 길이가 32비트이다. 인출된 명령어는 크기가 16비트인 명령어 레지스터(IR)에 저장된다.
- 명령어 레지스터는 제어장치(Control Unit)로 명령어를 전달한다. 제어장치는 명

령어를 해독하여 프로그램 실행을 제어하는데 필요로 하는 모든 제어신호를 생성한다.

- 8비트 상태 레지스터(SR, Status Register)를 포함하고 있다.
- 32개의 8비트 범용 레지스터(GPR, General Purpose Registers)를 포함하고 있다. 이름은 R0, R1, …, R31이다. 이것들은 프로그램이 처리하는 데이터를 임시로 저장한다.
- 칩 안에 여러 가지 주변장치(Peripherals)를 포함하고 있다. 내부 발진기, 인터럽트 제어기, 직렬통신 제어기, 타이머, 아날로그 비교기, EEPROM 등이 주변장치의 예이다. 이것들은 모두 입출력장치에 해당한다.

3.3 시스템 버스

컴퓨터 시스템은 중앙처리장치, 주기억장치, 입출력장치로 구성되어 있으며, 이 장치들이 서로 데이터를 주고받음으로써 프로그램을 실행한다. 컴퓨터 구성 요소를 서로 연결하는 신호선의 모임을 시스템 버스(system bus)라고 한다. 이 절에서는 시스템 버스의 구성과 제어신호 종류에 대하여 설명한다.

3.3.1 시스템 버스 구성

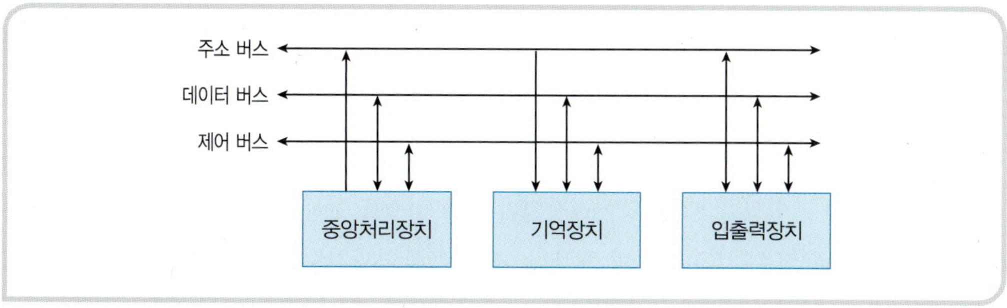

그림 3-9 시스템 버스

시스템 버스는 구성 요소를 서로 연결하는 통신 경로(communication channel)이고, 여러 신호선의 모임이다. 한 개의 신호선은 한 번에 한 비트 데이터를 전달한다. 컴퓨터 시스템에는 여러 개의 모듈이 있으므로, [그림 3-9]와 같이 멀티 드롭(multi-drop) 방식으로 시스템 버스를 구성한다. 이와 같은 구조의 시스템 버스는 한 번에 한 개의 장치만 데이터를 전송할 수 있다. 시스템 버스를 구성하는 신호선을 기능에 따라 주소 버스(address bus), 데이터 버스(data bus), 제어 버스(control bus)로 구별할 수 있다.

- 주소 버스(address bus): 기억장치 주소 또는 입출력장치 포트를 지정한다. 주소 버스 폭(비트 수)은 기억장치 최대 용량과 관련이 있다. 주소 버스 폭이 n비트일 때, 이 시스템에 부착할 수 있는 최대 기억장치 용량은 2^n이다.
- 데이터 버스(data bus): 시스템 구성 요소 간에 데이터를 전달하는 경로이다. 데이터 버스 폭은 일반적으로 8의 배수이며, 기억장치 단어 크기, 레지스터 크기와 같다.
- 제어 버스(control bus): 신호선 중에서 주소 버스와 데이터 버스를 제외한 신호선을 모은 것을 제어 버스라고 한다. 제어 버스에 속하는 제어신호는 각 비트 별로 고유 기능을 갖는다.

컴퓨터 구성 요소는 시스템 버스로 데이터를 주고받는다. 중앙처리장치와 기억장치, 중앙처리장치와 입출력장치, 입출력장치와 기억장치 간 데이터 통신이 가능하다. 대부분 중앙처리장치가 데이터 통신을 제어한다. 중앙처리장치를 거치지 않고 직접 입출력장치와 기억장치 간에 데이터를 주고받을 수도 있다.

중앙처리장치와 기억장치 간 데이터 전송은 적재(load)와 저장(store) 명령어에 의하여 수행된다. 데이터를 적재할 때, 중앙처리장치가 주소 버스를 구동하고, 제어 버스로 기억장치 읽기 신호(memory read)를 보낸다. 기억장치는 해당 주소에 저장된 데이터를 출력한다. 데이터를 저장할 때, 중앙처리장치가 주소 버스를 구동하고, 데이터 버스로 데이터를 제공하고, 제어 버스로 기억장치 쓰기(memory write) 신호를 보낸다. 기억장치는 해당 주소에 데이터 버스로 받은 데이터를 저장한다.

중앙처리장치와 입출력장치 간 데이터 전송은 입력(input)과 출력(output) 명령어에 의하여 수행된다. 데이터를 입력할 때, 중앙처리장치가 주소 버스를 구동하고, 제어 버스로 입출력장치 읽기 신호(input 또는 I/O read)를 보낸다. 해당 입출력장치는 데이터를 출력한다. 데이터를 출력할 때, 중앙처리장치가 주소 버스를 구동하고, 데이터 버스로 데이터를 제공하고, 제어 버스로 입출력 쓰기 신호(output 또는 I/O write)를 보낸다. 해당 입출력장치는 데이터 버스에서 수신한 데이터를 저장한다. 입출력장치는 중앙처리장치에게 입출력 동작을 시작하라고 요청할 수 있는데, 이때 제어 버스의 인터럽트 요청(interrupt request) 신호와 인터럽트 확인(interrupt acknowledge) 신호를 사용한다.

DMA 제어기(DMA controller)라는 장치가 입출력장치와 기억장치 간의 데이터 통신을 주관한다. DMA 제어기도 입출력장치 중 하나이다. DMA 동작 중에 중앙처리장치는 아무 일도 하지 않으며, DMA 제어기가 주소 버스와 제어 버스의 신호들을 구동한다. DMA 제어기는 중앙처리장치에게 버스 사용 허가를 받은 후에 버스를 구동해야 한다.

3.3.2 제어신호 종류

주소 버스와 데이터 버스를 구성하는 신호선은 그룹으로 동작하지만, 제어 버스에 속한 신호선은 그 종류마다 용도가 다르다. 제어 버스는 다음과 같은 제어신호를 포함한다.

- 기억장치 읽기(memory read): 기억장치에서 데이터를 읽는다.
- 기억장치 쓰기(memory write): 기억장치로 데이터를 기록한다.
- 입출력 읽기(input 또는 I/O read): 입출력 포트에서 데이터를 읽는다.
- 입출력 쓰기(output 또는 I/O write): 입출력 포트로 데이터를 기록한다.
- 인터럽트 요청(interrupt request): 입출력 준비를 마친 입출력장치가 중앙처리장치에게 입출력 동작을 시작할 것을 요청한다.
- 인터럽트 확인(interrupt acknowledge): 인터럽트 요청을 받은 중앙처리장치가 입출력 동작을 시작할 것임을 입출력장치에게 통보한다.
- 버스 요청(bus request): DMA 제어기가 중앙처리장치를 거치지 않고 직접 기억장치를 액세스하기 위하여 자신이 직접 버스를 사용할 수 있도록 허락해 줄 것을 중앙처리장치에게 요청한다.
- 버스 승인(bug grant): 중앙처리장치가 버스 사용을 요청한 DMA 제어기에게 버스 사용권이 허가되었음을 통보한다.
- 시스템 클럭(system clock): 컴퓨터 시스템의 모든 동작을 동기화한다.
- 리셋(reset): 컴퓨터 시스템의 모든 구성 요소를 초기화한다. 이 신호에 의하여 컴퓨터 시스템은 부팅을 시작한다.
- 전력선(power lines): 시스템의 모든 구성 요소로 동작 전원을 공급한다.

전력선과 접지(signal ground)는 제어 버스와 별도로 취급하기도 한다. 여기에 소개된 제어신호 이외에도 프로세서 별로 자신만의 동작을 수행하기 위하여 특별한 제어신호들을 더 갖고 있을 수 있다.

3.3.3 버스 계층

시스템 버스에 여러 장치를 연결할 수 있다. 어떤 장치가 시스템 버스를 사용하려고 할 때 다른 장치도 시스템 버스를 사용하려고 할 수 있다. 따라서 시스템 버스에 연결된 장치가 많아질수록 시스템 버스에 대한 경쟁이 심해지고 결과적으로 데이터 전송 속도가 느려지는 현상이 발생한다.

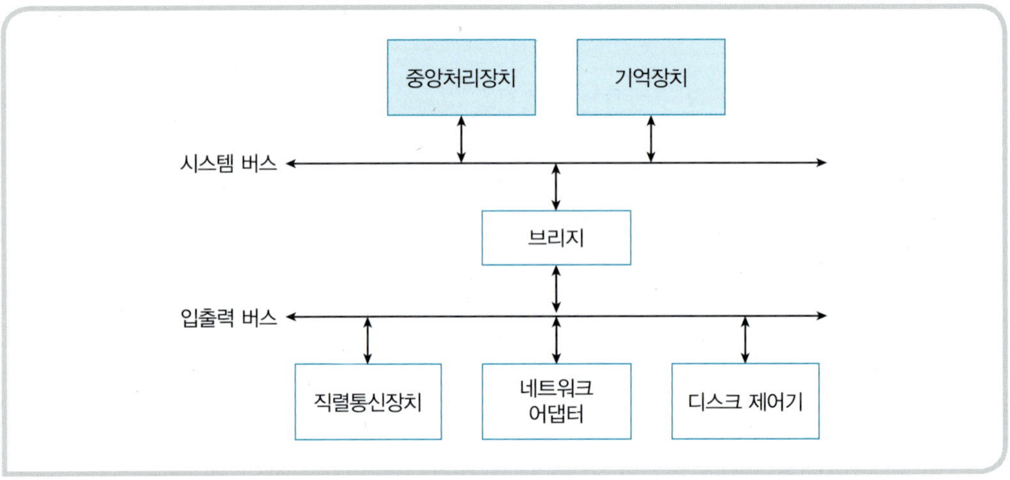

그림 3-10 버스 계층

이 문제를 해결하기 위하여, 최근의 컴퓨터 시스템은 [그림 3-10]과 같이 버스를 계층으로 구성한다. 상대적으로 속도가 빠른 중앙처리장치와 기억장치를 시스템 버스에 연결하고, 중앙처리장치나 기억장치보다 속도가 느린 입출력장치를 입출력 버스에 연결한다. 브리지(bridge)는 두 개의 버스를 서로 연결하는 중재장치이다.

컴퓨터 시스템에 따라 버스를 3계층으로 구성할 수도 있다. 각 버스의 이름은 컴퓨터 시스템마다 다르다. 지역 버스(local bus), 확장 버스(expansion bus), 고속 버스(high-speed bus), 저속 버스(low-speed bus), 장치 버스(peripheral bus)와 같은 이름을 사용하고 있다. 중앙처리장치에 가까운 버스에 연결된 장치의 동작 속도가 빠르다.

3.4 명령어

컴퓨터는 프로그램을 실행하며, 프로그램은 명령어들의 모임이다. 컴퓨터는 명령어를 하나씩 중앙처리장치로 가져온 후(인출단계), 그 명령어를 해석하여 실행한다(실행단계). 명령어는 중앙처리장치가 그 명령어를 실행하는데 필요한 정보를 모두 포함하고 있어야 한다. 이 절에서는 명령어가 어떤 정보를 포함하고 있어야 하는지 살펴보고, 명령어를 2진수로 표현하는 방법에 대하여 설명한다.

3.4.1 명령어 구성 요소

명령어는 컴퓨터가 해야 할 일을 지시하는 것이므로, 중앙처리장치가 수행할 동작과 그 동작을 수행할 대상을 포함하도록 설계되어야 한다. 명령어 구성 요소 중에서 동작을 나타내는 부분을 동작코드(operation code, 줄여서 opcode, 또는 연산코드)라고 하고, 동작의 대상을 오퍼랜드(operand, 또는 피연산자)라고 한다. 명령어는 한 개의 동작코드와 필요에 따라 0개부터 최대 3개의 오퍼랜드로 구성되어 있다.

명령어는 2진수 패턴으로 만들어져 기억장치에 저장된다. 기억장치가 8의 배수 크기로 구성되어 있으므로, 명령어 길이도 8의 배수로 제한하는 것이 일반적이다. 명령어 구성 요소를 2진수에 배치한 형태를 명령어 형식(instruction format)이라고 한다. [그림 3-11]은 명령어 형식을 그림으로 표현한 것이다. 오퍼랜드 필드는 최대 3개이므로 점선으로 표현하였다. 한 가지 의미로 해석되는 2진수 열을 필드(field)라고 한다. 명령어 형식은 명령어 전체 길이, 필드 구성과 크기, 각 필드의 의미를 표현해야 한다.

그림 3-11 명령어 형식

3.4.2 명령어 종류

프로세서는 프로그램을 수행하는데 필요한 명령어를 모두 제공해야 한다. 명령어는 동작코드의 기능에 따라 다음과 같은 세 가지 종류로 구분할 수 있다.

- 데이터 전달 명령어(data transfer instructions): 데이터 값을 조작하지 않고 단순히 컴퓨터 구성 요소 간에 데이터를 전달한다. 내부 레지스터, 주기억장치, 입출력장치 임의의 쌍에 대한 데이터 전달 명령어가 있을 수 있다.
- 데이터 처리 명령어(data process instructions): 내부 레지스터나는 기억장치에 저장되어 있는 데이터에 대하여 산술 또는 논리 연산을 수행하여 값을 계산하고, 계산 결과를 다시 레지스터나 기억장치로 저장한다. 데이터 처리는 대부분 연산기에서 수행된다.
- 프로그램 제어 명령어(program control instructions): 명령어 실행 순서를 변경한다. 프로그램 실행 순서를 변경한다는 것은 궁극적으로 프로그램 카운터 값을 변경하는 것이다.

기계어 명령어뿐만 아니라 고급언어 프로그램을 구성하는 문장도 이와 같은 세 가지 종류로 구별할 수 있다. 1부터 100까지 더하는 C언어 프로그램도 다음과 같이 세 가지 종류의 명령어로 구성된 것으로 해석할 수 있다.

```
int n = 1;              // 데이터 전달 명령어
int sum = 0;            // 데이터 전달 명령어
while (n <= 100) {      // 프로그램 제어 명령어
    sum = sum + n;      // 데이터 처리 명령어
    n = n + 1;          // 데이터 처리 명령어
}
```

동작코드	목적지 오퍼랜드	소스 오퍼랜드

그림 3-12 데이터 전달 명령어 형식

데이터 전달 명령어는 컴퓨터 구성 요소의 한 장소에서 다른 장소로 데이터를 복사한다. 이 그룹에 속한 명령어는 [그림 3-12]와 같이 데이터를 옮기라는 동작코드, 데이터를 가져올 장소인 소스 오퍼랜드(source operand), 데이터를 저장할 장소인 목적지 오퍼랜드(destination operand)를 포함하고 있어야 한다. 데이터 전달 명령어에 대한 동작코드 예는 다음과 같다.

- 적재(load): 기억장치 한 장소에서 레지스터로 데이터를 가져온다.
- 저장(store): 레지스터에서 기억장치의 한 장소로 데이터를 저장한다.

- 이동(move): 소스 오퍼랜드에서 목적지 오퍼랜드로 데이터를 이동한다. 각 오퍼랜드는 기억장치 한 장소 또는 레지스터 일 수 있다.
- 입력(input): 입출력 포트에서 레지스터로 데이터를 입력한다.
- 출력(output): 레지스터에서 입출력 포트로 데이터를 출력한다.

동작코드	소스/목적지 오퍼랜드

(a) 단항 연산 명령어 형식

동작코드	목적지 오퍼랜드	소스 오퍼랜드1	소스 오퍼랜드2

(b) 이항 연산 명령어 형식

그림 3-13 데이터 처리 명령어 형식

데이터 처리 명령어는 데이터 값을 연산하여 새로운 결과를 산출한다. 데이터 처리는 주로 연산기에서 수행되며 연산 방법에 따라 소스 오퍼랜드는 한 개 또는 두 개일 수 있다. 소스 오퍼랜드와 목적지 오퍼랜드는 기억장치, 레지스터 또는 입출력 포트일 수 있다. 데이터 처리 명령어에 대한 동작코드의 그룹별 예는 다음과 같다.

- 단항 연산 명령어(unary operator instruction): 한 개의 항으로 계산을 수행하는 명령어로써, 부호 바꾸기, 증가, 감소, NOT 명령어가 그 예이다. 이 그룹의 명령어는 [그림 3-13(a)]와 같이 오퍼랜드가 하나이다.
- 이항 연산 명령어(binary operator instruction): 두 개의 항으로 계산을 수행하는 명령어로써, 사칙 연산과 논리 연산이 대표적인 예이다. 이 그룹의 명령어들은 [그림 3-13(b)]와 같은 명령어 형식을 갖는다.

동작코드	분기 목적지 주소

(a) 분기 명령어 형식

동작코드

(b) 복귀 명령어 형식

그림 3-14 프로그램 제어 명령어 형식

프로그램 제어 명령어는 명령어 실행 순서를 변경한다. 중앙처리장치는 일반적으로 프로그램에 나열된 순서대로 명령어를 실행하지만, 프로그램 제어 명령어를 만나면 프로그램 카운터 값을 변경하여 실행 순서를 바꾼다. 이 그룹의 명령어는 [그림 3-14(a)]와 같이 동작코드와 분기 목적지 주소(branch target address)로 구성된다. 동작코드는 실행 순서를 변경하라는 의미이고, 분기 목적지 주소는 프로그램 카운터에 적재될 값이다. 프로그램 제어 명령어의 예는 다음과 같다.

- 무조건분기(unconditional branch): 프로그램 카운터 값을 분기 목적지 주소로 변경하여 항상 분기 목적지로 분기한다.
- 조건분기(conditional branch): 특정한 조건을 검사하여 분기 여부를 결정한다. 조건을 검사한다는 것은 데이터 처리 명령어의 연산 결과를 검사하는 것이다. 예를 들면, 연산 결과값이 0인지, 0이 아닌지, 양수인지, 음수인지를 검사하는 것이다. 만일 검사 결과가 참(true)이면, 분기 목적지 주소로 이동한다. 만일 검사 결과가 거짓(false)이면, 현재 실행 중인 조건분기 명령어의 다음 위치에 있는 명령어를 실행한다. 일반적으로 동작코드는 검사할 조건을 포함한다.
- 서브루틴 호출 또는 함수 호출(subroutine call 또는 function call): 서브루틴 호출 명령어는 프로그래밍 언어의 함수 호출에 대응하는 명령어로써, 서브루틴으로 이동하라는 동작코드와 서브루틴의 시작 주소를 분기 목적지 주소로 포함한다. 중앙처리장치는 서브루틴 호출 명령어를 만나면 다음에 실행할 명령어의 주소를 저장하고 프로그램 카운터에 서브루틴 시작 주소를 적재한다.
- 복귀(subroutine return): 서브루틴 또는 함수를 실행하고 나서 그 서브루틴을 호출한 곳으로 돌아갈 때 저장해 두었던 주소로 복귀한다. 명령어 형식은 [그림 3-14(b)]와 같이 동작코드만으로 구성되어 있다.

예제 3-3

다음 레지스터 전송문은 어느 그룹의 명령어에 해당하는가?

(1) R1 ← Mem[400]
(2) R2 ← R3 + Mem[401]
(3) PC ← R2
(4) Mem[402] ← R2
(5) if (ZERO) PC ← IR(ADDRESS)

풀이

(1) 데이터 전달: 기억장치 400번지 값을 레지스터 R1으로 적재한다.
(2) 데이터 처리: 레지스터 R3와 기억장치 401번지 값을 더하여 레지스터 R2에 저장한다.
(3) 프로그램 제어: 레지스터 R2를 프로그램 카운터에 저장한다. 프로그램 카운터 값을 변경하는 명령어는 프로그램 제어 명령어에 속한다.
(4) 데이터 전달: 레지스터 R2를 기억장치 402번지에 저장한다.
(5) 프로그램 제어: 조건 ZERO가 참이면, 명령어 레지스터의 ADDRESS 부분을 프로그램 카운터에 적재한다. 조건 ZERO가 거짓이면, 프로그램 카운터는 변하지 않는다.

3.4.3 오퍼랜드

명령어가 처리하려는 동작의 대상을 오퍼랜드(operand)라고 한다. 명령어가 실제로 처리하는 데이터를 유효 데이터(effective data)라고 한다. 오퍼랜드는 유효 데이터를 저장하고 있는 저장장소일 수도 있고, 유효 데이터 자체일 수도 있다. 예를 들어, 명령어의 오퍼랜드가 기억장치 주소일 때, 유효 데이터는 그 기억장치 주소에 저장되어 있는 데이터이다. 명령어에 표현된 오퍼랜드는 다음 중 한 가지이다.

- 즉치 데이터(immediate data): 실제로 처리되는 값이다. 유효 데이터는 오퍼랜드 자체이다.
- 레지스터 이름: 오퍼랜드에 레지스터 이름이 나타난다. 실제로 레지스터 번호에 해당하는 2진수이다. 유효 데이터는 레지스터에 저장된 값이다.
- 기억장치 주소: 오퍼랜드에 기억장치 주소가 나타난다. 유효 데이터는 기억장치 주소에 저장된 값이다.
- 입출력 포트: 오퍼랜드에 입출력 포트가 나타난다. 유효 데이터는 해당 입출력 포트가 제공하는 값이다.

[그림 3-15]는 여러 가지 명령어 형식의 예이다. 각 명령어를 해석하는 방법은 다음과 같다.

(1) R3 ← R3 + 1: 단항 연산 명령어이다. 동작코드는 INC(increment)이다. 오퍼랜드는 한 개이고 레지스터 이름 또는 레지스터 번호이다.
(2) R3 ← R3 + 5: 이항 연산 명령어이다. 동작코드는 ADD이다. 오퍼랜드 R3은 레지스터

이름이고, 레지스터 R3은 목적지 오퍼랜드와 소스 오퍼랜드 두 가지 용도로 사용된다. 나머지 한 개의 오퍼랜드는 그 자체가 유효 데이터이다. 이것을 즉치 데이터(immediate data)라고 한다.

(3) Mem[1004] ← R1: 동작코드는 STORE이다. 목적지 오퍼랜드 1004는 기억장치 주소이고, 소스 오퍼랜드는 레지스터 이름이다.

(4) R1 ← Port[1004]: 입출력 포트 1004번지에서 레지스터 R1으로 데이터를 입력(INPUT)하는 명령어이다. 목적지 오퍼랜드는 레지스터 이름이고, 소스 오퍼랜드는 입출력 포트이다.

(5) R3 ← R1 + Mem[1004]: 레지스터 R1과 기억장치 1004번지의 값을 더하여(ADD) 레지스터 R3에 저장하는 명령어이다. 목적지 오퍼랜드와 소스 오퍼랜드1은 레지스터 이름이고, 소스 오퍼랜드2는 기억장치 주소이다.

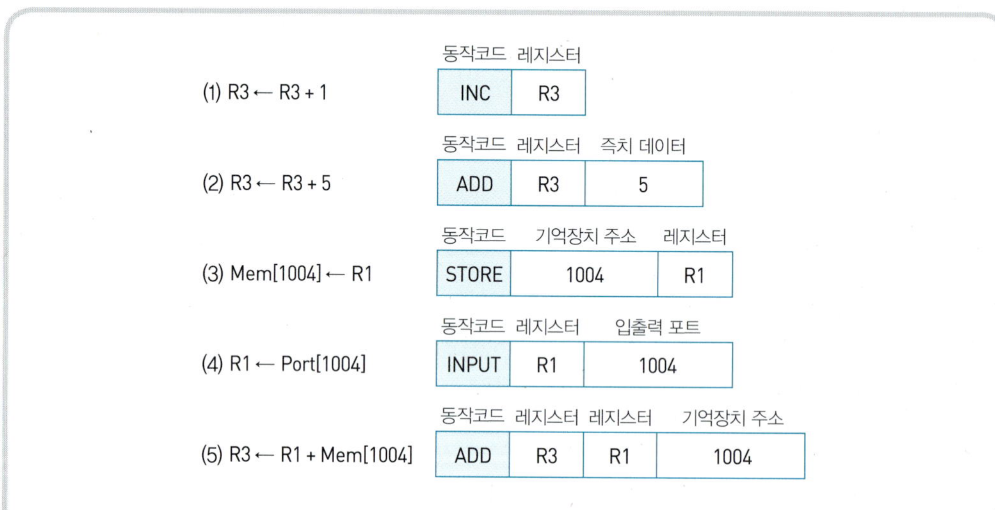

그림 3-15 명령어 형식의 예

중앙처리장치가 실제로 처리하는 유효 데이터는 일정한 길이를 갖는 2진수이다. 명령어는 이 데이터를 부호 없는 수(unsigned number), 정수(signed number), 실수(real number), 또는 문자로 해석할 수 있다. 각 데이터의 특징은 다음과 같다.

- **부호 없는 수**: 0을 포함한 양수를 표현한다. 비트 수에 따라 표현할 수 있는 수의 범위가 한정되어 있으며, 주로 8비트, 16비트, 또는 32비트를 할당한다. 컴퓨터는 기억장치 주소와 문자 코드를 부호 없는 수로 취급하여 처리한다.

- 정수: 0을 포함한 양수와 음수를 표현한다. 비트 수에 따라 표현할 수 있는 정수의 범위가 한정되어 있다. 컴퓨터는 일반적으로 8비트, 16비트, 또는 32비트 정수를 처리한다.
- 실수: 소수점이 있는 수를 표현하며 부동 소수점 수(floating-point number)라고도 한다. 컴퓨터가 처리하는 실수는 32비트와 64비트로 표준화되어 있다. 비트 수에 따라 표현할 수 있는 수의 범위도 제한된다.
- 문자: 8비트 아스키코드와 16비트 유니코드로 문자를 표현한다. 명령어 입장에서 보면 문자 코드는 부호 없는 수와 같다.

중앙처리장치가 의미가 같은 동작을 처리하더라도 오퍼랜드 종류, 유효 데이터 종류와 크기가 다르면 동작코드가 서로 달라야 한다. 예를 들면, 기억장치에서 8비트 데이터를 레지스터로 적재하는 명령어와 16비트 데이터를 적재하는 명령어의 동작코드는 서로 다르다.

3.5 명령어 실행 과정

이 절에서는 지금까지 설명을 바탕으로 간단한 컴퓨터를 하나 설계하고, 이 구조를 예로 사용하여 컴퓨터가 프로그램을 처리하는 과정을 살펴본다. 예시로 사용하는 컴퓨터를 장난감 수준이란 의미에서 ToyCOM이라고 이름을 붙였다. ToyCOM은 완전하지 않을 뿐만 아니라 일반 컴퓨터의 기능을 수행할 수 없다. 그렇지만 기계 명령어와 어셈블러, 명령어 형식, 명령어 사이클과 같은 기본 동작을 이해하는데 많은 도움이 될 것으로 기대한다.

3.5.1 프로그래머 모델

컴퓨터 구조 중에서 프로그래머가 프로그램을 작성할 때 알고 있어야 할 부분을 프로그래머 모델이라고 한다. 프로그래머 모델은 구체적인 제어 방법이나 자세한 회로는 제외하고, 사용자에게 보이는 레지스터와 사용자에게 제공하는 명령어 집합을 포함한다.

ToyCOM은 [그림 3-16]과 같이 중앙처리장치와 기억장치로 구성되어 있다. 프로그램 실행 과정을 이해하기 위하여 설계한 것이므로 입출력장치는 고려하지 않는다. 각 구성 요소의 규격과 기능을 다음과 같이 가정한다.

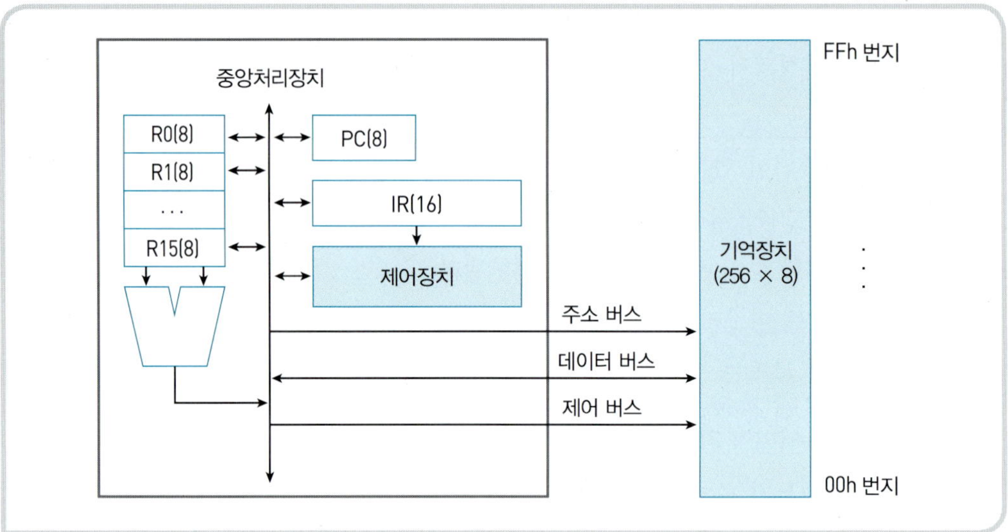

그림 3-16 ToyCOM의 구조

- 기억장치: 주기억장치는 한 개의 모듈로 만들어져 있고 용량은 256×8비트이다. 주소 버스는 8비트이고, 데이터 버스도 8비트이다.
- 프로그램 카운터(PC): 다음에 실행할 명령어가 저장된 기억장치 주소를 저장한다. 기억장치 주소를 저장해야 하므로 프로그램 카운터의 크기는 8비트이다. 초기값은 0이다.
- 명령어 레지스터(IR): 현재 실행 중인 명령어에 대한 기계어 코드를 저장한다. 명령어 크기를 16비트로 가정하기 때문에, 명령어 레지스터의 크기는 16비트이다.
- 레지스터 파일(R0~R15): 레지스터의 모임을 레지스터 파일(register file)이라고 한다. 중앙처리장치는 8비트 데이터를 저장하는 16개의 레지스터를 갖고 있다. 각 레지스터는 레지스터 번호로 지정한다. 따라서 한 개의 레지스터를 지정하는데 4비트가 필요하다.
- 연산기(ALU): 연산기는 레지스터에 대해서만 동작한다고 가정한다. 즉, 두 개의 레지스터에 있는 값을 연산하여 다시 레지스터로 기록한다.

opcode(4)	register(4)	memory address(8)

(a) 데이터 전달 명령어

opcode(4)	dest. reg(4)	source reg1(4)	source reg2(4)

(b) 데이터 처리 명령어

그림 3-17 ToyCOM 명령어 형식

ToyCOM이 처리하는 명령어는 데이터 전달 명령어와 데이터 처리 명령어만 고려한다. 프로그램 제어 명령어는 고려하지 않는다. [그림 3-17]은 두 가지 명령어 그룹에 대한 명령어 형식이다. 각 필드에 표시한 숫자는 해당 필드의 크기이다. 명령어 크기는 16비트이고, 두 개의 기억장소를 차지한다.

- 데이터 전달 명령어: 동작코드를 나타내는 4비트, 레지스터 중 하나를 지정하는 4비트, 기억장치 주소를 지정하는 8비트로 구성된다.
- 데이터 처리 명령어: 동작코드를 나타내는 4비트, 목적지 레지스터를 지정하는 4비트, 두 개의 소스 레지스터에 각각 4비트를 할당한다.

ToyCOM은 8비트의 부호 없는 수만 취급할 수 있다고 가정한다. 기억장치도 8비트 데이터를 저장하고, 레지스터도 8비트 데이터를 저장한다. 〈표 3-1〉은 ToyCOM이 실행할 수 있는 명령어 집합이다. 각 명령어에 대한 어셈블리어 기호, 기계어 코드, 동작에 대한 설명은 〈표 3-1〉을 참고하기 바란다.

표 3-1 ToyCOM 명령어 집합

동작	기호	동작코드	동작 설명
적재	load	0010 (2h)	기억장치 주소에서 레지스터로 데이터를 적재한다.
저장	store	0011 (3h)	레지스터의 값을 기억장치 주소로 저장한다.
더하기	add	1000 (8h)	소스 레지스터의 값을 더하여 목적지 레지스터에 저장한다.
빼기	sub	1001 (9h)	소스 레지스터의 값을 빼서 목적지 레지스터에 저장한다.
AND	and	1010 (ah)	소스 레지스터에 대하여 논리 AND 연산을 수행한다.
OR	or	1011 (bh)	소스 레지스터에 대하여 논리 OR 연산을 수행한다.

예제 3-4 다음은 ToyCOM의 기계 명령어이다. 명령어의 의미를 어셈블리 언어와 레지스터 전송문으로 적어라.

(1) 0010_0010_0001_0000
(2) 0011_0011_0001_1000
(3) 1000_0011_0011_0100

풀이

(1) 동작코드 0010은 적재 명령어(load)이다. [그림 13-17(a)] 명령어 형식에 따라 다음 4비트가 레지스터 번호이고, 나머지 8비트가 기억장치 주소이다. 따라서 이 명령어는 다음과 같이 해석된다.
- 어셈블리 언어: load R2, Mem[10h]
- 레지스터 전송문: R2 ← Mem[10h]

(2) 동작코드 0011은 저장 명령어(store)이다. [그림 13-17(a)] 명령어 형식에 따라 다음 4비트가 레지스터 번호이고, 나머지 8비트가 기억장치 주소이다. 따라서 이 명령어는 다음과 같이 해석된다.
- 어셈블리 언어: store R3, Mem[18h]
- 레지스터 전송문: Mem[18h] ← R3

(3) 동작코드 1000은 더하기 명령어(add)이다. [그림 13-17(b)] 명령어 형식에 따라 다음 4비트가 목적지 레지스터 번호, 그 다음은 4비트씩 두 개의 소스 레지스터를 나타낸다. 그러므로 이 명령어는 다음과 같이 해석된다.
- 어셈블리 언어: add R3, R3, R4
- 레지스터 전송문: R3 ← R3 + R4

3.5.2 프로그램 실행 과정

ToyCOM 명령어는 16비트로 구성되어 있다. 기억장치 단어 크기는 8비트이므로, 한 개의 명령어는 두 개의 기억장치 장소를 점유한다. 컴퓨터는 명령어 인출단계와 명령어 실행단계로 구성된 명령어 사이클을 따라 프로그램을 실행한다.

인출단계의 동작은 다음과 같이 기억장치를 두 번 액세스하는 레지스터 전송문으로 표현할 수 있다. 인출단계가 끝나면, PC의 값은 2 증가한다.

```
IR[7:0] ← Mem[PC], PC ← PC + 1
IR[15:8] ← Mem[PC], PC ← PC + 1
```

제어장치는 IR에 들어 있는 명령어를 해석하여 실행단계 동작을 제어한다. 다음과 같은 예제 프로그램이 실행되는 과정을 살펴보자. 기억장치 80h번지부터 차례대로 저장된 데이터를 A, B, C, D라고 한다면, 예제 프로그램은 D=A+B−C를 실행한다. 프로그램의 A는 Mem[80h]와 같다. 실제 고급 프로그래밍 언어로 작성한 프로그램도 이 예제와 마찬가지로 변수를 기억장치에 할당한다.

주소	어셈블리어		기계어 코드(2진수)	16진수
00h	load	R1, A	0010_0001_1000_0000	2180h
02h	load	R2, B	0010_0010_1000_0001	2281h
04h	add	R3, R1, R2	1000_0011_0001_0010	8312h
06h	load	R1, C	0010_0001_1000_0010	2182h
08h	sub	R3, R3, R1	1001_0011_0011_0001	9331h
0ah	store	R3, D	0011_0011_1000_0011	3383h
...				
80h	A	04h		
81h	B	06h		
82h	C	03h		
83h	D	00h		

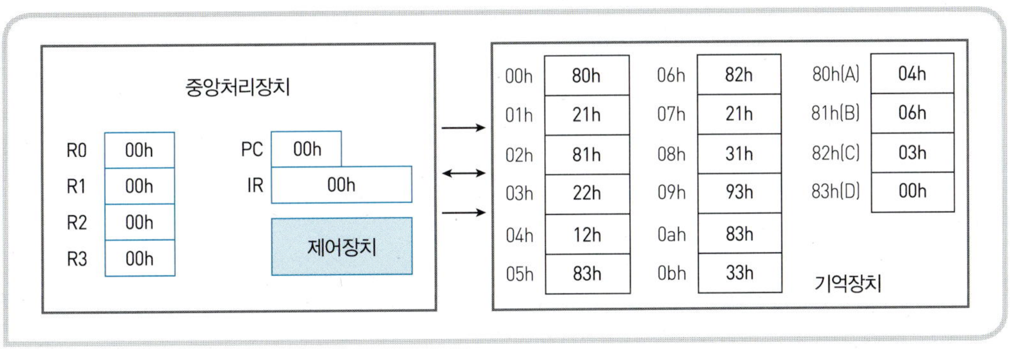

그림 3-18 중앙처리장치와 기억장치의 초기 상태

[그림 3-18]은 ToyCOM의 초기 상태를 보여준다. 레지스터의 값은 모두 0으로 초기화되어 있다. [그림 3-18] 오른쪽은 기억장치에 예제 프로그램이 저장된 상태를 보여준다. 예를 들어, 0번지의 기계어 명령어인 2180h는 8비트씩 나누어 0번지에 80h, 1번지에 21h가 저장된다. 컴퓨터가 예제 프로그램을 실행하는 과정을 [그림 3-19]에 제시하였다.

- [그림 3-19(a1)] load R1, A 인출단계: 실행 전 PC 값이 00h이다. IR은 기억장치 Mem[00h]와 Mem[01h]에 들어 있던 2180h로 변경되고, PC 값은 02h로 증가한다.
- [그림 3-19(a2)] load R1, A 실행단계: 제어장치는 IR의 명령어를 해석하여 실행한다.

R1 값은 기억장치 A의 값인 04h로 변경된다.

- [그림 3-19(b1)] load R2, B 인출단계: 실행 전 PC 값이 02h이다. IR은 기억장치 Mem[02h]와 Mem[03h]에 들어 있던 2281h로 변경되고, PC 값은 04h로 증가한다.
- [그림 3-19(b2)] load R2, B 실행단계: 제어장치는 IR의 명령어를 해석하여 실행한다. R2 값은 기억장치 B의 값인 06h로 변경된다.
- [그림 3-19(c1)] add R3, R1, R2 인출단계: 실행 전 PC 값이 04h이다. IR은 기억장치 Mem[04h]와 Mem[05h]에 들어 있던 8312h로 변경되고, PC 값은 06h로 증가한다.
- [그림 3-19(c2)] add R3, R1, R2 실행단계: 제어장치는 IR의 명령어를 해석하여 실행한다. 연산기에서 R1+R2를 실행하고 그 결과를 R3에 저장하여, R3 값이 0ah로 변경된다.
- [그림 3-19(d1)] load R1, C 인출단계: 실행 전 PC 값이 06h이다. IR은 기억장치 Mem[06h]와 Mem[07h]에 들어 있던 2182h로 변경되고, PC 값은 08h로 증가한다.
- [그림 3-19(d2)] load R1, C 실행단계: 제어장치는 IR의 명령어를 해석하여 실행한다. R1 값은 기억장치 C의 값인 03h로 변경된다.
- [그림 3-19(e1)] sub R3, R3, R1 인출단계: 실행 전 PC 값이 08h이다. IR은 기억장치 Mem[08h]와 Mem[09h]에 들어 있던 9331h로 변경되고, PC 값은 0ah으로 증가한다.
- [그림 3-19(e2)] sub R3, R3, R1 실행단계: 제어장치는 IR의 명령어를 해석하여 실행한다. 연산기에서 R3－R1를 실행하고 그 결과를 R3에 저장하여, R3 값이 07h로 변경된다.
- [그림 3-19(f1)] store R3, D 인출단계: 실행 전 PC 값이 0ah이다. IR은 기억장치 Mem[0ah]와 Mem[0bh]에 들어 있던 3383로 변경되고, PC 값은 0ch로 증가한다.
- [그림 3-19(f2)] store R3, D 실행단계: 제어장치는 IR의 명령어를 해석하여 실행한다. R3 값 07h가 기억장치 D로 저장되어, 기억장치 D의 값이 07h로 변경된다.

이 예를 통하여, 명령어 표현 방법, 명령어 사이클에 의한 프로그램 실행 과정, 기계어 프로그램을 수행하기 위한 프로그램 카운터와 명령어 레지스터의 역할을 이해할 수 있다. 그리고 중앙처리장치는 인출단계에서 모두 같은 동작을 수행하고, 실행단계는 명령어가 지시하는 동작을 수행한다는 것을 확인할 수 있다.

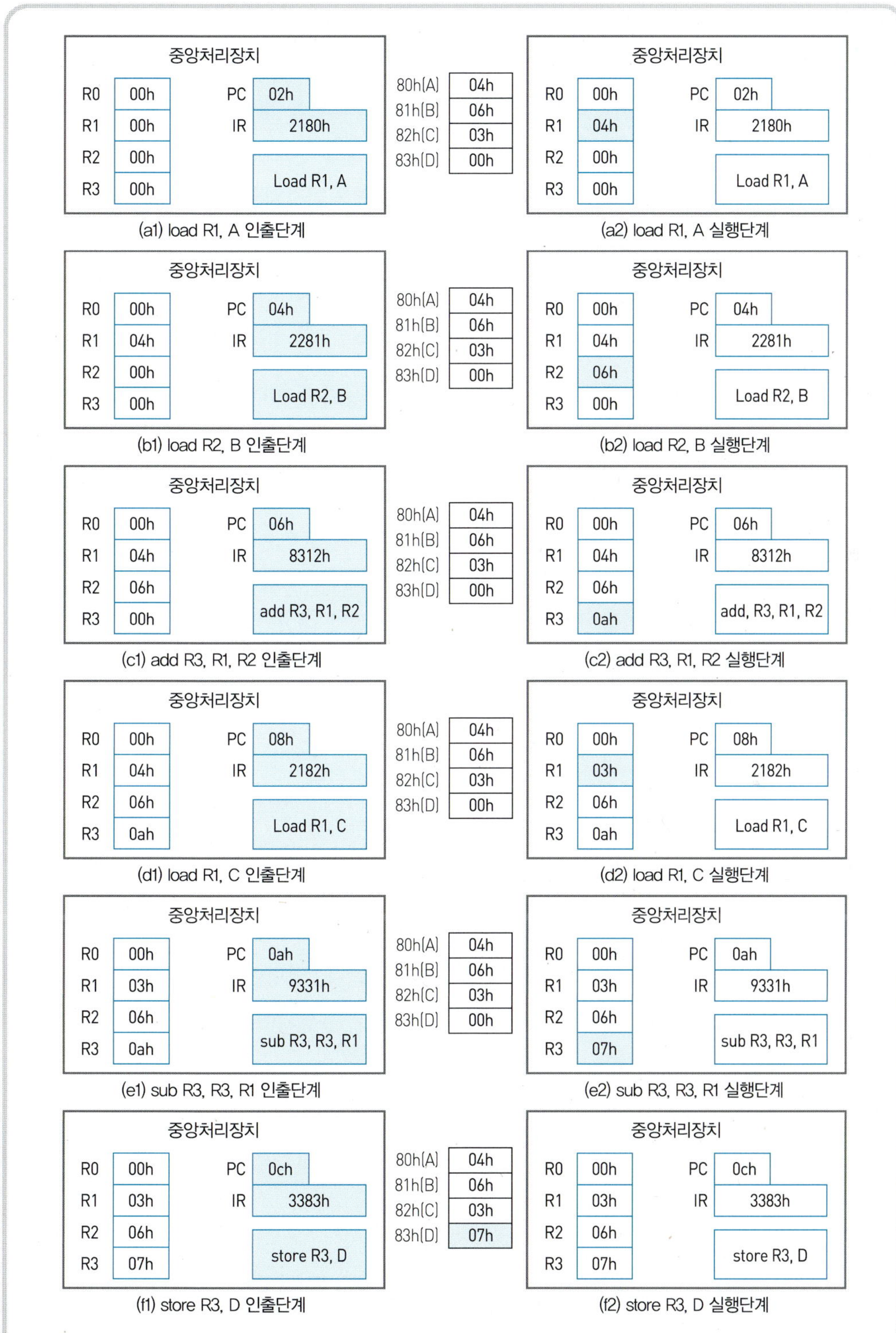

그림 3-19 프로그램 실행 과정

3.6 요약

컴퓨터 시스템은 프로그램을 실행하는 장치이고, 프로그램은 명령어의 모임으로 구성되어 있다. 현대의 컴퓨터는 폰 노이만이 제안한 프로그램 내장형 구조로 만들어져 있다. 명령어와 데이터를 기억장치에 적재해 두고, 명령어를 하나씩 중앙처리장치로 가져와 해석하여 실행한다. 컴퓨터가 명령어를 처리하는 과정을 명령어 사이클로 설명할 수 있다. 명령어 사이클은 인출단계와 실행단계로 구성되어 있다. 컴퓨터는 인출단계에서 기억장치에 저장된 명령어를 중앙처리장치로 가져오고, 실행단계에서 그 명령어를 해독하고 실행한다.

컴퓨터는 중앙처리장치, 기억장치, 입출력장치로 구성되어 있다. 중앙처리장치는 레지스터, 연산기, 제어장치로 구성된다. 프로그램 내장형 컴퓨터의 기능을 수행하기 위하여 다음에 실행할 명령어가 저장되어 있는 기억장치 주소를 지정하는 프로그램 카운터(PC)와 현재 실행 중인 명령어를 저장하는 명령어 레지스터(IR)가 필요하다. 프로그램과 데이터를 저장하는 기억장치는 기억장소가 많은 일차원 배열 형태이고, 주소를 지정하여 기억장소에 저장된 데이터를 액세스하는 구조로 만들어져 있다. 컴퓨터 시스템과 데이터를 주고받는 입출력장치는 그 종류가 다양하지만, 공통적으로 입출력장치에 할당되는 입출력 포트와 데이터 버스로 구동된다.

컴퓨터 구성 요소들은 시스템 버스를 통하여 서로 연결된다. 시스템 버스는 기능에 따라 주소 버스, 데이터 버스, 제어 버스로 구분된다. 입출력장치와 동작 속도 차이가 큰 고성능 컴퓨터 시스템은 시스템 버스를 계층적으로 구성하기도 한다.

명령어 집합은 하드웨어와 소프트웨어를 연결하는 계층이다. 컴퓨터는 데이터 전달 명령어, 데이터 처리 명령어, 프로그램 제어 명령어를 제공한다. 명령어는 동작을 나타내는 동작코드(operation code)와 동작 대상인 오퍼랜드(operand)로 구성되어 있다.

연습문제

3.1 프로그램 실행

01 옳은 것을 선택하거나 빈칸을 채워라.

(1) 컴퓨터는 ____________(을)를 실행하는 기계이다.
(2) 프로세서 종류 별로 명령어 집합은 (같다, 다르다).
(3) 명령어는 근본적으로 (이진수 코드, 문자열)로 표현된다.
(4) 기계어를 사람이 알아보기 쉽게 문자로 표현한 것을 ________________(이)라고 한다.
(5) 내장형 컴퓨터 개념을 처음 만든 사람은 (폰 노이만, 튜링)이다.

02 프로그램 내장형 컴퓨터의 특징을 모두 선택하라.

① 프로그램을 기억장치 안에 저장한다.
② 프로그램을 모두 중앙처리장치 안에 저장한다.
③ 명령어를 중앙처리장치 안으로 가져와서 실행한다.
④ 명령어 실행이 완료되면 기억장치에서 그 명령어를 제거한다.

03 하버드 구조에 대한 올바른 설명은?

① 입출력장치를 입력용과 출력용으로 분리한다.
② 기능에 따라 중앙처리장치를 두 개로 분리한다.
③ 기억장치를 프로그램용과 데이터용으로 분리한다.
④ 데이터 기억장치를 전역 변수용과 지역 변수용으로 분리한다.

3.2 컴퓨터 구성 요소

01 프로그램 내장형 컴퓨터에서 명령어 인출단계에 반드시 필요한 레지스터 두 가지를 제시하고 기능을 설명하라.

02 올바른 것을 선택하라.

(1) PC의 값은 (현재 실행 중인, 다음에 실행할) (명령어 코드, 명령어의 주소)이다.
(2) IR의 값은 (현재 실행 중인, 다음에 실행할) (명령어 코드, 명령어의 주소)이다.

03 인출단계에서 수행하는 일을 레지스터 전송 언어로 표현한 것은?

① IR ← Mem[PC]
② PC ← Mem[IR]
③ IR ← Mem[PC], PC ← PC + [명령어의 길이]
④ PC ← Mem[IR], IR ← IR + [명령어의 길이]

04 중앙처리장치의 구성 요소 중에서 명령어를 해독하고 제어신호를 생성하는 것은?

① 연산기 ② 레지스터
③ 제어장치 ④ 시스템 버스

05 중앙처리장치 내부에 있는 임시 기억장치는?

① 연산기 ② 레지스터
③ 제어장치 ④ 시스템 버스

06 올바른 것을 선택하라.

(1) 데이터 전달 명령어는 데이터 값을 (변경하여, 변경하지 않고) 데이터를 전달한다.
(2) 데이터 처리 명령어는 데이터 값을 (변경하여, 변경하지 않고) 데이터를 전달한다.
(3) 프로그램 제어 명령어는 (PC, IR)의 값을 변경한다.
(4) 연산기를 사용하는 명령어 종류는 (데이터 전달, 데이터 처리) 명령어이다.

07 다음 명령어는 데이터 전달, 데이터 처리, 프로그램 제어 중 어느 그룹에 해당하는가?

```
(1) mov    dword ptr [n],1          ; Mem[n] ← 1
(2) jg     wmain+46h (4113B6h)      ; if (s>0) PC ← PC+46h
(3) mov    eax,dword ptr [sum]      ; EAX ← Mem[SUM]
(4) add    eax,dword ptr [n]        ; EAX ← EAX + Mem[n]
(5) add    eax,1                    ; EAX ← EAX + 1
```

08 주소선이 n비트인 기억장치의 기억장소 수는?

① n ② 2n

③ 2^n ④ 2^{2n}

09 중앙처리장기가 기억장치를 한 번에 액세스하는 데이터 크기를 지칭하는 용어는?

① 바이트 ② 단어(워드)

③ 킬로 바이트 ④ 메가 바이트

10 [그림 3-6]에서 주소선=1100, 읽기=1, 쓰기=0일 때, 데이터선으로 출력되는 값은?

11 주소선 수와 데이터선 수가 다음과 같은 기억장치의 용량을 바이트 단위로 적어라.

(1) 주소선 16비트, 데이터선 8비트

(2) 주소선 26비트, 데이터선 16비트

12 입출력장치의 구성 요소 중 하나인 입출력 모듈의 기능은?

① 전기 신호를 기계 동작으로 변경한다.

② 입출력장치에게 할당된 주소를 디코드한다.

③ 입출력장치로 전송되는 데이터를 저장한다.

④ 입출력장치를 컴퓨터 시스템과 연결하는 입출력 인터페이스를 제공한다.

13 옳은 것을 선택하거나 빈칸을 채워라.

(1) 컴퓨터는 입출력장치를 (주소, 데이터)로 구별한다.

(2) 입출력장치에게 부여된 주소를 ________________라고 한다.

3.3 시스템 버스

01 시스템 버스를 세 가지로 구분할 때 해당하지 않는 것은?

① 데이터 버스 ② 주소 버스

③ 제어 버스 ④ 입출력 버스

02 시스템 버스의 세 가지 종류 중에서 여러 가지 기능을 가진 신호들을 한 가지로 묶어 분류한 것은?

① 데이터 버스 ② 주소 버스
③ 제어 버스 ④ 입출력 버스

03 기억장치의 저장 단위가 바이트이고 주소 버스 폭이 32비트일 때, 연결할 수 있는 기억장치의 최대 용량은?

04 데이터를 전송할 준비를 마친 입출력장치가 중앙처리장치에게 전송 동작을 시작할 것을 요청하는 신호는?

① 입출력 읽기(I/O read) ② 버스 요청(bus request)
③ 인터럽트 요청(interrupt request) ④ 인터럽트 승인(interrupt acknowledge)

05 중앙처리장치가 버스 사용을 요청한 DMA 제어기에게 버스 사용권이 허가되었음을 통보하는 신호는?

① 버스 허가(bus grant) ② 버스 요청(bus request)
③ 인터럽트 요청(interrupt request) ④ 인터럽트 승인(interrupt acknowledge)

06 시스템 버스를 계층적으로 구성하는 이유는?

① 버스에 연결되는 장치들의 용량이 다르기 때문이다.
② 버스에 연결되는 장치들의 속도가 다르기 때문이다.
③ 버스에 연결되는 장치들의 데이터 폭이 다르기 때문이다.
④ 버스에 연결되는 장치들이 사용하는 전력이 다르기 때문이다.

07 고속 버스와 저속 버스를 연결하는 장치는?

① 게이트 ② 브리지
③ 네트워크 ④ 인터페이스

3.4 명령어

01 명령어 구성 요소 중 동작을 나타내는 부분은?

① 오퍼랜드(operand) ② 동작코드(opcode)
③ 유효 주소(effective address) ④ 유효 데이터(effective data)

02 명령어 구성 요소 중 동작의 대상을 나타내는 부분은?

① 오퍼랜드(operand) ② 동작코드(opcode)
③ 유효 주소(effective address) ④ 유효 데이터(effective data)

03 데이터 전달 명령어에 표현되지 않는 것은?

① 동작코드 ② 소스 오퍼랜드
③ 목적지 오퍼랜드 ④ 분기 목적지 주소

04 명령어에 표현되는 오퍼랜드 수가 가장 많은 명령어는?

① 분기 명령어 ② 데이터 전달 명령어
③ 단항 데이터 처리 명령어 ④ 이항 데이터 처리 명령어

05 프로그램 제어 명령어는 어느 레지스터의 값을 변경하는가?

① 스택 포인터 ② 범용 레지스터
③ 프로그램 카운터 ④ 명령어 레지스터

06 프로그램 제어 명령어 종류 중에서 목적지 주소를 필요로 하지 않는 명령어는?

① 조건분기 명령어 ② 무조건분기 명령어
③ 서브루틴 호출 명령어 ④ 서브루틴 복귀 명령어

07 빈칸에 들어갈 단어를 순서대로 나열한 것은?

________________는 명령어가 처리하고자 하는 동작의 대상이고, ________________는 명령어가 실제로 처리하는 데이터이다.

① 오퍼랜드, 유효 데이터 ② 유효 주소, 유효 데이터
③ 유효 데이터, 오퍼랜드 ④ 유효 데이터, 유효 주소

08 유효 데이터가 저장되지 않는 곳은?

① 명령어 ② 연산기
③ 기억장치 ④ 레지스터

09 명령어에 포함되어 있는 오퍼랜드 수는 몇 개인가?

① 1개 ② 2개
③ 3개 ④ 명령어마다 다르다.

10 컴퓨터 구성 요소의 크기가 다음과 같다. 질문에 답하라.

레지스터의 수: 16개	즉치 데이터의 필드 길이: 16비트
기억장치 주소선: 24비트	입출력장치 주소선: 16비트

(1) 오퍼랜드로 레지스터를 지정할 때 명령어에 할당해야 할 비트 수는?
(2) 오퍼랜드로 즉치 데이터를 사용할 때 명령어에 할당해야 할 비트 수는?
(3) 오퍼랜드로 기억장치 장소를 지정할 때 명령어에 할당해야 할 비트 수는?
(4) 오퍼랜드로 입출력장치 장소를 지정할 때 명령어에 할당해야 할 비트 수는?
(5) 즉치 데이터로 정수를 표현하는 경우에 정수의 표현 범위는?

11 컴퓨터 구성 요소의 크기는 위 조건과 같고 명령어 동작코드에 6비트를 할당할 때, [그림 3-12]의 명령어를 표현하는데 필요한 명령어의 전체 비트 수를 구하라.

(1) [그림 3-12(a)] INC R3
(2) [그림 3-12(b)] ADD R3, 5
(3) [그림 3-12(c)] STORE Mem[1004], R1
(4) [그림 3-12(d)] INPUT R1, Port[1004]
(5) [그림 3-12(e)] ADD R3, R1, Mem[1004]

12 레지스터 전송문 "R2 ← R1 + Mem[1004]"에 대한 설명 중 옳은 것은?

① 처리하려는 데이터가 정수이다.
② 레지스터 R1과 R2의 크기는 16비트이다.
③ 중앙처리장치의 레지스터 전체 수는 두 개이다.
④ 이 명령어에 대한 명령어 형식은 오퍼랜드 필드를 세 개 필요로 한다.

13 레지스터 전송문 "R3 ← R1 + R2"에서 유효 데이터는 어떻게 해석되는가?

① 부호 없는 수 ② 정수

③ 실수 ④ 알 수 없다.

3.5 명령어 실행 과정

01 [그림 3-13] ToyCOM 구조를 보고 질문에 답하라.

(1) 주소 버스 크기는?

(2) 데이터 버스 크기는?

(3) 레지스터를 지정하는데 필요한 비트 수는?

02 다음 레지스터 전송문을 수행하는 ToyCOM 어셈블리 명령어와 명령어 코드를 적어라.

레지스터 전송문	어셈블리 명령어	명령어 코드
R11 ← Mem[64h]		
Mem[48h] ← R13		
R13 ← Mem[80h]		
R13 ← R14 and R15		

03 ToyCOM에서 실행할 수 없는 명령어는?

① load R10, Mem[a8h] ② load R12, Mem[1004h]

③ add R0, R1, R2 ④ or R7, R7, R8

04 임의의 시점에서 ToyCOM 상태가 그림과 같다.

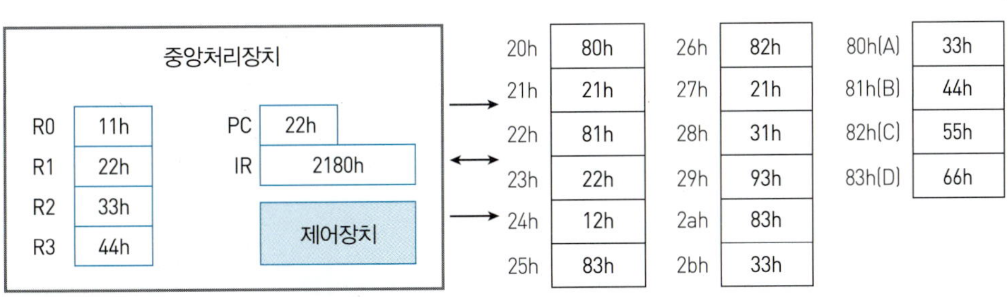

(1) 명령어를 인출한 후 값이 변하는 레지스터와 그 값을 구하라.

(2) 인출한 명령어의 기능을 레지스터 전송 언어로 적어라.

(3) 인출한 명령어를 실행한 후 값이 변하는 레지스터와 그 값을 구하라.

Chapter

04

중앙처리장치

Chapter

04 중앙처리장치

컴퓨터는 중앙처리장치, 주기억장치, 입출력장치로 구성되어 있다. 중앙처리장치는 컴퓨터의 모든 데이터 처리와 제어를 담당한다. 중앙처리장치는 제어장치(CU, Control Unit)와 처리장치(PU, Processing Unit)를 포함하고 있다. 처리장치는 레지스터(register)와 연산기로 구성되어 있다. 이 외에 중앙처리장치는 외부에서 발생하는 갑작스러운 사건에 대처하는 기능이 있다. 이 기능을 인터럽트 처리(interrupt processing)라고 한다. 인터럽트를 처리하기 위하여 명령어 사이클이 수정되어야 한다. 이 장은 중앙처리장치 내부를 다룬다.

- 4.1 중앙처리장치 구조: 제어장치와 처리장치의 기능을 설명한다.
- 4.2 레지스터: 중앙처리장치가 프로그램을 실행하기 위하여 사용하는 레지스터를 프로그램 제어용과 명령어 실행용으로 구분하여 설명하고, 여러 가지 주소 레지스터를 소개한다.
- 4.3 인터럽트: 컴퓨터가 비정상 사건에 대응하는 인터럽트 개념을 소개하고, 중앙처리장치가 인터럽트를 처리하는 과정을 설명한다.
- 4.4 명령어 사이클: 명령어 사이클을 세분화하여 설명한다.

4.1 중앙처리장치 구조

컴퓨터는 프로그램을 실행하고, 프로그램은 일련의 명령어들로 구성되어 있다. 중앙처리장치가 명령어를 실행하는 과정을 다음과 같이 요약할 수 있다.

- 중앙처리장치는 명령어 사이클을 반복하여 프로그램을 진행한다.
- 명령어 사이클은 인출단계와 실행단계로 구성되어 있다.
- 인출단계는 주기억장치에 저장된 명령어를 중앙처리장치로 가져온다.

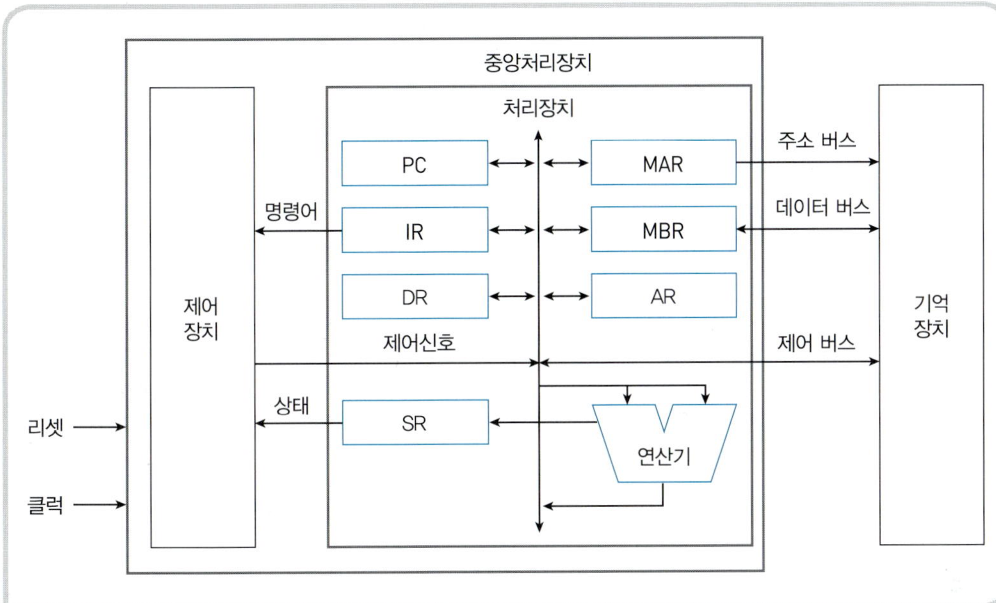

그림 4-1 중앙처리장치 구조

- 중앙처리장치는 프로그램 카운터(PC)와 명령어 레지스터(IR)를 필요로 한다.
- 실행단계는 명령어를 해석하고 실행한다.

[그림 4-1]은 제어장치와 처리장치로 구분한 중앙처리장치의 구조를 보여준다. [그림 3-5]와 비교할 때 레지스터 부분이 세분화되었다. 이 절에서는 제어장치와 처리장치에 대한 구조와 기능을 소개한다.

4.1.1 제어장치

제어장치는 처리장치에서 명령어와 상태를 받아, 컴퓨터의 모든 동작을 제어하는 제어신호를 생성한다. 제어장치는 프로그램 흐름을 제어하는 순서제어(sequence control)와 명령어 실행을 제어하는 동작제어(operation control) 기능을 수행한다.

- 순서제어: 제어장치는 프로그램에 나타난 명령어들이 차례대로 실행되도록 만든다. 일반적으로 현재 처리하는 명령어가 끝나면 다음 명령어를 실행하지만, 프로그램 제어 명령어를 만나면 실행 순서를 변경하기도 한다.
- 동작제어: 제어장치는 명령어 자체를 실행하도록 만든다. 실행단계에서 제어장치는 명령어가 의도하는 동작이 수행될 수 있도록 컴퓨터의 다른 부분(연산기, 레지

스터, 기억장치, 입출력장치)을 제어한다.

순서제어를 위하여 제어장치는 명령어 사이클을 진행하고, 클럭 신호를 입력으로 받아 명령어 사이클을 구동하는데 필요한 타이밍 정보를 생성한다. 명령어 인출단계에서 프로그램 카운터의 값을 다음에 실행할 명령어가 저장된 기억장치 주소를 가리키도록 수정하여, 명령어들이 순서대로 실행될 수 있도록 만든다. 분기 명령어를 실행할 때, 프로그램 카운터 값을 분기 목적지 주소로 변경한다.

동작제어를 위하여 제어장치는 명령어 레지스터(IR)를 해독하여 현재 실행하고 있는 명령어가 무엇인지 알아내고, 그 동작을 실행하도록 제어신호를 생성한다. 조건분기 명령어를 실행할 때, 제어장치는 명령어를 실행할지 결정할 조건을 검사해야 하는데, 레지스터 일종인 상태 레지스터(SR, Status Register)에서 이 조건 정보를 구한다.

제어장치는 [그림 4-1]와 같이 명령어 레지스터(IR), 상태 레지스터(SR), 클럭 신호를 받아 제어신호를 생성한다. 제어장치는 명령어 레지스터를 입력으로 받아 현재 실행하고 있는 명령어를 해독하고, 상태 레지스터를 입력으로 받아 프로그램 카운터 값을 갱신할 조건을 검사한다. 제어장치는 클럭 신호를 입력으로 받아 명령어 사이클을 구동하는데 필요한 타이밍 정보를 생성한다. 제어장치는 이 입력신호들을 기반으로 모든 제어신호를 생성한다.

4.1.2 처리장치

처리장치(processing unit)는 여러 가지 용도의 레지스터와 연산기로 구성되어 있다.

- 레지스터: 프로그램을 수행할 때 필요한 주소와 데이터를 저장하는 임시 기억장치이다.
- 연산기: 컴퓨터의 데이터 처리, 즉 연산을 담당한다.

레지스터는 여러 비트의 데이터를 저장하는 순차논리회로 빌딩블록이다. 일반적으로 레지스터의 액세스 속도는 주기억장치의 액세스 속도보다 빠르다. 중앙처리장치는 다양한 레지스터를 갖고 있다. 프로세서를 설계할 때 레지스터 수와 기능을 결정하는 것은 중요한 요소이다. 레지스터는 순서제어를 위한 제어용 레지스터와 동작제어를 위한 명령어 실행용 레지스터로 구분할 수 있다.

- 제어용 레지스터: 중앙처리장치가 프로그램을 진행시키는데 사용하며, 이 그룹에 속하는 레지스터의 예는 프로그램 카운터(PC), 명령어 레지스터(IR), 상태 레지스

터(SR) 등이 있다. 어셈블리 프로그래머에게 보이지 않지만 중앙처리장치가 내부적으로 사용하는 기억장치 주소 레지스터(MAR)와 기억장치 버퍼 레지스터(MBR)도 이 그룹에 속한다. 어셈블리 프로그래머는 이 그룹의 레지스터를 직접 사용할 수 없다.

- 명령어 실행용 레지스터: 어셈블리어 프로그래머가 데이터를 처리하기 위하여 직접 사용할 수 있는 레지스터이며, 어셈블리어 프로그램에 직접 표현되는 레지스터이다. 중앙처리장치가 명령어를 처리하는 과정에서 임시로 처리할 데이터를 저장하거나 기억장치 주소를 저장할 목적으로 이 레지스터 그룹을 사용한다. 이 그룹에 속하는 레지스터는 데이터 레지스터(data register)와 주소 레지스터(address register)로 분류될 수 있다. 데이터 레지스터 또는 주소 레지스터로 모두 사용할 수 있는 레지스터를 범용 레지스터(general purpose register)라고 한다.

고급 언어 프로그램에 포함된 변수는 일반적으로 기억장치에 할당된다. 컴파일러는 고급 언어 프로그램을 기계어 프로그램으로 번역하면서 가능한 기억장치를 적게 사용하도록 만든다. 데이터를 기억장치에서 레지스터로 임시로 옮겨놓고 가능한 오랫동안 사용하도록 번역함으로써, 프로그램 실행 속도를 개선할 수 있다.

연산기는 데이터 처리를 담당한다. 연산기는 데이터 처리 명령어와 관련된 데이터 조작을 담당한다. 연산기는 [그림 4-2]와 같이 레지스터 또는 기억장치에서 두 개의 데이터를 가져오고, 계산 결과를 레지스터 또는 기억장치로 저장한다. 연산기는 여러 크기와 여러 종류의 수에 대하여 산술 연산과 논리 연산을 수행한다. 제어장치는 명령어를 해독하여 연산기가 수행할 연산을 선택하는 제어신호를 연산기로 전달한다.

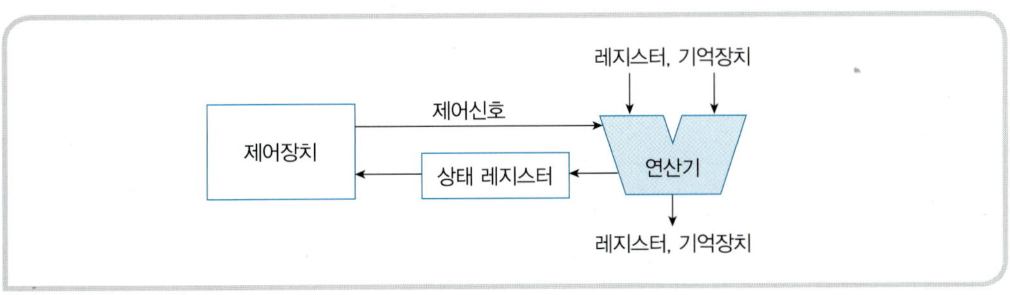

그림 4-2 연산기 주변 회로

```
1.            CMP    X, Y      // compare X and Y
2.            BRG    lable1    // branch to lable1 if greater than 0
3.            INC    X         // increment x
4.  lable1:   ...              // branch to here
```

그림 4-3 조건분기 프로그램

연산기에 상태 레지스터(SR)가 연결되어 있다. 상태 레지스터의 역할을 이해하기 위하여 [그림 4-3] 예제 프로그램을 생각해 보자. 이 예제는 "만일 X가 Y보다 작거나 같으면, X 값을 증가시켜라"라는 동작을 실행한다. X와 Y는 레지스터이다. 프로그램의 해석은 다음과 같다.

1. CMP X, Y(compare X and Y): X와 Y를 비교한다. 이 명령어는 연산기에서 X－Y를 실행하며, 그 결과를 레지스터에 기록하지 않는다. 다만 연산 결과가 0인지, 0보다 큰지, 아니면 작은지에 대한 상태 정보를 상태 레지스터에 기록한다.
2. BRG lable1(branch to lable1 if greater): 조건분기 명령어이다. 만일 이전 명령어의 연산 결과가 0보다 크다고 상태 레지스터에 저장되어 있다면, label1로 지정된 주소로 이동하라는 의미이다.
3. INC X(increment X): X의 값을 증가시킨다. 만일 2에서 조건을 만족하지 않으면, 여기로 온다.
4. lable1: 여기에 배치된 명령어의 주소를 의미하며, 2에서 지정한 분기 목적지 주소이다.

[그림 4-2]와 같이 연산 결과를 반영한 상태 레지스터는 제어장치로 입력된다. 제어장치는 조건분기 명령어를 처리할 때, 상태 레지스터를 참조하여 프로그램 카운터 값을 변경할지 결정한다. 상태 레지스터는 여러 비트로 구성되어 있으며, 비트마다 고유 의미가 부여되어 있다.

4.2 레지스터

중앙처리장치는 명령어를 실행하기 위하여 여러 가지 레지스터를 운영한다. 이 절에서는 제어용 레지스터와 명령어 실행용 레지스터에 대하여 자세히 설명한다. 상태 레지스터, 스택 포인터, 베이스 레지스터, 인덱스 레지스터의 활용 방법을 소개한다.

4.2.1 제어용 레지스터

제어용 레지스터는 프로세서가 자체적으로 프로그램을 진행시키는데 사용하는 레지스터이다. 프로그램 카운터와 명령어 레지스터가 이 그룹에 속한다. 프로그램 내장형 컴퓨터에서 이 두 가지 레지스터는 반드시 필요하며, 컴퓨터 구조를 이해하는데 매우 중요하기 때문에 다시 기능을 요약한다.

- 프로그램 카운터(PC): 다음에 실행할 명령어가 저장된 기억장치 주소를 저장한다. 명령어 실행이 완료되면, 프로그램 카운터가 지정한 기억장치 주소에서 명령어를 인출하고, 동시에 프로그램 카운터 값은 다음 명령어의 주소를 지정하도록 증가한다. 따라서 명령어를 인출한 순간을 제외하면 나머지 시간 동안 프로그램 카운터는 다음 명령어의 주소(다음 명령어가 저장되어 있는 기억장치 주소)를 갖고 있다. 프로그래머는 프로그램 카운터 값을 직접 변경하는 경우가 거의 없고, 분기 명령어나 서브루틴 호출 명령어를 통하여 간접적으로 프로그램 카운터 값을 변경한다.
- 명령어 레지스터(IR): 현재 실행 중인 명령어를 저장하고 있다. 명령어 레지스터 값은 제어장치로 입력된다. 프로그래머는 명령어 레지스터를 직접 또는 간접적으로 사용할 수 없다.

기억장치는 프로그램과 데이터를 저장하고 있으므로, 인출단계에서만 기억장치를 사용하는 것이 아니다. 명령어 실행단계에서도 데이터를 액세스하기 위하여 기억장치를 사용한다. 따라서 중앙처리장치는 기억장치를 액세스하는 과정에 내부적으로 기억장치 주소 레지스터(MAR)와 기억장치 버퍼 레지스터(MBR)를 사용한다. 각 레지스터의 용도는 다음과 같다.

- 기억장치 주소 레지스터(MAR, Memory Address Register): 기억장치를 액세스할 주소를 저장한다. 기억장치를 액세스하려면 일단 주소가 이 레지스터에 적재되어야 한다. 이 레지스터의 출력이 주소 버스에 연결되어 있다.
- 기억장치 버퍼 레지스터(MBR, Memory Buffer Register): 기억장치 읽기 동작을 할 때, 기억장소의 데이터를 일단 이 레지스터로 적재한 다음에 목적지 레지스터로 옮긴다. 기억장치 쓰기 동작을 할 때, 소스 레지스터의 데이터를 일단 이 레지스터로 적재한 다음에 기억장소로 옮긴다. 이 레지스터는 데이터 버스에 연결되어 있다.

기억장치 주소 레지스터와 기억장치 버퍼 레지스터를 고려하면, 프로그램 카운터 값이 직접 기억장치 주소로 인가될 수 없다. 명령어 인출단계는 다음과 같은 세 단계로 나누어 수행된다.

```
1. MAR ← PC
2. MBR ← Mem[MAR], PC ← PC + [명령어 길이]
3. IR ← MBR
```

먼저 프로그램 카운터의 값을 기억장치 주소 레지스터로 적재한다. 다음에 기억장치를 읽어 명령어를 기억장치 버퍼 레지스터에 저장하고, 이와 동시에 프로그램 카운터를 다음 명령어를 가리키도록 증가시킨다. 마지막으로 기억장치 버퍼 레지스터에 저장되어 있는 명령어를 명령어 레지스터로 이동시킨다.

명령어 실행단계에서 데이터를 액세스할 때도 기억장치 주소 레지스터와 기억장치 버퍼 레지스터를 거쳐야 한다. 기억장치를 읽고 쓰는 과정은 다음과 같다.

```
// 데이터 읽기
1. MAR ← 주소 레지스터          // 주소 레지스터의 값을 MAR로 적재한다.
2. MBR ← Mem[MAR]              // 기억장치를 읽어 데이터를 MBR에 저장한다.
3. 데이터 레지스터 ← MBR        // MBR의 값을 목적지 레지스터에 저장한다.

// 데이터 쓰기
1. MAR ← 주소 레지스터          // 주소 레지스터의 값을 MAR로 적재한다.
2. MBR ← 데이터 레지스터        // 기록할 데이터를 MBR에 저장한다.
3. Mem[MAR] ← MBR              // 기억장치에 MBR의 값을 기록한다.
```

중앙처리장치가 기억장치를 액세스하기 위하여 내부적으로 기억장치 주소 레지스터와 기억장치 버퍼 레지스터를 사용하기 때문에, 어셈블리 프로그래머는 이 레지스터들이 있다는 것을 알지 못한다.

프로세서는 여기에서 소개한 레지스터 이외에 컴퓨터 시스템을 제어하기 위한 다른 레지스터들을 포함하고 있을 수 있다. 최신 프로세서는 운영체제를 지원하는 기능이 포함되어 있고 운영체제 자체가 사용자로부터 보호되어야 하므로, 운영체제만 사용할 수 있는 제어 레지스터들이 별도로 마련되어 있다. 그리고 캐시기억장치나 가상기억장치를 지원하기 위한 제어 레지스터들도 있다. 이것들도 제어용 레지스터에 속한다.

4.2.2 상태 레지스터

상태 레지스터(SR, Status Register)도 제어 레지스터의 일종으로 볼 수 있다. 중앙처리장치는 프로그램 실행 순서를 변경할지 결정하기 위하여 상태 레지스터를 참조한다. 상태 레지스터는 각 비트 별로 의미가 있으며, 각 비트를 깃발이란 의미로 플래그(flag)라고 한다. 플래그는 한 비트 정보이므로 참(true, 1) 또는 거짓(false, 0) 값을 갖는다. 상태 레지스터는 연산 결과를 나타내는 조건 플래그(condition flags)와 그 외에 중앙처리장치를 제어하기 위한 제어 플래그(control flags)로 구성되어 있다. [그림 4-4] 상태 레지스터에서 비트 0부터 4는 조건 플래그이고 비트 6, 7은 제어 플래그이다. 비트 5는 사용하지 않는다.

7	6	5	4	3	2	1	0
IE	SV		OV	P	C	Z	S

그림 4-4 8비트 상태 레지스터

조건 플래그는 연산을 수행할 때마다 연산 결과를 반영하여 그 값을 결정한다. 프로세서 대부분이 공통으로 갖고 있는 조건 플래그는 다음과 같다.

- 부호 플래그(S, sign flag): 최근에 수행한 산술 연산 결과의 부호 비트(sign bit)를 저장한다. 부호 비트는 2진수의 MSB(Most Significant Bit)이다. 이 값이 1이면 연산 결과가 음수이고, 0이면 연산 결과가 양수이다.
- 제로 플래그(Z, zero flag): 최근에 수행한 산술 연산 결과가 0일 때 1로 세트된다. 연산 결과가 0이면 1, 0이 아닌 값이면 0으로 설정된다.
- 자리올림수(C, carry flag): 최근에 수행한 산술 연산이 2진수 덧셈이고, 덧셈에서 자리올림수가 발생할 때 세트된다.
- 패리티 비트(P, parity bit): 최근에 수행한 연산 결과에 대한 짝수 또는 홀수 패리티를 정한다. 패리티는 2진수에 포함된 1의 수를 세어 패리티 비트와 합하여 전체 1의 수를 짝수 또는 홀수로 맞추는 것이다. 일반적으로 짝수 패리티로 맞춘다.
- 오버플로우(OV, overflow flag): 최근에 수행한 정수 산술 연산을 수행한 후 결과에 오버플로우가 발생하였는지 표시한다. 오버플로우는 정수 연산 결과가 데이터 비트 수로 표현할 수 있는 정수 표현 범위를 초과한 것이다.

예제 4-1 덧셈 연산 0110_0101+0101_0100의 결과로 결정되는 S, Z, C, P, OV 플래그 값을 구하라. 패리티는 짝수 패리티로 맞추는 것으로 가정한다.

풀이

덧셈:
```
  0110_0101
+ 0101_0100
-----------
  1011_1001
```

MSB가 1이므로, S = 1
결과값이 0이 아니므로, Z = 0
자리올림수가 발생하지 않았으므로, C = 0
결과값의 1의 수가 5 개로 홀수이므로, P = 1
양수 두 개를 더했는데 결과값이 음수이므로 오버플로우, OV = 1

상태 레지스터는 연산기 동작과 관련이 없으면서 시스템 자체를 제어하기 위한 플래그들도 포함하고 있다. [그림 4-4]는 두 가지 플래그만 포함하고 있으나, 프로세서는 자신만의 제어 플래그를 갖고 있을 수 있다.

- 인터럽트 가능 플래그(IE, interrupt enable flag): 이 비트가 1로 세트되어 있을 때 중앙처리장치는 외부 인터럽트 요청을 인식할 수 있다. 명령어 집합은 이 비트를 세트하고 리셋하는 명령어를 포함하고 있다. 프로그래머는 이 명령어를 사용하여 인터럽트 가능 플래그를 1 또는 0으로 설정할 수 있다.
- 운영체제 모드 플래그(SV, supervisor mode flag): 중앙처리장치가 운영체제 모드(kernel mode, 또는 supervisor mode)와 사용자 모드(user mode) 중에서 어느 모드로 프로그램을 실행 중인지 나타낸다.

인터럽트 가능 플래그는 4.3절에서 자세히 설명한다. 운영체제 모드 플래그는 컴퓨터가 현재 운영체제에 해당하는 프로그램을 수행하고 있는지 아니면 사용자 프로그램(또는 응용 프로그램)에 해당하는 프로그램을 수행하고 있는지 구별한다.

4.2.3 명령어 실행용 레지스터

실행단계에서 명령어가 의미하는 바를 실행하기 위하여, 중앙처리장치는 기억장치에서 데이터를 액세스하여 레지스터에 저장하고, 레지스터의 데이터를 계산한다. 이 과정에 데이터 레지스터와 주소 레지스터를 사용한다.

데이터 레지스터(DR, Data Register)는 중앙처리장치가 처리하는 데이터를 임시로 저장한다. 초기의 컴퓨터는 데이터 레지스터를 하나만 갖고 있었으며, 이것이 누산기(accumulator)이다. 탁상용 전자계산기는 입력한 데이터나 계산 결과를 계산기 창에 표시한다. 버튼을 눌러 값을 입력하면 이 값은 계산기 창에 표시되고, 더하기 연산 명령어 버튼을 누른 후 다른 값을 입력하면 이 값도 같은 창에 표시된다. 등호(=)를 누르면 두 수의 합이 다시 계산기 창에 표시된다. 이 창과 같은 역할을 담당하는 레지스터가 누산기이다. 최근의 프로세서는 여러 개의 데이터 레지스터를 포함하고 있다.

주소 레지스터(AR, Address Register)는 기억장치를 액세스할 주소를 저장한다. 주소 레지스터가 가리키는 곳에서 기억장치를 액세스하기 때문에 주소 레지스터를 포인터(pointer)라고도 한다. 컴퓨터 프로그래밍 관련 용어에서 포인터는 기억장치 주소를 의미한다. 주소 레지스터를 사용하는 방법을 설명하기 전에, 다음 예제를 통하여 명령어에 기억장치 주소와 레지스터 번호를 표현하는데 필요한 비트 수를 알아보자. 명령어에 기억장치 주소를 표현하는 것이 레지스터를 표현하는 것보다 훨씬 더 많은 비트가 필요함을 알 수 있다.

예제 4-2

기억장치 용량이 64K바이트이고, 범용 레지스터가 32개이고 R0부터 R31로 표현한다고 가정하자.

(1) 명령어에 기억장치 주소를 표현하기 위하여 필요한 비트 수는?
(2) 명령어에 레지스터 중 하나를 표현하기 위하여 필요한 비트 수는?

풀이

(1) 2^{16} = 64K바이트이므로, 기억장치 주소를 표현하는데 16비트가 필요하다.
(2) 2^{5} = 32이고 명령어에 레지스터 번호를 표현하므로, 레지스터를 구별하는데 5비트가 필요하다.

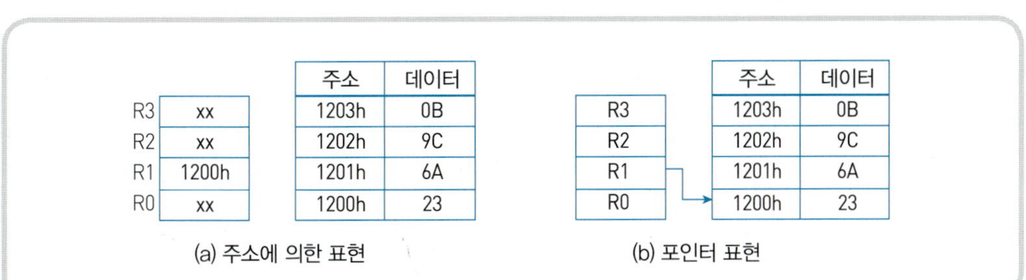

그림 4-5 포인터 개념

레지스터가 기억장소 주소를 저장하고 있을 때, "레지스터가 기억장소를 가리킨다"라고 표현하고, 레지스터에서 해당 기억장소로 화살표를 그린다. 예를 들어, [그림 4-5(a)]는 레지스터 R1 값이 1200h이다. 이것은 기억장소 주소로 사용될 수도 있고 아닐 수도 있다. [그림 4-5(b)]는 레지스터 R1이 기억장소 1200h 번지를 가리킨다는 것을 화살표로 표현한 것이다. 당연히 레지스터 R1 값은 1200h이다.

중앙처리장치는 여러 가지 방법으로 기억장치를 액세스하기 때문에 주소 레지스터는 그 종류가 다양하다. 주소 레지스터를 활용하는 방법은 중앙처리장치가 기억장치를 액세스하는 방법과 관련이 있다. 주소 레지스터를 이해하려면, 중앙처리장치가 기억장치를 활용하는 방법도 함께 이해해야 한다. 주소 레지스터의 종류는 스택 포인터(stack pointer), 베이스 레지스터(base register), 인덱스 레지스터(index register)가 있다. 4.2.4절부터 기억장치 사용 방법과 함께 주소 레지스터들을 설명한다.

범용 레지스터(GPR, General Purpose Register)는 프로그래머가 임의로 데이터 레지스터 또는 주소 레지스터로 사용할 수 있는 레지스터이다. 프로그래머 또는 컴파일러는 가능하면 기억장치를 액세스하는 횟수를 줄일 목적으로 범용 레지스터를 사용한다. 최근의 프로세서는 통상 8개부터 32개 정도의 범용 레지스터를 갖고 있다. 프로세서는 범용 레지스터를 데이터 또는 주소 레지스터로 사용할 수 있으나, 범용 레지스터 중 일부를 특별히 베이스 레지스터나 인덱스 레지스터로 지정함으로써 프로그램 작성에 편리성을 제공하고 있다.

4.2.4 스택 포인터

컴퓨터는 기억장치에서 일부 영역을 할당하여 시스템 스택(system stack)을 운영하고, 이 영역을 액세스하기 위하여 스택 포인터(SP, Stack Pointer)라는 특수한 주소 레지스터를 사용한다. 스택은 데이터를 차례대로 쌓아 두었다가 마지막에 들어간 데이터부터 꺼내 사용하는 LIFO(Last-In-First-Out) 형태의 자료 구조이다. 스택은 한 곳으로만 액세스할 수 있으며, 이 부분을 스택 탑(stack top)이라고 한다. 스택 탑을 가리키는 주소 레지스터가 스택 포인터이다. 스택은 데이터를 임시로 저장하기에 아주 적합한 장소이다.

스택 포인터는 스택 영역 중에서 마지막 데이터가 추가된 곳을 가리킨다. 데이터를 저장할 때마다, 스택 포인터 값이 증가하도록 만들 수도 있고, 스택 포인터 값이 감소하도록 만들 수도 있다. 전자는 스택 포인터보다 주소 값이 적은 영역이 데이터가 채워진 부분이고, 후자는 스택 포인터보다 주소 값이 큰 영역이 데이터가 채워진 부분이다. 일반적으로 후자를 더 사용하며, 이 교재에서도 이 방법을 채택한다. 데이터를 추가할 때마다, 스택은 주소의 값이 감소하는 방향으로 자란다.

[그림 4-6]은 기억장치 용량을 64K바이트로 가정할 때 시스템 스택과 스택 포인터를 보여주고 있다. [그림 4-6(a)]는 기억장치 임의의 영역을 스택으로 사용하는 예이다. [그림 4-6(b)]는 기억장치 주소의 마지막 부분부터 주소가 감소하는 방향으로 스택을 배정한 예이다. 이 교재에서는 [그림 4-6(b)]와 같은 구조의 스택을 사용하는 것으로 가정한다. 프로그램은 기억장치 주소 0번지부터 필요한 만큼 공간을 사용한다. 만일 중간에 빈 영역이 없다면, 기억장소가 부족한 것으로 시스템 오류가 발생한다.

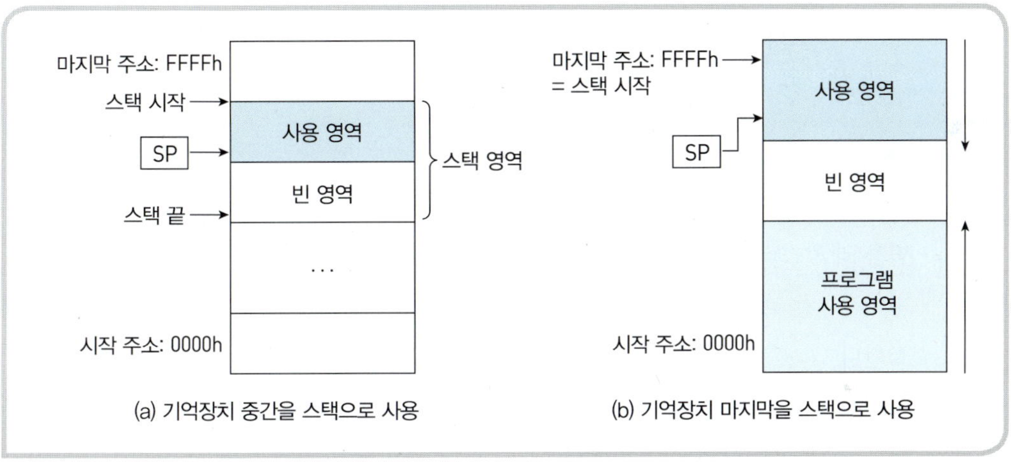

그림 4-6 스택 구조

스택은 푸시(PUSH)와 팝(POP) 두 가지 동작으로 액세스한다. 푸시는 스택에 데이터를 추가하는 동작이고, 팝은 스택에서 데이터를 제거하는 동작이다. 중앙처리장치는 푸시와 팝 동작을 수행하는 기계어 명령어를 갖고 있으며, 이 명령어에 해당하는 기호는 대부분 PUSH와 POP이다. PUSH 명령어는 스택에 저장할 오퍼랜드를 지정해야 하며, POP 명령어는 스택에서 제거한 데이터를 저장할 오퍼랜드를 지정해야 한다. 대부분 오퍼랜드로 레지스터를 지정한다. 두 가지 명령어의 형식은 다음과 같다.

```
PUSH 오퍼랜드        // 오퍼랜드를 스택에 저장하라.
POP  오퍼랜드        // 스택에서 데이터를 제거하고 오퍼랜드에 저장하라.
```

일반적으로 스택에 저장되는 데이터 크기는 레지스터 크기, 데이터 버스 폭과 같다. 즉, 스택은 단어(word) 단위로 데이터를 액세스한다. 만일 기억장치가 8비트 단위로 구성되어 있고 레지스터의 크기가 16비트이면, 두 개의 기억장소에 한 개의 단어를 저장한다. [그림 4-7(a)]는 어느 순간 레지스터와 스택의 모습이다. 이 예는 다음과 같이 가정하고 있다.

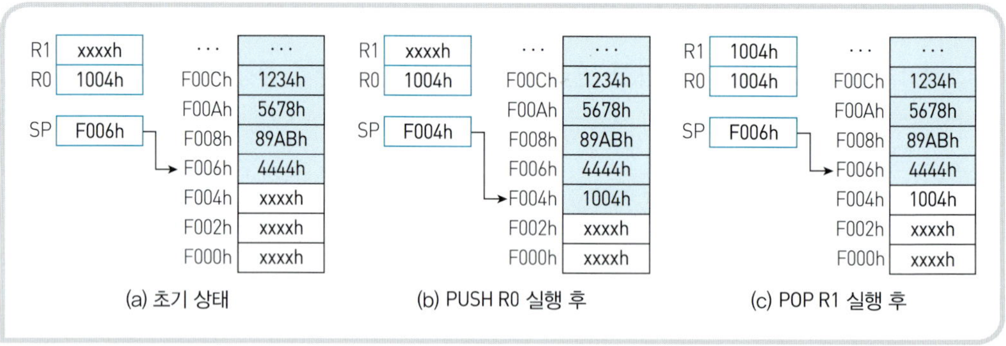

그림 4-7 스택 동작

- 범용 레지스터 R0와 R1의 크기는 16비트이다.
- 기억장치는 바이트 단위로 주소를 지정하며, 스택은 16비트 단위로 데이터를 액세스한다.
- 기억장치 주소는 16비트이다. 따라서 스택 포인터 크기도 16비트이다.
- 현재 스택 포인터의 값은 F006h이고, 스택 포인터가 가리키는 장소까지 데이터가 저장되어 있다. [그림 4-7(a)]의 파란색 부분이 스택에 데이터가 저장된 부분이다.

중앙처리장치는 [PUSH 오퍼랜드] 명령어를 다음과 같은 두 단계의 동작으로 실행한다.

```
SP ← SP - [단어의 크기]       // 스택 포인터를 단어 크기만큼 감소시킨다.
Mem[SP] ← 오퍼랜드            // 스택에 오퍼랜드를 저장한다.
```

[그림 4-7(b)]는 초기 상태에서 PUSH R0 명령어를 실행한 상태이다. 스택 포인터 값이 F004h로 감소하였고, 기억장치 F004h 번지에 레지스터 R0의 값 1004h를 저장한다.

중앙처리장치는 [POP 오퍼랜드] 명령어를 다음과 같은 두 단계의 동작으로 실행한다.

```
오퍼랜드 ← Mem[SP]                // 스택에서 데이터를 제거하여 오퍼랜드에 저장한다.
SP ← SP + [단어의 크기]            // 스택 포인터를 단어 크기만큼 증가시킨다.
```

[그림 4-7(c)]는 [그림 4-7(b)] 상태에서 POP R1 명령어를 실행한 상태이다. 레지스터 R1 값을 1004h로 변경하고, 스택 포인터 값이 F006h로 증가한다. 스택의 F004h 번지에 이전 값 1004h가 남아 있으나, 이 값은 이제 의미가 없는 쓰레기(garbage) 값이다. 이후 다른 PUSH 명령어를 실행하면서 이 값을 다른 값으로 덮어 쓴다.

예제 4-3 [그림 4-7(c)] 상태에서 다음 명령어들을 연속 실행할 때 최종 상태를 그려라.

```
POP   R0
POP   R1
PUSH  R0
```

풀이

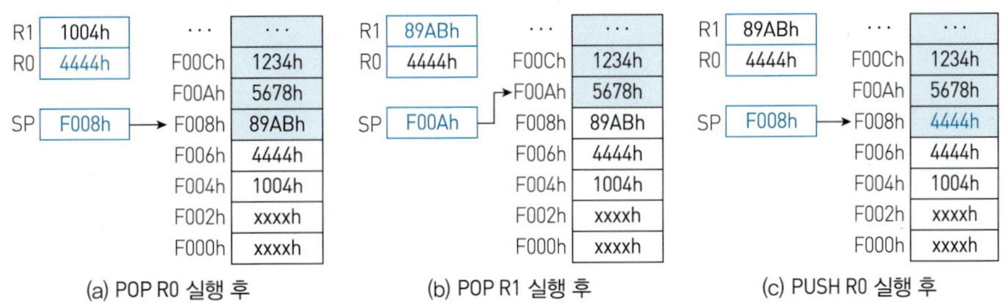

그림 4-8 예제 4-3의 명령어 실행 결과

(a) POP R0 실행 후: Mem[SP] 값인 4444h를 R0에 저장하고, SP는 F008h로 증가한다.

(b) POP R1 실행 후: Mem[SP] 값인 89ABh를 R1에 저장하고, SP는 F00Ah로 증가한다.

(c) PUSH R0 실행 후: SP를 먼저 감소하여 F008h로 만들고, R0=4444h를 Mem[SP]에 저장한다.

예제 4-4 앞에서 제시한 PUSH와 POP 명령어에 대한 레지스터 전송 언어 표현은 기억장치 주소레지스터와 기억장치 버퍼 레지스터를 무시한 것이다. [그림 4-1]과 같이 기억장치 주소 레지스터와 기억장치 버퍼 레지스터가 중간에 개입되어 있다면, PUSH와 POP 명령어에 대한 레지스터 전송문이 어떻게 변경되어야 하는가?

풀이

PUSH 명령어:

```
    MBR ← 오퍼랜드, SP ← SP - [단어 크기]        // MBR 설정, SP 감소
    MAR ← SP                                     // MAR 설정
    Mem[MAR] ← MBR                               // 기억장치에 저장
```

POP 명령어:

```
    MAR ← SP                                     // MAR 설정
    MBR ← Mem[MAR]                               // 기억장치 읽기
    오퍼랜드 ← MBR, SP ← SP + [단어 크기]        // 레지스터 적재, SP 증가
```

지금까지 스택에 데이터를 푸시할 때, 먼저 스택 포인터 값을 감소시키고 나서 기억장치에 오퍼랜드를 저장한다고 가정하였다. 그렇지만 두 가지 동작 중 어느 것을 먼저 수행하는가, 그리고 푸시할 때 스택 포인터 값을 감소시킬 것인지 아니면 증가시킬 것인지에 따라 스택을 네 가지 방법으로 구현할 수 있다. 〈표 4-1〉은 각 방법에 대하여 PUSH와 POP 명령어의 동작을 나타낸 것이다. 일반적으로 프로세서 설계자는 네 가지 방법 중 한 가지를 선택한다. ARM 프로세서는 네 가지 방법을 모두 제공하고 있으며, 사용자가 그 중 하나를 선택하도록 설정 기능을 제공한다. 이 교재에서는 특별히 언급하지 않는다면, 푸시 동작 때 SP를 먼저 감소하는 방법을 사용하는 것으로 가정한다.

표 4-1 스택 구현 방법에 따른 푸시와 팝 동작

SP 갱신 시기	SP 증가		SP 감소	
PUSH 명령어 실행 시 저장 전에 SP 갱신	PUSH	SP ← SP + [단어 크기] Mem[SP] ← 오퍼랜드	PUSH	SP ← SP - [단어 크기] Mem[SP] ← 오퍼랜드
	POP	오퍼랜드 ← Mem[SP] SP ← SP - [단어 크기]	POP	오퍼랜드 ← Mem[SP] SP ← SP + [단어 크기]
PUSH 명령어 실행 시 저장 후에 SP 갱신	PUSH	Mem[SP] ← 오퍼랜드 SP ← SP + [단어 크기]	PUSH	Mem[SP] ← 오퍼랜드 SP ← SP - [단어 크기]
	POP	SP ← SP - [단어 크기] 오퍼랜드 ← Mem[SP]	POP	SP ← SP + [단어 크기] 오퍼랜드 ← Mem[SP]

4.2.5 베이스 레지스터

고급 언어 프로그램의 함수 호출에서 파라미터 전달하고 지역 변수(local variable) 할당하고 리턴 주소를 저장하기 위하여, 컴퓨터는 시스템 스택을 사용한다. 컴파일러는 베이스 레지스터(BR, base register)를 스택의 한 기준점을 가리키도록 사용한다. 예를 들어, 다음과 같은 C 언어 함수를 생각해 보자.

```
void fn()
{
        ...
        function(x, y, z);      // 파라미터 전달, 반환 주소 저장
        ...
}

void function(int param1, param2, param3)
{
        int local1, local2;
        ...
}
```

함수 function()은 세 개의 파라미터를 받고, 두 개의 지역 변수를 갖고 있다. [그림 4-9]는 함수를 호출하는 과정에서 스택을 활용하는 방법을 설명하고 있다.

- [그림 4-9(a)] 함수 호출 전: 이 함수를 호출하기 전에 스택 포인터(SP)와 베이스 레지스터(BR)는 스택의 어딘가를 가리키고 있다.
- [그림 4-9(b)] 파라미터 전달: 함수를 호출하는 문장을 실행하면서, 파라미터 param3, param2, param1의 순서로 스택에 푸시한다. 이 동작에 따라 스택 포인터(SP) 값이 변경된다.
- [그림 4-9(c)] 복귀 주소 저장: 실제로 함수를 호출하는 명령어를 실행하면서, 복귀 주소(return address)를 스택에 저장한다. 프로그램 카운터는 이 함수의 시작 위치로 설정된다.
- [그림 4-9(d)] 이전 BR 저장: 이전 베이스 레지스터(BR) 값을 잃어버리지 않도록, 스택에 베이스 레지스터(BR) 값을 푸시한다.
- [그림 4-9(e)] 새로운 BR 설정: 베이스 레지스터(BR)의 값을 현재 스택 포인터(SP)

값으로 설정한다. 이 동작을 수행하고 나면, 베이스 레지스터(BR)는 스택의 새로운 기준점을 가리킨다.

- **[그림 4-9(f)] 지역 변수 할당**: 스택에 지역 변수 local1과 local2를 위한 공간을 만들고 그 크기만큼 스택 포인터(SP)를 감소시킨다.

함수를 호출할 때마다, 이와 같은 방법으로 스택 포인터와 베이스 레지스터를 재설정한다. 이제 베이스 레지스터는 함수 function()이 사용하는 스택의 기준점을 가리킨다. 이 기준점부터 스택 위에 파라미터가 저장되어 있고, 스택 아래에 지역 변수가 저장되어 있다. 만일 단어 크기가 기억장치 두 개의 장소에 해당한다고 가정하면, 함수 안에서 [그림 4-9(f)]의 오른쪽과 같이 BR±2n(n은 정수)으로 파라미터와 지역 변수를 액세스할 수 있다.

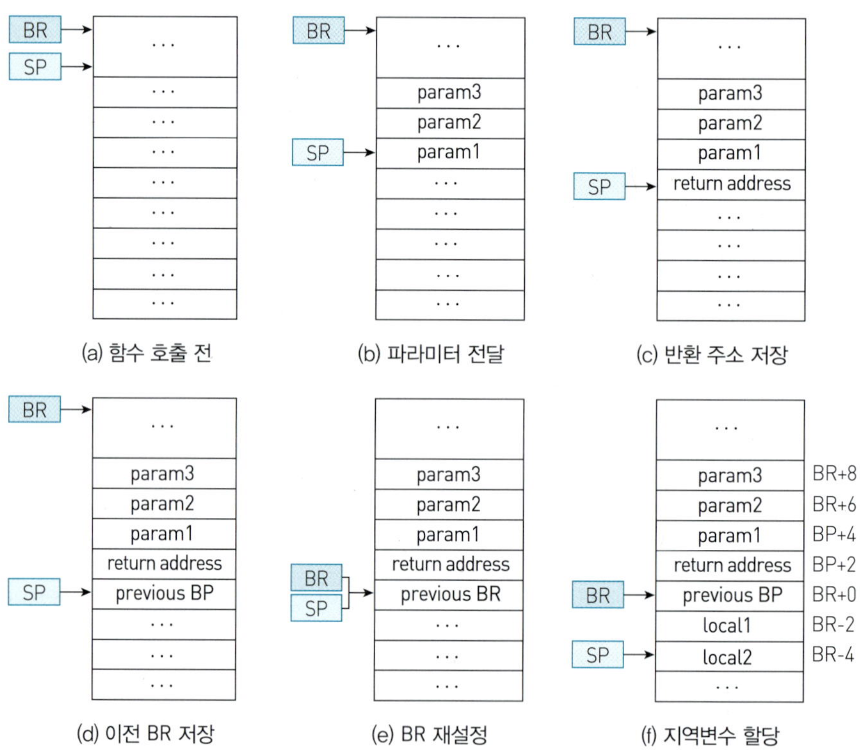

그림 4-9 함수 호출 과정

이 함수에서 복귀하면, 스택 포인터와 베이스 레지스터는 다시 [그림 4-9(a)]와 같이 함수를 호출하기 이전 상태로 복구된다. 그리고 함수를 호출하면서 생성되었던 스택 프레임(파라미터부터 지역 변수 할당 영역까지)은 다른 용도로 재활용된다.

예제 4-5 함수 호출 조건이 다음과 같다고 가정한다.

- 단어 크기는 기억장치 장소 한 개의 크기와 같고, 16비트이다.
- 함수 호출하기 전 SP = F180h, BR = F188h이다.
- 함수를 function(4, 7, 10)으로 호출한다.
- 함수에서 리턴할 주소는 0420h이다.
- 함수의 지역 변수 값은 local1 = 15, local2 = 21이다.

첫 번째 가정에 의하여, 한 개의 단어는 기억장소 주소 한 개에 해당하는 공간에 저장된다. 함수를 호출한 직후 SP, BR, 스택의 상태를 그려라.

풀이

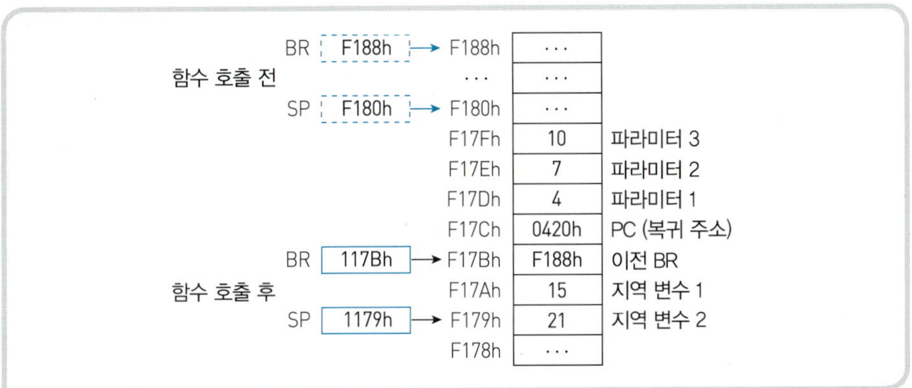

그림 4-10 예제 4-5의 함수 호출 후 상태

- 함수를 호출하기 전 SP = F180h, BR = F188h이다.
- 파라미터 전달: 함수를 호출하면, 파라미터 4, 7, 10을 역순으로 스택에 푸시한다.
- 복귀 주소 저장: 함수에서 복귀할 주소 0420h를 스택에 푸시한다.
- 이전 BR 저장: BR 값 F188h를 스택에 저장한다.
- BR 재설정: 현재의 SP 값을 BR에 저장한다.
- 지역 변수 할당: 지역변수 2개를 스택에 할당한다. SP 값은 F179h로 설정된다.

4.2.6 인덱스 레지스터

고급 언어 프로그램은 배열을 많이 사용한다. 컴퓨터는 배열을 주소가 연속된 기억장소 공간에 배치한다. 프로그램은 배열 원소를 처음부터 끝까지 차례대로 액세스하는 경우가 많다.

배열 원소를 차례대로 액세스하기 위하여 인덱스 레지스터(IX, index register)를 사용한다. 일반적으로 인덱스 레지스터는 기억장치를 액세스한 후 인덱스 레지스터의 값을 자동으로 증가하거나 감소하는 기능을 함께 갖고 있다. 이 기능을 자동 인덱싱(automatic indexing)이라고 한다.

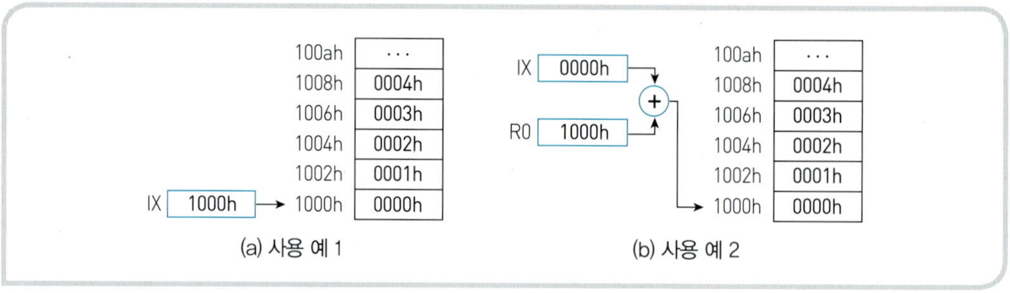

그림 4-11 인덱스 레지스터 사용 예

정수는 2바이트이고, 기억장치는 바이트 단위로 주소가 정해진다고 가정하자. [그림 4-11]은 다음과 같이 선언된 배열 array가 기억장치 주소 1000h 번지부터 할당된 모습과 인덱스 레지스터를 사용하는 두 가지 방법을 보여준다.

```
int array[5] = {0, 1, 2, 3, 4 };
```

[그림 4-11(a)]에서 인덱스 레지스터 IX의 초기값은 배열 array의 시작 주소인 1000h로 설정되어 있다. 배열 원소를 차례대로 읽어 레지스터 R1에 저장하는 레지스터 전송문은 다음과 같다.

```
R1 ← Mem[IX], IX ← IX + 2
```

[그림 4-11(b)]에서 레지스터 R0는 배열의 시작 주소 1000h를 저장하고 있고, 인덱스 레지스터 IX는 0으로 초기화되어 있다. 배열을 사용하는 도중에 R0 값은 변경되지 않는다. 배열 원소를 차례대로 읽어 레지스터 R1에 저장하는 레지스터 전송문은 다음과 같다.

```
R1 ← Mem[IX+R0], IX ← IX + 2
```

지금까지 주소 레지스터인 스택 포인터, 베이스 레지스터, 인덱스 레지스터를 설명하였다. 이 레지스터들을 적절히 활용함으로써 다양하고 편리한 방법으로 기억장치 데이터를 액세스할 수 있다.

4.2.7 프로세서 레지스터

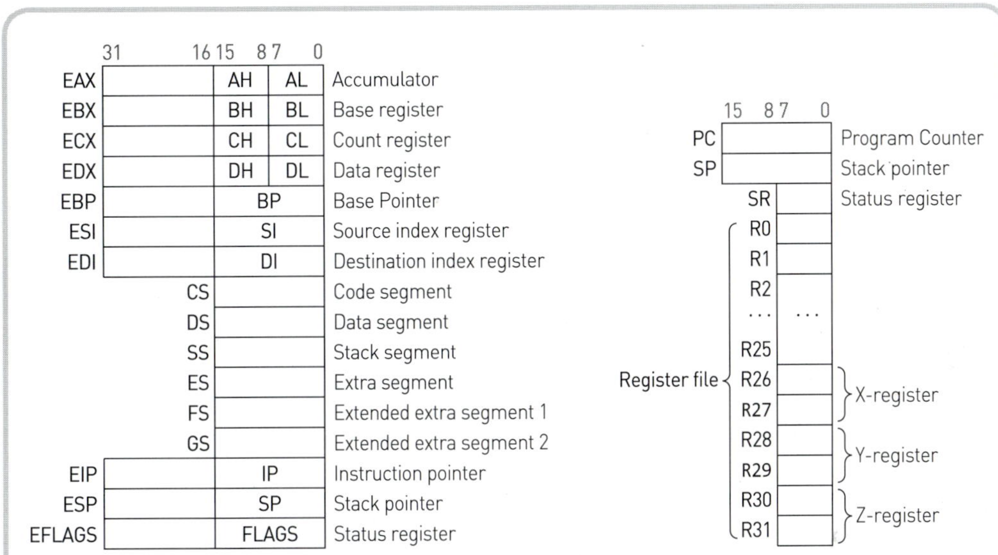

(a) Intel Pentium 레지스터 (b) AVR Atmega128 레지스터

그림 4-12 프로세서 레지스터

[그림 4-12(a)]는 인텔 Pentium 프로세서의 레지스터이다. 32비트 프로세서인 Pentium은 이전의 16비트 구조를 그대로 유지하고 있어 레지스터가 복잡하다. EAX, EBX, ECX, EDX 레지스터는 범용 32비트 레지스터인데 하위 16비트를 8비트 단위로 별도로 운영할 수 있다. 그리고 Pentium은 세그먼트(segment)와 오프셋(offset)으로 기억장치 주소를 지정하기 때문에, 여러 가지 세그먼트 레지스터를 제공한다. CS와 EIP가 합쳐져 프로그램 카운터 기능을 한다.

[그림 4-12(b)]는 8비트 프로세서인 AVR Atmega128의 레지스터이다. 기억장치의 최대 용량은 64K바이트이다. 따라서 기억장치 주소를 제공하는 프로그램 카운터(PC)와 스택 포인터(SP)를 16비트로 만들었다. Atmega128은 범용 레지스터를 32개 갖고 있다. 이 중에서 마지

표 4-2 ARM 프로세서의 레지스터

레지스터	APCS 이름	용도
R0-R3	a1-a4	아규먼트 전달, 임의 용도(a1은 정수 결과 반환)
R4-R8	v1-v5	레지스터 변수
R9	sb	스택 베이스(stack base)
R10	sl	스택 끝(stack limit)
R11	fp	프레임 포인터
R12	ip	새로운 스택 베이스(new stack base)
R13	sp	스택 포인터
R14	lr	링크 레지스터
R15	pc	프로그램 카운터

막 6개를 두 개씩 짝을 지어 X, Y, Z 레지스터라고 하며, 이것들을 16비트 주소를 저장하는 인덱스 레지스터로 사용할 수 있다.

ARM 프로세서는 16개의 32비트 범용 레지스터를 포함하고 있다. 일반적으로 컴퓨터는 함수를 호출할 때 파라미터를 스택을 통해 전달하고, 지역 변수도 스택에 할당한다. 만일 파라미터와 지역 변수를 레지스터에 저장하여 사용할 수 있다면, 프로그램 실행 시간을 많이 줄일 수 있다. ARM 프로세서는 이것들을 범용 레지스터에 할당하여 사용하도록 권장하고 있는데, 이 기능을 APCS(ARM Procedure Call Standard)라고 한다. 〈표 4-2〉는 범용 레지스터를 APCS 레지스터로 사용하는 규칙이다. 함수에 값을 전달하기 위하여 a1−a4를 사용하고, 함수가 반환하는 정수 값은 a1으로 리턴한다. 함수의 지역 변수(local variable)는 v1−v5에 할당된다. 나머지 R9부터 R15는 각각 그 용도가 특정 임무로 정해져 있다.

4.3 인터럽트

이 절에서는 중앙처리장치가 컴퓨터 내부 또는 외부에서 발생할 수 있는 갑작스러운 사건에 대응하는 기능인 인터럽트에 대하여 설명한다. 중앙처리장치의 인터럽트 처리 기능은 매우 중요하다. 이 장에서는 인터럽트 개념을 소개하고, 인터럽트 요청부터 인터럽트 처리가 완료될 때까지 컴퓨터에 어떤 일이 발생하는지 그 과정을 설명하고, 중앙처리장치가 인터럽트 기능을 지원하기 위하여 갖추어야 할 하드웨어적 요소가 무엇인지 설명한다. 인터럽트의 중요한 활용 분야 중 하나는 입출력장치를 구동하는 것이며, 이에 관한 내용을 '제10장 입출력'에서 설명한다.

4.3.1 인터럽트 개념

우리가 생활하다 보면 자신의 의도와 관계 없이 갑작스러운 사건이 발생하는 경우가 있다. 수업 시간에 강의할 때도 예상하지 못했던 일이 발생하기도 한다. 그 예는 다음과 같다.

- **인터럽트 요청**: 강의를 진행하는 중에 갑자기 학생이 질문한다면,
- **상태 저장**: 강사는 설명하던 것을 잠시 멈추고 현재 강의 진도를 기억해 두고,
- **인터럽트 서비스**: 학생의 질문에 답변한 후에,
- **인터럽트 서비스에서 복귀**: 질문 전에 강의하던 내용으로 돌아와 계속 강의를 진행한다.

컴퓨터에서도 이와 같은 사건이 발생할 수 있다. 컴퓨터의 정상적인 프로그램 실행을 방해하는 사건이 발생하는 것을 컴퓨터의 실행을 방해한다는 의미로 인터럽트(interrupt)라고 한다. 인터럽트는 컴퓨터 내부에서 발생할 수도 있고 컴퓨터 외부에서 발생할 수도 있다. 내부 인터럽트(internal interrupt)는 프로그램을 실행할 수 없는 상황이 발생했을 때 중앙처리장치가 자체적으로 생성한다. 내부 인터럽트의 종류는 다음과 같다.

- 하드웨어 고장(hardware failure): 컴퓨터도 기계이기 때문에 구성 요소가 고장 날 수 있고, 데이터를 전달하는 과정에 일부의 비트가 잘못 전달될 수도 있다. 갑자기 컴퓨터 전원이 꺼질 수도 있다. 이와 같은 사건들은 프로그램 실행과 직접적인 관계가 없다.
- 실행할 수 없는 명령어(undefined instruction): 컴퓨터는 기억장치에서 명령어를 인출하여 해석하고 실행한다. 기억장치에서 인출한 명령어의 비트 패턴이 중앙처리장치가 실행할 수 있는 명령어로 정의되어 있지 않다면, 그 명령어를 실행할 수가 없다.
- 명령어 실행 오류(execution error): 중앙처리장치가 인출한 명령어는 정상이지만, 명령어를 실행할 수 없는 때도 있다. 예를 들면, 인출한 명령어가 나누기인데, 나누는 수가 0인 경우가 이에 해당한다.
- 사용 권한 위배(access privilege violation): 운영체제는 컴퓨터를 보호하기 위하여 기억장치나 파일을 사용할 때 여러 가지 권한을 정의하여 사용 가능 여부를 제한하

고 있다. 예를 들면, 사용자가 운영체제만 사용할 수 있는 자원을 액세스하거나 읽기 전용 파일을 갱신하려고 할 때 내부 인터럽트가 발생한다.

외부 인터럽트(external interrupt)는 주로 입출력장치가 생성한다. 가장 중요한 외부 인터럽트는 타이머 인터럽트와 입출력 인터럽트이다. 크게 보면 타이머도 입출력장치 중 하나이므로, 타이머 인터럽트도 외부 인터럽트의 일종이지만, 컴퓨터 시스템에서 매우 중요한 역할을 담당하고 있기 때문에 별도로 구분하기도 한다.

- 타이머 인터럽트(timer interrupt): 컴퓨터는 주기적으로 수행하는 일이 있다. 컴퓨터 안에 있는 타이머는 일정한 시간 간격으로 중앙처리장치에게 인터럽트를 요청한다. 컴퓨터는 이 사건을 기반으로 시간을 측정하고, 프로세스 실행 시간을 측정하여 프로세스를 스케줄하고, 주기적으로 수행할 작업을 실행시키는 등 중요한 운영체제 작업을 수행한다.
- 입출력 인터럽트(I/O interrupt): 속도가 느린 입출력장치가 입출력 준비가 완료되었다는 것을 중앙처리장치에게 알리기 위하여 사용하는 인터럽트이다. 이 기능 덕분에 중앙처리장치는 속도가 느린 입출력장치가 데이터를 전송할 준비를 마쳤는지 검사하는 시간을 없앨 수 있다.

위 설명 중에서 프로세스(process)란 보조기억장치에 저장되어 있던 프로그램이 사용자의 요청에 의하여 기억장치로 읽혀 들어와 실행되고 있는 상태를 의미한다. 즉, 프로세스는 실행되고 있는 프로그램이다.

4.3.2 인터럽트 처리 과정

이 절에서는 인터럽트를 처리하는 과정을 살펴보고 중앙처리장치가 제공해야 할 기능을 도출한다. 인터럽트를 요청하는 하드웨어 장치를 인터럽트 소스(interrupt source)라고 한다. 임의의 소스가 인터럽트를 요청한 때부터 인터럽트 처리가 완료될 때까지 처리 과정은 다음과 같다.

1. 인터럽트 요청(interrupt request): 임의의 소스가 인터럽트를 요청한다.
2. 인터럽트 확인(interrupt acknowledge): 중앙처리장치는 인터럽트 요청을 인식하고, 인터럽트 소스에게 인터럽트를 확인하였음을 알려준다.
3. 상태 저장(context save): 중앙처리장치는 프로그램 실행을 중단하고 현재 상태를 저장한다.

4. 인터럽트 서비스(interrupt service): 중앙처리장치는 인터럽트 소스가 요구한 작업을 실행한다.
5. 인터럽트에서 복귀(return from interrupt): 중앙처리장치는 원래 실행하던 프로그램으로 복귀한다.

4단계의 인터럽트 서비스는 중앙처리장치가 기억장치에 저장되어 있는 프로그램을 수행함으로써 이루어진다. 이 프로그램을 인터럽트 서비스 루틴(ISR, Interrupt Service Routine) 또는 인터럽트 핸들러(interrupt handler)라고 한다. 인터럽트 서비스 루틴은 인터럽트 종류마다 하나씩 기억장치에 준비되어 있어야 한다.

중앙처리장치가 인터럽트 요청을 인식하고 확인하기 위하여 제어 버스는 다음과 같은 두 개의 제어선을 포함하고 있다.

- 인터럽트 요청 신호(INTR, interrupt request): 제어 입력신호이며, 인터럽트 소스가 구동한다.
- 인터럽트 확인 신호(INTA, interrupt acknowledge): 제어 출력신호이고, 중앙처리장치가 인터럽트 소스에게 인터럽트를 인식하였음을 알려준다.

인터럽트 요청이 들어왔는지 검사하기 위하여, 중앙처리장치는 명령어 사이클 안에서 인터럽트 요청 신호를 검사해야 한다. 명령어 사이클은 [그림 4-13]과 같이 인터럽트단계(interrupt stage)를 포함하도록 수정되어야 한다. 명령어 사이클의 실행단계가 끝날 때마다, 중앙처리장치는 인터럽트가 요청되었는지 검사한다. 만일 인터럽트 요청이 없다면, 인출단계로 이동하여 다음 명령어를 실행한다. 그러나 만일 인터럽트가 요청되었다면, 중앙처리장치는 인터럽트단계에서 인터럽트 서비스를 실행하기 위한 조치를 취한다.

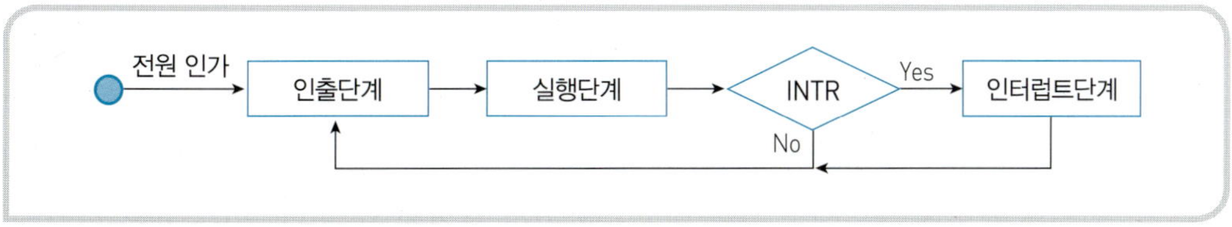

그림 4-13 인터럽트를 고려한 명령어 사이클

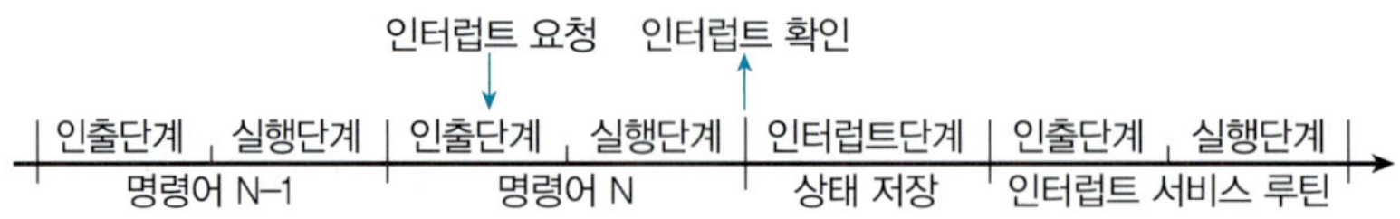

그림 4-14 인터럽트 요청과 확인

[그림 4-14]는 시간 축에서 본 인터럽트 처리 과정이다. 중앙처리장치는 현재 N번째 명령어(명령어 N)를 처리하고 있다. 명령어 N을 처리하는 임의의 시점에 인터럽트 요청이 발생할 수 있다. 제어장치는 실행단계가 끝날 때마다 인터럽트가 요청되었는지 검사한다. 명령어 N의 실행이 끝나고 검사할 때, 인터럽트가 요청되었으므로 인터럽트단계를 실행한다. 인터럽트 서비스 루틴도 기억장치에 적재되어 있는 프로그램이므로, 중앙처리장치는 명령어 사이클에 의하여 인터럽트 서비스 루틴을 실행한다. 중앙처리장치는 인터럽트단계에서 다음과 같은 세 가지 작업을 수행한다.

1. 현재 실행하던 프로그램으로 복귀할 때 필요한 정보인 콘텍스트(프로그램 카운터와 상태 레지스터)를 스택에 저장한다.
2. 인터럽트를 요청한 소스를 확인하고, 해당 인터럽트 서비스 루틴의 시작 주소를 구한다.
3. 프로그램 카운터에 인터럽트 서비스 루틴의 시작 주소를 적재한다.

중앙처리장치가 인터럽트 서비스를 마치고 실행 중인 프로그램으로 복귀하려고 할 때 필요한 최소 정보를 콘텍스트(context)라고 한다. 중앙처리장치는 일반적으로 콘텍스트를 스택에 저장한다. 인터럽트 처리와 관련된 콘텍스트는 프로그램 카운터와 상태 레지스터이다.

- **프로그램 카운터**: 다음에 실행할 명령어의 주소를 갖고 있다. 나중에 프로그램을 재실행하려면 프로그램 카운터의 값을 반드시 저장해야 한다.
- **상태 레지스터**: 연산기를 사용하는 데이터 처리 명령어를 실행할 때마다 상태 레지스터 값을 변경한다. 인터럽트는 임의의 시점에 요청될 수 있다. 그런데 인터럽트 서비스 루틴도 프로그램이므로 데이터 처리 명령어를 포함하고 있을 수 있고, 인터럽트 서비스 루틴에서 상태 레지스터 값이 변경될 수 있다. 원래 프로그램으로 복귀하였을 때, 상태 레지스터 값이 변경되지 않도록 반드시 상태 레지스터를 저장해야 한다.

중앙처리장치가 인터럽트 처리하기 위하여 준비할 사항 중 이제 남은 일은 인터럽트 소스를 확인하는 일과 인터럽트 서비스 루틴을 시작할 수 있도록 만드는 일이다. 인터럽트 소스를 확인하는 과정은 '제10장 입출력'에서 설명하기로 한다. 중앙처리장치는 이 과정을 통하여 해당 인터럽트 서비스 루틴의 시작 주소를 알 수 있다. 프로그램 카운터에 인터럽트 서비스 루틴의 시작 주소를 적재함으로써, 이후 명령어 사이클에 따라 인터럽트 서비스 루틴을 실행한다.

인터럽트단계에서 중앙처리장치가 수행하는 일을 레지스터 전송 언어로 표현하면 다음과 같다.

```
SP ← SP - [단어 크기]          // PUSH PC
Mem[SP] ← PC
SP ← SP - [단어 크기]          // PUSH SR
Mem[SP] ← SR
PC ← ISR 시작 주소             // PC 갱신
```

중앙처리장치가 인터럽트 소스가 요구한 작업을 실행하는 것은 인터럽트 서비스 루틴을 실행함으로써 수행된다. 인터럽트 서비스 루틴도 프로그램이므로 이 과정은 명령어 사이클에 의하여 수행된다.

마지막으로 중앙처리장치는 인터럽트 서비스 루틴을 실행한 후에 원래 실행하던 프로그램으로 복귀해야 한다. 이를 위하여 중앙처리장치는 인터럽트 복귀 명령어(IRET, return from interrupt)를 제공한다. 항상 인터럽트 서비스 루틴의 마지막 명령어는 인터럽트 복귀 명령어이어야 한다. 이 명령어는 명령어 사이클의 인터럽트단계에서 수행하는 일의 반대 역할을 수행한다.

```
SR ← Mem[SP]                   // POP SR
SP ← SP + [단어 크기]
PC ← Mem[SP]                   // POP PC
SP ← SP + [단어 크기]
```

이와 같은 과정을 통하여 중앙처리장치는 인터럽트에서 복귀한 후 아무 일도 없었던 것처럼 이전에 실행하던 프로그램을 정상적으로 다시 시작할 수 있다.

예제 4-6 단어 크기는 16비트이고, 단어는 기억장치 두 개의 장소에 저장된다고 가정한다. [그림 4-15(a)]는 인터럽트 요청이 발생하였을 때, 컴퓨터의 상태이다. 인터럽트단계를 실행한 후, 컴퓨터 상태가 어떻게 변하는지 그림으로 표시하라. SR은 상태 레지스터이다. 현재 실행 중인 프로그램은 기억장치 1000h~1FFFFh번지에 적재되어 있고, 인터럽트 서비스 루틴은 0800h~08FFh 번지에 적재되어 있다.

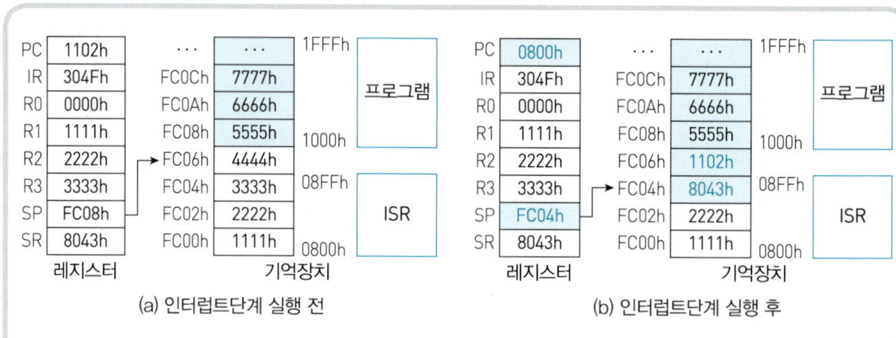

그림 4-15 예제 4-6의 컴퓨터 상태

풀이

- [그림 4-15(a)] 인터럽트단계 실행 전
  - 중앙처리장치가 다음에 실행할 명령어의 주소는 PC=1102h이다.
  - 중앙처리장치는 현재 명령어 코드가 IR=304Fh인 명령어를 실행하고 있다.
  - 스택 포인터(SP)는 FC08h를 가리키고 있고, 그 위 스택 영역은 사용 중이다.
  - 상태 레지스터(SR) 값이 8043h이다.
- [그림 4-15(b)] 인터럽트단계 실행 후
  - 인터럽트단계 동작은 논리적으로 다음과 같은 명령어를 실행하는 것과 같다.
  - PUSH PC : SP = SP − 2 = FC06, Mem[SP] ← 1102h
  - PUSH SR : SP = SP − 2 = FC04, Mem[SP] ← 8043h
  - PC ← ISR : PC ← 0800h

4.3.3 인터럽트 가능 플래그

앞에서 인터럽트 요청이 발생한 이후 인터럽트단계를 거쳐 인터럽트 서비스 루틴을 시작하는 과정을 설명하였다. 이 절에서는 중앙처리장치가 인터럽트를 처리하기 위한 필요 조건과 프로그래머가 인터럽트 허가 여부를 결정하는 인터럽트 가능 플래그(IE flag)에 대하여 설명한다.

인터럽트 서비스 루틴도 프로그램이다. 컴퓨터 전원이 인가되고 나서 다음 세 가지 사항을 처리한 후에 인터럽트를 허용할 수 있다.

- 시스템 스택 설정
- 인터럽트 서비스 루틴을 기억장치에 적재
- 인터럽트 벡터 테이블 설정

인터럽트 처리는 시스템 스택을 사용하기 때문에 당연히 시스템 스택이 설정되어 있어야 한다. 중앙처리장치가 인터럽트를 허용하려면, 먼저 인터럽트 서비스 루틴이 기억장치에 적재되어 있어야 한다. 인터럽트 요청이 발생할 때, 중앙처리장치는 명령어 사이클의 인터럽트 단계에서 인터럽트 소스가 무엇인지 그리고 해당 인터럽트 서비스 루틴이 기억장치 어디에 적재되어 있는지 확인해야 하는데, 이때 중앙처리장치는 인터럽트 벡터 테이블을 사용한다. 간단히 설명하면, 인터럽트 벡터(interrupt vector)는 인터럽트 서비스 루틴의 시작 주소이고, 인터럽트 벡터 테이블(interrupt vector table)은 여러 가지 인터럽트에 대한 인터럽트 벡터를 모아 놓은 기억장치 영역이다. 인터럽트 벡터 테이블에 대하여 '제10장 입출력'에서 설명하기로 한다. 컴퓨터에 전원이 인가된 후 처음으로 시작하는 프로그램인 부트로더(boot loader) 또는 운영체제가 이와 같은 준비 과정을 처리한다.

컴퓨터는 항상 인터럽트 요청을 허용할 수 있는 것이 아니다. 컴퓨터는 위와 같은 준비를 마친 후 인터럽트를 받아들일 수 있다. 컴퓨터는 인터럽트 허용 여부를 제어하기 위하여 상태 레지스터에 있는 인터럽트 가능 플래그(IE flag, Interrupt Enable flag)를 사용한다.

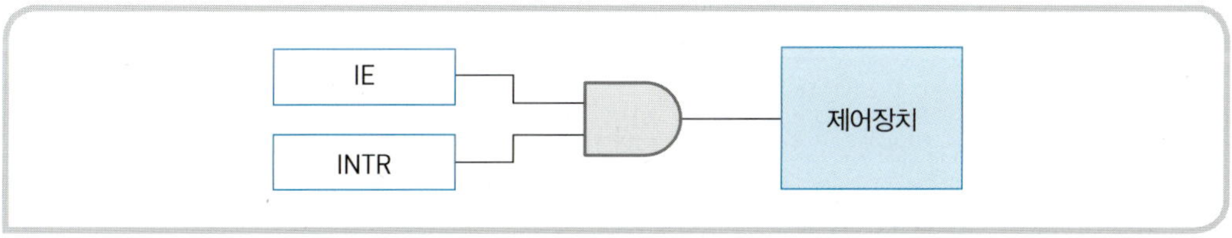

그림 4-16 인터럽트 가능 플래그

[그림 4-16]과 같이 인터럽트 요청(INTR) 신호는 인터럽트 가능 플래그(IE)와 AND 연산하여 제어장치로 입력된다. 만일 인터럽트 가능 플래그의 값이 0이면, 인터럽트 요청이 발생하더라도 제어장치는 인터럽트 요청이 발생하였음을 알지 못한다. 프로그래머는 인터럽트 가능 플래그를 세트 또는 리셋할 수 있어야 한다. 이를 위하여 중앙처리장치는 다음과 같은 두 개의 명령어를 제공하고 있다.

- STI(set interrupt enable flag): 인터럽트 가능 플래그를 세트한다. 이 명령어를 실행하면, 중앙처리장치는 인터럽트를 받아들일 수 있다.
- CLI(clear interrupt enable flag): 인터럽트 가능 플래그를 리셋한다. 이 명령어를 실행하면, 중앙처리장치는 인터럽트를 인식하지 못한다.

컴퓨터에 전원이 인가되거나 시스템 전체가 리셋되었을 때, 인터럽트 가능 플래그의 초기값은 0이다. 컴퓨터는 인터럽트를 받아들일 준비를 마친 후 인터럽트 가능 플래그의 값을 1로 세트해야 한다.

인터럽트 가능 플래그의 또 한 가지 중요한 용도는 임계영역(critical section)을 제어하는 것이다. 인터럽트는 프로그램 실행과 무관하게 아무 때나 발생할 수 있으므로, 인터럽트가 발생하면 원래 수행 중이던 프로그램은, 프로그래머는 인식하지 못하지만, 실행이 중단되었다가 인터럽트 처리가 끝난 후 다시 실행된다. 프로그램은 실행하는 도중에 중단되었다가 다시 시작되면 문제가 발생하는 부분을 포함하고 있을 수 있다. 이 부분을 임계영역이라고 한다. 임계영역이 존재하는 프로그램을 작성할 때, 프로그래머는 [그림 4-17]과 같이 임계영역에 진입하기 전에 CLI 명령어를 실행하여 인터럽트를 받아들이지 않도록 조치하고, 임계영역을 수행한 후에 STI 명령어로 다시 인터럽트를 받아들이도록 조치해야 한다.

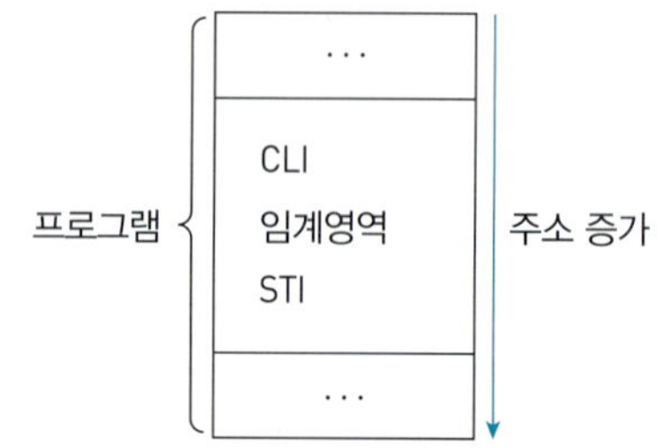

그림 4-17 임계영역을 포함하고 있는 프로그램

4.3.4 인터럽트 서비스 루틴

이 절에서는 인터럽트 처리 과정을 정리하고 인터럽트 서비스 루틴에서 수행하는 일에 대하여 설명한다. 전제 조건으로 인터럽트 서비스 루틴이 기억장치에 적재되어 있어야 하고, 인터럽트 가능 플래그가 1로 세트되어 있어야 한다. [그림 4-18]은 인터럽트 처리 순서를 표현한 것이다. 단계별로 다음과 같은 일을 수행한다.

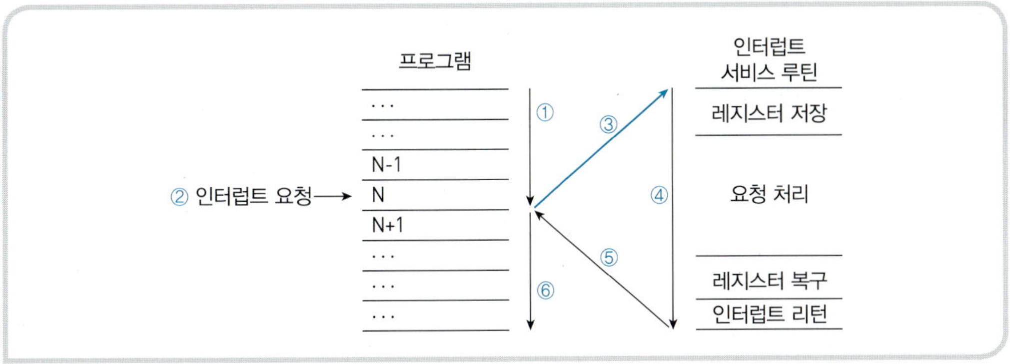

그림 4-18 인터럽트 처리 과정 및 인터럽트 서비스 루틴

① 프로그램 실행: 현재 임의의 프로그램이 실행 중이다. 기억장치에 적재되어 실행하고 있는 프로그램을 프로세스라고 한다.

② 인터럽트 요청: 중앙처리장치가 N번째 명령어를 실행하고 있는 도중에 인터럽트 소스가 인터럽트를 요청한다. 중앙처리장치는 N번째 명령어의 실행단계를 마치고 나서 인터럽트 요청을 검사하고, 명령어 사이클의 인터럽트단계로 들어간다.

③ 인터럽트단계: 인터럽트 소스에게 인터럽트가 확인되었음을 알리고(interrupt acknowledge), 콘텍스트(프로그램 카운터와 상태 레지스터)를 시스템 스택에 저장하고, 인터럽트 서비스 루틴의 시작 주소를 프로그램 카운터에 저장한다.

④ 인터럽트 서비스 루틴 실행: 명령어 사이클에 따라 인터럽트 서비스 루틴의 명령어들을 실행한다.

⑤ 인터럽트 리턴: 인터럽트 서비스 루틴의 마지막 명령어는 IRET(return from interrupt)이다. 이 명령어를 실행함으로써 콘텍스트(상태 레지스터와 프로그램 카운터)를 복구한다.

⑥ 프로그램 재개: 중앙처리장치는 실행이 중단되었던 프로세스의 N+1번째 명령어부터 다시 실행한다.

인터럽트 서비스 루틴의 핵심은 인터럽트 소스가 요청한 일을 처리하는 것이다. 그렇지만, 인터럽트 서비스 루틴도 프로그램이므로, 인터럽트 서비스 루틴을 수행하면서 명령어 처리용 레지스터들을 사용한다. 기존에 실행 중이던 프로그램도 이 레지스터들을 사용하고 있었을 것이다. 인터럽트 서비스 루틴을 마치고 원래 프로그램으로 돌아갔을 때 레지스터들의 값이 변경된다면, 이전에 실행하던 프로그램을 정상적으로 실행하지 못하는 문제가 발생한다. 따라서 인터럽트 서비스 루틴은 먼저 자신이 사용할 레지스터들을 저장하고, 요청 처리를 마친 후 레지스터들을 복구해야 한다. 일반적으로 레지스터를 저장하고 복구할 때도 시스템 스택을 사용한다.

마지막으로 인터럽트 서비스 루틴에서 고려할 것은 인터럽트 가능 플래그이다. 일반적으로 상용 프로세서들은 명령어 사이클의 인터럽트단계 안에서 인터럽트 가능 플래그를 0으로 만든다. 이에 따라 프로세서는 다른 인터럽트 요청을 받아들이지 않게 된다. 인터럽트 서비스 루틴을 처리하면서 언젠가는 인터럽트 가능 플래그를 다시 1로 세트해야 한다. 인터럽트 서비스 루틴이 STI(set interrupt enable flag) 명령어를 실행하는 시기는 두 가지 방법이 있을 수 있다.

- 인터럽트 서비스 루틴을 시작하면서
- 인터럽트 서비스 루틴을 마치면서 복귀하기 전에

인터럽트 서비스 루틴의 시작 부분에서 STI 명령어를 실행한다면, 중앙처리장치는 인터럽트 서비스 루틴을 수행하는 도중에 다른 인터럽트 요청을 받아들일 수 있다. 그렇지만 인터럽트 서비스 루틴에서 복귀하기 전에 STI 명령어를 실행한다면, 중앙처리장치는 인터럽트 서비스하는 도중에 다른 인터럽트 요청을 받아들이지 않는다.

4.4 명령어 사이클

컴퓨터는 프로그램에 포함되어 있는 명령어들을 하나씩 중앙처리장치로 가져와 해독하고 실행하는 과정을 반복한다. 제어장치의 순서제어는 명령어 사이클(instruction cycle)을 진행시키는 것이다. 명령어 사이클은 여러 단계로 구성되어 있으며, 지금까지 인출단계(fetch stage), 실행단계(execution stage), 인터럽트단계(interrupt stage)를 소개한 바 있다. 이 세 가지 단계는 모든 프로세서들이 기본적으로 채택하고 있다. 각 단계에서 수행하는 일을 다시 한 번 정리하면 다음과 같다.

- 인출단계: 실행하려는 명령어를 기억장치에서 중앙처리장치로 가져온다. 프로그램 카운터(PC)를 기억장치 주소로 지정하여 명령어를 인출하고 명령어 레지스터(IR)에 적재한다. 그리고 프로그램 카운터의 값을 명령어 길이만큼 증가시킨다.
- 실행단계: 명령어 레지스터의 명령어 코드를 해석하고 실행한다. 명령어 종류에 따라 그에 적절한 동작을 수행해야 한다. 실행단계가 끝날 때, 중앙처리장치는 인터럽트 요청이 있는지 검사한다. 만일 인터럽트 요청이 있다면, 인터럽트단계로 이동한다. 그렇지 않으면 인출단계로 이동한다.

• 인터럽트단계: 실행 중이던 프로그램으로 복귀할 때 필요한 정보인 상태 레지스터와 프로그램 카운터의 값을 저장하고, 인터럽트 소스를 확인하여 해당 인터럽트 벡터를 프로그램 카운터에 적재한다.

이 세 가지 단계 중에서 인출단계와 인터럽트단계에서 수행하는 일은 명령어 종류와 관계없이 항상 같다. 실행단계는 명령어 종류에 따라 수행하는 일이 다르고, 복잡성에 따라 수행에 소요되는 시간(클럭 펄스의 수)도 다를 수 있다. 중앙처리장치를 설계할 때 명령어 실행단계를 더 세분화하기도 한다. [그림 4-19]는 여러 가지 명령어 사이클의 예이다. 프로세서 종류에 따라 더 복잡한 형태의 명령어 사이클이 있을 수도 있다.

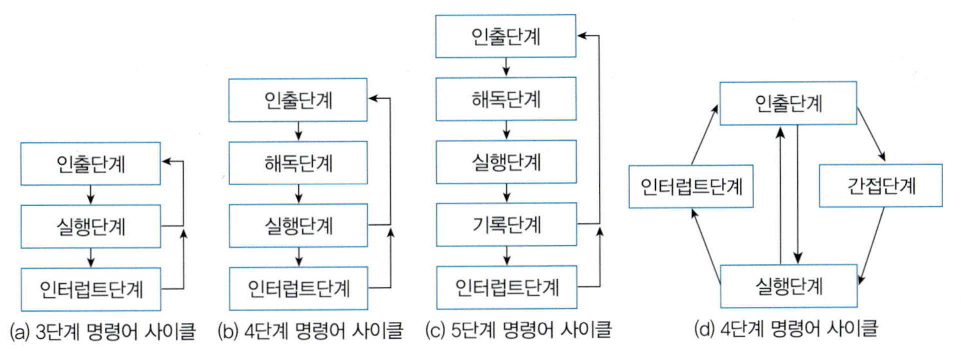

그림 4-19 명령어 사이클

[그림 4-19]에 추가된 명령어 사이클의 단계들은 다음과 같은 동작을 수행한다.

• 해독단계(decode stage): 명령어를 해독하여 제어신호를 생성하는데 시간이 많이 소요될 때, 실행단계에서 해독단계를 별도의 단계로 분리하기도 한다.
• 기록단계(write back stage): 명령어 실행 과정에서 실제로 연산을 수행하는 부분만 실행단계에서 수행하고, 연산 결과를 레지스터에 기록하는 부분을 기록단계에서 실행한다.
• 간접단계(indirect stage): 명령어를 실행하는 과정에서 처리할 데이터를 인출하기 위하여 기억장치를 한 번 더 액세스해야 하는 경우도 있을 수 있다. 이때 기억장치에서 데이터를 인출하는 과정을 분리하여 간접단계에서 실행한다.

한 단계에서 다음 단계로 이동할 때 두 개의 단계 중 하나를 선택해야 한다면, 제어장치가 어느 경로를 선택할지 결정한다. 실행단계나 기록단계가 끝난 후, 인터럽트 요청이 발생하였으면 인터럽트단계로 이동하고, 그렇지 않으면 인출단계로 이동한다. [그림 4-19(d)]에서 명령어를 인출한 후, 명령어를 실행하는데 데이터를 기억장치에서 인출할 필요가 있다면 간접단계로 이동하고, 그렇지 않다면 바로 실행단계로 이동한다.

4.5 요약

이 장에서 중앙처리장치의 구성 요소와 그 기능에 대하여 설명하였다. 중앙처리장치는 레지스터, 연산기, 제어장치로 구성되어 있다. 연산기는 모든 데이터 처리 명령어를 담당하며, 연산 결과에 대한 상태는 상태 레지스터의 조건 플래그에 반영된다. 제어장치는 명령어 레지스터와 상태 레지스터를 입력으로 받고, 컴퓨터에서 필요로 하는 모든 제어신호를 생성한다.

레지스터는 제어용과 명령어 실행용으로 구분할 수 있다. 제어용 레지스터는 프로그램 카운터(PC), 명령어 레지스터(IR), 기억장치 주소 레지스터(MAR), 기억장치 버퍼 레지스터(MBR)가 있고, 그 외에 프로세서마다 자체적으로 시스템을 제어하는 데 필요한 레지스터를 갖고 있을 수 있다. 프로그램 카운터는 다음에 실행할 명령어의 주소를 갖고 있으며, 명령어 레지스터는 현재 실행 중인 명령어 코드를 저장한다. 기억장치 주소 레지스터(MAR)와 기억장치 버퍼 레지스터(MBR)는 기억장치를 구동한다. 명령어 실행용 레지스터는 크게 데이터 레지스터와 주소 레지스터로 구분할 수 있고, 범용 레지스터는 두 가지로 모두 사용할 수 있다. 데이터 레지스터는 비교적 간단하지만, 주소 레지스터는 기억장치를 액세스하는 방법에 따라 여러 가지가 있다. 그 중에서 시스템 스택을 운영하기 위한 스택 포인터(SP)가 중요하다. 그 이외에 스택 프레임의 특정 위치를 지정하는 베이스 레지스터와 기억장치에 연속적으로 배치된 데이터를 효율적으로 액세스하기 위한 인덱스 레지스터가 있다.

인터럽트는 중앙처리장치 내부 또는 외부에서 발생하는 사건에 대처하는 중요한 수단을 제공한다. 인터럽트에 대응하기 위하여 명령어 사이클에 인터럽트단계를 추가해야 한다. 인터럽트 가능 플래그는 중앙처리장치로 하여금 인터럽트를 허용할지 결정한다. 인터럽트 서비스 루틴은 인터럽트 소스가 요청한 작업을 수행하는 프로그램이다.

연습문제

4.1 중앙처리장치 구조

01 중앙처리장치의 구성 요소가 아닌 것은?

① 연산기 ② 레지스터
③ 제어장치 ④ DMA 제어기

02 제어장치의 순서제어 기능을 가장 올바르게 설명한 것은?

① 연산기 기능을 선택한다.
② 기억장치로 읽기 또는 쓰기 제어신호를 보낸다.
③ 프로그램에 나타난 명령어들을 순서대로 실행한다.
④ 명령어 종류를 해석하여 그 명령어를 실행하도록 제어신호를 생성한다.

03 제어장치의 동작제어 기능을 가장 올바르게 설명한 것은?

① 연산기의 기능을 선택한다.
② 기억장치로 읽기 또는 쓰기 제어신호를 보낸다.
③ 프로그램에 나타난 명령어들을 순서대로 실행한다.
④ 명령어 종류를 해석하여 그 명령어를 실행하도록 제어신호를 생성한다.

04 제어장치의 입력신호가 아닌 것은?

① 명령어 레지스터 ② 프로그램 카운터
③ 상태 레지스터 ④ 클럭 발생기

05 연산기는 어떤 명령어 처리를 담당하는가?

① 데이터 전달 명령어 ② 데이터 처리 명령어
③ 프로그램 제어 명령어 ④ 인터럽트 제어 명령어

06 상태 레지스터의 값은 어떤 명령어를 처리할 때 변경되는가?

① 데이터 전달 명령어 ② 데이터 처리 명령어
③ 프로그램 제어 명령어 ④ 무조건분기 명령어

07 컴퓨터 기억장치 중에서 가장 액세스 속도가 빠른 장치는?

① 레지스터 ② 주기억장치
③ 디스크 ④ 가상기억장치

08 레지스터에 대한 설명 중 틀린 것은?

① 기억장치 주소를 저장하기도 한다.
② 프로그래머에게 보이지 않는 레지스터도 있다.
③ 프로그램 실행 중 처리할 데이터를 중앙처리장치에 임시로 저장한다.
④ 프로그래머가 사용할 수 있는 레지스터 수는 기억장치 장소의 수만큼 많다.

4.2 레지스터

01 기억장치로 직접 연결되어 있으며 기억장치 주소를 제공하는 레지스터는?

① SR(Status Register) ② SP(Stack Pointer)
③ MBR(Memory Buffer Register) ④ MAR(Memory Address Register)

02 중앙처리장치가 외부로 제공하는 데이터 버스에 연결되어 있는 레지스터는?

① SR(Status Register) ② IR(Instruction Register)
③ MBR(Memory Buffer Register) ④ MAR(Memory Address Register)

03 다음 레지스터 전송 언어가 나타내는 동작은?

MBR ← Mem[MAR]

① 명령어 인출 ② 기억장치 읽기
③ 기억장치 쓰기 ④ 레지스터 간 데이터 전송

04 상태 레지스터에 포함되어 있는 설명에 해당하는 조건 플래그의 기호를 적어라.

가. 부호 플래그	나. 제로 플래그	다. 자리올림수
라. 패리티	마. 오버플로우	

(1) 연산 결과에 대하여 1의 수를 짝수로 맞춘다.
(2) 최상위 비트에서 발생한 자리올림수를 저장한다.
(3) 가장 최근에 수행된 연산 결과가 0일 때 세트된다.
(4) 가장 최근에 수행된 연산 결과의 최상위 비트를 저장한다.
(5) 연산 결과로 생성된 수가 데이터 표현 범위를 초과하면 세트된다.

05 다음 연산이 수행된 후 문제 4의 다섯 가지 조건 플래그들의 값을 구하라. 단, 패리티는 짝수로 맞춘다.

```
0011_1010 + 0001_0111
```

06 누산기(accumulator)는 어떤 레지스터의 일종인가?

① 데이터 레지스터 ② 주소 레지스터
③ 제어 레지스터 ④ 명령어 레지스터

07 프로그래머가 사용할 수 있는 레지스터 중에서 데이터 레지스터와 주소 레지스터로 모두 사용하는 레지스터는?

① 주소 레지스터 ② 제어 레지스터
③ 범용 레지스터 ④ 데이터 레지스터

08 올바른 것을 선택하라.

(1) 스택은 (기억장치의 일부, 컴퓨터 내 별도의 장치)이다.
(2) 스택은 (First-In-First-Out, Last-In-First-Out) 장치이다.
(3) 스택 데이터를 액세스하는 위치는 (한 곳, 두 곳)이다.

09 스택 포인터(SP)는 어느 레지스터에 속하는가?

① 데이터 레지스터 ② 주소 레지스터
③ 제어 레지스터 ④ 명령어 레지스터

10 일반적으로 스택에 저장되는 데이터 크기와 크기가 다른 것은?

① 데이터 레지스터 ② 단어

③ 데이터 버스 ④ 주소 버스

11 컴퓨터 상태가 그림과 같고, 스택 동작은 다음과 같다. 다음 명령어들을 연속 실행한 후, 스택의 최종 상태를 오른쪽에 그려라.

PUSH: SP ← SP - [단어 크기]
Mem[SP] ← 오퍼랜드

POP: 오퍼랜드 ← Mem[SP]
SP ← SP + [단어 크기]

```
POP     R3
PUSH    R0
PUSH    R2
PUSH    R1
POP     R0
```

레지스터	값
R3	3333h
R2	2222h
R1	1111h
R0	0000h
SP	F00Ch

주소	값
F00Eh	89ABh
F00Ch	789Ah
F00Ah	6789h
F008h	5678h
F006h	4567h
F004h	3456h
F002h	2345h
F000h	1234h

레지스터	값
R3	
R2	
R1	
R0	
SP	

주소	값
F00Eh	
F00Ch	
F00Ah	
F008h	
F006h	
F004h	
F002h	
F000h	

12 베이스 레지스터(base register)의 용도는?

① 배열의 시작 주소를 저장한다. ② 스택의 기준점을 저장한다.

③ 서브루틴의 시작 주소를 저장한다. ④ 스택의 탑(stack top)을 저장한다.

13 인덱스 레지스터의 용도는?

① 배열을 액세스한다. ② 스택의 기준점을 저장한다.

③ 서브루틴의 시작 주소를 저장한다. ④ 스택의 탑(stack top)을 저장한다.

14 인덱스 레지스터는 어느 레지스터에 속하는가?

① 데이터 레지스터 ② 주소 레지스터

③ 제어 레지스터 ④ 명령어 레지스터

4.3 인터럽트

01 성격이 다른 인터럽트는?

① 타이머 인터럽트 ② 하드웨어 고장 인터럽트
③ 명령어 실행 오류 인터럽트 ④ 실행할 수 없는 명령어 인터럽트

02 컴퓨터가 나누기 명령어를 실행하는데 젯수(나누는 수)가 0이면 어떻게 되는가?

① 하드웨어 고장 인터럽트가 발생한다.
② 명령어 실행 오류 인터럽트가 발생한다.
③ 명령어 사용권한 위배 인터럽트가 발생한다.
④ 실행할 수 없는 명령어 인터럽트가 발생한다.

03 인터럽트 처리 과정을 순서대로 나열하라.

A. 인터럽트 확인 B. 상태 저장 C. 인터럽트 요청 D. 인터럽트에서 복귀 E. 인터럽트 서비스

04 인터럽트 서비스 루틴에 대한 설명 중 옳은 것을 모두 선택하라.

① 프로그램이다. ② 호출에 의하여 실행된다.
③ 인터럽트 벡터라고도 한다. ④ 인터럽트 핸들러라고도 한다.

05 명령어 사이클의 인터럽트단계에 대한 설명 중 옳은 것을 모두 선택하라.

① 명령어 인출단계가 끝난 후 수행된다.
② 명령어 실행단계가 끝난 후 수행된다.
③ 모든 명령어들이 실행될 때마다 수행된다.
④ 인터럽트단계가 끝나면 실행단계로 돌아간다.
⑤ 인터럽트단계가 끝나면 인출단계로 돌아간다.

06 중앙처리장치가 인터럽트 요청이 존재하는지 검사하는 시기는?

① 서브루틴 실행이 끝날 때 ② 명령어 인출단계가 끝날 때
③ 명령어 실행단계가 끝났을 때 ④ 마이크로오퍼레이션 실행이 끝날 때

07 인터럽트단계에서 수행하는 일이 아닌 것은?

① 콘텍스트를 스택에 저장한다.
② 인터럽트 소스가 요청한 일을 처리한다.
③ 인터럽트 서비스 루틴의 시작 주소를 구한다.
④ 프로그램 카운터에 인터럽트 서비스 루틴의 시작 주소를 적재한다.

08 다음은 인터럽트 서비스 루틴의 마지막인 RETI 명령어를 인출한 후 레지스터와 스택의 상태이다. 이 명령어를 실행한 후 값이 변하는 레지스터의 값을 적어라.

레지스터	값
PC	08FEh
IR	RETI
R0	0000h
R1	1111h
R2	2222h
R3	3333h
SP	F804h
SR	8067h

스택 주소	값
···	···
F80ch	4241h
F80ah	1234h
F808h	8042h
F806h	1206h
F804h	4085h
F802h	592Ah
F800h	4123h

09 인터럽트단계로 이동할 때 다음 레지스터를 저장해야 하는 이유를 설명하라.

(1) 상태 레지스터
(2) 프로그램 카운터

10 인터럽트 가능 플래그에 대한 설명으로 옳은 것을 모두 선택하라.

① 상태 레지스터 안에 포함되어 있다.
② 인터럽트 서비스 루틴 안에 포함되어 있다.
③ 시스템 리셋 후 이 플래그의 값은 1(인에이블 상태)이다.
④ 이 플래그의 값이 1(인에이블 상태)일 때, 중앙처리장치는 외부 인터럽트를 허가한다.

11 인터럽트 가능 플래그로 실행을 보호해야 하는 프로그램의 일부분을 지칭하는 용어는?

① 메인 함수
② 임계영역
③ 라이브러리 함수
④ 전역변수 저장 영역

12 [그림 4-18]을 보고 질문에 답하라.

(1) 인터럽트단계에 해당하는 부분의 번호는?

(2) 인터럽트 복귀 명령어에 의하여 실행되는 부분의 번호는?

13 인터럽트 서비스 루틴의 마지막 명령어는 무엇인가?

① 함수 호출 ② 인터럽트 서비스 루틴 호출

③ 원래 프로그램으로 무조건 분기 ④ 인터럽트에서 복귀

14 인터럽트 서비스 루틴에 대한 설명으로 옳은 것을 모두 선택하라.

① 인터럽트를 허용하기 전에 기억장치에 미리 적재되어야 한다.

② 인터럽트를 요청한 장치에서 적재하는 프로그램이다.

③ 일반 프로그램과 마찬가지로 명령어 사이클에 의하여 실행된다.

④ 인터럽트 서비스 루틴을 실행하는 도중에 상태 레지스터의 값이 변경될 수 있다.

4.4 명령어 사이클

01 명령어 사이클에 대한 설명 중 틀린 것은?

① 대부분의 프로세서는 인출단계를 포함하고 있다.

② 대부분의 프로세서는 실행단계를 포함하고 있다.

③ 대부분의 프로세서는 인터럽트단계를 포함하고 있다.

④ 명령어 사이클에 포함되어 있는 단계는 한 개의 클럭 동안에 실행된다.

02 명령어 종류에 따라 실행하는 동작이 다른 단계는?

① 인출단계 ② 실행단계

③ 간접단계 ④ 인터럽트단계

03 그림과 같은 명령어 사이클을 수행하는 프로세서가 있다. 각 단계를 실행하는데 네 개의 클럭 사이클을 소모한다. 다음과 같은 네 개의 명령어를 연속적으로 실행하려고 한다. 각 명령어는 아래에 지정한 단계를 따라 실행된다.

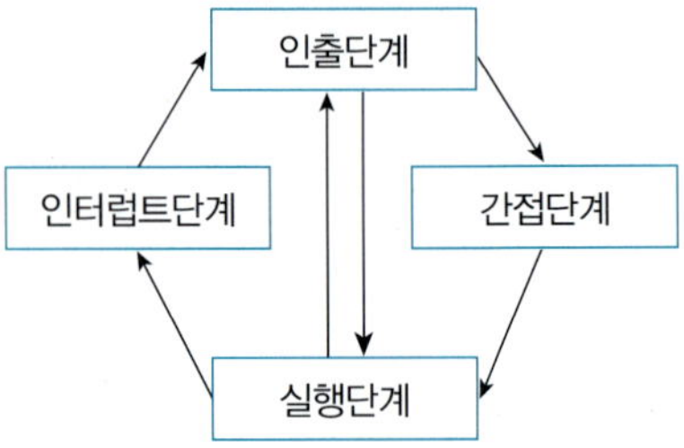

명령어 1: 인출단계 → 실행단계
명령어 2: 인출단계 → 간접단계 → 실행단계
명령어 3: 인출단계 → 실행단계
명령어 4: 인출단계 → 간접단계 → 실행단계

(1) 명령어 1을 수행하는데 소모되는 클럭 사이클은 수는?

(2) 명령어 2를 수행하는데 소모되는 클럭 사이클의 수는?

(3) 명령어 4를 시작하려고 한다. 명령어 4를 처리하는 도중에 인터럽트 요청이 발생한다고 가정할 때, 인터럽트 서비스 루틴으로 이동할 때까지 소모되는 클럭 사이클의 수는?

Chapter

05

연산기

Chapter

05 연산기

컴퓨터는 기본적으로 계산하는 기계이다. 중앙처리장치 구성 요소인 연산기(산술논리연산장치, ALU, Arithmetic and Logic Unit)는 컴퓨터가 수행하는 모든 데이터 처리를 담당한다. 이 장은 컴퓨터가 정수와 실수를 표현하는 방법과 여러 가지 연산 알고리즘을 설명한다.

- 5.1 연산기 개요: 연산기 기능을 요약하고, 연산기가 다루는 수의 종류를 소개한다.
- 5.2 정수 표현: 음수를 포함하는 정수 표현 방법과 비트 수에 따른 수의 표현 범위를 다룬다.
- 5.3 논리 연산: 레지스터 데이터에 대한 AND, OR, XOR, NOT 연산을 소개한다.
- 5.4 시프트 연산: 논리시프트, 산술시프트, 회전 연산을 소개한다.
- 5.5 산술 연산: 2진수에 대한 덧셈, 뺄셈, 곱셈, 나눗셈 연산을 소개한다.
- 5.6 실수 표현: 실수 표현 원리를 설명하고, 표준화된 실수 표현 방법을 소개한다.
- 5.7 실수 연산: 실수에 대한 사칙 연산 알고리즘을 설명한다.

5.1 연산기 개요

연산기는 중앙처리장치서 데이터에 대한 산술 및 논리 연산을 수행한다. 연산기는 여러 가지 데이터 형식에 대하여 덧셈, 뺄셈, 곱셈, 나눗셈과 같은 여러 가지 연산을 수행할 수 있지만, 한 순간에는 명령어가 지정하는 한 가지 연산을 수행한다. 제어장치는 명령어를 해독하여 연산기가 수행할 연산을 결정하는 제어신호를 생성한다. 연산기 주변의 회로는 [그림 5-1]과 같다. 연산기는 다음과 같이 두 가지 입력을 받고, 두 가지 결과를 출력한다.

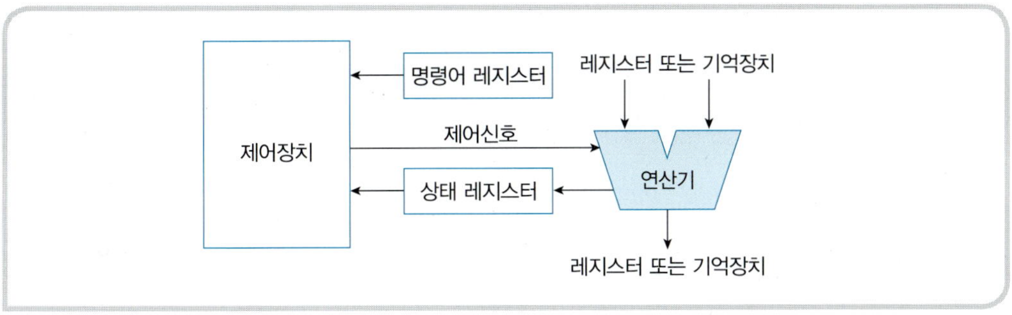

그림 5-1 연산기 구조

- 처리할 데이터(입력): 일반적으로 입력으로 두 개의 데이터를 받는다. 데이터는 레지스터에 저장된 값일 수도 있고, 기억장치에 저장된 값일 수도 있다.
- 제어신호(입력): 제어장치는 명령어 레지스터의 명령어 코드를 해석하여 연산기가 수행할 연산을 선택하는 제어신호를 생성한다.
- 연산 결과(출력): 연산을 수행한 결과값을 출력한다. 이 값도 레지스터 또는 기억장치로 저장될 수 있다.
- 상태 정보(출력): 연산 결과를 반영하여 상태 레지스터의 조건 플래그들이 변경된다. 조건분기 명령어가 상태 레지스터를 사용한다.

연산 종류를 계산에 사용되는 항의 수로 나누기도 한다. 계산에 사용되는 항의 수가 한 개인 연산자를 단항 연산자(unary operator)라고 하고, 두 개인 연산자를 이항 연산자(binary operator)라고 한다. 각각의 예는 다음과 같다.

- 단항 연산자: −(음수 만들기), 1의 보수(NOT), 왼쪽/오른쪽 시프트, 증가, 감소 등
- 이항 연산자: 사칙 연산(+, −, ×, /), 논리 연산(AND, OR, XOR), 비교(compare, test) 등

표 5-1 수의 표현과 연산 방법

수의 형식	표현	연산 방법
부호 없는 수	2.1 수와 코드	논리 연산, 논리시프트 연산, 산술 연산
부호 있는 수(정수)	5.2 정수 표현	산술시프트 연산, 산술 연산
실수	5.6 실수 표현	산술 연산

사람은 수를 표현하기 위하여 숫자, 소수점, 음수 부호를 사용한다. 그러나 컴퓨터는 이와

같은 방법으로 소수점과 음수 부호를 표현할 수 없다. 컴퓨터는 0과 1로 수와 관련된 모든 것을 표현해야 한다. 〈표 5-1〉은 컴퓨터가 처리할 수 있는 수의 형식과 연산 종류를 정리한 것이다. 산술 연산은 사칙 연산을 말한다.

- 부호 없는 수(unsigned number): 0을 포함하여 양수만 표현한다. '2.1 수와 코드'에서 부호 없는 수의 표현 방법에 대하여 설명하였다. 부호 없는 수에 대하여 논리 연산, 시프트 연산, 산술연산을 수행할 수 있다.
- 부호 있는 수(정수, signed number): 0과 양수, 음수를 모두 표현한다. 부호 있는 수는 정수이다. '5.2 정수 표현'에서 정수의 표준 표현 방법을 설명한다. 정수에 대하여 산술시프트 연산과 산술연산을 수행할 수 있다.
- 실수(real number): 소수점을 포함하는 수를 표현한다. 컴퓨터는 실수를 표현할 때 소수점 위치가 고정되어 있지 않고 변하도록 표현하기 때문에 부동소수점 수(floating-point number)라고도 한다. '5.6 실수 표현'에서 실수의 표준 표현 방법을 설명한다. 실수에 대하여 산술 연산을 수행할 수 있다.

컴퓨터는 수를 8, 16, 32, 또는 64비트 저장 장소에 저장한다. 수의 종류와 비트 수에 따라 수의 표현 범위가 결정된다.

5.2 정수 표현

이 절에서는 정수 표현 방법을 설명한다. 이론적으로 세 가지 정수 표현 방법이 있으며, 이것은 부호화 크기(signed magnitude), 1의 보수(1's complement)에 의한 정수 표현, 2의 보수(2's complement)이다. 이 중에서 마지막 방법을 현대의 컴퓨터에서 표준으로 채택하고 있다. 각 방법에 대하여 수를 해석하는 방법, 수의 표현 범위, 그리고 특성을 이해할 필요가 있다.

5.2.1 부호화 크기

부호화 크기(signed magnitude) 방법은 사람이 양수와 음수를 표현하는 방법과 개념이 같다. [그림 5-2]와 같은 표현 방법을 사용한다. 데이터를 표현하는 n비트 단어의 가장 왼쪽 비트(MSB)를 부호 비트(sign bit)로 사용한다. 부호 비트가 0이면 양수이고, 부호 비트가 1이면 음수이다. 나머지 $n-1$비트는 수의 크기를 나타낸다. 수의 값을 (식 5-1)로 계산한다.

$$N = (-1)^{a_{n-1}} \times \sum_{i=0}^{n-2} a_i \times 2^i \qquad \text{(식 5-1)}$$

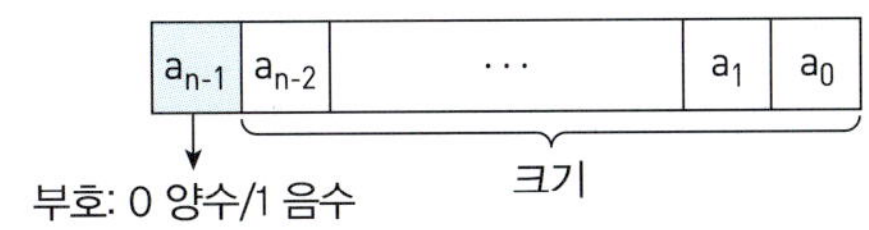

그림 5-2 부호화 크기 표현

예제 5-1 19와 −19에 대하여 부호화 크기 방법으로 표현한 8비트 2진수를 구하라.

풀이

- 19는 2진수로 10011_2이다. 숫자 앞에 0을 채워도 크기가 변하지 않으므로, +19는 8비트로 0001_0011_2이다.
- −19는 +19에 해당하는 8비트의 2진수에서 부호 비트를 1로 변경하여 표현한다. 따라서 부호화 크기로 표현한 −19는 1001_0011_2이다.

8비트 부호화 크기 방식으로 표현할 수 있는 가장 작은 수는 $1111_1111_2(-127_{10})$이고, 가장 큰 수는 $0111_1111_2(127_{10})$이다. 부호화 크기로 표현할 수 있는 n비트 수의 표현 범위는 다음과 같다.

$$-(2^{n-1}-1) \sim +(2^{n-1}-1)$$

부호화 크기 방법은 사람이 사용하는 +, − 기호 대신에 0과 1을 사용하는 것이므로 이해가 쉽다. 그러나 컴퓨터로 수를 처리할 때는 다음과 같은 문제점이 있다.

- 0이 두 개이다. 예를 들면, 8비트 수에서 0000_0000_2도 0이고, 1000_0000_2도 0이다.
- 덧셈과 뺄셈을 계산하기 위하여 부호를 별도로 고려해야 한다. 즉, 두 수의 부호가 같은지 다른지에 따라 계산 알고리즘이 달라져야 한다.

이 단점 때문에 부호화 크기 방법은 표준으로 채택되지 않았다.

5.2.2 보수

보수(complement)란 서로 보호하는 수라는 의미이다. R진법의 수에 N에 대한 보수는 $(R-1)$의 보수와 R의 보수 두 가지가 있다. 예를 들면, 10진수에 대한 보수는 9의 보수와 10의 보수가 있고, 2진수에 대한 보수는 1의 보수와 2의 보수가 있다. 임의의 수 N이 n자리일 때, $(R-1)$의 보수를 C_{R-1}, R의 보수를 C_R이라고 하면, 각 보수는 다음과 같이 정의할 수 있다.

$$N + C_{R-1} = R^n - 1 \quad \text{(식 5-2)}$$

$$N + C_R = R^n \quad \text{(식 5-3)}$$

여기서 R^n의 값은 진법 R과 관계 없이 항상 1000…0(1 다음에 0이 n개)로 표현되는 수이다. (식 5-2)와 (식 5-3)를 보면 원래 수와 보수는 서로 보호하여 완전한 수(R^n-1 또는 R^n)가 되는 것을 알 수 있다. N에 대한 $(R-1)$의 보수가 C_{R-1}이면, C_{R-1}에 대한 $(R-1)$의 보수는 N이다. 또한 N에 대한 R의 보수가 C_R이면, C_R에 대한 R의 보수는 N이다. $(R-1)$의 보수와 R의 보수의 관계는 다음과 같다.

$$C_R = C_{R-1} + 1 \quad \text{(식 5-4)}$$

예제 5-2 다음 수에 대한 (R−1)의 보수와 R의 보수를 구하라.

(1) 457_{10}
(2) 0011_1000_2

풀이

(1) 3자리 10진수이다.
  9의 보수: (1000 − 1) − 457 = 999 − 457 = 542
  10의 보수: 9의 보수 + 1 = 543
(2) 8자리 2진수이다.
  1의 보수: (1_0000_0000 − 1) − 0011_1000 = 1111_1111 − 0011_1000 = 1100_0111
  2의 보수: 1의 보수 + 1 = 1100_1000

10진수에 대한 9의 보수는 9에서 각 자리를 뺀 수이다. 2진수는 0과 1로만 구성되어 있다는 특수성 때문에, 원래의 수 N에서 1을 0으로 바꾸고 0을 1로 바꿈으로써 1의 보수를 구할 수 있다. 그러므로 각 비트에 NOT 게이트를 적용하여 1의 보수를 쉽게 구현할 수 있다. 2의 보수는 1의 보수를 구한 후 1을 더하여 구한다.

예제 5-3

다음 8비트 2진수에 대한 1의 보수와 2의 보수를 구하라.

(1) 0101_1010
(2) 0000_0000

풀이

(1) 1의 보수: 1을 0으로, 0을 1로 변경한다. 0101_1010 → 1010_0101
 2의 보수: 1의 보수에 1을 더한다. 1010_0101 + 1 = 1010_0110
(2) 1의 보수: 1을 0으로, 0을 1로 변경한다. 0000_0000 → 1111_1111
 2의 보수: 1의 보수에 1을 더한다. 1111_1111 + 1 = 0000_0000

컴퓨터가 처리하는 숫자는 자리수가 제한되어 있기 때문에, 0에 대한 2의 보수는 다음과 같이 자리올림수는 없어지고 0000_0000만 남는다.

```
              11111111
            + 00000001
            ----------
제거 ←---- (1)00000000
```

정수를 표현하기 위하여 이론적으로 1의 보수를 사용할 수도 있다. 예를 들면, +19를 8비트 2진수 0001_0011로 표현하고, 0001_0011을 1의 보수로 변환한 1110_1100을 −19에 대한 표현으로 사용하는 것이다. 1의 보수는 변환이 쉽다는 편리성이 있으나, 예제 5-3(b)에서 알 수 있듯이, 1의 보수로 음수를 표현할 때 0에 대한 표현이 000⋯0과 111⋯1로 두 가지라는 단점이 있다. 요즘의 컴퓨터는 정수 표현 방법으로 1의 보수를 채택하지 않는다.

5.2.3 2의 보수

컴퓨터는 정수 표현의 표준으로 2의 보수(2's complement) 방법을 채택하고 있다. 부호 비트가 0인 2진수를 양수로 해석한다. 양수의 크기는 부호 비트를 제외한 나머지 부분을 2진수로 해석한 값이다. 부호 비트를 포함한 수 전체를 2의 보수로 변환한 것을 음수 표현으로 사용한다. 이렇게 하면 음수는 부호 비트 값이 1이다.

예제 5-4 10진수 43와 −43을 2의 보수 방법으로 표현한 8비트 2진수를 구하라.

풀이

43 / 2 = 21 ⋯ 1
21 / 2 = 10 ⋯ 1
10 / 2 = 5 ⋯ 0
5 / 2 = 2 ⋯ 1
2 / 2 = 1 ⋯ 0
1 / 2 = 0 ⋯ 1　　　따라서 $43_{10} = 101011_2$

8비트 2진수로 표현하면, 43 = 0010_1011 (MSB가 0인 수는 양수를 의미한다.)

−43은 43의 8비트 표현에 대한 2의 보수이다.

따라서 −43 = 1_0000_0000 − 0010_1011 = 1101_0101 (MSB가 1이므로 음수이다.)

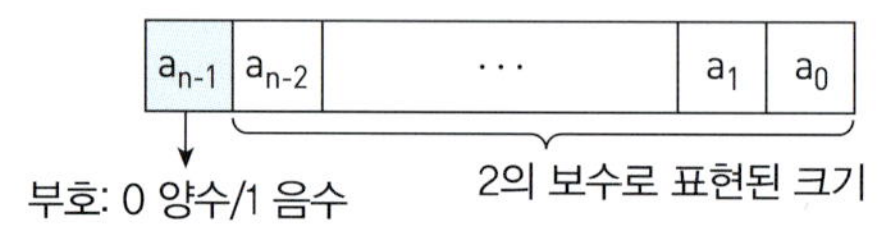

그림 5-3 2의 보수 표현

정수를 n비트로 표현할 때, [그림 5−3]과 같이 MSB는 부호 비트이고, 나머지 부분은 수의 크기에 해당하는 정보를 표현한다. n비트 2진수로 표현된 정수의 값을 N이라고 하면, N의 값을 계산하는 공식을 (식 5−5)로 표시할 수 있다. 여기서 a_{n-1}은 부호 비트의 값이다.

$$N = -2^{n-1} \times a_{n-1} + \sum_{i=0}^{n-2} 2^i \times a_i \quad \text{(식 5-5)}$$

- **부호 비트가 0일 때:** (식 5−5)의 첫 번째 항은 0이다. 따라서 전체 비트에 대한 2진수 크기가 N의 값이다.
- **부호 비트가 1일 때:** (식 5−5)는 $N = -(2^{n-1} - K)$의 형태이다. 따라서 $-N$과 K는 서로 2의 보수이다. $n-1$비트의 2진수로 표현된 수(K)에 대하여 2의 보수를 구하면 $(2^{n-1} - K)$이고, 이것을 음수로 만든 것이 N의 값이다.

예제 5-5 2의 보수로 표현되어 있는 8비트 정수의 값은 10진수로 얼마인가?

(1) 0110_1010　　　　(2) 1001_0110

풀이

(1) 부호 비트가 0이므로 양수이다. 따라서 부호 비트를 제외하고 수의 값을 계산한다.

$0 + 1\times2^6 + 1\times2^5 + 0\times2^4 + 1\times2^3 + 0\times2^2 + 1\times2^1 + 0\times2^0$

$= 64 + 32 + 8 + 2 = 106$

(2) [풀이 1] 공식 적용

$-1\times2^7 + 0\times2^6 + 0\times2^5 + 1\times2^4 + 0\times2^3 + 1\times2^2 + 1\times2^1 + 0\times2^0$

$= -128 + 16 + 4 + 2 = -106$

[풀이 2] 부호 비트가 1이므로 음수이다.

1단계: 1001_0110에 대한 2의 보수 = 0110_1010

2단계: 보수의 크기 = $2^6 + 2^5 + 2^3 + 2^1 = 64 + 32 + 8 + 2 = 106$

3단계: 보수에 음수 적용. 1001_0110의 값은 －106

표 5-2 4비트 정수의 값

양수	0000	0001(1)	0010(2)	0011(3)	0100(4)	0101(5)	0110(6)	0111(7)	없음
음수		1111(-1)	1110(-2)	1101(-3)	1100(-4)	1011(-5)	1010(-6)	1001(-7)	1000(-8)

표 5-3 정수 표현 범위

비트 수	8비트	16비트	32비트
표현 범위	-128 ~ 127	-32,768 ~ 32,767	-2,146,483,648 ~ 2,146,483,647

2의 보수 표현에 의한 n비트 정수의 표현 범위를 생각해 보자. n=4일 때, 정수의 값은 〈표 5-2〉와 같다. 괄호 안은 2진수 표현에 대한 10진수 값이다. 양수의 범위는 0000~0111이고, 이 수는 0부터 7에 해당한다. 음수는 양수에 대한 2의 보수 표현이다. 0000을 2의 보수로 나타내면 다시 0000이다. 음수는 −1부터 −8까지 표현할 수 있다. 결과적으로 4비트로 정수를 −8부터 7까지 표현할 수 있다. 이것을 일반화하면, n비트로 표현할 수 있는 정수의 범위는 다음과 같다.

$$-2^{n-1} \sim +(2^{n-1}-1)$$

〈표 5-3〉은 8비트, 16비트, 32비트로 표현할 수 있는 정수의 범위이다. 프로그래밍 언어에서

정수형 변수는 그 컴퓨터의 단어 크기에 해당하는 비트 수를 갖는다. 그러므로 정수는 16비트 또는 32비트로 표현된다. 프로그램을 작성할 때, 정수로 표현하려는 수가 〈표 5-3〉의 범위를 초과하지 않도록 주의해야 한다.

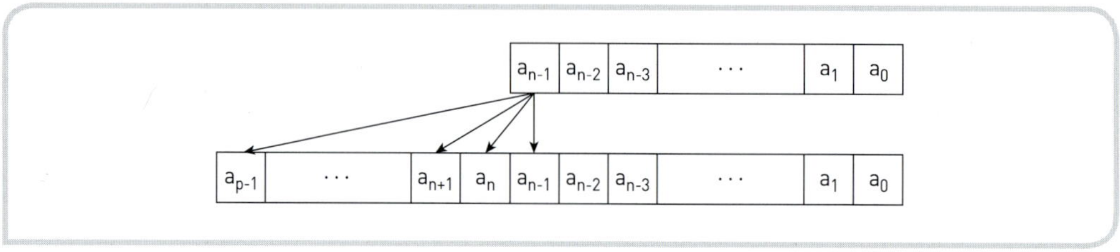

그림 5-4 비트 확장

컴퓨터에서 연산을 수행하다 보면, n비트 정수를 p비트($p>n$)로 확장해야 할 때가 있다. 양수일 때는 앞에 0을 채워야 값이 변하지 않지만, 음수일 때는 앞에 1을 채워야 변하지 않는다. 이것을 한 가지로 설명하면, [그림 5-4]와 같이 확장되는 비트를 부호 비트로 채워야 수의 값이 변하지 않는다. 이 방법을 **부호 확장(sign expansion)**이라고 한다.

예제 5-6 +106과 −106에 대한 16비트 표현을 구하라.

풀이

- +106에 대한 8비트 표현은 0110_1010이고, 16비트 표현은 0000_0000_0110_1010이다.
- −106에 대한 8비트 표현은 1001_0110이고, 16비트 표현은 1111_1111_1001_0110이다.

컴퓨터가 정수 표현의 표준으로 2의 보수 방법을 채택한 이유는 가산기만으로 덧셈과 뺄셈을 계산할 수 있기 때문이다. 사람은 2의 보수로 표현된 음수를 해석하려면, 1의 보수로 변환하고 1을 더하는 과정을 거쳐야 하지만, 컴퓨터는 이와 같은 변환을 수행하지 않는다. 실제로 컴퓨터는 양수인지 음수인지 구분하지도 않는다.

5.3 논리 연산

연산기는 기본적으로 레지스터 또는 기억장치에 저장되어 있는 단어에 대하여 연산을 수행한다. 연산기는 논리 연산을 수행할 때 데이터를 부호 없는 수로 취급한다. 기본 논리 연산은 단항 논리 연산인 NOT과 이항 논리 연산인 AND, OR, XOR가 있다. 이 절에서는 단어 크기를 8비트로 가정하고, 각 논리 연산에 대한 연산 방법과 응용 분야에 대하여 설명한다.

5.3.1 NOT 연산

NOT 연산은 오퍼랜드 각 비트에 대하여 논리 NOT 계산을 수행한다. 즉, 1을 0으로 바꾸고 0을 1로 바꾼다. NOT 연산을 수행한 결과는 소스 오퍼랜드에 대한 1의 보수와 같다.

예제 5-7

NOT 연산을 수행하는 명령어를 NOT이라고 할 때, 다음 명령어를 실행한 후 레지스터 R0 값을 구하라. 현재 R0 값은 0010_1011이다.

```
NOT    R0          // R0 ← NOT R0
```

풀이

각 비트에 대하여 NOT을 수행하므로, R0의 결과값은 1101_0100이다.

5.3.2 AND 연산

두 개의 소스 오퍼랜드에 대하여 AND 연산을 수행하면, 둘 다 1인 비트는 결과값이 1이고, 그렇지 않은 비트는 결과값이 0이다. 데이터 비트 중에서 일부 비트만 남기고 나머지는 0으로 채우는 연산을 마스크 연산(mask operation)이라고 한다. 비트 마스크 연산을 수행할 때 AND 연산을 사용한다.

예제 5-8

AND 연산을 수행하는 명령어를 AND라고 하고, 명령어 형식과 동작이 다음과 같다.

```
AND    R1, R2            // R1 ← R1 AND R2
```

R1 값이 1010_0110이고, R2 값이 1110_0011일 때, AND 명령어를 실행한 결과를 구하라.

풀이

```
       R1 = 1010_0110
   AND R2 = 1110_0011
   ------------------
       R1 = 1010_0010
```

예제 5-9 조건은 예제 5-8과 같고, R2 값이 0000_1111이다. AND 명령어를 실행한 후 R1의 값을 구하라.

풀이

```
        R1 = 1010_0110
    AND R2 = 0000_1111      // 상위 4비트는 0으로 채워지고
    ------------------
        R1 = 0000_0110      // 하위 4비트는 원래 값을 유지한다.
```

예제 5-9와 같이 데이터의 특정 부분만 남기고 나머지를 0으로 채우는 연산이 마스크 연산이고, 이때 R2의 값을 마스크 패턴(mask pattern)이라고 한다.

5.3.3 OR 연산

두 개의 소스 오퍼랜드에 대하여 OR 연산을 수행하면, 비트 중 하나라도 1인 비트는 1로 세트되고, 둘 다 0인 비트는 0으로 리셋된다. 데이터 비트 중에서 일부 비트는 그대로 두고 특정 비트를 1로 세트하는 연산을 선택적 세트(selective set)라고 한다. 예를 들면, 아스키코드의 영문자 대문자와 소문자는 6번째 비트가 다르다. 대문자 코드의 6번째 비트를 1로 세트하면 소문자가 된다.

예제 5-10 OR 연산을 수행하는 명령어를 OR라고 하고, 명령어 형식과 동작이 다음과 같다.

```
OR    R1, R2              // R1 ← R1 OR R2
```

R1 값이 1010_0110이고, R2 값이 1110_0011일 때, 명령어를 실행한 결과를 구하라.

풀이

```
        R1 = 1010_0110
     OR R2 = 1110_0011
    ------------------
        R1 = 1110_0111
```

예제 5-11

레지스터 R1에 아스키코드의 대문자가 저장되어 있다. R1 값을 소문자로 만들도록 OR 연산을 수행하려면, R2 값을 어떻게 설정해야 하는가?

풀이

아스키코드 표를 보면 대문자 코드는 b5의 값이 0이고, 소문자 코드는 b5의 값이 1임을 알 수 있다. 따라서, R2를 0010_0000로 설정한다.

적용 예) R1 = 'A' = 0100_0001이라고 하면,

```
       R1 = 0100_0001 ; 'A'에 대한 아스키코드
    OR R2 = 0010_0000 ; 선택적 세트
   ------------------
       R1 = 0110_0001 ; 'a'에 대한 아스키코드
```

5.3.4 XOR 연산

두 개의 소스 오퍼랜드에 대하여 XOR(exclusive-OR) 연산을 수행하면, 각 비트의 값이 서로 다르면 1 세트되고, 서로 같으면 0으로 리셋된다. 데이터 비트 중에서 일부 비트는 그대로 두고 특정 비트의 값을 반전시키는 선택적 보수(selective complement)를 수행하고자 할 때, XOR 연산을 사용한다. 또한 임의의 레지스터 자신을 XOR하면 그 결과값은 항상 0이다.

예제 5-12

XOR 연산을 수행하는 명령어를 XOR라고 하고, 명령어 형식과 동작이 다음과 같다.

```
XOR    R1, R2           // R1 ← R1 XOR R2
```

R1 값이 1010_0110이고, R2 값이 1110_0011일 때, 명령어를 실행한 결과를 구하라.

풀이

```
       R1 = 1010_0110
   XOR R2 = 1110_0011
   ------------------
       R1 = 0100_0101
```

예제 5-13

R1 값이 1010_0110이고 R2 값이 0000_1111이라고 하자. 다음 명령어를 연속 실행할 때, 각 명령어의 실행 결과를 구하라.

```
XOR    R1, R2
XOR    R1, R1
```

풀이

XOR R1, R2의 실행 결과

```
      R1 = 1010_0110
  XOR R2 = 0000_1111
  ------------------
      R1 = 1010_1001   // R1의 상위 4비트는 변하지 않고 하위 4비트는 반전된다.
```

XOR R1, R1의 실행 결과

```
      R1 = 1010_1001
  XOR R1 = 1010_1001   // R1 자신을 XOR 연산하면,
  ------------------
      R1 = 0000_0000   // 결과값은 항상 0으로 리셋된다.
```

여러 비트에 대한 XOR 연산은 1의 수가 홀수면 출력이 1이고, 짝수면 출력이 0이 되는 성질이 있다. 데이터를 한 곳에서 다른 곳으로 전송할 때, 데이터에 대한 비트 단위 XOR 연산 결과를 데이터 전송이 올바른지 검사하는 용도로 사용한다. 이때 XOR 연산 결과로 만들어진 데이터를 체크섬(checksum)이라고 한다. 데이터 송신부는 체크섬의 초기값을 0으로 만들고, 데이터를 전송할 때마다 체크섬과 데이터를 XOR 연산한다. 데이터 수신부는 체크섬의 초기값을 0으로 만들고 데이터를 수신할 때마다 체크섬과 데이터를 XOR 연산한다. 송신부는 데이터를 모두 전송한 후에, 자신이 만든 체크섬을 수신부로 전송한다. 수신부는 송신부가 전송한 체크섬과 자신이 만든 체크섬이 같은지 검사한다. 두 체크섬이 같으면, 데이터 전송이 올바르다고 판단한다. 만일 체크섬이 다르면 뭔가 데이터 전송 과정에서 오류가 발생한 것이다.

예를 들어, 송신부가 네 개의 데이터 11h, 23h, 4ah, 9bh를 수신부로 전송하고, 마지막으로 체크섬을 수신부로 전송하고 하자. 송신부의 데이터 전송 과정은 다음과 같다.

1. 송신부는 체크섬을 0000_0000으로 초기화한다.
2. 송신부는 첫 번째 데이터 0001_0001를 전송하고, 체크섬을 갱신한다.

```
체크섬:      0000_0000
        XOR  0001_0001
        --------------
             0001_0001
```

3. 송신부는 두 번째 데이터 0010_0011를 전송하고, 체크섬을 갱신한다.

```
   체크섬:        0001_0001
            XOR   0010_0011
            ---------------
                  0011_0010
```

4. 송신부는 세 번째 데이터 0100_1010을 전송하고, 체크섬을 갱신한다.

```
   체크섬:        0011_0010
            XOR   0100_1010
            ---------------
                  0111_1000
```

5. 송신부는 마지막 데이터 1001_1011을 전송하고, 체크섬을 갱신한다.

```
   체크섬:        0111_1000
            XOR   1001_1011
            ---------------
                  1110_0011
```

6. 송신부는 마지막으로 자신이 계산한 체크섬 1001_1011을 전송한다.

수신부는 데이터를 받을 때마다 자신이 별도로 체크섬을 만들고, 마지막으로 받은 체크섬과 자신이 만든 체크섬을 비교한다. 두 체크섬이 같으면 데이터 전송이 올바르다고 판단한다.

5.4 시프트 연산

시프트 연산은 데이터를 왼쪽 또는 오른쪽으로 한 비트씩 자리 이동하는 연산이다. 시프트 연산의 종류는 논리시프트(logical shift), 산술시프트(arithmetic shift), 회전(rotate)이 있고, 각 연산에 대하여 자리 이동 방향에 따라 왼쪽, 오른쪽 두 가지 방법이 있다. 일반적으로 시프트 연산은 단항 연산이다. 이 절에서는 세 가지 시프트 연산에 대하여 설명한다.

5.4.1 논리시프트

논리시프트(logical shift) 연산은 오퍼랜드를 부호 없는 수로 취급한다. 논리시프트는 왼쪽 논리시프트(logical shift left)와 오른쪽 논리시프트(logical shift right) 두 가지가 있다. [그림 5-5]는 8비트 2진수에 대한 논리시프트 연산을 보여준다.

- 왼쪽 논리시프트: 각 비트를 한 자리씩 왼쪽으로 이동한다. 최하위 비트(LSB)는 0으

로 채워지고, 일반적으로 레지스터에서 제거되는 최상위 비트(MSB)는 상태 레지스터의 자리올림수 플래그(carry flag, C)에 저장된다.

- 오른쪽 논리시프트: 각 비트를 한 자리씩 오른쪽으로 이동한다. 최상위 비트는 0으로 채워지고, 일반적으로 레지스터에서 제거되는 최하위 비트는 상태 레지스터의 자리올림수 플래그에 저장된다.

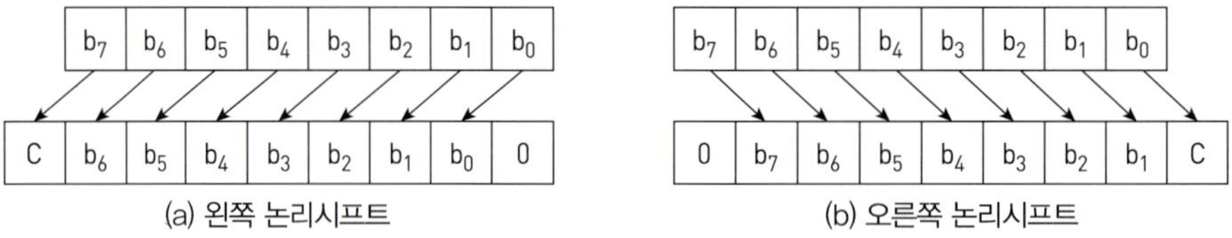

그림 5-5 논리시프트

예제 5-14

왼쪽 논리시프트 연산을 수행하는 명령어를 SHL이라고 하고, 오른쪽 논리시프트 연산을 수행하는 명령어를 SHR이라고 하자. R1 값이 0010_0110이고, R2 값이 1110_0011일 때, 다음 명령어를 실행한 결과를 구하라.

(1) SHL R1
(2) SHR R2

풀이

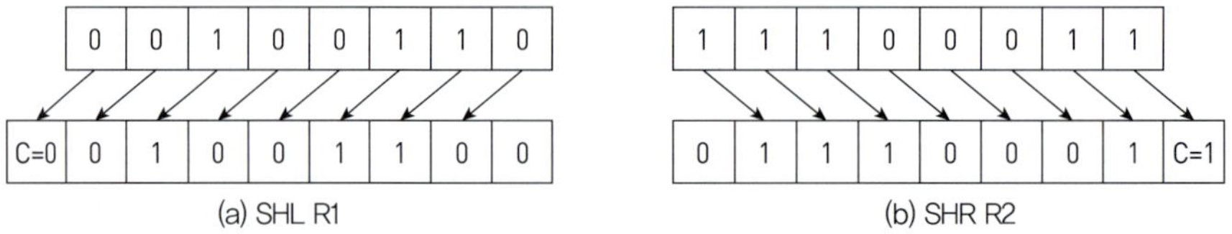

그림 5-6 예제 5-14 풀이

(1) SHL R1: LSB에 0이 들어가고 MSB 0을 자리올림수 플래그에 저장한다.
그러므로 C = 0, R1 = 0100_1100

(2) SHR R2: MSB에 0이 들어가고, LSB 1을 자리올림수 플래그에 저장한다.
그러므로 C = 1, R2 = 0111_0001

5.4.2 산술시프트

10진수 123을 왼쪽으로 한 자리 이동하면 1,230이고, 오른쪽으로 한 자리 이동하면 소수점 이하는 절삭되므로 12이다. 이와 같이 10진수를 한 자리 이동하면 방향에 따라 곱하기 10 또는 나누기 10을 계산한 효과가 있다. 산술시프트(arithmetic shift)는 2진수에 대하여 방향에 따라 곱하기 2 또는 나누기 2를 계산한 효과가 있도록 만든 시프트 연산이다.

산술시프트 연산은 오퍼랜드를 정수로 취급한다. 산술시프트도 왼쪽 산술시프트(arithmetic shift left)와 오른쪽 산술시프트(arithmetic shift right) 두 가지가 있다. [그림 5-7]은 8비트 2진수에 대한 산술시프트 연산을 보여준다. 산술시프트를 구현하는 방법에 따라 제거되는 비트를 자리올림수에 저장할 수도 있다.

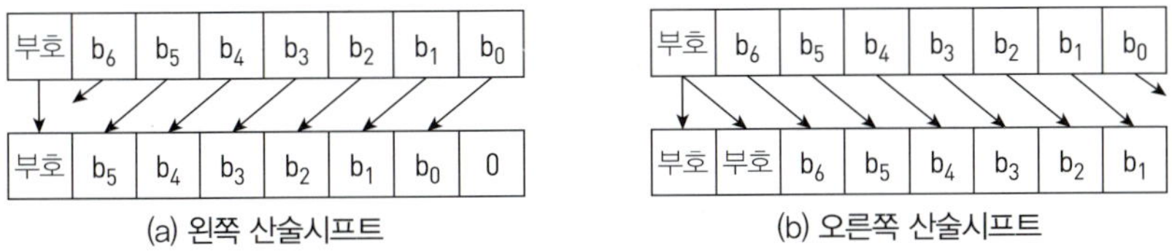

그림 5-7 산술시프트

- 왼쪽 산술시프트: 부호 비트는 그대로 남고, 나머지 비트들이 한 자리씩 왼쪽으로 이동한다. b6가 제거되고, LSB에 0이 채워진다.
- 오른쪽 산술시프트: 부호 비트는 그대로 남고, 나머지 비트들이 한 자리씩 오른쪽으로 이동한다. b6 자리에 부호 비트가 밀려 들어가고, LSB는 제거된다.

예제 5-15

왼쪽 산술시프트 연산을 수행하는 명령어를 ASL이라고 하고, 오른쪽 산술시프트 연산을 수행하는 명령어를 ASR이라고 하자. R1 값이 0010_0110이고, R2 값이 1110_0010일 때, 다음 명령어를 실행한 결과를 구하라. 산술시프트 결과가 정수 곱하기 2, 정수 나누기 2를 계산한 효과가 있는지 검증하라.

(1) ASL R1
(2) ASR R2

풀이

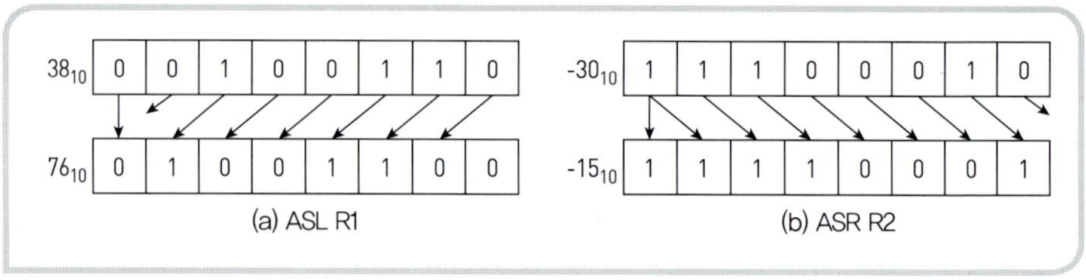

그림 5-8 예제 5-15 풀이

(1) ASL R1: R1의 값은 $0010_0110_2 = 38_{10}$이다.
명령어를 실행한 후, R1의 값은 0100_1100이다. 이 값은 76_{10}이다.
따라서 명령어 실행 후 R1의 값은 원래의 값의 2배이다.

(2) ASR R2: R2의 값은 $1110_0010_2 = -30_{10}$이다.
명령어를 실행한 후, R2의 값은 1111_0001이다. 이 값은 -15_{10}이다.
따라서 명령어 실행 후 R2의 값은 원래의 값의 1/2이다.

5.4.3 회전

회전(rotation) 연산은 시프트와 다르게 밀려 없어지는 비트가 반대 방향의 끝에 채워지는 연산이다. 회전 연산은 오퍼랜드를 부호 없는 수로 취급한다. 회전 연산 역시 왼쪽 회전(rotate left)과 오른쪽 회전(rotate right) 두 가지가 있다. [그림 5-9]는 회전 연산을 보여준다. 회전을 구현하는 회로에 따라 회전하는 비트를 자리올림수에 저장할 수도 있다.

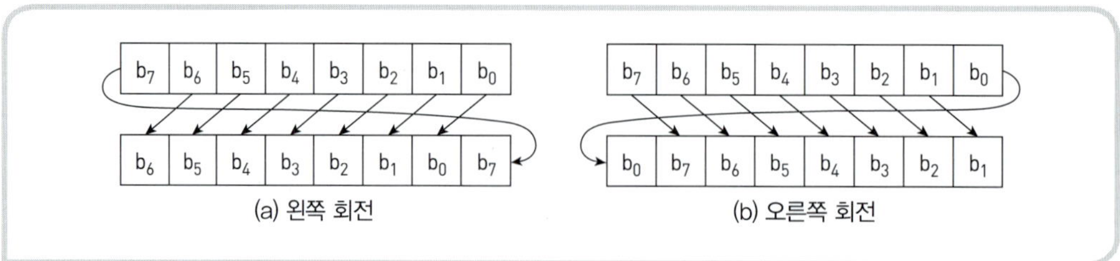

그림 5-9 회전

예제 5-16

왼쪽 회전 연산을 수행하는 명령어를 ROL이라고 하고, 오른쪽 회전 연산을 수행하는 명령어를 ROR이라고 하자. R1 값이 0010_0110이고, R2 값이 1110_0011일 때, 다음 명령어를 실행한 결과를 구하라.

(1) ROL R1
(2) ROR R2

풀이

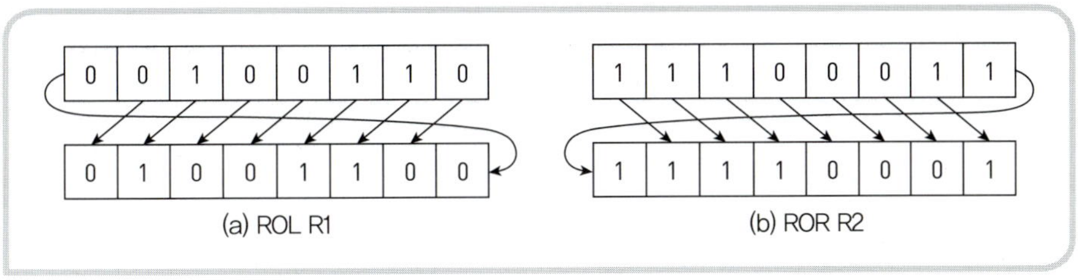

그림 5-10 예제 5-16 풀이

(1) 명령어 실행 후, R1 = 0100_1100
(2) 명령어 실행 후, R2 = 1111_0001

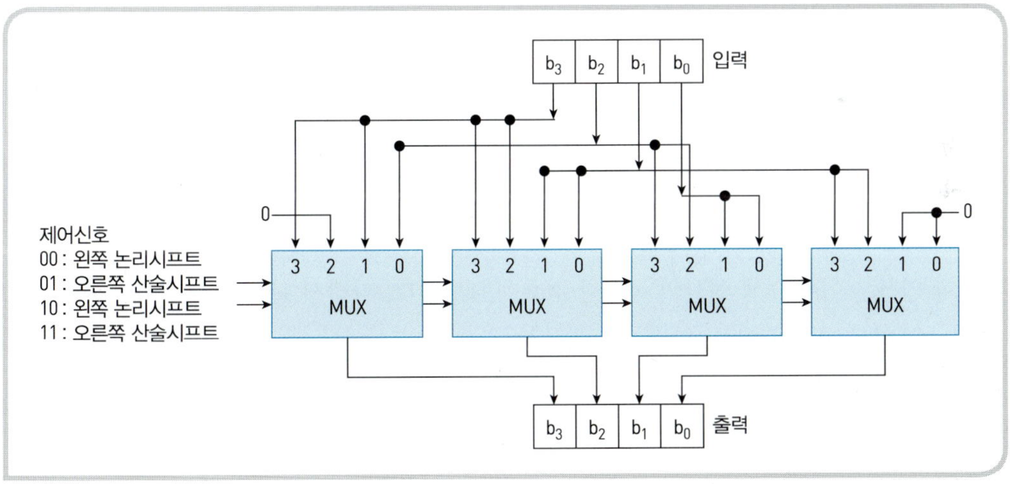

그림 5-11 멀티플렉서를 사용한 시프트 회로

지금까지 세 가지 종류의 시프트 연산을 소개하였다. 조합논리회로를 사용하여 시프트 연산을 구현할 수 있다. 예를 들면, [그림 5-11]의 회로는 4×1 멀티플렉서로 구현한 4비트 시프트 회로이다. 왼쪽의 제어신호는 시프트 연산의 종류를 결정한다. 제어신호 값에 따라 논리시프트와 산술시프트를 수행할 수 있다. 연산기 회로가 조합논리회로만으로 구현할 수 있다는 사실은 매우 중요하다. 조합논리회로는 클럭의 영향을 받지 않기 때문에 입력값이 정해지면 바로 출력값을 결정한다.

5.5 산술 연산

연산기는 부호 없는 수 또는 부호 있는 수(정수)에 대하여 산술 연산(arithmetic operation)을 수행한다. 단항 산술 연산은 2의 보수화(부호 변경), 증가, 감소가 있고, 이항 산술 연산은 덧셈, 뺄셈, 곱셈, 나눗셈이 있다. 컴퓨터는 정수를 2의 보수로 표현하기 때문에, 연산기는 덧셈기 하나만으로 부호 변경, 증가, 감소, 덧셈, 뺄셈을 수행할 수 있다. 곱셈과 나눗셈은 각각 별도의 회로를 필요로 한다. 이 절에서도 단어 크기를 8비트로 가정한다.

5.5.1 단항 연산

산술 연산 중 단항 연산의 종류는 2의 보수화(부호 변경), 증가, 감소 세 가지가 있다. 각 명령어를 NEG(negate), INC(increment), DEC(decrement)라고 하자. 레지스터 R1에 대하여 연산을 수행한다고 하면, 각 명령어의 형식과 수행하는 일은 다음과 같다.

```
NEG  R1     // R1 = -R1 = R1에 대한 2의 보수
INC  RI     // R1 = R1 + 1
DEC  R1     // R1 = R1 - 1
```

단항 연산은 이항 덧셈 연산의 특수한 경우에 해당한다. 따라서 단항 연산을 계산하는 회로를 별도로 만들 필요가 없다.

예제 5-17 다음 질문에 답하라.

(1) R1 값이 0010_1100일 때, NEG R1을 실행한 결과는?
(2) R2 값이 0011_1111일 때, INC R2를 실행한 결과는?
(3) R3 값이 0000_0000일 때, DEC R3을 실행한 결과는?

풀이

(1) R1 = 0010_1100에 대한 1의 보수 = 1101_0011 + 1 = 1101_0100
(2) R2 = 0011_1111 + 1 = 0100_0000
(3) R3 = 0000_0000 − 1 = 1111_1111

5.5.2 덧셈과 뺄셈

이 절에서는 덧셈과 뺄셈 연산을 설명한다. 이와 관련하여 오버플로우(overflow, 범람) 개념을 소개하고, 덧셈과 뺄셈 연산을 수행하는 조합논리회로를 소개한다.

정수를 2의 보수로 표현하기 때문에, 덧셈과 뺄셈 연산은 데이터가 부호 없는 수인지 정수인지 고려할 필요가 없다. 데이터를 부호 없는 수로 취급하여 계산한 후, 결과값을 부호 없는 수로 해석하거나 정수로 해석해도 올바른 결과를 얻을 수 있다. 데이터를 어떻게 해석할지는 사용하는 사람의 몫이다.

2진수에 대한 덧셈과 뺄셈을 수행하는 명령어를 ADD와 SUB이라고 하고, 각 명령어를 다음과 같이 정의한다. 뺄셈은 R2에 대한 2의 보수를 R1에 더한 것과 같다.

```
ADD  R1, R2  // R1 = R1 + R2
SUB  R1, R2  // R1 = R1 - R2 = R1 + (-R2) = R1 + (R2에 대한 2의 보수)
```

예제 5-18 R1 = 1000_1101, R2 = 0110_0101일 때, 명령어 ADD R1, R2를 실행한 결과를 부호 없는 수와 정수로 해석하여 올바른지 확인하라.

풀이

(a) 2진수 덧셈	(b) 부호 없는 수 해석	(c) 정수 해석
1000_1101	141	-115
+ 0110_0101	+ 101	+ 101
1111_0010	242	- 14

그림 5-12 정수 덧셈 예

- [그림 5-12(a)]: 2진수 덧셈 결과이다.
- [그림 5-12(b)]: 2진수를 부호 없는 수로 해석하면, 합 1111_0010은 $2^7 + 2^6 + 2^5 + 2^4 + 2^1 = 128 + 64 + 32 + 16 + 2 = 242$이다.
- [그림 5-12(c)]: 2진수를 정수로 해석하면, 합 1111_0010은 MSB가 1이므로 음수이고, $-0000_1110 = -(2^3 + 2^2 + 2^1) = -(8 + 4 + 2) = -14$이다.
- 따라서 2진수 덧셈 결과를 부호 없는 수로 해석해도 올바른 결과를 얻을 수 있고, 정수로 해석해도 올바른 결과를 얻을 수 있다.

예제 5-19 R1 = 0100_1110, R2 = 0001_1000일 때, 명령어 SUB R1, R2를 실행한 결과를 구하고, 10진수로 해석하여 올바른지 확인하라.

풀이

(a) 뺄셈	(b) 2의 보수 덧셈	(c) 해석
0100_1110	0100_1110	78
- 0001_1000	+ 1110_1000	- 24
	C ← 1 0011_0110	54

그림 5-13 정수 뺄셈 예

- [그림 5-13(a)] 2진수 뺄셈식이다.
- [그림 5-13(b)] R2 값을 2의 보수로 변환한 후 R1에 더하는 계산식이다. 레지스터가 8비트이므로 덧셈 과정에서 발생한 자리올림수는 상태 레지스터의 자리올림수 플래그(Carry flag, C)에 저장되고, R1에는 0011_0110만 남는다.
- [그림 5-13(c)] R1과 R2 값을 10진수로 해석한 것이다. 계산 결과는 0011_0110 = 32 + 16 + 4 + 2 = 54이다.

2진수 뺄셈은 덧셈으로 바꿔서 계산할 수 있다. 레지스터 크기가 제한되어 있기 때문에 산술 연산 결과가 틀려질 수 있다. 레지스터 크기가 8비트일 때, 부호 없는 수의 표현 범위는 0 ~ 255이고 정수의 표현 범위는 −128 ~ 127이다. 연산 결과가 수의 표현 범위를 벗어날 때 오버플로우(overflow)가 발생한다. 상태 레지스터는 자리올림수(C, carry flag)와 오버플로우(OV, overflow) 플래그를 포함하고 있다.

- 부호 없는 수를 산술 연산할 때 결과값이 부호 없는 수의 표현 범위를 초과하면 오버플로우가 발생한다. 자리올림수 플래그는 부호 없는 수에 대한 오버플로우를 표시한다.
- 정수를 산술 연산할 때 결과값이 정수의 표현 범위를 초과하면 오퍼플로우가 발생한다. 오버플로우 플래그는 정수에 대한 오버플로우를 표시한다.

예제 5-20 8비트로 다음 덧셈을 계산할 때, 정수 오퍼플로우가 발생할지 예측하라.

(1) 89+45
(2) 89-45
(3) -89+45
(4) -89-45

풀이

(1) 89+45 = 134	127 < 134	오버플로우이다.
(2) 89 − 45 = 44	−128 ≤ 44 ≤ 127	오버플로우가 아니다.
(3) − 89+45 = − 44	−128 ≤ −44 ≤ 127	오버플로우가 아니다.
(4) − 89 − 45 = − 134	−134 < −128	오버플로우이다.

```
C8C7              C8C7              C8C7              C8C7
01111 001         11010 011         00101 001         10000 111   ← 자리올림
  0101_1001         0101_1001         1010_0111         1010_0111
+ 0010_1101       + 1100_0011       + 0010_1101       + 1101_0011
-----------       -----------       -----------       -----------
  1000_0110 = -122  0010_1100 = 44    1101_0100 = -44   0111_1010 = 122
(a) 89+45         (b) 89−45         (c) −89+45        (d) −89−45
```

그림 5-14 정수 덧셈과 오버플로우

[예제 5-20]의 문제를 8비트 2진수로 변환하여 계산한 후 결과값을 확인해 보자. [그림 5-14]는 계산 결과를 보여준다. 맨 윗줄은 각 비트에서 발생한 자리올림수이다. 합은 최상위 자리올림수(C_8)를 제외하고 남은 8비트 덧셈 결과이다. 결과적으로 [그림 5-14(a)]와 [그림 5-14(d)]에서 오버플로우가 발생한다. 이 결과로부터 다음과 같은 사실을 알 수 있다.

- 부호가 같은 두 수를 더할 때 오버플로우가 발생할 수 있다.
- 부호가 다른 두 수를 더할 때 오버플로우가 발생하지 않는다.
- 부호가 같은 두 개의 수를 더할 때, 합의 부호 비트가 변경되면 오버플로우이다.
- 자리올림수를 살펴보면, C_8C_7의 값이 01 또는 10일 때 오버플로우이다.

따라서 오퍼랜드 비트 수가 n일 때, 최상위 비트와 그 다음 상위 비트에서 발생한 자리올림수 중 하나가 1이면 오버플로우이다. 다음 식으로 오버플로우를 검출할 수 있다.

$$\text{Overflow} = C_n \oplus C_{n-1} \quad \text{(식 5-6)}$$

예제 5-21 [그림 5-14(a)] 89+45를 8비트 정수로 더한 결과에 대하여, 상태 레지스터의 부호 플래그, 제로 플래그, 자리올림수 플래그, 짝수 패리티 플래그, 오버플로우 플래그의 값을 구하라.

풀이

- 부호 비트는 계산 결과의 MSB이다. 부호 플래그 = 1
- 제로 비트는 계산 결과가 모두 0이면 1이다. 제로 플래그 = 0
- 자리올림수는 그림 5-14(a)의 C_8이다. 자리올림수 플래그 = 0
- 패리티 플래그와 계산 결과에 포함된 1의 수가 짝수여야 한다. 패리티 플래그 = 1
- 오버플로우는 $C_8 \oplus C_7$로 계산한다. 오버플로우 플래그 = 1

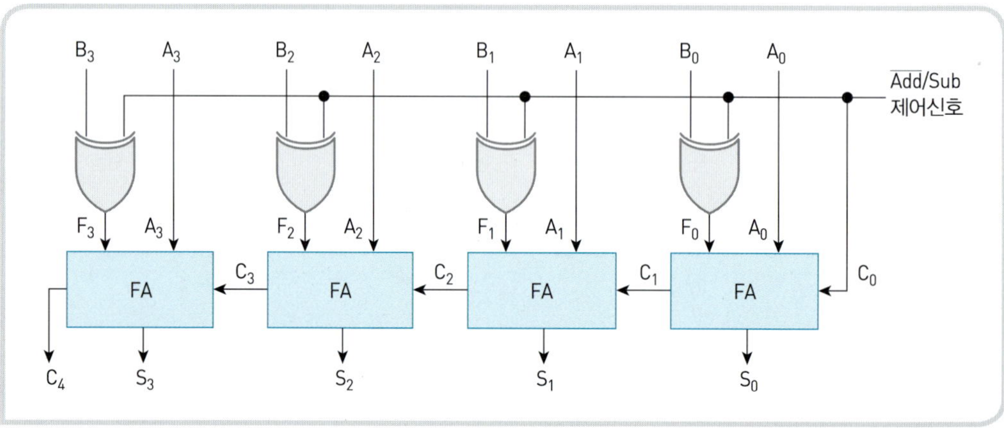

그림 5-15 병렬 덧셈/뺄셈기

$\overline{\text{Add}}$/Sub	B	F	해석
0	0	0	F = B
0	1	1	
1	0	1	F = $\overline{\text{B}}$
1	1	0	

그림 5-16 XOR 특성표

[그림 5-15]는 전가산기를 연결하여 만든 4비트 병렬 덧셈/뺄셈기이다. 이 계산기는 A ± B를 수행할 수 있다. $A(A_3A_2A_1A_0)$는 전가산기에 그대로 입력되고 $B(B_3B_2B_1B_0)$는 XOR 게이

트를 거쳐 전가산기로 입력된다. XOR 게이트의 나머지 입력은 $\overline{\text{Add}}$/Sub는 제어신호이다. 이 회로의 동작은 다음과 같다.

- 제어신호 $\overline{\text{Add}}$/Sub = 0일 때: XOR 게이트의 출력 F는 B와 같다. 그리고 C_0 값도 0이다. 따라서 이 회로는 A + B를 계산한다.
- 제어신호 $\overline{\text{Add}}$/Sub = 1일 때: XOR 게이트의 출력 F는 $\overline{B}$이다(그림 5-16 참조). 그리고 C_0 값이 1이다. 따라서 이 회로는 A + $\overline{B}$ + 1 = A+(B에 대한 2의 보수) = A − B를 계산한다.
- C_4는 상태 레지스터의 자리올림수 플래그에 저장된다.
- $C_4 \oplus C_3$은 상태 레지스터의 오버플로우 플래그에 저장된다.

따라서 덧셈기 하나 만으로 덧셈과 뺄셈을 수행할 수 있다. [그림 5-15] 회로는 조합논리회로이기 때문에 클럭 펄스의 영향을 받지 않고 입력이 정해지면 바로 출력을 결정한다.

5.5.3 곱셈

정수 곱셈은 덧셈보다 복잡하다. 크기가 n비트인 두 개의 정수 A와 B를 곱하면 그 결과는 $2n$비트이다. 곱셈 A×B에서 A를 피승수(multiplicand), B를 승수(multiplier), 곱셈 결과를 곱(product)이라고 한다. n비트 병렬 덧셈기를 n번 반복 사용하여 곱을 구할 수 있다. 이 절에서는 부호 없는 수에 대한 곱셈 알고리즘을 소개한다. 정수에 대한 곱셈 알고리즘은 마지막 부분에서 간단히 언급한다.

[그림 5-17]은 4비트 부호 없는 수에 대한 곱셈 과정이다. 승수의 각 비트에 대하여 부분 곱(partial product)을 한 개씩 생성하는데, 승수의 비트 위치에 따라 부분 곱을 왼쪽으로 시프트 하여 기록한다. 승수의 비트 값이 1이면, 부분 곱은 피승수와 같다. 승수의 비트 값이 0이면, 부분 곱은 0이다. 곱은 부분 곱의 합이다.

```
      1101    피승수(13)
    × 1010    승수(10)
  --------
      0000
     1101     부분 곱
    0000
  + 1101
  --------
  10000010    곱(130)
```

그림 5-17 부호 없는 수의 곱셈

이 방법을 하드웨어로 구현하려면 처리 과정을 수정해야 한다. 하드웨어로 네 개의 부분 곱을 한 번에 더하는 것이 어려움이 있으므로 부분 곱을 생성할 때마다 두 개씩 미리 더한다. 그리고 부분 곱을 왼쪽으로 시프트 하는 대신에 오른쪽으로 시프트 하는 방법을 사용한다. [그림 5-18]은 병렬 가산기를 사용한 4비트 곱셈 회로이다. 이 회로는 피승수를 레지스터 M에 저장하고, 승수를 레지스터 Q에 저장한다.

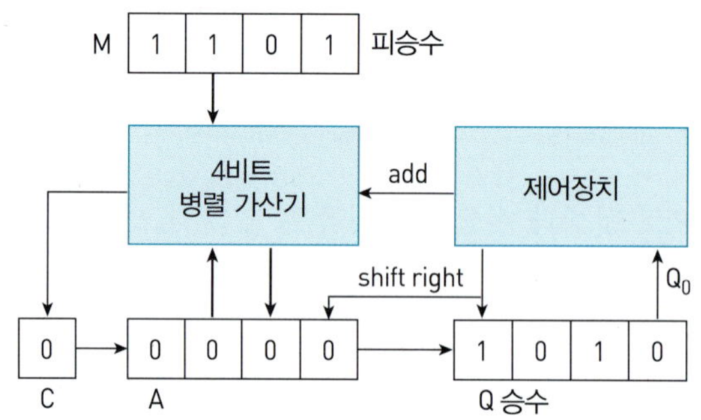

그림 5-18 병렬 가산기를 사용한 곱셈 회로

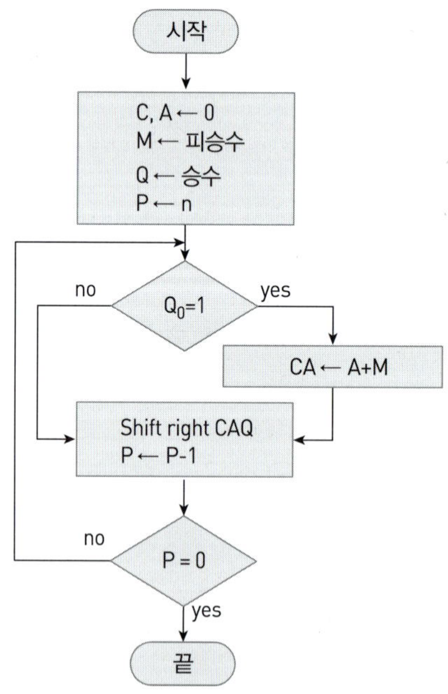

그림 5-19 부호 없는 수 곱셈 알고리즘

- 레지스터 A는 병렬 가산기의 입력과 출력으로 사용하며, 초기값은 0이다.
- 병렬 가산기는 A + M을 계산하여 합을 레지스터 A에 저장하고 자리올림수를 C에 저장한다. C의 초기값은 0이다.
- CAQ는 직렬로 연결되어 있고, 제어장치의 shift right 제어신호는 CAQ 전체를 오른쪽으로 시프트한다.
- 제어장치는 레지스터 Q의 최하위 비트인 Q_0를 입력으로 받고, 병렬 가산기에서 덧셈을 수행할지 결정하는 제어신호 add를 생성한다.
- 제어장치는 카운터 P를 갖고 있다. P의 초기값은 레지스터 비트 수 n이다. 한 비트를 처리할 때마다 P 값은 감소되고, P 값이 0이면 곱셈이 끝난다.

곱셈 회로는 순차논리회로다. 즉, 내부적으로 클럭 신호에 의하여 동기를 맞춰 실행한다. 초기화 이후 비트 당 한 개 또는 두 개의 클럭 사이클을 필요로 한다. [그림 5-19]는 곱셈 회로를 사용한 부호 없는 수의 곱셈 알고리즘이다.

- 초기 상태: 시작 신호에 따라 레지스터를 초기화한다. C와 A를 0으로 초기화하고, M에 피승수를 저장하고, Q에 승수를 저장하고, 카운터 P를 비트 수 n으로 설정한다.
- 부분 곱 계산: 만일 Q_0 값이 1이면, 제어장치는 제어신호 add를 1로 만든다. 이때 CA ← A + M을 수행한다. 만일 Q_0 값이 0이면, 덧셈을 수행하지 않는다.
- 오른쪽 시프트: CAQ 레지스터를 오른쪽으로 한 비트 시프트하고, 카운터 P 값을 감소시킨다.
- 종료 판단: 만일 P의 값이 0이 아니면, 부분 곱 계산 단계로 이동하여 다음 비트를 처리한다. 만일 P의 값이 0이면, 곱 계산이 끝난 것이고, 2n비트의 곱은 레지스터 AQ에 저장되어 있다.

예제 5-22 부호 없는 수 곱셈 알고리즘에 의하여 13 x 10을 수행하는 과정을 설명하라.

풀이

[계산 과정]

	M	C	A	Q	P	
[초기 상태]	1101	0	0000	1010	4	// 초기 상태
						// Q_0 = 0
[오른쪽 시프트]	1101	0	0000	0101	3	// Shift CAQ, P ← P − 1
						// Q_0 = 1

[부분 곱 계산]	1101	0	1101	0101	3	// CA ← A + M
[오른쪽 시프트]	1101	0	0110	1010	2	// Shift CAQ, P ← P − 1
						// Q_0 = 0
[오른쪽 시프트]	1101	0	0011	0101	1	// Shift CAQ, P ← P − 1
						// Q_0 = 1
[부분 곱 계산]	1101	1	0000	0101	1	// CA ← A + M
[오른쪽 시프트]	1101	0	1000	0010	0	// Shift CAQ, P ← P − 1

- 제어장치는 Q_0 값을 검사하는데 클럭 사이클을 소모하지 않는다.
- Q_0 = 0일 때 비트 당 한 개의 클럭을 소모하고, Q0=1일 때 비트 당 두 개의 클럭을 소모한다.
- 파란색으로 표시된 부분이 부분 곱이고, 최종 곱은 레지스터 AQ에 저장된다.

병렬 가산기를 사용한 덧셈 알고리즘은 n비트 수를 곱하는데 최대 2n개의 클럭 사이클을 소모한다. 따라서, 비트 수가 증가할수록 곱셈 수행에 소요되는 시간이 길어진다는 단점이 있다.

정수 곱셈에 이 방법을 적용할 수 없다. 승수와 피승수를 모두 양수로 바꾼 후에 곱셈을 계산하고, 승수와 피승수의 부호가 다르면 결과를 음수로 만들어 주는 방법이 있을 수 있다. 이러한 불편을 제거한 알고리즘이 Booth 알고리즘이다. Booth 알고리즘은 2의 보수로 표현된 두 개의 n비트 정수에 대하여 곱셈을 수행하여, 역시 2의 보수로 표현된 2n비트 곱을 산출한다. 자세한 설명을 생략한다.

5.5.4 나눗셈

크기가 2n비트인 피젯수(dividend)를 n비트 젯수(divisor)로 나누면, n비트 몫(quotient)과 n비트 나머지(remainder)가 생성된다. 이 절에서는 부호 없는 수에 대한 나눗셈 알고리즘을 소개한다. [그림 5-20]은 부호 없는 수에 대한 나눗셈의 예이다. 최상위 비트부터 한 비트씩 몫을 결정한다. 부분 나머지 값이 젯수보다 크면 해당 비트의 몫이 1이고, 그렇지 않으면 0이다. 한 비트의 몫을 결정한 후 부분 나머지를 구한다. 이 과정을 비트 수만큼 반복하여 최종적으로 몫과 나머지를 구할 수 있다.

```
                        1010       몫(10)
젯수(13)      1101 ) 10000111     피젯수(135)
                   - 1101
                   ----------
부분 나머지          000111
                   - 00000
                   ----------
                     001111
                      - 1101
                   ----------
                       00101
                      - 0000
                   ----------
                        0101       나머지(5)
```

그림 5-20 부호 없는 수의 나눗셈

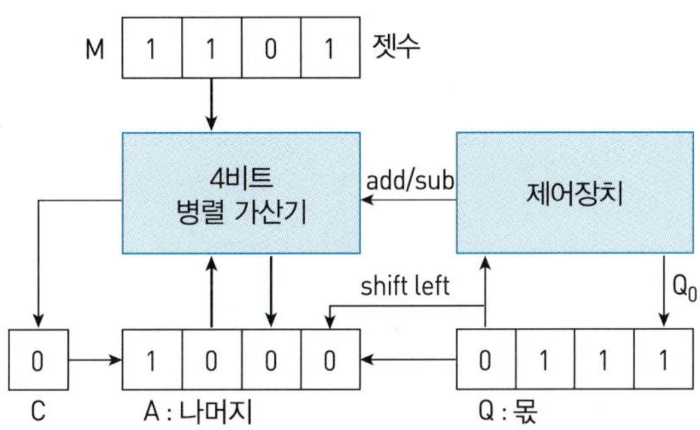

그림 5-21 병렬 가산기를 사용한 나눗셈 회로

[그림 5-21]은 병렬 가산기를 사용한 나눗셈 회로이다. 병렬 가산기는 덧셈과 뺄셈 기능을 모두 수행할 수 있다. 회로의 동작은 다음과 같다.

- 초기에 피젯수를 레지스터 AQ에 저장하고 젯수를 레지스터 M에 저장한다.
- 레지스터 A는 레지스터 M에 저장되어 있는 젯수와 크기를 비교하는데 사용된다.
- 레지스터 A의 부분 나머지가 레지스터 M의 젯수보다 큰지 검사하기 위하여, 별도의 비교기를 사용하지 않고, 일단 레지스터 A에서 레지스터 M을 뺀다. A−M을 계산하는 대신에 $A+\overline{M}+1$을 계산한다. 이 때 발생하는 캐리를 C에 저장한다. 만일 뺄셈 결과인 자리올림수 플래그 C 값이 1이면, A ≥ M이다. 만일 자리올림수 플래그 C 값이 0이면, A < M이다.
- CAQ는 직렬로 연결되어 있고, 제어장치의 왼쪽 시프트(shift left) 제어신호는

CAQ를 왼쪽으로 시프트한다.

- 제어장치는 레지스터 A와 레지스터 M의 비교 결과에 따라, 현재 계산하고 있는 비트의 몫으로 레지스터 Q의 최하위 비트인 ㅊ를 0 또는 1로 설정한다.
- 제어장치는 카운터 P를 갖고 있다. P의 초기값은 레지스터 비트 수 n이다. 한 비트를 처리할 때마다 P 값은 감소되며, P 값이 0이면 계산이 끝난다.

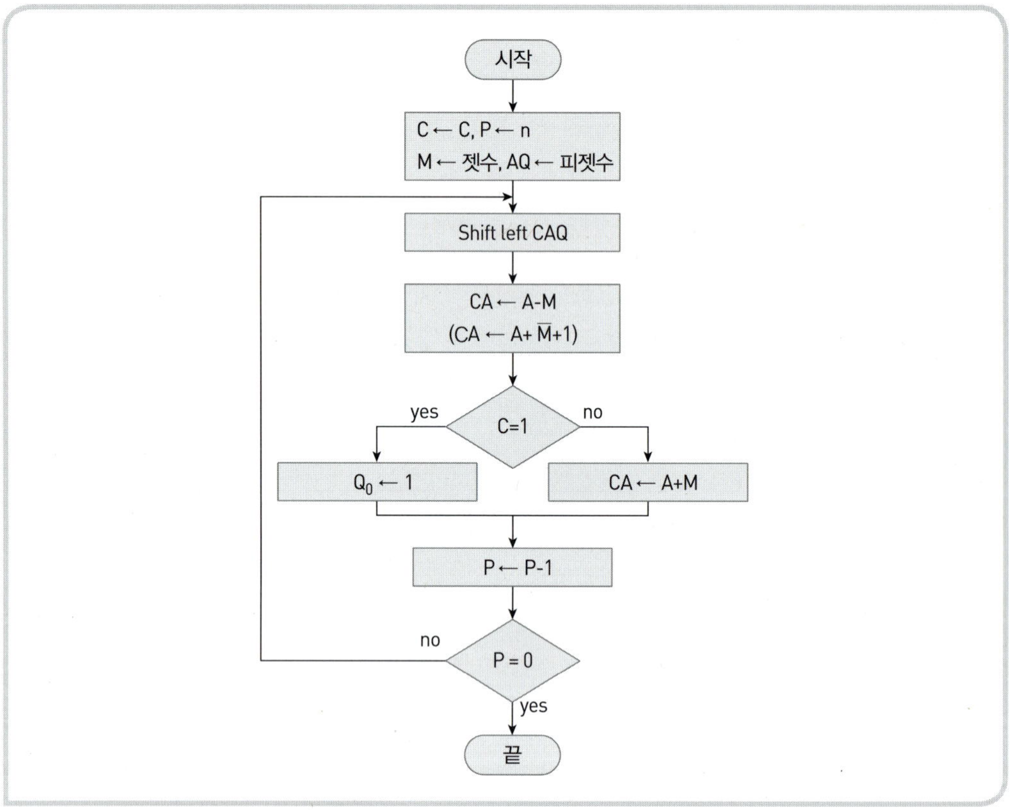

그림 5-22 부호 없는 수 나눗셈 알고리즘

[그림 5-22]는 부호 없는 수에 대한 나눗셈 알고리즘이다. 동작은 다음과 같다.

- 초기 상태: 시작 신호에 의하여 레지스터들을 초기화한다. C를 0으로 초기화하고, M에 젯수를 저장하고, AQ에 피젯수를 저장하고, 카운터 P를 비트 수 n으로 설정한다.
- 왼쪽 시프트: CAQ를 왼쪽으로 한 비트 시프트한다.
- 크기 비교: A와 M의 크기를 비교하기 위하여 일단 A−M(A+ $\overline{M}$ +1)을 계산한다.

뺄셈 후, C = 1이면, A ≥ M이고, C = 0이면, A < M이다.

- 몫 결정: 만일 C = 1이면, 현재 처리하고 있는 비트의 몫으로 $A+\overline{M}+1$를 1로 설정한다. 만일 C = 0이면, $A+\overline{M}+1$의 0을 그대로 유지한다. 이때는 CA ← A + M을 수행하여 부분 나머지를 원래 값으로 복구한다.
- 종료 판단: 카운터 P 값을 감소시킨다. 만일 P 값이 0이 아니면, 왼쪽 시프트 단계로 이동하여 다음 비트를 처리한다. 만일 P 값이 0이면, 몫 계산이 끝난 것이고, n 비트 몫은 레지스터 Q에, 그리고 n비트 나머지는 레지스터 A에 저장되어 있다.

예제 5-23 부호 없는 수 나눗셈 알고리즘에 의하여 135/13을 수행하는 과정을 설명하라.

풀이

[계산 과정]

	M	C	A	Q	P
[초기 상태]	1101	0	1000	0111	4 // 초기 상태
[왼쪽 시프트]	1101	1	0000	1110	4 // Shift left CAQ
[A−M]	1101	1	0011	1110	4 // CA←A+$\overline{M}$+1, C=1 (A≥M)
[Q_0←1]	1101	1	0011	1111	3 // Q_0←1, P←P−1
[왼쪽 시프트]	1101	0	0111	1110	3 // Shift left CAQ
[A−M]	1101	0	1010	1110	3 // CA←A+$\overline{M}$+1, C=0 (A<M)
[A+M, Q_0←0]	1101	1	0111	1110	2 // Q_0←0, CA←A+M, P←P−1
[왼쪽 시프트]	1101	0	1111	1100	2 // Shift left CAQ
[A−M]	1101	1	0010	1100	2 // CA←A+$\overline{M}$+1, C=1 (A≥M)
[Q_0←1]	1101	1	0010	1101	1 // Q_0←1, P←P−1
[왼쪽 시프트]	1101	0	0101	1010	1 // Shift left CAQ
[A−M]	1101	0	1000	1010	1 // CA←A+$\overline{M}$+1, C=0 (A<M)
[A+M, Q_0←0]	1101	1	0101	1010	0 // Q_0←0, CA←A+M, P←P−1

- 파란색으로 표시한 부분은 몫이 결정되는 과정이다.
- 최종적으로 몫은 레지스터 Q에, 그리고 나머지는 레지스터 A에 저장된다.

5.6 실수 표현

컴퓨터는 실수를 부동소수점 수(floating-point number)로 표현한다. 부동소수점 표현은 수학의 과학표기법(scientific notation)을 응용한 것이다. 이 절에서는 부동소수점을 표현하는 원리와 표준 형식을 소개한다.

5.6.1 부동소수점 표현

과학표기법은 실수를 부호(sign), 가수(mantissa, significant, or fraction), 기수(base), 지수(exponent)로 표시한다. 과학표기법은 아주 큰 수와 아주 정밀한 수를 표현할 수 있다는 장점이 있다. 10진수에 대한 과학표기법의 예는 다음과 같다.

- $976,000,000,000 = 9.76 \times 10^{11}$ 부호: +, 가수: 9.76, 기수: 10, 지수: 11
- $-0.00000000000976 = -9.76 \times 10^{-12}$ 부호: −, 가수: 9.76, 기수: 10, 지수: −12

가수에 포함된 소수점 위치를 변경하면서 지수를 조정할 수 있으므로 이 방법을 부동소수점 표현(floating-point representation)이라고 한다.

컴퓨터는 실수를 표시할 때에도 2진법을 사용한다. 10진수 과학표기법을 2진수에도 적용할 수 있다. 컴퓨터는 기수를 제외하고 {부호, 가수, 지수}로 실수를 표현한다. 기수는 당연히 2라고 가정한다. 부호 비트는 전체 수에 대한 부호이다.

부동소수점 표현에서 값이 같은 수를 여러 가지 방법으로 표현할 수 있다. 예를 들면, 다음 수는 모두 크기가 같다.

$$0.1101 \times 2^2 = 11.010 \times 2^0 = 110.10 \times 2^{-1}$$

여러 가지 가능한 표현 중에서 하나를 표준으로 결정할 필요가 있다. 그리고 컴퓨터에서는 실수를 저장하는 레지스터 비트 수도 제한되어 있다는 점도 고려해야 한다. 크기가 한정된 레지스터에 가능한 큰 수와 정밀한 수를 표현할 수 있도록, 컴퓨터는 가수와 지수에 대하여 각각 다른 정규화 방법을 적용하고 있다.

컴퓨터는 가수 정규화(normalized mantissa) 방법을 사용한다. 가수 정규화 공식은 다음과 같다. (식 5-7)에서 b는 0 또는 1이다.

$$1.bbb \cdots b \times 2^{\pm E} \qquad \text{(식 5-7)}$$

- 가수를 1.bbb…b 형식으로 표현하도록 지수를 조정한다.
- 가수를 표현할 때, 1.을 생략하고 bbb…b만 표현한다.
- 1.은 항상 있는 것으로 취급하므로 표현할 필요가 없기 때문이다.
- 단, 숫자 0은 1.bbb 형식으로 쓸 수 없으므로 가수를 모두 0으로 채운다.

예를 들면, 1.1010×2^{-1} 에 대하여 가수 부분을 1010만 표시하고 1.1010으로 해석한다. 이렇게 함으로써, 가수를 표현하는 비트 영역에 가장 많은 가수 비트를 채울 수 있다.

예제 5-24 2진수 101.1010_1111을 정규화 부동소수점 수로 표현할 때, 가수 부분은 어떻게 표시되는가? 단, 가수에 8비트를 배정한다고 가정한다.

풀이

- 101.1010_1111 = 1.0110_1011_11 $\times 2^{+2}$
- 1.을 생략하고 소수점 이하 8비트만 표시하므로, 가수 = 0110_1011
- 가수를 표현하는 비트 크기가 제한되어 있기 때문에 마지막 11은 없어진다.
- 가수에 할당된 비트 수가 8비트로 한정된 조건 하에서 정규화 표현이 최선의 표현 방법이다.

부동소수점 수의 지수를 표현하는 방법을 정하기 위하여 실수 연산을 고려해야 한다. 실수를 더하거나 뺄 때, 먼저 지수 크기를 맞추고, 크기가 작은 수의 가수와 지수를 조정한 다음에 계산해야 한다. 이 과정에서 지수를 비교하는 부분이 문제가 된다. 만일 지수를 2의 보수에 의한 정수로 표현한다면, 지수를 표현하는 정수의 부호 비트를 고려한 비교기가 필요해진다.

이 문제를 해결하기 위하여 부동소수점 표준 방법에서는 지수를 부호 없는 수(unsigned number)로 표현하는 방법을 채택하고 있다. 이 방법을 바이어스 지수(biased exponent)라고 한다. 8비트로 지수를 표현하고, 지수를 표현하고 있는 값을 e라고 한다면, 실제 지수는 다음 공식으로 결정한다.

$$\text{지수} = e - 127 \quad \text{(식 5-8)}$$

즉, 표시된 지수(e)에서 127(0111_1111_2)를 빼야 원래의 지수이다. 반대로 부동소수점 표현에 나타나는 지수는 실제 지수 값에 127(0111_1111_2)을 더하여 표시한다.

예제 5-25 2진수 101.101011을 정규화된 부동소수점 수로 표현할 때, 지수 부분을 어떻게 표현하는가? 단, 지수를 표현하는데 8비트를 사용한다고 가정한다.

풀이

가수 정규화: $101.101011 = 1.01101011 \times 2^2$

지수 값: $2 = 0000\_0010$

지수 표현: $e = 0000\_0010 + 0111\_1111 = 1000\_0001$

5.6.2 IEEE754 형식

초기에는 부동소수점을 표현하기 위하여 컴퓨터마다 서로 다른 형식을 사용하였으나, 현재는 모든 컴퓨터가 미국전기전자공학회(IEEE)에서 표준화 한 IEEE754 형식을 따르고 있다. IEEE754 형식 중에서 부동소수점 수를 표현하는데 가장 많이 사용하는 것이 32비트 형식과 64비트 형식이고, 각각 단정도 형식(single-precision format)과 배정도 형식(double-precision format)이라고 한다. [그림 5-23]은 각 형식의 비트 배치이다.

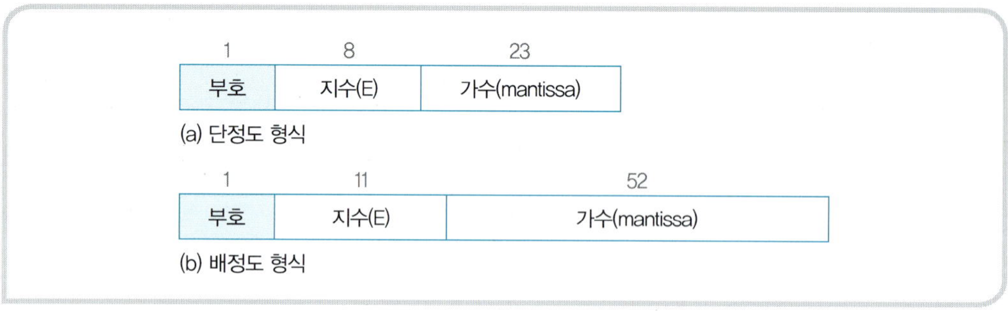

그림 5-23 IEEE754 표준 형식

32비트로 실수를 표현하는 단정도 형식은 부호 1비트, 지수 8비트, 가수 23비트로 구성되어 있다. 64비트를 사용하는 배정도 형식은 부호 1비트, 지수 11비트, 52비트로 구성되어 있다. 배정도 실수는 단정도 실수보다 실수를 표현하는 범위도 확장되고, 실수를 표현하는 정확성도 높아진다. 부호 비트는 전체 숫자가 양수이면 0, 음수이면 1이다. 단정도 형식은 지수를 0부터 255까지 표현할 수 있고 지수 바이어스는 127이다. 배정도 형식은 지수를 0부터 2047까지 표현할 수 있고, 지수 바이어스는 1023이다. 〈표 5-4〉는 IEEE754 표준 형식을 해석하는 방법을 보여준다.

- 첫 번째 줄: NaN(Not a Number)는 숫자가 아니란 의미이다. 이것은 정밀도 형식으로 실수를 표현할 수 없음을 나타낸다. 예를 들면, 나누기 0 또는 음수에 대한 제곱근(square root)를 계산하면 오류가 발생하는데, 이때 결과를 NaN으로 표시하여 계산 과정에 오류가 발생하였음을 나타낸다.
- 두 번째 줄(오버플로우): 정밀도 형식으로 표현할 수 있는 수의 범위보다 더 큰 수를 나타낸다. 오버플로우에 해당하며, 부호 비트에 따라 ±∞를 표시한다.
- 세 번째 줄(일반 형식): 가수 정규화와 지수 바이어스를 적용한 형식이다.
- 네 번째 줄(언더플로우): 세 번째 줄의 일반 형식으로 표현할 수 없을 정도로 작은 수를 표현한다.
- 마지막 줄(0): 숫자 0을 표시하며, 모든 비트를 0으로 채운다. 0은 지수 값을 가장 작은 값으로 설정한다. 부호 비트의 값에 따라 +0, −0을 표시할 수도 있다.

표 5-4 IEEE754 표준 형식의 해석

단정도 형식			배정도 형식		
지수	가수	해석	지수	가수	해석
255	≠ 0	NaN	2047	≠ 0	NaN
255	0	$(-1)^S\infty$	2047	0	$(-1)^S\infty$
0<e<255	-	$(-1)^s2^{e-127}(1.f)$	0<e<2047	-	$(-1)^s2^{e-1023}(1.f)$
0	≠ 0	$(-1)^s2^{e-126}(0.f)$	0	≠ 0	$(-1)^s2^{e-1022}(0.f)$
0	0	$(-1)^S0$	0	0	$(-1)^S0$

예제 5-26 단정도 형식으로 표현할 수 있는 0보다 큰 실수 중에서, 가장 정밀한 양수와 가장 큰 양수의 비트 패턴을 제시하고 크기를 구하라.

풀이

가장 정밀한 양수

비트 패턴: 부호 = 0, 지수 = 0, 가수 = 000_0000_0000_0000_0000_0001

크기: $(-1)^s2^{e-126}(0.f) = (-1)^0 2^{0-126}(0.00000000000000000000001) = 2^{-126-23}$
$= 1\times2^{-149}$

가장 큰 양수

비트 패턴: 부호 = 0, 지수 = 254, 가수 = 111_1111_1111_1111_1111_1111

크기: $(-1)^s2^{e-127}(1.f) = (-1)^0 2^{254-127}(1.111\_1111\_1111\_1111\_1111\_1111)$
$= 2^{127}(0.1111\_1111\_1111\_1111\_1111\_1111)\times2$
$= (1 - 2^{-24})\times2^{128}$

예제 5-27 다음과 같은 2진수로 표현되어 있는 단정도 실수 N에 대한 10진수를 구하라.

1100_0001_0101_0000_0000_0000_0000_0000

풀이

비트 패턴: (부호)1_(지수)10000010_(가수)10100000000000000000000

부호: 1

지수: $e = 1000\_0010 = 130_{10}$

가수: $M = 1.101$

따라서 $N = (-1)^1 \times 1.101 \times 2^{130-127} = -1.101 \times 2^3 = -1101 = -13_{10}$

5.7 실수 연산

실수는 부동소수점 형식으로 표현되므로 실수 연산은 정수 연산보다 많이 복잡하다. 대부분의 컴퓨터는 기본 연산기와 별도로 실수 연산기를 갖고 있다. 실수 연산은 계산 과정에서 발생하는 중간 결과를 저장해야 하므로 실수 연산기를 조합논리회로로 만들 수 없다. 실수 연산기는 복잡한 순차논리회로다.

실수 연산에서 공통으로 발생할 수 있는 예외 조건인 오버플로우와 언더플로우(underflow)에 대하여 살펴보자. 연산 결과가 실수 표현 범위보다 클 때 오버플로우가 발생하고, 연산 결과가 실수 표현 범위보다 작을 때 언더플로우가 발생한다. 오버플로우와 언더플로우는 지수와 가수에서 모두 발생할 수 있다.

- 지수 오버플로우(exponent overflow): 양의 지수값이 최대 지수값보다 큰 경우이다. 연산 결과는 $+\infty$ 또는 $-\infty$로 표시된다.
- 지수 언더플로우(exponent underflow): 음의 지수값이 최소 지수값보다 적은 경우이다. 연산 결과는 0으로 표시된다.
- 가수 오버플로우(significant overflow): 같은 부호를 가진 두 개의 실수를 더할 때, 최상위 비트에서 자리올림수가 발생한 경우이다. 연산 결과의 가수를 오른쪽으로 시프트하고 지수를 증가시켜 교정할 수 있다. 이 과정을 정렬(alignment)이라고 한다.
- 가수 언더플로우(significant underflow): 가수를 조정할 때 가수가 오른편으로 밀려 잘려나가는 경우이다. 연산 결과의 최하위 비트를 반올림한다.

이 절에서는 실수 사칙 연산 연산 알고리즘을 설명한다.

5.7.1 덧셈과 뺄셈

실수에 대한 덧셈과 뺄셈을 계산하려면 먼저 지수 값이 같아지도록 소수점 위치를 정렬해야 한다. 실수 덧셈과 뺄셈 알고리즘을 이해하기 위하여 $x = 1.1111 \times 2^{-1}$과 $y = 1.1111 \times 2^{1}$에 대하여 $x+y$를 계산해 보자.

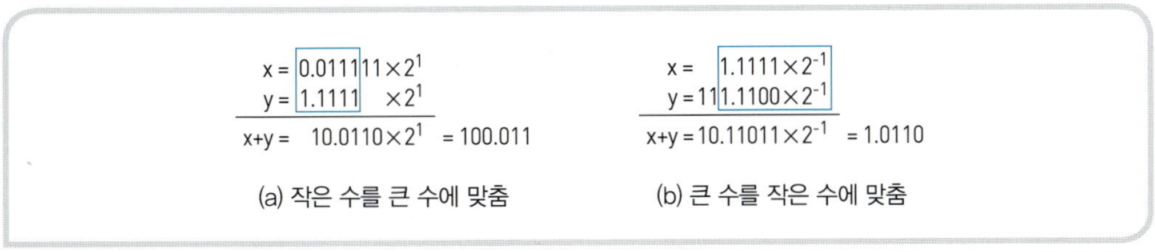

그림 5-24 실수 덧셈 예

[그림 5-24]는 덧셈에서 지수를 조정하는 두 가지 방법을 보여준다. 컴퓨터는 실수도 크기가 한정된 비트만으로 계산한다. 실수 연산기는 [그림 5-24]의 사각형 부분만 저장할 수 있다고 가정하자. 이와 같은 제한이 있다면 지수를 조정할 때 하위 또는 상위 비트를 잃어버릴 수 있다.

- [그림 5-24(a)]: 작은 수의 지수를 큰 수의 지수에 맞춘다. 이때 x의 하위 2비트를 잃어버린다. 정확성에는 문제가 있지만 아주 심각하지는 않다.
- [그림 5-24(b)]: 큰 수의 지수를 작은 수의 지수에 맞춘다. 이때 y의 상위 2비트를 잃어버린다. 결과적으로 전혀 틀린 답을 산출한다.

따라서 지수를 조정할 때 작은 수를 큰 수에 맞추어야 한다. [그림 5-24(a)]의 답은 정규화 형식이 아니다. 그러므로 실수 계산을 수행한 후에 결과값을 최종적으로 정규화해야 한다.

지금까지 고찰을 바탕으로 정리한 두 개의 실수 $x = S_x \times 2^{Ex}$와 $y = S_y \times 2^{Ey}$에 대한 덧셈과 뺄셈 알고리즘은 다음과 같다.

1. 제로 검사: x와 y가 0인지 검사한다. 만일 둘 중 하나가 0이면, 덧셈과 뺄셈을 수행할 필요가 없다.
2. 정렬(alignment): 지수 E_x와 E_y를 비교하여 작은 수의 지수를 큰 수의 지수와 같아지도록 조정한다. 작은 수의 지수를 증가시키고, 가수를 오른쪽으로 시프트한다.
3. 가수 덧셈/뺄셈: 가수를 서로 더하거나 뺀다.
4. 정규화(normalize): 결과를 정규화한다.

2단계를 수행하려면, 지수 값을 비교해야 하는데, 이때 필요한 비교기 구조를 간단하게 만들기 위하여 지수에 바이어스를 가하여 사용하는 것이다.

5.7.2 곱셈과 나눗셈

실수 곱셈과 나눗셈은 개념적으로 덧셈과 뺄셈보다 쉽다. 곱셈과 나눗셈에서는 지수 크기를 비교하고 지수를 조정할 필요가 없다. 두 개의 실수 $x = S_x \times 2^{Ex}$와 $y = S_y \times 2^{Ey}$에 대한 곱셈과 나눗셈 공식은 다음과 같다.

$$x \cdot y = (S_x \times S_y) \times 2^{Ex+Ey} \quad \text{(식 5-9)}$$

$$x / y = (S_x / S_y) \times 2^{Ex-Ey} \quad \text{(식 5-10)}$$

실수 곱셈 x·y을 수행하는 알고리즘은 다음과 같다.

1. 제로 검사: 만일 x와 y 둘 중 하나가 0이면, 곱은 0이다.
2. 지수 조정: 지수 E_x와 E_y를 더하고 바이어스를 뺀다.
3. 가수 곱셈: 부호를 고려하여 S_x와 S_y를 곱한다.
4. 정규화: 곱셈 결과를 정규화한다.

2단계에서 바이어스를 빼는 이유를 살펴보자. 실수 표현에서 지수는 바이어스가 더해져 있다. 예를 들어, x와 y가 단정도 실수이고 x의 지수가 3이고 y의 지수가 1일 때, 각 지수는 $E_x = 127+3 = 130$, $E_y = 127+1 = 128$로 표현되어 있다. 지수를 더하면 130 + 128 = 258이 되어 바이어스가 두 번 더해진 결과이다. 곱셈 후 지수는 258 − 127 = 131이어야 올바른 값이다. 그러므로 지수를 더하고 바이어스 한 개에 해당하는 값을 빼야 한다.

실수 나눗셈 x/y를 수행하는 알고리즘은 다음과 같다.

1. 제로 검사: 만일 x가 0이면, 결과는 0이고, y가 0이면 결과는 NaN으로 설정하고 계산을 종료한다.
2. 지수 조정: 지수 E_x에서 E_y를 빼고 바이어스를 더한다.
3. 가수 나눗셈: 부호를 고려하여 S_x에서 S_y를 나눈다.
4. 정규화: 나눗셈 결과를 정규화한다.

이번엔 2단계에서 E_x와 E_y에 더해져 있던 바이어스가 제거된다. 곱하기 예를 그대로 사용하면, 지수 뺄셈의 결과는 130 − 128 = 2이다. 그러므로 바이어스를 더하여 지수가 2 + 127 = 129로 되도록 조정해야 한다.

실수 연산기에 포함되어 있는 실수 저장용 레지스터와 실수 계산용 레지스터는 크기가 다르다. 계산용 레지스터의 크기가 저장용 레지스터의 크기보다 더 크다. 충분한 크기로 계산하고 결과를 정규화하여 실수 레지스터에 저장한다.

5.8 요약

연산기는 컴퓨터의 모든 데이터 조작을 담당한다. 정수를 표현하는 방법으로 부호화 크기, 1의 보수, 2의 보수 방법을 고려할 수 있으나, 최근의 컴퓨터는 모두 2의 보수 방법을 사용하고 있다. 그 이유는 가산기 하나만으로 덧셈과 뺄셈을 모두 수행할 수 있으므로 연산기 하드웨어가 간단해지기 때문이다. 연산기에서 동작이 실행되면 상태 레지스터에 포함된 조건 플래그들이 연산 결과를 반영하여 변한다.

컴퓨터 연산은 논리 연산, 시프트 연산, 산술 연산, 실수 연산으로 구분할 수 있다. 논리 연산은 주로 부호 없는 수에 적용하며, NOT, AND, OR, XOR 연산이 있다. 이 연산은 레지스터 데이터에 비트 단위로 수행된다. 주로 입출력 하드웨어를 제어하는 프로그램에서 논리 연산을 많이 사용한다. 시프트 연산의 종류는 논리시프트, 산술시프트, 회전 연산이 있다. 왼쪽 산술시프트는 정수 곱하기 2의 효과가 있고, 오른쪽 산술시프트는 정수 나누기 2의 효과가 있다. 정수 곱셈 나눗셈 알고리즘보다 시프트 동작이 간단하므로, 컴퓨터는 간단한 정수 곱셈과 나눗셈을 산술시프트 동작으로 계산한다. 정수를 2의 보수로 표현하면 병렬 가산기를 사용하여 부호 없는 수와 정수를 모두 계산할 수 있다는 장점이 있다. 그러므로 컴퓨터는 내부적으로 부호 있는 수와 부호 없는 수를 구별하지 않는다. 정수의 덧셈과 뺄셈을 반복 수행함으로써 곱셈과 나눗셈을 수행할 수 있다. 곱셈과 나눗셈의 속도를 개선하기 위하여 별도의 회로를 만들어야 한다.

컴퓨터는 실수를 과학표기법으로 표현하며, 정규화 가수와 바이어스 지수로 실수를 표현한다. 현재는 모든 컴퓨터가 IEEE754 표준 형식을 따르고 있다. 32비트 단정도 실수와 64비트 배정도 실수 표기법을 가장 많이 사용한다. 실수 연산에서는 지수를 별도로 고려해야 하며, 연산 결과를 다시 정규화해야 한다.

연습문제

5.1 연산기 개요

01 연산기에 대한 설명이 아닌 것은?

① 중앙처리장치의 구성 요소 중 하나이다.
② 명령어 레지스터를 입력신호로 받는다.
③ 데이터 처리 명령어를 수행할 때 수치 계산을 담당한다.
④ 레지스터 또는 기억장치의 데이터에 대해 연산을 수행한다.

02 연산기의 출력신호를 모두 선택하라.

① 연산 결과　　② 제어신호
③ 상태 정보　　④ 명령어 코드

03 연산기로 입력되는 제어신호의 역할은?

① 상태 레지스터의 값을 결정한다.
② 연산기가 수행할 동작을 선택한다.
③ 연산 결과를 레지스터로 저장할 때, 저장할 레지스터를 선택한다.
④ 연산 결과를 기억장치로 저장할 때, 저장할 기억장치 주소를 선택한다.

04 이항 연산자(binary operator)란?

① 실수를 계산하는 연산자이다.
② 두 개의 항을 계산하는 연산자이다.
③ 부호 없는 수를 계산하는 연산자이다.
④ 2진수로 표현되어 있는 수를 계산하는 연산자이다.

5.2 정수 표현

01 정수를 표현하는 방법 중 현대의 모든 컴퓨터가 정수를 표현하는 방법은?

① 부호화 크기 ② 1의 보수
③ 2의 보수 ④ 10의 보수

02 정수 표현 방법에 대하여 n비트로 표현할 수 있는 정수의 범위를 적어라.

(1) 부호화 크기
(2) 1의 보수
(3) 2의 보수

03 다음 10진수를 지정한 정수 표현 방법에 따라 8비트 2진수로 표현하라.

방법	+29	-29	+120	-120
부호화 크기				
1의 보수				
2의 보수				

04 수의 표현 방법에 대하여 숫자 0에 해당하는 16비트 2진수를 모두 적어라.

(1) 부호화 크기
(2) 1의 보수
(3) 2의 보수

05 2진수를 2의 보수에 의한 정수로 해석할 때 각 수에 해당하는 10진수를 구하라.

(1) 0010_1010
(2) 1100_0001
(3) 1111_1011

06 10진수를 2의 보수에 의한 정수 표현법에 따라 8비트 2진수와 16비트 2진수로 표현하라.

10진수	8비트	16비트
+78		
-78		

5.3 논리 연산

01 레지스터 값이 다음과 같을 때, 레지스터 전송문을 수행한 결과를 16진수로 적어라.

R1 = 2ah	R2 = 3fh	R3 = a9h	R4 = 99h

(1) R1 ← NOT R3
(2) R1 ← R1 AND R2
(3) R1 ← R2 OR R3
(4) R1 ← R3 XOR R4

02 데이터를 비트 단위로 XOR 연산을 수행한 결과를 체크섬(checksum)이라고 한다. 다음 16진수에 대한 체크섬을 구하라.

34h	a9h	c6h	42h	8bh	d3h	28h	cfh

03 레지스터 크기를 8비트라고 가정할 때, R1 ← R1 XOR R1을 수행한 결과는?

① 0　　② 01h
③ FFh　　④ R1의 값을 주지 않았으므로 알 수 없다.

04 아스키코드 표를 보고 다음과 같은 기능을 하기 위한 비트 패턴을 구하라.

(1) AND 연산에 의하여 영문자 소문자를 대문자로 변환
(2) OR 연산에 의하여 영문자 대문자를 소문자로 변환

5.4 시프트 연산

01 8비트 수를 왼쪽 논리시프트와 오른쪽 논리시프트를 수행한 결과를 16진수로 적어라.

16진수	2진수	왼쪽 논리시프트 (2진수, 16진수)	오른쪽 논리시프트 (2진수, 16진수)
9Bh			
D2h			

02 8비트 2진수 1100_1010에 대하여 질문에 답하라.

(1) 정수로 해석하면 10진수로 얼마인가?
(2) 왼쪽 산술시프트한 값을 구하라.
(3) (2)의 결과를 정수로 해석하면 10진수로 얼마인가? (1)의 곱하기 2와 같은가?
(4) 오른쪽으로 산술시프트한 값을 구하라.
(5) (4)의 결과를 정수로 해석하면 10진수로 얼마인가? (1)의 나누기 2와 같은가?

03 다음 명령어를 연속으로 실행한 연산 결과는?

```
ASL        R1  // arithmetic shift left R1
ASL        R1  // arithmetic shift left R1
```

① R1×2 ② R1×3
③ R1×4 ④ R1×5

04 연산기에 포함되어 있는 시프터를 구현하는데 사용되는 논리소자는?

① 디코더 ② 인코더
③ 멀티플렉서 ④ 디멀티플렉서

5.5 산술 연산

01 지시에 따라 2진수 덧셈을 수행하라.

(1) 3ch를 2진수로 표현하라.
(2) 7ah를 2진수로 표현하라.
(3) 3ch + 7ah의 결과를 2진수로 표현하라.
(4) 덧셈 결과를 부호 없는 수로 해석한 10진수를 구하라.
(5) 덧셈 결과를 2의 보수에 의한 정수로 해석한 10진수를 구하라.
(6) 덧셈 결과에 대항 부호, 제로, 자리올림수, 오버플로우 플래그의 값을 구하라.

02 지시에 따라 뺄셈을 수행하라.

(1) 10진수 32 - 54의 값은?
(2) 10진수 32를 2진수로 변환하라.
(3) 10진수 54를 2진수로 변환하라.
(4) (3)에 대한 2의 보수를 구하라.

(5) (2)+(4)를 계산하라.
(6) (5)를 10진수로 변환하라.
(7) (1)과 (6)의 값이 같은가?

03 A와 B는 두 비트의 수이다. 다음 곱셈식을 참고하여, 네 개의 AND 게이트와 필요한 만큼의 전가산기를 사용하여 곱셈 회로를 설계하라.

		A1	A0
	×	B1	B0
		A1B0	A0B0
+	A1B1	A0B1	
M3	M2	M1	M0

04 [그림 5-19] 부호 없는 수 곱셈 알고리즘에 따라 1011 x 0101을 수행하는 과정을 구하라.

05 [그림 5-22] 부호 없는 수 나눗셈 알고리즘에 따라 0111_1011/1011을 수행하는 과정을 구하라.

5.6 실수 표현

01 컴퓨터에서 실수를 2진수로 표시할 때 표현하지 않는 것은?

① 기수(base) ② 가수(mantissa)
③ 부호(sign) ④ 지수(exponent)

02 컴퓨터의 실수 표현에 적용한 방법을 모두 선택하라.

① 가수 정규화 ② 바이어스 가수
③ 부호 정규화 ④ 바이어스 지수

03 실수 표현에 있어서 정규화하는 방법은?

① 가수를 0.1bbbb가 되도록 지수를 조정한다.
② 가수를 1.bbbbb가 되도록 지수를 조정한다.
③ 지수를 0.1bbbb가 되도록 지수를 조정한다.
④ 지수를 1.bbbbb가 되도록 지수를 조정한다.

04 지시에 따라 IEEE754 단정도 실수 형식으로 표현하라.

(1) 10진수 –5.15625를 2진수로 변환하라.
(2) 가수 부분을 정규화하여 과학표기법으로 표시하라.
(3) 가수의 비트 패턴을 구하라.
(4) 지수의 비트 패턴을 구하라.
(5) 2진수 패턴을 16진수로 표시하라.

05 다음 프로그램을 실행하여 문제 4의 결과가 올바른지 확인하라.

```
#include <stdio.h>
union float_format {
        unsigned int      bit_pattern;
        float             real_number;
};

void main()
{
        union float_format t;
        t.real_number = –5.15625;
        printf("real number: %f\n", t.real_number);
        printf("bit pattern: %8x\n", t.bit_pattern);
}
```

06 문제 5의 프로그램을 실행하여 다음 질문에 답을 구하여라.

(1) 123.123에 대한 16진수 표현은?
(2) 비트 패턴이 40321001h인 수의 실수 값은?

5.7 실수 연산

01 실수 덧셈과 뺄셈을 수행하는 순서를 적어라.

A. 제로 검사	B. 정규화	C. 정렬	D. 덧셈/뺄셈

02 실수 곱셈을 수행한 후 지수를 조정하는 올바른 방법은?

① 지수를 뺀 다음 바이어스를 뺀다.
② 지수를 뺀 다음 바이어스를 더한다.
③ 지수를 더한 다음 바이어스를 뺀다.
④ 지수를 더한 다음 바이어스를 더한다.

03 실수 나눗셈을 수행한 후 지수를 조정하는 올바른 방법은?

① 지수를 뺀 다음 바이어스를 뺀다.
② 지수를 뺀 다음 바이어스를 더한다.
③ 지수를 더한 다음 바이어스를 뺀다.
④ 지수를 더한 다음 바이어스를 더한다.

Chapter

06

명령어 집합

Chapter

06 명령어 집합

컴퓨터는 명령어를 처리하기 위하여 만들어진 기계이다. 명령어는 중앙처리장치가 명령어를 실행하는데 필요한 정보를 모두 표현하고 있어야 한다. 명령어 집합(instruction set)은 컴퓨터가 실행할 수 있는 명령어를 모두 정의하고 나열한 것이다. 명령어 집합은 하드웨어와 소프트웨어를 구분하는 경계선이다. 하드웨어는 명령어를 실행하고, 소프트웨어는 명령어로 만든 프로그램이다. 이 장에서는 명령어를 표현하는 방법과 오퍼랜드를 저장하는 방법에 대하여 설명하고 나서, 프로세서가 실행하는 명령어 종류를 제시한다.

- 6.1 명령어 특성: 명령어의 구성 요소와 형식에 대하여 설명한다.
- 6.2 주소의 수: 명령어에 포함되는 오퍼랜드 필드의 수에 대하여 설명한다.
- 6.3 주소지정방식: 명령어의 오퍼랜드에서 유효 데이터를 구하는 방법을 다룬다.
- 6.4 오퍼랜드 저장: 여러 바이트로 구성된 단어를 기억장치에 저장하는 방법을 설명한다.
- 6.5 명령어 종류: 프로세서가 제공할 수 있는 명령어의 종류를 소개한다.

6.1 명령어 특성

이 절에서는 명령어 구성 요소인 동작코드와 오퍼랜드를 소개하고 한정된 비트 크기에 명령어 구성 요소를 배치하는 방법에 대하여 설명한다.

6.1.1 명령어 구성 요소

컴퓨터는 일련의 명령어들로 구성된 프로그램을 하나씩 중앙처리장치로 가져와서 해독하고 실행한다. 명령어는 동작코드(operation code, 또는 opcode)와 오퍼랜드(operand)에 대한 정보를 포함하고 있다.

- **동작코드(opcode)**: 중앙처리장치가 실행해야 할 동작을 표현한 2진수 코드이다.
- **오퍼랜드(operand)**: 중앙처리장치가 동작을 실행할 대상, 즉 처리할 데이터를 나타낸다.

중앙처리장치가 처리하는 명령어들은 궁극적으로 서로 다른 2진수 코드를 갖도록 표현되어야 한다. 그렇지만 명령어를 설계할 때, 처음부터 명령어를 구성하는 동작코드를 2진수로 표현하는 것은 매우 번거로운 일이다. 동작코드를 정의할 때 사람이 명령어 의미를 쉽게 기억할 수 있도록 니모닉 코드(mnemonic code)를 사용한다. 예를 들면, ADD, SUB, MUL, DIV, BR, PUSH, POP과 같은 이름을 사용한다. 이것들은 더하기, 빼기, 곱하기, 나누기, 분기(branch), 푸시, 팝 동작을 뜻한다는 것을 쉽게 기억할 수 있다. 프로세서마다 서로 다른 명령어를 정의하고 있고, 명령어를 표현하는 니모닉 코드도 다를 수 있다. 제공하려는 명령어를 모두 정의한 다음에 서로 다른 2진수 코드를 할당한다.

오퍼랜드는 동작의 대상이다. 오퍼랜드 종류는 레지스터, 주기억장치, 입출력 포트이다. 오퍼랜드도 기호로 표현하는 것이 더 편리하다. 오퍼랜드를 표현하는 방법은 다음과 같다.

- **레지스터**: 레지스터에 이름을 부여하고, 이 레지스터 이름으로 오퍼랜드를 나타낸다. 기계어 명령어는 레지스터 번호에 해당하는 2진수로 레지스터를 표현한다.
- **기억장치 주소**: 프로그램에서 정의한 변수는 일반적으로 기억장치에 할당된다. 어셈블리 언어는 변수 이름을 오퍼랜드로 사용하고, 기계어 명령어는 이 변수가 할당된 기억장소 주소를 오퍼랜드로 사용한다.
- **입출력 포트**: 어셈블리 언어는 입출력 포트에 부여되는 이름을 오퍼랜드로 사용하고, 기계어 명령어는 2진수 포트 번호를 오퍼랜드로 사용한다.

다음은 Pentium 프로세서와 ARM 프로세서의 명령어를 니모닉 코드로 표현한 예이다.

- (Pentium) MOV EDX, VALUE: 동작코드는 MOV이고 데이터의 이동을 의미한다. EDX는 레지스터 이름으로 목적지 오퍼랜드이고, 변수 VALUE는 주기억장치에 할당된 변수의 주소로써 소스 오퍼랜드다.
- (Pentium) ADD EAX, EBX: 동작코드는 ADD이고 더하기를 의미한다. EAX와 EBX는 레지스터 이름이다. 이 명령어는 레지스터 EAX의 값과 EBX의 값을 더하여 그 결과를 레지스터 EAX에 저장하라는 의미이다.
- (ARM) SUB R2, R3, R4: ARM 프로세서는 16개의 레지스터를 갖고 있고 각각 R0부터 R15까지 이름이 부여되어 있다. 동작코드는 SUB이고 빼기를 의미한다. 이 명

령어는 R3의 값에서 R4의 값을 뺀 결과를 R2에 저장하라는 명령어이다.

- (ARM) BNE LOOP: 조건분기 명령어이다. 상태 레지스터의 제로 플래그 값이 0이면 주소가 LOOP인 곳으로 분기하라(Branch Not Equal)는 의미이다.

프로세서마다 서로 다른 명령어를 정의하고 있고, 명령어 형식도 다르다.

6.1.2 명령어 종류

프로그래머는 고급 언어로 프로그램을 작성한다. 명령어 집합은 고급 언어 프로그램을 편리하게 기계어로 바꿀 수 있도록 충분히 많은 명령어를 포함하고 있어야 한다. 명령어 집합은 데이터 전달(data movement), 데이터 처리(data processing), 프로그램 제어(program flow control) 명령어를 포함하고 있어야 한다.

- 데이터 전달 명령어: 레지스터, 주기억장치, 입출력 포트 쌍에 대하여 데이터를 수정하지 않고 한 장소에서 다른 장소로 데이터를 이동시키는 명령어이다. 이 그룹의 명령어는 오퍼랜드 종류와 데이터 형식에 따라 동작코드가 다르게 정의되어야 한다.
- 데이터 처리 명령어: 산술 및 논리 연산 명령어이다. 소스 오퍼랜드의 데이터를 조작하여 목적지 오퍼랜드에 저장한다. 데이터 처리 명령어는 다양한 형식의 데이터를 처리할 수 있어야 한다. 개념이 같은 더하기 명령어라도 처리하려는 데이터 형식에 따라 동작코드를 다르게 정의해야 한다.
- 프로그램 제어 명령어: 프로그램의 실행 순서를 변경하는 명령어 그룹이다. 프로그램 카운터의 값을 분기 목적지 주소로 변경한다. 분기 목적지 주소를 여러 가지 방법으로 표현할 수 있다.

6.1.3 명령어 형식

명령어 형식(instruction format)은 명령어의 비트 필드(field)를 구분하여 해석하는 방법을 정의한다. 한 개의 프로세서는 명령어 종류에 따라 여러 개의 명령어 형식을 갖는다. 프로세서의 명령어 형식을 고정 길이 명령어 형식(fixed-length instruction format)과 가변 길이 명령어 형식(variable-length instruction format)으로 구분할 수 있다. 각 방법의 특징은 다음과 같다.

- 고정 길이 명령어 형식: 프로세서의 명령어 길이가 모두 같다. 그렇더라도 명령어

종류에 따라 명령어 형식은 여러 개일 수 있다. 명령어를 해석하기 쉽고, 제어장치도 상대적으로 간단하다.

- 가변 길이 명령어 형식: 명령어 종류에 따라 명령어 길이가 다르다. 명령어를 해석하기 어렵고, 제어장치도 복잡하다.

[그림 6-1]은 PowerPC 프로세서의 명령어 형식을 제시한 것이다. PowerPC 프로세서는 32비트의 고정 길이 명령어 형식을 갖고 있으며, 명령어 종류에 따라 다섯 그룹의 명령어 형식을 정의하고 있다. 상위 6비트는 동작코드 필드이고, 나머지 필드는 명령어 종류에 따라 그 의미가 다르다. PowerPC 프로세서와 같이 비교적 최근에 개발된 RISC(Reduced Instruction Set Computer) 계열의 프로세서들은 고정 길이 명령어 형식을 갖고 있다.

6비트	5비트	5비트	16비트		

branch	long immediate				A/L
cond. br.	options	CR Bit	displacement		A/L

(a) 분기 명령어

cond. reg.	dest. bit	src. bit	src. bit	add, or, xor, etc.	X

(b) 조건부 레지스터 논리 명령어

ld/st indirect	dest. reg.	base reg.	displacement		
ld/st indirect	dest. reg.	base reg.	index reg.	size, sign, update	X

(c) 적재/저장 명령어

arithmetic	dest. reg.	src. reg.	src. reg.	sub-opcode	
arithmetic	dest. reg.	src. reg.	immediate value		

(d) 산술 연산 명령어

float sgl/dbl	dest. reg.	src. reg.	src. reg.	src. reg.	sub-op	R

(e) 실수 연산 명령어

그림 6-1 PowerPC 프로세서의 명령어 형식

[그림 6-2]는 가변 길이 명령어 형식을 갖고 있는 Pentium 프로세서의 명령어 형식이다. Pentium 프로세서는 같은 계열의 이전 프로세서 명령어를 모두 수용하고 있기 때문에, 명령어 형식이 매우 복잡하다. [그림 6-2(a)]의 prefix 필드는 명령어마다 앞에 붙을 수도 있고 없

을 수도 있다. Prefix 필드의 최대 길이는 4바이트이다. Prefix 필드 다음에 [그림 6-2(b)]의 명령어 필드가 붙는다. 명령어 길이도 매우 가변적이다. 가장 작은 명령어는 동작코드(opcode) 필드만 있는 한 바이트 명령어이고, 가장 긴 명령어는 prefix 필드를 제외하고도 12바이트이다. Pentium과 같이 전통적으로 계열(family) 개념이 적용된 CISC(Complex Instruction Set Computer) 프로세서들은 가변 길이 명령어 형식을 갖고 있다.

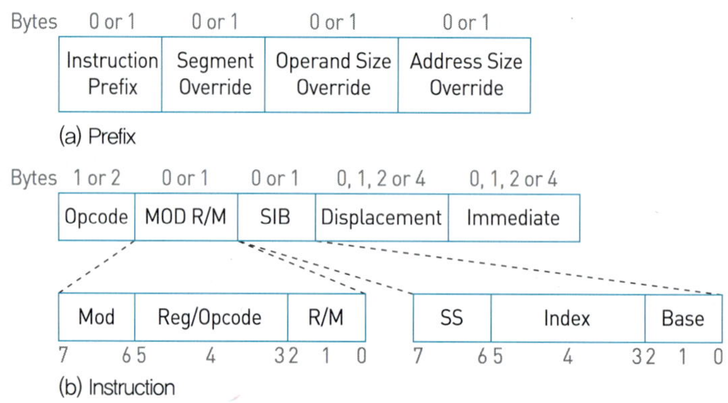

그림 6-2 Pentium 프로세서의 명령어 형식

PowerPC 프로세서와 Pentium 프로세서의 명령어 형식에 포함된 필드의 의미를 이해할 필요는 없다. 명령어 형식이 복잡할수록 제어장치가 복잡해진다.

6.2 주소의 수

명령어는 처리할 데이터에 해당하는 오퍼랜드를 포함하고 있다. 명령어가 필요로 하는 오퍼랜드 필드 수는 명령어 종류에 따라 다르다.

- **데이터 전달 명령어**: 소스 오퍼랜드와 목적지 오퍼랜드가 필요하다.
- **데이터 처리 명령어**: 이항 연산 명령어(예: 덧셈, 뺄셈)는 두 개의 소스 오퍼랜드와 한 개의 목적지 오퍼랜드가 필요하다.
- **프로그램 제어 명령어**: 분기 목적지 주소에 해당하는 한 개의 오퍼랜드가 필요하다.

따라서 명령어는 최대 세 개의 오퍼랜드 필드를 필요로 한다. 실제로 명령어를 구현할 때 오퍼랜드 필드를 세 개 다 표현할 수도 있고, 오퍼랜드 필드의 일부를 생략할 수도 있다. 오퍼랜드 필드의 수에 따라 3-주소 명령어(three-address instruction), 2-주소 명령어(two-address instruction), 1-주소 명령어(one-address instruction), 0-주소 명령어(zero-address instruction) 형식이 있을 수 있다. 0-주소 형식의 연산 명령어는 스택을 오퍼랜드로 지정하여 연산한다.

6.2.1 3-주소 명령어 형식

동작코드	목적지 오퍼랜드	소스 오퍼랜드1	소스 오퍼랜드2

그림 6-3 3-주소 명령어 형식

3-주소 명령어 형식은 [그림 6-3]과 같이 세 개의 오퍼랜드 필드를 포함한다. 동작코드를 op라고 하면, A ← B op C 연산식에서 A, B, C를 모두 표현하는 방식이다. 예를 들어, 산술식 $Y = A \times B + C \times D$를 3-주소 명령어 형식으로 구현한 것은 다음과 같다.

```
MUL   R1, A, B        // R1 ← A x B
MUL   R2, C, D        // R2 ← C x D
ADD   Y, R1, R2       // Y ← R1 + R2
```

하나의 명령어에 세 개의 오퍼랜드 필드를 모두 표현하면 명령어 하나의 길이가 길어진다. 그 대신에 고급 언어 프로그램을 기계어로 변환할 때 필요한 명령어 수는 적어진다. 3-주소 명령어 형식은 세 개의 주소를 지정하기 위하여 명령어가 길어지기 때문에 이전에는 잘 사용되지 않았다. 요즘에 개발되고 있는 RISC 프로세서는 3-주소 명령어 형식을 채용하고 있다.

6.2.2 2-주소 명령어 형식

동작코드	목적지/소스 오퍼랜드	소스 오퍼랜드

그림 6-4 2-주소 명령어 형식

2-주소 명령어 형식은 [그림 6-4]와 같이 두 개의 오퍼랜드 필드를 포함한다. 첫 번째 오퍼랜드 필드는 목적지 오퍼랜드와 소스 오퍼랜드 두 가지를 표현하고, 두 번째 오퍼랜드 필드는 나머지 한 개의 소스 오퍼랜드를 표현한다. A ← A op B 연산식에서 A와 B를 표현하고, A를 목적지와 소스 오퍼랜드 두 가지 기능으로 사용한다. 예를 들어, 산술식 Y = A×B + C×D를 2-주소 명령어 형식으로 구현한 결과는 다음과 같다.

```
LD    R1, A        // R1 ← A
MUL   R1, B        // R1 ← R1 x B
LD    R2, C        // R2 ← C
MUL   R2, D        // R2 ← R2 x D
ADD   R1, R2       // R1 ← R1 + R2
ST    Y, R1        // Y ← R1
```

3-주소 명령어 형식으로 구현한 프로그램과 비교하면 적재(LD, load)와 저장(ST, store) 명령어가 추가되었다. 2-주소 명령어 형식은 3-주소 명령어 형식과 비하여 명령어 자체의 길이는 짧아지지만, 같은 프로그램을 기계 명령어로 표현한 명령어 수가 증가한다. CISC 계열의 프로세서들이 2-주소 명령어 형식을 채용하고 있다.

6.2.3 1-주소 명령어 형식

동작코드	오퍼랜드

그림 6-5 1-주소 명령어 형식

1-주소 명령어 형식은 [그림 6-5]와 같이 명령어에 오퍼랜드 필드를 한 개만 표시하고 나머지를 생략한다. 초기의 컴퓨터는 데이터 레지스터를 하나만 갖고 있었다. 이 레지스터가 누산기(AC, accumulator)이다. 데이터 처리 명령어와 전달 명령어는 누산기를 사용한다고 가정하고 누산기를 명시적으로 표현하지 않는다. 이 컴퓨터는 AC ← AC op A 형태의 데이터 처리 명령어를 실행하며, 오퍼랜드로 A만 표현한다. 예를 들어, 산술식 Y = A×B + C×D를 1-주소 명령어 형식으로 구현한 것은 다음과 같다.

```
LD   A        // AC ← A
MUL  B        // AC ← AC × B
ST   T        // T ← AC
LD   C        // AC ← C
MUL  D        // AC ← AC × D
ADD  T        // AC ← AC + T
ST   Y        // Y ← AC
```

명령어에 누산기 표현이 생략되었다. 레지스터가 부족하여 임시로 데이터를 저장하는 변수 T를 도입하였다. 결과적으로 2-주소 명령어 형식보다 명령어 수가 더 증가하였다. 최근의 프로세서에서 1-주소 명령어 형식을 찾아보기 힘들다.

6.2.4 0-주소 명령어 형식

0-주소 명령어 형식은 일반 프로세서에서 잘 사용하지 않고, 특수한 계산기에서 사용하는 명령어 형식이다. 이 방법은 계산식을 역폴리쉬(reverse Polish)로 표현하고, 스택을 이용하여 계산한다. 역폴리쉬 표현법은 계산식을 후위 표기법(postfix)으로 표현한다. 스택을 이용한 계산 알고리즘은 다음과 같다.

- 계산식에서 변수를 만나면 스택에 푸시한다.
- 연산자를 만나면 스택에서 두 개의 데이터를 팝하고, 계산한 후 결과를 스택에 푸시한다.
- 이 과정을 반복하여 계산식의 처리가 끝나면, 스택에서 데이터를 팝하여 변수에 저장한다.

예를 들어, 산술식 Y = A×B + C×D에 대한 후위 표기식은 (Y = AB×CD×+)이다. [그림 6-6]은 스택을 이용한 계산 과정을 보여 준다.

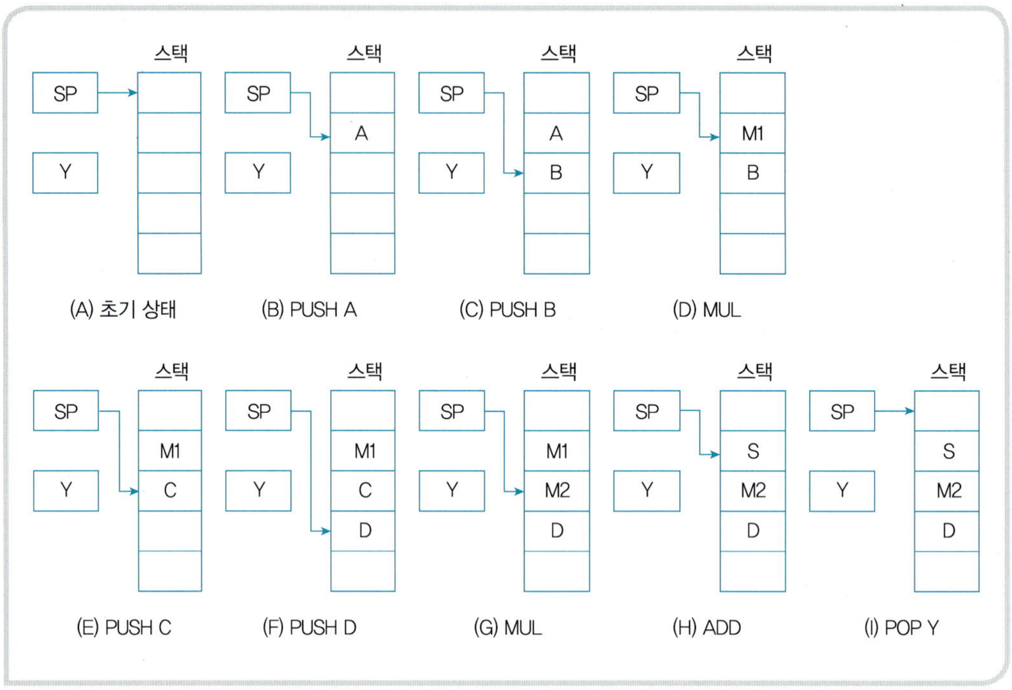

그림 6-6 스택 연산

- [그림 6-6(A)]: 초기 상태이다. 스택이 비워져 있다.
- [그림 6-6(B)] PUSH A: 계산식의 첫 번째 변수 A를 스택에 푸시한다.
- [그림 6-6(C)] PUSH B: 계산식의 다음 변수 B를 스택에 푸시한다.
- [그림 6-6(D)] MUL: 계산식의 다음 원소가 곱하기이므로, 스택에서 두 개를 꺼내 A×B = M1을 계산하고, 곱 M1을 스택에 푸시한다.
- [그림 6-6(E)] PUSH C: 계산식의 다음 변수 C를 스택에 푸시한다.
- [그림 6-6(F)] PUSH D: 계산식의 다음 변수 D를 스택에 푸시한다.
- [그림 6-6(G)] MUL: 계산식의 다음 원소가 곱하기이므로, 스택에서 두 개를 꺼내 M2 = C×D를 계산하고, 곱 M2를 스택에 푸시한다.
- [그림 6-6(H)] ADD: 계산식의 다음 원소가 더하기이므로, 스택에서 두 개를 꺼내 S = M1+M2를 계산하고, 합 S를 스택에 푸시한다.
- [그림 6-6(I)] POP Y: 계산식이 모두 소모되었으므로, 마지막으로 POP Y를 실행하여, 최종 계산 결과 S를 변수 Y로 팝한다. 스택은 최초 상태와 같아진다.

6.3 주소지정방식

명령어는 데이터를 처리한다. 유효 데이터(effective data)는 명령어가 직접 처리하는 데이터이다. 명령어의 오퍼랜드 필드는 유효 데이터를 찾을 수 있는 정보를 포함하고 있다. 유효 데이터는 명령어 자체에 포함되어 있을 수 있고, 레지스터나 기억장치에 저장되어 있을 수 있다. 유효 데이터가 기억장치에 저장되어 있을 때, 그 기억장소의 주소를 유효 주소(effective address)라고 한다. 주소지정방식(addressing mode)은 명령어의 오퍼랜드 필드에서 유효 데이터를 구하는 방법을 정의한다. 이 절에서는 다음과 같은 주소지정방식을 설명한다.

- 즉치 주소지정방식(immediate addressing mode): 명령어에 유효 데이터가 들어 있다.
- 직접 주소지정방식(direct addressing mode): 유효 데이터가 기억장치에 있고, 명령어는 유효 주소를 포함하고 있다.
- 간접 주소지정방식(indirect addressing mode): 유효 데이터가 기억장치에 있고, 명령어는 유효 주소의 주소를 포함하고 있다.
- 레지스터 주소지정방식(register addressing mode): 유효 데이터가 레지스터에 저장되어 있다. 명령어는 레지스터 번호를 포함한다.
- 레지스터 간접 주소지정방식(register indirect addressing mode): 유효 데이터가 기억장치에 있고, 명령어는 유효 주소를 저장하고 있는 레지스터 번호를 포함한다.
- 변위 주소지정방식(displacement addressing mode): 명령어에 포함된 2진수와 레지스터의 값을 더하여 유효 주소를 계산한다.

명령어에 포함된 오퍼랜드가 여러 개일 때 각 오퍼랜드마다 서로 다른 주소지정방식을 적용할 수 있다. 예를 들어, 3-주소 명령어 형식은 세 개의 오퍼랜드 필드들에 대하여 각각 서로 다른 주소지정방식을 적용할 수 있다. 이후의 설명에서 다음과 같은 표현 방식을 사용한다.

- A: 명령어에 표현된 주기억장치 주소.
- Mem(A): 주기억장치 A번지에 저장되어 있는 값
- R: 명령어에 표현된 레지스터 번호.
- (R): 레지스터 R에 저장되어 있는 값
- EA: 유효 데이터가 저장되어 있는 주기억장치의 유효 주소(effective address)

6.3.1 즉치 주소지정방식

동작코드	유효 데이터

그림 6-7 즉치 주소지정방식

즉치 주소지정방식(immediate addressing mode)은 [그림 6-7]과 같이 명령어의 오퍼랜드 필드가 유효 데이터를 포함하고 있다. 이 방식의 특징은 다음과 같다.

- 명령어를 인출하면 그 안에 유효 데이터가 포함되어 있다.
- 명령어를 실행할 때 기억장치를 액세스할 필요가 없다.
- 유효 데이터의 범위가 명령어에 할당된 오퍼랜드 필드 크기에 제한을 받는다.

다음은 즉치 주소지정방식의 명령어 예이다. 명령어에 처리되는 숫자가 직접 표현되어 있다.

- 1-주소 명령어 형식 ADDI #20 // AC ← AC + 20
- 2-주소 명령어 형식 LDI R0, #12 // R0 ← 12

예제 6-1 1-주소 명령어 형식을 갖는 명령어의 길이가 16비트이고, 동작코드 필드의 길이가 5비트, 오퍼랜드 필드의 길이가 11비트라고 가정하자.

(1) 즉치 주소지정방식의 오퍼랜드 필드로 표현할 수 있는 부호 없는 수의 범위를 구하라.
(2) 명령어 ADDI(add immediate data to accumulator)의 동작코드가 10010일 때, 명령어 "ADDI #12"의 비트 패턴을 구하라. 단, 12는 10진수이다.
(3) 누산기(AC)의 초기값이 5일 때, "ADDI #12"를 실행한 후 누산기 값을 구하라.

풀이

(1) 오퍼랜드 필드의 길이가 11비트이므로 $0 \sim 2^{11}-1$, 즉 $0 \sim 2047$
(2) $12_{10} = 1100_2$이므로, 명령어 코드는 10010_000_0000_1100
(3) AC = 5 + 12 = 17

6.3.2 직접 주소지정방식

직접 주소지정방식(direct addressing mode)은 [그림 6-8]과 같이 명령어의 오퍼랜드 필드가 유효 주소이다. 명령어에 포함된 오퍼랜드 필드를 기억장치 주소로 사용하여 기억장치를 액세스하여 유효 데이터를 구한다. 이 방식의 특징은 다음과 같다.

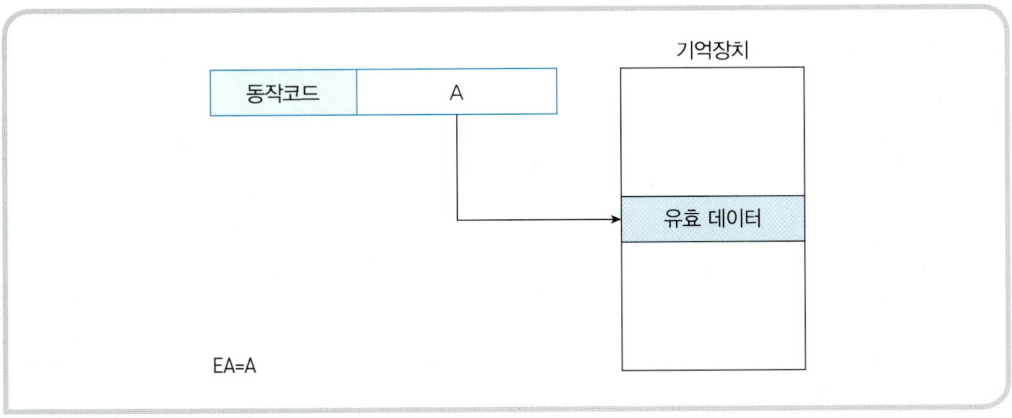

그림 6-8 직접 주소지정방식

- A는 기억장치 주소이므로 부호 없는 수이다.
- 명령어를 인출한 후, 명령어 실행단계에서 유효 데이터를 가져오기 위하여 기억장치를 한 번 액세스해야 한다.
- 명령어에 포함된 오퍼랜드 필드의 길이는 기억장치 버스 폭과 같아야 한다. 따라서 기억장치의 용량이 커질수록 명령어 길이도 증가한다. 예를 들어 기억장치 용량이 1M바이트일 때, A의 길이는 20비트이다.

다음은 직접 주소지정방식의 명령어 예이다. 명령어에 기억장치 주소가 표현되어 있다.

- 1-주소 명령어 형식　　ADD　#20　　　　// AC ← AC + Mem(20)
- 2-주소 명령어 형식　　LD　　R0, #1200　　// R0 ← Mem(1200)

예제 6-2

1-주소 명령어 형식을 갖는 명령어의 길이가 16비트이고, 동작코드 필드의 길이가 5비트이고, 오퍼랜드 필드의 길이가 11비트라고 가정하자.

(1) 직접 주소지정방식으로 지정할 수 있는 기억장치 용량을 구하라.
(2) 명령어 LD(load data to accumulator)의 동작코드가 00011일 때, 명령어 "LD #123"의 비트 패턴을 구하라. 단, 123은 10진수이다.
(3) 기억장치 상태가 [그림 6-9]일 때, "LD #123"를 실행한 후 누산기(AC)의 값을 구하라.

주소	데이터
···	···
125	120
124	122
123	124
122	126
121	128
120	130

그림 6-9 예제 6-2의 기억장치 상태

풀이

(1) 2^{11} = 2K 단어

(2) $123_{10} = 111_1011_2$이므로, 명령어 코드는 00011_000_0111_1011

(3) AC = Mem(123) = 124

6.3.3 간접 주소지정방식

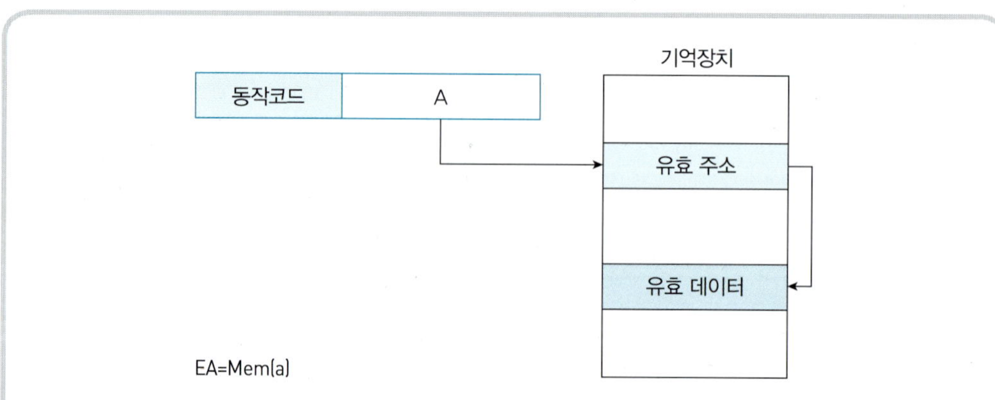

그림 6-10 간접 주소지정 방식

간접 주소지정방식(indirect addressing mode)은 [그림 6-10]과 같이 명령어의 오퍼랜드 필드에 유효 주소가 저장되어 있는 기억장소의 주소가 저장되어 있고, 기억장치에서 유효 주소를 찾아 이 주소로 기억장치를 한 번 더 액세스해야 실제로 처리할 유효 데이터를 찾을 수 있다. 이 방식의 특징은 다음과 같다.

- A는 기억장치 주소이므로 부호 없는 수이다.

- Mem(A)에 기억장치 주소가 저장되어 있고, 이것이 유효 주소이다.
- 명령어를 인출한 후, 명령어 실행단계에서 유효 데이터를 가져오기 위하여 기억장치를 두 번 액세스해야 한다.
- 명령어에 포함되어 있는 오퍼랜드 필드 길이는 주소 버스 폭과 같아야 한다. 기억장치 용량이 커질수록 명령어 길이도 증가한다.

다음은 간접 주소지정방식의 명령어 예이다. 명령어에 기억장치 주소가 표현되어 있다.

- 1-주소 명령어 형식 ADDID #20 // AC ← AC + Mem(Mem(20))
- 2-주소 명령어 형식 LDID R0, #1200 // R0 ← Mem(Mem(1200))

예제 6-3 1-주소 명령어 형식을 갖는 명령어의 길이가 16비트이고, 동작코드 필드의 길이가 5비트이고, 오퍼랜드 필드의 길이가 11비트라고 가정하자.

(1) 명령어 LDID(load indirect data to accumulator)의 동작코드가 10011일 때, 명령어 "LDID #121"의 비트 패턴을 구하라. 단, 121은 10진수이다.
(2) 기억장치의 상태가 [그림 6-9]와 같을 때, "LDID #121"를 실행한 후 누산기(AC)의 값을 구하라.

풀이

(1) 121_{10} = 111_1001_2이므로, 명령어 코드는 10011_000_0111_1001
(2) AC = Mem((121)) = Mem(125) = 120

6.3.4 레지스터 주소지정방식

레지스터 주소지정방식(register addressing mode)은 [그림 6-11]과 같이 명령어의 오퍼랜드 필드가 레지스터 중 하나를 지시한다. 레지스터 값이 처리할 유효 데이터이다. 이 방식의 특징은 다음과 같다.

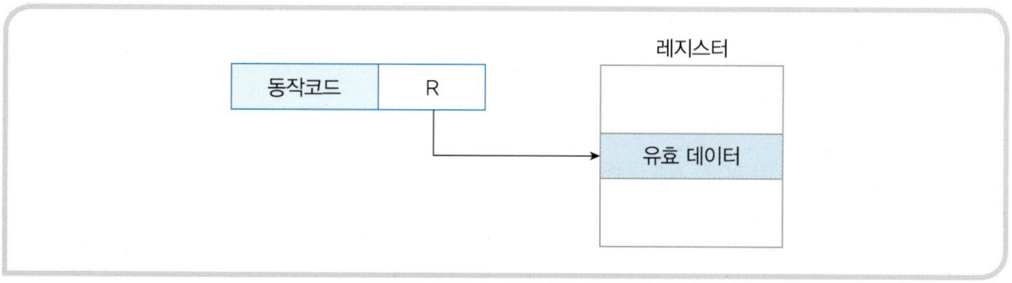

그림 6-11 레지스터 주소지정방식

- 유효 데이터가 기억장치가 아닌 레지스터에 저장되어 있다.
- 기억장치를 사용하지 않으므로, 유효 주소 개념이 없다.
- 레지스터 수는 기억장치 용량에 비하여 매우 작다. R은 레지스터 중 하나를 지칭하는 레지스터 번호이므로, 기억장치 주소보다 길이가 짧다. 프로세서의 레지스터가 32개일 때, R의 길이는 5비트이다. 따라서 명령어 전체 길이도 감소한다.
- 실행단계에서 유효 데이터를 가져오기 위하여 기억장치를 액세스할 필요가 없다. 따라서 유효 데이터가 기억장치에 저장되어 있는 명령어보다 실행 속도가 빠르다.

다음은 레지스터 주소지정방식의 명령어 예이다. 명령어에 레지스터 번호가 표현되어 있다.

- 2-주소 명령어 형식 LD R0, #1200 // R0 ← Mem(1200)
- 2-주소 명령어 형식 ADD R0, R1 // R0 ← R0 + R1
- 3-주소 명령어 형식 ADD R0, R1, R2 // R0 ← R1 + R2

첫 번째 예에서 R0 부분은 레지스터 주소지정방식이고, #1200 부분은 직접 주소지정방식이다. 이 예와 같이 주소지정방식은 각 오퍼랜드 필드마다 다르게 적용될 수 있다.

예제 6-4 레지스터가 R0~R15까지 16개인 프로세서가 있다. 이 프로세서의 연산 명령어는 3-주소 명령어 형식을 사용하고, 각 오퍼랜드 필드는 레지스터 주소지정방식을 사용한다. 명령어의 전체 길이는 16비트이다. 처음 4비트는 동작코드이고, 다음 4비트씩 차례대로 목적지 오퍼랜드와 두 개의 소스 오퍼랜드를 나타낸다.

(1) "Rd ← Rs1 + Rs2"를 수행하는 명령어 ADDR(add register)의 동작코드가 0010일 때, "ADDR R0, R1, R2"의 비트 패턴을 구하라.
(2) 레지스터 초기값이 R0 = 2, R1 = 3, R2 = 4일 때, "ADDR R0, R1, R2"를 실행한 후 변경되는 레지스터의 값을 구하라.

풀이

(1) 명령어 코드 = 동작코드(0010), 목적지(R0), 소스1(R1), 소스2(R2)
= 0010_0000_0001_0010

(2) R0 = 3 + 4 = 7

6.3.5 레지스터 간접 주소지정방식

레지스터 간접 주소지정방식(register indirect Addressing)은 레지스터 주소지정방식과 간접 주소지정방식을 합친 것이다. [그림 6-12]와 같이 명령어의 오퍼랜드 필드는 레지스터를 지정하고, 이 레지스터의 값을 유효 주소로 사용하여 기억장치를 액세스하고, 그 안에 유효 데

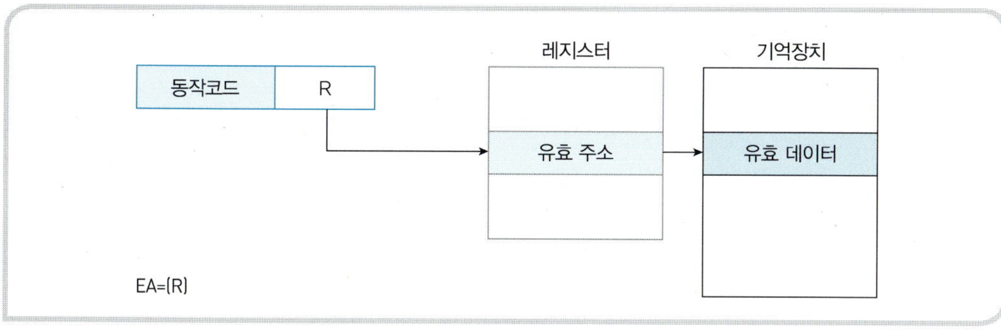

그림 6-12 레지스터 간접 주소지정방식

이터가 저장되어 있다. 이 방식의 특징은 다음과 같다.

- 유효 주소가 레지스터에 저장되어 있다. 유효 주소는 (R)이고, 유효 데이터는 Mem((R))이다.
- 실행단계에서 유효 데이터를 가져오기 위하여 기억장치를 한 번 액세스한다.
- R은 레지스터 번호이므로, 기억장치 주소에 비하여 길이가 짧다. 명령어 길이가 짧으면서도 기억장치를 액세스할 수 있다는 장점이 있다.

예제 6-5

레지스터 간접 주소지정방식의 적재 명령어와 저장 명령어의 형식이 [그림 6-13(a)]와 같다. 명령어 형식의 xxx는 사용하지 않는 필드이다. 각 명령어의 표현과 레지스터 전송문은 다음과 같다.

- 레지스터 간접 적재 명령어: LDR Rd, Mem(Rs+1:Rs) // Rd ← Mem(Rs+1:Rs)
- 레지스터 간접 저장 명령어: STR Mem(Rd+1:Rd), Rs // Mem(Rd+1:Rd) ← Rs

적재 명령어는 Rs만 표현하고 Rs+1을 표현하지 않고, 저장 명령어는 Rd만 표현하고 Rd+1을 표현하지 않는다. 예를 들어, 적재 명령어의 Rs = 6이면, 기억장치 주소는 (R7:R6)이다.

(1) LDR R0, Mem(R7:R6) 명령어를 실행한 후 변하는 레지스터의 값을 구하라.
(2) STR Mem(R7:R6), R1 명령어를 실행한 후 변하는 기억장치의 값을 구하라.

5비트	3비트	3비트	3비트	2비트
LDR: 00110	Rd	Rs	xxx	00
STR: 00110	Rd	Rs	xxx	01

(a) 명령어 형식

주소	데이터
R7	01
R6	23
···	···
R1	3A
R0	00

(b) 레지스터 상태

주소	데이터
···	···
125	78
124	AB
123	0D
122	1A

(c) 기억장치 상태

그림 6-13 예제 6-5의 명령어 형식과 상태

풀이

(1) R0 ← Mem(R7:R6) = Mem(0123) = 0D

(2) Mem(R7:R6) = Mem(0123) ← R1 = 3A

6.3.6 변위 주소지정방식

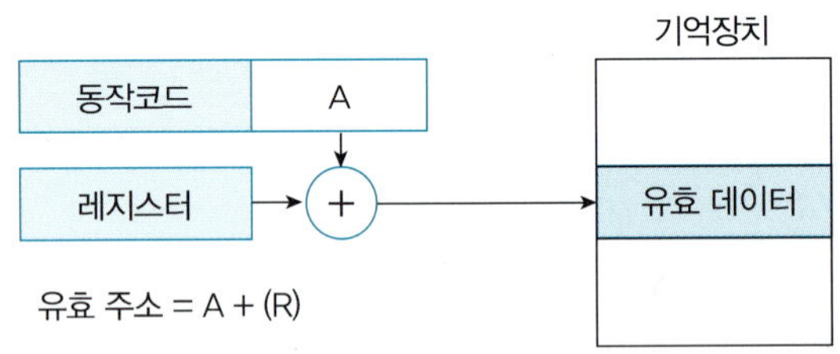

그림 6-14 변위 주소지정방식

변위 주소지정방식(displacement addressing mode)은 [그림 6-14]와 같이 명령어에 표현된 오퍼랜드 필드(A)와 기준 주소를 저장하고 있는 특정 레지스터의 값을 더하여 유효 주소를 계산한다. 오퍼랜드 필드는 절대 주소를 의미하는 것이 아니라 레지스터 값을 기준으로 한 상대 거리를 나타낸다. 이 방식의 유효 주소 EA는 EA = (R) + A이다.

이 방법의 장점은 변위를 표현하는 필드 A의 비트 수를 주소 버스 폭보다 적게 할당할 수 있다는 것이다. 예를 들어, 기억장치 용량이 64K바이트이면, 주소 폭은 16비트이다. 만일 레지스터 크기가 16비트이고 변위에 12비트를 할당한다면, 유효 주소를 (16비트 수 + 12비트 수)로 계산한다. 데이터 비트 수가 다르므로, 변위 부분을 부호 확장하여 계산해야 한다.

변위 주소지정방식은 기준 주소를 저장하는 레지스터에 따라 세 가지로 구분할 수 있다. 각 방법의 용도가 다르다.

- 상대 주소지정방식(relative addressing mode)
- 베이스 레지스터 주소지정방식(base-register addressing mode)
- 인덱싱(indexing)

상대 주소지정방식(relative addressing 또는 PC relative addressing mode)은 [그림 6-15]와 같이 프로그램 카운터를 기준 레지스터로 사용한다. 유효 주소는 (PC) + A이다. 이 방식은 프로그램 제어 명령어의 분기 목적지 주소를 표현한다. 예를 들면, 무조건분기 명령어, 조건분기 명령어, 서브루틴 호출과 같은 명령어가 상대 주소지정방식으로 분기 목적지 주소를 표현한다.

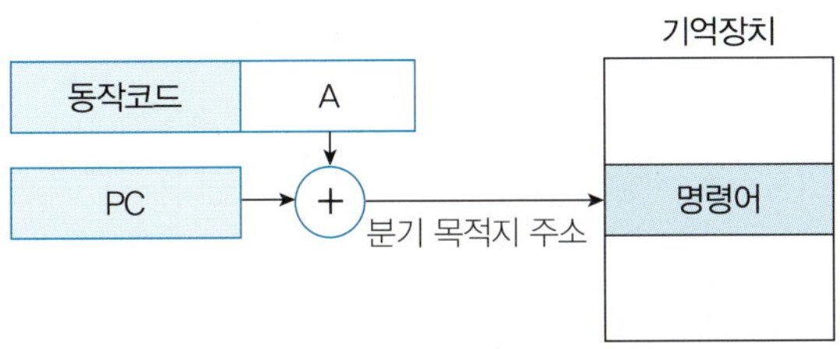

그림 6-15 상대 주소지정방식

프로그램 속성상 분기 목적지는 현재 실행 중인 명령어 이전에 있을 수도 있고 이후에 있을 수도 있으므로, 오퍼랜드 필드 A의 값을 정수로 해석한다. 그리고 대부분 분기 목적지는 현재 실행 중인 명령어와 가까운 위치에 있기 때문에, 필드 A에 기억장치 전체를 지정할 수 있을 정도로 큰 비트를 할당할 필요가 없다. PC 값과 A를 더할 때 비트 수가 다르므로, A의 비트를 확장하여 더해야 한다.

예제 6-6 바이트 단위로 구성된 기억장치의 용량이 64KB이다. 한 개의 명령어는 2바이트로 구성되어 있고, 두 개의 기억장소에 저장된다. 명령어 BR(unconditional branch)의 동작코드는 11011이고, 나머지 11비트는 상대 주소를 나타낸다. 프로세서는 204_{10}번지의 명령어를 실행하고 있다.

(1) 현재 PC의 값을 구하라.
(2) 명령어 코드 11011_000_0100_0000인 명령어를 실행한 후 PC 값을 구하라.
(3) 명령어 코드 11011_111_1011_1110인 명령어를 실행한 후 PC 값을 구하라.

풀이

(1) 프로세서가 204번지의 명령어를 실행하고 있을 때, PC는 다음 명령어를 가리킨다. 명령어 크기가 2바이트이므로, 현재 PC 값은 206_{10}이다.

(2) 동작코드를 제외한 주소 필드 = 000_0100_0000 = 64_{10}
이 명령어는 BR (PC)+64이다. 따라서, PC = 206 + 64 = 270

(3) 동작코드를 제외한 주소 필드 = 111_1011_1110 = −000_0100_0010 = -66_{10}
이 명령어는 BR (PC)−66이다. 따라서 PC = 206 − 66 = 140

베이스 레지스터 주소지정방식(base-register addressing mode)은 [그림 6-16]과 같이 베이스 레지스터를 기준 주소로 사용한다. 유효 주소는 EA = (R) + A이다.

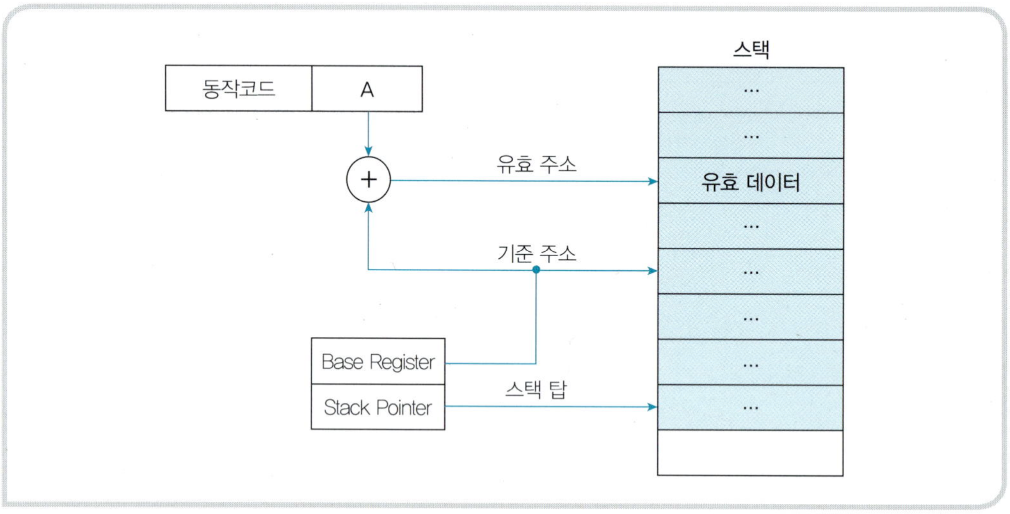

그림 6-16 베이스 레지스터 주소지정방식

베이스 레지스터는 스택의 기준 주소를 지정하는 주소 레지스터이다. 이 지점을 기준으로 위 또는 아래에 위치한 데이터를 액세스하기 위하여 이 주소지정방식을 사용한다. 주소 필드 A는 기준 주소부터 상대 거리를 나타내므로, 정수로 해석해야 한다. 이때도 A의 비트를 확장해서 더해야 한다.

예제 6-7

단어 크기와 명령어 크기가 16비트이다. 기억장치 용량은 64K단어이다. [그림 6-17]은 명령어 형식과 컴퓨터의 상태이다. 베이스 레지스터 주소지정방식의 명령어는 Rd ← Rd + Mem((Rs)+A)를 실행하는 2-주소 명령어이다.

(1) 이 프로세서의 레지스터 수를 구하라.
(2) 명령어 코드 00101_000_010_00001인 명령어를 실행한 후 변경되는 레지스터의 값을 구하라.
(3) 명령어 코드 00101_001_011_11110인 명령어를 실행한 후 변경되는 레지스터의 값을 구하라.

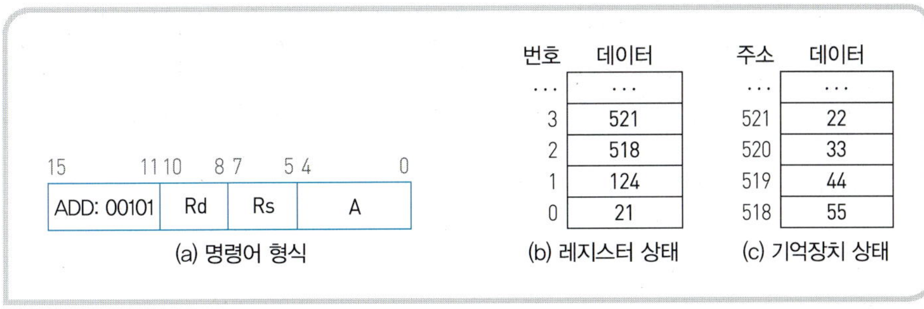

그림 6-17 예제 6-7의 명령어 형식과 상태

풀이

(1) 레지스터를 표현하는데 할당된 비트 수가 3비트이므로, 레지스터 수 = 2^3 = 8개

(2) R0 ← R0 + Mem((R2) + 00001)을 실행한다. 00001을 정수로 해석하면 1이다.
R0 = R0 + Mem(518 + 1) = 21 + Mem(519) = 21 + 44 = 65

(3) R0 ← R1 + Mem((R3) + 11110)을 실행한다. 11110을 정수로 해석하면 −2이다.
R0 = R1 + Mem(521 − 2) = 124 + Mem(519) = 124 + 44 = 168

인덱싱(indexing, or index register addressing mode)은 [그림 6-18]과 같이 인덱스 레지스터를 사용한다. 명령어 필드의 R은 인덱스 레지스터로 사용할 레지스터를 지시하고 유효 주소는 (인덱스 레지스터) + A로 계산한다. [그림 6-18]의 A 필드는 상수일 수도 있고, 다른 레지스터를 지정할 수도 있다. 인덱싱은 주로 배열 원소를 액세스하는데 사용된다.

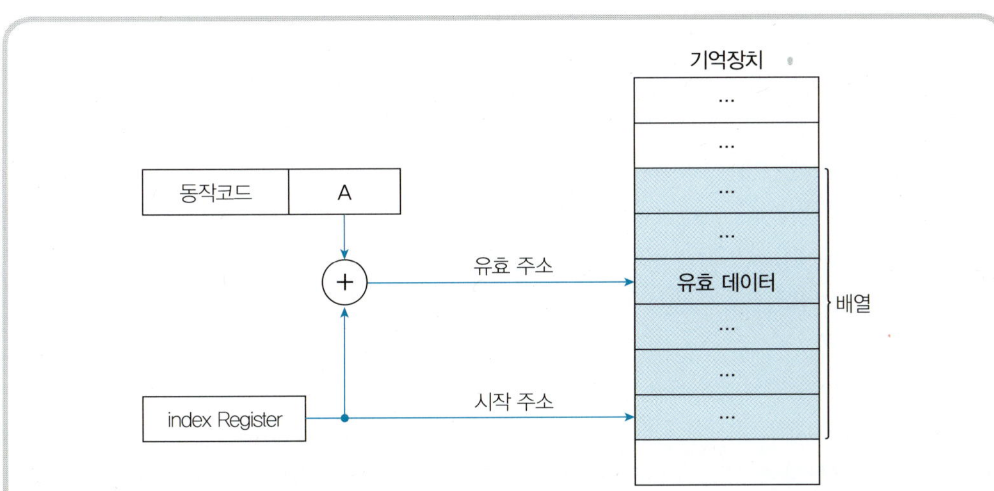

그림 6-18 인덱싱

자동 인덱싱(auto indexing)은 명령어를 실행하면서 동시에 인덱스 레지스터 값을 증가 또는 감소시키는 방법이다. 인덱스 레지스터의 값을 갱신하는 시기에 따라 선인덱싱(pre-indexing)과 후인덱싱(post-indexing)으로 구분할 수 있다. 선인덱싱은 인덱스 레지스터의 값을 변경한 후에 기억장치를 액세스하는 방법이고, 후인덱싱은 기억장치를 액세스한 후에 인덱스 레지스터의 값을 변경하는 방법이다.

예제 6-8

[그림 6-19]는 인덱싱 명령어 형식과 컴퓨터 상태이다. 이 명령어의 동작코드는 11101이고, Rd ← Mem((IX) + (Rs))를 실행한다. A 필드가 0이면 IX 값을 증가시키지 않고, A 필드가 1이면 기억장치를 액세스한 후에 IX 값을 증가시킨다.

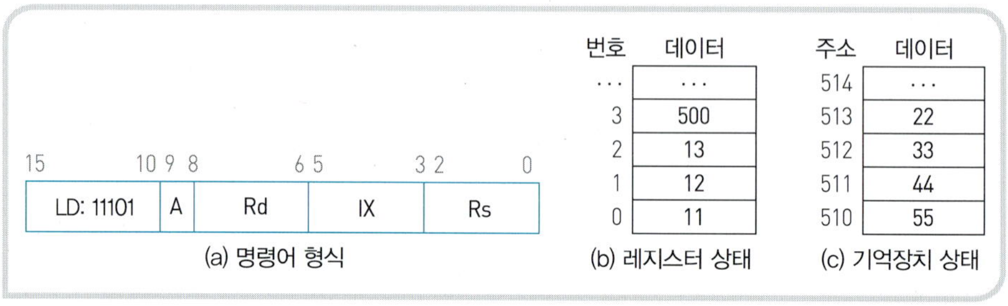

그림 6-19 예제 6-8의 명령어 형식과 상태

(1) 이 명령어의 주소지정방식과 주소 필드 수는 몇 개인가?
(2) 명령어 코드 11101_0_000_011_001인 명령어를 실행한 후에 변경되는 레지스터의 값을 구하라.
(3) 명령어 코드 11101_1_000_011_010인 명령어를 실행한 후에 변경되는 레지스터의 값을 구하라.

풀이

(1) Rd는 레지스터 주소지정방식, IX와 Rs는 인덱싱. 따라서, 2 주소 명령어 형식.

(2) 명령어는 R0 ← Mem((R3) + (R1))이고, R3이 인덱스 레지스터이다.

R0 = Mem((R3) + (R1)) = Mem(500 + 12) = Mem(512) = 33

(3) 명령어는 R0 ← Mem((R3) + (R2))이고, R3이 인덱스 레지스터이다. 후인덱싱을 수행한다.

R0 = Mem((R3) + (R2)) = Mem(500 + 13) = Mem(513) = 22

R3 = R3 + 1 = 501

지금까지 여러 가지 주소지정방식을 설명하였다. 실제 프로세서들은 이 절에서 소개한 주소지정방식을 결합하여 사용하기도 하고, 일부를 사용하지 않기도 한다. 프로세서가 제공하는 주소지정방식이 많고 복잡할수록 프로그램을 작성할 때 유연성은 늘어나지만, 그만큼 제어장치가 복잡해진다. 그러므로 프로세서를 설계할 때 적절한 타협이 필요하다.

6.4 오퍼랜드 저장

오퍼랜드(operand)는 동작의 대상이다. 컴퓨터 구조에서 오퍼랜드는 다음과 같이 두 가지 의미로 사용된다.

- 명령어 형식에서 동작 대상을 표현하는 필드: '6.2 주소의 수'에서 명령어 형식은 동작코드와 한 개 이상의 오퍼랜드 필드로 구성되어 있다고 설명하였다. 이때 오퍼랜드는 "기억장치 주소 또는 레지스터로 유효 데이터를 액세스하는데 필요한 정보"이다.
- 명령어가 실제로 처리하는 유효 데이터: 명령어가 실제로 처리하는 유효 데이터를 오퍼랜드라고 한다. '6.3 주소지정방식'은 명령어의 오퍼랜드 필드(동작의 대상을 표현하는 필드)에서 오퍼랜드(유효 데이터)를 구하는 방법을 설명한 것이다.

첫 번째는 오퍼랜드를 넓게 해석한 것이고, 두 번째는 오퍼랜드를 좁게 해석한 것이라고 볼 수 있다. 이 절에서는 좁은 의미의 오퍼랜드를 기억장치에 저장하는 방법을 다룬다. 여러 바이트의 단어를 기억장치에 저장할 때 발행하는 정렬 문제와 단어를 배정하는 순서에 대하여 설명한다.

6.4.1 데이터 정렬

단어는 중앙처리장치가 한 번에 처리하는 데이터이다. 프로세서 종류에 따라 단어 크기는 8비트, 16비트, 또는 32비트이다. 최근에는 단어가 64비트인 프로세서도 생산되고 있다. 그렇지만 컴퓨터 기억장치는 일반적으로 바이트 단위로 조직되어 있다. 즉, 한 개의 주소에 한 바이트가 배정된다. 따라서 두 바이트 이상의 단어를 처리하는 컴퓨터 시스템에서 한 개의 단어는 여러 개의 주소 공간에 배정되어야 한다.

단어 크기가 n바이트인 단어는 바이트 단위로 조직된 기억장치에 n개의 기억장소를 차지한다. 단어를 이 기억장치 주소 A에 배정한다는 것은 주소 A+0부터 A+(n−1)까지 n개의 기억장소에 할당하는 것을 의미한다. 시작 주소 A가 n의 배수일 때, "데이터가 단어 크기에 정렬되어 있다(word-size aligned)"라고 한다.

Pentium, MIPS, ARM과 같은 프로세서는 레지스터 크기, 데이터 버스 폭, 주소 버스 폭이 모두 32비트(4바이트)이다. 이 프로세서들은 한 번에 최대 4바이트의 데이터를 액세스할 수 있지만, 기억장치는 바이트 단위로 조직되어 있다. 이 프로세서들은 [그림 6-20]과 같이 4바이트 크기로 정렬된 32비트 데이터를 액세스한다. [그림 6-20]에 대한 해석은 다음과 같다.

- 기억장치는 4바이트가 모여 한 개의 단어를 구성한다.
- 주소선은 32비트(A[31:0])이지만, 정렬된 단어를 액세스할 때 하위 두 비트(A[1:0])를 사용하지 않는다. 즉, 상위 30비트(A[31:2])만으로 한 개의 단어를 액세스한다.
- [그림 6-20]의 한 라인에 배치된 데이터는 상위 30비트(A[31:2]) 값이 같고, 하위 2비트(A[1:0]) 값이 다르다. 이와 같이 한 개의 라인에 배치된 데이터를 "정렬되어 있다(aligned)"고 한다. 프로세서는 정렬된 단어를 한 번에 액세스할 수 있다.
- 주소 관점에서 연속으로 배치된 데이터라도 한 라인에 배치되어 있지 않다면, "정렬되어 있지 않다(not aligned)"고 한다. 이런 데이터는 상위 30비트(A[31:2]) 값이 다르다. 예를 들어, 연속된 주소 [11h, 10h, 0Fh, 0Eh]에 배정된 단어는 정렬되지 않은 것이다.
- 프로세서가 단어 크기에 정렬되어 있지 않은 한 개의 단어를 액세스하려면, 기억장치를 두 번 액세스하여 데이터를 조립해야 한다.

A[31:2]	A_1A_0=11	A_1A_0=10	A_1A_0=01	A_1A_0=00	
0000_0000h	D[31:24]	D[23:16]	D[15:8]	D[7:0]	
0000_0004h	D[31:24]	D[23:16]	D[15:8]	D[7:0]	정렬된 단어
0000_0008h	D[31:24]	D[23:16]	D[15:8]	D[7:0]	
0000_000ch	D[31:24]	D[23:16]	D[15:8]	D[7:0]	
0000_0010h	D[31:24]	D[23:16]	D[15:8]	D[7:0]	정렬되지 않은 단어
0000_0014h	D[31:24]	D[23:16]	D[15:8]	D[7:0]	
0000_0018h	D[31:24]	D[23:16]	D[15:8]	D[7:0]	
0000_001ch	D[31:24]	D[23:16]	D[15:8]	D[7:0]	
...	D[31:0] ...				

그림 6-20 4바이트 크기의 기억장치 정렬

예제 6-9 [그림 6-20]를 참고하여, 4바이트 단위로 정렬된 기억장치를 사용하는 프로세서가 다음 주소에 저장되어 있는 데이터를 한 번에 액세스할 수 있는지 판단하라.

(1) 주소 0000_0004h, 0000_0005h, 0000_0006h, 0000_0007h 번지
(2) 주소 1000_000eh, 1000_000fh, 1000_0010h, 1000_0011h 번지
(3) 주소 1234_1e08h, 1234_1e09h, 1234_1e0ah, 1234_1e0bh 번지
(4) 주소 b800_a003h, b800_a004h, b800_a005h, b800_a006h 번지

풀이

(1) 정렬됨. 시작 주소가 4의 배수이므로 한 번에 액세스할 수 있다.
(2) 정렬되지 않음. 시작 주소가 4의 배수가 아니므로 한 번에 액세스할 수 없다.
(3) 정렬됨. 시작 주소가 4의 배수이므로 한 번에 액세스할 수 있다.
(4) 정렬되지 않음. 시작 주소가 4의 배수가 아니므로 한 번에 액세스할 수 없다.

6.4.2 바이트 순서

한 개의 단어가 두 바이트 이상의 기억장소를 차지할 때, 단어를 해당 공간에 배치하는 방법을 바이트 순서(byte order)라고 한다. 32비트 레지스터에 저장된 32비트 수 12345678h는 상위 바이트인 12h의 무게가 하위 바이트인 78h의 무게보다 크다고 말할 수 있다. [그림 6-21]은 이 수를 단어 크기에 정렬된 기억장소에 저장하는 두 가지 방법을 보여준다. 기억장치 주소를 하위 두 비트만 표시하였다.

레지스터: 12345678

	A_1A_0=11	A_1A_0=10	A_1A_0=01	A_1A_0=00
little endian	12	34	56	78
big endian	78	56	34	12

그림 6-21 바이트 순서

- 리틀 엔디언(little endian): 주소 값이 큰 기억장소에 무게가 큰 수를 저장하고, 주소 값이 작은 기억장소에 무게가 작은 수를 저장한다.
- 빅 엔디언(big endian): 주소 값이 큰 기억장소에 무게가 작은 수를 저장하고, 주소 값이 작은 기억장소에 무게가 큰 수를 저장한다.

두 가지 방식 중 표준은 정해져 있지 않다. 예를 들면, Intel x86 계열, ARM 프로세서는 리틀

엔디언 방식을 사용하고, Motorola 68 계열, MIPS 프로세서, 인터넷은 빅 엔디언 방식을 사용한다.

예제 6-10 [그림 6-22] 기억장치 상태를 보고 질문에 답하라. 데이터는 모두 16진수이다.

(1) 주소 1200h부터 1203h까지 데이터를 리틀 엔디언으로 해석하라.
(2) 주소 1204h부터 1207h까지 데이터를 빅 엔디언으로 해석하라.

주소	데이터
1203h	55
1202h	44
1201h	33
1200h	22

주소	데이터
1207h	66
1206h	77
1205h	88
1204h	99

그림 6-22 예제 6-10의 기억장치 상태

풀이

(1) 1203h 번지의 값이 무게가 큰 수이다. 따라서 55443322h
(2) 1204h 번지의 값이 무게가 큰 수이다. 따라서 99887766h

6.5 명령어 종류

명령어의 동작코드(opcode)는 중앙처리장치가 실행할 명령어의 종류를 나타낸다. 명령어 종류는 데이터 전달 명령어, 데이터 처리 명령어, 프로그램 제어 명령어가 있다. 운영체제가 복잡해짐에 따라 프로세서는 운영체제 기능을 하드웨어로 지원하기 위한 새로운 그룹의 명령어를 제공하고 있다. 이 그룹을 시스템 제어(system control) 명령어라고 한다. 이 절에서는 명령어 종류를 다음과 같이 나누어 명령어를 제시하고 그 동작을 설명한다. 요즘의 프로세서는 이 절에서 소개하는 명령어 전체 또는 일부를 지원하고 있다.

- **데이터 전달 명령어**: 레지스터와 기억장치 간 데이터 전달 명령어, 레지스터와 입출력 포트 간 입출력 명령어.
- **데이터 처리 명령어**: 산술 연산 명령어, 논리 연산 명령어, 데이터 변환 명령어
- **프로그램 제어 명령어**: 상태 레지스터 조작 명령어, 분기 명령어, 서브루틴 호출과

복귀 명령어, 인터럽트 관련 명령어

- 시스템 제어 명령어: 시스템 상태를 제어하는 명령어

6.5.1 데이터 전달 명령어

데이터 전달 명령어는 동작코드, 소스 오퍼랜드, 목적지 오퍼랜드를 포함하고 있다. 동작코드는 전달할 데이터 크기에 대한 정보를 포함하고 있어야 한다. 일반적으로 데이터 크기는 바이트의 배수이다. 같은 동작을 수행하더라도 전달하는 데이터 크기가 다르면, 별도의 동작코드를 부여해야 한다. 데이터 전달 명령어의 종류는 다음과 같다.

- 적재(load) (Register ← Memory): 기억장치 한 장소에서 레지스터로 데이터를 전송한다.
- 저장(store) (Memory ← Register): 레지스터 값을 기억장치 한 장소에 저장한다.
- 이동(move) (Register ← Register, Register ← Memory, Memory ← Register, Memory ← Memory): 레지스터 간, 레지스터와 기억장치 간, 또는 기억장치 간에 데이터를 이동하는 명령어이다. 이동 명령어만으로 적재와 저장 기능을 구현하는 프로세서도 있다.
- 교환(exchange): 한 개의 명령어로 소스 오퍼랜드와 목적지 오퍼랜드의 값을 교환한다. 각 오퍼랜드는 레지스터 또는 기억장치일 수 있다.
- 푸시(PUSH): 레지스터 값을 스택으로 전달하며, 저장 명령어의 일종이다.
- 팝(POP): 스택의 탑에 있는 값을 레지스터로 전달하며, 적재 명령어의 일종이다.

6.5.2 입출력 명령어

입출력 명령어는 입력 명령어와 출력 명령어가 있다.

- 입력(input) (Register ← I/O port): 입출력 포트의 데이터를 레지스터로 전달한다.
- 출력(output) (I/O port ← Register): 레지스터의 데이터를 입출력 포트로 전달한다.

입력/출력 명령어는 적재/저장 명령어와 동작이 거의 같다. 입력/출력 명령어는 입출력 주소 공간을 사용하고, 적재/저장 명령어는 기억장치 공간을 사용하는 점이 다르다. 입출력 주소가 입출력 포트이다. 입출력 명령어는 대부분 직접 주소지정방식 또는 레지스터 간접 주소지정방식을 사용하고, 적재/저장 명령어는 '6.3 주소지정방식'에서 설명한 모든 주소지정방식을 사용한다. 기억장치와 레지스터 간 데이터 전달 명령어는 프로그램 작성의 유연성을 제

공하기 위하여 여러 가지 주소지정방식을 사용하지만, 입출력 명령어는 주소지정방식이 단순하다.

입출력장치 관점에서 보면, 입출력장치는 입출력 주소 공간에 연결될 수도 있고, 기억장치 주소 공간에 연결될 수도 있다. 전자를 독립 주소공간 입출력(isolated I/O) 또는 입출력 공간 맵 입출력(IO mapped IO)이라고 하고, 후자를 기억장치 맵 입출력(memory mapped I/O)이라고 한다. 전자일 때는 입력/출력 명령어를 사용하여 데이터를 전달하고, 후자일 때는 적재/저장 명령어를 사용하여 데이터를 전달한다.

6.5.3 산술 연산 명령어

산술 연산 명령어는 다음과 같은 세 가지 관점으로 분류할 수 있다. 종류가 같은 연산이라도 데이터 형식과 크기에 따라 동작코드를 다르게 정의해야 한다.

- 항의 수: 단항 연산, 이항 연산
- 데이터 형식: 부호 없는 수, 정수, 실수, 이진화십진 코드(BCD)
- 데이터 크기: 8비트, 16비트, 32비트, 64비트

단항 산술 연산은 다음과 같은 것들이 있을 수 있다.

- 절대값(absolute): 정수 또는 실수에 대하여 절대값을 구한다.
- 음수(negate): 정수 또는 실수에 대하여 부호를 반대로 만든다.
- 증가(increment): 부호 없는 수 또는 정수에 대하여 값을 1 증가시킨다.
- 감소(decrement): 부호 없는 수 또는 정수에 대하여 값을 1 감소시킨다.
- 제곱근(square root): 실수에 대하여 제곱근을 구한다.

이항 산술 연산의 종류는 사칙(더하기, 빼기, 곱하기, 나누기) 연산이 있다.

6.5.4 논리 연산 명령어

논리 연산 명령어는 대부분 부호 없는 수를 취급한다. 종류가 같은 연산이라도 데이터 형식과 데이터 크기에 따라 동작코드를 다르게 정의해야 한다.

프로세서가 제공하는 기본 논리 이항 연산 명령어는 AND, OR, XOR이다. 이 외에 NAND, NOR, XNOR 명령어를 제공할 수도 있다. 단항 논리 연산 명령어는 NOT 이외에 다음과 같은 것들이 있을 수 있다.

- 비트 클리어(bit clear): 레지스터의 특정한 비트를 0으로 만든다.
- 비트 세트(bit set): 레지스터의 특정한 비트를 1로 만든다.
- 시프트: 논리시프트, 산술시프트, 회전이 있으며, 시프트 방향에 따라 명령어의 동작코드를 다르게 정의해야 한다. 밀려나는 비트를 회전시킬 수도 있다.

6.5.5 데이터 변환 명령어

데이터 처리 명령어의 일종인 데이터 변환(data conversion) 명령어는 데이터를 표현하는 형식을 변경하는 명령어이다. 예를 들면, BCD 코드를 부호 없는 수로 바꾸거나, 8비트, 16비트, 32비트 데이터를 크기가 다른 데이터 형식으로 변환하거나, 단정도 실수와 배정도 실수 사이에 형식을 변환하는 명령어가 있을 수 있다.

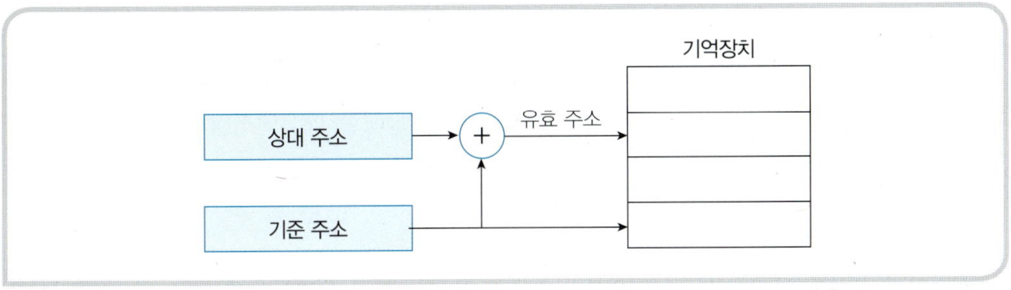

그림 6-23 번역 명령어

데이터 형식 변환 명령어 이외에 표 참조(table reference)를 쉽게 하기 위한 번역(translation) 명령어도 있을 수 있다. 번역 명령어는 인덱싱 주소지정방식을 사용한다. [그림 6-23]와 같이 인덱스 레지스터는 기억장치에 연속해서 저장되어 있는 표의 시작 주소를 지정하도록 만들고, 상대 주소로 표의 내용을 참조한다.

6.5.6 상태 레지스터 조작 명령어

이후에 설명하는 명령어들은 프로그램 제어 명령어에 해당한다. 제어를 이동한다는 것은 프로그램의 실행 순서를 변경하는 것이다. 프로그램을 실행할 때 프로그램 카운터는 다음에 실행할 명령어를 가리키고 있다. 그러므로 프로그램 카운터의 값을 변경하면 프로그램 실행 순서가 변경된다. 다음과 같은 명령어들이 이 그룹에 속한다.

- 6.5.6 상태 레지스터 조작 명령어
- 6.5.7 분기 명령어
- 6.5.8 서브루틴 호출과 복귀

프로그램 카운터 값을 변경하는 명령어 이외에 상태 레지스터 값을 변경하거나 상태 레지스터의 특정 비트 값을 조작하는 명령어들도 프로그램 제어 명령어 그룹으로 분류하는 것이 일반적이다. 상태 레지스터 값을 변경하는 명령어는 비교(compare)와 테스트(test)가 있다. 조건분기를 실행하기 전에 이 명령어들을 먼저 실행하여 상태 레지스터를 변경하는 목적으로 사용한다.

- 비교(compare) 명령어: 두 개의 오퍼랜드를 가지며, "Compare A, B" 형식으로 표현된다. 이 명령어를 실행할 때, 연산장치는 A – B를 수행하고, 연산 결과를 저장하지 않는다. 연산 결과에 따라 상태 레지스터의 플래그들이 변경된다. 다음에 실행할 조건분기 명령어가 상태 레지스터를 참조하도록 만드는 의미가 있다.
- 테스트(test) 명령어: 비교 명령어와 마찬가지로 두 개의 오퍼랜드를 가지며, "test A, B"와 같은 형식으로 표현된다. 이 명령어를 실행할 때, 연산장치는 A AND B를 수행하고, 연산 결과를 저장하지 않는다. 연산 결과에 따라 상태 레지스터의 값이 변경된다.

다음에 소개하는 명령어는 상태 레지스터의 특정 플래그를 세트, 리셋한다. 이 명령어들은 동작코드 필드만 있고 오퍼랜드 필드는 없다.

- Set/reset carry flag 명령어: 어셈블리 수준에서 프로그램을 작성하다 보면 프로그래머가 자리올림수 플래그(carry flag)를 세트 또는 리셋해야 할 필요가 있는 때도 있다. 일반적으로 니모닉 코드 STC(set carry flag)와 CLC(clear carry flag)로 표현한다. 어셈블리 함수에서 참 또는 거짓 값을 반환할 때, 자리올림수 플래그를 세트 또는 리셋 상태로 만들기도 한다.
- Set/reset interrupt flag 명령어: 상태 레지스터의 인터럽트 가능 플래그(interrupt enable flag)을 세트 또는 리셋하는 명령어이다. 일반적으로 니모닉 코드 STI(set interrupt flag)와 CLI(clear interrupt flag)로 표현한다. 인터럽트 플래그가 1로 세트되어 있을 때 프로세서는 외부 인터럽트를 받아들일 수 있고, 인터럽트 플래그가 0으로 리셋되어 있을 때 프로세서는 외부 인터럽트를 무시한다.

〈6.5.7〉 분기 명령어

분기 명령어의 종류는 무조건분기(unconditional branch) 명령어와 조건분기(conditional branch) 명령어가 있다. 무조건분기 명령어는 니모닉 코드로 br(branch) 또는 jmp(jump)로 표현한다. 분기 명령어의 형식은 [그림 6-24]와 같다. 동작코드는 '분기하라'는 동작과 '분기 조건'을 표현하고 있어야 한다. 오퍼랜드 필드는 조건을 만족할 때 프로그램 카운터에 적재할 주소에 대한 정보를 포함하고 있다. 분기 목적지 주소(branch target address)는 직접 주소지정방식, 레지스터 간접 주소지정방식, 상대 주소지정방식과 같이 여러 가지 방법으로 표시될 수 있다.

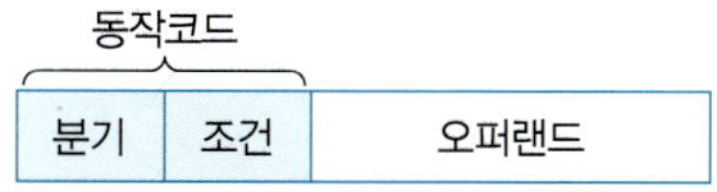

그림 6-24 분기 명령어 형식

무조건분기 명령어는 조건과 관계 없이 항상 프로그램 카운터에 분기 목적지 주소를 적재한다. 조건분기 명령어가 실행될 때 조건을 만족한 것을 "taken"이라고 하고, 조건을 만족하지 않은 것을 "not taken"이라고 한다.

- Branch taken: 프로그램 카운터에 분기 목적지 주소를 적재한다.
- Branch not taken: 프로그램 카운터의 값을 변경하지 않는다. 조건분기 명령어가 실행 중일 때 프로그램 카운터는 이미 다음 명령어를 가리키고 있으므로, 조건분기 명령어의 다음 명령어를 실행한다.

예제 6-11 상태 레지스터 값이 다음과 같다. 다음 명령어를 실행한 후 PC 값을 구하라. 명령어 길이는 2바이트이고, 현재 실행하는 명령어는 1000번지에 저장되어 있고, 상대 주소지정방식을 사용한다.

Z = 0, S = 0, C = 1, P = 0, OV = 1

```
(1) BRZ     +100     // branch if Z = 1
(2) BRNZ    +100     // branch if Z = 0
(3) BRC     +24      // branch if C = 1
```

풀이

(1) branch not taken, PC = 1002 // 명령어를 실행할 때 PC 값은 1002이다.

(2) branch taken, PC = 1002 + 100 = 1102

(3) branch taken, PC = 1002 + 24 = 1026

조건분기 명령어는 상태 레지스터의 특정 플래그를 참조하여 분기 여부를 결정한다. 상태 레지스터에 연산과 관련하여 Z(zero), S(sign), C(carry), P(parity), OV(overflow) 플래그가 있다고 하자. 프로그래머는 다음과 같은 세 가지 방법으로 상태 플래그를 검사할 수 있다.

- 각 플래그의 값을 직접 조사하는 방법
- 부호 없는 수로 취급하여 수의 크기를 비교하는 방법
- 부호 있는 수로 취급하여 수의 크기를 조사하는 방법

표 6-1 상태 레지스터의 조건 검사

검사 방법	검사 조건	의미		니모닉 코드 예
플래그 검사	Z = 1	branch if zero flag equals 1		brz, jz
	Z = 0	branch if zero flag equals 0		brnz, jnz
	S = 1	branch if negative		brn, js
	S = 0	branch if positive		brp, jns
	C = 1	branch if carry		brc. jc
	C = 0	branch if no carry		brnc. jnc
	P = 1	branch if odd parity		brpo, jpo
	P = 0	branch if even parity		brpe, jpe
	OV = 1	branch if overflow		brov, jov
	OV = 0	branch if not overflow		brnow, jnov
부호 없는 수	Z = 1	equals	$A = B$	bre, je
	(C = 1) and (Z = 0)	above	$A > B$	bra, ja
	C = 1	above or equal	$A \geq B$	brae, jae
	(C = 0) or (Z = 1)	below or equal	$A \leq B$	brbe, jbe
	C = 0	below	$A < B$	brb, jb
부호 있는 수 (정수, 실수)	Z = 1	equals	$A = B$	bre, je
	Z or ($S \oplus OV$) = 0	greater	$A > B$	brgt, jge
	$S \oplus OV = 0$	greater or equal	$A \geq B$	brge, jge
	Z or ($S \oplus OV$) = 1	less or equal	$A \leq B$	brle, jle
	$S \oplus OV = 1$	less	$A < B$	brlt,. jlt

〈표 6-1〉은 세 가지 방법에 대한 검사 조건, 각 조건의 의미, 그리고 분기 명령어에 대한 니모닉 코드의 예이다. 각 조건의 의미는 사용자 관점에서 본 의미이다. 부호 없는 수의 비교 결과인 "크다/작다"를 above/below로 표현하고, 정수와 실수의 비교 결과인 "크다/작다"를 greater/less로 표현한다. 〈표 6-1〉을 자세히 살펴보면, 조건의 의미는 다르지만 검사 조건은 같은 것들이 있다. 예를 들면, 플래그 검사하는 brz 명령어와 부호 없는 수의 bre 명령어, 그리고 부호 있는 수의 bre 명령어는 모두 플래그 Z=1을 검사한다. 따라서 이 명령어들은 서로 니모닉 코드는 다르지만, 같은 기계어 동작코드를 갖도록 설계할 수 있다.

예제 6-12 〈표 6-1〉의 조건 검사 명령어를 모두 구현하려고 때, [그림 6-24]의 조건 필드에 최소 몇 비트를 할당해야 하는가? 무조건분기는 고려하지 않는다.

풀이

검사해야 할 조건의 전체 수를 구하고 중복된 조건을 빼서 조건의 수를 구한다.
〈표 6-1〉의 조건 검사 수는 모두 20개이다.
이 중에서 다음 명령어들은 조건이 같기 때문에 하나로 취급할 수 있다.

- Z = 1: 플래그 검사 brz, 부호 없는 수 bre, 부호 있는 수 bre
- C = 1: 플래그 검사 brc, 부호 없는 수 brae
- C = 0: 플래그 검사 brnc, 부호 없는 수 brb

따라서 조건의 수 = 20 − 4 = 16개이고,
2^4 = 16이므로, 조건을 표현하는데 필요한 비트는 최소 4비트

6.5.8 서브루틴 호출 명령어

서브루틴(subroutine)은 프로시저 또는 함수(procedure or function)라고도 한다. 서브루틴 호출과 관련하여 프로세서는 서브루틴 호출(subroutine call)과 서브루틴에서 복귀(return from subroutine) 명령어를 제공한다. 일반적으로 서브루틴 호출 명령어의 니모닉 코드로 CALL을 사용하고, 복귀 명령어의 니모닉 코드로 RET를 사용한다.

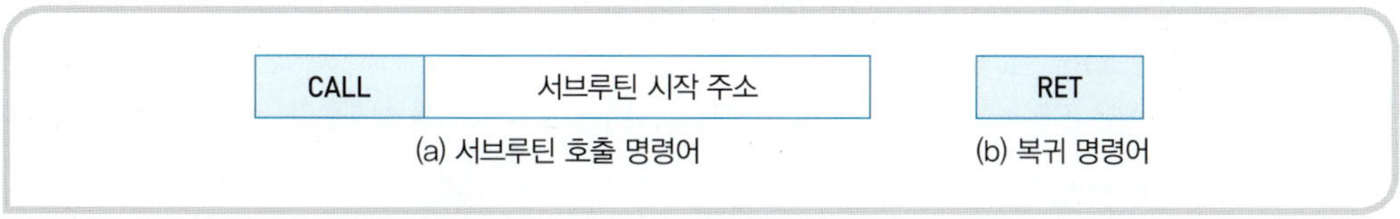

그림 6-25 서브루틴 호출과 복귀 명령어의 형식

서브루틴 호출 명령어는 [그림 6-25(a)]와 같은 형식을 갖는다. 동작코드는 CALL이고, 오퍼랜드는 서브루틴의 시작 주소이다. 분기 명령어와 마찬가지로 오퍼랜드는 여러 가지 주소 지정방식으로 표현될 수 있다. 서브루틴 호출 명령어는 복귀 주소를 저장하고 프로그램 카운터에 서브루틴의 시작 주소를 적재한다.

복귀 주소는 서브루틴 호출 명령어 다음에 있는 명령어 주소이고, 이 값은 프로그램 카운터에 저장되어 있다. 복귀 주소를 저장하는 장소로 레지스터와 기억장치 영역인 스택을 고려할 수 있다. 복귀 주소를 레지스터에 저장하는 것이 스택에 저장하는 것보다 동작 속도가 더 빠르다. RISC 프로세서 중에서 서브루틴 호출에서 전달할 파라미터와 복귀 주소를 레지스터에 할당하여 운영하도록 하는 것이 있다. CISC 프로세서는 대부분 모두 스택을 복귀 주소 저장 장소로 사용하고 있으며, 서브루틴 호출 명령어는 다음 동작을 수행한다.

```
PUSH  PC        // 복귀 주소 저장
PC ← 서브루틴 시작 주소
```

서브루틴 복귀 명령어는 [그림 6-25(b)]와 같은 형식을 갖는다. 동작코드는 RET이고, 오퍼랜드 필드는 사용하지 않는다. 복귀 명령어는 호출 때 저장한 주소를 프로그램 카운터에 적재함으로써, 서브루틴 호출 명령어 다음에 있는 명령어를 실행하도록 만든다. 복귀 주소가 스택에 저장되어 있을 때, 복귀 명령어는 다음 동작을 수행한다.

```
POP   PC        // PC 복구
```

예제 6-13 [그림 6-26]은 컴퓨터의 현재 상태이고, 숫자는 모두 16진수이다. 이 컴퓨터의 특성은 다음과 같다. 질문에 답하라.

- 명령어 레지스터(IR)는 명령어 “CALL 2100”을 저장하고 있다.
- CALL 명령어의 동작코드는 6비트이고, 그 값은 001100$_2$이다.
- CALL 명령어의 오퍼랜드 필드는 10비트의 상대 주소지정방식으로 표현된다.
- 기억장치는 바이트 단위로 구성되어 있고, 단어 크기와 명령어 길이는 2바이트이다.
- 기억장치는 리틀 엔디언 방식으로 데이터를 저장한다.
- 스택은 2바이트 크기로 정렬되어 있다.
- 푸시 동작은 (SP ← SP – 2 / Mem[SP+1, SP] ← 오퍼랜드)를 실행한다.

(1) "CALL 2100" 명령어가 저장되어 있는 기억장치 주소를 구하라.
(2) "CALL 2100" 명령어에 대한 명령어 코드를 16진수로 적어라.
(3) 명령어 실행 후 상태를 그려라.

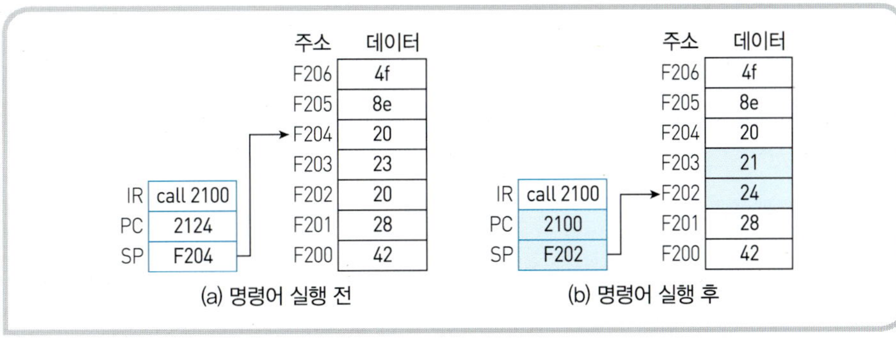

그림 6-26 예제 6-13의 컴퓨터 상태

풀이

(1) PC 값이 2124이고, 명령어 길이가 2바이트이므로,

CALL 2100 명령어는 2124h − 2h = 2122h번지에 저장되어 있다.

(2) 분기 목적지 주소 = (PC) + 오퍼랜드 필드

오퍼랜드 필드 = 분기 목적지 주소 − (PC)

= 2100h − 2124h = −24h

$= -0001\_1000_2 = 1110\_1000_2$ (2의 보수)

$= 11\_1110\_1000_2$ (비트 확장)

따라서 명령어 코드 = $0011\_0011\_1110\_1000_2$ = 33e8h

(3) 동작	실행 결과
SP ← SP − 단어 크기	SP = F204h − 2h = F202h
Mem[SP] ← PC	Mem[F203h] = 21h, Mem[F202h] = 24h (리틀 엔디언)
PC ← 서브루틴 시작 주소	PC = 2100h

6.5.9 인터럽트 명령어

마지막으로 고려할 프로그램 제어 명령어는 인터럽트 관련 명령어이다. 인터럽트 허가와 관련하여 '6.5.6 상태 조작 명령어'에서 인터럽트 가능 플래그를 세트하고 리셋하는 명령어를 소개한 바 있다.

프로세서 외부 또는 내부 요인에 의하여 인터럽트 요청이 발생한다. 그렇지만 프로그래머가 직접 인터럽트를 요청할 수도 있다. 이것을 소프트웨어 인터럽트(software interrupt)라고 한다. 일반적으로 프로그래머는 운영체제 기능을 호출하려고 소프트웨어 인터럽트를 사용한다. 이것을 시스템 호출(system call)이라고 한다. 시스템 호출이 발생하면 프로세서는 사용자 모드에서 운영체제 모드로 전환된다. 이 주제에 관한 사항은 운영체제 교재를 참고하기 바란다.

인터럽트와 관련하여 [그림 6-27]과 같이 인터럽트 요청(interrupt request)과 인터럽트 서비스 루틴에서 복귀(return from ISR) 명령어가 있을 수 있다.

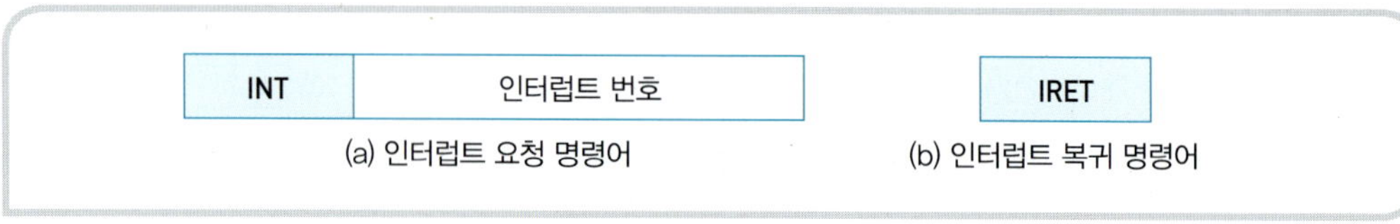

그림 6-27 인터럽트 요청과 복귀 명령어

인터럽트 요청 명령어는 [그림 6-27(a)]와 같은 형식을 갖는다. 동작코드는 INT이고, 오퍼랜드는 인터럽트 번호이다. 프로세서는 인터럽트 번호로부터 인터럽트 서비스 루틴의 시작 주소를 알 수 있다. 중앙처리장치는 다음과 같은 동작을 수행한다.

```
PUSH PC        // 프로그램 카운터 저장
PUSH SR        // 상태 레지스터 저장
PC ← 인터럽트 서비스 루틴 시작 주소
```

인터럽트 서비스 루틴에서 복귀하는 명령어는 [그림 6-27(b)]와 같은 형식을 갖는다. 동작코드는 IRET이고, 오퍼랜드 필드는 사용되지 않는다. 이 명령어는 인터럽트 요청 명령어의 역동작을 실행한다.

```
POP   SR       // 상태 레지스터 복구
POP   PC       // PC 복구
```

6.5.10 시스템 제어 명령어

지금까지 설명한 데이터 전달, 데이터 처리, 프로그램 제어 명령어들은 모두 중앙처리장치가 프로그램을 실행하기 위하여 사용한다. 프로세서는 이 그룹에 속하지 않는 명령어들도 제공하고 있다. 이것들은 컴퓨터 시스템 자체를 관리하거나 운영체제 기능을 지원한다. 시스템 관리 명령어는 HALT, WAIT, NOP(no operation)가 있을 수 있다.

- HALT: 프로세서는 이 명령어를 만나면, 더 이상 명령어를 수행하지 않고 정지한다. 이후에 프로세서가 다시 프로그램을 수행하려면 컴퓨터를 리셋시켜야 한다.

- WAIT: 프로세서는 이 명령어를 만나면, 더 이상 프로그램을 수행하지 않고 어떤 이벤트를 기다렸다가 그 이벤트가 발생하면 다시 프로그램을 실행한다. 여기서 이벤트란 프로세서 외부에 있는 테스트 용도로 만들어진 입력 핀에 의미 있는 값을 입력하는 것이다. 이 명령어는 주로 프로세서 개발 과정에서 프로세서 동작을 검사하기 위하여 사용된다.
- NOP: 이 명령어는 실질적으로 수행하는 동작이 없는 명령어이다. 프로그램을 수행하는 도중에 프로세서가 아무 일도 하지 않고 시간을 보내야 할 때, 이 명령어를 추가한다. 이것도 하나의 명령어이므로 명령어 사이클에 맞추어 동작한다.

운영체제 기능이 복잡해지면서, 프로세서는 일반 사용자 프로그램을 수행할 수 있는 유저 모드(user mode)와 운영체제 프로그램을 수행하는 시스템 모드(system mode)를 제공하고 있다. 이에 따라, 프로세서는 시스템 모드에서만 실행할 수 있는 명령어들을 별도로 제공하고 있으며, 이것들을 특권 명령어(privileged instruction)라고 한다. 프로세서는 운영체제 기능을 지원하기 위한 특별한 명령어들을 계속 개발하여 추가하고 있다. 특권 명령어는 프로세서마다 서로 다르다. 특권 명령어의 예는 프로세서마다 독자적으로 프로세서 상태를 설정하기 위한 명령어, 캐시기억장치와 가상기억장치를 관리하기 위한 명령어, 그리고 입출력 명령어가 있을 수 있다.

6.6 요약

이 장에서 명령어 특징과 종류에 대하여 설명하였다. 명령어는 동작코드와 오퍼랜드로 표현되며, 명령어 종류에 따라 필요로 하는 오퍼랜드 수가 다르다. 명령어 형식에 오퍼랜드 필드를 몇 개 표현하는가에 따라 명령어는 3-주소, 2-주소, 1-주소, 0-주소 형식이 있을 수 있다. 오퍼랜드 필드를 가장 많이 필요로 하는 이항 연산 명령어는 세 개의 오퍼랜드 필드를 필요로 하지만, 이들 중 일부를 표현하지 않고 암시적으로 지정한다.

주소지정방식은 명령어의 각 오퍼랜드 필드에서 유효 데이터를 구하는 방법을 정의한다. 프로그램 작성의 효율성을 위하여 단순하면서도 복잡한 방법까지 여러 가지 주소지정방식이 있다. 이 장에서 즉치 주소지정방식, 직접 주소지정방식, 간접 주소지정방식, 레지스터 주소지정방식, 레지스터 간접 주소지정방식, 변위 주소지정방식을 소개하였다. 변위 주소지정방식은 기준 주소를 저장하는 레지스터에 따라 상대 주소지정방식, 베이스 레지스터 주소지정방식, 인덱싱으로 세분된다. 명령어 형식을 설계하기 위하여 주소지정방식에 대한 이해가 필수적이다.

최근에는 기억장치가 바이트 단위로 구성되는 반면에 한 개의 단어가 여러 개의 바이트를 차지하기 때문에, 한 개의 단어를 기억장치에 저장하는 방법을 이해해야 한다. 단어 크기에 정렬된 한 개의 단어를 한 번에 액세스할 수 있지만, 정렬되지 않은 단어는 두 번에 액세스해야 한다. 그러므로 데이터를 단어 크기에 맞게 정렬해야 효율이 증가한다. 그리고 단어를 기억장치에 저장하는 순서는 리틀 엔디언 방식과 빅 엔디언 방식이 있다.

이 장의 마지막 절에서는 프로세서가 제공할 수 있는 명령어의 종류와 예를 소개하였다. 데이터 전달, 논리 및 산술 연산, 데이터 변환, 상태 레지스터 조작, 분기 및 조건분기, 서브루틴 호출과 복귀, 인터럽트, 그리고 시스템 제어 명령어를 소개하였다.

모든 프로세서가 이 장에서 소개한 모든 주소지정방식과 모든 명령어들을 제공하는 것은 아니다. 프로세서가 제공하는 주소지정방식과 명령어 수가 많으면, 프로그램을 작성할 때 적은 명령어를 사용하여 구현할 수 있다는 장점이 있으나 프로세서 구현이 복잡해지는 단점이 있다. 반대로 제공하는 주소지정방식과 명령어 수가 적으면, 프로그램 작성시 명령어를 많이 사용해야 한다는 단점이 있으나, 프로세서 구현이 쉬워진다는 장점이 있다.

연습문제

6.1 명령어 특성

01 명령어 구성 요소에 포함되지 않는 것은?

① 동작코드 ② 소스 오퍼랜드
③ 목적지 오퍼랜드 ④ 다음 명령어 참조

02 명령어에 표현되는 오퍼랜드로 사용되지 않는 것은?

① 레지스터 ② 기억장치 주소
③ 프로그램 카운터 ④ 입출력 포트

03 니모닉 코드(mnemonic code)에 대한 올바른 설명은?

① 기계어 코드를 2진수로 표현한 것이다.
② 모든 프로세서들은 동일한 니모닉 코드를 사용한다.
③ 명령어에 표현되어 있는 오퍼랜드를 2진수로 표현한 것이다.
④ 사람이 기억하기 쉽도록 명령어 코드에 문자 기호를 할당한 것이다.

04 명령어 집합이란?

① 프로세서가 제공하는 명령어들의 모임
② 프로세서가 제공하는 명령어 형식의 모임
③ 프로세서가 제공하는 데이터 처리 명령어들의 모임
④ 프로세서가 제공하는 프로그램 제어 명령어들의 모임

05 약자 CISC와 RISC의 원어를 적어라.

(1) CISC
(2) RISC

06 명령어 형식에 대한 올바른 설명은?

① 명령어의 주소지정방식과 같은 용어이다.
② 프로세서가 제공하는 명령어들의 모임이다.
③ 한 개의 프로세서는 한 개의 명령어 형식을 사용한다.
④ 명령어를 구성하고 있는 명령어 코드를 해석하는 방법을 정의한 것이다.

07 고정 길이 명령어 형식의 특징에 대한 설명으로 올바른 것은?

① 명령어 형식을 한 개만 사용한다.
② 명령어를 해석하기 쉽고 제어장치가 간단하다.
③ 명령어를 해석하기 어렵고 제어장치가 복잡하다.
④ 명령어 길이가 짧기 때문에 기억장치 주소를 표현하지 않는다.

6.2 주소의 수

01 필요한 오퍼랜드가 가장 많은 명령어는?

① 데이터 전달 명령어
② 프로그램 제어 명령어
③ 단항 데이터 처리 명령어
④ 이항 데이터 처리 명령어

02 명령어 형식에 따라 연산식 Y = (A + B x C)/(D – E)을 계산하는 프로그램을 작성하라. 연산 명령어 니모닉 코드로 ADD, SUB, MPY, DIV를 사용하라.

(1) 3-주소 명령어 형식
(2) 2-주소 명령어 형식
(3) 1-주소 명령어 형식

03 3-주소 명령어 형식에 대한 설명이 아닌 것은?

① 명령어 길이가 길어진다.
② 주로 RISC 형식의 프로세서에서 사용한다.
③ 일반적으로 데이터 레지스터가 한 개인 경우에 사용한다.
④ 프로그램을 기계어 명령어로 작성할 때 필요한 명령어들의 수가 적다.

04 2-주소 명령어 형식의 특징은?

① 두 개의 소스 오퍼랜드를 한 개의 필드로 표현한다.

② 동작코드와 소스 오퍼랜드를 한 개의 필드로 표현한다.

③ 동작코드와 목적지 오퍼랜드를 한 개의 필드로 표현한다.

④ 소스 오퍼랜드와 목적지 오퍼랜드를 한 개의 필드로 표현한다.

05 1-주소 명령어 형식을 사용하는 컴퓨터에서 목적지 오퍼랜드로 사용되는 레지스터는?

① 누산기(Accumulator) ② 상태 레지스터(Status Register)

③ 인덱스 레지스터(Index Register) ④ 명령어 레지스터(Instruction Register)

6.3 주소지정방식

01 그림과 같이 어떤 컴퓨터의 명령어 형식은 2개의 단어를 차지하고, 동작코드(opcode)와 한 개의 주소 필드를 갖고 있다. BR은 베이스 레지스터(base register)이고 데이터 레지스터는 AC 한 개이다. 질문에 답하라.

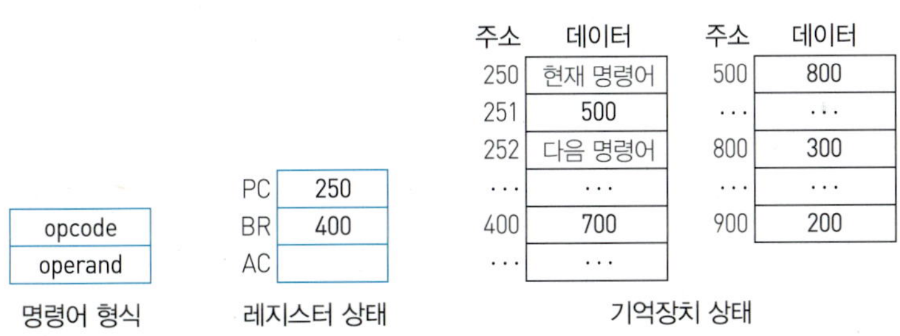

(1) 명령어가 "load immediate 500"일 때, AC에 적재되는 값은?

(2) 명령어가 "load direct 500"일 때, AC에 적재되는 값은?

(3) 명령어가 "load indirect 500"일 때, AC에 적재되는 값은?

(4) 명령어가 "load base register relative 500"일 때, AC에 적재되는 값은?

(5) 명령어가 "branch PC relative 500"일 때, 분기 목적지 주소는?

02 상대 주소지정방식(PC-relative addressing mode)의 분기 명령어가 기억장치 620_{10}번지에 저장되어 있다. 이 명령어는 기억장치 한 개의 장소를 차지한다. 분기 목적지 주소는 530_{10}번지이다. 명령어에 분기 목적지 주소는 10비트가 할당되어 있다. 명령어에 표현되어 있는 오퍼랜드 필드의 값을 다음 순서에 따라 구하라.

(1) 이 명령어가 실행될 때 PC 값은(10진수)?

(2) PC 값과 분기 목적지까지의 차이는(10진수)?

(3) 명령어에 표현되어 있는 오퍼랜드 필드의 값을 10비트의 2진수로 변환하면?

03 명령어를 인출한 후 명령어 실행단계에서 주소지정방식에 따라 기억장치를 몇 번 액세스 하는지 올바른 것을 선택하라.

(1) 즉치 주소지정방식은 명령어를 실행할 때 기억장치를 (0, 1, 2)번 액세스한다.

(2) 간접 주소지정방식은 명령어를 실행할 때 기억장치를 (0, 1, 2)번 액세스한다.

(3) 레지스터 주소지정방식은 명령어를 실행할 때 기억장치를 (0, 1, 2)번 액세스한다.

(4) 레지스터 간접 주소지정방식은 명령어를 실행할 때 기억장치를 (0, 1, 2)번 액세스한다.

04 올바른 것을 선택하라.

(1) 인덱싱은 명령어에 표현된 주소 필드를 (부호 없는 수, 정수)로 해석한다.

(2) PC 상대주소지정 방식은 명령어에 표현된 주소 필드를 (부호 없는 수, 정수)로 해석한다.

(3) 베이스 레지스터 주소지정방식은 명령어에 표현된 주소 필드를 (부호 없는 수, 정수)로 해석한다.

(4) 레지스터를 지정하는데 필요한 비트 수는 기억장치 장소를 지정하는데 필요한 비트 수보다 (길다, 짧다).

(5) 배열 데이터를 액세스하는데 주로 사용되는 주소지정방식은 (베이스 레지스터 주소지정방식, 인덱싱)이다.

05 유효 주소란?

① 명령어에 표현되어 있는 주소 ② 명령어가 처리할 데이터의 주소

③ 명령어에 표현되어 있는 레지스터 번호 ④ 명령어에 표현되어 있는 레지스터의 값

06 레지스터 값이 그림과 같을 때 다음 명령어의 유효 주소를 구하라. 괄호 안은 주소지정방식이다. R0, R1은 범용 레지스터이고 IX는 인덱스 레지스터, BR은 베이스 레지스터이다.

R0	120	IX	212
R1	211	BR	820

(1) Load R0 (register indirect addressing)

(2) Load IX+4 (indexing)

(3) Load BR−8 (base register addressing)

(4) Load IX+R1 (indexing)

07 변위 주소지정방식의 기준 레지스터로 사용되지 않는 레지스터는?

① Base Register ② Index Register

③ Program Counter ④ Instruction Register

08 변위 주소지정방식을 사용할 때의 장점은?

① 주소지정방식이 간단하다.
② 레지스터에 저장되어 있는 유효 데이터를 지정할 때 편리하다.
③ 한 개의 주소 필드로 두 개의 기억장치 주소를 지정할 수 있다.
④ 주소 버스의 비트 수보다 더 적은 비트를 사용하여 기억장치 주소를 지정할 수 있다.

6.4 오퍼랜드 저장

01 바이트 단위로 구성된 기억장치의 값이 그림과 같다. 네 바이트가 한 개의 단어를 구성한다. Little endian 방식과 big endian 방식으로 데이터를 저장할 때, 다음 주소에 저장된 단어의 값을 구하고 단어 크기에 정렬되었는지 여부를 O, X로 표시하라(모두 16진수).

시작주소	Little-endian	Big-endian	정렬 여부
1200			
1203			
1208			
120a			
120c			

주소	데이터
120f	10
120e	f7
120d	cd
120c	a2
120b	34
120a	89
1209	2d
1208	7b
1207	88
1206	4f
1205	8e
1204	24
1203	23
1202	20
1201	28
1200	42

6.5 명령어 종류

01 다음과 같은 기능을 수행하는 명령어를 표현하는 영어 단어를 적어라.

(1) 소스 레지스터와 목적지 레지스터의 내용을 교환하는 명령어
(2) 입출력 포트로 데이터를 출력하는 명령어
(3) 표를 참조하여 값을 변환하는 명령어
(4) 자리올림수 플래그의 값을 1로 세트하는 명령어
(5) 두 개의 값을 AND 연산하여 비교하는 명령어
(6) 레지스터의 임의의 비트를 0으로 만드는 명령어

02 8비트 레지스터의 값이 R1 = 1110_0011, R2 = 1100_0010이다. 〈표 6-1〉 분기 명령어의 니모닉 코드를 참고하여 질문에 답하라.

(1) compare R1, R2를 수행한 후 상태 플래그들의 값을 구하라.
Zero flag = ____, Carry flag = ____, Sign flag = ____, Overflow flag = ____
(2) 부호 없는 수로 해석할 때, R1과 R2의 값은 10 진수로 얼마인가?
(3) "brb target" 명령어를 수행할 때, 검사 조건이 참인지 거짓인지 판별하라.
(4) "brb target" 명령어를 수행하면 taken인가 not taken인가?
(5) 부호 있는 정수로 해석할 때, R1과 R2의 값은 10진수로 얼마인가?
(6) "brlt target" 명령어를 수행할 때, 검사 조건이 참인지 거짓인지 판별하라.
(7) "brlt target" 명령어를 수행하면 taken인가 not taken인가?

03 서브루틴 호출 명령어에서 오퍼랜드 필드의 의미는?

① 서브루틴의 시작 주소
② 복귀할 주소를 저장할 기억장치 주소
③ 서브루틴의 이름이 저장되어 있는 기억장치 주소
④ 서브루틴으로 전달할 인수를 저장한 기억장치 주소

04 오퍼랜드 필드가 필요 없는 명령어는?

① 교환 명령어
② 스택 POP 명령어
③ 단항 연산 명령어
④ 서브루틴 복귀 명령어

05 "call 2420" 명령어를 인출한 후 수행하기 전 컴퓨터의 상태이다. 주소는 16비트이고, 기억장치는 8비트 단위로 구성되어 있고 리틀 엔디언 방식으로 값을 저장한다. 이 명령어를 실행한 직후 값이 변하는 레지스터와 기억장치 장소의 값을 구하라(모두 16진수).

레지스터	값
IR	call 2420
PC	3180
SP	6504

주소	데이터
6506	12
6505	23
6504	56
6503	7b
6502	23
6501	45
6500	75

06 소프트웨어 인터럽트의 주요 용도는?

① 시스템 호출(system call)

② 서브루틴 호출(subroutine call)

③ 데이터 입출력(data input/output)

④ 하드웨어 오류 보고(hardware error report)

07 인터럽트 복귀 명령어를 수행하기 직전의 컴퓨터 상태이다. 조건은 문제 5번과 같다. 인터럽트 복귀 명령어를 실행한 후 값이 변경되는 레지스터의 값을 구하라. SR은 상태 레지스터이다.

레지스터	값
SR	1200
PC	5420
SP	6502

주소	데이터
6506	12
6505	23
6504	56
6503	7b
6502	23
6501	45
6500	75

08 NOP(No operation) 명령어에 대한 설명은?

① 프로그램 실행이 정지된다.

② 명령어 인출 사이클이 없다.

③ 명령어 실행 사이클이 없다.

④ 수행하는 동작이 없고 시간만 소비한다.

Chapter

07

중앙처리장치 설계

Chapter

07 중앙처리장치 설계

지금까지 중앙처리장치(4장), 연산기(5장), 명령어(6장)에 대하여 설명하였다. 이제 중앙처리장치 구조에서 학습하지 않은 부분은 제어장치(8장)이다. 제어장치 동작을 자세하게 이해하기 위하여 임의의 프로세서를 선정하여 명령어 집합, 프로그래머 모델, 어셈블리 프로그램 실행 과정을 학습하는 것이 많은 도움이 될 수 있다. 그렇지만 상용 프로세서는 그 구조가 매우 복잡하여 처음 접하는 초보자가 프로세서 동작 원리를 이해하기에 어려운 면이 있다.

이 장에서는 간단한 중앙처리장치인 ToyCOM을 개발하는 과정을 소개한다. 이를 통하여 프로그래머 모델과 기계 명령어의 특성을 보다 상세하게 이해할 수 있을 것으로 기대한다.

- 7.1 프로그래머 모델: ToyCOM 구조를 제시한다.
- 7.2 명령어 형식: ToyCOM이 정의하고 있는 네 가지 명령어 형식을 제시한다. ToyCOM의 명령어 형식은 RISC 프로세서의 특징을 반영하고 있다.
- 7.3 명령어 집합: ToyCOM 명령어와 2진수 코드를 소개한다.
- 7.4 명령어 사이클: ToyCOM의 명령어 사이클 모델을 제시한다.
- 7.5 마이크로오퍼레이션: ToyCOM 명령어 사이클을 구성하는 단계와 명령어에 대한 마이크로오퍼레이션을 정의한다.
- 7.6 제어신호: ToyCOM의 제어신호를 유도하고 간단한 프로그램이 실행되는 과정에 대한 클럭 단위 동작을 설명한다.

7.1 프로그래머 모델

ToyCOM은 중앙처리장치의 동작 원리를 학습하기 위하여 본 교재에서 개발한 간단한 프로세서이다. ToyCOM 기본 사양은 다음과 같다.

- ToyCOM은 8비트 데이터를 처리한다. 8개의 8비트 범용 레지스터(R0~R7)를 갖고 있으며, 8비트 데이터를 처리할 수 있는 연산기와 8비트 상태 레지스터(SR)를

갖고 있다.

- 기억장치는 바이트 단위로 구성되어 있고 용량은 64KB이다. 따라서 주소 레지스터인 프로그램 카운터(PC)와 스택 포인터(SP)는 16비트이다.
- 기억장치를 액세스하기 위하여 16비트 주소 레지스터(MAR)와 8비트 버퍼 레지스터(MBR)을 운영한다.
- 명령어 길이는 모두 16비트이다. 따라서 명령어 레지스터(IR)는 16비트이다.

프로그래머가 어셈블리 언어로 프로그램을 작성할 때 알고 있어야 할 수준으로 컴퓨터 구조를 표현한 것을 프로그래머 모델(programmer model)이라고 한다. [그림 7-1]은 ToyCOM 프로그래머 모델이다.

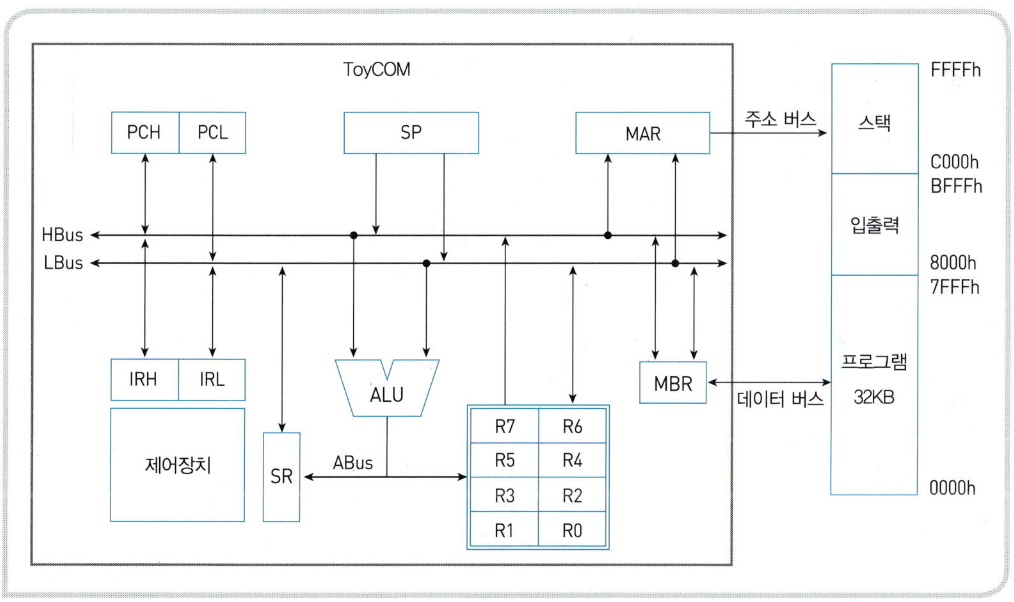

그림 7-1 ToyCOM 프로그래머 모델

ToyCOM 기억장치는 8비트 단위로 구성되어 있고, 리틀 엔디언 방식으로 16비트 데이터를 저장한다. 일반적으로 기억장치는 중앙처리장치보다 동작 속도가 느리다. 그렇지만 여기에서는 기억장치도 한 개의 클럭 사이클 안에 동작한다고 가정한다. 기억장치는 영역 별 용도는 다음과 같다.

- 0000h~7FFFh: 프로그램 영역이고 명령어와 데이터를 저장한다. 시스템 리셋 신호는 프로그램 카운터를 0으로 초기화한다. 즉, 리셋 후 0번지 명령어부터 시작한다.

- 8000h~BFFFh: 입출력장치를 연결하기 위한 공간이다. 입출력장치를 기억장치 맵 방식으로 연결한다. 입출력장치를 구동하기 위하여 기억장치 적재와 저장 명령어를 사용한다. 별도의 입력(input)과 출력(output) 명령어를 제공할 필요가 없다.
- C000h~FFFFh: 시스템 스택 영역이다. 시스템 리셋 신호는 스택 포인터를 0000h로 초기화한다. PUSH 명령어를 실행하면 스택 포인터 값이 감소한다.

ToyCOM 버스는 세 가지 종류로 구성되어 있다.

- 내부 버스(internal bus): 중앙처리장치 내부에서 레지스터 간 데이터를 전송한다. 내부 버스 폭은 16비트이다. 이것을 8비트씩 나누어 상위 8비트(15:8)는 HBus(High Bus), 하위 8비트(7:0)는 LBus(Low Bus)라고 이름을 붙인다. 내부 버스는 한 순간에 한 개의 데이터 전송을 허용한다.
- 연산 버스(ABus): 연산기는 HBus와 LBus에 실린 데이터를 연산한다. 연산 버스는 연산기의 출력을 전달하는 버스이다. 연산 결과는 범용 레지스터(R7:R0) 중 하나로 적재될 수 있으며, 연산 상태는 상태 레지스터(SR) 플래그에 저장된다.
- 외부 버스(external bus): 중앙처리장치와 외부를 연결한다. 기억장치를 연결하는 주소 버스, 데이터 버스, 제어 버스로 구분되어 있다. MAR은 16비트 주소 버스를 구동하고, MBR은 8비트 데이터 버스에 연결되어 있다. [그림 7-1]에 표시되지 않은 제어 버스는 제어장치가 생성하는 기억장치 읽기와 쓰기, 그리고 아직은 정의하지 않은 기타 신호들로 구성된다.

중앙처리장치는 레지스터, 연산기, 제어장치를 포함하고 있다. 연산기는 8비트 데이터에 대한 정수 산술 및 논리 연산을 처리할 수 있다. ToyCOM 레지스터 종류와 기능은 다음과 같다.

- 16비트 프로그램 카운터(PC): 다음에 실행할 명령어가 저장된 기억장치 주소를 저장한다. 기억장치 주소를 저장하기 때문에 16비트이다. 8비트씩 액세스할 수 있도록 PCH(PC High byte)와 PCL(PC Low byte) 두 개의 8비트 레지스터로 나뉘어져 있다. 프로그램 카운터의 초기값은 0000h이다.
- 16비트 스택 포인터(SP): 스택의 탑(top)을 가리킨다. 기억장치 주소를 저장하기 때문에 16비트이다. 리셋 후 스택 포인터의 초기값은 0000h이다.
- 16비트 명령어 레지스터(IR): ToyCOM의 모든 명령어는 크기가 16비트이다. 따라서 명령어 레지스터도 16비트이다. 이것도 8비트씩 액세스할 수 있도록 IRH(IR High byte)와 IRL(IR Low byte) 두 개의 8비트 레지스터로 나뉘어져 있다.
- 8비트 상태 레지스터(SR): 연산 결과를 반영하여 상태 레지스터에 배치된 플래그 값

을 결정한다.

- 8개의 8비트 범용 레지스터(R7:R0): 데이터 처리 명령어가 처리할 데이터를 저장한다. 이 중에서, 두 바이트에 정렬된 레지스터 쌍은 16비트 주소를 저장할 수 있다. 즉, R1:R0, R3:R2, R5:R4, R7:R6 쌍이 16비트 주소를 저장할 수 있다. 레지스터 간접 주소지정방식으로 기억장치를 액세스하거나 16비트 레지스터와 범용 레지스터 간에 데이터를 전송할 때, 레지스터 쌍을 사용한다.
- 16비트 기억장치 주소 레지스터(MAR): 프로그래머가 직접 사용할 수 없다. 중앙처리장치가 기억장치를 액세스할 때 기억장치 주소를 저장한다.
- 8비트 기억장치 버퍼 레지스터(MBR): 프로그래머가 직접 사용할 수 없다. 중앙처리장치가 기억장치를 액세스할 때 임시로 데이터를 저장한다. MBR은 HBus 또는 LBus로 연결될 수 있다.

7	6	5	4	3	2	1	0
IE	IR	X	X	V	C	S	Z

그림 7-2 상태 레지스터

[그림 7-2]는 상태 레지스터의 구조이고 각 필드의 의미는 다음과 같다. 비트 5, 4의 X는 사용하지 않음을 나타낸다.

- Z(제로 플래그): 연산기의 연산 결과가 0일 때 1이다.
- S(부호 플래그): 연산기의 연산 결과값의 부호 비트로 설정된다.
- C(자리올림수): 연산기에서 산술 연산을 수행할 때 발생하는 자리올림수를 저장한다.
- V(오버플로우): 연산기에서 산술 연산을 수행할 때 발생하는 오버플로우를 저장한다.
- IR(인터럽트 요청 플래그): 중앙처리장치 외부 또는 내부에서 인터럽트 요청이 발생하였음을 표시한다.
- IE(인터럽트 가능 플래그): 중앙처리장치가 인터럽트를 요청을 허용할지 결정한다.

앞으로 상태 레지스터의 플래그를 표현할 때, (상태 레지스터).(플래그 이름)의 표기법을 사용하기로 한다. 예를 들면, SR.C는 상태 레지스터의 자리올림수 플래그이고, SR.IR은 상태 레지스터의 인터럽트 요청 플래그이다. 이 표기법을 사용함으로써 IR(명령어 레지스터)과 SR.IR(상태 레지스터의 인터럽트 요청 플래그)를 구별할 수 있다.

7.2 명령어 형식

명령어 형식은 명령어의 비트 배치이고, 동작코드(opcode) 필드와 주소지정방식을 포함하는 오퍼랜드 필드를 포함하고 있다. 프로세서가 처리하는 명령어 종류는 데이터 전달, 데이터 처리, 프로그램 제어 명령어가 있으며, 각 종류마다 필요로 하는 오퍼랜드 필드의 수가 다르다. 따라서 프로세서는 여러 개의 명령어 형식을 사용할 수 밖에 없으며, 필드의 수에 따라 명령어 형식도 여러 가지일 수도 있다.

일반적으로 명령어 길이는 기억장치 단어 수의 배수이다. ToyCOM은 명령어 길이가 모두 16비트인 고정 길이 명령어 형식을 갖고 있다. 명령어 형식을 설계할 때, 가장 비트를 많이 차지하는 것이 기억장치 주소이다. ToyCOM은 기억장치 용량이 64KB이기 때문에, 기억장치 주소를 표현하는데 16비트가 필요하다. 명령어 형식에 표현되는 주소 비트를 줄이기 위하여, 다음과 같은 주소지정 정책을 사용한다.

- 데이터 처리 명령어는 레지스터 데이터 만으로 동작한다.
- 데이터 전달 명령어인 적재와 저장 명령어만 기억장치를 액세스한다.
- 기억장치를 액세스할 때 레지스터 간접 주소지정방식을 사용한다.
- 프로그램 제어 명령어는 상대 주소지정방식으로 분기 목적지를 표현한다.

그림 7-3 ToyCOM 명령어 형식

기억장치를 액세스할 때 범용 레지스터 쌍에 기억장치 주소를 저장하고, 간접적으로 기억장치를 액세스한다. 기억장치 주소를 범용 레지스터에 저장하므로, 명령어에 16비트의 기억장치 주소 필드를 할당하지 않아도 된다. 이러한 정책은 RISC 계열 프로세서의 특징이다. 이렇게 함으로써 명령어 길이를 줄일 수 있고, 명령어 형식과 제어장치가 간단해지는 장점이 있다.

ToyCOM은 모든 명령어 크기가 2바이트이다. ToyCOM은 [그림 7-3]에 제시한 네 가지 명령어 형식을 사용한다. 각 필드의 의미는 다음과 같다.

- 동작코드(opcode): 명령어 또는 명령어 그룹을 구분하는 코드이다.
- 즉치(immediate): 즉치 주소지정방식에서 명령어에 포함되는 상수이다.
- 부동작코드(sop1, sop2): 같은 그룹의 명령어를 세분화하는 코드이다.
- 목적지 레지스터(Rd): 명령어의 목적지 레지스터 번호이다.
- 소스 레지스터(Rs1, Rs2): 명령어의 소스 레지스터 번호이다.
- 변위(offset): 상대 주소지정방식의 변위를 나타낸다.

각 명령어 형식은 다음과 같은 종류의 명령어에 대응한다.

- 형식 1: 즉치 데이터 전달 명령어
- 형식 2: 데이터 전달 명령어, 단항 데이터 처리 명령어
- 형식 3: 이항 데이터 처리 명령어
- 형식 4: 프로그램 제어 명령어

표 7-1 ToyCOM의 명령어 종류

<table>
<tr><th>명령어 종류</th><th>형식</th><th>주소지정방식</th><th>명령어 니모닉 코드</th><th>수</th></tr>
<tr><td rowspan="4">데이터 전달</td><td>형식 1</td><td>즉치</td><td>LDI</td><td>1</td></tr>
<tr><td rowspan="3">형식 2</td><td>레지스터 간접</td><td>LD, ST</td><td>2</td></tr>
<tr><td>레지스터</td><td>MV</td><td>1</td></tr>
<tr><td>스택</td><td>PUSH, POP</td><td>2</td></tr>
<tr><td rowspan="2">데이터 처리</td><td>형식 2</td><td>레지스터</td><td>INC, DEC, NEG, NOT, SHL, SHR, ASL, ASR</td><td>8</td></tr>
<tr><td>형식 3</td><td>레지스터</td><td>ADD, ADC, SUB, SBC, AND, OR, XOR</td><td>7</td></tr>
<tr><td rowspan="2">비교/
플래그 설정</td><td rowspan="2">형식 3</td><td>레지스터</td><td>CMP</td><td>1</td></tr>
<tr><td>없음</td><td>CLC, STC, CLI, STI</td><td>4</td></tr>
<tr><td rowspan="2">프로그램
제어</td><td rowspan="2">형식 4</td><td>상대</td><td>BR, BRNZ, BRZ, BRNS, BRS, BRNC, BRC, BRNV, BRV, BBE, BAE, BL, BLE, BG, BGE, CALL</td><td>16</td></tr>
<tr><td>없음</td><td>RET, RETI</td><td>2</td></tr>
<tr><td>시스템 관리</td><td>형식 4</td><td>없음</td><td>NOP, HALT</td><td>2</td></tr>
<tr><td colspan="4">합계</td><td>46</td></tr>
</table>

ToyCOM은 〈표 7-1〉과 같이 모두 46개의 명령어를 정의하고 있다. RISC 형식의 특징을 반영하여 기억장치를 사용하는 명령어는 적재(LD)와 저장(ST) 명령어만 있고, 데이터 처리 명령어는 레지스터만으로 동작한다. ToyCOM이 사용하는 주소지정방식은 다음과 같다.

- **즉치 주소지정방식**: 즉치 데이터가 포함되어 있는 적재 명령어(LDI)가 사용한다.
- **레지스터 간접 주소지정방식**: 기억장치에 유효 데이터가 있는 적재와 저장 명령어가 사용한다. 이때 레지스터 쌍에 기억장치 주소를 저장한다.
- **레지스터 주소지정방식**: 레지스터 간 데이터 이동, 단항과 이항 연산 명령어, 비교 명령어가 사용한다.
- **상대 주소지정방식**: 무조건분기, 조건분기, 서브루틴 호출 명령어가 사용한다. 프로그램 카운터 값과 분기 목적지 주소 간의 거리를 변위(offset) 필드로 표현한다.

분기 명령어와 서브루틴 호출 명령어가 상대 주소지정방식을 사용하고, 명령어 형식 4의 변위 필드가 11비트이므로, PC를 기준으로 ±1KB 범위 안으로 분기할 수 있다. 완전한 프로세서는 임의의 주소로 분기할 수 있는 주소지정방식을 제공해야 한다. ToyCOM은 이런 점에서 제한적이다.

7.3 명령어 집합

〈표 7-2〉는 ToyCOM 명령어 집합에 대한 비트 패턴을 정리한 것이다. 이 절에서는 명령어를 데이터 전달 명령어, 데이터 처리 명령어, 비교 및 플래그 설정 명령어, 프로그램 제어 명령어, 분기 명령어, 서브루틴 호출 및 인터럽트 명령어, 시스템 관리 명령어로 구분하여, 명령어 그룹별 주소지정방식과 명령어 코드를 부여할 때 고려한 사항을 설명한다.

표 7-2 ToyCOM의 명령어 코드

명령어	비트 패턴					동작
	15 - 11	10 - 8	7 - 5	4 - 2	1-0	
NOP	00000	X	X		00	No operation
HALT	00000	X	X		01	System halt
LDI Rd, #value	00001	Rd	#value			Rd ← #value
LD Rd, (Rs+1:Rs)	00010	Rd	Rs	000	00	Rd ← Mem(Rs+1:Rs)
ST (Rd+1:Rd), Rs	00010	Rd	Rs	000	01	Mem(Rd+1:Rd) ← Rs
MV Rd, Rs	00010	Rd	Rs	001	00	Rd ← Rs

<table>
<tr><th rowspan="2">명령어</th><th colspan="5">비트 패턴</th><th rowspan="2">동작</th></tr>
<tr><th>15 - 11</th><th>10 - 8</th><th>7 - 5</th><th>4 - 2</th><th>1-0</th></tr>
<tr><td>PUSH Rs</td><td>00011</td><td>X</td><td>Rs</td><td>000</td><td>00</td><td>SP ← SP – 1/Mem(SP) ← Rs</td></tr>
<tr><td>POP Rd</td><td>00011</td><td>Rd</td><td>X</td><td>000</td><td>01</td><td>Rd ← Mem(SP)/SP ← SP + 1</td></tr>
<tr><td>INC Rd</td><td>00100</td><td>Rd</td><td>X</td><td>000</td><td>00</td><td>Rd ← Rd + 1</td></tr>
<tr><td>DEC Rd</td><td>00100</td><td>Rd</td><td>X</td><td>000</td><td>01</td><td>Rd ← Rd - 1</td></tr>
<tr><td>NEG Rd</td><td>00100</td><td>Rd</td><td>X</td><td>000</td><td>10</td><td>Rd ← -Rd</td></tr>
<tr><td>NOT Rd</td><td>00100</td><td>Rd</td><td>X</td><td>000</td><td>11</td><td>Rd ← Rd'</td></tr>
<tr><td>SHL Rd</td><td>00100</td><td>Rd</td><td>X</td><td>001</td><td>00</td><td>Rd ← logical shift left Rd</td></tr>
<tr><td>SHR Rd</td><td>00100</td><td>Rd</td><td>X</td><td>001</td><td>01</td><td>Rd ← logical shift right Rd</td></tr>
<tr><td>ASL Rd</td><td>00100</td><td>Rd</td><td>X</td><td>001</td><td>10</td><td>Rd ← arithmetic shift left Rd</td></tr>
<tr><td>ASR Rd</td><td>00100</td><td>Rd</td><td>X</td><td>001</td><td>11</td><td>Rd ← arithmetic shift right Rd</td></tr>
<tr><td>ADD Rd,Rs1,Rs2</td><td>00101</td><td>Rd</td><td>Rs1</td><td>Rs2</td><td>00</td><td>Rd ← Rs1 + Rs2</td></tr>
<tr><td>ADC Rd,Rs1,Rs2</td><td>00101</td><td>Rd</td><td>Rs1</td><td>Rs2</td><td>01</td><td>Rd ← Rs1 + Rs2 + SR.C</td></tr>
<tr><td>SUB Rd,Rs1,Rs2</td><td>00101</td><td>Rd</td><td>Rs1</td><td>Rs2</td><td>10</td><td>Rd ← Rs1 - Rs2</td></tr>
<tr><td>SBC Rd,Rs1,Rs2</td><td>00101</td><td>Rd</td><td>Rs1</td><td>Rs2</td><td>11</td><td>Rd ← Rs1 - Rs2 - SR.C</td></tr>
<tr><td>AND Rd,Rs1,Rs2</td><td>00110</td><td>Rd</td><td>Rs1</td><td>Rs2</td><td>00</td><td>Rd ← Rs1 & Rs2</td></tr>
<tr><td>OR Rd,Rs1,Rs2</td><td>00110</td><td>Rd</td><td>Rs1</td><td>Rs2</td><td>01</td><td>Rd ← Rs1 | Rs2</td></tr>
<tr><td>XOR Rd,Rs1,Rs2</td><td>00110</td><td>Rd</td><td>Rs1</td><td>Rs2</td><td>10</td><td>Rd ← Rs1 ^ Rs2</td></tr>
<tr><td>CMP Rs1, Rs2</td><td>00111</td><td>X</td><td>Rs1</td><td>Rs2</td><td>X</td><td>Rs1 – Rs2</td></tr>
<tr><td>CLC</td><td>01000</td><td>X</td><td>X</td><td>X</td><td>00</td><td>SR.C ← 0</td></tr>
<tr><td>STC</td><td>01000</td><td>X</td><td>X</td><td>X</td><td>01</td><td>SR.C ← 1</td></tr>
<tr><td>CLI</td><td>01000</td><td>X</td><td>X</td><td>X</td><td>10</td><td>SR.IE ← 0</td></tr>
<tr><td>STI</td><td>01000</td><td>X</td><td>X</td><td>X</td><td>11</td><td>SR.IE ← 1</td></tr>
<tr><td>BR target</td><td>10000</td><td colspan="4">offset</td><td>PC ← PC + offset</td></tr>
<tr><td>BRNZ target</td><td>10001</td><td colspan="4">offset</td><td>Z=0: PC ← PC + offset</td></tr>
<tr><td>BRZ target</td><td>10010</td><td colspan="4">offset</td><td>Z=1: PC ← PC + offset</td></tr>
<tr><td>BRNS target</td><td>10011</td><td colspan="4">offset</td><td>S=0: PC ← PC + offset</td></tr>
<tr><td>BRS target</td><td>10100</td><td colspan="4">offset</td><td>S=1: PC ← PC + offset</td></tr>
<tr><td>BRNC target</td><td>10101</td><td colspan="4">offset</td><td>C=0: PC ← PC + offset</td></tr>
<tr><td>BRC target</td><td>10110</td><td colspan="4">offset</td><td>C=1: PC ← PC + offset</td></tr>
<tr><td>BRNV target</td><td>10111</td><td colspan="4">offset</td><td>V=0: PC ← PC + offset</td></tr>
<tr><td>BRV target</td><td>11000</td><td colspan="4">offset</td><td>V=1: PC ← PC + offset</td></tr>
<tr><td>BRA target</td><td>11001</td><td colspan="4">offset</td><td>C | Z': PC ← PC + offset</td></tr>
<tr><td>BRBE target</td><td>11010</td><td colspan="4">offset</td><td>C' | Z: PC ← PC + offset</td></tr>
<tr><td>BRGT target</td><td>11011</td><td colspan="4">offset</td><td>(Z | (S⊕V))': PC ← PC + offset</td></tr>
<tr><td>BRGE target</td><td>11100</td><td colspan="4">offset</td><td>(S⊕V)': PC ← PC + offset</td></tr>
<tr><td>BRLE target</td><td>11101</td><td colspan="4">offset</td><td>Z | (S⊕V): PC ← PC + offset</td></tr>
<tr><td>BRLT target</td><td>11110</td><td colspan="4">offset</td><td>S⊕V: PC ← PC + offset</td></tr>
<tr><td>CALL target</td><td>11111</td><td colspan="4">offset</td><td>PUSH PC, PC ← PC + offset</td></tr>
<tr><td>RET</td><td>01001</td><td colspan="2">X</td><td>X</td><td>00</td><td>POP PC</td></tr>
<tr><td>IRET</td><td>01001</td><td colspan="2">X</td><td>X</td><td>01</td><td>POP PC, POP SR</td></tr>
</table>

7.3.1 데이터 전달 명령어

<표 7-3>은 데이터 전달 명령어에 대한 니모닉 코드와 비트 패턴, 그리고 레지스터 전송 언어로 표시한 동작을 정리한 것이다. <표 7-3>에 나타난 기호의 의미는 다음과 같다.

- #value: 즉치 데이터를 나타낸다.
- Rd: 목적지 레지스터이고, 범용 레지스터인 R0 ~ R7 중 하나이다.
- Rs: 소스 레지스터이고, 범용 레지스터인 R0 ~ R7 중 하나이다.
- Rx+1:Rx: Rx+1과 Rx(x = 0, 2, 4, 또는 6)를 연결하여 16비트 주소로 사용하는 것을 나타낸다.
- Mem(Rx+1:Rx): 레지스터 간접 주소지정방식으로 기억장치를 액세스하는 것을 나타낸다.
- X: 해당 필드를 사용하지 않음을 나타낸다. 일반적으로 0으로 채운다.

표 7-3 데이터 전달 명령어

명령어	비트 패턴					동작
	15 - 11	10 - 8	7 - 5	4 - 2	1 - 0	
LDI Rd, #value	00001	Rd	#value			Rd ← #value
LD Rd, (Rs+1:Rs)	00010	Rd	Rs	000	00	Rd ← Mem(Rs+1:Rs)
ST (Rd+1:Rd), Rs	00010	Rd	Rs	000	01	Mem(Rd+1:Rd) ← Rs
MV Rd, Rs	00010	Rd	Rs	001	00	Rd ← Rs
PUSH Rs	00011	X	Rs	000	00	SP ← SP - 1/Mem(SP) ← Rs
POP Rd	00011	Rd	X	000	01	Rd ← Mem(SP)/SP ← SP + 1

ToyCOM의 데이터 전달 명령어는 적재(LD, load), 저장(ST, store), 레지스터 간 데이터 이동(MV, move), 그리고 스택 동작인 PUSH와 POP 명령어가 있다. 각 명령어의 동작과 동작코드는 다음과 같다.

- LDI Rd, #value: 즉치 주소지정방식을 사용하는 적재 명령어이다. 이 명령어는 #value를 Rd에 저장한다. Rd는 8비트 레지스터이고, 즉치값을 표현하는 #value도 8비트 데이터이다. 동작코드는 00001이다.
- LD Rd, (Rs+1:Rs): 레지스터 간접 주소지정방식에 의한 적재 명령어이다. 괄호는 간접 주소지정방식을 나타낸다. (Rs+1:Rs)를 16비트 주소로 사용한다. Rs는 반드

시 인덱스가 짝수이어야 한다. 동작코드는 00010이고 부동작코드는 000_00이다.

- ST (Rd+1:Rd), Rs: 레지스터 간접 주소지정방식에 의한 저장 명령어이다. (Rd+1:Rd)를 16비트 주소로 사용한다. 동작코드는 00010이고 부동작코드는 000_01이다.
- MV Rd, Rs: 레지스터 주소지정방식에 의한 레지스터 간 데이터 전달 명령어이다. Rs를 Rd로 전달한다. 동작코드는 00010이고 부동작코드는 001_00이다.
- PUSH Rs: Rs를 스택에 저장하고, SP는 감소한다. 명령어 코드는 00011이고 부동작코드는 000_00이다.
- POP Rd: 스택에서 한 바이트를 제거하여 Rd에 적재한다. SP는 증가한다. 명령어 코드는 00011이고 부동작코드는 000_01이다.

ToyCOM은 프로세서 구조를 간단하게 만들기 위하여 일반 프로세서가 포함하고 있는 다음과 같은 명령어를 제외하였다.

- 프로그램 카운터와 범용 레지스터 간 데이터 전달 명령어
- 상태 레지스터와 범용 레지스터 간 데이터 전달 명령어
- 스택 포인터와 범용 레지스터 간 데이터 전달 명령어
- 프로그램 카운터, 상태 레지스터, 스택 포인터를 스택에 푸시, 팝하는 명령어

예제 7-1 ToyCOM 레지스터와 기억장치 상태가 [그림 7-4]와 같다. 질문에 답하라.

(1) 1100h 번지 명령어가 실행된 후, 변하는 레지스터의 값을 구하라.
(2) 1102h 번지 명령어가 실행된 후, 변하는 레지스터의 값을 구하라.
(3) 1104h 번지 명령어가 실행된 후, 변하는 레지스터의 값을 구하라.

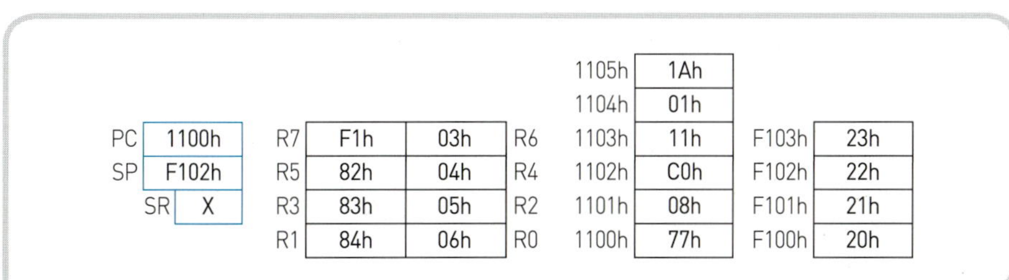

그림 7-4 예제 7-1의 ToyCOM 상태

풀이

(1) 기억장치 [1100h]의 명령어는 0877h이다.
이것을 명령어 형식에 맞추어 풀면 00001_000_01110111이고,

명령어 LDI R0, #77h에 해당한다. 따라서 R0 = 77h로 된다.
명령어 실행 후 PC는 명령어 크기만큼 증가하여, PC = 1102h로 된다.

(2) 기억장치 [1102h]의 명령어는 11C0h이다.
이것을 명령어 형식에 맞추어 풀면 00010_001_110_00000이고,
명령어 LD2 R1, (R7:R6)에 해당한다.
기억장치 [R7:R6] = [8103h]이고, Mem(8103h) = 23h이므로, R1 = 23h로 된다.
명령어 실행 후 PC는 명령어 크기만큼 증가하여, PC = 1104h로 된다.

(3) 기억장치 [1104]의 명령어는 1A01h이다.
이것을 명령어 형식에 맞추어 풀면 00011_010_000_000_01이고,
명령어 POP R2에 해당한다.
SP 값이 [F102h]이고 Mem(F102) = 22h이므로, R2 = 22h, SP = F103h로 된다.
명령어 실행 후 PC는 명령어 크기만큼 증가하여, PC = 1106h로 된다.

7.3.2 데이터 처리 명령어

〈표 7-4〉는 ToyCOM 데이터 처리 명령어 목록이다. 데이터 처리 명령어는 모두 레지스터 주소지정방식을 사용한다. 모든 연산은 레지스터 데이터만 처리하며, 기억장치 데이터를 처리하지 않는다. ToyCOM은 단항 연산 명령어와 이항 연산 명령어를 정의하고 있다. 이 그룹에 속하는 명령어가 실행되고 나면, 연산 결과에 따라 제로 플래그, 부호 플래그, 자리올림수, 오버플로우 플래그의 값이 변경된다.

세 개의 산술 단항 연산 명령어와 다섯 개의 논리 단항 연산 명령어가 있다. 단항 연산 명령어의 동작코드는 모두 00100이고, 부동작코드(비트 4:0)로 각 명령어를 구별한다. 명령어 형식의 소스 레지스터 필드(비트 7:5)는 사용하지 않는다.

- INC Rd: Rd 값을 증가시킨다.
- DEC Rd: Rd 값을 감소시킨다.
- NEG Rd: Rd 값에 대한 2의 보수를 구한다. 즉, 음수를 구한다.
- NOT Rd: Rd 값에 대한 1의 보수를 구한다.
- SHL Rd: Rd 값에 대하여 왼쪽 논리시프트 연산을 수행한다.
- SHR Rd: Rd 값에 대하여 오른쪽 논리시프트 연산을 수행한다.
- ASL Rd: Rd 값에 대하여 왼쪽 산술시프트 연산을 수행한다.
- ASR Rd: Rd 값에 대하여 오른쪽 산술시프트 연산을 수행한다.

표 7-4 데이터 처리 명령어

명령어	비트 패턴					동작
	15 - 11	10 - 8	7 - 5	4 - 2	1 - 0	
INC Rd	00100	Rd	X	000	00	Rd ← Rd + 1
DEC Rd	00100	Rd	X	000	01	Rd ← Rd - 1
NEG Rd	00100	Rd	X	000	10	Rd ← -Rd
NOT Rd	00100	Rd	X	000	11	Rd ← Rd′
SHL Rd	00100	Rd	X	001	00	Rd ← logical shift left Rd
SHR Rd	00100	Rd	X	001	01	Rd ← logical shift right Rd
ASL Rd	00100	Rd	X	001	10	Rd ← arithmetic shift left Rd
ASR Rd	00100	Rd	X	001	11	Rd ← arithmetic shift right Rd
ADD Rd,Rs1,Rs2	00101	Rd	Rs1	Rs2	00	Rd ← Rs1 + Rs2
ADC Rd,Rs1,Rs2	00101	Rd	Rs1	Rs2	01	Rd ← Rs1 + Rs2 + SR.C
SUB Rd,Rs1,Rs2	00101	Rd	Rs1	Rs2	10	Rd ← Rs1 - Rs2
SBC Rd,Rs1,Rs2	00101	Rd	Rs1	Rs2	11	Rd ← Rs1 - Rs2 - SR.C
AND Rd,Rs1,Rs2	00110	Rd	Rs1	Rs2	00	Rd ← Rs1 & Rs2
OR Rd,Rs1,Rs2	00110	Rd	Rs1	Rs2	01	Rd ← Rs1 | Rs2
XOR Rd,Rs1,Rs2	00110	Rd	Rs1	Rs2	10	Rd ← Rs1 ^ Rs2

네 개의 산술 이항 연산 명령어와 세 개의 논리 이항 연산 명령어가 있다. 이항 연산 명령어는 레지스터 주소지정방식의 3-주소 명령어 형식을 사용한다. 이항 산술 연산 명령어의 동작코드는 00101이고, 이항 논리 연산 명령어의 동작코드는 00110이다. 부동작코드로 각 명령어를 구분한다.

- ADD Rd, Rs1, Rs2: Rd = Rs1 + Rs2을 수행한다.
- ADC Rd, Rs1, Rs2: Rd = Rs1 + Rs2 + SR.C를 수행한다. 자리올림수 플래그도 함께 더한다.
- SUB Rd, Rs1, Rs2: Rd = Rs1 − Rs2을 수행한다.
- SBC Rd, Rs1, Rs2: Rd = Rs1 − Rs2 − SR.C를 수행한다. 자리올림수 플래그도 함께 뺀다.
- AND Rd, Rs1, Rs2: Rd = Rs1 AND Rs2을 수행한다.
- OR Rd, Rs1, Rs2: Rd = Rs1 OR Rs2을 수행한다.

- XOR Rd, Rs1, Rs2: Rd = Rs1 XOR Rs2을 수행한다.

ADC와 SBC 명령어는 8비트 연산기로 16비트 또는 32비트 데이터를 연산하는데 필요하다. AND, OR, XOR 명령어는 비트 단위로 논리 연산을 실행한다.

예제 7-2 다음 명령어에 대한 명령어 코드를 16진수로 적어라.

(1)	DEC	R5
(2)	SHL	R2
(3)	ADD	R0, R2, R3

풀이

(1)	00100_101_XXX_000_01	: 0010_0101_XXX0_0001	: 2501h
(2)	00100_010_XXX_001_00	: 0010_0010_XXX0_0100	: 2204h
(3)	00101_000_010_011_00	: 0010_1000_0100_1100	: 284Ch

예제 7-3 기억장치 [4201h:4200h]와 [4203:4202h]의 16비트 데이터를 더하여 기억장치 [4205:4204h]에 저장하는 어셈블리 프로그램을 작성하라.

풀이

- 기억장치 [4201h:4200h]를 R1:R0로 옮긴다.
- 기억장치 [4203h:4202h]를 R3:R2로 옮긴다.
- R4 ← R0 + R2
- R5 ← R1 + R3 + Carry
- R5:R4를 기억장치 [4205:4204h]에 저장한다.
- 어셈블리 프로그램

```
LDI     R7, #42h        // R7:R6 = 4200h
LDI     R6, #00h
LD      R0, (R7:R6)     // R0 = Mem(4200h)
INC     R6              // R7:R6 = 4201h
LD      R1, (R7:R6)     // R1 = Mem(4201h)
INC     R6              // R7:R6 = 4202h
LD      R2, (R7:R6)     // R2 = Mem(4202h)
INC     R6              // R7:R6 = 4203h
LD      R3, (R7:R6)     // R3 = Mem(4203h)
ADD     R4, R0, R2      // R4 = R0 + R2
```

```
ADC    R5, R1, R3      // R5 = R1 + R3 + C
INC    R6              // R7:R6 = 4204h
ST     (R7:R6), R4     // Mem(4204h) = R4
INC    R6              // R7:R6 = 4205h
ST     (R7:R6), R5     // Mem(4204h) = R5
```

7.3.3 비교 및 플래그 설정 명령어

〈표 7-5〉는 ToyCOM의 비교 및 플래그 설정 명령어 목록이다. 비교 명령어는 뺄셈을 수행하지만 결과를 저장하지 않는다. 연산 과정에서 발생하는 조건 코드에 따라 상태 레지스터 값을 변경한다. 조건분기 명령어를 실행하기 전에 상태 레지스터를 변경할 목적으로 사용한다. 동작코드는 00111이고 목적지 레지스터 필드(비트 10:8)와 부동작코드(비트 1:0)는 사용하지 않는다. 플래그 설정 명령어는 SR.C와 SR.IE를 세트하고 리셋한다. 동작코드는 모두 01000이고, 부동작코드로 세부 명령어를 구별한다. 레지스터를 지정하는 필드(비트 10:2)는 사용하지 않는다.

표 7-5 비교 및 플래그 설정 명령어

명령어	비트 패턴					동작
	15 - 11	10 - 8	7 - 5	4 - 2	1-0	
CMP Rs1, Rs2	00111	X	Rs1	Rs2	X	Rs1 - Rs2
CLC	01000	X	X	X	00	SR.C ← 0
STC	01000	X	X	X	01	SR.C ← 1
CLI	01000	X	X	X	10	SR.IE ← 0
STI	01000	X	X	X	11	SR.IE ← 1

- CMP Rs1, Rs2: Rs1 – Rs2를 수행하고, 그때의 조건을 상태 레지스터 조건 플래그에 저장한다.
- CLC: SR.C를 리셋한다.
- STC: SR.C를 세트한다.
- CLI: SR.IE를 리셋한다.
- STI: SR.IE를 세트한다.

7.3.4 분기 명령어

명령어 형식 4를 사용하는 분기 명령어는 모두 상대 주소지정방식으로 분기 목적지 주소를 표현한다. 변위(offset) 필드가 11비트이므로, 표현할 수 있는 분기 목적지 주소의 범위는 다음과 같다.

$$PC - 1024 \le \text{분기 목적지 주소} \le PC + 1023$$

원칙적으로 프로그램은 ToyCOM 기억장치 공간의 임의의 위치로 분기할 수 있어야 한다. 그렇지만 ToyCOM을 교육용으로 설계하였기 때문에, 중앙처리장치 기능을 간단하게 구현할 수 있도록 이와 같은 제한을 두었다. 명령어 형식 4에 해당하는 명령어의 동작코드는 모두 최상위 비트를 1로 설정하였다. 명령어 코드는 〈표 7-6〉과 같다. 분기 조건을 표시할 때, OR 조건을 'ǀ'로 표시하였다. 각 명령어는 다음과 같은 동작을 수행한다.

표 7-6 상대 주소지정방식에 의한 분기 명령어

명령어	비트 패턴		동작
	15 - 11	10 - 0	
BR target	10000	offset	PC ← PC + offset
BRNZ target	10001	offset	Z=0: PC ← PC + offset
BRZ target	10010	offset	Z=1: PC ← PC + offset
BRNS target	10011	offset	S=0: PC ← PC + offset
BRS target	10100	offset	S=1: PC ← PC + offset
BRNC target	10101	offset	C=0: PC ← PC + offset
BRC target	10110	offset	C=1: PC ← PC + offset
BRNV target	10111	offset	V=0: PC ← PC + offset
BRV target	11000	offset	V=1: PC ← PC + offset
BRE target	10010	offset	Z=1: PC ← PC + offset
BRA target	11001	offset	C ǀ Z': PC ← PC + offset
BRAE target	10110	offset	C=1: PC ← PC + offset
BRBE target	11010	offset	C' ǀ Z: PC ← PC + offset
BRB target	10101	offset	C=0: PC ← PC + offset
BRGT target	11011	offset	(Z ǀ (S⊕V))': PC ← PC + offset
BRGE target	11100	offset	(S⊕V)': PC ← PC + offset
BRLE target	11101	offset	Z ǀ (S⊕V): PC ← PC + offset
BRLT target	11110	offset	S⊕V: PC ← PC + offset

- 무조건분기 명령어(BR): 상태 레지스터(SR)와 상관없이 항상 분기한다.
- 조건분기 명령어(BRNZ, BRZ, BRNS, BRS, BRNC, BRC, BRNV, BRV): SR의 플래그 값을 직접 참조하여 분기 여부를 결정한다.
- 조건분기 명령어(BRE, BRA, BRAE, BRBE, BRB): 데이터를 부호 없는 수로 해석할 때 조건분기 명령어이다. 조건분기 명령어는 각각 branch if equal, branch if above, branch if above or equal, branch if below or equal, branch if below에 해당한다.
  - BRE 명령어의 분기 조건이 Z = 1이므로, 이 명령어의 동작코드는 BRZ와 같다.
  - BRAE 명령어의 분기 조건이 C = 1이므로, 이 명령어의 동작코드는 BRC와 같다.
  - BRB 명령어의 분기 조건이 C = 0이므로, 이 명령어의 동작코드는 BRNC와 같다.
  - 이 명령어들은 니코닉 코드가 서로 다르지만, 동작코드는 한 가지로 매핑된다.
- 조건분기 명령어(BRE, BRGT, BRGE, BRLE, BRLT): 데이터를 부호 있는 정수로 해석할 때 조건분기 명령어이다. 조건분기 명령어들은 각각 branch if greater than, branch if greater or equal, branch if less or equal, branch if less than에 해당한다.
  - BRE 명령어는 BRZ 명령어와 동작코드가 같다.

예제 7-4 기억장치 [2109h:2108h]의 명령어가 87E0h이다. 이 명령어가 실행된 후 프로그램 카운터 값을 구하라.

풀이

명령어를 실행할 때 PC = 210Ah이다.
명령어를 형식에 맞추어 풀면, 10000_111_1110_0000이고, 이것은 BR target 명령어이다.
PC ← PC + offset에 의하여 결정되고,
offset = 111_1110_0000이므로, 음수이고 그 값은 −20h이다.
따라서 PC = 210Ah − 20h = 20EAh

7.3.5 서브루틴 호출 및 인터럽트 명령어

〈표 7-7〉은 ToyCOM의 서브루틴 호출 및 복귀와 인터럽트 복귀 명령어 목록이다. 서브루틴을 호출하는 명령어는 분기 명령어와 마찬가지로 상대 주소지정방식을 사용한다. 그러므로 호출하는 서브루틴은 프로그램 카운터(PC) 값을 기준으로 ±1KB 범위에 있어야 한다는 제약이 있다.

- CALL target: PC를 스택에 저장하고, PC에 목적지 주소를 적재한다. CALL 명령어를 실행한 후 SP는 2 감소한다.
- RET: 스택에서 프로그램 카운터의 값을 복구한다. RET 명령어를 실행한 후 SP는 2 증가한다.
- IRET: 인터럽트 서비스 루틴의 마지막 명령어이다. 스택에서 상태 레지스터(SR)와 프로그램 카운터(PC)를 복구한다. 이때 SP는 3 증가한다.

표 7-7 서브루틴 호출 및 인터럽트 명령어

명령어	비트 패턴				동작
	15 - 11	10 - 8	7 - 2	1 - 0	
CALL target	11111	offset			PUSH PC, PC ← PC + offset
RET	01001	X	X	00	POP PC
RETI	01001	X	X	01	POP PC, POP SR

예제 7-5 ToyCOM 상태가 [그림 7-5(a)]와 같다. 한 개의 명령어를 실행한 후 ToyCOM 상태를 그려라.

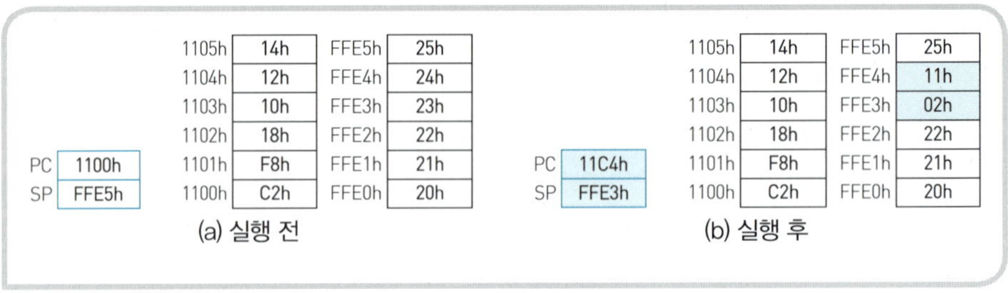

그림 7-5 예제 7-5의 ToyCOM 상태

풀이

PC = 1100h이고, 이 주소에 저장되어 있는 명령어는 F8C2h이다.
명령어를 인출하면 프로그램 카운터는 1102h로 증가한다.
명령어 형식에 맞추어 해석하면 11111_000_1100_0010이고,
동작코드가 11111이므로, 상대 주소지정방식에 의한 CALL offset 명령어이다.
전체 명령어는 CALL PC+0C2이다.
분기 목적지 주소는 1102h + 0C2 = 11C4h이다.
SP는 FFE3으로 감소하고, 스택에 현재 PC의 값 1102h를 저장한다.
PC에 분기 목적지 11C4h를 적재한다. 최종 결과는 [그림 7-5(b)]이다.

7.3.6 시스템 관리 명령어

시스템 관리 명령어는 〈표 7-8〉과 같이 NOP와 HALT 명령어가 있다. NOP는 아무 것도 수행하지 않고 명령어 사이클을 소비하는 명령어이다. 동작코드는 00000이고 부동작코드는 00이다. 마지막으로 HALT는 시스템을 정지시키는 명령어이다. 동작코드는 00000이고 부동작코드는 01이다. 예를 들어, ToyCOM이 정의되지 않은 명령어를 실행하려고 할 때, 자체적으로 내부 인터럽트를 발생하여 HALT 명령어를 실행하도록 만들 수 있다.

표 7-8 시스템 관리 명령어

명령어	비트 패턴			동작
	15 - 11	10 - 2	1 - 0	
NOP	00000	X	00	No operation
HALT	00000	X	01	System halt

7.4 명령어 사이클

마이크로오퍼레이션을 설계하기 전에 먼저 명령어 사이클이 정의되어 있어야 한다. ToyCOM은 [그림 7-6]과 같이 네 단계로 구성된 명령어 사이클을 갖는다. 각 단계에서 실행하는 동작은 다음과 같다.

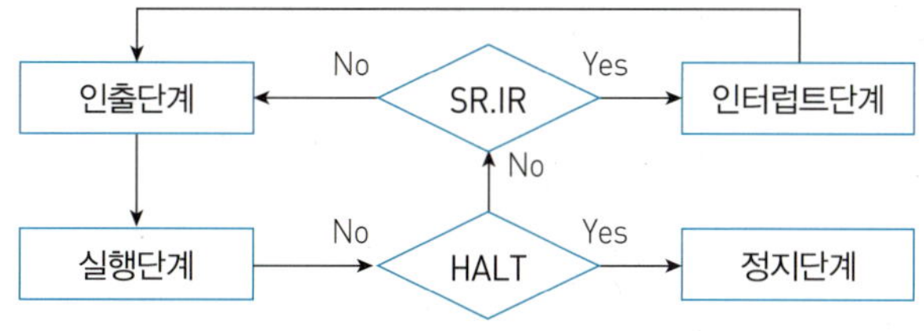

그림 7-6 ToyCOM 명령어 사이클

- 인출단계: 프로그램 카운터가 가리키는 2바이트 명령어를 기억장치에서 인출하여 명령어 레지스터로 저장한다. 프로그램 카운터의 값은 2 증가한다.
- 실행단계: 각 명령어 고유의 동작을 실행한다. 실행단계가 끝난 후, 제어장치는 시

스템 정지 조건과 상태 레지스터의 인터럽트 요청(SR.IR) 플래그를 검사하여 다음 단계를 결정한다.

- 정지단계: HALT 명령어를 실행하면, 제어장치는 정지단계로 들어간다. 이 단계에서는 시스템이 정지되며, 다시 컴퓨터를 실행하려면 시스템을 리셋해야 한다.
- 인터럽트단계: 인터럽트 요청(SR.IR = 1)이 있는 경우, 상태 레지스터와 프로그램 카운터를 스택에 저장한 후, 프로그램 카운터에 인터럽트 서비스 루틴(ISR)의 시작 주소를 적재한다.

컴퓨터에서 인터럽트를 요청하는 소스는 여러 개이다. 일반적으로 인터럽트 소스마다 번호가 부여되어 있다. 제어장치가 인터럽트단계에서 수행해야 하는 일은 다음과 같다.

1. 먼저 인터럽트를 요청한 장치에 대한 인터럽트 번호를 확인한다.
2. 상태 레지스터와 프로그램 카운터를 스택에 저장한다.
3. 마지막으로 해당 인터럽트 요청에 대한 인터럽트 서비스 루틴의 시작 주소를 프로그램 카운터에 적재한다.

인터럽트를 요청한 장치 번호를 알아내는 방법과 인터럽트 서비스 루틴의 시작 주소를 프로그램 카운터에 적재하는 방법은 '제10장 입출력'에서 자세히 다룬다. 대부분의 프로세서는 기억장치 특정 부분에 인터럽트 서비스 루틴에 대한 정보를 모아 놓는 영역이 있다. 이 영역에 저장되어 있는 값을 인터럽트 벡터(interrupt vector)라고 한다. ToyCOM은 0번부터 2번까지 세 개의 인터럽트 소스를 갖는다. 인터럽트 요청이 발생하면, 프로그램 카운터의 값은 [2 x 인터럽트 번호]로 설정된다. 이 영역에 [그림 7-7]과 같이 인터럽트 서비스 루틴의 시작 주소로 무조건분기하는 명령어가 저장되어 있다.

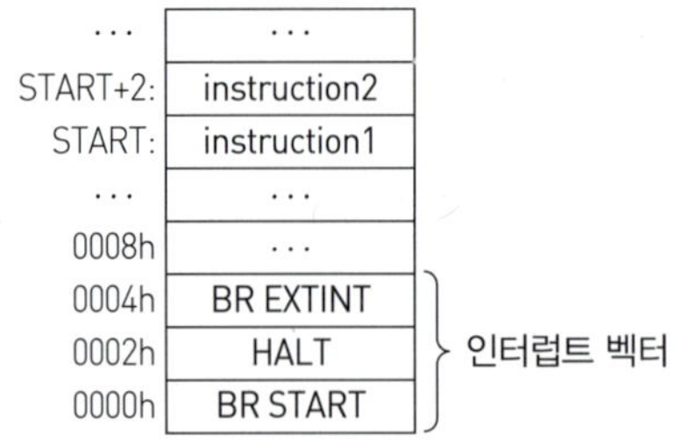

그림 7-7 ToyCOM 인터럽트 벡터

- 시스템 리셋(0번 인터럽트): 외부에서 전원이 인가되거나 시스템 리셋 신호에 의하여

리셋 인터럽트가 발생한다. 리셋 신호는 PC = 0, SP = 0으로 초기화한다. 기억장치 0번지에 "BR START (START 번지로 무조건분기)" 명령어가 저장되어 있다.

- 시스템 정지(1번 인터럽트): ToyCOM 내부에서 발생한다. 정의되지 않은 명령어 코드 또는 나누기 0과 같이 ToyCOM이 명령어를 실행할 수 없을 때, 1번 인터럽트가 발생한다. 1번 인터럽트가 발생하면, 프로그램 카운터 값이 0002h로 설정되고 HALT 명령어를 실행한다. 시스템 초기화 과정에서 기억장치 2번지에 HALT 명령어를 적재해야 한다.
- 외부 인터럽트(2번 인터럽트): 외부 장치가 인터럽트를 요청한 경우에 해당한다. 프로그램 카운터는 0004h로 설정되며, 시스템 초기화 과정에서 이 장소에 외부 장치에 대한 인터럽트 서비스 루틴으로 무조건분기하는 명령어(BR EXTINT)를 저장해야 한다.

ToyCOM은 변위가 11비트인 상대 주소지정방식의 분기 명령어를 사용하므로, 인터럽트 서비스 루틴의 시작 주소는 03FFh번지 안에 있어야 한다는 제한이 있다.

7.5 마이크로오퍼레이션

ToyCOM의 명령어 인출단계는 프로그램 카운터가 가리키는 기억장치에서 2바이트의 명령어를 읽어 명령어 레지스터에 저장하고 프로그램 카운터 값을 2 증가시킨다. 그렇지만, 중앙처리장치는 한 개의 클럭 사이클 안에서 레지스터 전송을 수행하기 때문에, 명령어 인출 과정은 [그림 7-1]과 같은 ToyCOM 프로그래머 모델에서 한 번의 클럭 사이클 안에 실행될 수 없다. 그 이유는 다음과 같다.

- 기억장치를 읽기 위하여 프로그램 카운터 값이 기억장치 주소 레지스터로 적재되어야 한다.
- 기억장치는 8비트 단위로 액세스되고, 기억장치를 읽은 값은 기억장치 버퍼 레지스터로 적재된다.
- 기억장치 버퍼 레지스터는 8비트이고 명령어 레지스터는 16비트이므로, 기억장치를 두 번 액세스해야 한다.

따라서 명령어 인출단계는 여러 개의 클럭 사이클을 사용하도록 그 동작이 세분되어야 한다.

중앙처리장치에서 수행할 수 있는 가장 작은 단위의 동작은 한 개의 클럭 사이클 동안에 수행하는 동작이다. 이것을 명령어보다 더 작은 동작이라는 의미에서 마이크로오퍼레이션(micro-operation)이라고 한다. 프로그램을 계층적으로 보면 다음과 같다.

- 프로그램은 명령어들로 구성되어 있다.
- 각 명령어는 명령어 사이클에 의하여 실행된다.
- 명령어 사이클은 여러 개의 단계(인출단계, 실행단계, 인터럽트단계)로 구성되어 있다.
- 각 단계는 한 개 이상의 마이크로오퍼레이션에 의하여 수행된다.

이 절에서는 ToyCOM의 각 명령어 사이클 단계별로 수행해야 할 마이크로오퍼레이션을 정의한다.

7.5.1 인출단계

ToyCOM은 모든 명령어의 크기가 2바이트이다. 명령어 인출단계에서는 프로그램 카운터가 가리키는 기억장소에서 2바이트의 명령어를 인출하여 명령어 레지스터로 적재해야 한다. 명령어 인출단계에서 수행해야 할 전체적인 동작을 레지스터 전송 언어로 표현하면 다음과 같다.

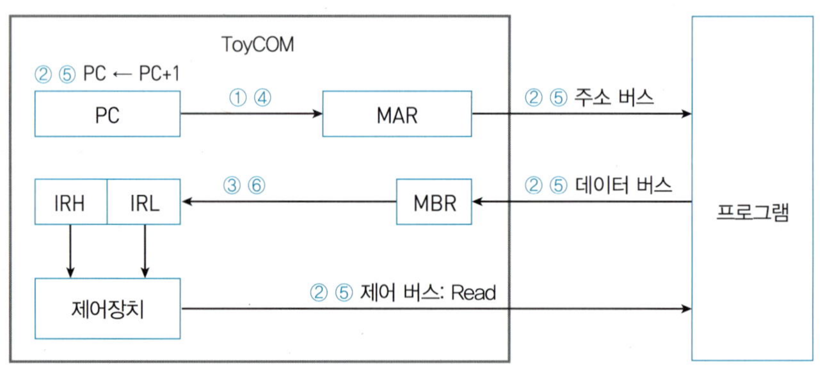

그림 7-8 명령어 인출 마이크로오퍼레이션

```
IR ← Mem[PC]
PC ← PC + 2
```

이 과정을 [그림 7-1]의 ToyCOM 프로그래머 모델에서 수행하려면, 명령어를 한 번에 한 바이트씩 기억장치를 두 번 액세스하여 명령어 레지스터에 저장해야 한다. 명령어 레지스터는 상위 바이트를 저장하는 레지스터(IRH)와 하위 바이트를 저장하는 레지스터(IRL)로 분리되어 있다.

표 7-9 인출단계 마이크로오퍼레이션

명령어 사이클	동작	마이크로오퍼레이션
인출단계	IR ← Mem[PC] PC ← PC + 2	1. MAR ← PC 2. MBR ← Mem(MAR), PC ← PC + 1 3. IRL ← MBR 4. MAR ← PC 5. MBR ← Mem(MAR), PC ← PC + 1 6. IRH ← MBR

명령어를 인출하는 마이크로오퍼레이션을 [그림 7-8]과 〈표 7-9〉에 표시하였으며, 그 과정은 다음과 같다.

1. MAR에 PC 값을 저장한다. MAR과 PC 간에 16비트 데이터를 내부 버스로 전달할 수 있다.
2. 기억장치를 읽고 이와 동시에 PC 값을 증가시킨다. 기억장치와 PC는 별개의 구성 요소이기 때문에 동시에 동작할 수 있다.
3. MBR에 저장되어 있는 명령어의 하위 바이트를 IRL에 저장한다.
4. 다시 MAR에 PC 값을 저장한다.
5. 기억장치를 읽고 동시에 PC 값을 증가시킨다. 결과적으로 PC는 2 증가한다.
6. MBR에 저장되어 있는 명령어의 상위 바이트를 IRH에 저장한다.

ToyCOM 명령어 인출단계는 이와 같은 마이크로오퍼레이션을 차례대로 실행하며, 6개의 클럭 사이클을 소모한다.

7.5.2 실행단계

실행단계 동작은 명령어마다 다르기 때문에, 실행단계 마이크로오퍼레이션은 각 명령어마다 ToyCOM의 프로그래머 모델에서 실행될 수 있도록 별도로 정의해야 한다. 〈표 7-10〉은 데이터 전달 명령어의 실행단계 마이크로오퍼레이션을 정리한 것이다.

- LDI Rd, #value: 명령어 형식1에 의하여 #value는 IRL에 저장되어 있다. 따라서 IRL을 Rd로 전송함으로써 이 명령어를 실행할 수 있다.

- LD Rd, (Rs+1:Rs): 기억장치 주소로 레지스터 쌍을 사용한다. 주소를 먼저 MAR로 옮기고, 기억장치를 읽어 MBR로 데이터를 저장한 후, 최종적으로 Rd로 옮긴다.
- ST (Rd+1:Rd), Rs: 기억장치 주소로 레지스터 쌍을 사용한다. 주소를 먼저 MAR로 옮기고, 저장할 데이터를 MBR로 옮긴 후, 기억장치에 저장한다. 주소와 데이터를 내부 버스를 통하여 한 번에 옮길 수 없기 때문에, 처음 두 단계를 분리한다.
- MV Rd, Rs: 내부 버스를 통하여 Rd를 Rs로 옮김으로써 명령어를 실행할 수 있다.
- PUSH Rs: 먼저 SP를 감소시킨 후, 기억장치에 데이터를 저장한다. 모두 네 개의 클럭 구간을 필요로 한다.
- POP Rd: 세 개의 클럭 구간에 기억장치를 읽은 후, SP를 증가시킨다. 마지막 Rd ← MBR와 SP ← SP + 1를 동시에 수행할 수 있다.

표 7-10 데이터 전달 명령어의 마이크로오퍼레이션

명령어	동작	마이크로오퍼레이션
LDI Rd, #value	Rd ← #value	1. Rd ← IRL
LD Rd, (Rs+1:Rs)	Rd ← Mem(Rs+1:Rs)	1. MAR ← Rs+1:Rs 2. MBR ← Mem(MAR) 3. Rd ← MBR
ST (Rd+1:Rd), Rs	Mem(Rd+1:Rd) ← Rs	1. MAR ← Rd+1:Rd 2. MBR ← Rs 3. Mem(MAR) ← MBR
MV Rd, Rs	Rd ← Rs	1. Rd ← Rs
PUSH Rs	SP ← SP - 1 Mem(SP) ← Rs	1. SP ← SP - 1 2. MAR ← SP 3. MBR ← Rs 4. Mem(MAR) ← MBR
POP Rd	Rd ← Mem(SP) SP ← SP + 1	1. MAR ← SP 2. MBR ← Mem(MAR) 3. Rd ← MBR, SP ← SP + 1

〈표 7-11〉은 데이터 처리 명령어와 비교 및 플래그 설정 명령어에 대한 마이크로오퍼레이션을 정리한 것이다. 이 명령어들은 레지스터만으로 동작하기 때문에 한 개의 클럭 사이클에 동작을 완료할 수 있다. 데이터 처리 명령어가 실행될 때, 연산기가 동작하며 상태 레지스터의 조건 플래그 값이 갱신된다.

표 7-11 데이터 처리 명령어의 마이크로오퍼레이션

명령어	동작	마이크로오퍼레이션
INC Rd	Rd ← Rd + 1	Rd ← Rd + 1
DEC Rd	Rd ← Rd – 1	Rd ← Rd – 1
NEG Rd	Rd ← -Rd	Rd ← -Rd
NOT Rd	Rd ← Rd'	Rd ← Rd'
SHL Rd	Rd ← logical shift left Rd	Rd ← SHL Rd
SHR Rd	Rd ← logical shift right Rd	Rd ← SHR Rd
ASL Rd	Rd ← arithmetic shift left Rd	Rd ← ARL Rd
ASR Rd	Rd ← arithmetic shift right Rd	Rd ← ASR Rd
ADD Rd,Rs1,Rs2	Rd ← Rs1 + Rs2	Rd ← Rs1 + Rs2
ADC Rd,Rs1,Rs2	Rd ← Rs1 + Rs2 + SR.C	Rd ← Rs1 + Rs2 + SR.C
SUB Rd,Rs1,Rs2	Rd ← Rs1 - Rs2	Rd ← Rs1 - Rs2
SBC Rd,Rs1,Rs2	Rd ← Rs1 - Rs2 - SR.C	Rd ← Rs1 - Rs2 - SR.C
AND Rd,Rs1,Rs2	Rd ← Rs1 & Rs2	Rd ← Rs1 & Rs2
OR Rd,Rs1,Rs2	Rd ← Rs1 | Rs2	Rd ← Rs1 | Rs2
XOR Rd,Rs1,Rs2	Rd ← Rs1 ^ Rs2	Rd ← Rs1 ^ Rs2
CMP Rs1, Rs2	SR ← Rs1 – Rs2	SR ← Rs1 – Rs2
CLC	SR.C ← 0	SR.C ← 0
STC	SR.C ← 1	SR.C ← 1
CLI	SR.IE ← 0	SR.IE ← 0
STI	SR.IE ← 1	SR.IE ← 1

표 7-12 분기 명령어의 마이크로오퍼레이션

명령어	동작	마이크로오퍼레이션
BR target	PC ← PC + offset	PC ← PC + IRH[10:8]:IRL
BRNZ target	Z=0: PC ← PC + offset	Z=0: PC ← PC + IRH[10:8]:IRL
BRZ target	Z=1: PC ← PC + offset	Z=1: PC ← PC + IRH[10:8]:IRL
BRNS target	S=0: PC ← PC + offset	S=0: PC ← PC + IRH[10:8]:IRL
BRS target	S=1: PC ← PC + offset	S=1: PC ← PC + IRH[10:8]:IRL
BRNC target	C=0: PC ← PC + offset	C=0: PC ← PC + IRH[10:8]:IRL
BRC target	C=1: PC ← PC + offset	C=1: PC ← PC + IRH[10:8]:IRL
BRNV target	V=0: PC ← PC + offset	V=0: PC ← PC + IRH[10:8]:IRL
BRV target	V=1: PC ← PC + offset	V=1: PC ← PC + IRH[10:8]:IRL

명령어	동작	마이크로오퍼레이션
BRE target	Z=1: PC ← PC + offset	Z=1: PC ← PC + IRH[10:8]:IRL
BRA target	C | Z': PC ← PC + offset	C | Z': PC ← PC + IRH[10:8]:IRL
BRAE target	C=1: PC ← PC + offset	C=1: PC ← PC + IRH[10:8]:IRL
BRBE target	C' | Z: PC ← PC + offset	C' | Z: PC ← PC + IRH[10:8]:IRL
BRB target	C=0: PC ← PC + offset	C=0: PC ← PC + IRH[10:8]:IRL
BRGT target	(Z | (S⊕V))': PC ← PC + offset	(Z | (S⊕V))': PC ← PC + IRH[10:8]:IRL
BRGE target	(S⊕V)': PC ← PC + offset	(S⊕V)': PC ← PC + IRH[10:8]:IRL
BRLE target	Z | (S⊕V): PC ← PC + offset	Z | (S⊕V): PC ← PC + IRH[10:8]:IRL
BRLT target	S⊕V: PC ← PC + offset	S⊕V: PC ← PC + IRH[10:8]:IRL

표 7-13 호출, 복귀 및 시스템 관리 명령어의 마이크로오퍼레이션

명령어	동작	마이크로오퍼레이션
CALL target	PUSH PC PC ← PC + offset	1. SP ← SP - 1 // PUSH PCH 2. MAR ← SP 3. MBR ← PCH 4. Mem(MAR) ← MBR 5. SP ← SP - 1 // PUSH PCL 6. MAR ← SP 7. MBR ← PCL 8. Mem(MAR) ← MBR 9. PC ← PC + IRH[10:8]:IRL
RET	POP PC	1. MAR ← SP // POP PCL 2. MBR ← Mem(MAR) 3. PCL ← MBR, SP ← SP + 1 4. MAR ← SP // POP PCH 5. MBR ← Mem(MAR) 6. PCH ← MBR, SP ← SP + 1
IRET	POP SR POP PC	1. MAR ← SP // POP SR 2. MBR ← Mem(MAR) 3. SR ← MBR, SP ← SP + 1 4. MAR ← SP // POP PCL 5. MBR ← Mem(MAR) 6. PCL ← MBR, SP ← SP + 1 7. MAR ← SP // POP PCH 8. MBR ← Mem(MAR) 9. PCH ← MBR, SP ← SP + 1
NOP	없음	없음
HALT	없음	없음

〈표 7-12〉는 분기 명령어에 대한 마이크로오퍼레이션을 정리한 것이다. 분기 명령어는 분기 목적지 주소를 PC+변위(offset)로 계산한다. 변위(offset)는 IR[10:0]에 저장되어 있으므로, 마이크로오퍼레이션을 PC ← PC+IRH[10:8]:IRL로 표현하였다. 조건분기 명령어는 상태 레지스터 플래그 값에 따라 마이크로오퍼레이션을 실행할지 여부를 결정한다.

〈표 7-13〉은 호출 및 복귀, 그리고 시스템 관리 명령어에 대한 마이크로오퍼레이션을 정리한 것이다. 상대 주소지정방식을 사용하는 서브루틴 호출 명령어(CALL)은 스택에 PC 값을 저장하고, PC에 분기 목적지 주소를 적재해야 한다. 스택은 바이트 단위로 운영되므로, 스택에 PC를 저장하기 위하여 PC의 상위 바이트와 하위 바이트를 구분하여 처리해야 한다. 따라서 상위 바이트를 저장하는 PCH와 하위 바이트를 저장하는 PCL로 구분해야 한다. 분기 목적지 주소는 PC + IR[offset]이다. 이 계산은 변위(offset)의 부호를 확장한 정수 연산이다. 서브루틴 호출 명령어는 실행할 때 9개의 클럭 사이클을 소모한다.

서브루틴에서 복귀하는 RET 명령어는 스택의 복귀 주소를 PC에 적재한다. 복귀 주소가 2바이트이므로 스택을 두 번 POP해야 하고, 저장한 순서 역순으로 PC에 적재해야 한다. 이 명령어는 실행할 때 6개의 클럭 사이클을 필요로 한다.

인터럽트 서비스 루틴에서 복귀하는 IRET 명령어는 스택에 저장되어 있는 PC와 SR을 역순으로 복구한다. 모두 3번의 POP 동작을 수행하며, 총 9개의 클럭 사이클을 필요로 한다.

이제 남은 명령어 그룹은 시스템 관리 명령어이다. NOP 명령어는 실행 사이클에서 아무 일도 하지 않고 단순히 한 개의 클럭 사이클을 소비한다. 명령어 인출단계가 6개의 클럭 사이클을 소비하므로, NOP 명령어를 실행하면 모두 7개의 클럭 사이클을 소비한다. 시스템 동작을 정지시키는 HALT 명령어를 만나면, ToyCOM은 더 이상 명령어 사이클을 진행하지 않는다. 시스템을 다시 동작시키려면, 시스템을 리셋하는 수밖에 없다.

7.5.3 정지단계

HALT 명령어를 실행하면 ToyCOM은 정지단계로 들어간다. 1번 인터럽트가 발생할 때도 HALT 명령어를 수행하여 정지단계로 들어간다. ToyCOM은 정지단계를 실행한 후 계속 정지단계에 남아 있는다. 즉, 다음 명령어를 실행하기 위하여 인출단계로 진입하지 않는다. 따라서 정지단계를 벗어나기 위한 방법은 시스템을 리셋 밖에 없다. 정지단계에서의 마이크로오퍼레이션은 필요하지 않다.

7.5.4 인터럽트단계

명령어 사이클의 실행단계의 마지막 부분에서 제어장치는 인터럽트 요청이 있었는지 검사하여 인터럽트단계로 진입 여부를 결정한다. 인터럽트 요청과 관련된 회로는 [그림 7-9]와 같다. 외부 인터럽트는 상태 레지스터의 SR.IE 플래그에 의하여 마스크(AND 연산)된다. 즉, 외부 인터럽트 요청이 있더라도 SR.IE 플래그의 값이 0이면, ToyCOM은 인터럽트를 허용하지 않는다. 시스템이 리셋되면 SR.IE 플래그의 값은 0이다. STI 명령어는 SR.IE 플래그를 1로 설정하고, CLI 명령어는 SR.IE 플래그를 0으로 리셋한다. 리셋과 내부 인터럽트는 SR.IE 플래그와 관계 없이 발생할 수 있다. 전체적인 인터럽트 요청 상태는 SR.IR 플래그에 표시되어 있다. 따라서 제어장치는 각 명령어에 대한 실행단계가 끝난 후 SR.IR 플래그의 값을 조사하여 인터럽트단계로 진입할지 결정한다.

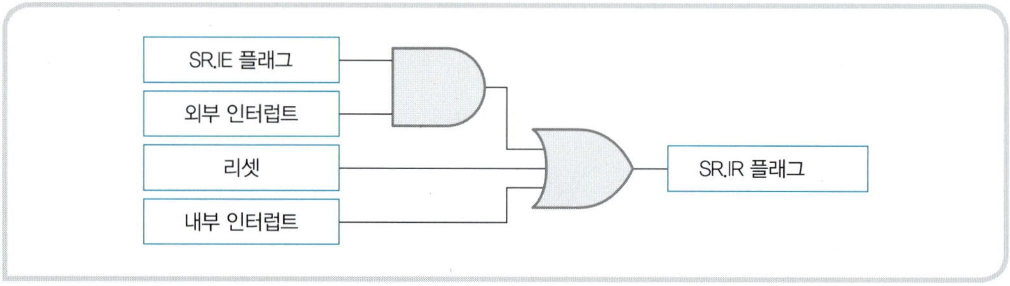

그림 7-9 인터럽트 요청 신호

표 7-14 인터럽트단계의 마이크로오퍼레이션

명령어 사이클	동작	마이크로오퍼레이션
인터럽트단계	PUSH PC PUSH SR PC ← 2 x n	1. SP ← SP - 1 // PUSH PCH 2. MAR ← SP 3. MBR ← PCH 4. Mem(MAR) ← MBR 5. SP ← SP - 1 // PUSH PCL 6. MAR ← SP 7. MBR ← PCL 8. Mem(MAR) ← MBR 9. SP ← SP - 1 // PUSH SR 10. MAR ← SP 11. MBR ← SR 12. Mem(MAR) ← MBR, PC ← 2 x n

ToyCOM은 인터럽트단계에서 PC와 SR을 스택에 저장하고 PC에 2×n(n은 인터럽트 번호)을 적재한다. 이 과정을 마이크로오퍼레이션으로 정리한 것이 〈표 7-14〉이다.

지금까지 ToyCOM의 명령어 사이클과 각 명령어에 대한 마이크로오퍼레이션을 정의하였다. 제어장치는 마이크로오퍼레이션을 실행하는데 필요한 제어신호를 생성해야 한다.

7.6 제어신호

컴퓨터의 제어장치(control unit)는 명령어를 해석하여 제어신호(control signals)를 생성한다. 여기에서는 ToyCOM 프로그래머 모델에 제어신호가 추가된 모양을 제시하고, 간단한 예제 프로그램이 실행되는 과정을 살펴보고자 한다.

제어신호는 제어장치의 출력이다. 그동안 우리는 다음과 같은 과정을 거쳐왔다.

- 7.1 **프로그래머 모델**: 중앙처리장치 내부 구조와 외부 기억장치 및 입출력장치 연결 방법과 같은 하드웨어 구조를 먼저 정의한다. 제어장치는 프로그래머 모델에서 제어할 대상을 알 수 있다.
- 7.2 **명령어 형식**: 명령어를 정의하기 전에 명령어 형식을 정의한다.
- 7.3 **명령어 집합**: 컴퓨터가 실행할 명령어 집합과 각 명령어에 대한 명령어 코드를 정의한다. 제어장치는 명령어의 동작코드를 디코드하여 명령어를 인식한다.
- 7.4 **명령어 사이클**: 프로세서의 명령어 사이클을 정의한다. 제어장치는 명령어 사이클을 구성하는 단계들을 진행시킨다. 이것이 제어장치의 순서제어이다.
- 7.5 **마이크로오퍼레이션**: 명령어 사이클의 인출단계와 실행단계의 각 명령어에 대한 마이크로오퍼레이션을 정의한다. 제어장치는 마이크로오퍼레이션이 실행될 수 있도록 제어신호를 생성한다. 이것이 제어장치의 동작제어이다.

이제 어떤 제어신호가 필요한지 파악할 때이다. 제어신호를 추출하는 과정은 다음과 같다.

- 마이크로오퍼레이션 선택: 명령어 사이클과 명령어 집합에 대하여 정의되어 있는 마이크로오퍼레이션을 분석하여, 서로 중복되지 않는 마이크로오퍼레이션의 목록을 구한다.
- 데이터 전달 경로 설계: 마이크로오퍼레이션 목록을 분석하여, 마이크로오퍼레이션이 의미하는 동작이 실행될 수 있도록 처리장치의 데이터 전달 경로를 설계한다.

이 과정에서 프로그래머 모델의 하드웨어가 더 정교해질 수 있다.

- 제어신호 할당: 제어장치가 생성해야 할 제어신호 목록을 구하고 데이터 전달 경로에 제어신호를 할당한다.
- 검증: 명령어 사이클과 명령어 집합에 대한 마이크로오퍼레이션이 제어신호가 명시된 데이터 전달 경로 상에서 실행될 수 있는지 검증한다.

7.6.1 마이크로오퍼레이션 선택

〈표 7-15〉는 명령어 처리 과정에 포함된 마이크로오퍼레이션 중에 중복되지 않은 마이크로오퍼레이션을 선택한 결과이다. 제어장치가 적절한 시간에 이 마이크로오퍼레이션을 실행할 수 있도록 제어신호를 생성한다면, ToyCOM의 모든 동작을 제어할 수 있다. 중앙처리장치 구성 요소 별로 고려한 사항은 다음과 같다.

표 7-15 마이크로오퍼레이션 선택 결과

동작 대상	마이크로오퍼레이션 목록			수
PC	PCH ← MBR	PCL ← MBR		5
	PC ← PC + 1	PC ← 2 x n	PC ← PC + IRH[10:8]:IRL	
IR	IRH ← MBR	IRL ← MBR		2
SP	SP ← SP - 1	SP ← SP + 1		2
SR	SR.C ← 0	SR.C ← 1		5
	SR.IE ← 0	SR.IE ← 1	SR ← MBR	
Rx	Rx ← IRL	Rx ← MBR	Rx ← Rx	18
	Rx ← Rx + 1	Rx ← Rx - 1	Rx ← -Rx	
	Rx ← Rx'	Rx ← SHL Rx	Rx ← SHR Rx	
	Rx ← ARL Rx	Rx ← ASR Rx	Rx ← Rx1 + Rx2	
	Rx ← Rx1 + Rx2 + SR.C	Rx ← Rx1 - Rx2	Rx ← Rx1 - Rx2 - SR.C	
	Rx ← Rx1 & Rx2	Rx ← Rx1 | Rx2	Rx ← Rx1 ^ Rx2	
MAR	MAR ← PC	MAR ← SP	MAR ← Rx+1:Rx	3
MBR	MBR ← Rx	MBR ← PCL	MBR ← PCH	4
	MBR ← SR			
기억장치	MBR ← Mem[MAR]	Mem[MAR] ← MBR		2
합계				41

- 프로그램 카운터는 독자적으로 증가, 인터럽트 벡터 적재, 분기 목적지 주소 결정을 수행할 수 있어야 한다.

- 상태 레지스터는 자체적으로 플래그 값을 변경할 수 있어야 하며, 인터럽트를 처리할 때 스택에 저장, 복귀해야 하므로 데이터 버스에 연결될 필요가 있다.
- 범용 레지스터는 데이터 버스를 통한 데이터 전달 이외에 연산을 위하여 오퍼랜드를 제공하고 연산 결과를 저장할 수 있어야 한다. 범용 레지스터는 모두 LBus로 연결되어야 하고, 인덱스가 짝수인 범용 레지스터는 기억장치 상위 주소를 저장하는 기능이 있으므로 HBus로도 연결되어야 한다.

이제 마이크로오퍼레이션이 프로그래머 모델에서 실행될 수 있는지 확인하고, 만일 실행될 수 없다면 프로그래머 모델을 수정해야 한다. [그림 7-1]의 프로그래머 모델은 이미 마이크로오퍼레이션이 모두 실행될 수 있도록 만들어져 있다.

7.6.2 제어신호 할당

다음 단계는 프로그래머 모델에 제어신호를 할당하는 것이다. [표 7-15]의 마이크로오퍼레이션은 각종 레지스터에 대한 데이터 전달, 프로그램 카운터, 스택 포인터, 연산기, 상태 레지스터, 기억장치 동작으로 구성되어 있다.

레지스터에 데이터를 전달하는 제어신호에 이름을 부여하기 위하여 다음과 같은 규칙을 사용하기로 한다.

```
[I/O][레지스터 이름][H/L/A]                // '/'는 여러 개 중 하나를 선택함을 나타낸다.
```

- **접두어 [I/O]**: 내부 버스에서 데이터를 적재할 때 접두어 I를 붙이고, 내부 버스로 데이터를 출력할 때 접두어 O를 붙인다.
- **레지스터 이름**: 중간에 제어신호가 할당되는 레지스터 이름을 적는다.
- **접미어 [H/L/A]**: 레지스터 이름 다음에 특별히 사용하는 버스를 표시할 필요가 있을 때, 내부 버스의 종류인 HBus, LBus, ABus에 따라 접미어 H, L, 또는 A를 붙인다.

예를 들면, IIRL은 LBus에서 데이터를 IRL로 적재하는 제어신호이고, OMBRL은 MBR을 LBus로 출력하는 제어신호이다.

프로그램 카운터는 데이터 전송 이외에 다음과 같은 세 가지 동작을 더 수행한다. 연산기를 사용하지 않고 프로그램 카운터가 자체적으로 이 기능들을 수행한다고 가정한다.

- PC ← PC+1: 명령어를 인출할 때, PC 값을 증가시킨다. 이 동작을 유발하는 제어신호 이름을 IncPC로 정한다.
- PC ← 2 x n: 인터럽트 요청이 있을 때 PC에 인터럽트 서비스 루틴의 시작 주소를 적재한다. 이 동작을 유발하는 제어신호 이름을 LdVec으로 정한다.
- PC ← PC+IRH[10:8]:IRL: 조건분기 명령어에서 PC 값에 변위를 더한다. 변위는 IR[10:0]에 저장되어 있다. 이 동작을 유발하는 제어신호 이름을 AddPC로 정한다.

스택 포인터는 푸시와 팝을 수행할 때 값을 증감하는 동작을 수행한다. 이것도 연산기를 사용하지 않고 스택 포인터가 자체적으로 수행한다고 가정한다.

- SP ← SP-1: 스택에 푸시할 때 수행하는 마이크로오퍼레이션이다. 이 동작을 유발하는 제어신호 이름을 DecSP로 정한다.
- SP ← SP+1: 스택에서 팝할 때 수행하는 마이크로오퍼레이션이다. 이 동작을 유발하는 제어신호의 이름을 IncSP로 정한다.

연산기 동작이 필요한 마이크로오퍼레이션을 수행할 때는 레지스터 적재와 저장 이외에 연산기 동작을 결정하는 제어신호가 더 필요하다. 연산기 동작을 제어하는 제어신호는 다음과 같이 16가지이다. 제어신호 기능을 제어신호 이름으로 알 수 있으므로 설명을 생략한다.

- 연산기가 동작하지 않음: NOP
- 단항 마이크로오퍼레이션: INC, DEC, NEG, NOT, SHL, SHR, ASL, ASR
- 이항 마이크로오퍼레이션: ADD, ADC, SUB, SBC, AND, OR, XOR

상태 레지스터를 제어하는 제어신호는 다음과 같다.

- SR.C ← 0: 자리올림수 플래그를 0으로 만든다. 제어신호 이름은 CLC이다.
- SR.C ← 1: 자리올림수 플래그를 1로 만든다. 제어신호 이름은 STC이다.
- SR.IE ← 0: 인터럽트 인에이블 플래그를 0으로 만든다. 제어신호 이름은 CLI이다.
- SR.IE ← 1: 인터럽트 인에이블 플래그를 1로 만든다. 제어신호 이름은 STI이다.

마지막으로 기억장치 동작 마이크로오퍼레이션에 대한 제어신호를 다음과 같이 정한다.

- MBR ← Mem(MAR): 기억장치 읽기 동작이다. 제어신호 이름을 RdMem으로 정한다. 기억장치를 읽을 때, MBR에 InMBRL 제어신호가 함께 인가되어야 한다.
- Mem(MAR) ← MBR: 기억장치 쓰기 동작이다. 제어신호 이름을 WrMem으로 정한다.

〈표 7-17〉의 마이크로오퍼레이션을 구동하는 제어신호를 구한 후, 제어신호를 동작 대상별로 정리한 목록이 〈표 7-18〉이다. 프로그래머 모델 위에 연산기 제어신호를 제외한 나머지 제어신호를 함께 표시한 것이 [그림 7-10]이다. 제어장치는 모든 제어신호를 공급한다.

표 7-18 제어신호 목록

동작 대상	제어신호		
	레지스터 입력	레지스터 출력	기타
PC	IPCH, IPCL	OPCH, OPCL	IncPC, AddPC, LdVec
IR	IIRH, IIRL	OIRH, OIRL	
SP		OSP	IncSP, DecSP
SR	ISRL	OSRL	CLC, STC, CLI, STI
Rx	IRxL, IRxA	ORxH, ORxL	INC, DEC, NEG, NOT, SHL, SHR, ASL, ASR NOP, ADD, ADC, SUB, SBC, AND, OR, XOR
MAR	IMAR		
MBR	IMBRH, IMBRL	OMBRH, OMBRL	
기억장치			RdMem, WrMem

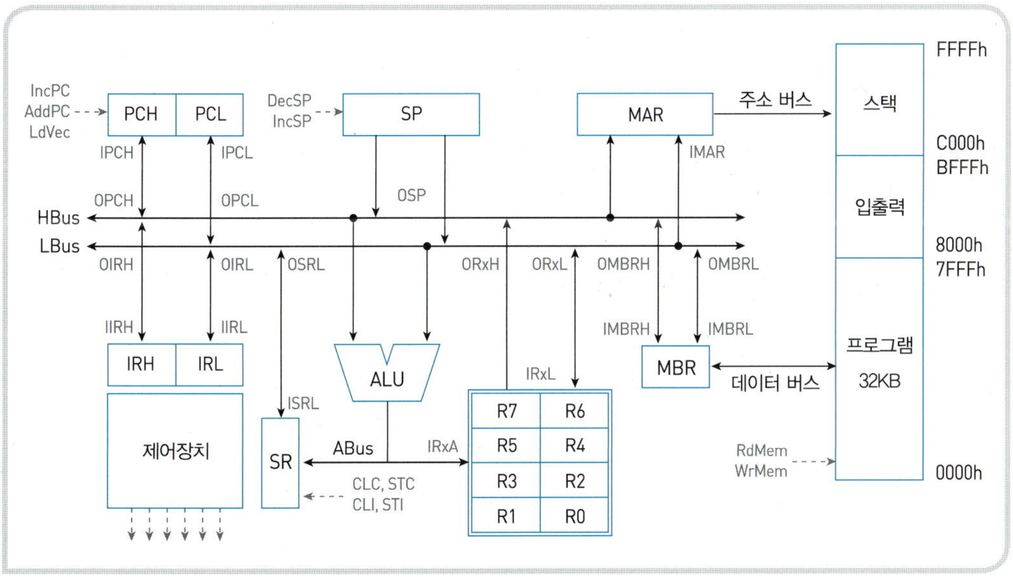

그림 7-10 제어신호를 부여한 데이터 전달 경로

〈7.6.3〉 검증

ToyCOM이 간단한 예제 프로그램을 실행하는 것을 컴퓨터 내부에서 발생하는 동작을 클럭 단위로 살펴보자. 예제로 사용할 프로그램은 [그림 7-11]과 같다. 시스템이 리셋되면, 프로그램 카운터와 스택 포인터는 0으로 초기화된다. 다른 레지스터도 모두 0으로 초기화된다고 가정한다. 프로그램은 다음과 같이 동작한다.

- 라인 1: 기억장치 0번지에 'BR 100h'에 해당하는 명령어인 80FEh가 저장되어 있다. 명령어의 변위 필드 값은 100h – 2 = 0FEh이다. 이 명령어를 실행한 후, PC=100h으로 설정된다.
- 라인 2: 명령어는 0920h이고, 이것은 'LDI R1,#20h'이다. 명령어 실행 후, PC=102h, R1=20h로 설정된다.
- 라인 3: 명령어는 0A40h이고, 이것은 'LDI R2,#40h'이다. 명령어 실행 후, PC=104h, R2=40h로 설정된다.
- 라인 4: 명령어는 F8FAh이고, 이것은 'CALL 200h'이다. 프로그램 카운터의 값 스택에 저장되어야 한다. 이때 프로그램 카운터 값은 0106h이므로, 명령어 실행 후 기억장치와 레지스터의 값은 Mem[FFFFh]=01h, Mem[FFFeh]=06h, SP = FFFeh, PC=0200h으로 변한다.
- 라인 6: 명령어는 2828h이고, 이것은 'ADD R0, R1, R2'이다. 명령어 실행 후, PC=0202h, R0=60h로 설정된다.
- 라인 7: 명령어는 4800h이고, 이것은 'RET'이다. 이 명령어는 스택에서 복귀 주소를 찾아 리턴한다. 명령어 실행 후, SP=0000h, PC=0106h로 설정된다.

```
번호  주소:   기계어 코드   명령어                기능 설명
------------------------------------------------------------------------
1.    0000:   80FE          BR      100h          // 100h 번지로 무조건 분기

2.    0100:   0920          LDI     R1, #20h      // R1 ← 20h
3.    0102:   0A40          LDI     R2, #40h      // R2 ← 40h
4.    0104:   F8FA          CALL    200h          // CALL 200h
5.    0106:   0001          HALT                  // 프로그램 종료

6.    0200:   2828          ADD     R0, R1, R2    // R0 ← R1+R2
7.    0202:   4800          RET                   // 리턴
```

그림 7-11 예제 프로그램

- **라인 5:** 마지막으로 수행할 명령어는 0001h이고, 이것은 'HALT'이다. ToyCOM은 HALT 상태로 들어가 동작을 중단한다.

이 프로그램은 ToyCOM의 명령어 사이클에 따라 동작이 진행된다. 인출단계와 실행단계를 반복하다가, 마지막으로 정지단계로 들어간다. 인출단계의 동작과 제어신호는 〈표 7-19〉와 같고, 이것을 클럭 단위 표시한 것이 [그림 7-12]의 타이밍 다이어그램이다. 그 해석은 다음과 같다.

표 7-19 인출단계 제어신호

마이크로오퍼레이션	제어신호		
	입력	출력	기타
MAR ← PC	IMAR	OPCH, OPCL	
MBR ← Mem(MAR), PC ← PC + 1			RdMem, IncPC
IRL ← MBR	IIRL	OMBRL	
MAR ← PC	IMAR	OPCH, OPCL	
MBR ← Mem(MAR), PC ← PC + 1			RdMem, IncPC
IRH ← MBR	IIRH	OMBRH	

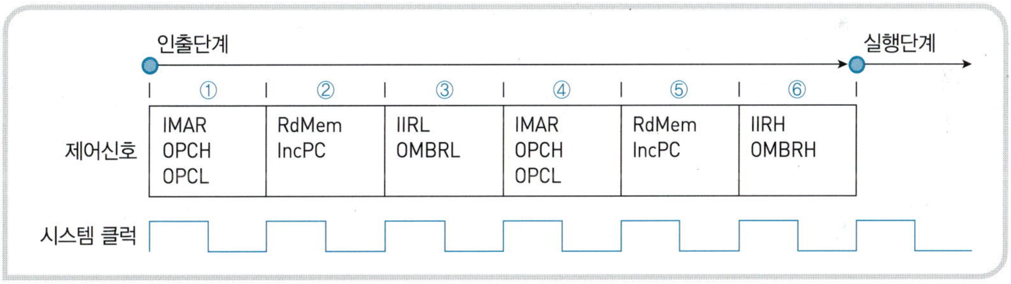

그림 7-12 인출단계의 타이밍 다이어그램

- **첫 번째 클럭 구간:** 제어신호 IMAR, OPCH, OPCL이 동시에 생성된다. 이에 따라 PC가 HBus와 LBus로 출력되고, 이 값이 MAR로 적재된다.
- **두 번째 클럭 구간:** 제어신호 RdMem과 IncPC가 생성된다. 이에 따라 MAR의 주소가 기억장치로 인가되고, 기억장치에서 읽은 데이터가 MBR로 적재된다. 또한 IncPC에 의하여 PC 값이 증가한다.
- **세 번째 클럭 구간:** IIRL과 OMBRL이 인가된다. 따라서 MBR이 LBus로 출력되고 이 값은 IRL로 적재된다.

이후 세 개의 클럭 구간 동안에 명령어의 상위 바이트를 읽어 IRH에 저장하고 PC를 증가시킨다. 인출단계 다음은 실행단계로 이어진다. 예제 프로그램의 명령어가 실행될 때 발생하는 제어신호는 〈표 7-20〉과 같다. 실제로 각 명령어가 실행될 때마다 [그림 7-11]의 명령어 인출단계가 수행된다. 해당 클럭 사이클 동안에 마이크로오퍼레이션을 구동하기 위한 제어신호들이 동시에 인가된다. CALL 명령어를 실행하는데 9개의 클럭 사이클이 소요되고, RET 명령어를 실행하는데 6개의 클럭 사이클이 소요된다. 나머지 명령어는 한 개의 클럭 사이클을 소모한다.

표 7-20 명령어 실행단계의 제어신호

명령어	단계	마이크로오퍼레이션	제어신호		
			입력	출력	기타
BR 100h	1	PC ← PC + offset		OIRH, OIRL	AddPC
LDI R1,#20h	1	R1 ← 20h	IR1L	OIRL	
LDI R2,#40h	1	R2 ← 40h	IR2L	OIRL	
CALL 200h	1	SP ← SP − 1			DecSP
	2	MAR ← SP	IMAR	OSP	
	3	MBR ← PCH	IMBRH	OPCH	
	4	Mem(MAR) ← MBR			WrMem
	5	SP ← SP − 1			DecSP
	6	MAR ← SP	IMAR	OSCP	
	7	MBR ← PCL	IMBRL	OPCL	
	8	Mem(MAR) ← MBR			WrMem
	9	PC ← PC + offset		OIRH, OIRL	AddPC
HALT	1	-	-	-	-
ADD R0,R1,R2	1	R0 ← R1 + R2	IR0A	OR1H, OR2L	ADD
RET	1	MAR ← SP	IMAR	OSP	
	2	MBR ← Mem(MAR)		IMBRL	RdMem
	3	PCL ← MBR, SP ← SP+1	IPCL	OMBRL	IncSP
	4	MAR ← SP	IMAR	OSP	
	5	MBR ← Mem(MAR)		IMRBL	RdMem
	6	PCH ← MBR, SP ← SP+1	IPCH	OMBRH	IncSP

7.7 요약

이 장에서 소개한 ToyCOM은 RISC 형식의 특징을 반영한 8비트 프로세서이다. 아주 간단하지만 중앙처리장치를 설계하는 과정과 동작 원리를 이해하는데 많은 도움이 될 것이다. ToyCOM은 64KB의 기억장치와 8개의 범용 레지스터를 갖고 있다.

ToyCOM 데이터 전달 명령어는 적재, 저장, 레지스터 간 데이터 전달, PUSH와 POP 명령어로 구성되어 있다. 데이터 전달 명령어만 기억장치를 액세스한다. 이것은 RISC 특징 중 하나이다. 데이터 처리 명령어는 레지스터 간에만 연산을 수행한다. 이것도 RISC 특징 중 하나이다. 프로그램 제어를 위하여 비교 명령어와 자리올림수 플래그와 인터럽트 가능 플래그를 조작하는 명령어가 있다. 프로그램 제어 명령어는 상대 주소지정방식으로 목적지 주소를 표현하며, 변위를 표현하는데 11비트를 사용한다. 따라서 기억장치 공간의 임의 영역으로 분기하지 못하는 제한 사항이 존재한다. 이외에 시스템 관리를 위한 NOP와 HALT 명령어가 마련되어 있다.

ToyCOM은 인출단계, 실행단계, 정지단계, 인터럽트단계로 구성되는 명령어 사이클을 갖는다. 기억장치 0번지부터 2바이트 간격으로 시스템 리셋, HALT, 외부 인터럽트에 대한 인터럽트 벡터를 저장한다.

그 다음 단계로 각 명령어 사이클에 대한 마이크로오퍼레이션을 정의하였다. 이때 ToyCOM 프로그래머 모델을 참고하여, 한 개의 클럭 사이클 구간에 한 번의 레지스터 전송 동작이 수행될 수 있도록 명령어 실행단계를 설계하였다.

마지막으로 ToyCOM 프로그래머 모델을 구동하는데 필요한 제어신호를 제시하고, 간단한 예제 프로그램을 통하여 하드웨어가 어떻게 동작하는지 검증하였다. 컴퓨터가 프로그램을 실행하는 과정을 명령어 단위로 명령어 사이클을 수행하면서, 그것을 더 세분하여 클럭 단위로 마이크로오퍼레이션을 수행하는 과정을 이해하기 바란다.

연습문제

7.1 프로그래머 모델

01 ToyCOM 구조에 대하여 빈칸을 채우거나 옳은 것을 선택하라.

(1) ToyCOM 기억장치 용량은 ____KB이다.
(2) PC(Program Counter)는 기억장치 주소를 나타내므로 ____비트이다.
(3) ToyCOM 명령어 길이는 ____비트이고, ____개의 기억장소를 차지한다.
(4) IR(Instruction Register)은 _____비트이다.
(5) SP(Stack Pointer)는 시스템 스택의 주소를 나타내므로 _____비트이다.
(6) MBR(Memory Buffer Register)은 기억장치의 데이터 버스를 구동하므로 _____비트이다.
(7) ToyCOM은 입출력장치를 메모리 맵으로 연결하기 때문에 입력(input)과 출력(output) 명령어를 제공할 필요가 (없다, 있다).

02 상태 레지스터 안에 있는 SR.IR(인터럽트 요청 플래그)의 용도는?

① 인터럽트 요청이 발생하였음을 표시한다.
② 연산기의 연산 결과를 사용할 수 있음을 표시한다.
③ ToyCOM이 인터럽트 요청을 허가한다는 것을 표시한다.
④ ToyCOM이 인터럽트 요청을 허가하지 않는다는 것을 표시한다.

03 상태 레지스터 안에 있는 SR.IE(인터럽트 가능 플래그)의 용도는?

① 인터럽트 요청이 발생하였음을 표시한다.
② 연산기의 연산 결과를 사용할 수 있음을 표시한다.
③ ToyCOM이 인터럽트 요청을 허가한다는 것을 표시한다.
④ ToyCOM이 인터럽트 요청을 허가하지 않는다는 것을 표시한다.

04 기억장치 주소를 저장하는 레지스터가 아닌 것은?

① PC ② MAR
③ SP ④ IR

7.2 명령어 형식

01 명령어 형식에 대한 설명 중 옳은 것을 모두 선택하라.

① 프로세서는 한 가지 명령어 형식을 사용한다.
② 명령어 종류 별로 명령어 형식이 다를 수 있다.
③ 대부분의 프로세서가 사용하는 명령어 형식이 같다.
④ 명령어 형식의 길이는 일반적으로 기억장치 단어 수의 배수이다.

02 명령어 형식의 동작코드(opcode) 필드 길이에 영향을 주는 요소는?

① 명령어 수　② 레지스터 수
③ 기억장치 용량　④ 주소 필드 수

03 ToyCOM 명령어 형식에 대하여 질문에 답하라.

(1) 범용 레지스터를 지정하는데 필요한 비트 수는?
(2) 즉치 주소지정방식으로 표현할 수 있는 정수의 범위는?
(3) 상대 주소지정방식에서 분기할 수 있는 주소의 범위는?

04 ToyCOM 데이터 전달 명령어에 사용된 주소지정방식이 아닌 것은?

① 즉치 주소지정방식　② 직접 주소지정방식
③ 레지스터 주소지정방식　④ 레지스터 간접 주소지정방식

05 ToyCOM 명령어 형식 중에서 명령어 형식 3의 동작코드(opcode)의 값이 한 가지로 고정되어 있다면, 부동작코드 필드 값을 다르게 부여하여 몇 개의 명령어를 만들 수 있는가?

7.3 명령어 집합

01 다음 레지스터 전송 언어가 나타내는 동작에 대한 ToyCOM 명령어와 명령어 코드를 16진수로 적어라. 만일 해당하는 명령어가 없다면, 없다고 표시하라.

(1) R5 ← #45h
(2) R4 ← R7
(3) Mem(R7:R6) ← R5
(4) R1 ← R2 + Mem(500)

02 다음 데이터 처리 명령어에 대한 명령어 코드를 구하라.

(1) INC R2
(2) NOT R4
(3) SUB R0, R0, R2
(4) XOR R1, R6, R7

03 레지스터 값이 다음과 같다. 명령어 코드에 대한 데이터 처리 명령어를 구하고, 해당 명령어를 실행한 후 변경되는 레지스터 값을 구하라. 단, 연속적으로 실행되는 것이 아니다.

R0 = 2Fh	R1 = A8h	R2 = 23h	R3 = 80h
R4 = 9Bh	R5 = 0Fh	R6 = 54h	R7 = 39h

(1) 명령어 코드: 336Eh
(2) 명령어 코드: 2202h
(3) 명령어 코드: 2101h
(4) 명령어 코드: 3194h

04 레지스터 값이 3번 문제와 같을 때, CMP R2, R6를 실행한 후 상태 레지스터 값을 구하라.

(1) SR.Z
(2) SR.S
(3) SR.C
(4) SR.V

05 CLI(Clear Interrupt flag) 명령어를 사용해야 할 때는?

① 임계영역에 들어갈 때
② 서브루틴을 호출하기 전에
③ 인터럽트 서비스 루틴을 마칠 때
④ 자리올림수 플래그를 0으로 만들고자 할 때

06 조건분기 명령어 중에 명령어 코드가 같은 것의 번호를 적어라.

① BRC
② BRAE
③ BRBE
④ BRGE

07 상태 레지스터 값이 다음과 같다. 조건분기 명령어가 기억장치 [2101:2100h]에 저장되어 있다. 조건분기 명령어에 대한 명령어 코드를 구하고, 실행된 후 PC 값을 구하라. 분기 명령어를 실행할 때 PC 값은 2102h이다.

SR.Z = 0	SR.S = 1	SR.C = 1	SR.V= 1

(1) BRC + 20h　　(2) BRAE − 20h

(3) BRLT + 10h　　(4) BRGT − 10h

08 ToyCOM 명령어 중에서 실행 후 스택 포인터의 변화가 가장 큰 것은?

① PUSH Rs　　② CALL target

③ RET　　④ IRET

09 ToyCOM 명령어 집합에서 명령어 코드가 0000h인 명령어는?

① INT　　② LD

③ NOP　　④ HALT

10 ToyCOM 명령어 집합에 다음과 같은 명령어를 추가하려고 한다. 기존의 명령어 코드와 중복되지 않도록 명령어 코드를 할당하라.

명령어	비트 패턴					동작
	15 - 11	10 - 8	7 - 5	4 - 2	1 - 0	
MFSP SP, (Rs+1:Rs)						SP[15:8] ← Rs+1, SP[7:0] ← Rs
MTSP (Rd+1:Rd),SP						Rs+1 ← SP[15:8], Rs ← SP[7:0]
PUSHSR						SP ← SP + 1/Mem(SP) ← SR
POPSR						SR ← Mem(SP)/SP ← SP − 1

7.4 명령어 사이클

01 ToyCOM 명령어 사이클 중 인출단계에서 PC 값은 어떻게 변하는가?

① 1 감소한다.　　② 1 증가한다.

③ 2 감소한다.　　④ 2 증가한다.

02 ToyCOM 명령어 사이클 중 실행단계는 몇 개의 클럭 사이클을 소모하는가?

① 2개 ② 4개
③ 6개 ④ 명령어마다 다르다.

03 ToyCOM 명령어 사이클에서 인터럽트단계가 끝난 후 다음 단계는?

① 인출단계 ② 실행단계
③ 정지단계 ④ 인터럽트단계

7.5 마이크로오퍼레이션

01 ToyCOM의 16비트 레지스터인 명령어 레지스터(IR)를 두 개의 8비트 레지스터 IRH와 IRL로 분리해야 하는 이유는?

① 기억장치 주소가 8비트이기 때문에
② 상태 레지스터가 8비트이기 때문에
③ IR을 범용 레지스터 중 하나로 전달해야 하기 때문에
④ 기억장치의 데이터를 8비트 단위로 액세스하기 때문에

02 ToyCOM의 16비트 레지스터인 프로그램 카운터(PC)를 두 개의 8비트 레지스터 PCH와 PCL로 분리해야 하는 이유는?

① PC를 SP로 저장해야 하기 때문에
② PC를 스택에 저장해야 하기 때문에
③ 기억장치 주소가 8비트이기 때문에
④ 분기 목적지가 8비트의 상대 주소지정방식이기 때문에

03 명령어 인출단계에 관여하지 않는 레지스터는?

① PC ② MAR
③ MBR ④ SP

04 실행할 때 클럭 사이클을 가장 많이 소모하는 ToyCOM 명령어는?

① BR ② LDI

③ CALL ④ PUSH

05 ToyCOM에서 16비트 데이터를 기억장치에 저장하는 마이크로오퍼레이션을 올바로 설명한 것은?

① MAR을 사용하지 않고 기억장치에 저장한다.

② MBR을 사용하지 않고 기억장치에 저장한다.

③ 16비트 데이터를 한 번에 기억장치에 저장한다.

④ 16비트 데이터를 두 번에 나누어 기억장치에 저장한다.

06 조건분기 명령어에 대한 마이크로오퍼레이션을 정의할 때 상태 레지스터의 출력을 어떻게 처리하는가?

① IR 레지스터의 값에 더하여 PC의 입력 값으로 사용한다.

② 상태 레지스터의 출력은 조건분기 명령어와 관련이 없다.

③ 분기 조건을 계산하기 위하여 별도의 클럭 사이클을 필요로 한다.

④ PC의 값을 변경할지 판단하는 조건으로 사용한다.

07 시스템 리셋 후 다음과 같은 프로그램을 실행할 때, 정지단계까지 필요한 클럭 수를 적어라.

주소	명령어		인출단계 클럭 수	실행단계 클럭 수	소계
0000h	BR	100h			
…					
0100h	LDI	R1, #20h			
0102h	LDI	R2, #40h			
0104h	CALL	0200h			
0106h	HALT				
…					
0200h	ADD	R0, R1, R2			
0202h	RET				
총계					

7.6 제어신호

01 [그림 7-10] 회로에 제어신호 IR2A, OR0H, OR1L, SUB가 동시에 인가될 때 실행하는 마이크로오퍼레이션은?

① R0 ← R1 + R2　　② R0 ← R1 − R2

③ R2 ← R0 + R1　　④ R2 ← R0 − R1

02 [그림 7-10] 데이터 전달 경로에서 실행할 수 있는 마이크로오퍼레이션은?

① SP ← PC　　② PCL ← R0

③ IR ← MAR　　④ PC ← MAR

03 [그림 7-10] 회로에서 다음 명령어를 실행하기 위한 제어신호를 적어라.

명령어	마이크로오퍼레이션	제어신호		
		입력	출력	기타
ST	MAR ← Rd+1:Rd			
	MBR ← Rs			
	Mem(MAR) ← MBR			
POP	MAR ← SP			
	MBR ← Mem(MAR)			
	Rd ← MBR, SP ← SP + 1			
INC	Rd ← Rd + 1			
SHR	Rd ← SHR Rd			
CMP	SR ← Rs1 − Rs2			
CLC	SR, C ← 0			
BRZ	Z=1: PC ← PC+IRH[10:8]:IRL			

Chapter

08

제어장치

Chapter

08 제어장치

'7장 중앙처리장치'에서 ToyCOM에 대한 프로그래머 모델을 제시하고, 명령어 집합을 설계하고, 명령어 사이클을 정의하고, 마이크로오퍼레이션을 정의하고, 제어신호를 추출하고, 마지막으로 간단한 ToyCOM에서 예제 프로그램을 실행하는 과정을 살펴보았다. 중앙처리장치 중에서 이제 다루지 않은 부분은 제어장치이다. 이 장은 제어장치의 기능과 구조, 동작 원리를 이해하는데 목적이 있다. 제어장치는 순서제어와 동작제어를 담당하며 컴퓨터의 모든 제어신호를 생성한다.

- 8.1 제어장치 기능: 제어장치의 순서제어와 동작제어 기능을 설명하고, 제어장치로 입력되는 신호의 역할에 대하여 설명한다.
- 8.2 제어장치 종류: 제어장치를 순차논리회로로 구현하는 하드와이어드 방법과 기억장치로 구현하는 마이크로프로그램 방법에 대하여 구조와 특징을 소개한다.
- 8.3 하드와이어드 제어장치: 타이밍 신호 발생기, 명령어 디코더, 제어신호 발생기로 구성된 하드와이어드 제어장치의 동작 원리를 설명한다.
- 8.4 마이크로프로그램 제어장치: 제어 기억장치와 순서제어기로 구성된 마이크로프로그램 제어장치의 동작 원리를 설명한다.

8.1 제어장치 기능

컴퓨터 시스템을 포함한 모든 디지털 시스템은 [그림 8-1]과 같이 제어장치(control unit)와 처리장치(processing unit)로 나누어 구현된다. 처리장치는 외부에서 입력된 데이터를 처리하여 출력 데이터를 생성한다. 제어장치는 처리장치에서 상태를 입력으로 받고 처리장치의 동작을 제어하는 제어신호를 제공한다.

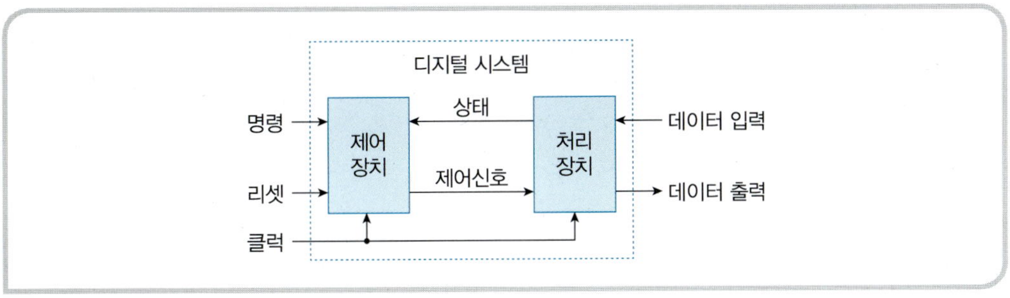

그림 8-1 디지털 시스템 구조

컴퓨터 시스템의 처리장치는 프로그래머 모델에 해당한다고 볼 수 있으며, 중앙처리장치의 내부 레지스터와 연산기로 구성된다. 기억장치가 데이터 입력과 출력 기능을 제공한다. 제어장치의 입력신호는 명령어 레지스터, 상태 레지스터, 그리고 제어 버스 중 일부이고, 제어장치의 출력신호는 처리장치의 모든 소자를 제어한다.

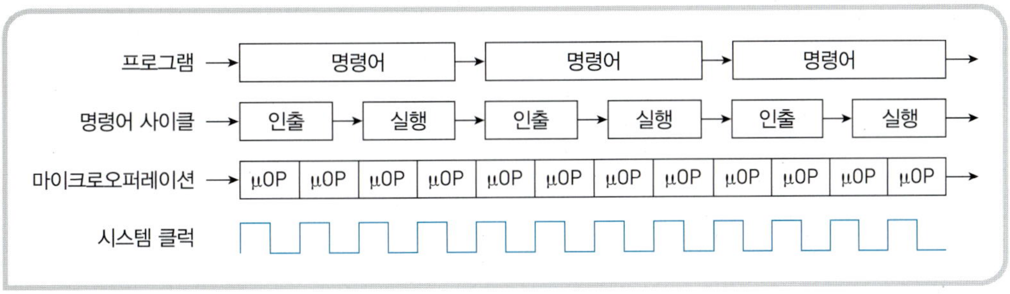

그림 8-2 프로그램 실행 과정

컴퓨터 시스템은 프로그램을 실행하는 기계이고, 이를 위하여 컴퓨터 시스템은 [그림 8-2]와 같이 계층적으로 프로그램을 실행한다. 프로그램은 명령어가 나열된 것이고, 한 개의 명령어는 명령어 사이클을 구성하는 인출단계와 실행단계로 구성되어 있고, 각 단계는 여러 개의 마이크로오퍼레이션으로 구성되어 있다.

제어장치의 기능은 궁극적으로 프로그램이 실행되도록 만드는 것이다. 제어장치는 명령어 사이클이 진행되도록 만들고 마이크로오퍼레이션을 수행하는 제어신호를 생성해야 한다. 제어장치는 다음과 같은 두 가지 기능을 수행한다.

- 순서제어(sequence control): 명령어를 차례대로 실행하도록 명령어 사이클을 진행시킨다. 제어장치는 현재 실행하고 있는 명령어 사이클의 어떤 단계가 진행 중인

지 알고 있어야 하고, 각 단계의 동작을 마치면 다음 단계를 실행하도록 제어해야 한다.

• 동작제어(operation control 또는 execution control): 명령어 사이클의 각 단계에서 실행해야 할 마이크로오퍼레이션을 수행하도록 만든다. 제어장치는 매 클럭 구간마다 적절한 마이크로오퍼레이션을 수행할 수 있도록 적절한 제어신호를 생성해야 한다.

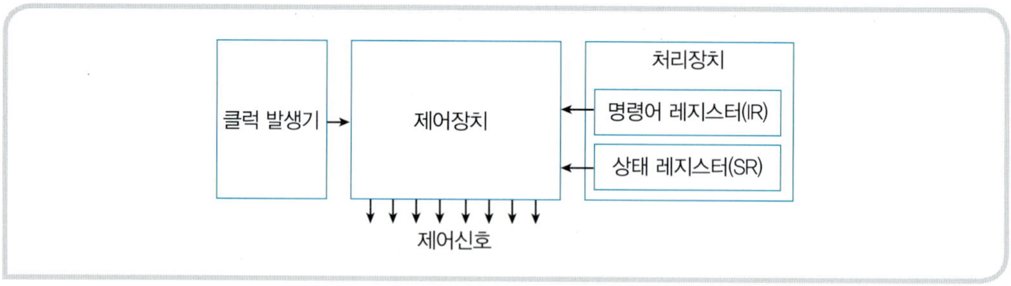

그림 8-3 제어장치의 입력과 출력

[그림 8-3]은 제어장치의 입력신호와 출력신호를 보여준다. 제어신호는 입력신호를 다음과 같이 활용한다.

• 명령어 레지스터(IR): 명령어 레지스터의 동작코드(opcode)를 해독하여 현재 실행하고 있는 명령어를 인식한다.
• 상태 레지스터(SR): 조건분기와 같이 조건부 실행 여부를 판단하기 위하여 상태 레지스터의 플래그를 사용한다.
• 클럭 발생기: 컴퓨터는 동기 순차논리회로의 일종이다. 제어장치는 이 클럭을 기반으로 타이밍 신호를 생성한다.

제어장치 출력은 컴퓨터 구성 요소의 동작을 제어한다. 제어신호는 다음과 같이 사용된다.

• 내부 레지스터 동작제어: 내부 레지스터 적재와 버스로 연결되는 3상태 버퍼 제어
• 연산기 동작 결정: 연산기가 수행할 연산 종류 결정
• 제어 버스 제어신호: 기억장치 읽기/쓰기, 입출력 장치 입력/출력, 인터럽트 확인 등

제어장치는 조합 논리소자와 순서 논리소자를 사용하는 하드와이어드 방식과 기억장치를 사용하는 마이크로프로그램 방식으로 구현할 수 있다. 하드와이어드 방식은 내부적으로 명령어 사이클을 제어하기 위한 상태머신(state machine)을 구동하여 순서제어를 처리하고, 마이

크로프로그램 방식은 순서제어기(sequencer)를 사용하여 순서제어를 처리한다. 다음 절에서는 예제를 통하여 하드와이어드 구현과 마이크로프로그램 구현의 특성을 살펴본다.

8.2 제어장치 종류

일반적으로 논리회로를 논리소자 또는 기억장치로 구현할 수 있다. 논리소자 구현은 설계 사양에서 간소화한 논리식을 구하고 그 논리식을 논리게이트와 플립플럽으로 구현한다. 반면에 기억장치 구현은 2진수 설계 사양을 직접 기억장치로 구현한다. 이 기억장치를 제어 기억장치(control memory)라고 한다. 제어 기억장치 주소는 회로의 입력신호에 해당하고, 제어 기억장치에 저장된 데이터는 출력신호에 해당한다. 이 절에서는 조합논리회로와 순차논리회로를 제어 기억장치로 구현하는 예를 살펴본다.

8.2.1 조합논리회로 구현

전가산기(full-adder)는 조합논리회로이다. 전가산기를 논리회로를 구현하려면, 먼저 [그림 8-4(a)]의 전가산기 진가표(truth table)를 구한 후, 각 출력신호를 논리식([그림 8-4(b)])으로 표현하고, 논리식에 대한 논리회로도([그림 8-4(c)])를 구한다.

입력			출력	
X	Y	Z	S	C
0	0	0	0	0
0	0	1	1	0
0	1	0	1	0
0	1	1	0	1
1	0	0	1	0
1	0	1	0	1
1	1	0	0	1
1	1	1	1	1

(a) 진가표

$$S = X \oplus Y \oplus Z$$
$$C = X \cdot Y + X \cdot Z + Y \cdot Z$$

(b) 논리식

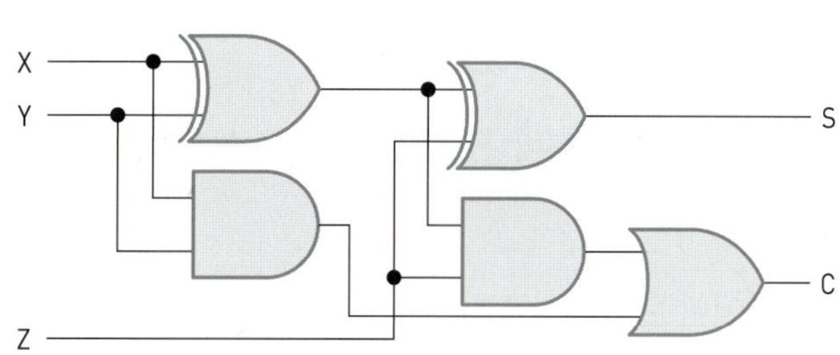

(c) 논리회로도

그림 8-4 전가산기

전가산기에 대한 진가표를 기억장치에 직접 구현함으로써, 전가산기를 기억장치로 구현할 수 있다. 전가산기를 기억장치로 구현한 예는 [그림 8-5]이다. 기억장치 용량은 8×2이다. 주소선은 3비트이고, 데이터선은 2비트이다. 기억장치 주소를 조합논리회로의 입력신호로 사용하고, 기억장치 데이터를 출력신호로 사용한다. 기억장치로 조합논리회로를 구현할 때, 간소화한 논리식을 구할 필요가 없다.

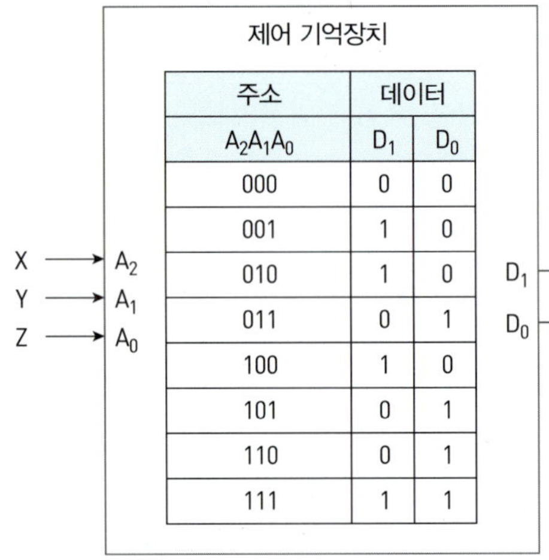

주소	데이터	
$A_2A_1A_0$	D_1	D_0
000	0	0
001	1	0
010	1	0
011	0	1
100	1	0
101	0	1
110	0	1
111	1	1

그림 8-5 기억장치로 구현한 전가산기

8.2.2 순차논리회로 구현

기억장치로 순차논리회로도 구현할 수 있다. 순차논리회로를 구현하려면, 피드백 경로가 필요하다. 예를 들어, [그림 8-6(a)]는 6진 카운터를 구현한 것이다. 6진 카운터는 0부터 5까지 반복하여 카운트한다. 두 개의 레지스터는 시스템 클럭으로 동작 시기를 제어한다. 기억장치의 주소 n번지는 다음 상태에 해당하는 [(n+1) mod 6]의 값을 갖는다. [그림 8-6(b)]는 6진 카운터의 출력 파형이다. 기억장치는 논리회로보다 동작 지연 시간이 길다. 이 회로는 다음과 같이 동작한다.

- 제어주소 $A_2A_1A_0$가 인가된 후 기억장치를 액세스 하는 지연 시간 이후에 클럭에 동기되지 않은 출력신호 $D_2D_1D_0$가 출력된다.
- 출력신호 $D_2D_1D_0$가 피드백되어 제어주소 레지스터(CAR, Control Address Register)로 입력된다. 이 레지스터 출력이 클럭과 동기가 맞는 기억장치 주소($A_2A_1A_0$)로

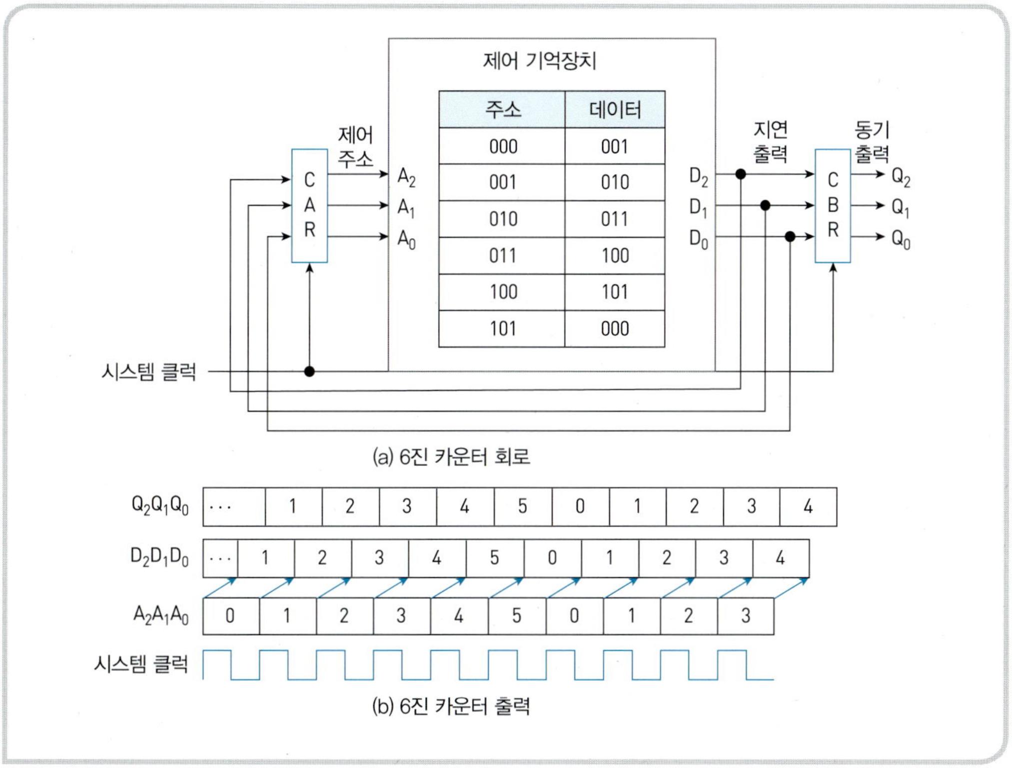

그림 8-6 기억장치로 구현한 6진 카운터

사용된다.

- 시스템 클럭과 동기를 맞추기 위하여 제어버퍼 레지스터(CBR, Control Buffer Register)를 사용한다. 카운터 출력으로 $D_2D_1D_0$ 또는 $Q_2Q_1Q_0$ 중 하나를 사용할 수 있으나, 시스템 클럭과 동기가 맞는 출력은 $Q_2Q_1Q_0$이다.

논리소자 또는 기억장치를 사용하여 제어장치와 처리장치로 구성된 디지털 시스템의 제어장치도 구현할 수 있다. 예를 들어 [그림 8-7(a)]의 간단한 디지털 시스템의 제어장치를 구현해 보자. 제어장치는 처리장치에서 한 비트의 조건 신호 S를 받고, 두 비트의 제어신호 C_1C_0을 출력한다. 조건 S는 처리장치에서 제어장치로 전달된다. 제어장치는 0과 1 두 개의 상태(state)를 갖는 상태머신(state diagram)으로 동작하며, 제어장치의 상태는 조건 S에 따라 [그림 8-7(b)]와 같이 변한다.

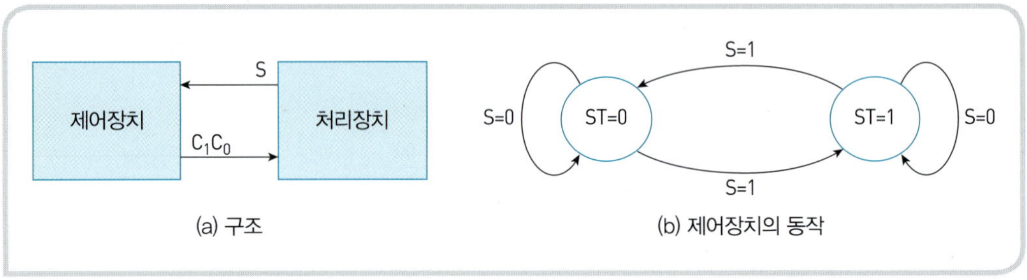

그림 8-7 간단한 디지털 시스템의 구조 및 제어 상태도

표 8-1 제어 상태표

현재상태(ST)	조건 신호(S)	다음상태(ST)	플립플롭 입력 논리식
0	0	0	D = S
	1	1	
1	0	1	D = S'
	1	0	

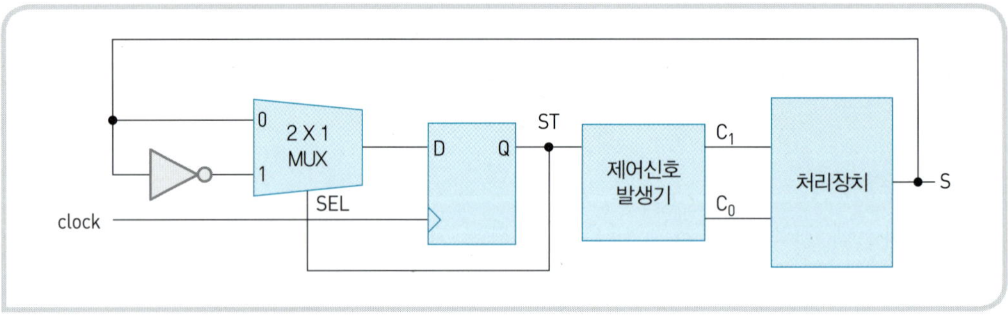

그림 8-8 하드와이어드 제어장치 구현

〈표 8-1〉은 [그림 8-7(b)]를 상태표(state table)로 표현한 것이고, 이 분석 결과에 따라 제어장치를 하드웨어로 구현한 구조가 [그림 8-8]이다. D 플립플롭 출력이 현재상태(ST)이다. D 플립플롭은 D 입력이 다음상태로 결정된다. 멀티플렉서는 D 플립플롭 입력을 결정하며, 멀티플렉서 출력이 다음상태를 결정한다. 현재상태가 0일 때, 다음 상태는 조건 신호 S와 같다. 즉, S=0이면 다음상태는 0이고, S=1이면 다음상태는 1이다. 현재상태가 1일 때, 다음상태는 조건 신호의 반대 값(S')이다. 즉, S=0이면 다음상태는 1이고, S=1이면 다음상태는 0이다. 현재상태(ST)를 참고하여 제어신호 발생기는 제어신호 C_1C_0를 생성하여 처리장치로 전달한다. 처리장치는 조건 신호 S를 생성하고 이것을 제어장치로 전달한다.

[그림 8-9]는 제어 기억장치를 사용하여 제어장치를 구현한 회로이다. 제어 기억장치의 출력 중에서 제어신호 부분(D_2D_1)을 시스템 클럭과 동기를 맞추기 위하여 레지스터를 사용하며, 이 레지스터를 제어버퍼 레지스터(CBR, Control Buffer Register)라고 한다. 제어 기억장치에 저장되어 있는 데이터를 제어단어(control word)라고 한다. 이 회로는 다음과 같이 동작한다.

- 제어단어 세 비트 중 D_2D_1은 처리장치로 제공되는 제어신호 C_1C_0이고, 마지막 비트인 D_0는 제어장치로 피드백되어 다음상태를 결정한다.
- 제어신호에 해당하는 D_2D_1은, 클럭 신호와 동기를 맞추기 위하여, CBR을 거쳐 처리장치의 제어신호 C_1C_0가 된다. 처리장치는 조건 신호를 생성하고, 이것은 제어장치로 피드백된다.
- 기억장치의 두 비트 주소 A_1A_0는 A_1=현재상태(D_0), A_0=조건 신호(S)에 해당한다.

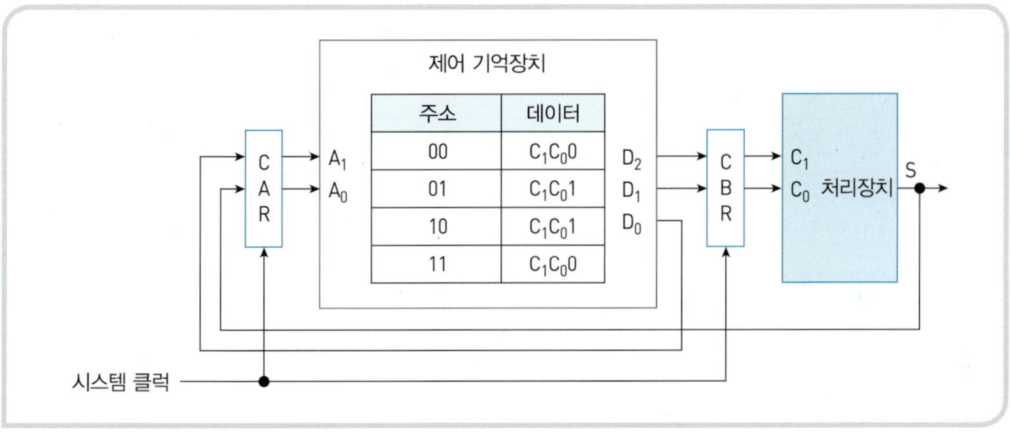

그림 8-9 마이크로프로그램 제어장치 구현

8.2.3 특성 비교

제어장치의 특성을 비교한 것이 〈표 8-2〉이다. 논리회로에 의한 하드와이어드 구현 방법은 설계 명세서인 진가표, 상태도 또는 상태표에서 간소화한 논리식을 구하고 상태도를 순차회로로 구현한다. 이 방법은 동작 속도가 빠르다는 장점이 있다. 그렇지만, 설계 명세서가 변경되면 구현 과정을 다시 반복해야 하고, 기존의 회로를 다시 구현해야 한다는 단점이 있다. 이에 반하여, 기억장치를 사용하는 마이크로프로그램 구현 방법은 하드웨어 구현 과정이 간단하다. 설계 명세서가 변경되더라도, 회로는 변경되지 않으며 제어 기억장치 데이터만 수정하면 충분하다. 그렇지만, 기억장치가 논리회로보다 동작 속도가 느리다는 단점이 있다.

제어장치를 구현하는 하드와이어드 구현과 마이크로프로그램 구현도 위의 장단점을 그대로 이어받는다. 일반적으로 명령어 형식이 복잡한 CISC형 프로세서는 마이크로프로그램 방식으로 구현하고, 명령어 형식이 간단한 RISC형 프로세서는 하드와이어드 방식으로 구현하는 경향이 있다.

표 8-2 제어장치의 특성 비교

구분	하드와이어드 제어장치	마이크로프로그램 제어장치
구현 방법	조합, 순서 논리소자	제어 기억장치, 순서제어기
구현 과정	간소화, 상태도. 복잡하고 어렵다.	마이크로프로그래밍. 간단하고 쉽다.
동작 속도	빠르다.	느리다.
회로 수정	복잡하다.	하드웨어는 항상 동일하다. 간단하다.
적용 분야	RISC	CISC

8.3 하드와이어드 제어장치

[그림 8-10]은 하드와이어드 제어장치의 구조이다. 외부에서 보면 명령어 레지스터, 상태 레지스터, 시스템 클럭이 입력으로 제공되고, 제어신호를 출력한다. 하드와이어드 제어장치는 타이밍 신호 발생기(timing signal generator), 명령어 디코더(instruction decoder), 제어신호 발생기(control signal generator)를 포함하고 있다.

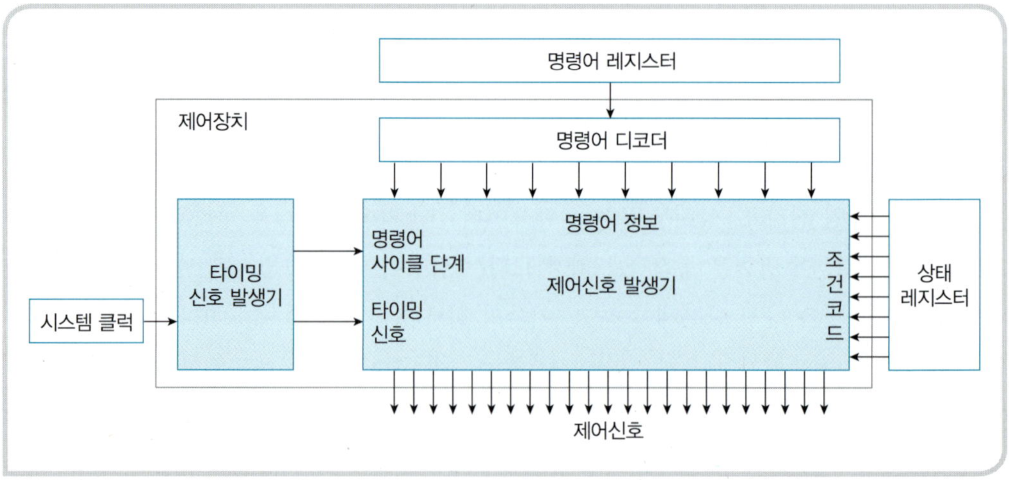

그림 8-10 하드와이어드 제어장치

제어신호 발생기는 세 가지 구성 요소가 제공하는 정보를 바탕으로 제어신호를 생성한다.

- 타이밍 신호 발생기: 명령어 사이클의 단계를 구분하는 신호와 각 단계에서 몇 번째 클럭이 진행되고 있는지 나타내는 타이밍 신호를 생성한다.
- 명령어 디코더(명령어 해독기): 명령어 레지스터에 포함되어 있는 동작코드와 부동작 코드를 디코드하여 현재 처리하고 있는 명령어가 어떤 것인지 구별한다.
- 상태 레지스터: 제어장치가 분기 명령어를 다룰 수 있도록 조건 코드를 제공한다.

제어장치 기능 중에서 순서제어는 타이밍 발생기가 담당하고, 동작제어는 제어신호가 담당한다.

8.3.1 타이밍 신호 발생기

타이밍 신호 발생기는 명령어 사이클 단계를 구별하는 명령어 사이클 코드(ICC, Instruction Cycle Code)와 명령어 사이클 단계 안에서 몇 번째 클럭이 진행되고 있는지 나타내는 시퀀스 카운트(SCNT, Sequence Count)를 생성한다. [그림 8-11]은 타이밍 신호 발생기의 두 가지 출력신호의 예이다. 명령어 사이클 코드(ICC)는 인출단계와 실행단계를 실행하고 나서 인출단계로 이동한 예이다. 시퀀스 카운트(SCNT)는 인출단계에서 0부터 5까지 6개의 클럭을 소비하고, 실행단계에서 0부터 3까지 4개의 클럭을 소비한 예이다. 제어장치는 이 두 가지 신호로부터 명령어 사이클 어느 단계의 몇 번째 클럭이 진행되고 있는지 구분할 수 있다.

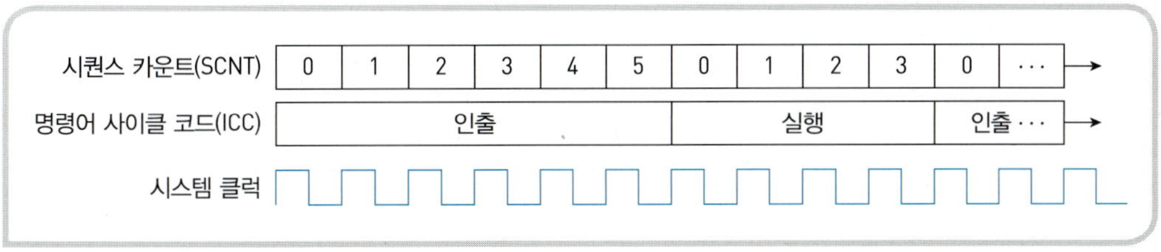

그림 8-11 타이밍 신호 발생기의 출력

명령어 사이클의 각 단계에서 소비하는 클럭 수가 같을 때 명령어 사이클 코드를 생성하는 회로를 카운터로만 구현할 수 있다. 그렇지 않은 때는 명령어 사이클 코드 발생기를 상태머신(state machine)으로 구현하고, 각 상태가 시작할 때 0부터 수를 세는 카운터로 시퀀스 카운터를 구현한다.

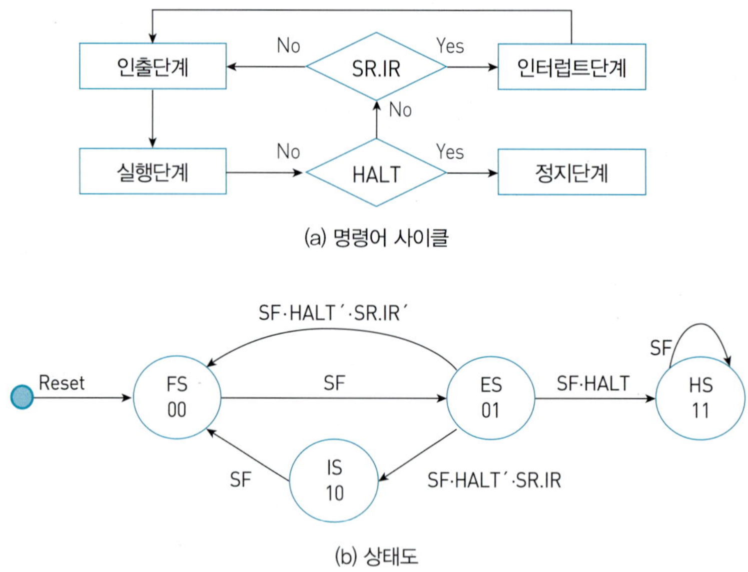

그림 8-12 ToyCOM의 제어 상태도

[그림 8-12(a)]는 7장에서 소개한 ToyCOM의 명령어 사이클이고, [그림 8-12(b)]는 이것을 상태도로 표현한 것이다. 상태도에서 명령어 사이클의 단계를 상태로 표현한다. 상태가 4개이므로 각 상태에 2비트의 상태 코드(ICC)를 할당할 수 있다. 상태도의 SF(State Finished)는 명령어 사이클의 임의의 단계가 끝났음을 나타내는 신호이고, 조건 SR.IR은 상태 레지스터의 인터럽트 요청 플래그이다. 상태도는 다음과 같이 해석된다.

- 인출상태(FS: Fetch State, 코드 00): 시스템이 초기화된 후 이 상태이다. 인출 상태는 항상 6개의 클럭을 소비한다.
- 실행상태(ES: Execution State, 코드 01): 명령어 인출 상태가 끝난 다음 상태이다. 실행상태에서 소비하는 클럭 수는 명령어마다 다르다. 명령어 실행 상태에서 조건에 따라 다음 상태가 결정된다. 실행상태가 끝났을 때 HALT 명령어도 실행하지 않았고 인터럽트 요청도 없다면, 인출상태로 이동한다.
- 정지상태(HS: Halt State, 코드 11): 실행상태가 끝났을 때 HALT 명령어를 실행한다면 이 상태로 들어간다. 이 상태에서는 상태가 변하지 않고 SF의 값은 항상 1이다.
- 인터럽트상태(IS: Interrupt State, 코드 10): 실행상태가 끝났을 때 인터럽트 요청이 있다면, 이 상태로 들어간다. 이 상태가 끝나면 항상 인출상태로 이동한다. 인터럽트상태는 12개의 클럭을 소비한다.

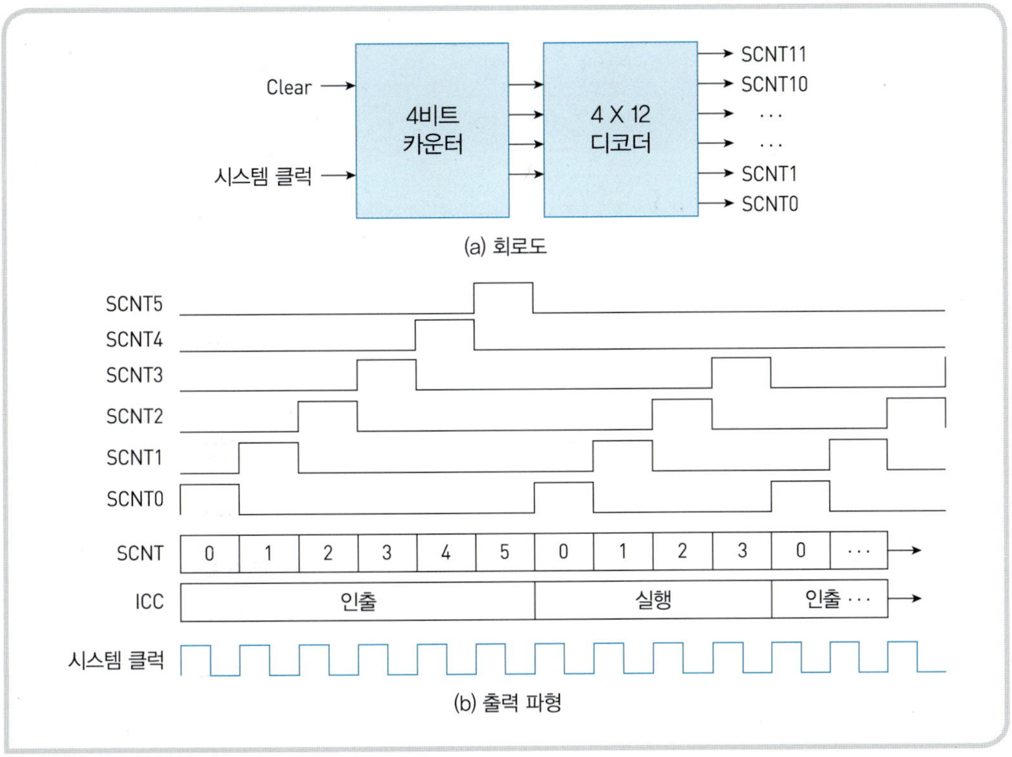

그림 8-13 시퀀스 카운터

시퀀스 카운터는 명령어 사이클 상태 안에서 몇 번째 클럭이 진행되고 있는지 알려준다. ToyCOM은 수행 시간이 가장 긴 인터럽트단계에서 12 사이클을 소모한다. 그러므로 [그림 8-13(a)]와 같이 시퀀스 카운터를 4비트 카운터와 4×12 디코더로 구현할 수 있다. 카운터 출력은 상태가 바뀔 때마다 0으로 리셋되어 처음부터 다시 카운트한다. [그림 8-13(b)]는 시퀀스 카운터의 출력 파형을 보여준다.

8.3.2 명령어 디코더

명령어 디코더(Instruction Decoder, 명령어 해독기)는 명령어 레지스터의 동작코드를 디코드하여 제어신호 발생기가 명령어를 구분할 수 있게 만든다. 명령어 디코더는 명령어 형식에 따라 복잡도가 결정된다. 만일 프로세서가 가변 길이 명령어 형식을 사용한다면, 명령어 디코더를 순차논리회로로 설계해야 한다. 처음 몇 바이트 명령어만으로 명령어를 구별할 수 없기 때문이다. ToyCOM과 같이 고정 길이 명령어 형식을 사용하고 명령어 형식이 간단한 경우에는 동작코드 디코더와 논리게이트만으로 명령어 디코더를 구현할 수 있다.

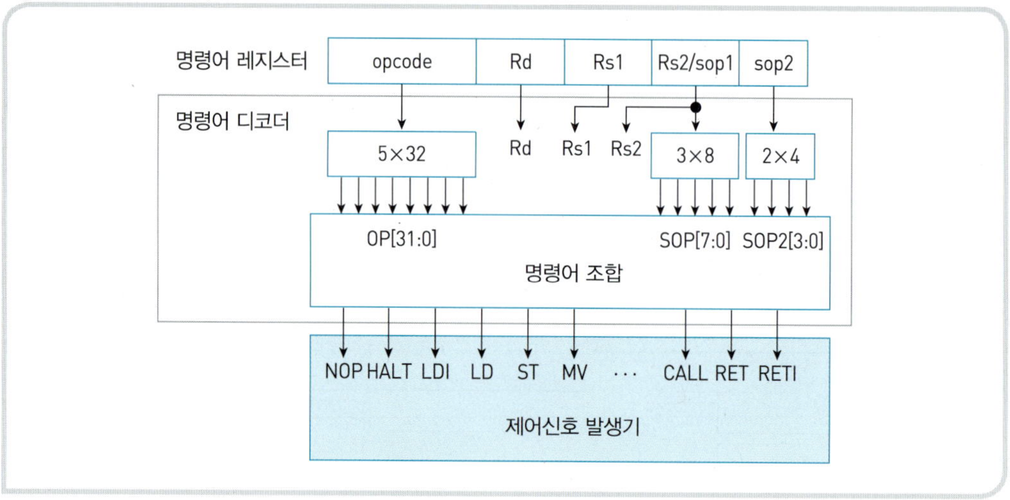

그림 8-14 명령어 디코더

표 8-3 명령어 디코더 논리식

명령어	비트 패턴					명령어 추출 논리식
	15 - 11	10 - 8	7 - 5	4 - 2	1-0	
NOP	00000	X	X		00	NOP = OP[0] · SOP2[0]
LDI Rd, #value	00001	Rd	#value			LDI = OP[1]
LD Rd, (Rs+1:Rs)	00010	Rd	Rs	000	00	LD = OP[2] · SOP1[0] · SOP2[0]
ST (Rd+1:Rd), Rs	00010	Rd	Rs	000	01	ST = OP[2] · SOP1[0] · SOP2[1]
INC Rd	00100	Rd	X	000	00	INC = OP[4] · SOP1[0] · SOP2[0]
ADD Rd,Rs1,Rs2	00101	Rd	Rs1	Rs2	00	ADD = OP[5] · SOP2[0]
CALL target	11111	offset				CALL = OP[31]
RET	01001	X		X	00	RET = OP[9] · SOP2[0]

[그림 8-14]는 ToyCOM의 명령어 디코더이다. ToyCOM의 명령어 형식은 동작코드와 두 개의 부동작코드를 포함하고 있으며, 각각 5비트, 3비트, 2비트이다. 따라서, 5×32, 3×8, 2×4 디코더 세 개를 사용하여 명령어를 디코드 할 수 있다. 지면이 좁아서 [그림 8-14]에 각 디코더의 출력을 다 표시하지 못하고 일부만 표시하였다. 각 디코더 출력을 OP[31:0], SOP1[7:0], SOP2[3:0]이라고 하자. 예를 들어, OP[0]은 명령어 opcode 필드가 00000일 때, 출력이 1이고 나머지는 0이다. 즉, OP[0]은 명령어가 NOP 또는 HALT일 때 출력이 1이다. 제어신호 발생기는 세 가지 디코더 출력을 조합하여 각 명령어를 구별하는 신호를 생성한다.

〈표 8-3〉은 ToyCOM 명령어 중 일부에 대한 명령어 비트 패턴과 그 명령어를 구별하는 논리식의 예를 보여준다. 각 명령어에 대한 명령어 코드에 해당하는 OP, SOP1, SOP2를 AND 연산하여 명령어를 구별한다. 각 명령어를 구별하는 신호 이름을 명령어 니모닉과 같게 결정하였다. 예를 들면, OP[0]가 1이고 동시에 SOP2[0]이 1일 때 명령어는 NOP이다.

8.3.3 제어신호 발생기

이제 제어장치에서 남은 부분은 제어신호 발생기이다. 제어신호 발생기의 동작을 설명하기 전에 제어장치 구성 요소의 역할을 요약해 보자. 지금까지 설명하였던 ToyCOM 제어장치 구조는 [그림 8-15]와 같다. 제어신호 발생기에서 타이밍 신호 발생기로 전달되는 EF(Execution stage Finished)는 실행단계가 끝났음을 알려준다. [그림 8-12(b)]에서 실행상태가 종료되었음을 나타내는 신호 SF를 생성하는데 EF 신호를 사용한다.

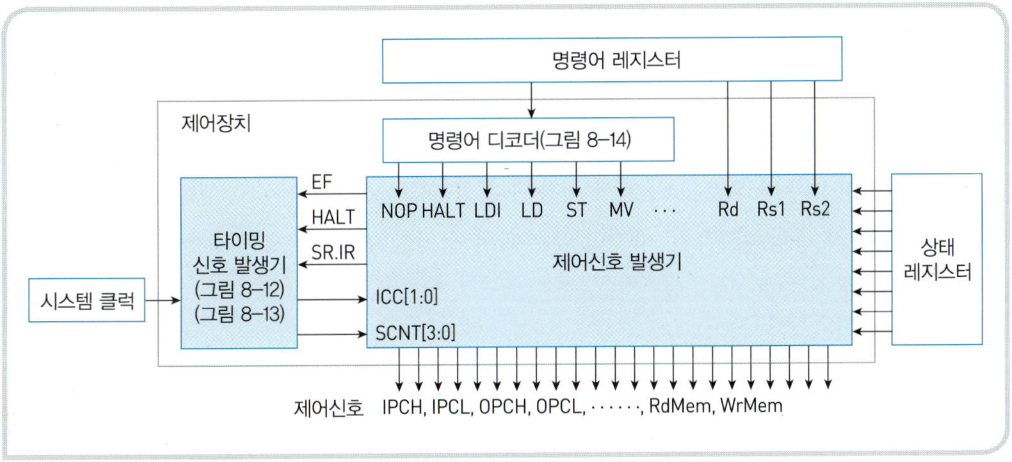

그림 8-15 ToyCOM 제어장치 구조

- 타이밍 신호 발생기: 명령어 사이클 단계를 구별하는 2비트 명령어 사이클 코드(ICC)를 생성하고, 각 단계에서 클럭 진행을 표현하는 4비트 시퀀스 카운트(SCNT)를 생성한다.
- 명령어 디코더: 명령어를 구별하는 신호를 생성하고 명령어에 포함된 레지스터 필드(Rd, Rs1, Rs2)를 제공한다.
- 상태 레지스터: 연산 결과를 반영한 상태 플래그를 제어장치로 공급한다.

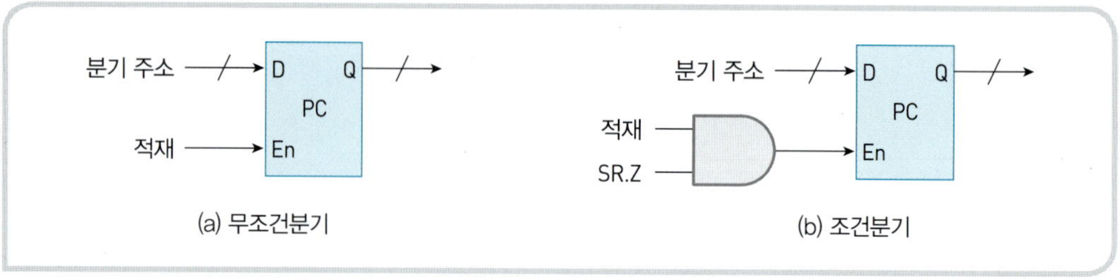

그림 8-16 상태 플래그를 사용한 제어신호 생성

상태 레지스터는 조건분기 명령어를 실행하는 제어신호를 생성하는 논리식에 AND 조건으로 참여한다. [그림 8-16(a)]는 무조건분기 명령어가 실행될 때 프로그램 카운터의 모습이다. 클럭은 생략되어 있다. 프로그램 카운터로 적재할 분기 주소와 적재 동작을 가능하게 만드는 적재 제어신호가 프로그램 카운터에 동시에 인가되면, 분기 주소가 프로그램 카운터에 적재되어 무조건분기가 실행된다. [그림 8-16(b)]는 상태 레지스터의 제로 플래그(SR.Z)가 1일 때 분기하는 조건분기 예이다. SR.Z는 적재 제어신호를 적재 인에이블(En) 단자로 전달하는 AND 게이트를 지킨다. SR.Z가 1일 때만 적재 제어신호가 프로그램 카운터로 전달된다. 이 예제와 같이 상태 레지스터의 조건 플래그는 적재 제어신호를 전달할지 결정한다.

제어신호 발생기는 세 가지 종류의 신호를 입력으로 받아 제어신호를 생성한다. 제어신호는 중앙처리장치 내부와 외부 모두에서 사용된다. ToyCOM의 제어신호 생성 논리식의 예는 다음과 같다. '7장 중앙처리장치' 마지막 부분에서 정의한 마이크로오퍼레이션과 제어신호를 참고하기 바란다.

- IPCH = ES·RET·SCNT2 // PCH 레지스터에 대한 적재는 실행단계에서
  // RET 명령어를 실행하는 2번째 클럭 사이클에서 수행된다.
- IPCL = ES·RET·SCNT5 // PCL 레지스터에 대한 적재는 실행단계에서
  // RET 명령어를 실행하는 5번째 클럭 사이클에서 수행된다.
- RdMem = FS·(SCNT1 + SCNT4) + ES·(LD·SCNT2 + RET·SCNT5)
  // 기억장치에 대한 읽기 제어신호(RdMem)는
  // 인출단계의 1번째와 4번째에서 인가되고,
  // 또한 실행단계 LD 명령어의 2번째 클럭과
  // 실행단계 RET 명령어의 5번째 클럭에서 인가된다.
- WrMem = ES·(ST·SCNT2 + PUSH·SCNT3 + CALL·SCNT3 + CALL·SCNT7) + IS·(SCNT3 + SCNT7 + SCNT11)

// 기억장치에 대한 쓰기 제어신호(WrMem)는
// 실행단계 ST 명령어의 2번째 클럭과 PUSH 명령어의 3번째 클럭과
// 실행단계 CALL 명령어의 3번째와 7번째 클럭,
// 또한 인터럽트단계의 3번째, 7번째, 11번째 클럭에서 인가된다.

나머지 제어신호를 생성하는 논리식에 대한 설명을 생략한다. 지금까지 제어신호 발생기에서 제어신호를 추출하는 예제를 설명하였다. 제어신호를 추출하는 전체 과정을 이해하기를 바란다. 타이밍 신호 발생기는 명령어 사이클에 대한 상태도를 운영하면서 명령어 사이클 단계와 각 단계의 실행 시간을 구별하는 타이밍 신호를 생성하고, 명령어 디코더는 현재 실행하는 명령어를 구별하는 신호를 생성한다. 제어신호 발생기는 이것들을 조합하여 적절한 시기에 동작할 제어신호를 생성한다.

8.4 마이크로프로그램 제어장치

[그림 8-17]은 마이크로프로그램 제어장치 구조이다. 외부에서 본 입출력신호는 하드와이어드 제어장치의 입출력신호와 같다. 즉, 명령어 레지스터와 상태 레지스터를 입력으로 받아 제어신호를 생성한다. 다만 내부 구조가 하드와이어드 제어장치와 다르다. 마이크로프로그램 제어기는 제어주소 레지스터(CAR), 제어 기억장치(CM), 제어버퍼 레지스터(CBR), 순서제어기(sequencer)로 구성되며, 각 구성 요소의 역할은 다음과 같다.

- 제어주소 레지스터(CAR, Control Address Register): 제어 기억장치로 주소를 공급한다.
- 제어 기억장치(CM, Control Memory): 기억장치 안에 제어신호를 저장한다. 한 개의 주소에 저장되어 있는 제어신호가 제어단어(control word)이다. 제어단어는 제어신호로 사용되는 제어신호 필드(control signal field)와 다음에 읽을 제어 기억장치의 주소를 결정하는 다음주소 선택 필드(next address selection field)로 구성되어 있다.
- 제어버퍼 레지스터(CBR, Control Buffer Register): 제어신호 필드를 시스템 클럭 신호에 동기를 맞춰 처리장치로 전달한다.
- 순서제어기(sequencer): 명령어 레지스터, 상태 레지스터, 제어단어의 다음주소 선택 필드를 조합하여 제어주소 레지스터로 적재할 다음주소를 결정한다.

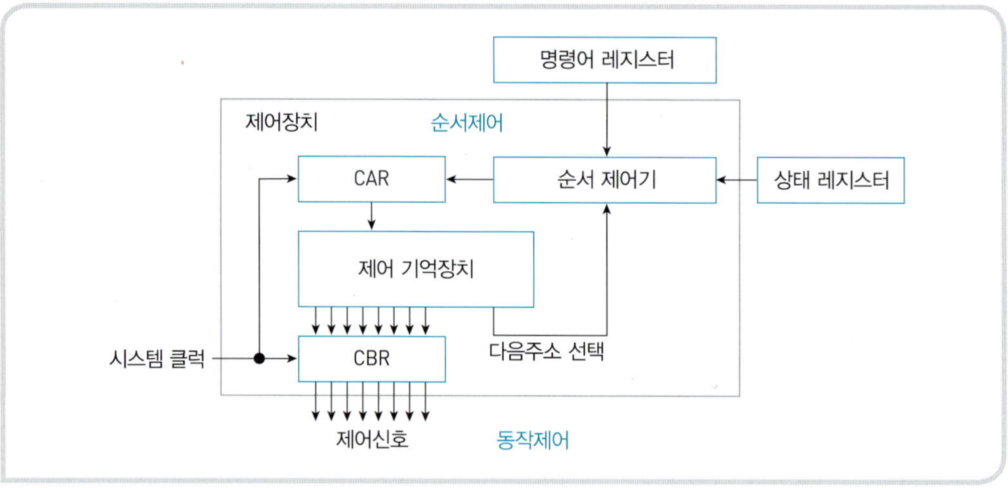

그림 8-17 마이크로프로그램 제어장치 구조

마이크로프로그램 제어장치도 순서제어와 동작제어를 수행한다. 순서제어기가 순서제어를 담당하고 제어단어의 제어신호 필드가 동작제어를 담당한다. 이 제어 방식의 순서제어는 제어주소 레지스터로 적재할 주소를 선택하는 것이다.

마이크로프로그램 제어장치를 구현하는 것은 제어 기억장치 안에 저장할 제어단어를 작성하는 작업이다. 이 과정이 마치 어셈블리 언어로 프로그램을 작성하는 과정과 비슷하기 때문에, 제어단어를 작성하는 것을 '아주 작은 프로그램'이란 의미로 마이크로프로그래밍(microprogramming)이라고 하고, 작성 결과를 마이크로프로그램(microprogram)이라고 한다. 이러한 의미에서 한 개의 제어단어를 마이크로명령어(microinstruction) 또는 마이크로코드(micro-code)라고 한다.

마이크로프로그램 제어장치를 구현하는 과정도 하드와이어드 제어장치 구현 과정과 같다. 먼저 프로세서의 명령어 사이클, 명령어 집합, 마이크로오퍼레이션이 정의되어 있어야 한다. 그리고 제어장치를 설계하는 과정인 데이터 경로 설계, 제어신호 할당 과정을 거쳐야 한다. 마지막 단계인 제어신호를 생성하는 과정만 다르다.

8.4.1 마이크로프로그램 동작제어

마이크로프로그램 제어기는 제어단어의 제어신호 필드로 프로세서 동작을 제어한다. 제어단어는 제어신호 필드와 다음주소 선택 필드로 구성되어 있다. [그림 8-18(a)]는 '4.4 명령어 사이클'에서 예제로 제시한 4단계 명령어 사이클이고, [그림 8-18(b)]는 이 프로세서에 대한 제어 기억장치 구조이다. 명령어를 인출한 후, 실행단계에서 처리할 데이터가 간접 주소지정 방식으로 표현된 경우, 간접단계로 이동하여 기억장치에서 유효 주소를 구한다.

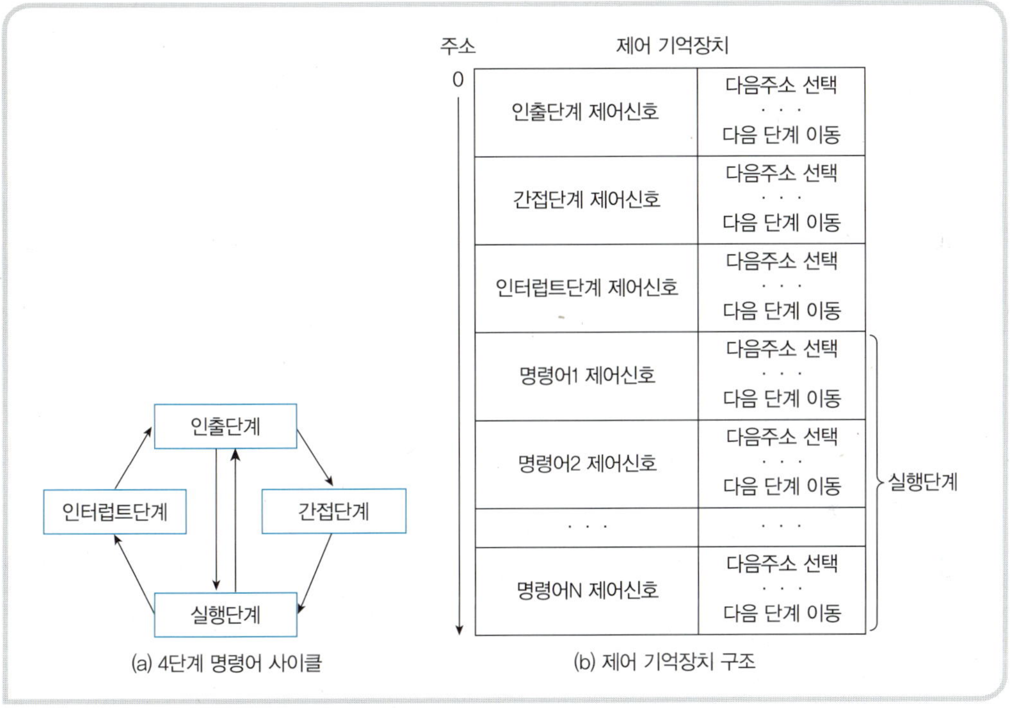

그림 8-18 명령어 사이클과 제어 기억장치

제어 기억장치는 명령어 사이클 단계에 해당하는 영역으로 구분되어 있다. 각 영역의 마지막은 다음 단계를 결정하여 이동하는 제어단어를 저장한다. 명령어 사이클의 첫 번째 단계는 인출단계이므로, 일반적으로 제어 기억장치의 0번지부터 시작하는 영역에 인출단계 마이크로 명령어를 저장한다. 명령어 사이클의 각 단계는 한 개 이상의 마이크로오퍼레이션을 수행하므로, 제어 기억장치를 각 단계로 분리한 영역의 기억 장소 수는 해당 단계에서 수행해야 하는 마이크로오퍼레이션 수와 같다.

실행단계는 명령어마다 실행하는 동작이 다르므로 명령어마다 마이크로오퍼레이션을 별도로 정의해야 한다. 제어 기억장치의 영역을 명령어마다 별도로 할당해야 하며, 각 영역의 크기는 각 명령어를 수행하기 위한 마이크로오퍼레이션 수와 같다.

한 단계를 마치고 다음 단계로 이동하는 순서제어 정보는 [그림 8-18(b)]의 다음주소 선택 필드에 저장되어 있다. 제어단어를 읽는 순서를 제어하는 것이 마이크로프로그램 순서제어이다. 일반적으로 제어 기억장치의 영역에 포함된 제어단어를 차례대로 읽어 처리하고, 영역의 마지막에서 적절한 다른 영역으로 이동한다. 예를 들어 인출단계의 첫 번째 제어단어를 수행한 후 차례대로 다음주소를 선택하여 제어단어를 수행한다. 마지막 제어단어에 도달하였을 때, 인터럽트 요청이 없다면, 인출한 명령어를 실행하는 제어 기억장치 주소로 이동한다.

8.4.2 제어신호 부호화

프로세서의 주소지정방식과 명령어 집합에 속한 명령어 수가 증가할수록 제어신호 수가 증가한다. 명령어 사이클의 단계와 명령어 수가 많아질수록 제어 기억장치 용량이 증가하고, 제어신호 수가 많아질수록 제어 기억장치 폭이 길어진다. 제어신호 필드 폭은 제어장치가 제공해야 하는 제어신호 수와 같다. 일반적으로 제어신호 수는 수백 개나 된다. 그러므로 제어신호 수를 줄일 수 있다면 그 수를 줄이는 것이 좋다.

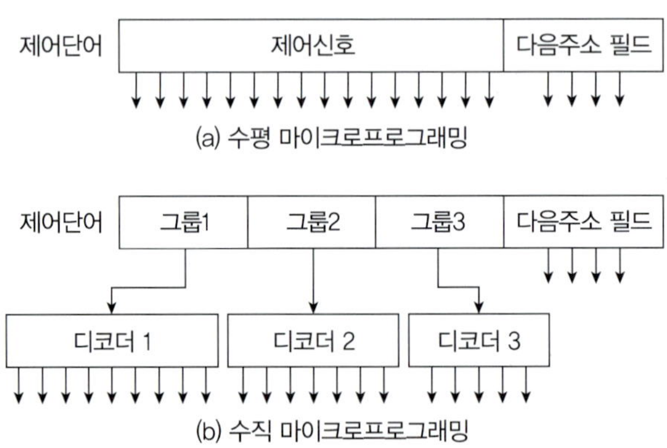

그림 8-19 제어신호 부호화

제어신호 폭을 줄이기 위하여, 제어신호 일부를 부호화(encoding) 할 수 있다. [그림 8-19(a)]와 같이 제어신호를 부호화 하지 않은 방법을 수평 마이크로프로그래밍(horizontal microprogramming)이라고 한다. 이 방법은 필요한 제어신호마다 한 비트를 할당하여 제어단어를 구성하므로 필연적으로 제어단어 폭이 넓다. [그림 8-19(b)]와 같이 제어신호를 부호화 하는 방법을 수직 마이크로프로그래밍(vertical microprogramming)이라고 한다. 이 방법은 제어신호를 서로 동시에 사용하지 않는 그룹으로 구분하고, 그룹별로 제어신호를 부호화 한다. 부호화 한 제어코드는 디코더로 원래의 제어신호로 푼 다음에 제어점으로 연결된다.

디코더의 출력신호는 동시에 1이 될 수 없다. 그러므로 제어신호를 부호화 할 때, 서로 같은 시간 구간에 동작하는 것들을, 즉 동시에 1이 되는 것들을 그룹으로 묶어 부호화 할 수 없다. 그리고 부호화 할 그룹에 속한 제어신호가 모두 활성화(active)되지 않는 경우도 포함하여 생각해야 한다. 그룹에 속한 제어신호의 값이 모두 0일 때, 출력이 1인 디코더 출력을 제어신호로 사용할 수 없다. 따라서 n비트의 제어신호 그룹을 $\lceil \log_2(n+1) \rceil$ 비트로 부호화 할 수 있다. $\lceil x \rceil$는 실수 x를 포함하는 최소 정수이다.

예제 8-1 제어단어가 〈표 8-4〉와 같을 때, 제어신호 부호화 기법을 사용하여 가능한 제어단어의 폭을 줄여라.

표 8-4 제어신호 부호화의 예

시간	제어단어											
	C1	C2	C3	C4	C5	C6	C7	C8	C9	C10	C11	C12
0	H								H			
1							H					
2					H	H						H
3	H		H						H			
4										H		
5				H							H	
6	H					H			H			
7								H				
8						H				H		H
9		H						H			H	
10		H										

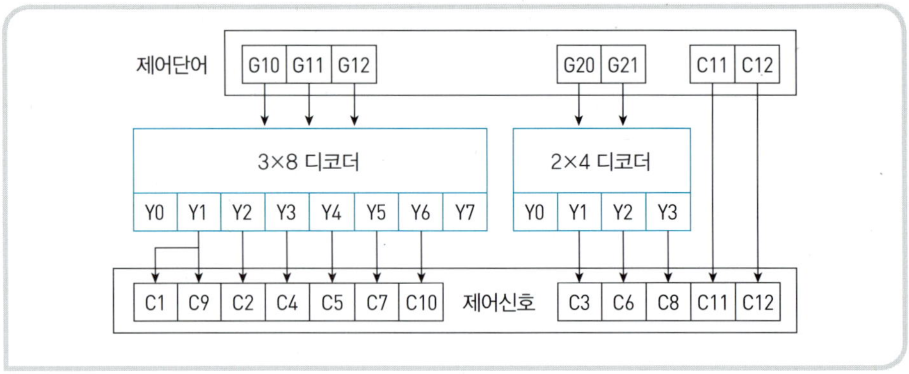

그림 8-20 제어신호 부호화 결과

풀이

- 생성되는 주소가 같은, 즉 구동 시간이 같은 제어신호가 여러 개이면, 한 개로 합칠 수 있다. 〈표 8-4〉에서 {C1, C9}가 완전히 같은 시간에 동작하므로 한 개로 합친다.
- 동시에 구동되지 않는 제어신호는 부호화 할 수 있다.
- [C1, C2, C4, C5, C7, C10]은 서로 동시에 사용되지 않는다. 따라서, 이 6개의 제어신호를 3비트로 부호화 할 수 있다. 부호화 한 제어신호를 {G10, G11, G12}라고 하자.
- 남은 제어신호는 C3, C6, C8, C11, C12이다.
- C8과 C11은 시간 9에서 같이 동작하므로 하나의 그룹으로 묶을 수 없다.
- C6과 C12는 시간 2와 8에서 같이 동작하므로 하나의 그룹으로 묶을 수 없다.
- 따라서 [C3, {C6, 12}, {C8, C11}]을 2 비트로 부호화 할 수 있다. { } 안의 제어신호는 둘 중 하나만 사용하는 것을 나타낸다.
- [C3, C6, C8]을 2비트로 부호화 하고, 제어신호를 {G20, G21}이라고 하자.
- 남은 C11과 C12는 동시에 사용되지 않지만, 2비트이므로 부호화 하는 효과가 없다.
- [그림 8-20]은 제어신호를 부호화 한 결과이다. 3×8 디코더의 Y0, Y7, 그리고 2×4 디코더의 Y0는 사용되지 않는다. 한 개의 제어신호로 C1과 C9를 동시에 구동한다.
- 제어신호 부호화에 의하여 12비트(C1부터 C12까지) 제어신호가 7비트(G10, G11, G12, G20, G21, C11, C12)로 줄었다. 그 대가로 3×8 디코더와 2×4 디코더를 한 개씩 추가해야 한다.

8.4.3 마이크로프로그램 순서제어

마이크로프로그램 제어장치는 제어 기억장치에 저장된 제어단어를 읽어 처리장치로 공급한다. 그러므로 마이크로프로그램 제어 방식의 순서제어는 제어 기억장치에 주소를 공급하는 방법을 결정하는 것이고, 구체적으로 제어주소 레지스터(CAR)의 값을 결정하는 것이다.

표 8-5 제어 기억장치 예

주소	제어단어	다음주소 선택	비고
FET	인출단계 제어신호 0	Next	인출단계
FET+1	인출단계 제어신호 1	Next	
…	인출단계 제어신호 x	Next	
FET+n	인출단계 제어신호 끝	Jump EXE	
EXE	-	Jump (IR)	실행단계
EXE_INST0	명령어 0 제어신호	Next	
…	명령어 0 제어신호	Next	
EXE_INST0+e0	명령어 0 제어신호 끝	Jump EXIT	
EXE_INST1	명령어 1 제어신호	Next	
…	명령어 1 제어신호	Next	
EXE_INST1+e1	명령어 1 제어신호 끝	Jump EXIT	
…	명령어 제어신호	…	
…	명령어 제어신호	…	
INT	인터럽트단계 제어신호 0	Next	인터럽트 단계
INT+1	인터럽트단계 제어신호 1	Next	
…	인터럽트단계 제어신호 x	Next	
INT+k	인터럽트단계 제어신호 끝	Jump FET	
EXIT	-	If (SR.IR) Jump INT	단계 변경
EXIT+1	-	Jump FET	

〈표 8-5〉는 마이크로프로그램 순서제어를 설명하기 위하여 예제로 사용할 제어 기억장치의 상태이다. 명령어 사이클의 단계에 해당하는 영역을 굵은 선으로 분리하였다. 편의상 인출단계, 실행단계, 인터럽트단계만 표현하였다. 실행단계는 명령어에 따라 수행하는 일이 다르므로 명령어마다 별도로 기억장치 영역을 차지한다. 다음주소 선택 필드는 다음 중 한 가지에 해당한다.

- Next: CAR ← CAR+1
  - 제어주소 레지스터에 현재 제어주소 레지스터의 값에 1을 더한 값을 적재한다.
  - 일반적으로 한 단계의 마지막 마이크로오퍼레이션 이외의 영역에서 사용된다.

- Jump TO: CAR ← TO
  - 제어주소 레지스터에 다음주소 필드의 값(TO)을 적재한다.
  - 이것은 명령어 사이클의 한 단계가 끝나고 다른 단계로 이동할 때 사용된다.
- Jump (IR): CAR ← MAP(IR)
  - 명령어 레지스터(IR)를 참고하여 해당 명령어에 대한 제어단어를 포함한 시작 주소를 제어주소 레지스터에 적재한다.
  - 명령어 실행단계의 첫 번째는 항상 여기를 거쳐간다.
- If (조건) Jump TO:　　if (조건) CAR ← TO; else CAR ← CAR+1
  - 만일 조건을 만족한다면 제어주소 레지스터의 값은 다음주소 필드(TO)로 설정된다. 조건을 만족하지 않는다면, 제어주소 레지스터의 값은 현재의 다음주소로 설정된다.
  - 조건은 처리장치의 상태 레지스터에서 공급된다.
  - 마이크로프로그램이 조건분기를 처리할 때 이 형식을 사용한다.

예제 8-2

[예제 8-2] 〈표 8-5〉의 제어 기억장치를 갖는 프로세서에서 다음과 같이 프로그램을 수행한다고 가정한다.

- 명령어 0과 명령어 1을 차례대로 실행한다.
- 명령어 1을 실행하는 도중에 인터럽트 요청이 발생한다.

인터럽트단계를 실행할 때까지 제어주소 레지스터의 변화를 순서대로 적어라.

풀이

명령어 0을 실행하는 과정은 다음과 같다.

- 명령어 0 인출: FET, FET+1, …, FET+n
  - CAR에 FET부터 FET+n까지 차례대로 적재한다.
  - CAR = FET+n일 때, Jump EXE에 의하여 CAR에 EXE를 적재한다.
- 명령어 0 실행: EXT, EXT_INST0, …, EXT_INST0+e0
  - CAR = EXE에서 Jump (명령어 0)에 의하여 CAR에 EXE_INST0를 적재한다.
  - CAR에 차례대로 EXE_INST0+e0까지 적재한다.
  - CAR = EXE_INST0+e0일 때, Jump EXIT에 의하여 CAR에 EXIT를 적재한다.
- 명령어 0 실행 후: EXIT, EXIT+1
  - CAR = EXIT에서 인터럽트 요청이 없으므로, CAR은 EXIT+1로 변한다.
  - CAR = EXIT+1에서 Jump FET에 의하여 CAR에 FET를 적재한다.

명령어 1을 실행하는 과정은 다음과 같다.

- 명령어 1 인출: FET, FET+1, …, FET+n
  - 명령어 0의 인출 과정과 같다.
- 명령어 1 실행: EXT, EXT_INST1, …, EXT_INST1+e1
  - CAR = EXE에서 Jump (명령어 1)에 의하여 CAR에 EXE_INST1를 적재한다.
  - CAR에 차례대로 EXE_INST1+e1까지 적재한다.
  - CAR = EXE_INST1+e1일 때, Jump EXIT에 의하여 CAR에 EXIT를 적재한다.
- 명령어 1 실행 후: EXIT
  - CAR = EXIT에서 인터럽트 요청이 있으므로, If (SR.IR) Jump INT에 의하여 CAR에 INT를 적재한다. 따라서 다음은 인터럽트단계를 실행한다.

인터럽트단계를 실행하는 과정은 다음과 같다.

- 인터럽트단계: INT, INT+1, …, INT+k
  - CAR = INT이므로 인터럽트단계 끝까지 CAR은 차례대로 증가한다.
  - CAR = INT+k일 때, Jump FET에 의하여 CAR에 FET를 적재한다.
  - 이후에 인터럽트 서비스 루틴의 첫 번째 명령어를 인출하고 실행한다.

지금까지 설명한 예제에서 제어주소 레지스터의 값을 결정하는 방법을 정리해 보자. 제어단어의 다음주소 선택 필드에 의하여 다음주소를 결정한다. 다음주소를 선택하는 방법을 다음과 같이 세 가지로 요약할 수 있다.

- Next: 현재 출력 중인 제어단어의 다음주소.
  - 현재 출력 중인 제어단어의 다음주소는 (CAR+1)로 계산할 수 있다.
  - 명령어 사이클의 한 단계가 여러 개의 제어단어로 구성되어 있고 그 안에 조건분기 처리가 없을 때, 마지막 제어단어를 제외한 제어단어는 다음주소를 선택한다.
- Jump (IR): 명령어 실행단계일 때, 실행할 명령어에 대한 첫 번째 제어단어의 주소.
  - 명령어의 첫 번째 제어단어의 주소를 결정하는 방법을 별도로 설명한다.
- If (조건) Jump TO: 조건에 따라 주소를 결정하는 조건분기
  - 무조건분기는 조건분기에서 분기 조건이 항상 참인 경우이다. 그러므로 Jump TO 형식의 무조건분기는 조건분기의 한 종류로 볼 수 있다.
  - 무조건분기는 명령어 사이클의 한 단계가 끝나고 다음 단계로 이동할 때 사용된다.
  - 조건분기는 상태 레지스터의 한 비트를 참고하여 분기 조건을 결정한다.

명령어마다 실행단계에서 수행해야 할 마이크로오퍼레이션이 다르다. 이때 명령어 레지스터의 동작코드를 참조하여 해당 명령어에 대한 첫 번째 마이크로명령어의 주소를 제어주소 레지스터에 적재해야 한다. 각 명령어에 대한 첫 번째 마이크로명령어의 주소를 구하는 방법은 [그림 8-21]과 같이 두 가지 방법이 있다.

첫 번째 방법은 [그림 8-21(a)]와 같이 동작코드(opcode)로부터 해당 마이크로명령어의 주소를 계산하는 방법이다. 이 방법은 모든 명령어에 대한 마이크로오퍼레이션의 수가 같은 때, 또는 명령어에 대한 마이크로명령어가 일정한 간격으로 배치되어 있을 때 적용할 수 있다. 명령어의 시작 주소를 [동작코드×(명령어 마이크로오퍼레이션 수)+실행단계 마이크로단어의 첫 번째 주소]로 계산할 수 있다. 만일 명령어에 대한 제어단어를 배치한 간격이 2^k(k는 정수)일 때, 동작코드를 왼쪽 시프트 함으로써 쉽게 마이크로명령어의 시작 주소를 구할 수 있다.

두 번째 방법은 매핑 테이블을 사용하는 방법이다. 기억장치로 매핑 테이블을 구현한다. 동작코드(opcode)가 매핑 테이블 주소로 사용되고, 기억장치 데이터에 해당 명령어에 대한 마이크로명령어의 시작 주소를 저장한다. 명령어에 대한 제어단어가 일정한 간격으로 배치되어 있지 않은 경우에 주로 사용되는 방법이다.

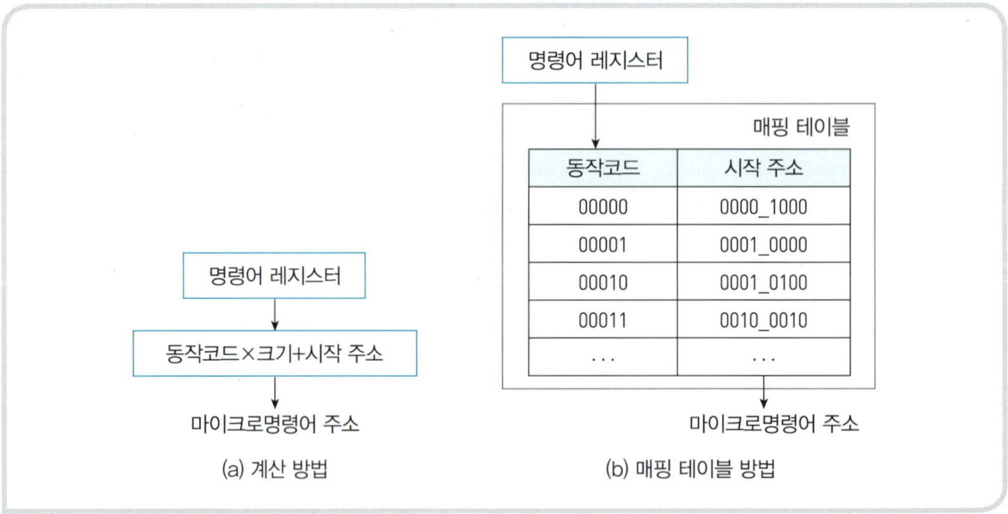

그림 8-21 명령어에 대한 마이크로명령어 시작 주소 계산

만일 마이크로프로그램에 같은 마이크로오퍼레이션을 수행하는 부분이 여러 곳에 존재한다면, 같은 부분을 서브루틴 형태로 작성할 수 있다. 서브루틴을 사용하기 위하여, 복귀 주소

를 저장하는 장소가 필요하다. 복귀 주소를 저장하는 특수 레지스터를 서브루틴 레지스터(SBR, Subroutine register)라고 하자. 서브루틴 레지스터를 한 개 사용한다면, 서브루틴을 한 번만 호출할 수 있다. 즉, 서브루틴 안에서 다른 서브루틴을 호출할 수 없다. 마이크로프로그램의 서브루틴 호출과 복귀에 대한 마이크로오퍼레이션은 다음과 같다.

- **호출**: SBR ← CAR + 1, CAR ← 서브루틴 시작 주소
- **복귀**: CAR ← SBR

지금까지 설명을 종합하면, 제어주소 레지스터에 다음과 같은 네 가지 중 하나를 적재할 수 있다.

- CAR+1 (현재 출력하고 있는 제어단어 주소의 다음주소)
- 명령어 동작코드 매핑 테이블
- 제어단어에서 지정하는 분기 주소
- SBR(서브루틴 레지스터)

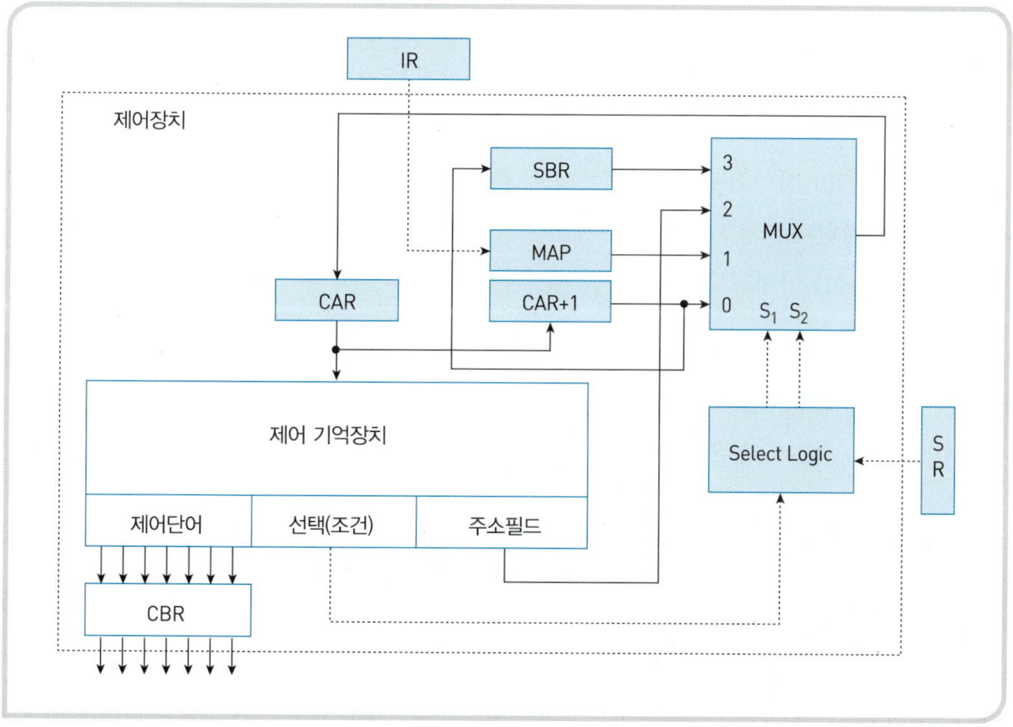

그림 8-22 순서제어기

[그림 8-22]는 마이크로프로그램 순서제어기 구조이다. CAR은 제어 기억장치의 주소를 공급한다. 멀티플렉서(MUX)는 네 개의 입력 주소 중에서 하나를 선택하여 CAR로 연결한다. 멀티플렉서 입력은 다음과 같이 네 가지 종류의 주소이다.

- 다음주소(0번 입력): CAR+1은 현재 출력하고 있는 제어단어의 다음주소를 제공한다.
- 명령어 시작 주소(1번 입력): 명령어 레지스터의 입력을 받는 매핑 테이블(MAP)은 명령어 동작코드에 대한 마이크로프로그램의 첫 번째 제어단어의 주소를 저장한다.
- 분기 주소(2번 입력): 제어단어의 주소 필드에서 공급되는 조건분기의 목적지 주소이다.
- 복귀 주소(3번 입력): 서브루틴 레지스터(SBR)는 CAR+1을 저장한다.

제어 기억장치의 선택(조건) 필드는 멀티플렉서 네 가지 입력 주소 중 하나를 선택하는 신호와 상태 레지스터의 조건 필드 중 하나를 선택하는 신호로 구성되어 있다. 선택 회로(select logic)는 제어 기억장치의 선택(조건) 필드에 따라, 상태 레지스터(SR)에서 조건을 참고하여, 멀티플렉서의 네 가지 입력 주소 중 하나를 선택하여 제어주소 레지스터로 공급한다. 선택 회로의 출력은 다음과 같다.

- S_1S_0 = 00: 마이크로프로그램을 차례대로 실행할 때
- S_1S_0 = 01: 명령어 인출단계가 끝나고 첫 번째 실행단계를 실행할 때
- S_1S_0 = 10: 마이크로프로그램에서 무조건분기를 실행할 때. 이때 SBR에 (CAR+1)을 저장한다.
- S_1S_0 = 11: 마이크로프로그램의 서브루틴에서 복귀할 때

상태 레지스터의 조건 플래그는 마이크로프로그램에서 조건분기를 구현할 때 사용된다. 예를 들어 제로 플래그(SR.Z)가 1일 때 마이크로프로그램이 분기하도록 만들려면, 제어 기억장치의 선택(조건) 필드의 값은 10으로 만들고, 이것과 SR.Z를 조합하여, SR.Z가 1이면 10을 그대로 전달하고, SR.Z가 0이면 00을 전달하도록 선택 회로를 만든다.

지금까지 기억장치를 사용하는 마이크로프로그램 제어기를 설명하였다. 마이크로프로그램 제어기의 하드웨어 구조는 항상 [그림 8-22]와 같다. 제어 기억장치를 어떻게 프로그램 하는가에 따라 제어신호를 다르게 생성할 수 있다. 구조를 변경하지 않고 제어장치를 변경할 수 있다는 것이 마이크로프로그램제어기의 장점이다. 그러나 기억장치를 액세스 하는 속도가 느려서 전반적인 동작 속도가 늦다는 것이 단점이다.

8.5 요약

제어장치는 외부에서 명령어 레지스터와 상태 레지스터를 입력으로 받아 제어신호를 출력한다. 이 장에서는 제어장치 기능을 살펴보고 하드와이어드 제어장치와 마이크로프로그램 제어장치의 구조를 설명하였다.

제어장치는 순서제어와 동작제어 기능을 수행한다. 순서제어는 명령어 사이클을 진행하고, 동작제어는 명령어 사이클에 속한 마이크로오퍼레이션을 수행하도록 제어신호를 생성한다. 제어 장치를 만드는 방법은 두 가지 방법이 있다. 하드와이어드 제어장치는 논리회로를 사용하고, 마이크로프로그램 제어장치는 기억장치를 사용한다. 전자는 동작 속도가 빠르지만 설계 변경이 어렵고, 후자는 하드웨어 구조를 변경하지 않고 제어 기억장치의 내용을 변경하여 제어신호를 변경할 수 있지만 동작이 늦다.

하드와이어드 제어장치는 타이밍 신호 발생기, 명령어 디코더, 제어신호 발생기로 구성되어 있다. 순서제어를 담당하는 타이밍 신호 발생기는 상태머신과 순서카운터로 구성되어 있다. 상태머신은 명령어 사이클을 제어하고, 순서카운터로 명령어 사이클의 각 단계 안에서 몇 번째 클럭이 진행되고 있는지 구분하는 신호를 생성한다. 명령어 디코더는 명령어 레지스터의 동작코드를 디코드하여 명령어를 구분한다. 동작제어를 담당하는 제어신호 발생기는 타이밍 신호 발생기, 명령어 디코더, 상태 레지스터를 입력으로 받아, 조합논리회로를 거쳐 제어신호를 생성한다.

마이크로프로그램 제어장치는 제어신호를 저장하는 제어 기억장치, 주소를 공급하는 제어주소 레지스터, 제어신호를 저장하는 제어버퍼 레지스터, 그리고 다음주소를 선택하는 순서제어기로 구성되어 있다. 마이크로프로그램 제어장치의 동작제어는 제어 기억장치에 저장되는 제어신호에 의하여 수행된다. 제어 기억장치의 비트 수를 줄이기 위하여 동시에 사용되지 않는 제어신호를 그룹화하여 부호화 할 수도 있다. 제어신호를 부호화 하는 방법을 수직 마이크로프로그래밍이라고 하고, 부호화 하지 않는 방법을 수평 마이크로프로그래밍이라고 한다. 수직 마이크로프로그래밍에서는 부호화 한 제어신호를 디코드 하여 사용해야 한다. 마이크로프로그램의 동작제어는 제어주소 레지스터의 값을 변경하는 작업이다. 현재 실행되고 있는 제어단어의 다음주소, 명령어 매핑 테이블, 제어단어에 포함된 분기 주소, 서브루틴 레지스터 중 하나가 제어주소 레지스터에 저장될 수 있다. 그리고 상태 레지스터의 조건 중 하나를 선택하여 분기 여부를 결정한다.

연습문제

8.1 제어장치 기능

01 디지털 시스템을 제어장치와 처리장치로 나눌 때, 처리장치에서 제어장치로 전달되는 신호는?

① 상태　　② 제어신호
③ 데이터 입력　　④ 데이터 출력

02 포함 관계가 올바른 것은? ("A ⊇ B"는 "A는 B의 모임으로 구성된다"는 의미이다.)

① 마이크로오퍼레이션 ⊇ 프로그램 ⊇ 명령어
② 명령어 ⊇ 마이크로오퍼레이션 ⊇ 프로그램
③ 프로그램 ⊇ 마이크로오퍼레이션 ⊇ 명령어
④ 프로그램 ⊇ 명령어 ⊇ 마이크로오퍼레이션

03 제어장치의 순서제어에 대한 올바른 설명은?

① 산술 연산을 수행한다.　　② 프로그램을 진행시킨다.
③ 기억장치를 액세스 한다.　　④ 명령어를 실행하는 제어신호를 생성한다.

04 제어장치에서 동작제어를 담당하는 것은?

① 프로그램 카운터　　② 명령어 레지스터
③ 상태 레지스터　　④ 제어신호

05 제어장치로 입력되는 신호가 아닌 것은?

① 시스템 클럭　　② 명령어 레지스터
③ 상태 레지스터　　④ 프로그램 카운터

06 상태 레지스터를 통하여 제어장치로 입력되는 제어 버스의 신호는?

① 인터럽트 확인　　② 인터럽트 요청
③ 기억장치 쓰기　　④ 기억장치 읽기

8.2 제어장치 종류

01 조합논리회로를 기억장치로 구현하는 방법으로 올바른 것을 모두 선택하라.

① 기억장치의 주소에 조합 회로의 입력신호를 연결한다.
② 기억장치의 주소를 조합 회로의 출력신호로 사용한다.
③ 기억장치의 데이터에 조합 회로의 입력신호를 연결한다.
④ 기억장치의 데이터를 조합 회로의 출력신호로 사용한다.

02 제어 기억장치(control memory)에 대한 올바른 설명은?

① 특수한 반도체로 만든 기억장치이다.
② 하드와이어드 제어장치의 구성 요소 중 하나이다.
③ 기억장치의 데이터를 제어신호로 사용하는 기억장치이다.
④ 기억장치 안에서 읽기 쓰기 동작을 제어하는 부분을 말한다.

03 설명에 해당하는 장치의 이름을 적어라.

(1) 제어 기억장치에 주소를 공급하는 레지스터는?
(2) 제어 기억장치의 한 개의 장소에 저장된 데이터를 지칭하는 용어는?
(3) 제어 기억장치에 저장되어 있는 데이터를 적재하여 처리장치로 제어신호를 공급하는 레지스터는?

04 마이크로프로그램 제어장치와 하드와이어드 제어장치를 비교할 때, 마이크로프로그램 제어장치에 대한 설명에 해당하면 O, 그렇지 않으면 X표 하라.

(1) 기억장치로 구현한다.　　(　　　)
(2) 동작 속도가 빠르다.　　(　　　)
(3) 회로를 수정하기 편리하다.　　(　　　)
(4) CISC에서 주로 사용한다.　　(　　　)
(5) 회로를 간소화해야 한다.　　(　　　)

8.3 하드와이어드 제어장치

01 하드와이어드 제어장치에서 순서제어를 담당하는 회로는?

① 상태머신 ② 제어신호 발생기
③ 명령어 디코더 ④ 상태 레지스터

02 하드와이어드 제어장치에서 동작제어를 담당하는 회로는?

① 상태머신 ② 제어신호 발생기
③ 명령어 디코더 ④ 상태 레지스터

03 하드와이어드 제어장치에서 현재 진행되고 있는 명령어 사이클을 구별하는 구성 요소는?

① 시스템 클럭 ② 명령어 디코더
③ 제어신호 발생기 ④ 타이밍 신호 발생기

04 하드와이어드 제어장치에서 명령어 레지스터에 저장된 명령어 종류를 구별하는 구성 요소는?

① 시스템 클럭 ② 명령어 디코더
③ 제어신호 발생기 ④ 타이밍 신호 발생기

05 하드와이어드 제어장치에 포함되어 있는 순서 카운터(sequence counter)의 역할은?

① 현재 실행 중인 명령어가 무엇인지 구별한다.
② 현재 몇 번째 클럭이 진행되고 있는지 구별한다.
③ 상태 레지스터의 어느 플래그의 값이 1인지 구별한다.
④ 현재 명령어 사이클의 어느 단계가 진행되고 있는지 구별한다.

06 제어장치가 명령어 사이클을 구성하는 각 단계를 구별하기 위하여 부여하는 코드를 나타내는 용어는?

① 명령어 코드 ② 인출단계 코드
③ 실행단계 코드 ④ 명령어 사이클 코드

07 ToyCOM의 다음 명령어에 대한 명령어 비트 패턴을 적고, 〈표 8-3〉을 참고하여 각 명령어를 구별하기 위한 논리식을 구하라.

명령어	비트 패턴					명령어 추출 논리식
	15 - 11	10 - 8	7 - 5	4 - 2	1-0	
MV Rd, Rs						
ASR Rd						
SUB Rd,Rs1,Rs2						
BRA target						

8.4 마이크로프로그램 제어장치

01 [그림 8-17]을 보고 다음 질문에 해당하는 마이크로프로그램 제어장치의 구성 요소를 적어라.

(1) 제어신호를 저장한다.
(2) 제어 기억장치에 주소를 공급한다.
(3) 제어신호를 적재하여 처리장치로 전달한다.
(4) 제어주소 레지스터에 적재될 값을 선택한다.

02 마이크로프로그램 제어장치에서 제어신호를 저장하는데 사용되는 기억소자는?

① Register ② Magnetic Disk
③ ROM(Read Only Memory) ④ RAM(Random Access Memory)

03 마이크로프로그램 제어장치의 제어버퍼 레지스터(CBR)의 폭과 관련이 있는 것은?

① 마이크로오퍼레이션 수 ② 처리장치 제어신호의 수
③ 제어 기억장치 주소의 수 ④ 명령어 사이클의 단계 수

04 수평 마이크로프로그래밍에 대한 설명은?

① 제어신호를 부호화하지 않는다.
② CAR과 CBR을 수평으로 배치한다.
③ 인출단계와 실행단계의 마이크로 코드를 같은 주소에 배치한다.
④ 인출단계와 간접단계의 마이크로 코드를 같은 주소에 배치한다.

05 수직 마이크로프로그래밍에 대한 설명은?

① 자주 사용되는 제어신호를 앞에 배치한다.
② 제어신호 필드를 먼저 배치하고 그 다음에 다음주소 필드를 배치한다.
③ 다음주소 필드를 먼저 배치하고 그 다음에 제어신호 필드를 배치한다.
④ 제어신호를 서로 동시에 사용하지 않는 것으로 그룹화한 후 부호화 한다.

06 수직 마이크로프로그래밍 방법을 사용할 때 필요한 논리소자는?

① 디코더 ② 인코더
③ 멀티플렉서 ④ 디멀티플렉서

07 제어신호를 동시에 사용되지 않는 그룹으로 분리한 결과 그룹 1에 8개의 제어신호가 할당되었다. 그룹 1을 최소 몇 비트로 부호화할 수 있는가?

08 명령어에 대한 첫 번째 제어단어가 저장된 제어 기억장치의 주소를 구하는데 사용되는 소자는?

① 매핑 테이블 ② 멀티플렉서
③ 디멀티플렉서 ④ 상태 레지스터

09 CAR에 적재되는 값이 아닌 것은?

① CBR ② CAR + 1
③ 매핑 테이블의 출력 ④ 제어단어의 분기 주소

10 [그림 8-22]에서 언제 SBR에 CAR+1이 적재되어야 하는가?

① CAR에 SBR을 적재할 때 ② CAR에 CAR+1을 적재할 때
③ CAR에 MAP의 출력을 적재할 때 ④ CAR에 주소필드(Target)를 적재할 때

11 〈표 8-5〉를 제어 기억장치로 사용하는 프로세서가 명령어 1을 인출하고 실행하려고 한다. 명령어 1에 대한 제어단어는 EXE_INST1부터 EXE_INST1+e1까지이다. 중간에 인터럽트 요청은 없다고 가정한다. 명령어 1을 인출하고 실행한 후, 다음 명령어를 인출하기 전까지 제어주소 레지스터의 변화를 적어라.

Chapter

09

기억장치

Chapter

09 기억장치

기억장치는 중앙처리장치와 입출력장치와 더불어 컴퓨터의 3대 구성 요소이다. 컴퓨터는 프로그램과 데이터를 주기억장치에 저장하고 실행한다. 주기억장치는 전원이 인가되어 있을 때만 데이터를 저장하므로 전원이 꺼져 있을 때도 데이터를 보관할 필요가 있다. 주기억장치(main memory)는 전원이 켜져 있을 때 실행하는 프로그램과 데이터를 저장하고, 보조기억장치(auxiliary storage)는 영구적으로 프로그램과 데이터를 저장한다. 이 장에서는 주기억장치의 종류와 특성을 소개하고 중앙처리장치가 기억장치를 사용하는 방법에 대하여 설명한다.

- 9.1 기억장치 특성: 기억장치 종류를 제시하고 기억장치 관련 용어를 설명한다.
- 9.2 반도체 기억장치: 반도체 기억장치인 RAM과 ROM의 내부 구조와 동작 원리를 설명한다.
- 9.3 기억장치 모듈 설계: 여러 개의 기억장치 소자들을 사용하여 기억장치의 폭과 용량을 확장하는 방법을 설명한다.
- 9.4 캐시기억장치: 주기억장치의 액세스 속도를 개선하는 방법에 대하여 설명한다.
- 9.5 가상기억장치: 기억장치 주소 공간을 가상화 하는 방법에 대하여 설명한다.

9.1 기억장치 특성

기억장치는 종류가 다양하므로, 기억장치 특성을 표현하기 위하여 여러 가지 용어를 사용하고 있다. 이 절에서는 주기억장치와 보조기억장치에 공통으로 적용하는 용어를 소개한다. 기억장치 특성을 기억장치 종류, 물리적 특성, 용량 및 전송 단위, 액세스 방법, 성능 척도, 기억장치 계층으로 분류하여 설명한다.

9.1.1 기억장치 종류

기억장치는 데이터를 저장한다. 데이터를 저장한다는 의미에서 기억장치는 중앙처리장치 내부의 레지스터, 중앙처리장치와 직접 버스로 연결되는 주기억장치(main memory), 그리고 입출력장치로 연결되는 보조기억장치가 있다. 주기억장치는 중앙처리장치와 온라인(on-line)으로 연결되고, 보조기억장치는 오프라인(off-line)으로 연결된다. 온라인 연결은 중앙처리장치가 필요할 때 항상 사용할 수 있다는 의미이고, 오프라인 연결은 별도의 연결 과정을 거친 후 사용할 수 있다는 의미이다.

레지스터는 주기억장치의 데이터를 필요에 따라 임시로 중앙처리장치 안에 저장한다. 일반적으로 기억장치 특성을 논할 때, 레지스터를 포함하지 않는다.

주기억장치는 반도체 기억장치인 ROM(Read Only Memory)과 RAM(Random Access Memory)으로 만들어져 있다. 초기 컴퓨터는 자기 코어(magnetic core)를 주기억장치로 사용하였지만, 지금은 전혀 사용하지 않는다. 중앙처리장치는 주소를 지정하여 주기억장치를 액세스한다. ROM은 그 안에 저장된 데이터를 읽을 수만 있고, 지우거나 다른 값으로 갱신할 수 없는 기억소자이다. 전원을 제거하더라도 ROM에 저장된 데이터는 그대로 유지된다. 전원을 인가할 때 처음으로 실행하는 프로그램인 부트로더(bootloader)를 저장하려고 ROM을 사용한다. RAM에 저장된 데이터는 읽고 쓰기가 가능하다. 전원을 제거하면 RAM의 내용이 모두 지워진다. 컴퓨터는 보조기억장치에 있는 프로그램을 RAM으로 복사한 후 RAM에서 실행한다.

보조기억장치는 프로그램과 데이터를 영구적으로 보관하는 일종의 입출력장치이다. 중앙처리장치는 보조기억장치에 저장되어 있는 데이터를 일단 주기억장치로 옮겨 놓고 사용한다. 보조기억장치 종류는 플로피 디스크, 하드 디스크, 마그네틱 테이프, CD-ROM 등이 있으며, 최근에는 반도체 소자의 일종인 플래시 기억소자로 만든 SSD(Solid-State Disk)와 USB(Universal Serial Bus) 기억장치도 많이 사용되고 있다.

9.1.2 물리적 특성

기억장치를 만드는 소자에 따라 기억장치의 물리적 특성이 결정된다. 기억장치의 물리적 특성을 표현하는 용어는 휘발성과 비휘발성, 삭제 가능과 삭제 불가능이 있다.

- 휘발성(volatile): 기억장치에서 전원을 제거하면, 저장된 내용이 없어지는 특성이

다. 주기억장치의 대부분을 차지하는 RAM은 휘발성 기억장치이다.

- 비휘발성(nonvolatile): 기억장치에서 전원을 제거하더라도, 내용을 그대로 유지하는 특성이다. ROM과 보조기억장치는 비휘발성 기억장치이다.
- 삭제 가능(erasable): 한 번 기록한 내용을 지우고 다른 값으로 갱신할 수 있다. RAM과 하드 디스크는 삭제 가능 기억장치이다.
- 삭제 불가능(non-erasable): 한 번 기록한 내용을 지우거나 갱신할 수 없다. ROM과 CD-ROM은 삭제 불가능 기억장치이다.

9.1.3 용량 및 전송 단위

기억장치 용량은 기억장치가 저장할 수 있는 데이터 비트 수를 표현한다. 일반적으로 주기억장치는 바이트 단위로 조직되어 있다. 중앙처리장치는 단어(word) 단위로 주기억장치의 데이터를 액세스한다. 액세스는 읽기와 쓰기를 함께 지칭하는 용어이다. 단어 크기는 프로세서 종류에 따라 다르지만, 일반적으로 바이트의 배수이며, 8비트, 16비트, 또는 32비트 중 하나이다. 최근에는 단어 크기가 64비트인 프로세서도 있다. 단어 크기는 레지스터 비트 수, 데이터 버스 폭과 같다. 중앙처리장치는 기억장치에서 단어 크기에 정렬된(word-sized aligned) 데이터를 한 번에 액세스할 수 있다.

[그림 9-1]은 바이트 단위로 주소를 지정하고 32비트가 한 개의 단어를 구성하는 주기억장치 조직의 예이다. 4바이트가 모여 단어를 구성한다. 한 단어에 속하는 4바이트는 하위 두 비트를 제외한 상위 주소 값이 같다.

A[31:2]	$A_1A_0=11_2$	$A_1A_0=10_2$	$A_1A_0=01_2$	$A_1A_0=00_2$
0000_0000h	D[31:24]	D[23:16]	D[15:8]	D[7:0]
0000_0004h	D[31:24]	D[23:16]	D[15:8]	D[7:0]
0000_0008h	D[31:24]	D[23:16]	D[15:8]	D[7:0]
0000_000Ch	D[31:24]	D[23:16]	D[15:8]	D[7:0]
...	D[31:0]			

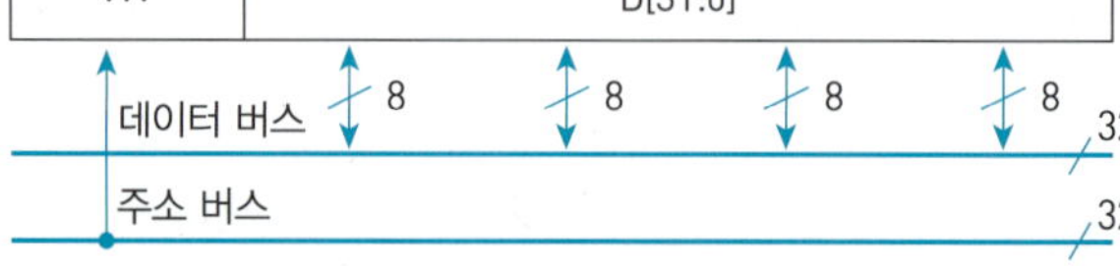

그림 9-1 주기억장치 조직 예

보조기억장치 용량도 바이트 단위로 표시한다. 보조기억장치는 컴퓨터와 오프라인으로 연결되므로 중앙처리장치가 필요할 때 바로 보조기억장치에서 데이터를 액세스할 수 없다. 컴퓨터는 입출력장치를 연결하는 방식으로 보조기억장치를 액세스하며, 한 번 연결하여 적은 양의 데이터를 송수신하는 것은 전체 성능이 낮추는 요인이 된다. 따라서 컴퓨터는 주기억장치에 적절한 양의 데이터를 모아 두었다가 한 번에 보조기억장치로 전송하고, 보조기억장치에서 적절한 양의 데이터를 읽어 주기억장치 버퍼에 저장해 두고 필요한 데이터를 가져온다. 컴퓨터와 보조기억장치 간에 데이터를 전송하는 단위는 블록(block)이다. 블록 크기는 512바이트이었으나, 컴퓨터 처리 능력 향상과 함께 블록 크기도 1K바이트, 2K바이트, 4K바이트로 증가하는 추세이다.

9.1.4 액세스 방법

기억장치를 구성하는 소자의 구조에 따라 액세스 방법이 달라지며, 순차 액세스, 직접 액세스, 임의 액세스, 연관 액세스 방법이 있다.

- 순차 액세스(sequential access): 데이터가 일렬로 저장되어 있어서, 데이터를 처음부터 차례대로 액세스한다. 자기 테이프가 대표적인 순차 액세스 장치이다. 자기 테이프의 임의 위치를 읽으려면, 처음부터 시작하여 해당 위치에 도달할 때까지 테이프를 넘겨야 한다. 따라서 필요한 데이터가 저장된 위치에 따라 액세스 시간이 달라진다. 하드 디스크 파일도 그 내부는 논리적으로 순차 액세스 방법으로 저장되어 있다.
- 직접 액세스(direct access): 기억장치의 임의 위치를 직접 액세스할 수 있다. 자기 디스크와 CD-ROM이 직접 액세스 장치의 예이다. 디스크 헤드를 트랙과 섹터로 이동한 다음 그 위치에서 데이터를 액세스한다. 디스크에 있는 파일을 액세스할 때, 디스크 헤드를 그 파일의 처음 부분으로 이동시키고 파일 내부를 순차 액세스한다. 디스크 헤드가 이동하는 시간은 디스크에 파일이 할당되어 있는 위치와 관련이 있다.
- 임의 액세스(random access): 기억장치의 임의 위치를 직접 액세스한다는 점이 직접 액세스와 같으나, 임의 위치를 액세스하는 시간이 항상 같다는 점이 직접 액세스와 다르다. 주기억장치로 사용되는 반도체 기억소자들이 임의 액세스 소자이다. 각 기억장치마다 고유 주소가 할당되어 있으며, 주소를 지정하여 데이터를 액세스

한다. 주소가 다르다고 해서 액세스 시간이 달라지지 않는다.

- 연관 액세스(associative access): 특수한 기억장치인 연관 기억장치(associative memory)를 액세스하는 방법이다. 연관 기억장치는 키(key) 필드와 데이터 필드로 구성된 테이블 구조를 갖고 있다. 외부에서 검색할 키 값을 제공하면, 키 값과 테이블의 키 필드를 동시에 비교하여, 일치하는 행의 데이터 필드를 출력한다. 연관 기억장치는 가격이 비싼 특수 기억장치이며, 고속으로 데이터를 탐색해야 하는 특별한 곳에 사용한다. 키 필드의 내용으로 데이터를 액세스할 수 있으므로 CAM(Content Addressable Memory)이라고도 한다.

9.1.5 성능 척도

기억장치 성능은 액세스 속도로 표현한다. 기억장치 액세스 속도를 표현하는 단위는 액세스 시간, 사이클 시간, 전송률이 있다. 반도체 기억장치에서 액세스 시간과 사이클 시간을 구분하지 않기도 한다.

- 액세스 시간(access time): 기억장치로 주소와 읽기 또는 쓰기 제어신호를 제공한 후, 데이터가 읽혀지거나 쓰여지기 시작할 때까지 시간이다. 순차 액세스와 직접 액세스 기억장치는 액세스하려는 기억장소 위치에 따라 액세스 시간이 다르고, 임의 액세스와 연관 액세스 기억장치는 액세스하려는 기억장소 위치와 관계없이 액세스 시간이 같다.
- 사이클 시간(cycle time): 기억장치에서 데이터를 연속으로 액세스할 때 한 번 데이터를 액세스하는데 소요되는 시간이다. 사이클 시간은 액세스 시간에 데이터를 처리하는 데 필요한 약간의 여유 시간을 더한 시간이다. 결과적으로 액세스 시간보다 약간 길다.
- 전송률(transfer rate): 1초에 액세스할 수 있는 데이터 양을 의미한다. 정의에 따라 전송률은 사이클 시간의 역수이다. 전송률의 단위는 bps(bits/sec) 또는 바이트/초(bytes/sec)이다.
- 대역 폭(band width): 대역 폭은 원래 데이터 통신에서 채널 주파수 대역의 범위를 말한다. 대역 폭이 넓으면 데이터 통신 속도가 빠르고, 대역 폭이 좁으면 통신 속도가 느리다. 대역 폭을 표현하는 단위도 bps이며, 기억장치에서 전송률 대신에 대역 폭이란 용어를 사용하기도 한다.

예제 9-1 기억장치의 사이클 시간이 100nsec/byte일 때, 비트 단위 데이터 전송률을 구하라.

풀이

전송률 = 1/(100nsec/byte) = 10Mbytes/sec = 80Mbits/sec

9.1.6 기억장치 계층

일반적으로 기억장치의 데이터 액세스 속도보다 중앙처리장치의 데이터 처리 속도가 빠르다. 기억장치 속도는 컴퓨터 전체 성능에 영향을 준다. 기억장치를 구성할 때 용량, 속도, 가격을 고려해야 한다. 기억장치는 용량이 크고, 속도가 빠르고, 가격이 쌀수록 좋다. 그러나 이 세 가지 특징은 서로 충돌한다. 기억장치 액세스 속도는 빠를수록 좋지만 액세스 속도가 빠른 기억장치는 비트당 가격이 비싸다. 기억장치는 용량이 클수록 좋지만, 기억장치 용량을 늘리려면 가격이 비싸진다.

컴퓨터는 기억장치를 빠르게 액세스하면서 많은 용량을 갖게 만들기 위하여, 기억장치를 [그림 9-2]와 같이 계층으로 구성하여 운영하고 있다. 위로 올라갈수록 중앙처리장치의 사용 빈도가 증가하고, 액세스 시간이 짧고, 용량이 적고, 비트당 가격이 비싸다. 컴퓨터는 속도가 느리고 용량이 큰 기억장치의 내용 중에서 중앙처리장치가 자주 사용하는 데이터를 속도가 빠른 기억장치로 옮겨 놓고 사용함으로써, 전체적인 기억장치 액세스 속도를 개선하는 전략을 사용한다.

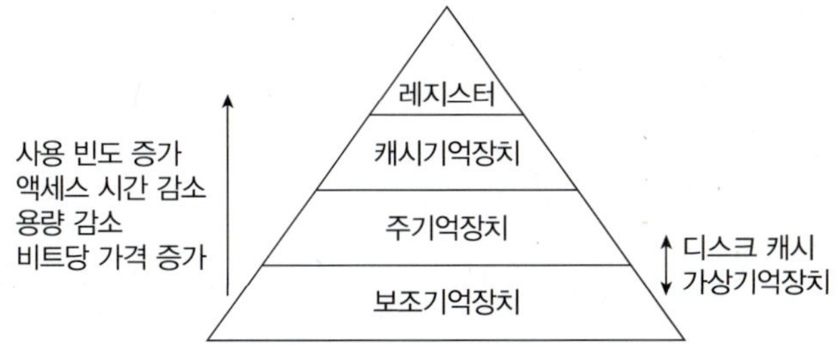

그림 9-2 기억장치 계층 구조

프로그램은 당장 처리해야 할 데이터를 가장 속도가 빠른 레지스터로 옮겨놓고 처리한다. 캐시기억장치는 프로그래머에게 보이지 않으며, 심지어 중앙처리장치에게도 보이지 않는다. 캐시기억장치의 액세스 속도는 레지스터 속도와 같거나 조금 느리다. 일반적으로 액세스 시간은 수십 나노초(nsec) 정도이다. 중앙처리장치가 주기억장치를 액세스하려고 기억장치 주소를 생성하면, 캐시 제어기는 해당 주소를 포함하는 여러 개 또는 수십 개의 데이터를 한 번에 캐시기억장치로 옮겨 놓고, 그곳에서 데이터를 액세스하도록 만든다. 9.4절에서 캐시기억장치를 다룬다.

컴퓨터가 보조기억장치를 사용하는 주된 목적은 프로그램과 데이터를 영구적으로 보관하는 것이다. 그 외에 컴퓨터는 보조기억장치의 일부를 가상기억장치(virtual memory)로 활용하기도 한다. 가상기억장치는 주기억장치를 확장하는 개념이며, 운영체제(operating system)가 가상기억장치 운영을 담당한다. 9.5절에서 가상기억장치를 다룬다.

보조기억장치는 컴퓨터 시스템과 오프라인으로 연결되어 있기 때문에, 운영체제는 부드럽게 데이터 전송을 처리하기 위하여 디스크 캐시(disk cache)를 사용하기도 한다. 디스크 캐시는 주기억장치 또는 보조기억장치에 있을 수 있으며, 일반적으로 두 장치 모두 디스크 캐시를 포함하고 있다. 디스크 캐시의 운영은 전적으로 운영체제가 담당한다. [그림 9-3]은 응용 프로그램이 데이터를 디스크 파일로 전송하는 과정을 보여준다.

① 응용 프로그램은 디스크에 대한 파일 출력을 운영체제에게 부탁한다.
② 운영체제는 파일에 기록할 데이터를 주기억장치에 마련되어 있는 디스크 캐시에 저장하고, 응용 프로그램에게 데이터 전송이 완료되었음을 알린다.
③ 운영체제는 한 개의 블록에 대한 데이터가 디스크 캐시에 모일 때까지 기다렸다가, 블록이 채워지면, 적절한 시간에 보조기억장치로 한 개의 블록을 전송한다. 이때 보조기억장치는 자신의 디스크 캐시에 데이터를 저장하고 운영체제에게 디스크 기록이 완료되었다고 보고한다.
④ 디스크는 컴퓨터 시스템과 독립적으로 동작하는 입출력장치이므로, 디스크 캐시의 데이터를 안전한 시간에 디스크로 기록한다.

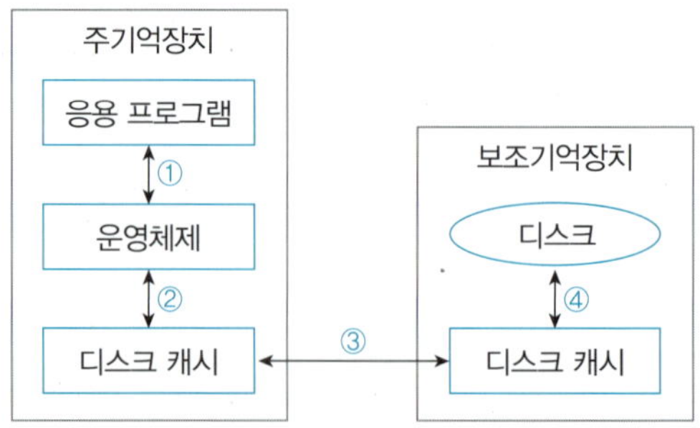

그림 9-3 디스크 캐시 활용

9.2 반도체 기억장치

반도체 기술의 발달과 함께 반도체 기억장치가 컴퓨터 주기억장치로 자리 잡았으며, 비교적 최근에 개발된 반도체 기억장치인 플래시 메모리 칩은 보조기억장치로도 활용되고 있다. 반도체 기억장치는 크게 구분하여 RAM(Random Access Memory)과 ROM(Read Only Memory)이 있으며 특성에 따라 용도가 다르다. 이 절에서는 반도체 기억장치의 종류와 특성, 그리고 내부 구조와 기능에 대하여 설명한다.

9.2.1 종류와 특성

반도체 기억장치인 RAM과 ROM의 종류를 〈표 9-1〉과 같이 세분할 수 있으며, 특성을 사용 방법, 휘발성 여부, 삭제 가능 여부와 단위, 프로그램 방법으로 나누어 설명할 수 있다. 기억장치에 값을 쓴다는 것은 해당 장소를 지우고 새로운 값을 덮어쓰는 것을 의미한다. 이전 값은 없어진다. ROM 형태의 반도체 기억장치에 새로운 값을 기록하는 것을 "프로그램 한다"고 말한다.

표 9-1 반도체 기억장치 분류

분류	종류	사용 방법	휘발성	삭제(단위)	프로그램	기타
RAM	SRAM	읽기/쓰기	휘발성	전기(바이트)	온라인, 전기	
	DRAM	읽기/쓰기	휘발성	전기(바이트)	온라인, 전기	재충전
ROM	Mask ROM	읽기	비휘발성	불가	오프라인, 생산 공정	
	PROM	읽기	비휘발성	불가	오프라인, 전용 장치	
	EPROM	읽기	비휘발성	자외선(전체)	오프라인, 전용 장치	
	EEPROM	읽기/쓰기	비휘발성	전기(바이트)	온라인, 전기	
	Flash Memory	읽기/쓰기	비휘발성	전기(블록)	온라인, 전기	

RAM과 ROM의 기능은 명칭에 잘 표현되어 있다. RAM(임의 액세스 기억장치)은 임의의 장소에 아무 때나 읽기와 쓰기를 할 수 있다는 의미를 포함하고 있고, ROM(읽기만 가능한 기억장치)은 읽기만 할 수 있고 온라인 상태에서 임의의 장소를 지우고 그곳에 새로운 값을 쓰기를 할 수 없다는 것을 의미한다. 컴퓨터는 RAM에 저장된 데이터를 수시로 갱신할 수 있으나, ROM에 저장된 데이터를 읽기만 할 수 있을 뿐 그 내용을 갱신할 수 없다. RAM과 ROM은

임의 액세스 기억소자이다. 액세스 방법을 설명할 때와 기억소자를 분류할 때, '임의 액세스'란 용어가 다르게 쓰이고 있다. 액세스 방법을 설명할 때는 임의의 위치를 액세스한다는 개념을 포함하고 있고, 반도체 기억소자를 분류할 때는 읽기와 쓰기가 모두 가능하다는 개념을 강조하고 있다.

RAM은 SRAM(static RAM, 정적 RAM)과 DRAM(dynamic RAM, 동적 RAM)으로 구분할 수 있다. 이 차이는 한 비트의 정보를 저장하는 이진 셀(binary cell)에 기인한다. SRAM의 이진 셀은 플립플럽으로 만들어져 있어 전기가 공급되는 한 안정적으로 동작한다. 반면에 DRAM의 이진 셀은 크기가 작은 캐패시터로 만들어져 있기 때문에, 한 번 충전해 놓은 전하가 시간이 지나면 방전된다는 단점이 있다. 즉, SRAM은 한 번 값을 저장하면 다음에 변경할 때까지 그 값이 변하지 않지만, DRAM은 시간이 지나면 값을 잃어버린다. DRAM의 일종인 SDRAM(Synchronous DRAM)은 클럭 신호에 동기를 맞추어 동작을 제어한다. 〈표 9-2〉는 RAM의 종류별 특성을 요약한 것이다.

- 재충전(refresh): DRAM은 주기적으로 셀의 전하를 재충전해야 그 값을 잃어버리지 않는다. 주기억장치로 DRAM을 사용하려면, 재충전 기능을 수행하는 DRAM 제어기(DRAM Controller)가 필요하다. SRAM은 재충전할 필요가 없다.
- 비트 당 크기, 가격 및 속도: 캐패시터는 플립플럽보다 크기가 매우 작다. 따라서 DRAM은 SRAM에 비하여 상대적으로 이진 셀의 크기가 작고, 반도체 단위 면적 당 용량이 크고, 비트당 가격이 싸다. DRAM을 읽는 과정이 복잡해서 SRAM의 액세스 속도가 더 빠르다.
- 용도: SRAM은 속도가 빠르고 특별한 제어기가 필요하지 않기 때문에 컴퓨터의 캐시기억장치 또는 기억장치를 많이 탑재하지 않은 소형 임베디드 시스템의 주기억장치로 사용된다. 반면에 DRAM은 데스크 탑 컴퓨터와 같이 기억장치를 많이 탑재하고 있는 컴퓨터의 주기억장치로 사용된다.

표 9-2 RAM 특성 비교

종류	셀	재충전	제어기	셀 크기	용량	속도	용도
SRAM	플립플럽	불필요	불필요	크다.	적다.	빠름	캐시기억장치, 소형 시스템
DRAM	캐패시터	필요	필요	작다.	많다.	느림	대형 시스템

ROM은 비휘발성이기 때문에 전기 공급이 끊어져도 그 내용을 잃어버리지 않는 장점이 있

다. ROM 종류 중에는 삭제와 기록이 가능한 것이 있다. ROM을 삭제하고 기록하는 것은 RAM과 같이 프로그램을 수행하면서 온라인 상태로 임의의 기억 장소를 아무 때나 갱신하는 것이 아니다. 일반적으로 ROM 종류는 한 번에 칩 전체 또는 블록 단위로 지우고 기록한다. 지우는 방법과 데이터를 기록하는 방법에 따라 ROM은 여러 가지 종류가 있다.

- 마스크 ROM (Mask ROM): 공장에서 ROM을 제조할 때, 마스크 패턴에 따라 ROM의 내용을 기록한다. 한 번 기록한 값을 변경할 수 없다. ROM에 저장할 특정 값의 조합을 마스크 패턴이라고 한다. 마스크 ROM은 데이터를 전혀 변경할 필요가 없을 때 사용되며, 한 번의 공정으로 대량 생산한다.
- PROM(Programmable ROM): PROM은 생산될 때, 그 안의 데이터가 모두 1로 채워져 있다. ROM 프로그래머(ROM programmer)라는 장치를 사용하여 데이터 일부를 0으로 바꿀 수 있다. 이와 같이 ROM의 전체 또는 일부의 값을 변경하는 것을 프로그램 한다고 말한다. 그렇지만, 한 번 프로그램 한 데이터를 다시 원상태로 복구할 수 없다.
- EPROM(Erasable Programmable ROM): EPROM은 PROM과 같이 ROM 프로그래머로 데이터를 기록할 수 있다. 그리고 EPROM을 회로 기판에서 떼어내어 자외선을 15분 정도 쪼여주면, EPROM을 최초 상태로 복구할 수 있다. EPROM 지우개(EPROM eraser)는 자외선 형광등이다. 지운 EPROM을 다시 프로그램 할 수 있다. EPROM은 지우는 회로를 포함하고 있기 때문에 집적도가 낮다.
- EEPROM(Electrically Erasable ROM): EEPROM은 회로에서 떼어내지 않고 전기 신호로 그 내용을 단어 또는 블록 단위로 지울 수 있다. 그렇지만 읽는 속도에 비하여 지우는 속도가 매우 느리다.
- 플래시 메모리(flash memory): 플래시 메모리는 다른 반도체 기억장치에 비하여 비교적 늦은 1980년대 중반에 개발되었고, 내부는 여러 개의 블록으로 구성되어 있으며, 한 개의 블록은 다시 여러 개의 페이지로 구성되어 있다. 플래시 메모리도 전기 신호로 지울 수 있다. 블록 단위로 지울 수 있고 페이지 단위로 프로그램 할 수 있다. 플래시 메모리는 제조 방법에 따라 NOR 플래시와 NAND 플래시로 구분된다.

ROM, PROM, EPROM의 용도는 거의 같으며, 주로 부트로더(bootloader) 또는 소형 임베디드 시스템의 프로그램을 저장할 목적으로 사용되었다. 그렇지만 사용이 편리한 플래시 메모리가 출시됨에 따라, 지금은 대부분의 시스템에서 플래시 메모리가 그 자리를 대치하고 있다. EEPROM은 컴퓨터 시스템에서 시스템 설정 데이터(system configuration data)를 저장하는 목적으로 사용된다.

지울 수 있는 ROM 종류들은 모두 재기록 가능한 횟수가 정해져 있다. 이 특성을 삭제-프로그램 사이클(EP cycle, Erase-Program cycle)이라고 한다. 일반적으로 10만 번 정도까지 재기록 할 수 있다.

컴퓨터는 주기억장치에 프로그램과 데이터를 저장한다. 주기억장치를 RAM만으로 구성할 수 없다. RAM은 전원이 제거되면, 그 내용을 모두 잃어버리기 때문이다. 컴퓨터가 부트할 때 수행하는 프로그램은 반드시 ROM에 저장되어 있어야 한다. 주기억장치를 ROM만으로 구성할 수도 없다. 온라인 상태에서 ROM에 데이터를 기록할 수 없으므로 프로그램을 수행하는 데 반드시 필요한 시스템 스택을 ROM에 배치할 수 없다. 그러므로 컴퓨터의 주기억장치는 ROM과 RAM을 모두 포함하고 있어야 한다. 전원이 제거되더라도 값이 없어지지 않고 읽고 쓸 수도 있는 소재로 기억장치를 만들 수 있다면 컴퓨터를 매번 부트하는 번거로움을 없앨 수 있을 것이다.

〈9.2.2〉 반도체 기억장치 구조

반도체 기억장치 소자는 이진 셀의 소재와 동작 원리에 따라 내부 구조와 외부 인터페이스가 결정된다. 이에 따라 컴퓨터에서 반도체 기억장치 소자를 활용하는 방법이 달라진다. 〈표 9-3〉은 반도체 기억장치를 용도별로 분류하여 정리한 것이다. 기억소자 중에서 RAM, ROM, PROM, EPROM, NOR 플래시는 주기억장치로 사용할 수 있지만, EEPROM과 NAND 플래시는 주기억장치로 활용할 수 없는 구조를 갖고 있다. 여기에서는 반도체 기억장치 소자의 내부 구조와 외부 인터페이스에 대하여 설명한다.

표 9-3 반도체 기억장치의 용도별 분류

구분	용도	반도체 기억장치 소자	인터페이스
주기억장치	읽기 전용	ROM, PROM, EPROM, NOR Flash	주소, 데이터, 읽기, (프로그램)
	읽기/쓰기	SRAM, DRAM	주소, 데이터, 읽기, 쓰기
보조기억장치	읽기/쓰기	EEPROM, NAND Flash	입출력

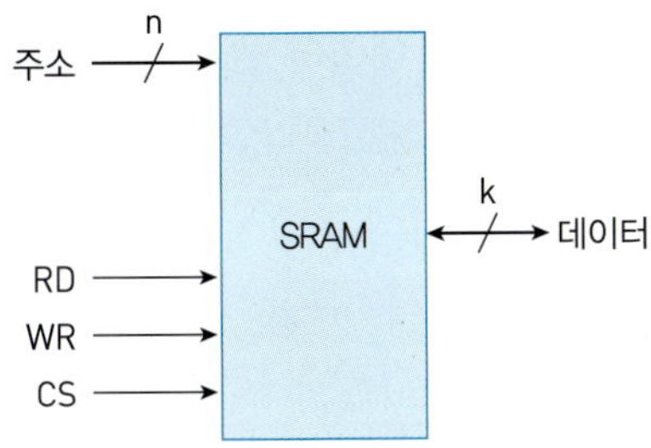

(a) 인터페이스

제어신호			SRAM의 동작
CS	RD	WR	
0	X	X	동작하지 않음
1	1	0	읽기 동작
1	0	1	쓰기 동작

(b) 동작특성표

그림 9-4 SRAM의 인터페이스와 동작특성표

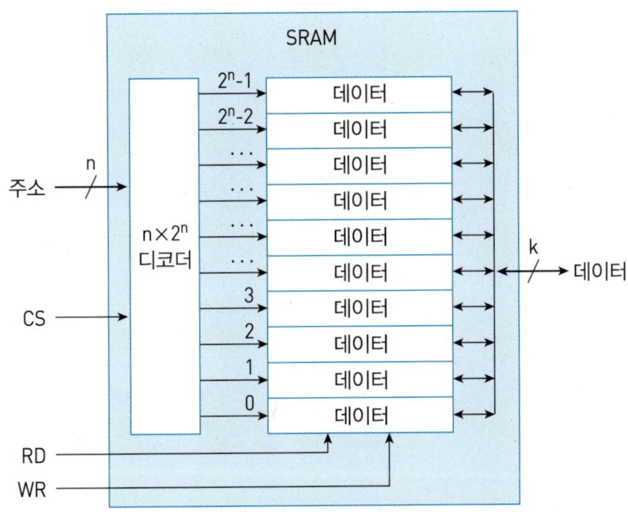

그림 9-5 SRAM 내부 구조

RAM 종류인 SRAM과 DRAM은 구조가 다르다. 먼저 SRAM 구조를 살펴보자. 외부 인터페이스는 [그림 9-4]와 같이 n비트 주소와 k비트 데이터, 그리고 읽기(RD), 쓰기(WR), 칩 선택(CS, Chip Select 또는 CE, Chip Enable) 제어신호를 제공한다. 주소 비트 수 n은 기억장치 용량을 결정한다. 일반적으로 데이터 비트 수 k는 8이다. CS는 칩 전체의 동작을 제어한다. CS=0일 때, SRAM은 동작하지 않고 데이터 버스는 논리적으로 내부와 끊어져 있는 상태(high impedance state)이다. CS=1이고 RD=1, WD=0이면, 읽기 동작을 수행한다. CS=1이고 RD=0, WR=1이면, 쓰기 동작을 수행한다.

[그림 9-5]는 간단하게 표현한 SRAM 내부 구조이다. 데이터 셀은 일차원 배열로 배치되어 있고, 각각 고유 주소를 갖는다. 주소선은 디코더로 입력되어 데이터 셀을 선택하는 신호를 생성한다. CS는 디코더 동작뿐만 아니라 데이터 출력 여부도 제어한다. 선택된 데이터 셀은 RD와 WR 제어신호의 값에 따라 외부로 데이터를 출력하거나 외부에서 데이터를 기록한다. SRAM 용량은 (데이터 셀 수×비트 수)로 표현된다. 예를 들어, n=20, k=8인 SRAM 용량은 $2^{20} \times 8$ = 8M비트이다.

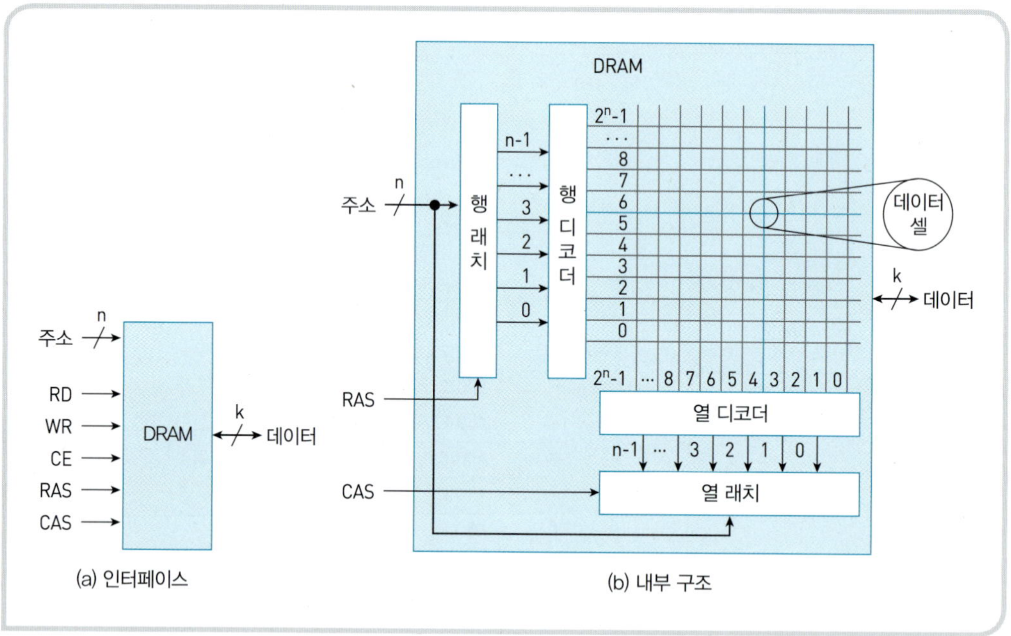

그림 9-6 DRAM의 인터페이스와 내부 구조

DRAM은 SRAM의 제어신호 이외에 [그림 9-6(a)]와 같이 RAS(Row Address Strobe)와 CAS(Column Address Strobe) 제어신호를 더 갖고 있다. [그림 9-6(b)]는 읽기, 쓰기, 칩 선택 제어신호를 생략한 DRAM 내부 구조이다. SRAM과 다르게 데이터 셀이 바둑판과 같이 2차원 배열 형태이다.

DRAM은 n비트 주소를 두 번 사용한다. 외부에서 인가되는 주소선은 먼저 행 주소(row address)를 제공하고, 잠시 후 값을 변경하여 열 주소(column address)를 제공한다. DRAM은 RAS 신호가 인가될 때 행 주소를 행 래치(row latch)로 적재하고, 잠시 후 CAS 신호가 인가될 때 열 주소를 열 래치(column latch)로 적재한다. 각 래치의 출력은 행 디코더와 열 디코더로 인가되고, 2차원 셀 배열에서 디코더 출력이 겹치는 한 개의 데이터 셀을 선택한다. 예를 들어, 행 주소가 6이고 열 주소가 4일 때, [그림 9-6(b)]에 동그라미로 표시한 데이터 셀을 선택한다. DRAM의 데이터 셀은 1비트, 4비트, 또는 8비트로 만들어져 있다.

주소가 n비트이고 데이터가 k비트인 DRAM의 용량은 $2^{2n} \times k$비트이다. 예를 들어, 용량이 1M바이트이고 데이터가 8비트인 DRAM은 주소선이 10비트이다. 중앙처리장치는 RAS와 CAS 제어신호를 제공하지 않는다. DRAM을 사용하려면 DRAM 제어기(DRAM controller)가 필요한데, 이것이 RAS와 CAS 제어신호를 제공한다. 그리고 DRAM은 시간이 지나면 자신이 저장하고 있는 데이터를 잃어버리기 때문에 데이터를 재충전해야 한다. DRAM에 행 주소를 인가하면, 같은 행에 있는 모든 데이터 셀들이 재충전된다. DRAM 제어기는 내부에 재충전 카운터(refresh counter)를 포함하고 있고, 이 카운터 출력을 행 주소로 제공함으로써 주기적으로 DRAM을 재충전한다.

DRAM을 읽는 방법은 두 가지가 있다. 첫 번째는 행 주소와 열 주소를 번갈아 인가하면서 한 개의 데이터 셀을 읽는 방법이고, 두 번째는 행 주소를 고정시키고 열 주소를 0부터 2^n-1까지 변경하면서 한 개의 행에 배치되어 있는 데이터를 연속해서 읽는 방법이다. 두 번째 방법을 연속 읽기 모드(burst mode)라고 한다.

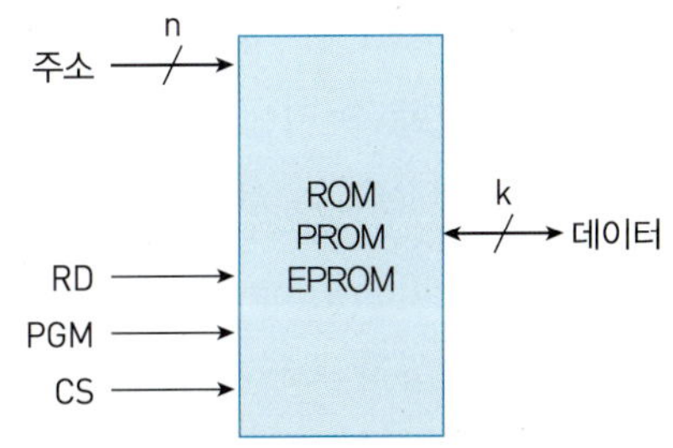

그림 9-7 ROM 인터페이스

마스크 ROM, PROM, EPROM은 외부 인터페이스가 모두 [그림 9-7]과 같다. 다만, 마스크 ROM은 프로그램이 불가능하기 때문에 외부에 PGM(program) 제어신호가 없다. 이 소자들은 모두 읽기만 가능하기 때문에 WR 제어신호가 없다. PGM은 PROM과 EPROM을 프로그램 하는데 사용되는 제어신호이다. 이것들은 [그림 9-5]의 SRAM과 같은 일차원 배열 구조를 갖고 있다. 일반적으로 데이터는 8비트이나 16비트인 소자도 출시되고 있다.

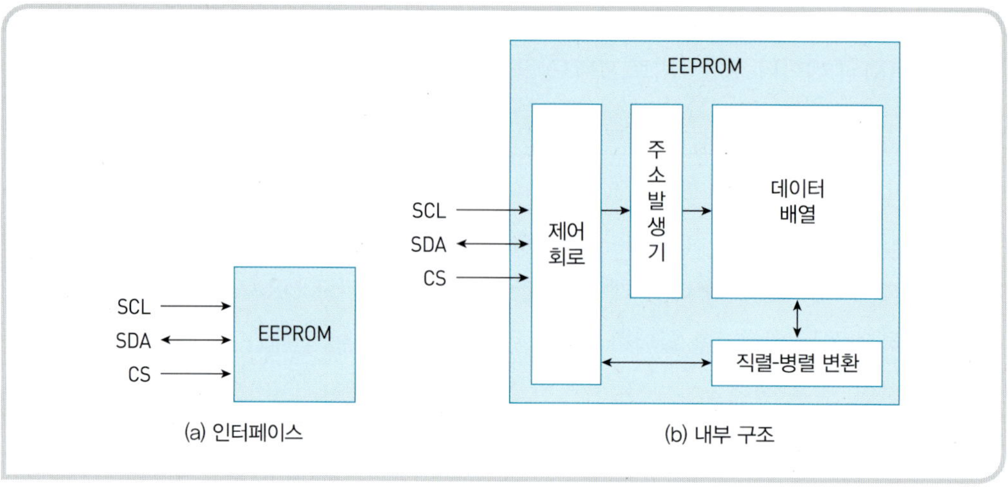

그림 9-8 EEPROM의 인터페이스와 내부 구조

EEPROM은 EPROM과 다르게 전기 신호를 인가하여 블록 단위로 지울 수 있다. EEPROM은 직렬 또는 병렬 인터페이스를 가진 것으로 구분되며, 대부분 직렬 인터페이스인 것을 많이 사용하고 있다. 표준 직렬 통신 프로토콜인 SPI(Serial Peripheral Interface Bus) 또는 I^2C(Inter-Integrated Circuit) 방식의 직렬 버스를 제공한다. [그림 9-8(a)]는 I^2C 인터페이스를 가진 EEPROM의 외부 모습이다. 필립스에서 개발한 저속 직렬 통신 규약인 I^2C는 클럭을 제공하는 SCL과 데이터를 전달하는 SDA 두 개의 선으로 통신한다. EEPROM은 컴퓨터의 주소 버스와 데이터 버스에 직접 연결할 수 없는 구조이다. 중앙처리장치는 입출력장치와 같이 입출력주소를 할당하여 EEPROM을 액세스 한다. EEPROM을 사용하기 위하여 SCL과 SDA 라인을 통하여 먼저 동작 명령(operation command)을 제공하고, 그러고 나서 주소와 데이터를 차례대로 제공해야 한다. 따라서 동작 속도가 매우 느리다. EEPROM의 내부 구조는 [그림 9-8(b)]와 같다. 제어회로는 직렬로 전송된 데이터를 해석하여 동작 명령을 인식한다. 직렬병렬 변환기는 데이터 배열의 데이터를 직렬로 변환하여 외부로 전송한다.

플래시 메모리는 NOR 플래시와 NAND 플래시 두 종류가 있다. 이것들은 외부 인터페이스가 서로 다르다. [그림 9-9]는 NOR 플래시의 외부 인터페이스와 내부 구조이다. NOR 플래시는 외부에서 볼 때 [그림 9-7]의 ROM과 인터페이스가 같으나 내부 구조는 다르다. NOR 플래시는 일반 ROM과 마찬가지로 주소를 인가하고 데이터를 읽을 수 있다. 따라서 중앙처리장치는 직접 NOR 플래시에 저장되어 있는 프로그램을 읽어 실행할 수 있다. 그러나 RAM과 같이 데이터를 기록할 수 없다. 사용자는 NOR 플래시의 데이터 블록 단위로 지우거

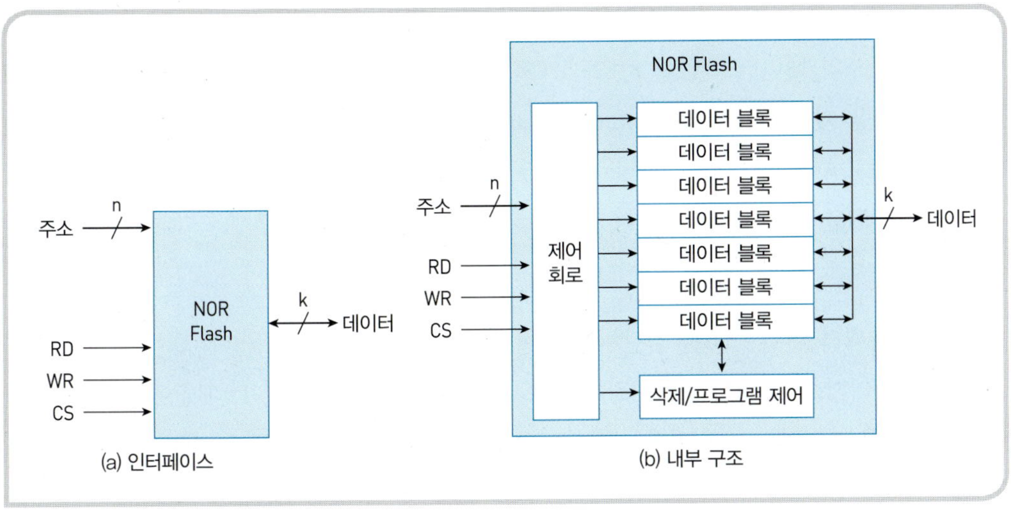

그림 9-9 NOR 플래시의 인터페이스와 내부 구조

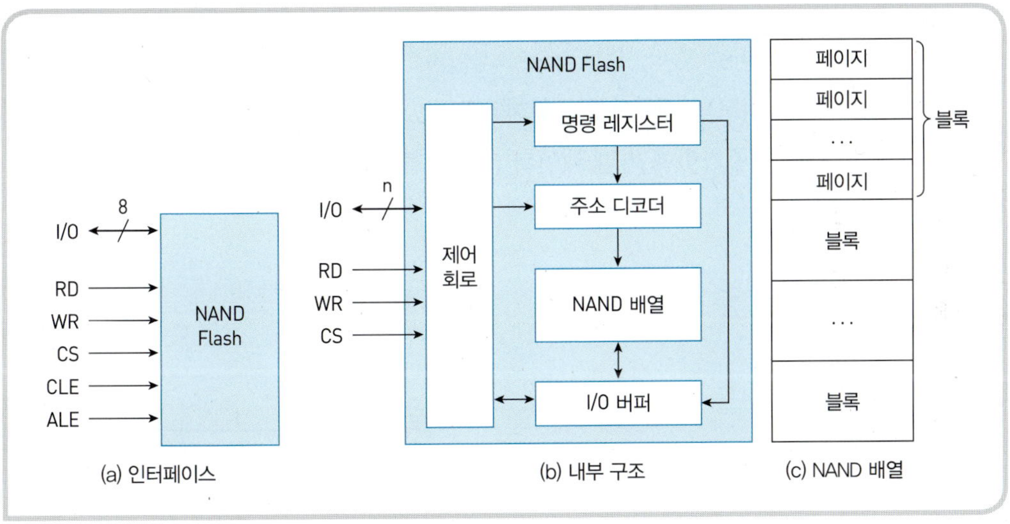

그림 9-10 NAND 플래시의 인터페이스와 내부 구조

나 프로그램 할 수 있다. 데이터 블록의 크기는 1~4K바이트이다. NOR 플래시에 데이터를 기록하려면, 사용자는 특별한 순서에 따라 명령을 제공해야 한다. NOR 플래시는 칩 전체 지우기, 블록 단위 지우기, 블록 단위 프로그램 기능을 제공한다. 외부에서 명령을 인가하면 [그림 9-9(b)]의 삭제/프로그램 제어부가 데이터 블록을 지우거나 프로그램 하는 과정을 제어한다.

NAND 플래시는 NOR 플래시와 다르게 [그림 9-10(a)]와 같은 인터페이스를 제공한다. 칩 외부에 주소와 데이터가 없고 8비트 I/O선을 제공한다. 사용자는 I/O선을 통하여 주소, 데이터, 명령을 제공한다. CLE(Command Latch Enable)는 I/O선에 인가된 신호가 명령임을 나타내고, ALE(Address Latch Enable)는 I/O선에 인가된 신호가 주소임을 나타낸다. 중앙처리장치는 NAND 플래시의 데이터를 읽어 주기억장치로 옮겨 놓은 후에, 그 데이터를 사용할 수 있다.

NAND 플래시 내부 구조를 간단하게 표현한 것이 [그림 9-10(b)]이다. 내부에 명령 레지스터와 주소 레지스터, 데이터를 저장하는 NAND 배열, 그리고 NAND 배열에서 한 개의 페이지 데이터를 저장하는 I/O 버퍼를 포함하고 있다. 사용자는 명령, 주소, 데이터를 차례대로 인가하여 NAND 플래시를 액세스한다. NAND 플래시는 블록 읽기, 블록 지우기, 페이지 프로그램 등과 같은 명령을 제공한다.

NAND 배열은 [그림 9-10(c)]와 같이 여러 개의 블록으로 구성되어 있고, 한 개의 블록은 여러 개의 페이지로 구성되어 있다. 사용자는 NAND 플래시를 블록 단위로 지울 수 있고, 페이지 단위로 프로그램 할 수 있다. 일반적으로 페이지 크기는 512바이트~2K바이트이고, 한 개의 블록은 32~64개 정도의 페이지를 포함하고 있다. 구체적인 사항은 NAND 플래시 용량에 따라 다르며, 용량이 증가함에 따라 페이지 크기와 블록에 포함되는 페이지 수가 증가하는 추세이다.

9.3 기억장치 모듈 설계

일반적으로 한 개의 기억장치 소자는 용량이 한정되어 있고 비트 폭도 8비트 또는 16비트이다. 이에 반하여 중앙처리장치는 기억소자가 제공하는 비트 폭보다 더 큰 단어와 더 큰 용량으로 만들어진 기억장치를 사용하는 경우가 많다. 따라서 기억소자 여러 개를 사용하여 주기억장치의 비트 폭과 용량, 또는 두 가지 모두를 증가시킬 필요가 있다. 기억장치의 비트 폭을 증가시키기 위하여 여러 개의 기억소자를 병렬로 연결하고, 용량을 증가시키기 위하여 기억소자를 직렬로 연결한다.

9.3.1 기억장치 비트 폭 확장

용량이 1M×8비트 SRAM 여러 개를 사용하여 1M×32비트 기억장치 모듈을 구성하는 예를 들어 비트 폭을 확장하는 방법을 알아보자. 1M×8비트인 SRAM은 [그림 9-11(a)]와 같이 주소는 20비트이고, 데이터는 8비트이다. 1M×32비트의 기억장치 모듈은 [그림 9-11(b)]와 같이 주소는 20비트이고, 데이터는 32비트이다. 따라서 데이터 폭이 32비트인 기억장치 모듈을 구성하려면, 1M×8비트 SRAM 네 개가 필요하다. [그림 9-11(c)]는 네 개의 SRAM을 병렬로 연결하여 1M×32비트의 기억장치 모듈을 구현한 회로이다.

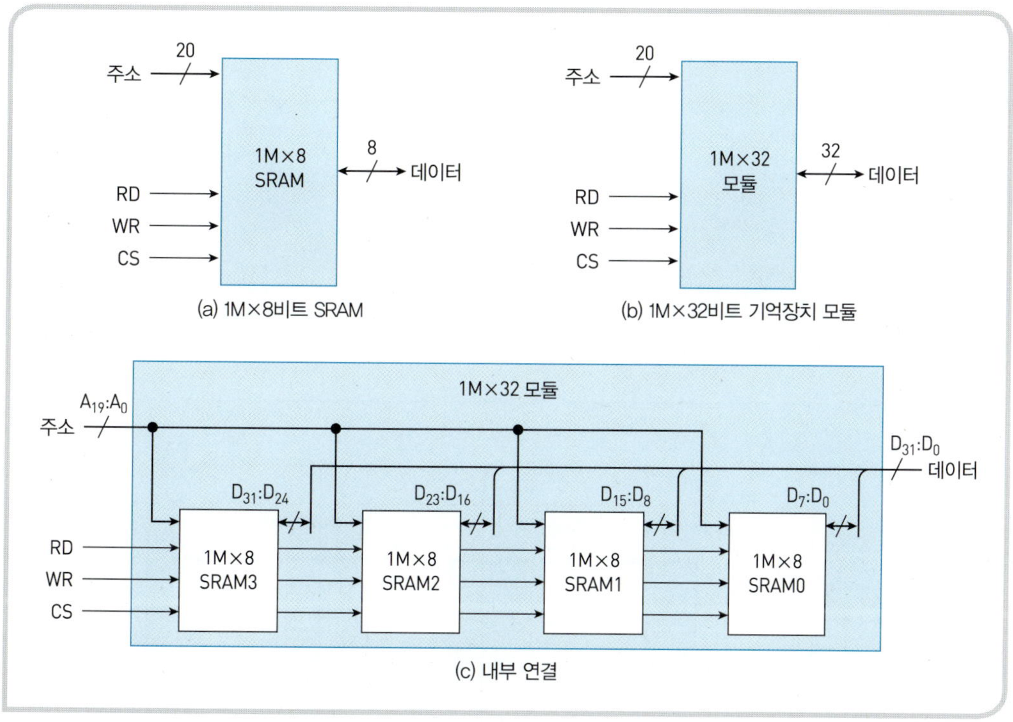

그림 9-11 기억장치 비트 폭 확장

- 20비트 주소 A_{19}:A_0를 SRAM 주소로 공통으로 연결한다.
- 각 SRAM이 제공하는 8비트 데이터를 합쳐 1M×32비트 모듈의 데이터로 사용한다. SRAM0은 D_7:D_0를 공급하고, SRAM1은 D_{15}:D_8를 공급하고, SRAM2는 D_{23}:D_{16}를 공급하고, SRAM3은 D_{31}:D_{24}를 공급한다.
- RD, WR, CS 제어신호를 모두 공통으로 연결한다. [그림 9-11(c)]에 이 신호들이 칩을 통과하는 것처럼 그렸지만, 공통으로 연결한 것을 간단하게 표현한 것이다.

이와 같이 병렬로 연결한 1M×8비트 SRAM들은 주어진 주소와 제어신호에 대하여 동시에 동작하여 데이터를 저장하거나 출력한다. 예를 들어, 중앙처리장치에서 12345678h를 기억장치 모듈에 저장하면, 12h는 SRAM3에, 34h는 SRAM2에, 56h는 SRAM1에, 78h는 SRAM0에 저장된다.

9.3.2 기억장치 용량 확장

이번에는 기억장치 비트 폭과 용량을 모두 확장하는 예를 살펴보자. 용량이 1M×8비트

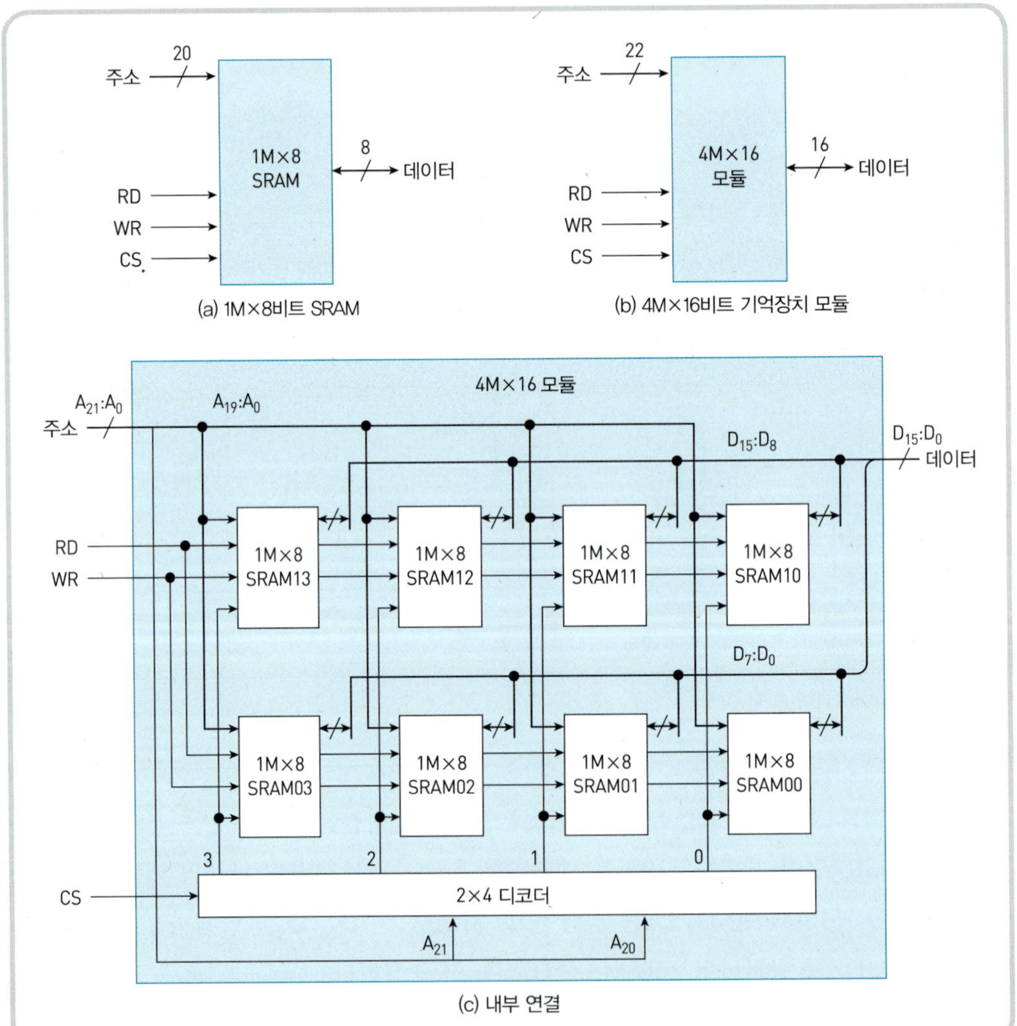

그림 9-12 기억장치 비트 폭과 용량 확장

SRAM 여러 개를 사용하여 4M×16비트 기억장치 모듈을 구성해 보자. 1M×8비트 SRAM은 [그림 9-12(a)]와 같이 주소는 20비트이고, 데이터는 8비트이다. 4M×16비트 기억장치 모듈은 [그림 9-12(b)]와 같이 주소는 22비트이고, 데이터는 16비트이다. 데이터 폭이 2배이고 용량이 4배이므로, 1M×8비트 SRAM 8개를 사용하여 4M×16비트 기억장치 모듈을 구성할 수 있다. [그림 9-12(c)] 회로도가 4M×16비트 기억장치 모듈의 회로이다.

제어신호 RD와 WR은 모든 칩에 공통으로 연결한다. 내부 SRAM의 데이터를 다음과 같이 연결한다.

- SRAM03, SRAM02, SRAM01, SRAM00의 8비트 데이터선을 공통으로 연결하여 4M×16비트 기억장치 모듈의 데이터 D_7:D_0로 사용한다.
- SRAM13, SRAM12, SRAM11, SRAM10의 8비트 데이터선을 공통으로 연결하여 4M×16비트 기억장치 모듈의 데이터 D_{15}:D_8로 사용한다.
- D_{15}:D_8와 D_7:D_0가 모여 전체 16비트 데이터선을 형성한다.

4M×16비트의 기억장치 모듈의 외부에서 인가되는 22비트 주소는 SRAM 주소 비트 수보다 2비트 더 많다. 주소를 처리하는 방법은 다음과 같다.

- 22비트 주소 중에 하위 20비트 A_{19}:A_0를 8개의 SRAM에 공통으로 연결한다.
- 22비트 주소 중에 상위 2비트 A_{21}:A_{20}를 2×4디코더 입력으로 연결한다.
- 외부에서 인가되는 CS는 디코더 인에이블 단자에 연결되어 전체의 동작 여부를 결정한다. 즉, CS=0일 때 SRAM이 하나도 동작하지 않는다. CS=1일 때 디코더 입력 A_{21}:A_{20}에 의하여 선택되는 두 개의 SRAM이 동작한다.

이와 같이 연결하면 [그림 9-12(c)] 외부에서 본 모양은 [그림 9-12(b)]와 같다. SRAM13~SRAM10은 데이터의 상위 바이트(D_{15}:D_8)를 저장하고, SRAM03~SRAM00은 하위 바이트(D_7:D_0)를 저장한다. SRAM 쌍에 할당된 주소는 다음과 같다.

- SRAM13, SRAM03: 30_0000h ~ 3F_FFFFh
- SRAM12, SRAM02: 20_0000h ~ 2F_FFFFh
- SRAM11, SRAM01: 10_0000h ~ 1F_FFFFh
- SRAM10, SRAM00: 00_0000h ~ 0F_FFFFh

예제 9-2 [그림 9-12]에 대하여 질문에 답하라.

(1) 주소 22_38B0h의 하위 바이트는 어느 SRAM에 저장되어 있는가?
(2) 주소 09_3A84h의 상위 바이트는 어느 SRAM에 저장되어 있는가?

풀이

(1) 주소의 상위 두 비트인 A_{21}:A_{20}=10이므로, 디코더에 의하여 SRAM12와 SRAM02가 선택된다. 하위 바이트는 SRAM02에 저장되어 있다.
(2) 주소의 상위 두 비트인 A_{21}:A_{20}=00이므로, 디코더에 의하여 SRAM10과 SRAM00이 선택된다. 상위 바이트는 SRAM10에 저장되어 있다.

9.4 캐시기억장치

프로그램 내장형 컴퓨터는 프로그램과 데이터를 주기억장치에 저장해두고 명령어를 하나씩 중앙처리장치로 인출하여 실행한다. 그런데 문제는 주기억장치 액세스 속도가 중앙처리장치보다 4~10배 또는 그 이상 느리다는 것이다. 중앙처리장치는 주기억장치에서 명령어나 데이터를 인출하는 동안 오래 기다려야 한다. 이 문제점을 해결하기 위하여 컴퓨터 개발자들은 캐시기억장치(cache memory)를 도입하였다.

캐시는 용량은 적지만 액세스 속도가 빠른 기억장치로써, 중앙처리장치와 주기억장치 사이에 놓여 있다. 중앙처리장치는 현재 수행하고 있는 프로그램과 데이터의 일부를 캐시로 옮겨 놓고 빠르게 처리한다. 캐시는 프로그래머에게 보이지 않는다. 프로그래머는 캐시가 있음을 알지 못하고, 알고 있을 필요도 없다. 캐시를 도입한 목적이 기억장치 액세스 속도를 높이는 것이므로, 캐시 관련 동작은 모두 하드웨어로 처리한다.

9.4.1 참조의 지역성

캐시를 도입함으로써 기억장치 평균 액세스 속도를 개선할 수 있는 이론적 근거는 참조의 지역성(locality of reference)이다. 이것은 프로세서가 프로그램을 수행할 때 기억장치의 특정 부분을 집중적으로 참조하는 경향이 있는 특성을 말한다. 참조한다는 것은 기억장치를 액세스하는 것을 말한다. 중앙처리장치는 명령어 코드와 데이터를 액세스하기 위하여 기억장치를 참조한다. 참조의 지역성은 명령어 코드와 데이터 모두에 적용된다. 프로그램을 실행하는 모습을 생각해보면 이런 특성을 확인할 수 있다. 참조의 지역성은 공간적 참조의 지역성과 시간적 참조의 지역성으로 구분하여 생각할 수 있다.

- **공간적 참조의 지역성**(spatial locality of reference): 기억장치에 가깝게 배치된 명령어나 데이터를 참조할 가능성이 큰 것을 의미한다. 중앙처리장치는 현재 실행 중인 명령어의 다음 명령어를 수행하거나 거리가 짧은 루프를 반복 실행하는 경우가 많다. 만일 함수(서브루틴)를 호출하더라도 그 함수 안에 있는 명령어들을 한동안 수행한다. 프로그램이 사용하는 변수들도 서로 가깝게 배치되어 있을 가능성이 크다.
- **시간적 참조의 지역성**(temporal locality of reference): 한 번 사용된 명령어나 데이터를 짧은 시간 안에 다시 참조할 가능성이 크다는 의미이다. 함수를 호출하면 그 안에 있는 명령어들을 한동안 실행한다. 함수에서 복귀하면 원래 실행하던 코드 영역을 다시 실행할 가능성이 크다. 프로그램은 한 번 사용한 데이터를 여러 번 사용하는 경향이 있다.

참조의 지역성에 따라 주기억장치에서 캐시기억장치로 옮겨온 데이터를 중앙처리장치가 여러 번 사용할 가능성이 크다. 컴퓨터 시스템은 [그림 9-13]과 같은 방식으로 캐시를 활용한다.

- 중앙처리장치가 기억장치를 액세스하려고 주소를 생성한다.
- 만일 중앙처리장치가 요청한 데이터가 캐시 안에 있다면, 중앙처리장치는 캐시에서 데이터를 가져온다.
- 만일 중앙처리장치가 요청한 데이터가 캐시 안에 없다면, 주기억장치에서 중앙처리장치가 원하는 데이터를 포함한 데이터 블록을 캐시로 복사한 다음에 캐시에서 해당 단어를 중앙처리장치로 전송한다.

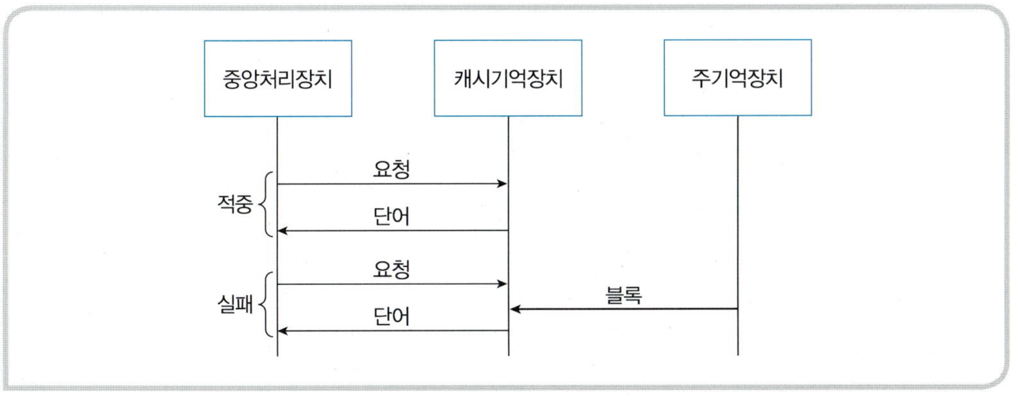

그림 9-13 캐시 활용

중앙처리장치가 요청한 데이터가 캐시에 들어 있는 것을 적중(hit)이라고 하고, 들어 있지 않은 것을 실패(miss)라고 한다. 적중률(hit ratio)은 중앙처리장치가 기억장치 액세스를 요청한 전체 수에 대하여 적중한 수를 퍼센트로 표현한 척도이다. 캐시 적중률이 주어지면 기억장치 액세스 속도가 얼마나 개선되는지 계산할 수 있다. 적중률을 $h(0<h<1)$라고 하면, 캐시 실패율은 $(1-h)$이다. 캐시 액세스 속도를 t_c라 하고, 주기억장치 액세스 속도를 t_m이라고 하고, 기억장치 평균 액세스 속도를 t_a라고 하자. 적중할 때 캐시만 액세스하고, 실패할 때 캐시와 주기억장치를 모두 액세스해야 하므로, 기억장치에 대한 평균 액세스 시간을 다음 식과 같이 계산할 수 있다.

$$t_a = h \times t_c + (1-h) \times (t_m + t_c) = t_c + (1-h) \times t_m$$

예제 9-3 캐시 액세스 시간이 1μsec이고, 주기억장치 액세스 시간이 10μsec이다.

(1) 적중률의 변화에 대한 기억장치 평균 액세스 속도를 그래프로 표현하라.
(2) 적중률이 90%일 때, 평균 액세스 속도를 구하라.

풀이

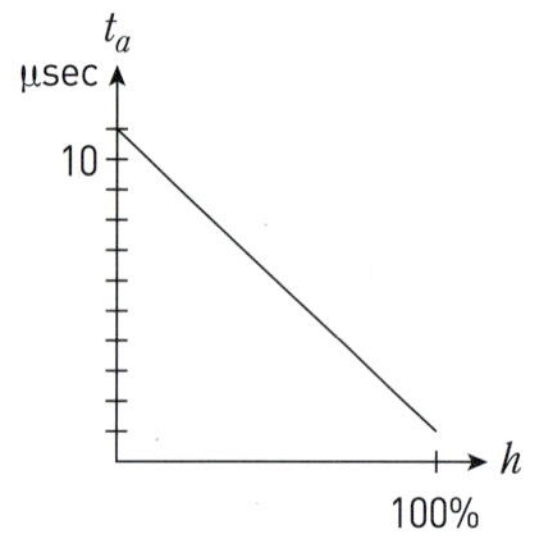

h	80%	90%	95%	98%	100%
t_a	3μsec	2μsec	1.5μsec	1.2μsec	1μsec

그림 9-14 기억장치 평균 액세스 속도

(1) $t_a = 1 + (1-h) \times 10 = 11 - 10h$
평균 액세스 속도를 나타내는 그래프는 [그림 9-14]이다.

(2) $t_a = 11 - 10 \times 0.9 = 2\mu sec$
적중률이 90%일 때, 평균 액세스 속도는 2μsec이다. 캐시를 사용하지 않을 때보다 5배 빠르다.

캐시 적중률은 컴퓨터가 실행하는 응용 프로그램의 지역성에 따라 결정된다. 프로그램의 지역성은 그 프로그램이 같은 데이터를 얼마나 자주 액세스하는가를 의미한다. 데이터베이스 프로그램과 웹 프로그램은 지역성이 낮고, 신호처리 프로그램은 지역성이 높은 것으로 알려져 있다. 실제로 캐시 적중률은 95%~99% 범위로 측정된다.

9.4.2 캐시기억장치 구조

주기억장치와 캐시기억장치 간에는 여러 단어로 구성된 블록 단위로 데이터를 전송한다. 일반적으로 주기억장치의 데이터 전송 단위를 블록(block)이라고 하고, 캐시의 전송 단위를 라인(line) 또는 슬롯(slot)이라고 한다. 블록 크기와 라인 크기를 다르게 설정할 수 있으나, 일반적으로 같게 설정한다. 여기에서도 블록 크기와 라인 크기가 같다고 가정한다. 즉, 주기억장치의 한 블록이 캐시기억장치의 한 라인으로 복사된다.

표 9-4 주기억장치와 캐시기억장치의 제원

항목	주기억장치	캐시기억장치
주소선의 수	n비트	k비트
전체 용량	2^n단어	2^k단어
데이터 전송 단위 및 크기	블록: w단어	라인: w단어
블록(라인) 수	블록 수: $b = 2^n/w$	라인 수: $a = 2^k/w$

기억장치 한 장소에 한 개의 단어를 저장한다고 할 때, 주기억장치와 캐시기억장치의 제원은 〈표 9-4〉와 같다.

- 주기억장치 주소가 n비트이면, 주기억장치 용량은 2^n단어이다.
- 캐시 주소가 k비트이면, 캐시 용량은 2^k단어이다. 주기억장치가 캐시기억장치보다 크기 때문에 $n>k$이다.
- 주기억장치 블록 크기와 캐시 라인 크기가 같다.
- 주기억장치 블록 크기가 w단어이면, 주기억장치는 $2^n/w$개의 블록을 갖고 있다.
- 캐시 라인 크기도 w단어이면, 캐시는 $2^k/w$개의 라인을 갖고 있다.

주기억장치와 캐시의 용량은 컴퓨터 성능에 따라 차이가 크기 때문에 일반적인 용량을 제시하기 쉽지 않다. 개인용 컴퓨터의 경우, 주기억장치는 512M바이트 이상이고, 캐시는 256K바이트 이상이다. 그러므로 주기억장치가 캐시보다 약 2,000배 이상 크다. 일반적으로 라인

(블록) 크기는 32, 64, 또는 128바이트이다. 프로세서 성능이 개선됨에 따라, 캐시 용량과 라인 크기도 함께 증가하고 있다.

예제 9-4

[예제 9-4] 주기억장치의 용량 16M바이트이고, 캐시 용량이 32K바이트이다. 한 개의 블록(라인)의 크기를 64바이트라고 할 때, 주기억장치 블록 수와 캐시 라인 수를 구하라.

풀이

주기억장치 블록 수 = 16M바이트 / 64바이트 = 2^{24} / 2^{6} = 2^{18} = 256K블록

캐시 라인 수 = 32K바이트 / 64바이트 = 2^{15} / 2^{6} = 2^{9} = 512라인

[그림 9-15]는 블록 단위로 배치된 주기억장치와 라인 단위로 배치된 캐시기억장치의 구조를 보여주고 있다. 주기억장치는 크기가 w단어인 b개의 블록으로 구성된 배열이다. 캐시는 크기가 w단어인 a개의 라인으로 구성된 배열이다. 주기억장치 블록 수가 캐시 라인 수보다 훨씬 많으므로, 캐시 라인에 어느 블록이 저장되어 있는지 표시할 필요가 있다. 이 부분을 캐시의 태그(tag) 영역이라고 한다. 캐시 용량을 계산할 때 태그 필드 영역을 고려하지 않는다.

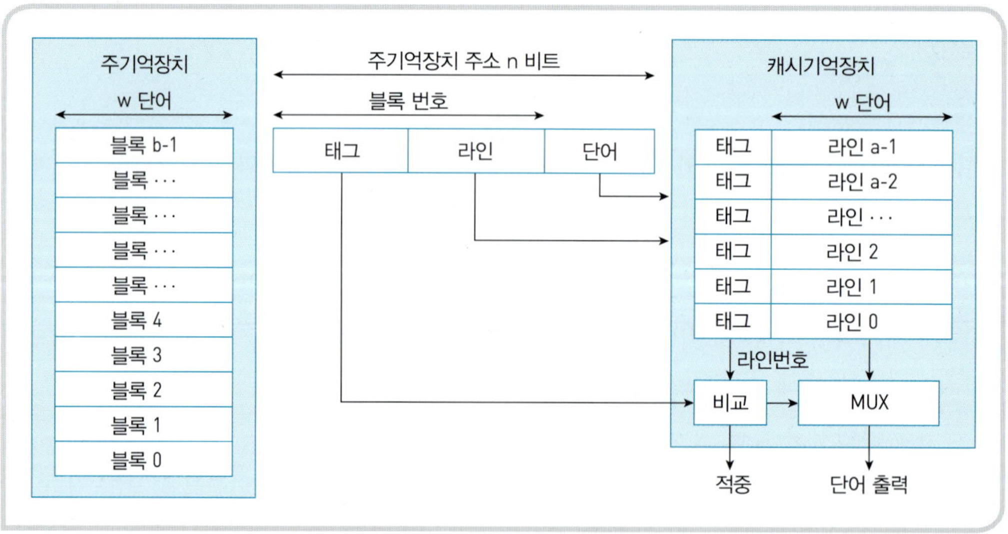

그림 9-15 주기억장치와 캐시기억장치의 구조

중앙처리장치가 주기억장치로 공급하는 n비트 주소는 태그 필드, 라인 번호 필드, 단어 필드로 분해할 수 있다.

- **단어 필드**: 캐시 라인 안에서 한 개의 단어를 지정한다. 단어 필드의 길이는 $\log_2 w$ 비트이다. 예를 들어 라인 크기가 64단어이면, 단어 필드는 6비트이다.
- **라인 필드**: 캐시의 라인 번호에 해당한다. 라인 필드의 길이는 주기억장치 블록을 캐시 라인에 배정하는 매핑함수(mapping function)에 따라 달라진다.
- **태그 필드**: 주기억장치 주소 중에서 라인 필드와 단어 필드를 제외한 부분이다. 태그 필드는 캐시의 태그 영역에 저장된다.

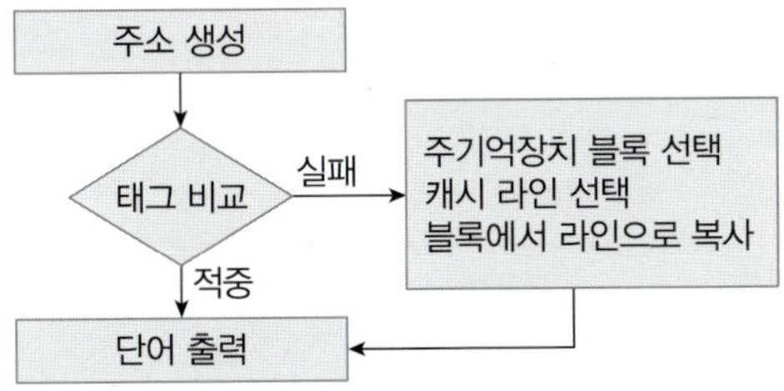

그림 9-16 캐시 읽기 동작

중앙처리장치는 기억장치를 읽기 또는 쓰기로 액세스한다. 기억장치에 쓰는 방법은 별도로 설명하기로 하고, 읽는 과정을 먼저 살펴보자. 기억장치에서 한 개의 단어를 읽는 과정은 [그림 9-16]과 같다.

- **주소 생성**: 중앙처리장치는 단어 주소를 생성한다.
- **태그 비교**: 주기억장치 주소의 태그 필드와 캐시 태그 영역에 들어 있는 태그를 비교한다.
- **블록 복사**: 만일 캐시 태그 영역에 주기억장치 주소의 태그 필드와 일치하는 것이 없다면, 중앙처리장치가 원하는 단어를 포함하고 있는 주기억장치 블록을 캐시 라인으로 복사하고, 태그 필드를 수정한다.
- **단어 출력**: 해당 라인에서 단어를 선택하여 중앙처리장치로 전송한다.

캐시는 주기억장치의 액세스 속도를 개선하기 위하여 도입된 장치이므로 하드웨어로 동작한다. 주기억장치 태그 필드가 캐시 태그 영역에 들어 있는지 빠르게 검색할 수 있어야 한다. 그러므로 캐시는 연관 액세스 기억장치로 만들어져 있다.

9.4.3 캐시 설계시 고려 사항

캐시기억장치를 도입함에 있어서 고려 사항은 캐시 용량, 캐시 모듈의 수, 매핑함수(mapping function), 교체정책(replacement policy), 쓰기정책(write policy), 일관성유지(coherence)가 있다.

캐시 용량은 기억장치의 비트 당 가격이 많이 증가하지 않을 만큼 작아야 하고, 기억장치 평균 액세스 시간이 캐시 액세스 시간에 가까워질 만큼 충분히 커야 한다. 캐시 용량이 커질수록 태그 필드를 비교하는 부담이 커지기 때문에 캐시 속도가 느려질 가능성도 있다. 이런 사항을 고려하여 캐시 크기를 결정해야 한다.

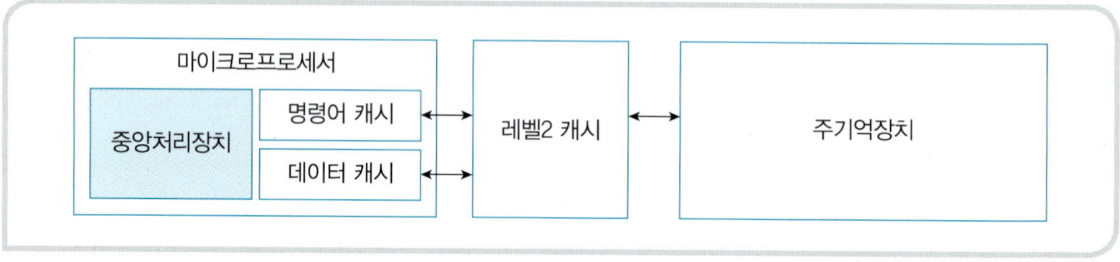

그림 9-17 계층적 캐시 구성

반도체 기술의 발달로 최근에는 [그림 9-17]과 같이 두 레벨로 구성한 캐시 계층을 자주 볼 수 있다. 마이크로프로세서 칩에 포함된 캐시를 온 칩(on-chip) 캐시 또는 레벨1 캐시라고 하고, 칩 외부의 캐시를 오프 칩(off-chip) 캐시 또는 레벨2 캐시라고 한다. 레벨2 캐시의 액세스 속도는 레벨1 캐시보다 느리고 주기억장치보다 빠르며, 용량은 레벨1 캐시보다 크다. 그리고 중앙처리장치가 명령어를 인출할 때와 데이터를 액세스할 때 기억장치를 사용하는 패턴이 다르기 때문에, 레벨1 캐시를 명령어 캐시와 데이터 캐시로 분리하여 사용하기도 한다. 명령어 캐시와 데이터 캐시를 분리하면 중앙처리장치가 명령어와 데이터를 동시에 액세스할 수 있는 장점이 있다. 이 구조를 하버드 구조라고 한다. 명령어 캐시와 데이터 캐시에 대하여 다음에 설명할 나머지 캐시 설계 요소를 다르게 적용하는 것이 일반적이다.

나머지 캐시 설계 요소에 대하여 별도의 절에서 설명한다. 각 설계 요소는 캐시기억장치 운영과 관련하여 다음과 같은 주제를 다룬다.

- 매핑함수(mapping function): 주기억장치 블록을 캐시 라인으로 복사할 때 어느 라인으로 복사할지 결정하는 규칙이다.

- 교체정책(replacement policy): 캐시 라인이 모두 채워져 있을 때, 주기억장치에서 새로운 블록을 캐시로 복사하려면 캐시 라인 중 하나와 교체해야 한다. 이때 교체할 라인을 선택하는 방법을 정한다.
- 쓰기정책(write policy): 중앙처리장치가 기억장치에 쓰기 동작을 수행할 때 최종적으로 주기억장치 내용이 수정되어야 한다. 이에 대한 처리 방법이 쓰기정책이다.
- 일관성유지(keeping coherence): 주기억장치는 프로세서 이외의 요인으로 그 내용이 변경될 수 있으므로, 주기억장치 블록의 내용과 캐시 라인의 내용이 달라질 수 있다. 주기억장치와 캐시기억장치의 내용을 같게 유지하는 방법이 일관성유지이다.

9.4.4 매핑함수

주기억장치 블록은 캐시 라인보다 그 수가 많기 때문에, 주기억장치 블록을 캐시 라인으로 배정하는 방법이 필요하다. 매핑함수는 주기억장치 한 개의 블록을 캐시 라인으로 배정하는 방법을 정의한다. 매핑함수에 따라 캐시 구조가 달라진다. 다음과 같은 세 가지 방법이 있다.

- 직접매핑(direct mapping)
- 완전연관매핑(full-associative mapping)
- 세트연관매핑(set-associative mapping)

표 9-5 매핑함수 예제

제원		예제 1	예제 2
블록(라인) 크기		w = 8바이트	w = 256바이트
주기억장치	용량	128바이트 (n = 7비트)	256M바이트 (n = 28비트)
	블록 수	16블록	1M블록
캐시기억장치	용량	32바이트 (k = 5비트)	256K바이트 (k = 18비트)
	라인 수	4 라인	1K 라인

〈표 9-5〉의 두 가지 예제를 사용하여 캐시 매핑함수를 설명한다. 예제 1은 간단한 예이고, 예제 2는 보다 실질적인 예이다. 블록(라인) 크기는 w바이트, 캐시기억장치 주소는 k비트, 주기억장치 주소는 n비트로 가정한다.

직접매핑(direct mapping)은 주기억장치 블록이 한 개의 캐시 라인에만 들어갈 수 있다. 주기억장치 주소 n비트는 다음과 같이 분할되어 사용된다.

- 단어 필드(하위 W비트, W = $\log_2$(라인 크기)): 라인에서 단어를 정한다.
- 라인 필드(중간 L비트, L = $\log_2$(캐시 용량/라인 크기)): 캐시 라인 주소를 지정한다.
- 태그 필드(상위 T비트, T = n - (W + L)): 캐시 태그에 저장된다.

직접매핑 방법은 주기억장치 주소의 라인 필드로 자신이 들어갈 캐시 라인을 결정한다. 주기억장치에서 보면, 블록이 들어갈 캐시 라인이 하나로 정해져 있다. 예제 1에 대한 직접매핑은 [그림 9-18]과 같다.

- 캐시기억장치 주소 5비트(A_4:A_0) 중에서 하위 3비트(A_2:A_0)는 캐시 라인에서 단어를 결정한다.
- 캐시 주소의 상위 두 비트(A_4:A_3)는 라인 주소이다.
- 주기억장치 주소 7비트(A_6:A_0) 중에서 하위 3비트(A_2:A_0)는 블록에서 단어를 결정한다.
- 주기억장치 주소 상위 네 비트(A_6:A_3)는 블록 주소이다.
- 주기억장치 블록 주소에서 아래 2비트(A_4:A_3)로 자신이 들어갈 캐시 라인을 지정한다.
- 주기억장치 블록 주소의 나머지 비트(A_6:A_5)는 캐시 태그에 저장된다. 캐시 태그 필드를 보면, 주기억장치 어느 블록이 캐시 라인에 들어와 있는지 알 수 있다.

[그림 9-18]은 주기억장치의 A_6:A_3=1111인 블록이 캐시 11번 라인에 저장되고, A_6:A_3=0110인 블록이 캐시 10번 라인에 저장되고, A_6:A_3=1101인 블록이 캐시 01번 라인에 저장되고, A_6:A_3=0000인 블록이 캐시 00번 라인에 저장된 예를 보여주고 있다. [그림 9-18]의 파란색 블록들은 모두 캐시 00번 라인으로 매핑된다. 만일 중앙처리장치가 이 중 하나를 사용하려고 한다면, 캐시 00번 라인과 교체되어야 한다.

[그림 9-19]는 예제 2의 직접매핑에 대한 주소 해석과 캐시 구조를 보여준다.

- 캐시기억장치 주소 18비트 중에서 하위 8비트(A_7:A_0)는 라인에서 단어를 결정한다.
- 캐시 주소의 상위 10비트(A_{17}:A_8)는 라인 주소(000h~3FFh, 0~1023)이다.
- 주기억장치 주소 28비트 중에서 하위 8비트(A_7:A_0)는 블록에서 단어를 결정한다. (W=8).
- 주기억장치 주소의 나머지 20비트(A_{27}:A_8)는 주기억장치 블록 주소이다.
- 주기억장치 블록 주소 중 아래 10비트(A_{17}:A_8)로 자신이 들어갈 캐시 라인을 지정한다. (L = k – W = 18 – 8 = 10).

• 주기억장치 블록 주소 중에서 나머지 10비트(A_{27}:A_{18})는 캐시 태그 영역에 저장된다. (T = n − (L + W) = 28 − (10+8) = 10).

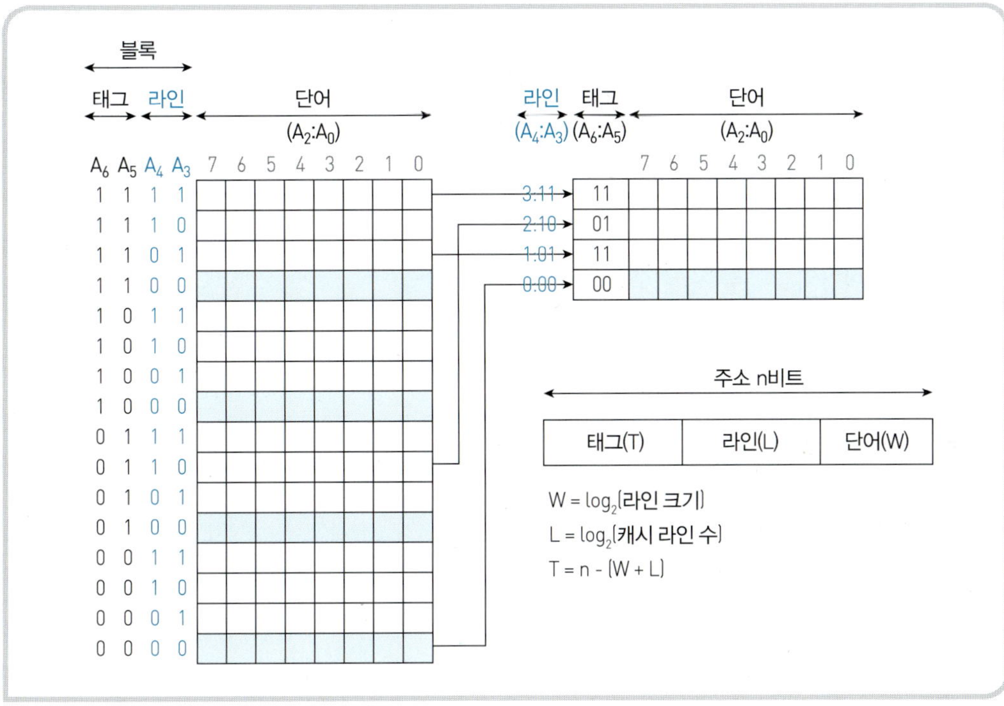

그림 9-18 예제 1의 직접매핑

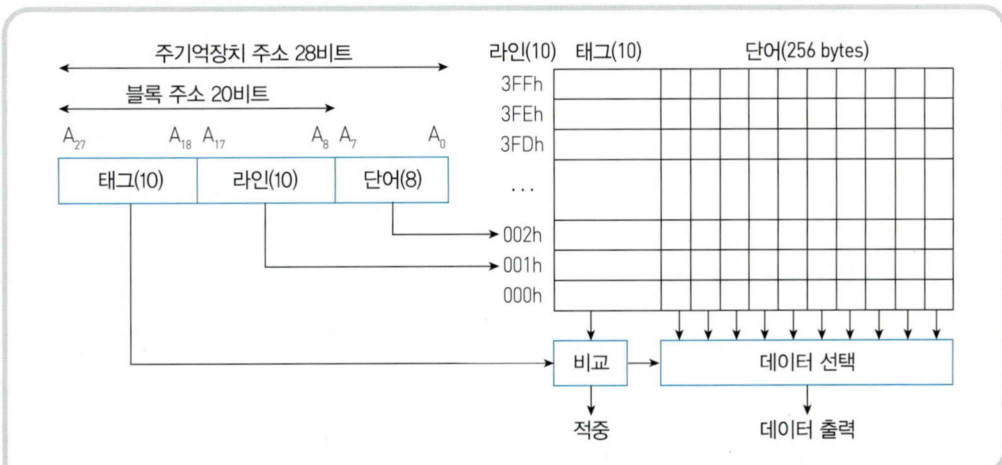

그림 9-19 예제 2의 직접매핑

직접매핑 방법은 간단하지만, 주기억장치 블록이 들어갈 수 있는 캐시 라인이 하나뿐이라는 단점이 있다. 만일 어느 프로그램이 같은 라인으로 매핑되는 두 개의 주기억장치 블록을 번갈아 사용한다면, 반복해서 캐시 라인을 교체해야 하고, 그 결과로 캐시 적중률이 낮아진다.

예제 9-5 [그림 9-19]에서 주기억장치 주소 50C_0108h 번지의 단어에 대하여 질문에 답하라.

(1) 이 단어를 저장할 캐시 라인 번호는?
(2) 이 단어를 캐시에 저장할 때, 태그 영역에 저장할 값은?
(3) 적중 여부를 판정하기 위한 비교기의 비트 크기와 수는?

풀이

주기억장치 주소를 캐시 구조에 맞게 표현하면

50C_0108h = 0101_0000_1100_0000_0001_0000_1000
= (태그)01_0100_0011_(라인)00_0000_0001_(단어)0000_1000

(1) 라인 번호 = 00_0000_0001 = 001h
(2) 태그 = 01_0100_0011 = 143h
(3) 10비트 비교기 한 개

완전연관매핑(full-associative mapping)은 직접매핑의 단점을 보완한 방법이다. 완전연관매핑 방법은 주기억장치 블록이 임의의 캐시 라인에 들어가는 것을 허용한다. 따라서 주기억장치 주소 중에서 단어 필드를 제외한 상위 주소가 모두 캐시 태그에 저장되어야 한다. 그러므로 주기억장치 주소는 다음과 같이 두 가지 필드로 분할된다.

- 단어 필드(하위 W비트, W = $\log_2$(라인 크기)): 라인에서 단어를 결정한다.
- 태그 필드(상위 T비트, T = n - W): 캐시 태그에 저장된다.

[그림 9-20]은 예제 1에 대한 완전연관매핑이다.

- 캐시 주소의 하위 3비트(A_2:A_0)는 라인에서 단어를 결정한다.
- 캐시 주소의 상위 두 비트(A_4:A_3)는 라인 주소이다.
- 주기억장치 주소에서 하위 3비트(A_2:A_0)는 라인에서 단어를 결정한다.
- 주기억장치 주소의 나머지(A_6:A_3)는 블록 주소이고, 이것이 모두 캐시 태그에 저장된다.

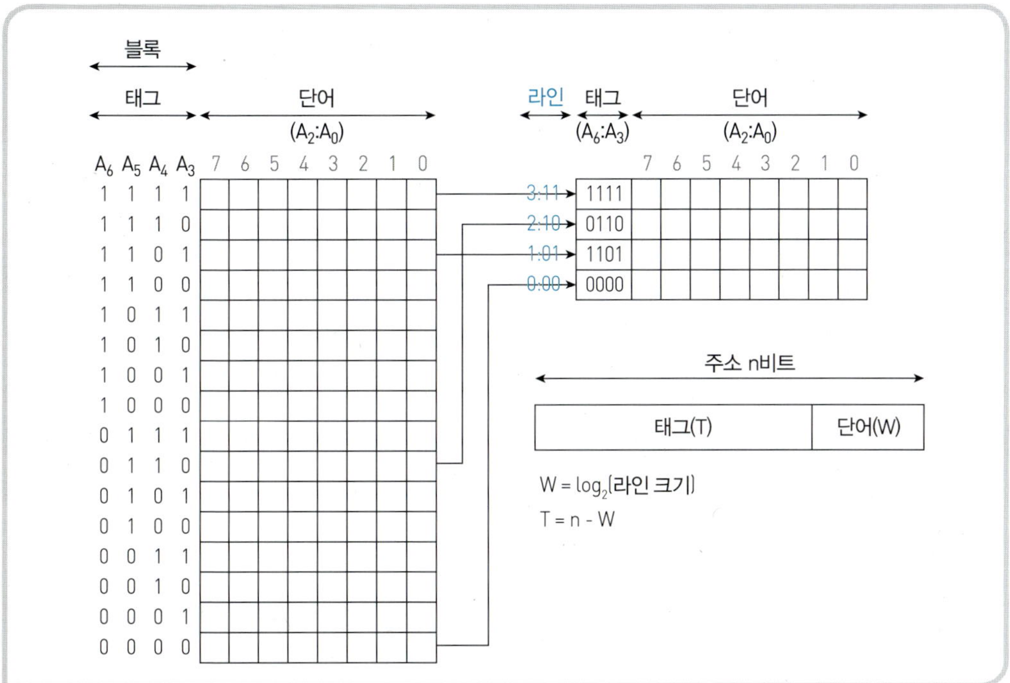

그림 9-20 예제 1의 완전연관매핑

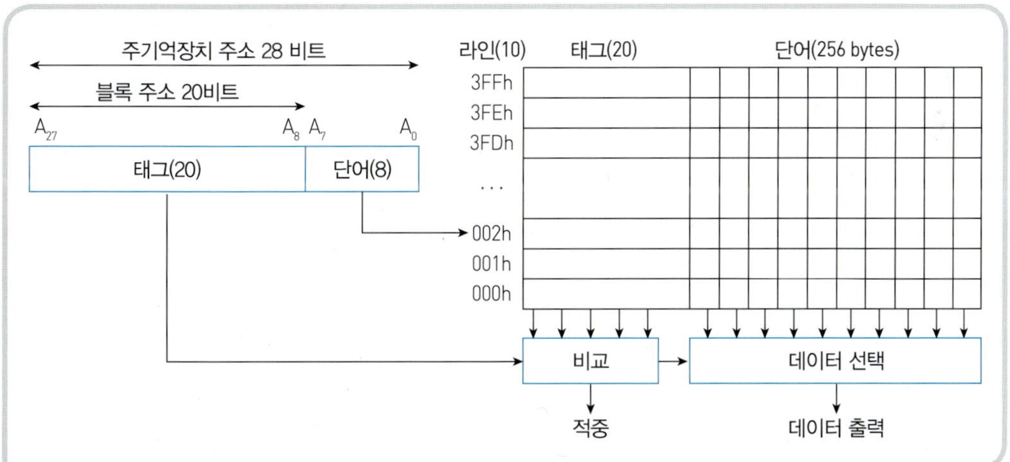

그림 9-21 예제 2의 완전연관매핑

[그림 9-21]은 예제 2의 완전연관매핑에 대한 주소 해석과 캐시의 구조를 보여준다.

- 캐시기억장치 주소 18비트 중에서 하위 8비트$(A_7:A_0)$는 라인에서 단어를 결정한다.

- 캐시 주소의 상위 10비트(A_{17}:A_8)는 라인 주소(000h~3FFh, 0~1023)이다.
- 주기억장치 주소 28비트 중에서 하위 8비트(A_7:A_0)는 블록에서 단어를 결정한다. (W=8).
- 주기억장치 주소의 나머지 20비트(A_{27}:A_8)는 블록 주소이다. 이 블록 주소가 캐시 태그에 저장된다. (T = n − W) = 28 − 8 = 20).

중앙처리장치가 주기억장치 주소를 생성하면, 주기억장치 주소 상위 20비트와 캐시 태그 영역에 저장되어 있는 1,024개의 태그를 동시에 비교하여 적중 여부를 결정한다. 완전연관매핑에서는 주기억장치 한 개의 블록이 임의의 캐시 라인에 들어갈 수 있으므로 융통성이 크다는 장점이 있다. 그렇지만 캐시 적중인지 판단하기 위하여 캐시의 모든 라인에 들어 있는 태그와 주기억장치 블록 주소를 동시에 비교해야 한다. 따라서, 비교기 회로가 매우 복잡하다는 단점이 있다.

새로운 주기억장치 블록이 캐시로 들어가려고 할 때, 직접매핑은 주기억장치 블록이 들어갈 캐시 라인이 하나로 결정되어 있다. 그렇지만 완전연관매핑은 주기억장치 블록이 임의의 캐시 라인으로 들어 갈 수 있다. 따라서 완전연관매핑에서는 캐시에서 교체할 라인을 결정하는 교체정책이 필요하다.

예제 9-6 [그림 9-21]에서 주기억장치 주소 50C_0108h 번지의 단어에 대하여 질문에 답하라.

(1) 이 단어를 저장할 캐시 라인 번호는?
(2) 이 단어를 캐시에 저장할 때, 태그 영역에 저장할 값은?
(3) 적중 여부를 판정하기 위한 비교기의 비트 크기와 수는?

풀이

주기억장치 주소를 캐시 구조에 맞게 표현하면

50C_0108h = 0101_0000_1100_0000_0001_0000_1000
= (태그)0101_0000_1100_0000_0001_(단어)0000_1000

(1) 1024개 캐시 라인 중 임의의 라인에 저장될 수 있다.
(2) 태그 = 0101_0000_1100_0000_0001 = 5_0C01h
(3) 20비트 비교기 1024개

세트연관매핑(set-associative mapping)은 직접매핑과 완전연관매핑의 장단점을 절충한 방식으로, 캐시기억장치를 s개의 세트로 나누어 사용한다. 일반적으로 s는 2, 4, 8 중 하나이다.

캐시기억장치를 s개의 세트로 나눈 것을 s-way 세트연관매핑이라고 한다. 주기억장치 주소는 다음과 같이 구분된다.

- 단어 필드 (하위 W비트, W = $\log_2$(라인 크기)): 라인에서 단어를 구별한다.
- 라인 필드 (중간 L비트, L = $\log_2$(캐시 세트의 라인 수)): 캐시 라인 주소를 지정한다.
- 태그 필드 (상위 T비트, T = n − (L + W)): 캐시 태그에 저장된다.

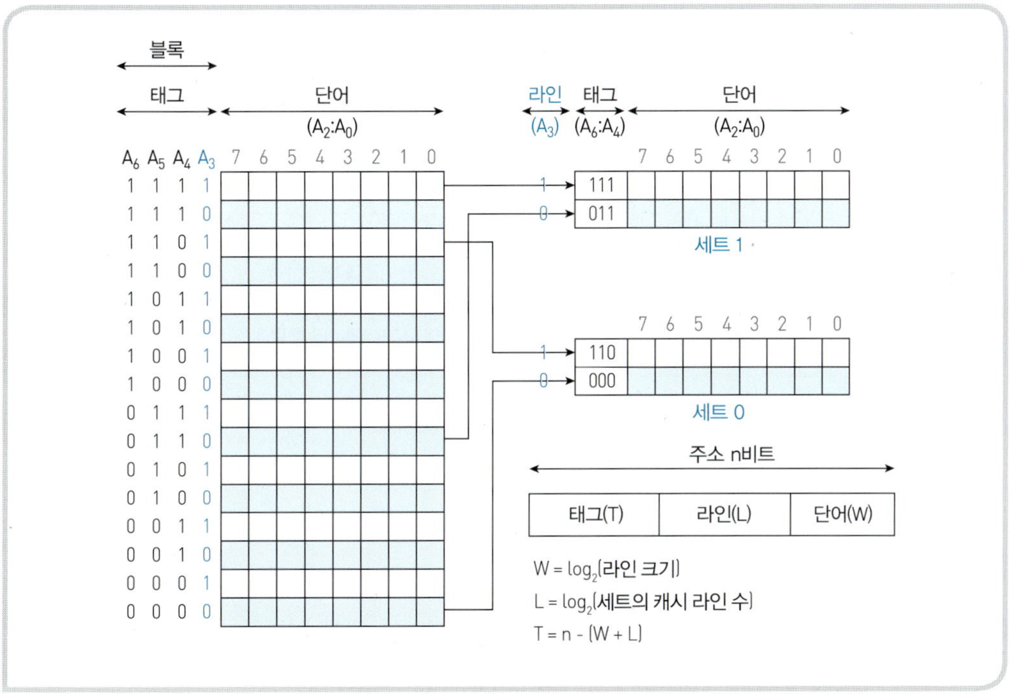

그림 9-22 예제 1의 2-way 세트연관매핑

[그림 9-22]는 예제 1에 대한 2-way 세트연관매핑이다. 파란색 블록은 캐시의 파란색 라인 중 하나에 들어갈 수 있다.

- 캐시기억장치 주소 5비트(A_4:A_0) 중에서 하위 3비트(A_2:A_0)는 캐시 라인에서 단어를 결정한다.
- 캐시를 두 개의 세트로 나누면, 한 개의 세트에 두 개의 라인이 배치된다. 캐시 주소 상위 A_4는 세트 번호에 해당한다. 캐시 주소 A_3로 라인을 구별할 수 있다.
- 주기억장치 주소 7비트(A_6:A_0) 중에서 하위 3비트(A_2:A_0)는 블록에서 단어를 결정한다.

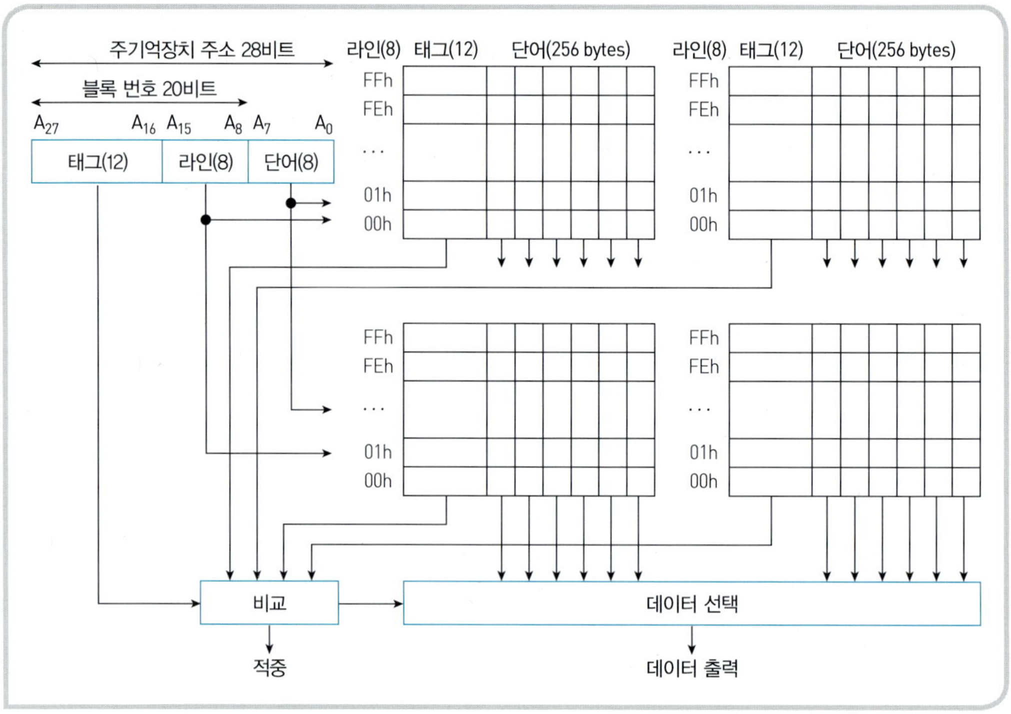

그림 9-23 예제 2의 4-way 세트연관매핑

- 주기억장치 주소 상위 네 비트(A_6:A_3)는 블록 주소이다.
- 주기억장치 블록 주소에서 1비트(A_3)로 자신이 들어갈 캐시 라인을 지정한다. 자신이 들어갈 수 있는 라인은 세트마다 하나씩 두 개가 있다.
- 주기억장치 블록 주소의 나머지 비트(A_6:A_4)는 캐시 태그에 저장된다.

[그림 9-23]은 예제 2의 4-way 세트연관매핑에 대한 주소 해석과 캐시의 구조를 보여준다. 256K바이트의 캐시는 크기가 64K바이트인 네 개의 세트로 나뉜다. 캐시 세트의 주소는 16비트(A_{15}:A_0)이다.

- 캐시 세트의 주소 16비트 중에서 하위 8비트(A_7:A_0)는 라인에서 단어를 결정한다.
- 캐시 세트 주소의 상위 8비트(A_{15}:A_8)는 라인 주소(000h~FFh, 0~255)이다.
- 주기억장치 주소 28비트 중에서 하위 8비트(A_7:A_0)는 블록에서 단어를 결정한다. (W=8).
- 주기억장치 주소의 나머지 20비트(A_{27}:A_8)는 주기억장치 블록 주소이다.
- 주기억장치 블록 주소 중 아래 8비트(A_{15}:A_8)로 자신이 들어갈 캐시 라인을 지정한

다. (L = 캐시 세트의 라인 수 = 8). 자신이 들어갈 수 있는 라인은 세트마다 하나씩 모두 네 개이다.

- 주기억장치 블록 주소 중에서 나머지 12비트(A_{27}:A_{16})는 캐시 태그 영역에 저장된다. (T = n − (L + W) = 28 − (8+8) = 12).

s-way 세트연관매핑에서 주기억장치 주소의 태그 필드와 캐시의 라인 주소에 해당하는 s개의 태그를 비교하여 적중 여부를 판정한다. 만일 새로운 블록이 캐시에 들어가려면, s개의 캐시 라인 중 하나와 교체해야 한다. 이때도 교체정책이 필요하다.

예제 9-7 [그림 9-23]에서 주기억장치 주소 50C_0108h 번지의 단어에 대하여 질문에 답하라.

(1) 이 단어를 저장할 캐시 라인 번호는?
(2) 이 단어를 캐시에 저장할 때, 태그 영역에 저장할 값은?
(3) 적중 여부를 판정하기 위한 비교기의 비트 크기와 수는?

풀이

주기억장치 주소를 캐시 구조에 맞게 표현하면

50C_0108h = 0101_0000_1100_0000_0001_0000_1000
= (태그)0101_0000_1100_(라인)0000_0001_(단어)0000_1000

(1) 각 세트마다 하나씩 있는 01h 라인 중 하나에 저장될 수 있다.
(2) 태그 = 0101_0000_1100 = 50Ch
(3) 12비트 비교기 4개

9.4.5 교체정책

캐시 실패(miss)가 발생할 때 주기억장치에서 새로 가져온 블록은 캐시 라인 중 하나와 교체되어야 한다. 직접매핑은 주기억장치 블록이 들어갈 수 있는 캐시 라인이 하나이므로 선택의 여지가 없다. 그렇지만 두 가지 연관매핑은 주기억장치 블록이 들어갈 수 있는 캐시 라인이 여러 개이므로 교체할 라인을 선택해야 한다.

교체정책(replacement policy)은 여러 개의 캐시 라인 중에서 어느 것을 선택하는지 결정하는 방법이다. LRU(Least Recently Used), FIFO(First-In-First-Out), LFU(Least Frequently Used), 임의(random) 방법이 있다. 교체정책을 선택할 때 판단 기준은 캐시 운영의 적중률을 높게 유지하는 것이다. 가장 이상적인 교체정책은 교체 대상인 캐시 라인 중에서 향후 가장 오랫동안 사용하지 않을 라인을 선택하는 방법이다. 그렇지만 가장 오랫동안 사용하지 않을 지는 미래의 일이기 때문에 현실적으로 구현이 불가능하다. 교체정책을 구현하기 위하여 캐시 라인마다 별도의 정보를 관리할 필요도 있다. 캐시를 사용하는 목적이 기억장치를 빠르게 액세스하기 위한 것이므로, 캐시 교체 알고리즘은 하드웨어로 구현되어야 한다.

LRU(Least Recently Used)는 가장 최근에 적게 사용한 라인을 선택하여 교체하는 방법이다. 현재부터 과거로 볼 때, 가장 오래 전에 사용하였던 라인을 선택하여 교체한다. 한동안 사용하지 않았기 때문에 앞으로도 사용할 가능성이 적다는 추정에 근거한 방법이며, 대부분 우수한 적중률을 유지한다. LRU를 구현하기 위하여, 캐시 라인마다 사용한 시기를 기록하는 USE 카운터(use counter)를 둔다. 캐시 라인을 액세스할 때마다 해당 라인의 USE 카운터를 0으로 만들고 다른 라인의 USE 카운터를 증가시킨다. 교체할 때, 대상 라인 중에서 USE 카운터 값이 가장 큰 라인을 선택한다.

FIFO(First-In-First-Out)는 캐시에 먼저 들어온 라인을 먼저 교체하는 방법이다. 즉, 캐시 안에 가장 오랫동안 있었던 라인을 교체한다. 가장 오래된 라인이라도 자주 사용할 가능성이 있으므로, 적중률 면에서 높은 효율을 보이지 않는 것으로 알려져 있다. FIFO도 USE 카운터를 다르게 사용하여 구현할 수 있다. 캐시 라인에 새 블록이 들어올 때, USE 카운터를 0으로 만들고, 다른 라인의 USE 카운터를 증가시킨다. 교체할 때, 대상 라인 중에서 USE 카운터 값이 가장 큰 라인을 선택한다.

LFU(Least Frequently Used)는 가장 적게 참조했던 라인을 교체하는 방법이다. 즉, 사용 횟수가 가장 적은 라인을 교체한다. 최근에 캐시에 들어온 라인이 교체 대상으로 선택될 가능성이 있다는 단점이 있다. 이 방법은 캐시 라인에 새로운 블록이 들어올 때 USE 카운터를 0으로 만들고, 이것이 사용될 때마다 USE 카운터를 증가시킴으로써 구현할 수 있다. 교체할 때 대상 라인 중에서 USE 카운터 값이 가장 적은 라인을 선택한다.

마지막은 임의(random) 알고리즘으로, 대상 라인 중에서 임의로 교체할 라인을 선택한다. 이 방법도 제법 효율이 좋다고 알려져 있다.

예제 9-8 블록(라인)의 크기가 8바이트, 주기억장치 용량은 128바이트, 캐시기억장치 용량은 32바이트이고, 2-way 세트연관매핑을 사용한다. 캐시는 처음에 비어 있다고 가정한다. 어떤 프로그램이 수행하면서 다음과 같은 주소를 차례대로 사용(address trace)한다. LRU 교체정책을 사용한다고 할 때, 캐시의 최종 상태와 적중률을 구하라. 두 세트가 모두 비워져 있을 때 세트 0부터 라인을 채운다.

00h, 01h, 02h, 40h, 03h, 42h, 04h, 08h,
09h, 0ah, 0bh, 58h, 0ch, 0dh, 59h, 5ah,
10h, 11h, 09h, 61h, 12h, 13h, 62h, 14h

풀이

- 〈표 9-6〉은 예제에 대한 캐시 상태의 변화이다.
- Hit/Miss/Rep는 적중, 실패, 교체 여부를 나타낸다.
- 세트 0과 세트 1에 대하여 각 라인 0과 라인 1의 태그(Tag), 캐시 라인에 저장되는 데이터의 주소(Data), 그리고 USE 카운터 값을 기록하였다.
- 쉽게 관찰할 수 있도록, 캐시 라인의 상태가 변하는 것만 표시하였다. 일단 캐시 라인에 값이 기록되면, 그 후에 변경이 이루어질 때까지 캐시 라인의 값을 유지한다. 마지막 줄만 캐시의 상태를 모두 표시하였다.
- 결과적으로 캐시 실패는 6번, 교체는 2번 발생한다.
- 적중률 = (적중 수)/(주소 수) = 18/24 = 75%

표 9-6 예제 9-8에 대한 캐시 상태의 변화

주소	Hit/Miss/Rep	세트 0						세트 1					
		Line 0			Line 1			Line 0			Line 1		
		Tag	Data	Use	Tag	Data	Use	Tag	Data	Use	Tag	Data	Use
00h	M	000	0-7	0									
01h	H			0									
02h	H			0									
40h	M			1				100	40-47	0			
03h	H			0						1			
42h	H			1						0			
04h	H			0						1			
08h	M				000	8-F	0						
09h	H						0						
0ah	H						0						
0bh	H						0						

58h	M						1				101	58-5F	0
0ch	H						0						1
0dh	H						0						1
59h	H						1						0
5ah	H						1						0
10h	MR			1				001	10-17	0			
11h	H			1						0			
09h	H						0						1
61h	MR	110	61-67	0						1			
12h	H			1						0			
13h	H			1						0			
62h	H			0						1			
14h	H	110	61-67	1	000	8-F	0	001	10-17	0	101	58-5F	1

9.4.6 쓰기정책

캐시기억장치는 기억장치 액세스 속도를 빠르게 하려고 도입한 장치이고, 프로그래머에게 보이지 않는다. 프로그램을 수행하면서 중앙처리장치는 읽기와 쓰기를 모두 수행한다. 읽을 때는 기억장치 내용이 변하지 않으므로 문제가 없다. 기억장치 쓰기는 궁극적으로 주기억장치에 데이터가 기록되어야 한다. 쓰기정책(write policy)은 캐시와 주기억장치에 대한 쓰기 동작을 처리하는 방법을 규정하며, write-through 정책과 write-back 정책이 있다.

Write-through 정책은 쓰기 동작을 수행할 때마다 캐시 라인의 해당 단어와 주기억장치의 단어를 모두 수정하는 방법이다. 이 방법에서 주기억장치는 항상 유효한 데이터를 보관하고 있게 된다. 항상 캐시와 주기억장치의 내용을 같게 유지할 수 있으며, 캐시 라인을 교체할 때 주기억장치의 블록을 교체할 캐시 라인으로 복사하면 된다는 장점이 있다. 그렇지만 주기억장치를 액세스하는 횟수가 증가하여 전체적인 개선 속도가 느려지는 단점이 있다.

Write-back 정책은 쓰기 동작을 수행할 때 일단 캐시 라인의 단어만 수정하고 주기억장치의 단어를 수정하지 않는다. 대신 캐시 라인이 변경될 때마다, 해당 라인이 수정되었다고 표시해 둔다. 이 정보를 dirty 비트(또는 write bit, update bit)라고 한다. 나중에 dirty 비트가 세트되어 있는 캐시 라인을 교체할 때, 해당 라인 전체를 원래 주기억장치 블록으로 복사한 다음에 새로운 블록을 캐시 라인으로 복사한다. Write-through 정책보다는 기억장치 액세스 속도가 빠르다는 것이 장점이지만, 주기억장치와 캐시의 내용이 일치하지 않는 순간이 있다는 것이 주요 단점이다.

9.4.7 일관성유지

중앙처리장치 이외에 입출력장치도 기억장치를 액세스한다. 한 개의 컴퓨터에 여러 개의 프로세서를 탑재한 멀티프로세서(multi-processor) 시스템은 프로세서마다 독립적으로 기억장치를 액세스한다. [그림 9-24]는 멀티프로세서 시스템의 구성 예이다. 프로세서는 자신만의 캐시를 갖고 있고, 한 개의 주기억장치를 공유한다. 입출력 버스에 연결된 입출력장치도 DMA 방식으로 프로세서와 상관없이 주기억장치를 액세스할 수 있다. 이런 환경에서 캐시기억장치를 운영할 때, 다음과 같은 문제가 발생할 수 있다.

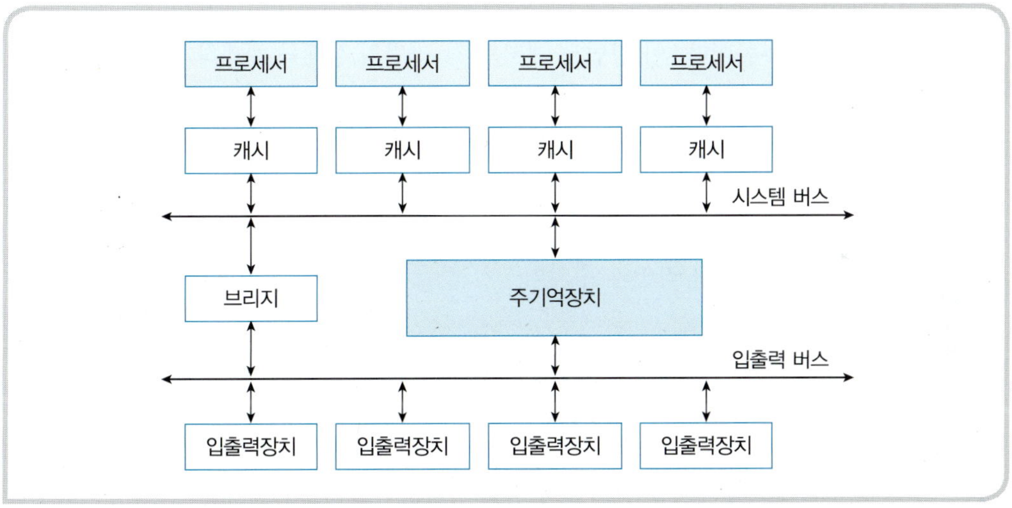

그림 9-24 멀티프로세서 시스템 환경

- 주기억장치 한 개의 블록이 여러 개의 캐시에 복사될 수 있다. 만일 프로세서 중 하나가 데이터를 자신의 캐시에 기록하면, 같은 블록을 복사해 갖고 있는 프로세서의 캐시 라인은 다른 값을 갖고 있게 된다.
- 만일 입출력장치가 주기억장치에 데이터를 직접 기록한다면, 해당 데이터가 포함된 블록을 복사하고 있는 캐시 라인은 다른 값을 갖게 된다.

캐시와 주기억장치의 내용이 일치하지 않는 상태를 무효상태(invalid state)라고 하고, 캐시와 주기억장치의 내용이 같도록 유지하는 문제를 일관성유지(coherence)라고 한다. 다음과 같은 일관성유지 방법이 있다.

- **캐시 불가능 영역**(non-cacheable region) **지정**: 여러 개의 프로세서들이 동시에 사용하는 주기억장치의 데이터 영역을 캐시로 들어가지 않도록 지정한다.
- **버스 감시**(bus watching): 각 프로세서의 캐시 제어기는 시스템 버스에서 데이터 쓰기가 발생하는 것을 감시한다. 만일 자신의 캐시가 새로 갱신되는 기억장치 블록을 저장하고 있다면, 해당 라인을 무효화한다. Write-through 정책을 채택할 때 경우에 이 방법을 주로 사용한다.
- **동시 갱신**(concurrent update): 주기억장치 데이터를 수정할 때, 모든 캐시 내용도 모두 수정한다.

캐시 데이터의 일관성을 유지하기 위하여 캐시기억장치도 라인 상태를 관리할 필요가 있다. 멀티프로세서 시스템에서 많이 쓰이는 일관성유지 방법은 MESI(Modified, Exclusive, Shared, Invalid) 프로토콜이다. 이 방법은 캐시의 각 라인의 상태를 관리하기 위하여 별도의 정보를 추가한다. 각 라인은 다음과 같은 상태 중 하나일 수 있다.

- **수정**(modified): 캐시 라인이 수정되어 주기억장치 블록과 다르지만, 한 개의 캐시에만 존재한다.
- **배타**(exclusive): 캐시 라인과 주기억장치 블록의 내용이 같고, 다른 캐시에는 존재하지 않는다.
- **공유**(shared): 캐시 라인과 주기억장치 블록의 내용이 같고, 다른 캐시에도 존재한다.
- **무효**(invalid): 캐시 라인은 유효한 데이터를 갖고 있지 않다.

지금까지 캐시에 대한 동작을 제어하는 방법을 설명하였다. 캐시기억장치는 태그, 라인 이외에 교체정책을 관리하기 위한 USE 비트와 일관성유지를 위한 상태 비트를 더 포함하고 있다. 실제 프로세서는 여러 가지 캐시 기능을 사용자가 설정할 수 있도록 만들어져 있다.

9.5 가상기억장치

컴퓨터의 기억장치 액세스 속도를 개선하기 위하여 캐시기억장치를 도입하였다. 컴퓨터는 기억장치 용량을 증가시키는 방법으로 가상기억장치(virtual memory)를 사용한다. 이것은 용량이 큰 보조기억장치를 마치 주기억장치인 것처럼 활용하는 방법이다. 가상기억장치와 상대적인 개념으로 실제로 컴퓨터 시스템에 탑재되어 있는 주기억장치를 물리기억장치(physical memory)라고 한다.

가상기억장치 운영에 관한 사항은 중앙처리장치가 담당하는 것이 아니고 운영체제가 담당한다. 최근 프로세서는 가상기억장치 운영을 지원하는 MMU(Memory Management Unit)를 포함하고 있다. 이 절에서는 가상기억장치를 운영을 지원하는 하드웨어 조직인 페이지 테이블과 변환우선참조버퍼(TLB, translation lookaside buffer)에 대하여 설명한다.

9.5.1 페이지 테이블

32비트 프로세서는 주소 버스도 32비트인 경우가 많다. 즉, 주기억장치를 4G바이트까지 탑재할 수 있다. 그렇지만 실제로 주기억장치를 그보다 훨씬 적게, 예를 들면 512M바이트 또는 1G바이트를 탑재시켜 놓고 실제로 마치 주기억장치가 4G바이트인 것처럼 사용한다. 하드디스크에 4G바이트의 공간을 확보하고 이 공간을 주기억장치인 것처럼 활용하기 때문에, 이러한 설정이 가능하다.

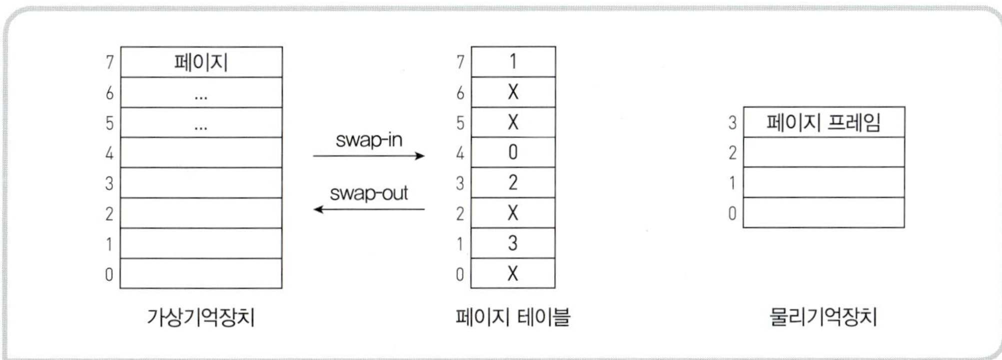

그림 9-25 가상기억장치 운영 개념

[그림 9-25]는 가상기억장치 운영 개념을 보여준다. 컴퓨터 시스템은 보조기억장치를 가상 기억장치로 활용한다. 가상기억장치에 저장된 프로그램이나 데이터는 실제로 중앙처리장치에서 처리될 때 물리기억장치로 옮겨져 사용된다. 가상기억장치와 물리기억장치 사이에 데이터를 주고받는 것을 스워핑(swapping)이라고 한다. 가상기억장치에서 물리기억장치로 데이터를 불러오는 것을 스웝-인(swap-in)이라고 하고, 물리기억장치에서 가상기억장치로 데이터

를 내보내는 것을 스웝-아웃(swap-out)이라고 한다.

가상기억장치와 물리기억장치가 서로 교환할 데이터 크기를 정해야 한다. 이 크기 단위로 스워핑 한다. 가상기억장치를 논리적으로 일정한 크기로 나눈 영역을 페이지(page)라고 한다. 물리기억장치를 일정한 크기로 나눈 영역을 페이지 프레임(page frame)이라고 한다. 당연히 페이지와 페이지 프레임의 크기는 같다. 가상기억장치와 물리기억장치 사이에 페이지를 교환하는 것을 페이징(paging)이라고 한다. 일반적으로 32비트 프로세서의 페이지와 페이지 프레임의 크기는 4K바이트이다.

프로세서가 생성한 가상주소 데이터가 물리기억장치의 페이지 프레임에 적재되어 있지 않은 상태를 페이지 부재(page fault)라고 한다. 페이지 부재가 발생하면, 운영체제는 가상기억장치에서 해당 페이지를 물리기억장치 중 하나의 페이지 프레임으로 적재한다. 캐시기억장치와 마찬가지로 물리기억장치에서 교체할 페이지 프레임을 결정해야 하는 문제가 있으며, 대부분 LRU(Least Recently Used) 알고리즘을 사용한다. 프로세서가 데이터를 사용하려고 할 때 해당 페이지를 주기억장치로 읽어오는 방법을 요구페이징(demand paging)이라고 한다. 가상기억장치 시스템은 다음과 같은 세 가지 기억장치 주소를 사용한다.

- 논리주소(logical address): 중앙처리장치가 데이터를 액세스하는 주소이다.
- 가상주소(virtual address) 또는 선형주소(linear address): 가상기억장치에 대한 주소이다.
- 물리주소(physical address): 물리기억장치를 액세스하는 주소이다.

인텔의 Pentium 계열 프로세서는 내부적으로 세그먼트(segment)와 오프셋(offset)으로 구성된 논리주소를 사용하며, 이 두 가지를 조합하여 가상주소를 생성한다. 그 외에 대부분의 프로세서는 논리주소와 가상주소가 같다. 이 교재에서는 논리주소와 가상주소가 같다고 가정한다. 프로세서가 생성하는 n비트의 가상기억장치 주소를 [그림 9-26]과 같이 두 부분으로 나누어 생각할 수 있다.

- **오프셋**: 페이지 안에서 데이터 위치를 지정한다. 전체 n비트 주소 중에서 이 부분에 해당하는 비트 수는 $k = \log_2$(페이지 크기)이다.
- **페이지 번호**: 전체 n비트 주소 중에서 페이지 오프셋에 해당하는 k비트를 제외한 나머지 상위 비트는 가상기억장치의 페이지 번호이다.

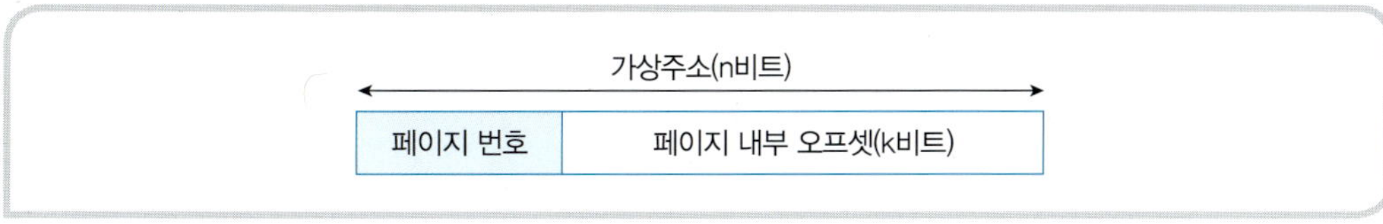

그림 9-26 가상주소

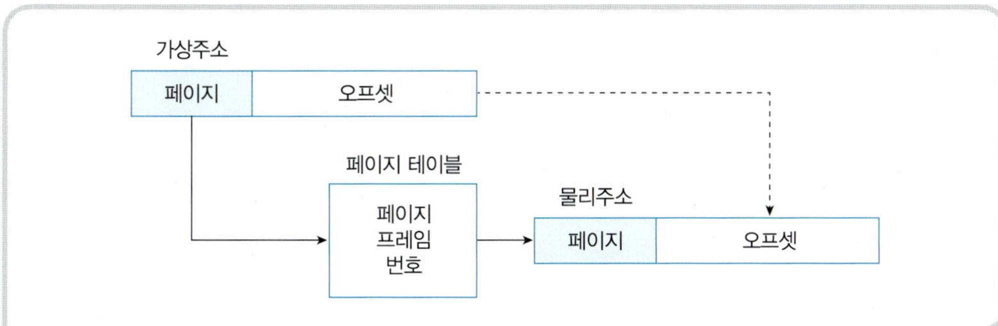

그림 9-27 페이지 테이블 참조

가상기억장치의 페이지는 물리기억장치의 임의의 페이지 프레임에 할당될 수 있다. 프로세서가 생성한 주소는 가상주소이기 때문에 실제로 데이터가 저장되어 있는 물리주소로 변환되어야 한다. 이 변환을 위하여 가상기억장치 페이지가 물리기억장치의 어느 페이지 프레임에 들어가 있는지 알려주는 테이블이 필요하다. 이것을 페이지 테이블(page table)이라고 한다. 페이지 테이블의 인덱스는 가상기억장치의 페이지 번호이고 내용은 물리기억장치의 페이지 프레임의 번호이다. [그림 9-27]은 페이지 테이블을 참조하여 가상주소를 물리주소로 변환하는 과정을 보여주고 있다. 가상주소 페이지 번호로 페이지 테이블을 참조하여 페이지 프레임 번호를 구하고, 여기에 오프셋 부분을 연결하여 물리주소를 구한다.

페이지 크기가 4K바이트이고, 가상기억장치는 16개의 페이지, 물리기억장치는 4개의 페이지 프레임을 갖고 있는 [그림 9-28]의 가상기억장치 시스템을 생각해 보자. 왼쪽 부분은 가상기억장치의 상태이다. 가상기억장치 전체 용량은 16×4K바이트 = 64K바이트이고 주소는 16비트이다. 주소 중 상위 4비트는 페이지 번호이고, 나머지 하위 12비트는 페이지 내부의 오프셋이다. 가상기억장치 0~2번 페이지에 프로세스A(PA0~PA2)가 적재되어 있고, 크기는 12K바이트이다. 가상기억장치 4~9번 페이지에 프로세스B(PB0~PB5)가 적재되어 있고, 크기는 24K바이트이다. 가상기억장치의 나머지 공간은 비어있다고 가정한다.

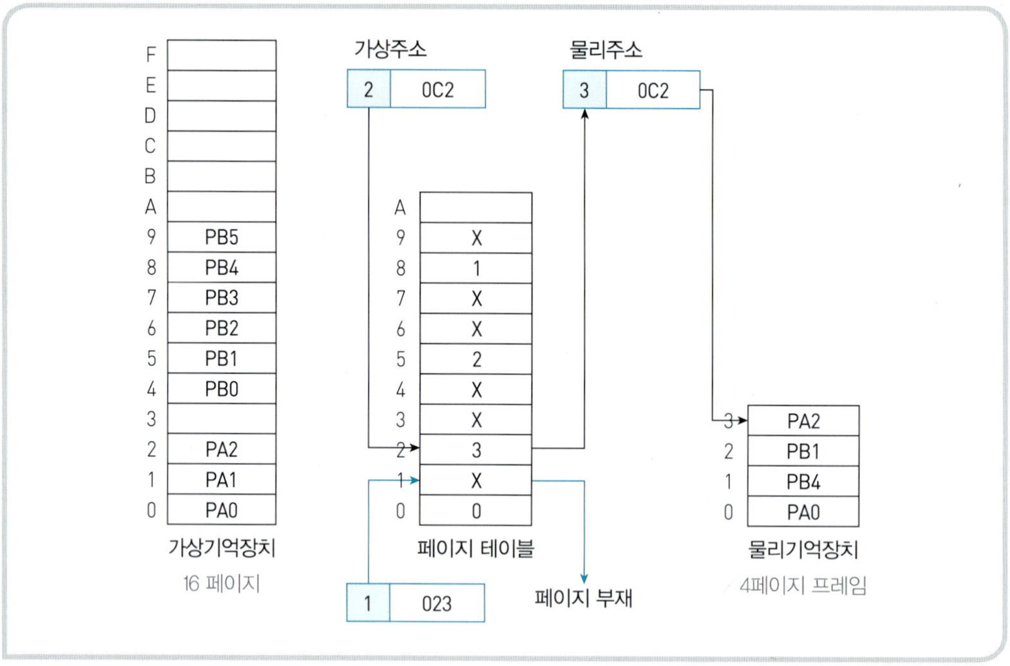

그림 9-28 페이징 예제

페이지 테이블은 원래 가상기억장치 페이지 수만큼 항목이 있어야 하지만 사용하지 않는 부분을 표시하지 않았다. 현재 물리기억장치 0번 페이지 프레임에 PA0, 1번에 PB4, 2번에 PB1, 3번에 PA2가 들어와 있다. 다음과 같이 페이징을 수행한다.

- 프로세서가 가상주소 20C2h를 생성하였다. 주소의 상위 4비트 2는 페이지 번호이고, 하위 12비트 0C2는 페이지 오프셋이다.
- 페이지 번호로 페이지 테이블을 참조한다. 페이지 테이블의 2번째 값은 3이다.
- 물리주소 30C2를 조합하고, 이 주소로 물리기억장치의 페이지 프레임을 액세스한다.

이 예에서 만일 가상주소 1023h가 생성되었다고 가정하자. 이 주소에 해당하는 페이지는 PA1이고, 페이지 번호는 1이다. 페이지 테이블을 참조하면, 이 페이지는 물리기억장치에 적재되어 있지 않음을 알 수 있다. 페이지 부재가 발생한 것이다. 운영체제는 물리기억장치의 페이지 프레임 중 하나와 PA1을 교체한다.

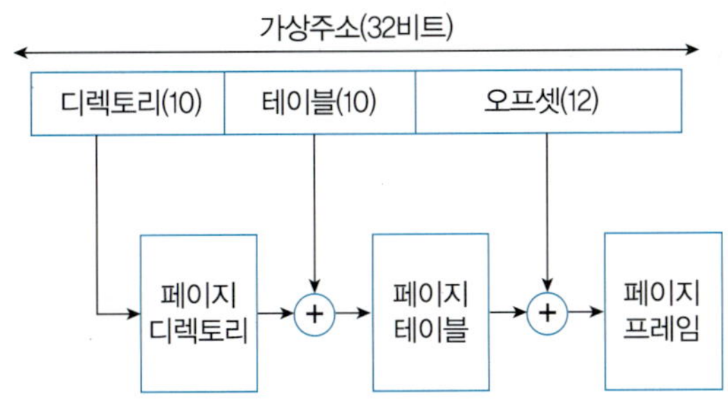

그림 9-29 2단계 페이징

주소가 32비트이고 페이지 크기가 4K바이트일 때, 페이지 번호는 32 - 12 = 20비트이다. 페이지 테이블은 2^{20} = 1M개의 항목을 가져야 하고, 한 개의 항목에 20비트를 저장하려면, 항목당 최소 3바이트가 필요하므로, 페이지 테이블의 크기는 3M바이트나 된다. 페이지 테이블을 관리하는 부담이 너무 크기 때문에, 일반적으로 [그림 9-29]와 같이 페이지 테이블을 두 단계로 나눈다. 페이지 테이블과 구별하기 위하여, 첫 번째 페이지 테이블을 페이지 디렉토리(page directory)라고 한다. 페이지 디렉토리와 페이지 테이블의 구조는 같다. 페이지 디렉토리와 페이지 테이블을 참조하기 위하여 각각 10비트를 사용하므로, 각 테이블은 1K개의 항목만 가지면 된다.

컴퓨터는 페이징 기법을 사용함으로써 물리기억장치 용량보다 더 큰 프로그램을 실행할 수 있다. 페이징 기법은 하드웨어로 관리하는 것이 아니고 운영체제가 프로그램을 실행하여 관리한다. 페이지 테이블 자체도 특별한 하드웨어 기억장치가 아니고, 운영체제가 주기억장치의 일부를 페이지 테이블 영역으로 지정하여 사용한다.

9.5.2 변환우선참조버퍼

페이징은 기억장치 용량을 확장하는 훌륭한 기법이다. 그렇지만 페이지 테이블이 물리기억장치에 있기 때문에, 기억장치를 액세스할 때마다 한 번은 페이지 테이블을 참조해야 하고, 또 한 번은 필요한 데이터를 액세스해야 한다. 이와 같이 가상기억장치는 액세스 시간을 두 배로 길어지게 만드는 단점이 있다.

이 문제를 해결하기 위하여 대부분의 프로세서는 변환우선참조버퍼(TLB, Translation Lookaside Buffer)를 제공한다. 변환우선참조버퍼는 프로세서에 내장되어 있는 연관 액세스 기억장치이다. 페이지 테이블 내용의 일부를 저장한다. 중앙처리장치가 최근에 생성한 가상주소에 대한 페이지 번호를 저장한다. 만일 중앙처리장치가 액세스하려는 가상주소에 대한 페이지 정보가 변환우선참조버퍼에 있다면, 시간을 지체하지 않고 바로 물리주소를 생성한다. 만일 그렇지 않다면, 페이지 테이블을 참조해야 한다.

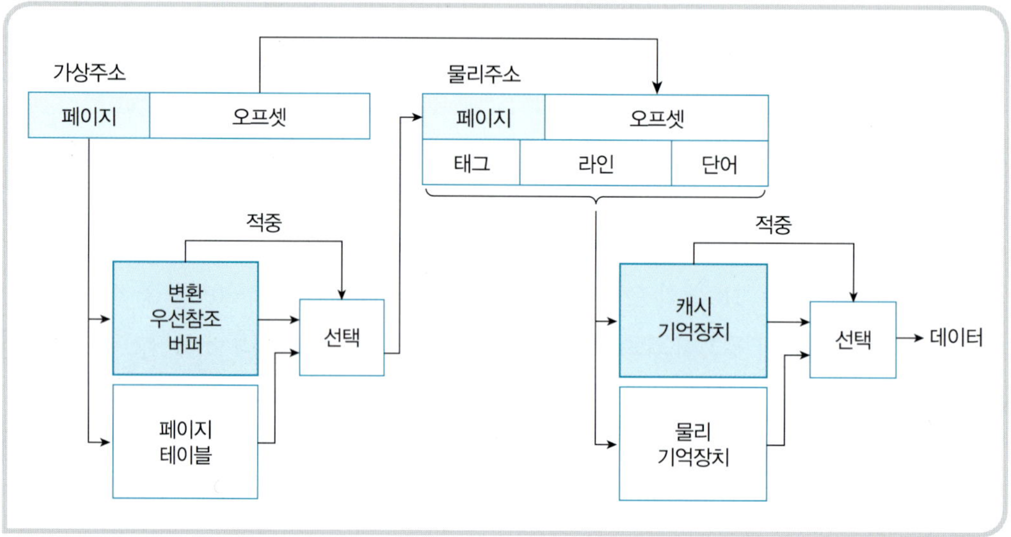

그림 9-30 기억장치 시스템 구성

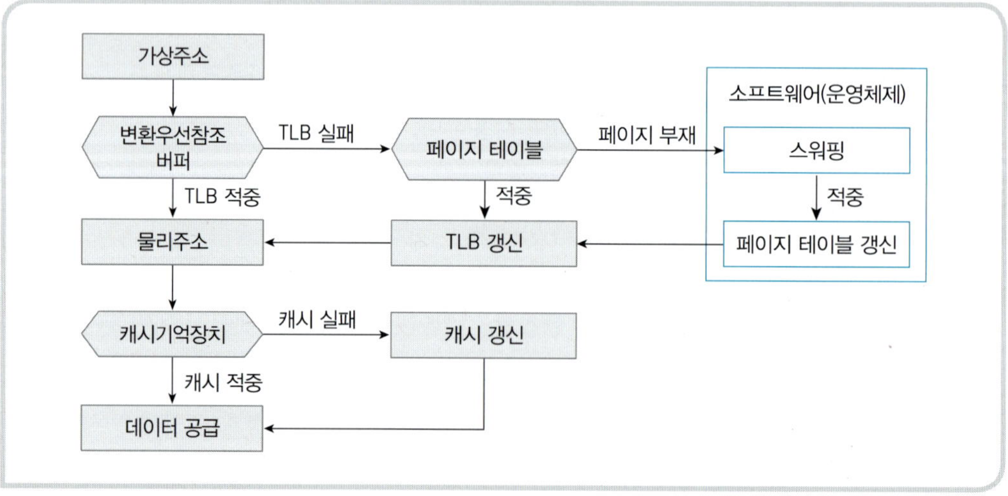

그림 9-31 기억장치 액세스 과정

지금까지의 설명을 종합하면, 기억장치 시스템은 [그림 9-30]과 같이 변환우선참조버퍼, 페이지 테이블, 물리기억장치, 캐시기억장치로 구성되어 있다. 중앙처리장치가 생성한 가상주소에 대한 데이터 액세스는 [그림 9-31]과 같은 과정을 거친다. 다음 설명에서 (H)는 하드웨어 동작이고, (S)는 소프트웨어 동작이다.

- (H) 중앙처리장치는 가상주소를 생성한다. 가상주소는 페이지 번호와 오프셋으로 해석된다.
- (H) **변환우선참조버퍼 참조**: 변환우선참조버퍼에 해당 페이지 항목이 있는지 검사한다. 만일 있다면(TLB 적중), 즉시 물리주소를 생성한다.
- (H) **페이지 테이블 참조**: TLB 실패일 때, 페이지 테이블을 참조한다. 페이지 테이블에 해당 페이지에 대한 항목이 있다면, 변환우선참조버퍼를 갱신하고 물리주소를 생성한다.
- (S) **페이지 교체**: 페이지 테이블에도 페이지 항목이 없다면, 운영체제는 스워핑 수행하고 페이지 테이블을 갱신한다.
- (H) **캐시 참조**: 캐시에 해당 주소가 있다면(캐시 적중), 바로 캐시에서 데이터를 읽어간다.
- (H) **물리기억장치 동작**: 캐시에서 실패하면, 물리기억장치에서 해당 블록을 캐시 라인으로 저장하고 데이터를 공급한다.

이와 같이 프로세서가 기억장치를 액세스하는 과정은 하드웨어 처리와 소프트웨어 처리가 복합해서 수행된다. 참조의 지역성에 의하여 기억장치는 최근에 사용된 페이지를 다시 사용하는 경우가 많다. 그러므로 대부분의 기억장치 참조는 기억장치 액세스 과정 중에서 하드웨어로 실행되는 부분만 실행한다. 기억장치는 개념이 간단하지만, 가상기억장치, 물리기억장치, 캐시기억장치로 구성된 계층 구조로 만들어져 있기 때문에 처리과정이 복잡하다. 그렇지만 프로그래머는 이런 사항을 알고 있을 필요가 없다. 하드웨어와 운영체제가 마치 일차원 배열을 액세스하는 것처럼 기억장치를 관리해 주기 때문이다.

9.5.3 가상기억장치 기능 확장

가상기억장치는 처음에 보조기억장치를 활용하여 부족한 주기억장치를 확장하는 방안으로 마련되었다. 가상기억장치가 도입되어 기억장치를 페이지 프레임 단위로 나누어 프로세스에게 할당할 수 있게 됨에 따라, 페이지 프레임에 읽기, 쓰기, 실행 가능 여부와 같은 속성을 추가하여 소프트웨어로 페이지 프레임에 대한 사용 권한을 제한할 수 있게 되었다. 페이지 기법에 기억장치 보호 기능이 추가된 것이다. 이에 따라 기억장치를 운영체제가 사용하는 커널 영역과 사용자 영역으로 나누어 사용할 수 있게 되었다.

이후 반도체 기술과 컴퓨터 기술이 더욱 발달하면서, 컴퓨터는 프로세서 주소 공간보다 더 큰 주기억장치와 수백, 수천 기가바이트를 넘어 테라 바이트까지 보조기억장치를 갖게 되었다. 이제 가상기억장치는 주기억장치 주소를 확장하는 것보다 컴퓨터가 실행하는 프로세스들을 서로 보호하는 것이 더 중요해졌다. 이제는 가상머신(VM, Virtual Machine)을 사용하는 단계까지 발전하였다. 가상머신은 하나의 컴퓨터에 가상의 컴퓨터가 여러 개 있는 것처럼 운영하는 것을 말한다. 가상머신이 실행되는 바탕 하드웨어를 제공하는 컴퓨터를 호스트(host computer)라고 하고, 호스트 상에서 실행되는 가상의 컴퓨터를 게스트(guest)라고 한다. 가상머신은 여러 개의 게스트 컴퓨터가 하나의 호스트에서 실행되는 추상 계층을 제공한다. 최근 유행하는 클라우드 컴퓨팅(cloud computing)의 중심에 가상기억장치 기술이 있다.

9.6 요약

9장에서는 기억장치의 종류와 특성, 반도체 기억장치의 종류와 사용 방법을 소개하고, 기억장치 관련 새로운 용어를 설명하였다. 그리고 프로세서가 기억장치 액세스 속도를 개선하기 위한 캐시기억장치와 용량을 증가시키는 가상기억장치에 대하여 설명하였다.

컴퓨터에는 주기억장치와 보조기억장치가 있다. 주기억장치는 프로세서와 온라인으로 연결되어 있고, ROM과 RAM으로 구성되어 있다. 주기억장치의 대부분을 차지하는 RAM은 휘발성 장치이다. 보조기억장치는 프로세서와 오프라인으로 연결되어 있으며, 전원이 제거되었을 때 프로그램과 데이터를 영구적으로 보관하는 비휘발성 장치이다. 프로세서가 기억장치를 액세스 하는 방법은 순차, 직접, 임의, 연관 액세스 방법이 있다. 연관 액세스 장치는 키 필드로 내용을 액세스하는 특수한 고속 기억장치이다.

주기억장치는 반도체 기억소자로 만들어져 있다. 반도체 기억소자는 RAM과 ROM으로 구별된다. RAM은 SRAM과 DRAM으로 분류되며, ROM은 마스크 ROM, PROM, EPROM, EEPROM, 플래시 메모리로 분류된다. 각 기억소자마다 제공하는 기능과 인터페이스에 따라 컴퓨터에서 활용 방법이 다르다. 여러 개의 기억소자를 사용하여 주기억장치의 비트 폭과 용량을 확장한 기억장치 모듈을 설계하는 방법을 소개하였다.

컴퓨터는 기억장치를 계층적으로 구성하여 활용한다. 기억장치 계층은 레지스터, 캐시기억장치, 주기억장치, 가상기억장치로 구성되어 있다. 프로세서와 가까울수록 사용 빈도가 높고, 액세스 속도가 빠르고, 크기가 작고, 비트당 가격이 비싸다.

캐시기억장치는 참조의 지역성 원리에 따라 주기억장치 액세스 속도를 개선하기 위하여 도입되었다. 주기억장치 블록을 캐시기억장치로 적재하는 방법은 직접매핑, 완전연관매핑, 세트연관매핑 방법이 있다. 캐시에 새로운 라인을 적재할 때, 이미 캐시에 들어 있는 라인 중 하나를 선택하여 교체해야 하며, LRU 알고리즘을 가장 많이 사용한다. 주기억장치에 데이터를 기록할 때는 최종적으로 캐시뿐만 아니라 주기억장치도 갱신되어야 한다. 쓰기정책은 write-through와 write-back 방법이 있다. 그리고 멀티프로세서 환경에서 캐시 일관성을 유지할 필요가 있다.

가상기억장치는 보조기억장치를 활용하여 주기억장치의 용량을 증가시키기 위하여 사용하는 방법이다. 기억장치를 페이지 단위로 분리하여 가상기억장치와 주기억장치 간에 데이터를 교환하는 페이징 기술이 도입되었다. 이를 위하여 페이지 테이블이 필요하다. 페이지 테이블을 사용함으로써 주기억장치 액세스 빈도가 증가하는 것을 방지하기 위하여 변환우선참조버퍼를 도입하였다. 가상기억장치는 기본적으로 운영체제가 관리한다.

연습문제

9.1 기억장치 특성

01 부트로더를 저장하기 위한 기억소자는?

① ROM　② SRAM
③ DRAM　④ Magnetic Core

02 전기 공급이 중단되면 내용을 잃어버리는 특성을 설명하는 용어는?

① 휘발성　② 비휘발성
③ 삭제 가능　④ 삭제 불가능

03 휘발성 기억소자는?

① ROM　② RAM
③ Flash　④ CD-ROM

04 삭제 불가능 장치는?

① ROM　② RAM
③ Flash　④ 하드 디스크

05 프로세서와 주기억장치 간에 데이터를 전송하는 단위는?

① 8비트　② 16비트
③ 32비트　④ 단어

06 컴퓨터와 보조기억장치 간에 데이터를 전송하는 단위는?

① 단어　② 블록
③ 메가 바이트　④ 기가 바이트

07 설명에 해당하는 액세스 방법의 기호를 적어라.

A. 순차 액세스	B. 직접 액세스	C. 임의 액세스	D. 연관 액세스

(1) 키 필드에 의하여 액세스한다.
(2) 처음부터 차례대로 데이터를 액세스한다.
(3) 임의의 장소를 액세스하며 위치와 상관없이 액세스 시간이 같다.
(4) 임의의 장소로 이동하여 데이터를 액세스한다.

08 직접 액세스 장치와 임의 액세스 장치를 구별하는 기준은?

① 용량 ② 휘발성
③ 삭제 가능성 ④ 액세스 속도

09 기억장치 성능을 나타내는 용어 중에서 서로 역수 관계에 있는 두 가지는?

① 용량 ② 전송률
③ 액세스 시간 ④ 사이클 시간

10 기억장치 성능을 나타내는 용어 중에서 같은 의미로 사용되는 두 가지는?

① 대역 폭 ② 전송률
③ 액세스 시간 ④ 사이클 시간

11 컴퓨터에 있는 기억장치를 중앙처리장치에서 가까운 순서로 나열하라.

A. 캐시기억장치	B. 레지스터	C. 보조기억장치	D. 주기억장치

12 기억장치 계층을 구성하는 의미가 아닌 것은?

① 용량을 증가시키기 위하여
② 비트당 가격을 줄이기 위하여
③ 액세스 속도를 개선하기 위하여
④ 재충전 필요성을 제거하기 위하여

13 디스크 캐시에 대한 설명에 해당하는 것은?

① 주기억장치의 일부이다. ② 하드웨어로 관리한다.
③ 캐시기억장치의 일부이다. ④ 디스크로 캐시기억장치를 구현한 것이다.

14 디스크 캐시를 사용하는 목적은?

① 주기억장치의 용량 확장 ② 보조기억장치의 용량 확장
③ 주기억장치 액세스 속도 개선 ④ 보조기억장치 액세스 속도 개선

9.2 반도체 기억장치

01 Programmable ROM에서 "프로그램 가능하다(Programmable)"라는 말의 의미는?

① ROM을 재충전한다. ② ROM에 있는 데이터를 지운다.
③ ROM에 데이터를 기록한다. ④ ROM 안에 있는 프로그램을 실행한다.

02 재충전이 필요한 소자는?

① ROM ② SRAM
③ DRAM ④ EPROM

03 기억장치의 용량을 구하라.

(1) 주소가 24비트이고 데이터가 8비트인 SRAM
(2) 주소가 12비트이고 데이터가 8비트인 DRAM
(3) 주소가 18비트이고 데이터가 8비트인 EPROM의 용량

04 DRAM을 재충전하는 방법은?

① 행(row) 주소를 인가한다. ② 열(column) 주소를 인가한다.
③ 재충전 단자에 전기를 공급한다. ④ 각 데이터 셀의 값을 다시 기록한다.

05 DRAM의 특징이 아닌 것은?

① 집적도가 높다. ② 재충전이 필요하다.
③ SRAM보다 느리다. ④ 주소가 n비트일 때 용량은 2^n이다.

06 데이터를 읽는 방식이 다른 기억소자는?

① ROM ② PROM

③ EPROM ④ EEPROM

07 데이터를 지우는 방식이 다른 기억소자는?

① EPROM ② EEPROM

③ NOR 플래시 ④ NAND 플래시

08 플래시 메모리의 데이터를 지우는 방법은?

① 지울 수 없다. ② 자외선을 쪼여준다.

③ RAM과 같이 셀 단위로 지운다. ④ 특별한 지우기 명령을 제공한다.

09 올바른 것을 선택하라.

(1) NAND 플래시의 한 개의 (블록, 페이지)은 여러 개의 (블록, 페이지)로 구성되어 있다.
(2) NAND 플래시는 (블록, 페이지) 단위로 구성되어 있다.
(3) NAND 플래시는 (블록, 페이지) 단위로 지운다.
(4) NAND 플래시는 (블록, 페이지) 단위로 프로그램 한다.

9.3 기억장치 모듈 설계

01 용량이 512K×8비트 SRAM을 여러 개 사용하여 4M×32비트인 기억장치 모듈을 구성하려고 한다.

(1) 512K×8비트 SRAM의 주소와 데이터의 비트 수는?
(2) 4M×32비트 기억장치 모듈의 주소와 데이터의 비트 수는?
(3) 주소 공간은 몇 배 확장되는가?
(4) 데이터 폭은 몇 배 확장되는가?
(5) 기억장치 모듈을 구성할 때 필요한 SRAM의 수는?
(6) 모듈을 구성할 때 필요한 디코더의 규격은?

02 [그림 9-11(c)]의 회로에서 다음 데이터는 어느 SRAM에 저장되는가?

(1) 주소 21_1230h의 상위 바이트
(2) 주소 21_1230h의 하위 바이트

(3) 주소 3C_3440h의 상위 바이트
(4) 주소 3C_3440h의 하위 바이트

9.4 캐시기억장치

01 컴퓨터가 프로그램을 실행하는 특성 중에서 참조의 지역성을 높이는 요인이 아닌 것은?

① 프로그램 안에는 반복문이 많다.
② 함수는 주로 파라미터와 자신의 지역 변수를 사용한다.
③ 함수 실행이 끝나면 이전에 실행하던 곳으로 복귀한다.
④ 컴퓨터는 여러 개의 프로그램을 번갈아 가면서 실행한다.

02 올바른 것을 선택하라.

(1) 중앙처리장치와 캐시기억장치는 (단어, 블록) 단위로 데이터를 전송한다.
(2) 캐시기억장치와 주기억장치는 (단어, 블록) 단위로 데이터를 전송한다.

03 다음과 같은 액세스 속도를 가진 기억장치 시스템의 평균 액세스 시간을 구하라.

- 캐시기억장치 액세스 시간: t_c = 10nsec
- 주기억장치 액세스 시간: t_m = 200nsec
- 적중률: h = 95%

04 캐시기억장치 운영에 있어서 매핑함수란?

① 주기억장치의 블록 크기를 정하는 방법이다.
② 캐시기억장치의 라인 크기를 정하는 방법이다.
③ 캐시기억장치의 태그 필드에 값을 인코딩 하는 방법이다.
④ 주기억장치의 한 개의 블록을 캐시 라인에 배정하는 규칙이다.

05 기억장치 제원이 다음과 같다.

- 주기억장치 용량은 4G바이트이고, 블록 크기는 128바이트이다.
- 캐시기억장치 용량은 512K바이트이고, 라인 크기는 128바이트이다.

다음과 같은 세 가지 매핑함수에 대하여 태그 비트 수, 라인 비트 수, 단어 비트 수, 그리고 캐시 적중 여부를 판단하기 위한 비교기의 비트 수와 비교기의 수를 구하라.

매핑 방법	주소의 구성			비교기	
	태그 필드	라인 필드	단어 필드	비트	개
직접매핑					
완전연관매핑					
4-way 집합연관매핑					

06 직접매핑의 단점은?

① 교체 알고리즘이 필요하다. ② 비교기의 하드웨어가 복잡하다.
③ 명령어 캐시에 적용할 수 없다. ④ 블록이 한 개의 라인에만 들어갈 수 있다.

07 주기억장치와 캐시기억장치의 규격과 운영 방법이 다음과 같다. 블록(라인) 크기는 4바이트이다.

- 주기억장치 용량은 64바이트이고, 캐시기억장치 용량은 16바이트이다.
- 주기억장치 블록이 들어갈 수 있는 캐시 라인이 여러 개 있을 때, 캐시 라인 번호 중에서 작은 번호의 블록을 우선적으로 선택한다.
- 비어 있는 캐시 라인이 없을 때에는 LRU(least recently used) 알고리즘에 의하여 교체될 라인을 선택한다.
- 완전연관매핑을 사용한다.

어느 순간 캐시기억장치의 상태는 다음과 같다. 태그 필드의 값은 2진수이고 캐시 라인에 들어 있는 16진수는 주기억장치 주소이다. USE 카운터의 값이 적은 라인이 최근에 사용한 라인이다. 즉, 캐시 라인 01이 가장 최근에 사용된 라인이다. 현재상태에서 프로그램이 주소 2Eh, 36h, 33h의 순서로 기억장치를 액세스하려고 한다. 각 주소를 처리할 때, 적중인지 실패인지 판단하고, 처리 후 캐시 상태를 표시하라.

〈 캐시기억장치 상태 〉

라인 번호	태그	캐시 라인 번호				USE
		11	10	01	00	
00	0000	03h	02h	01h	00h	3
01	0010	0bh	0ah	09h	08h	0
10	1010	2bh	2ah	29h	28h	2
11	1101	37h	36h	35h	34h	1

〈 주소 2Eh: (적중/실패) 〉

라인 번호	태그	캐시 라인 번호				USE
		11	10	01	00	
00						
01						
10						
11						

〈 주소 36h: (적중/실패) 〉

라인 번호	태그	캐시 라인 번호				USE
		11	10	01	00	
00						
01						
10						
11						

〈 주소 33h: (적중/실패) 〉

라인 번호	태그	캐시 라인 번호				USE
		11	10	01	00	
00						
01						
10						
11						

08 Dirty 비트의 의미는?

① 중앙처리장치가 캐시 라인의 한 단어를 읽었다.
② 주기억장치 블록이 캐시 라인에 새로 들어왔다.
③ 중앙처리장치가 캐시 라인의 한 단어를 수정하였다.
④ 주기억장치 블록을 캐시 라인으로 복사하는 것을 금지한다.

09 Write-through 쓰기정책의 특성을 모두 선택하라.

① Dirty 비트를 운영해야 한다.
② 주기억장치를 자주 액세스 한다.
③ 주기억장치와 캐시의 데이터 값이 항상 같다.
④ 주기억장치와 캐시의 데이터 값이 다른 순간이 존재한다.

10 캐시 일관성유지를 위한 MESI 알고리즘은 각 라인의 상태를 의미하는 네 개의 단어로 구성되어 있다. 각 단어의 의미를 적어라.

9.5 가상기억장치

01 페이지 크기가 4K바이트이고, 가상기억장치는 16개의 페이지, 그리고 물리기억장치는 4개의 페이지 프레임을 갖고 있는 가상기억장치의 상태가 그림과 같다. 표에 주어진 가상주소에 대하여 페이지 테이블 인덱스와 페이지 테이블의 값을 구하고, 해당 물리주소를 구하라. 만일 가상주소가 물리주소에 존재하지 않다면, 페이지 부재라고 표시하라.

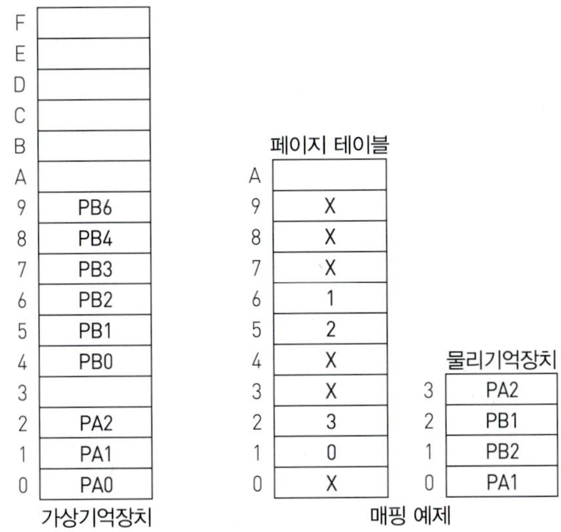

가상주소	페이지 테이블 인덱스	페이지 테이블 값	물리주소/부재
1130h			
2400h			
43FFh			
5730h			
689ah			
74bah			

02 페이지 테이블은 어디에 있는가?

① 중앙처리장치 ② 캐시기억장치
③ 주기억장치 ④ 보조기억장치

03 페이징 기법을 운영하는 주체는?

① 운영체제 ② 제어장치
③ 중앙처리장치 ④ 응용 프로그램

04 프로그램을 실행하면서 중앙처리장치가 생성하는 주소는?

① 논리주소 ② 물리주소
③ 페이지 주소 ④ 캐시기억장치 주소

05 변환우선참조버퍼는 어떤 기억장치인가?

① 순차 액세스 ② 연관 액세스
③ 임의 액세스 ④ 직접 액세스

06 변환우선참조버퍼를 사용하는 목적은?

① 레지스터 액세스 횟수를 줄이기 위하여
② 페이지 테이블 액세스 횟수를 줄이기 위하여
③ 캐시기억장치 액세스 횟수를 줄이기 위하여
④ 보조기억장치 액세스 횟수를 줄이기 위하여

07 프로세서가 생성한 주소에서 데이터를 읽을 때 참조하는 구성 요소를 순서대로 나열하라.

A. 주기억장치	B. 캐시기억장치	C. 페이지 테이블	D. 변환우선참조버퍼

(1) TLB 적중, 캐시 적중일 때
(2) TLB 실패, 페이지 테이블 적중, 캐시 적중일 때
(3) TLB 실패, 페이지 테이블 부재일 때

Chapter

10

입출력

Chapter

10 입출력

입출력장치는 프로그램과 데이터를 컴퓨터로 공급하는 중요한 역할을 담당한다. 데이터 전송 방식, 데이터 형식, 동작 원리 측면에서 여러 종류의 입출력장치가 사용되고 있다. 입출력장치는 기계나 사람의 동작을 포함하고 있으므로 동작 속도 면에서 중앙처리장치나 주기억장치 속도에 비하여 느리다. 기본적으로 입출력장치도 주소로 액세스하므로, 입출력장치를 액세스하는 방법은 기억장치를 액세스하는 방법과 같다. 그렇지만 동작 속도가 느리기 때문에 컴퓨터와 입출력장치가 데이터를 주고받는 특별한 방법이 필요하다. 이 장에서는 컴퓨터가 입출력장치와 데이터를 주고받는 방법을 설명한다.

- 10.1 입출력장치 개요: 입출력장치의 특성을 정리하고, 입출력장치를 컴퓨터 시스템에 연결하는 방법을 설명한다.
- 10.2 프로그램 구동 입출력: 프로그램을 수행함으로써 상태 검사를 검사하고 데이터를 주고받는 방법을 설명한다.
- 10.3 인터럽트 구동 입출력: 입출력장치가 데이터를 전송할 준비가 끝났을 때 중앙처리장치에게 인터럽트를 요청하고 중앙처리장치는 인터럽트 서비스 루틴에서 입출력을 수행하는 방법을 소개한다.
- 10.4 직접기억장치액세스: 입출력장치와 기억장치 간에 데이터를 주고받는 방법을 설명한다.

10.1 입출력장치 개요

여러 가지 입출력장치가 있지만, 컴퓨터와 입출력장치를 연결하는 관점에서 보면 공통성을 찾을 수 있다. 입출력 모듈(I/O module)은 입출력장치에 포함되어 있으면서 컴퓨터 시스템 버스에 연결을 담당하는 부분이다. 컴퓨터와 입출력장치는 입출력 포트(I/O port)를 통하여 서로 데이터를 교환한다. 입출력 포트는 컴퓨터 시스템이 입출력장치에게 할당하는 입출력 전용 주소(address)이다. 이 절에서는 입출력 모듈의 기능과 입출력 포트에 의한 데이터 전송 방법에 대하여 설명한다. 마지막으로 세 가지 입출력 방법을 개략적으로 설명한다.

10.1.1 입출력장치 종류

입출력장치를 주변장치(peripheral)라고도 한다. 입출력장치 종류가 다양한 만큼 입출력장치를 분류하는 기준도 여러 가지 관점이 있다. 입출력장치를 데이터 전달 방향, 사용자, 전송 방식, 통신 방식에 따라 구분해 보자. 입력과 출력의 기준은 컴퓨터이다. 컴퓨터가 데이터를 입력하면 입력장치이고, 컴퓨터가 데이터를 출력하면 출력장치이다.

- 데이터 전달 방향에 의한 분류
  - 입력장치: 컴퓨터는 입력장치가 제공한 데이터를 기억장치에 저장한다.
  - 출력장치: 컴퓨터는 기억장치에 저장된 데이터를 출력장치로 내보낸다.
  - 입출력장치: 입력과 출력을 모두 수행한다.
- 사용자에 의한 분류
  - 사람: 사람이 컴퓨터와 데이터를 주고받는다.
  - 기계: 기계 상태를 감시하거나 기계를 제어한다.
  - 통신장치: 데이터를 통신장치를 통하여 컴퓨터 외부의 다른 장치로 전송한다.
  - 컴퓨터: 보조기억장치에 데이터를 영구적으로 저장한다.
- 전송 방식에 의한 분류
  - 문자 입출력장치: 한 번의 접속으로 한 개의 문자(바이트)를 전송한다.
  - 블록 입출력장치: 한 번의 접속으로 여러 바이트로 구성된 블록을 전송한다.
- 통신 방식에 의한 분류
  - 직렬 방식: 한 번에 한 비트씩 데이터를 전송한다.
  - 병렬 방식: 한 번에 한 바이트 이상의 데이터를 병렬로 전송한다.

표 10-1 입출력장치 분류

주변장치	데이터 전달 방향			사용자				전송 방식		통신 방식	
	입력	출력	입출력	사람	기계	통신	컴퓨터	문자	블록	직렬	병렬
마우스	√			√				√		√	
모니터		√		√					√		√
센서	√				√			√		√	√
모터		√			√			√		√	√
모뎀			√			√		√		√	
네트워크 카드			√			√			√		√
하드 디스크			√				√		√		√
USB 기억장치			√				√		√	√	

〈표 10-1〉은 주변에서 흔히 볼 수 있는 입출력장치를 위에서 구분한 네 가지 관점으로 분류한 예이다. 입출력장치를 보는 관점에 따라 다르게 분류할 수도 있다.

〈10.1.2〉 입출력 모듈

입출력장치는 그 종류와 용도가 다양하지만, 중앙처리장치와 비교할 때 공통으로 다음과 같은 차이점이 있다.

- **동작 속도**: 중앙처리장치나 주기억장치에 비하여 동작 속도가 느리다.
- **동작 방식**: 입출력장치는 대부분 전자기계식으로 동작한다.
- **데이터 형식**: 컴퓨터와 문자(바이트) 단위로 데이터를 주고받는다.
- **오류 발생 가능성**: 데이터 전송 과정에서 오류가 발생할 가능성이 크다.

입출력장치를 [그림 10-1]과 같이 표현할 수 있다. 입출력장치는 컴퓨터의 시스템 버스에 연결된다. 입출력장치 내부를 전자회로 부분과 기계 장치로 구별할 수 있으며, 전자회로 부분을 입출력 모듈(I/O module)이라고 한다. 입출력모듈은 중앙처리장치와 입출력장치의 차이를 해결하는 기능을 수행한다. 입출력 모듈 중에서 시스템 버스와 직접 연결되는 부분을 입출력 인터페이스(I/O interface)라고 한다.

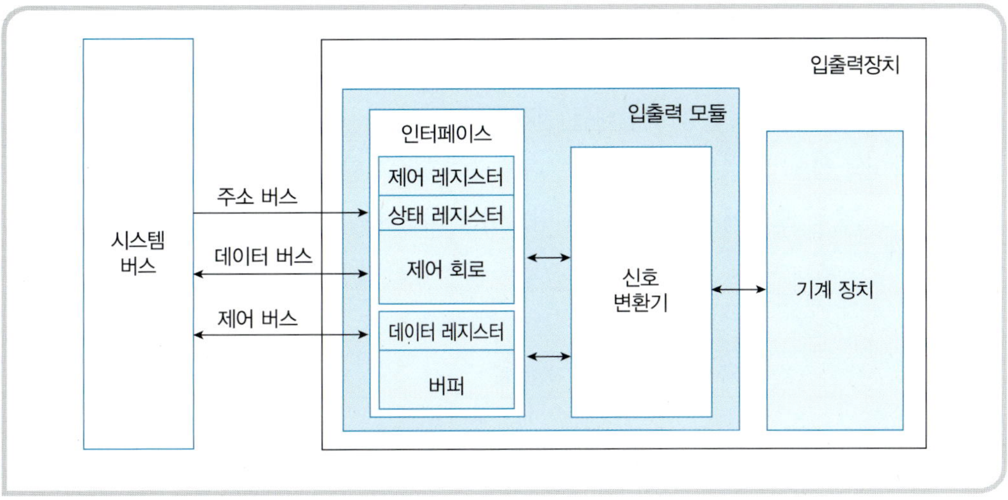

그림 10-1 입출력장치의 구조

입출력 모듈의 내부는 시스템 버스로 연결하는 인터페이스와 신호변환기(transducer)로 구성되어 있다. 신호변환기는 전기 신호를 기계 동작으로 변환하는 기능을 수행하며, 중앙처리장치와 입출력장치의 동작 방식 차이를 해결한다. 예를 들면, 프린터 신호변환기는 용지를 공급하거나 프린터 헤드가 문자를 인쇄하도록 기계 장치를 구동한다. 인터페이스는 입출력장치를 컴퓨터의 시스템 버스로 연결한다. 입출력 인터페이스는 여러 종류의 레지스터를 갖고 있으며, 이것들은 데이터 버스를 통하여 중앙처리장치로 연결된다.

- 제어 레지스터: 입출력장치 기능과 동작 방식을 설정한다.
- 상태 레지스터: 입출력장치 내부 상태를 중앙처리장치에게 알려준다.
- 데이터 레지스터: 데이터 전송 형식을 변환하고 중앙처리장치와 데이터를 주고받는다. 데이터 레지스터를 통해 액세스되는 버퍼는 중앙처리장치와 전송 속도 차이를 극복하는 완충장치 기능을 한다.

입출력 동작은 궁극적으로 컴퓨터 주기억장치와 입출력장치 사이에 데이터를 주고받는 것이다. 중앙처리장치는 자신이 필요할 때 즉시 주기억장치를 사용할 수 있으나, 자신이 필요할 때 바로 입출력장치를 사용할 수 없다. 먼저 입출력장치가 데이터를 송수신할 준비가 되었는지 확인해야 한다. 따라서 입출력장치와 통신하기 위하여 통신 흐름을 제어하기 위한 특별한 절차가 필요하며, 이것을 핸드쉐이킹(handshaking) 또는 프로토콜(protocol)이라고 한다.

[그림 10-2]는 데이터를 입력하는 간단한 핸드쉐이킹의 예이며, 상태 검사와 데이터 전송 과정으로 구성되어 있다.

- 상태 검사: 중앙처리장치는 데이터 전송 준비가 되었는지 확인하기 위하여 입출력 모듈에게 상태를 요청한다. 만일 입출력 모듈이 데이터를 전송할 준비가 되어 있지 않다면, 나중에 다시 상태를 검사한다.
- 데이터 전송: 입출력 모듈이 데이터를 전송할 수 있음을 확인한 후, 중앙처리장치는 입출력 모듈에서 데이터를 전달받아 기억장치에 저장한다.

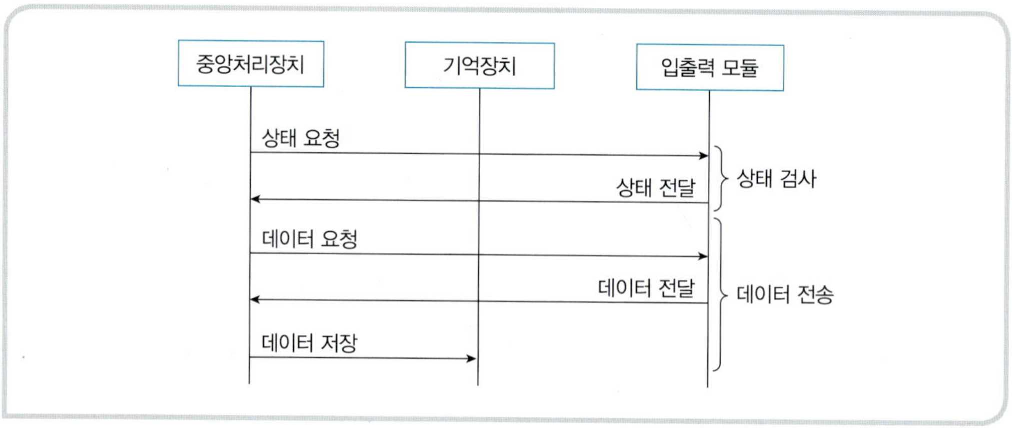

그림 10-2 간단한 핸드쉐이킹

핸드쉐이킹 절차는 입출력장치 특성에 따라 아주 복잡할 수도 있다. 핸드쉐이킹은 프로그램에 의하여 수행되며, 오류 검출과 오류 수정 기능을 포함하기도 한다.

10.1.3 입출력 포트

컴퓨터는 입출력장치에게 할당되는 주소로 입출력장치를 구별하며, 이 주소가 입출력 포트(I/O port)이다. 입출력 포트를 기억장치 주소 공간에 할당하는 것을 기억장치 맵(memory map)이라고 하고, 별도의 주소 공간에 할당하는 것을 입출력 맵(I/O map) 또는 독립 입출력 맵(isolated I/O map)이라고 한다.

모든 프로세서는 기억장치를 사용하므로 반드시 기억장치 주소 공간을 제공한다. 그러나 프로세서에 따라 독립 입출력 주소 공간을 제공하지 않는 것도 있다. 이때는 입력과 출력 명령어도 제공하지 않으며, 입출력장치를 반드시 기억장치 맵에 연결해야 한다. 프로세서가 별도의 입출력 주소 공간을 제공할 때, 입출력장치를 입출력 맵이나 기억장치 맵에 할당할 수 있다.

표 10-2 입출력장치에 대한 제어신호

제어신호	의미	명령어	비고
MR(Memory Read)	기억장치 주소에서 데이터를 읽는다.	Load	모든 프로세서가 제공한다.
MW(Memory Write)	기억장치 주소에 데이터를 쓴다.	Store	
IOR(I/O Read)	입출력 포트에서 데이터를 읽는다.	Input	제공하지 않는 프로세서도 있다.
IOW(I/O Write)	입출력 포트에 데이터를 쓴다.	Output	

입출력 포트는 주소 버스를 디코드하여 결정한다. 입출력장치의 데이터는 데이터 버스에 연결한다. 입출력장치 제어신호는 〈표 10-2〉와 같이 MR, MW, IOR, IOW가 있다.

- MR(Memory Read): 중앙처리장치가 기억장치 읽기(load) 명령어를 실행할 때 활성화된다.
- MW(Memory Write): 중앙처리장치가 기억장치 쓰기(store) 명령어를 실행할 때 활성화된다.
- IOR(I/O Read): 중앙처리장치가 입출력 포트 입력(input) 명령어를 실행할 때 활성화된다.
- IOW(I/O Write): 중앙처리장치가 입출력 포트 출력(output) 명령어를 실행할 때 활성화된다.

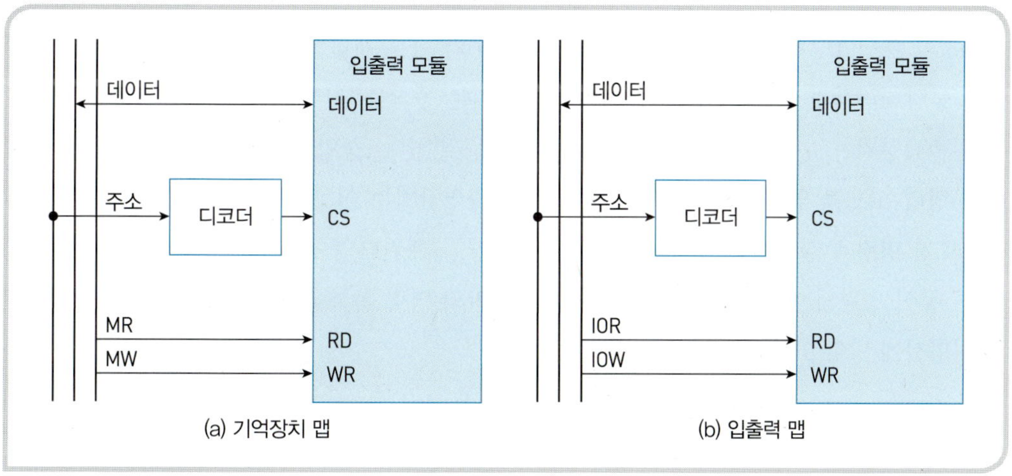

그림 10-3 입출력 포트 할당

[그림 10-3]은 입출력장치를 기억장치 맵과 입출력 맵에 연결한 모습을 보여준다. 입출력 모듈은 데이터, 칩 선택(CS), 읽기(RD)와 쓰기(WR) 신호를 제공한다. 시스템의 주소 버스를 디코드하여 입출력 모듈의 칩 선택에 연결함으로써, 입출력장치 주소를 결정한다. 시스템 제어 버스의 MR과 MW을 입출력 모듈의 RD와 WR에 연결하면 입출력장치를 기억장치 맵에 연결하는 것이고, 시스템 제어 버스의 IOR과 IOW을 입출력 모듈의 RD와 WR에 연결하면 입출력장치를 입출력 맵에 연결하는 것이다.

프로세서의 명령어 집합은 입출력 동작과 관련하여 기억장치 적재(load)와 저장(store) 그리고 입력(input)과 출력(output) 명령어를 포함하고 있다. 앞에서 설명하였듯이 입력과 출력 명령어를 제공하지 않는 프로세서도 있다. 명령어 형식은 프로세서마다 다르게 정의할 수 있으나, 이 교재에서는 명령어가 다음과 같이 정의되어 있다고 가정한다.

- LOAD [레지스터], [기억장치 주소]: 주소 버스에 기억장치 주소를 출력하고, 제어신호 MR을 활성화한다. 데이터 버스 값을 레지스터로 적재한다.
- STORE [기억장치 주소], [레지스터]: 주소 버스에 기억장치 주소를 출력하고, 데이터 버스에 레지스터 값을 출력하고, 제어신호 MW를 활성화한다.
- INPUT [레지스터], [입출력 포트]: 주소 버스에 입출력 포트를 출력하고, 제어신호 IOR을 활성화한다. 데이터 버스 값을 레지스터로 적재한다.
- OUTPUT [입출력 포트], [레지스터]: 주소 버스에 입출력 포트를 출력하고, 데이터 버스에 레지스터 값을 출력하고, 제어신호 IOW를 활성화한다.

입출력 명령(I/O command)은 명령어(instruction)와 다른 개념으로 사용되는 용어이다. 명령어는 중앙처리장치가 인식하고 실행할 수 있는 기본 동작을 나타내는 코드이고, 입출력 명령은 입출력장치가 수행하는 어떤 의미 있는 동작을 말한다. 중앙처리장치는 프로그램을 실행하여 명령 코드를 입출력장치에게 전달하고, 입출력장치는 이 코드에 해당하는 동작을 수행함으로써 명령을 실행한다. "CD 트레이를 꺼내라", "프린터의 용지가 공급되어 있는지 검사하라" 등이 명령의 예이다. 입출력장치마다 자신만의 명령 목록을 제공하고 있으며, 입출력장치 설명서에 명령 코드와 의미가 설명되어 있다.

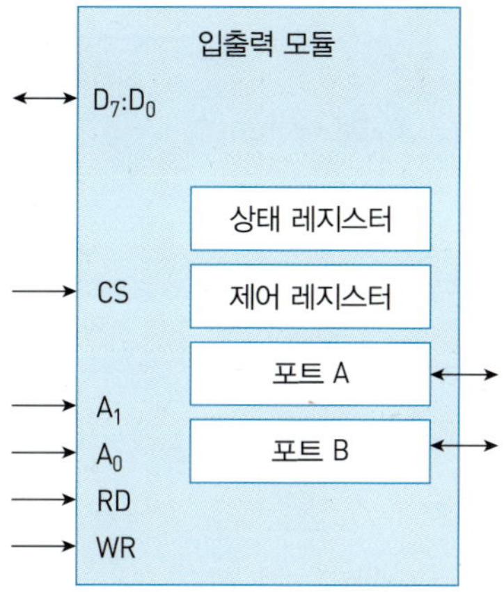

그림 10-4 GPIO 장치

입출력장치의 예로 [그림 10-4]의 GPIO(General Purpose Input/Output) 장치를 생각해 보자. GPIO는 설정에 따라 입력과 출력 중 한 가지로 사용할 수 있는 입출력장치이다. GPIO 장치는 상태 레지스터, 제어 레지스터, 그리고 두 개의 범용 포트 A와 B로 구성되는 네 개의 레지스터를 포함하고 있으며, 다음과 같은 신호를 제공한다.

- 8비트 데이터(D_7:D_0): 내부 레지스터의 값을 전달한다.
- 칩 선택(CS): GPIO 장치를 활성화한다.
- 2비트 주소(A_1:A_0): 내부 레지스터 중 하나를 선택한다.
- 읽기(RD): A_1:A_0으로 선택한 레지스터 값을 D_7:D_0로 출력한다.
- 쓰기(WR): A_1:A_0으로 선택한 레지스터에 D_7:D_0의 값을 기록한다.

표 10-3 입출력 모듈의 동작표

CS	A_1	A_0	RD	WR	동작
0	X	X	X	X	동작하지 않는다.
1	0	0	1	0	상태 레지스터를 데이터로 출력한다.
1	0	1	0	1	제어 레지스터에 데이터를 기록한다.
1	1	0	1	0	포트 A의 값을 데이터로 출력한다.
1	1	0	0	1	포트 A에 데이터를 기록한다.
1	1	1	1	0	포트 B의 값을 데이터로 출력한다.
1	1	1	0	1	포트 B에 데이터를 기록한다.

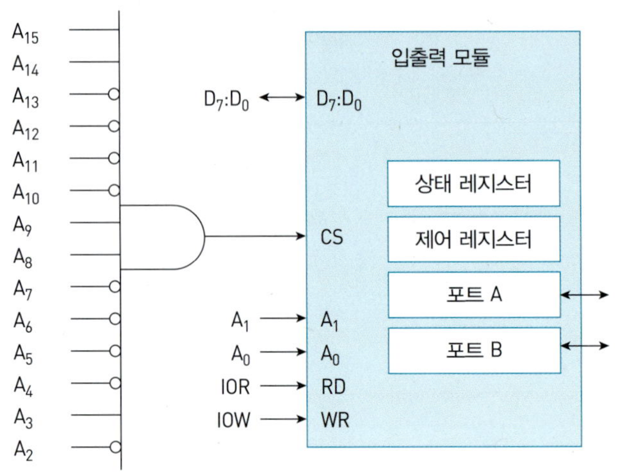

그림 10-5 GPIO 장치 연결

〈표 10-3〉은 GPIO 장치의 동작을 요약한 것이다. 프로세서가 제공하는 입출력 주소를 16비트라고 가정한다. 입출력 주소 공간은 0000h부터 FFFFh까지이다. [그림 10-5]는 GPIO 장치를 입출력 공간 C308h~C30Bh에 연결한 회로도이다. 주소에 표시된 작은 동그라미는 주소 비트 값을 반전함을 나타낸다. AND 게이트는 주소 디코더 기능을 하며, 주소가 1100_0011_0000_10XX일 때 1을 출력한다. 시스템 버스의 주소 A_1:A_0을 GPIO 장치의 A_1:A_0에 연결하여 내부 레지스터를 선택하도록 만든다. GPIO 장치의 D_7:D_0를 데이터 버스로 직접 연결한다. 그리고 시스템 제어 버스의 IOR과 IOW를 GPIO 장치의 RD와 WR에 연결한다. 시스템 주소 버스에 C308h~C30Bh 이외의 주소가 실려 있을 때 GPIO 장치는 동작하지 않는다. 이렇게 연결할 때, 다음과 같은 입출력 포트로 GPIO 장치의 레지스터를 선택할 수 있다.

- C308h 번지: 상태 레지스터를 선택한다.
- C309h 번지: 제어 레지스터를 선택한다.
- C30Ah 번지: 포트 A 레지스터를 선택한다.
- C30Bh 번지: 포트 B 레지스터를 선택한다.

예제 10-1 [그림 10-5] 회로에서 다음과 같은 명령어를 실행할 때 입출력 동작을 해석하라. R0, R1은 범용 레지스터이다.

(1) INPUT R0, C308h
(2) OUTPUT C309h, R0
(3) INPUT R1, C300Ah
(4) OUTPUT C30Bh, R1

풀이

(1) 상태 레지스터를 읽어 R0에 저장한다.
(2) R0 값을 제어 레지스터에 기록한다.
(3) 포트 A를 읽어 R1에 저장한다.
(4) R2 값을 포트 B로 출력한다.

〈10.1.4〉 입출력 방법

컴퓨터와 입출력장치 간에 데이터를 주고받는 방법은 세 가지가 있다. 〈표 10-4〉는 세 가지 입출력 방법을 요약한 것이다. 대부분의 프로세서는 이 기능을 모두 지원한다.

표 10-4 입출력 방법

입출력 방법	상태 검사	입출력 동작	기억장치 전송	준비 사항
프로그램 구동 입출력	중앙처리장치	중앙처리장치	중앙처리장치	없음
인터럽트 구동 입출력	없음	중앙처리장치	중앙처리장치	인터럽트 벡터 인터럽트 서비스 루틴
직접기억장치액세스	없음	DMA 제어기	DMA 제어기	DMA 제어기 초기화

프로그램 구동 입출력(programmed I/O) 방법은 중앙처리장치가 프로그램을 수행함으로써 직접 입출력 동작을 수행한다. 먼저 입출력장치가 송수신 준비를 마쳤는지 상태를 검사하고, 입출력장치에서 레지스터로 데이터를 읽어 기억장치로 저장하거나, 기억장치의 데이터를 레지스터에 적재한 후 입출력장치로 출력한다. 특별히 미리 준비할 사항이 없고 개념이 간단한 장점이 있으나, 중앙처리장치가 모든 입출력 과정에 관여한다는 것이 부담이다. 특히 입출력 장치 속도가 느릴 때, 입출력 준비가 완료되었는지 상태를 검사하는 부분에서 시간을 많이 소비할 가능성이 크다.

인터럽트 구동 입출력(interrupt-driven I/O) 방법에서 중앙처리장치는 입출력 준비 상태를 검사하지 않는다. 그 대신에 입출력장치가 데이터 송수신 준비를 마치면 중앙처리장치에게 인터럽트를 요청한다. 인터럽트 요청이 발생하면 중앙처리장치는 인터럽트 서비스 루틴을 실행함으로써 입출력 동작을 수행한다. 속도가 느린 입출력장치가 데이터를 준비하는 동안에 중앙처리장치는 다른 프로그램을 수행할 수 있다는 장점이 있다. 반면에 입출력 인터럽트를 받아들이기 위한 준비가 필요하다. 인터럽트를 요청한 장치를 구별할 수 있어야 하고, 인터럽트 서비스 루틴을 찾기 위한 인터럽트 벡터가 설정되어 있어야 하고, 기억장치에 인터럽트 서비스 루틴이 적재되어 있어야 한다.

입출력장치의 동작 속도가 느리고 한 번에 한 개의 문자(바이트) 단위로 데이터를 전송하는 경우에 프로그램 구동 입출력이나 인터럽트 구동 입출력 방법을 주로 사용한다.

직접기억장치액세스(DMA, Direct Memory Access) 방법은 중앙처리장치가 입출력 준비 상태를 검사하지 않을 뿐만 아니라 데이터 전송도 관여하지 않는다. DMA 방식으로 입출력을 수행하려면 DMA 제어기(DMAC, DMA Controller)가 필요하며, 이것이 입출력 동작과 기억장치를 모두 제어한다. 입출력 동작이 수행되기 전에 중앙처리장치는 DMA 제어기에게 입출력장치 주소, 데이터 전송 방향, 기억장치 주소, 한 번의 DMA 전송으로 전달할 데이터 양을 미리 알려주어야 한다. 입출력장치가 데이터 전송 준비가 완료되었을 때 DMA 제어기는 중앙처리장치에게 시스템 버스를 자신이 사용하겠다고 요청한다. 중앙처리장치는 버스 사용을 허가하고, 아무 일도 하지 않고 가만히 기다린다. 이 시간 동안에 DMA 제어기는 기억장치에 대하여 입출력을 수행한다. 일반적으로 하드 디스크나 네트워크 카드와 같이 데이터 전송 속도가 빠르고 한 번에 많은 데이터를 전송할 필요가 있는 입출력장치에 DMA 방법을 사용한다.

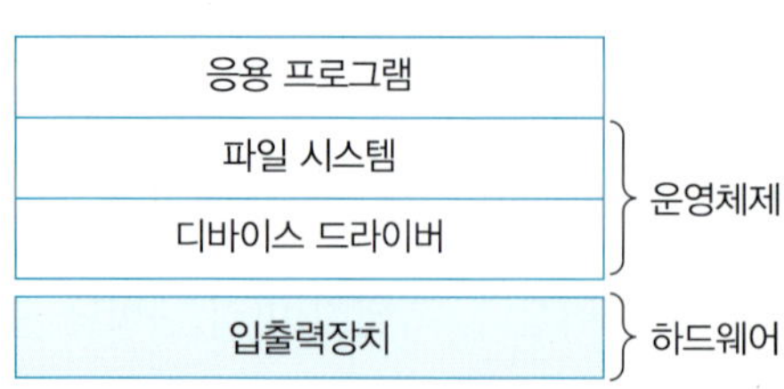

그림 10-6 소프트웨어 계층

입출력 프로그램을 작성하려면 입출력장치가 제공하는 모든 명령을 알고 있어야 한다. 일반 프로그래머는 입출력장치를 구동하는 프로그램을 작성하기 쉽지 않다. 만일 컴퓨터 사용자가 입출력장치를 구동하는 프로그램을 작성할 수 있다고 하더라도, 한 개의 컴퓨터에 여러 프로세스가 실행될 수 있으므로, 프로세스들이 같은 시간대에 입출력장치를 구동한다면 혼란이 발생할 수도 있다. 따라서 [그림 10-6]과 같이 운영체제가 입출력장치를 관리하는 것이 일반적이다. 운영체제 기능 중에서 입출력장치를 제어하는 프로그램을 디바이스 드라이버(device driver)라고 한다. 대부분의 운영체제는 일반 프로그래머가 입출력장치를 파일처럼 다룰 수 있도록 소프트웨어 인터페이스를 제공한다. 디바이스 드라이버의 상위 계층에 파일 시스템이 연결되어 있다.

10.2 프로그램 구동 입출력

프로그램 구동 입출력(programmed I/O)은 중앙처리장치가 프로그램을 수행함으로써 모든 입출력 과정을 통제하는 방법이다. [그림 10-7]은 이 방식으로 n바이트의 데이터를 입력하고 출력하는 프로그램의 흐름도이다.

[그림 10-7(a)] 입력 프로그램을 살펴보자. 입력할 데이터 수를 세기 위한 카운터를 n으로 초기화한다. 그러고 나서 입출력 모듈에서 장치 상태를 읽고, 입출력장치가 데이터 전송 준비를 마쳤는지 검사한다. 일반적으로 입출력장치의 속도가 느리므로 여러 번 반복하여 상태를 검사한다. 입출력장치가 데이터 전송 준비를 마쳤음을 확인한 후, 중앙처리장치는 입출력 모듈에서 한 바이트의 데이터를 읽고 기억장치에 저장한다. 그러고 나서 카운터를 감소시키고 n바이트 데이터 전송이 끝났는지 확인한다. 만일 카운터 값이 0이 아니면, 다시 상태 입력 단계부터 반복한다.

데이터를 출력하는 [그림 10-7(b)]도 프로그램의 전체 흐름은 입력의 흐름과 마찬가지이다. 다만, 상태 검사를 마친 후 기억장치에서 데이터를 적재하고 입출력 모듈로 전송하는 부분만 다르다.

입출력장치 동작이 느릴 때, 프로그램 구동 입출력은 상태 검사 부분에서 시간을 많이 소모한다. 예를 들어, 중앙처리장치가 명령어를 한 개 실행하는 시간이 1μsec이고, 입출력장치가 데이터를 준비하는 시간이 1msec라고 가정하자. 중앙처리장치는 상태 검사 동작으로 입출력 포트를 읽어 레지스터에 저장하고 레지스터의 값을 비교하는 두 개의 명령어를 실행한다고 가정하자. 정확하게는 데이터 입력과 저장 그리고 카운터 갱신 시간을 포함해서 계산해야 하지만, 대략 500번 상태를 검사해야 한다. 이것은 상당한 시간 낭비이다.

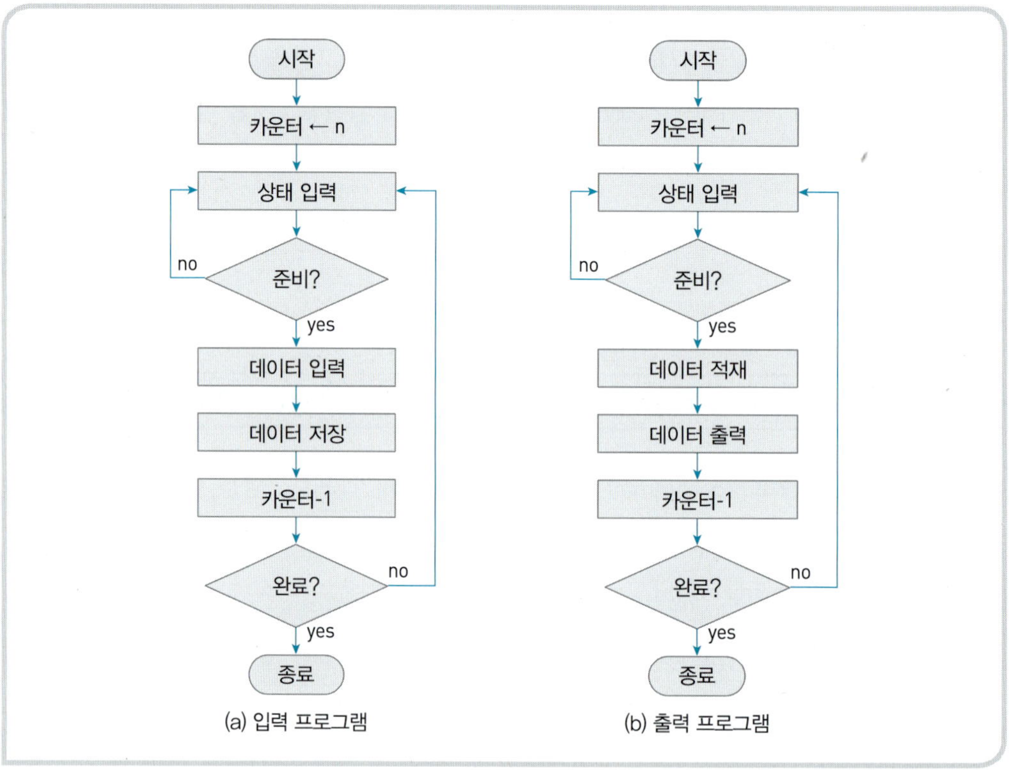

그림 10-7 입출력 프로그램의 흐름도

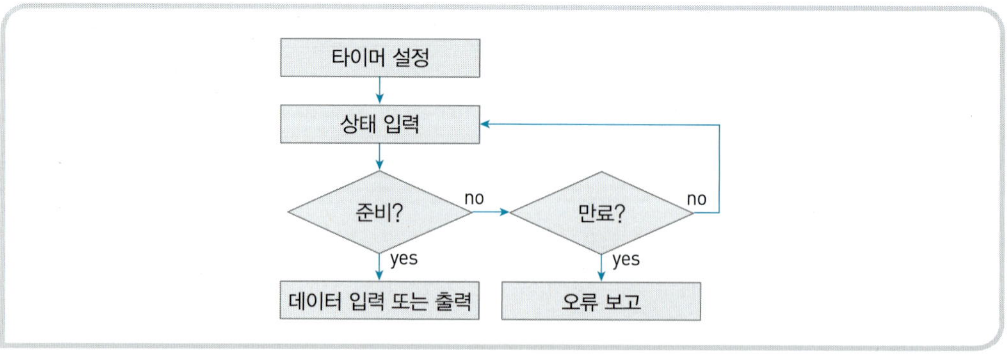

그림 10-8 워치독 타이머의 활용

만일 입출력장치 전원이 꺼져 있거나 입출력장치가 고장이면, 상태 검사 루프에서 빠져나오지 못할 수도 있다. 이런 문제에 대비하여 워치독 타이머(watch-dog timer)를 사용한다. 만일 컴퓨터에 시간을 측정하는 기능이 있다면, 입출력장치가 데이터를 준비하는데 걸리는 시간 이내에 데이터 전송 준비를 완료하는지 검사한다. 만일 시간을 측정하는 기능이 없다면, 상태를 검사하는 루프의 반복 횟수를 제한할 수 있다. [그림 10-8]은 워치독 타이머를 사용하는 입출력 프로그램의 흐름도이다. 상태 검사 전에 입출력장치가 데이터를 준비하는 정상적인 시간의 두세 배 정도로 워치독 타이머를 초기화한다. 상태를 입력하고 아직 입출력장치가 아직 준비되어 있지 않다면, 타이머가 만료되었는지 검사한다. 만일 타이머가 만료되지 않았다면, 계속 상태를 검사한다. 그러나 타이머가 만료되었다면, 입출력장치에 문제가 발생한 것으로 판단하고 상태 검사 루프를 빠져나와 오류가 발생하였음을 표시한다.

7	6	5	4	3	2	1	0
X	X	X	X	X	X	R_B	R_A

그림 10-9 GPIO 장치의 상태 레지스터 예

[그림 10-5] GPIO 장치에서 프로그램 구동 입출력 방법으로 포트 A에서 100바이트의 데이터를 입력하는 C 언어 프로그램을 작성해 보자. 포트 A의 주소는 C30Ah번지이다. C308h번지의 상태 레지스터는 [그림 10-9]와 같은 기능을 갖는다고 가정한다. 비트 0은 포트 A의 상태를 나타내고 비트 1은 포트 B의 상태를 나타낸다. 만일 포트 A에 데이터가 준비되어 있다면, 상태 레지스터를 읽었을 때 비트 0의 값이 1이다. 데이터를 입력하는 다음과 같은 라이브러리 함수가 있다고 가정한다.

```
unsinged char input(unsigned int io_port);
```

이 함수는 입출력 포트를 매개변수로 받고, 해당 포트에서 한 바이트 크기의 데이터를 읽어 리턴한다. 입출력장치에서 DATA_SIZE개의 데이터를 읽어 배열 io_data[]에 저장하는 C 언어 함수 read_data()의 소스 코드는 다음과 같다. 이 함수가 1을 리턴하면 입출력 동작을 성공한 것이고, 0을 리턴하면 실패한 것이다.

```
1.  #define DATA_SIZE       100
2.  #define TIME_OUT        10000
3.  #define STATUS_PORT     0xC308
4.  #define PORT_A          0xC30A

5.  #define IO_READY        (input(STATUS_PORT) & 0x01)
6.  #define IO_READ         input(PORT_A)

7.  unsigned char io_data[DATA_SIZE];

8.  int read_data(void)
9.  {
10.     int watch_dog = TIME_OUT;
11.     int index = 0;
12.     do {
13.         while ((watch_dog>0) && (IO_READY != 1))
14.             watch_dog -= 1;
15.         if (watch_dog != 0)
16.             io_data[index++] = IO_READ;
17.         else
18.             break;          // IO error
19.     } while (index < DATA_SIZE);
20.     if (index == DATA_SIZE)
21.             return 1;
22.     else
23.         return 0;
24. }
```

- 라인 1-4: 기본 상수를 정의한다. 상태를 조사하는 최대 반복 횟수를 10,000으로 가정한다.
- 라인 5: 상태 포트를 읽어 비트 0의 값을 조사하는 매크로 함수를 정의한다. 연산식의 값이 1이면 데이터가 준비된 것이다.
- 라인 6: 포트 A를 읽는 매크로 함수를 정의한다.
- 라인 7: 포트 A에서 읽을 데이터를 저장할 배열을 선언한다.
- 라인 10: 워치독 카운트로 사용할 변수 watch_dog을 초기화한다.

- 라인 11: 데이터를 저장할 배열 io_data[]의 인덱스를 0으로 초기화한다.
- 라인 12-19: 포트 A에서 100바이트를 읽어 io_data[]에 저장하는 루프이다.
- 라인 13: watch_dog의 값이 0보다 크고 입출력장치가 아직 준비되지 않았는지 조사한다.
- 라인 14: 아직 입출력장치가 준비되지 않았다면, watch_dog 값을 줄이고, 라인 13을 다시 반복한다.
- 라인 15: 프로그램이 여기에 도달했을 때 watch_dog 값이 0이 아니면, 입출력장치에 데이터가 준비된 것이다.
- 라인 16: 데이터를 읽어 배열 io_data[]에 저장하고, 라인 19로 이동하여 루프를 반복한다.
- 라인 17: 프로그램이 여기에 도달하면, 반복 횟수 내에 입출력장치가 준비되지 않은 것이다.
- 라인 18: 오류가 발생하였으므로, 루프를 벗어난다.
- 라인 19: 읽은 데이터 수가 DATA_SIZE보다 적으면, 라인 12로 돌아가 다음 데이터를 읽는다.
- 라인 20-23: 프로그램이 여기에 도달하면, 데이터를 읽는 루프를 벗어난 것이다. 만일 index가 DATA_SIZE와 같으면, 데이터를 모두 성공적으로 읽은 것이므로 1을 리턴한다. 그렇지 않으면, 라인 18에 의해 중단된 것이므로 0을 리턴하여, 실패임을 알린다.

10.3 인터럽트 구동 입출력

인터럽트 개념과 동작 원리에 대하여 이미 4장에서 설명한 바 있다. 기억을 되살리는 의미에서 인터럽트에 관한 중요한 사항을 정리하면 다음과 같다.

- 인터럽트는 중앙처리장치가 컴퓨터 내부 또는 외부에서 발생하는 갑작스러운 사건에 대처하는 기능이다.
- 중앙처리장치는 명령어 사이클의 실행단계가 끝날 때마다 제어 버스의 인터럽트 요청(Interrupt Request) 신호를 검사하여, 인터럽트 요청이 있으면 인터럽트단계를 수행한다.

- 인터럽트단계에서 인터럽트를 요청한 원인을 알아내고, 프로그램 카운터와 상태 레지스터를 스택에 저장하고, 인터럽트 서비스 루틴의 주소를 프로그램 카운터에 적재한다.
- 인터럽트 서비스 루틴에서 리턴할 때, 프로그램 카운터와 상태 레지스터를 복구함으로써 중단된 명령어 이후의 명령어들을 실행한다.
- 프로그래머는 외부 인터럽트 허용 여부를 결정하기 위하여 상태 레지스터에 포함된 인터럽트 가능 플래그(IE 플래그)를 사용한다.

인터럽트 구동 입출력(interrupt-driven I/O)은 인터럽트 기능을 사용하여 인터럽트 서비스 루틴에서 데이터를 입출력 하는 방법이며, 프로그램 구동 입출력 방법의 단점인 대기 시간을 없애는 장점이 있다. 이 절에서는 입출력 관점에서 인터럽트 서비스 루틴을 실행하는 과정을 설명하고, 여러 장치가 인터럽트를 요청하는 다중 인터럽트 환경에 대처하는 방법을 소개한다.

〈10.3.1〉 인터럽트 서비스 루틴

[그림 10-10]은 인터럽트를 준비하는 과정과 인터럽트 서비스 루틴에서 데이터를 입력하는 과정을 보여준다. 먼저 시스템을 초기화하면서 인터럽트 구동 입출력을 준비하는 과정을 알아보자.

- 인터럽트 서비스 루틴을 주기억장치에 적재하고,
- 인터럽트 벡터를 올바르게 설정한 다음에,
- 인터럽트 가능 플래그를 1로 만들어 인터럽트 요청을 허용한다.

그 후에 컴퓨터는 자신이 수행해야 할 프로그램을 실행한다. 이 과정에서 입출력 동작이 필요하면 입출력 모듈에게 입출력을 시작하라는 명령(command)을 출력한다. 그러고 나서 계속 다른 프로그램을 실행한다. 컴퓨터가 다른 프로그램을 실행하는 동안에 입출력장치는 전송할 데이터를 준비한다. 데이터 전송 준비를 마치면, 입출력 모듈은 중앙처리장치에게 인터럽트를 요청한다.

명령어 사이클의 인터럽트단계에서 중앙처리장치는 제어 버스의 인터럽트 확인(interrupt acknowledge) 신호를 활성화하여 인터럽트를 요청한 장치를 알아내고, 올바른 인터럽트 벡터를 프로그램 카운터에 적재하여 인터럽트 서비스 루틴을 시작한다. 이 과정은 하드웨어로 수

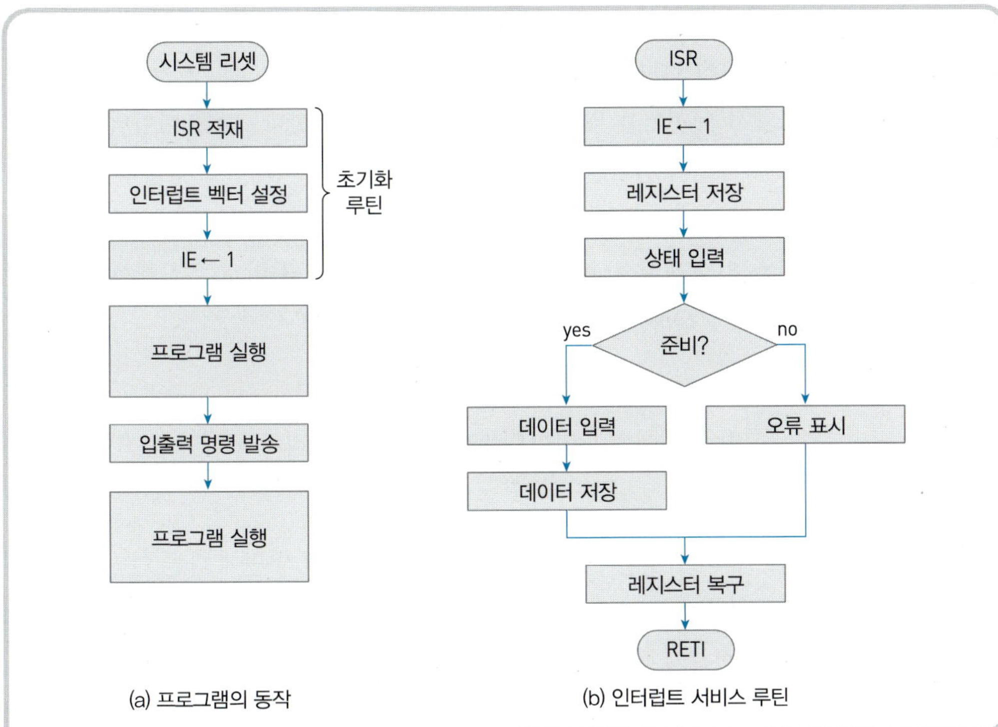

그림 10-10 인터럽트에 의한 데이터 입력 처리 과정

행된다. 대부분의 중앙처리장치는 인터럽트단계에서 인터럽트 가능 플래그를 0으로 만들어 인터럽트 요청을 금지한다. 이 인터럽트를 처리할 때까지 다른 인터럽트를 받아들이지 않도록 조치하는 것이다. 프로세서에 따라 인터럽트단계에서 인터럽트 가능 플래그를 0으로 만들지 않는 것도 있다.

인터럽트 서비스 루틴은 다음과 같은 순서로 데이터 입출력 동작을 처리한다.

- 먼저 인터럽트 가능 플래그를 1로 만드는 명령어(STI)를 실행하여, 인터럽트 서비스 루틴을 수행하는 도중에도 다른 인터럽트 요청을 허용하도록 만든다. 만일 이 명령어를 생략한다면, 인터럽트 서비스 루틴을 실행하는 도중에 다른 인터럽트 요청을 허용하지 않는 상태를 유지하는 것이며, 인터럽트에서 복귀하기 전에 STI 명령어를 실행해야 한다.
- 인터럽트 서비스 루틴에서 사용하는 레지스터들을 스택에 저장한다.
- 입출력 모듈에서 상태를 읽어 데이터 전송 준비를 마쳤는지 검사한다. 입출력장치가 데이터 전송 준비를 마쳤기 때문에 인터럽트를 요청하였을 것이므로, 이 과정

을 생략해도 문제가 없다. 다만 데이터 준비 상태를 확인하기 위함이다. 만일 데이터가 준비되어 있지 않다면 오류를 표시한다.

- 입출력 포트에서 데이터를 입력하고 기억장치에 저장한다. 만일 데이터를 출력하는 인터럽트 서비스 루틴이면, 기억장치에서 데이터를 적재하고 입출력 포트로 출력한다.
- 스택에 저장하였던 레지스터들을 복구하고, 인터럽트 서비스 루틴에서 리턴하는 명령어(IRET)를 실행하여 원래 프로그램으로 돌아간다.

반복해서 데이터 준비 상태를 검사하지 않는다는 점이 인터럽트 구동 입출력으로 얻는 장점이다. 인터럽트라는 복잡한 체계를 도입함으로써 얻는 이익이 적어 보일 수 있으나, 실제로 많은 시간을 절약할 수 있다.

프로그램이 인터럽트 서비스 루틴에서 저장한 데이터를 사용하기 전에 다른 인터럽트 요청이 발생한다면, 이전에 저장해 두었던 데이터를 잃어버릴 수 있다. 이런 문제를 해결하기 위하여 인터럽트 서비스 루틴에서 데이터를 저장하는 기억장소를 큐(queue, First-In-First-Out 방식으로 운영되는 자료 구조) 형태로 사용하는 것이 일반적이다. 원래 프로그램은 큐를 조사하여 데이터가 들어 있다면, 큐에서 데이터를 꺼내 사용한다.

10.3.2 다중 인터럽트 처리

일반적으로 컴퓨터에 여러 개의 입출력장치가 연결되어 있으며, 입출력장치마다 인터럽트를 요청할 수 있다. 이런 상황을 다중 인터럽트(multiple interrupts)라고 한다. 다중 인터럽트를 처리하기 위하여 각 입출력장치마다 인터럽트 서비스 루틴이 마련되어 있어야 하고, 인터럽트를 요청한 장치를 구별할 수 있어야 한다.

중앙처리장치는 명령어 사이클의 실행단계가 끝날 때 인터럽트 요청이 있는지 검사한다. 만일 인터럽트 요청이 있다면, 인터럽트단계에서 해당 입출력장치에 대한 인터럽트 서비스 루틴의 주소를 결정한다. 인터럽트 서비스 루틴의 시작 주소를 인터럽트 벡터(interrupt vector)라고 한다. 주기억장치의 특정 영역에 여러 인터럽트에 대한 인터럽트 벡터를 모아 놓는 영역이 있으며, 이곳을 인터럽트 벡터 테이블(interrupt vector table)이라고 한다. 기억장치 안에 인터럽트 벡터 테이블의 위치는 고정되어 있다. 대부분의 프로세서에서 인터럽트 벡터 테이블은 0번지부터 시작하고, 0번지에는 시스템 리셋 인터럽트의 벡터가 들어있다.

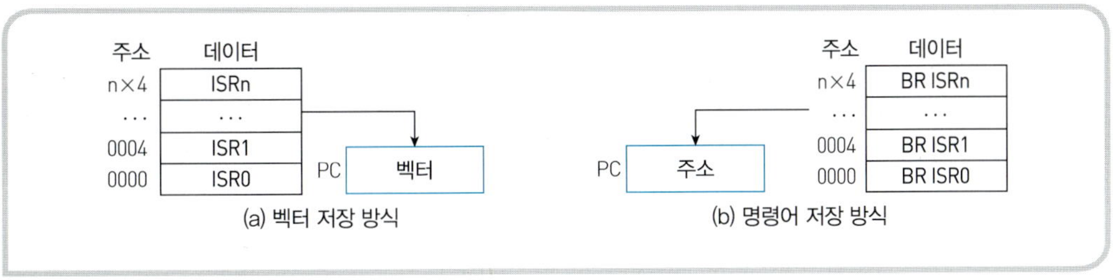

그림 10-11 인터럽트 벡터 테이블

인터럽트 벡터를 저장하는 방법은 [그림 10-11]과 같이 벡터 저장 방식과 명령어 저장 방식이 있다. [그림 10-11]에서 n은 인터럽트 번호이고 ISRn은 인터럽트 서비스 루틴의 시작 주소(인터럽트 벡터)이다. 벡터 한 개의 크기는 4바이트로 가정한다. 따라서 인터럽트 n번의 인터럽트 벡터는 기억장치 n×4번지에 저장된다.

- **벡터 저장 방식**: 인터럽트 벡터 테이블에 인터럽트 서비스 루틴의 시작 주소를 저장한다. 중앙처리장치는 인터럽트단계에서 인터럽트 번호를 확인하고 기억장치 n×4번지 값을 프로그램 카운터에 적재한다.
- **명령어 저장 방식**: 인터럽트 벡터 테이블에 인터럽트 서비스 루틴의 시작 주소로 무조건분기 명령어(BR ISRn)를 저장한다. 중앙처리장치는 인터럽트단계에서 인터럽트 번호를 확인하고 n×4를 프로그램 카운터에 적재한다. 따라서 중앙처리장치는 인터럽트단계가 끝나고 인출단계에서 “BR ISRn” 명령어를 인출한다.

다중 인터럽트를 처리하는 방법은 다음과 같은 네 가지 방법이 있다.

- 소프트웨어 폴링(software polling)
- 다중 인터럽트 요청선(multiple interrupt line)
- 데이지 체인(daisy chain)
- 우선순위 인코더(priority encoder)

일반적으로 프로세서는 위 방법 중 두 가지 이상을 복합하여 다중 인터럽트를 지원한다. 이 방법들은 중앙처리장치가 인터럽트 요청을 인식하기 위한 하드웨어 구조가 다르다. 각 방법은 중앙처리장치에게 다음과 같은 세 가지 기능을 제공할 수 있어야 한다.

- 인터럽트 요청 장치를 구별하는 방법
- 인터럽트 요청 장치에 대한 인터럽트 서비스 루틴을 찾는 방법
- 여러 장치가 동시에 인터럽트를 요청하였을 때 우선 처리할 인터럽트를 선택하는 방법

〈10.3.3〉 소프트웨어 폴링

컴퓨터 용어에서 폴링(polling)이란 프로그램을 실행하여 "물어본다"는 의미이다. 다중 인터럽트 처리 방식에서 소프트웨어 폴링(software polling)은 프로그램을 실행함으로써 입출력장치에게 인터럽트를 요청하였는지 물어보는 방법이다.

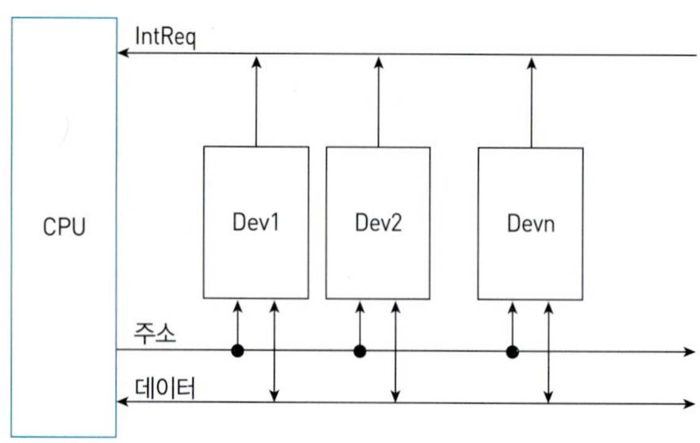

(a) 회로도

```
Interrupt ISR( )
{
   if (Dev1 requests an interrupt)
      call int-handler-1( );
   else if (Dev2 requests an interrupt)
      call int-handler-2( );
   ...
   else if (Devn requests an interrupt)
      call int-handler-n( );
   return from interrupt;
}

int-handler-1( ){···}
int-handler-2( ){···}
int-handler-n( ){···}
```

(b) 인터럽트 서비스 루틴

그림 10-12 소프트웨어 폴링

소프트웨어 폴링 방식은 [그림 10-12(a)]와 같이 여러 개의 입출력장치가 한 개의 인터럽트 요청선(IntReq)을 공유한다. 인터럽트 요청이 발생하였을 때, 중앙처리장치는 인터럽트 요청이 있음을 알 수 있지만, 어느 입출력장치가 인터럽트를 요청하였는지 알 수 없다. 인터럽트 서비스 루틴은 [그림 10-12(b)]와 같이 한 개가 마련되어 있다. 인터럽트 요청을 확인하면, 중앙처리장치는 이 대표 인터럽트 서비스 루틴을 실행한다. 대표 인터럽트 서비스 루틴은 입출력장치에게 인터럽트를 요청하였는지 물어보고, 인터럽트 요청을 확인하면 해당 입출력 동작을 처리하는 핸들러를 호출한다. 소프트웨어 폴링 기법의 다중 인터럽트 처리 방식을 요약하면 다음과 같다.

- **인터럽트 요청 장치 구별 방법:** 대표 인터럽트 서비스 루틴 안에서 프로그램을 실행하여 각 장치에게 인터럽트를 요청하였는지 물어본다.
- **인터럽트 서비스 루틴 결정 방법:** 입출력을 처리하는 함수를 호출한다.

• **우선순위 결정 방법**: 프로그램으로 인터럽트를 요청하였는지 물어보는 순서가 우선순위이다.

소프트웨어 폴링 기법은 한 개의 인터럽트 요청선을 여러 개의 입출력장치가 공유한다는 장점이 있는 반면에, 소프트웨어로 인터럽트를 요청한 장치를 구별하므로 인터럽트 핸들러를 실행할 때까지 시간이 오래 걸린다는 단점이 있다.

10.3.4 다중 인터럽트 요청선

다중 인터럽트 요청선(multiple interrupt line) 방식을 지원하는 중앙처리장치는 여러 개의 인터럽트 요청선을 제공한다. 각 입출력장치는 [그림 10-13(a)]와 같이 서로 다른 인터럽트 요청선으로 인터럽트를 요청한다. 각 장치마다 다른 인터럽트 요청선을 사용하므로, 중앙처리장치는 인터럽트 요청선으로 인터럽트를 요청한 장치를 구별할 수 있다. 각 입출력장치에 대한 인터럽트 서비스 루틴은 [그림 10-13(b)]와 같이 주기억장치에 별도로 마련되어 있다. 다중 인터럽트 요청선 방식을 요약하면 다음과 같다.

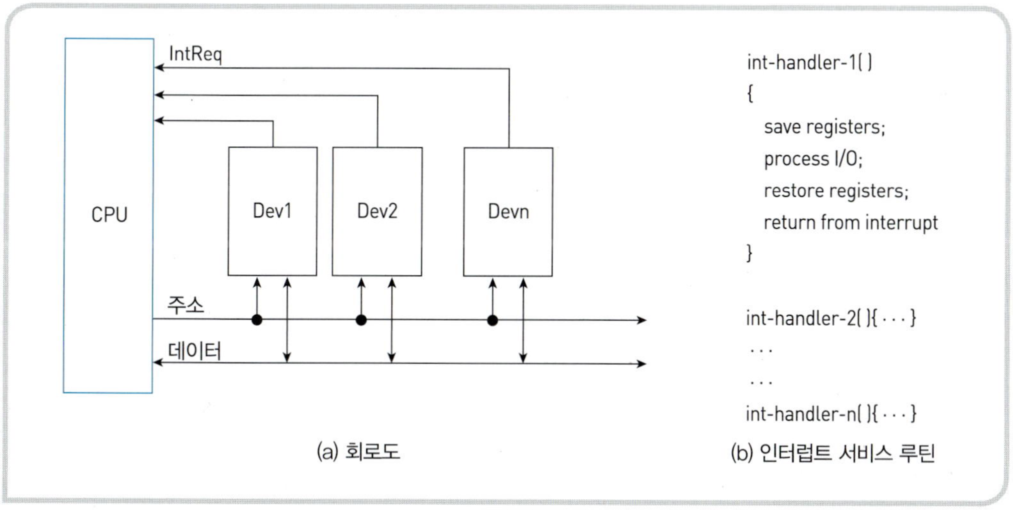

그림 10-13 다중 인터럽트 요청선

• **인터럽트 요청 장치 구별 방법**: 인터럽트 요청선으로 구별한다.
• **인터럽트 서비스 루틴 결정 방법**: 인터럽트 요청선마다 별도의 인터럽트 서비스 루틴이 마련되어 있다.

- **우선순위 결정 방법**: 중앙처리장치가 하드웨어로 인터럽트 요청선에 우선순위를 부여한다.

다중 인터럽트 요청선 방식은 인터럽트를 요청한 장치를 쉽게 구분할 수 있으나, 중앙처리장치가 여러 개의 인터럽트 요청선을 제공해야 하고, 인터럽트 요청선 수에 따라 연결할 수 있는 입출력장치 수가 제한된다는 점이 부담이다.

10.3.5 데이지 체인

데이지 체인(daisy chain) 방식은 한 개의 인터럽트 요청선(IntReq)을 여러 개의 입출력장치가 공유한다. 중앙처리장치는 인터럽트 확인(interrupt acknowledge) 신호를 제공하고, 이것으로 인터럽트 요청 장치를 구별한다. 인터럽트 확인선(IntAck)은 체인 형태로 입출력장치들을 연결한다. 입출력장치의 입출력 모듈은 다음과 같은 두 가지 기능을 제공해야 한다.

- 인터럽트 확인선을 체인 형태로 연결하기 위한 입력과 출력 단자
- 인터럽트 벡터를 저장하는 레지스터

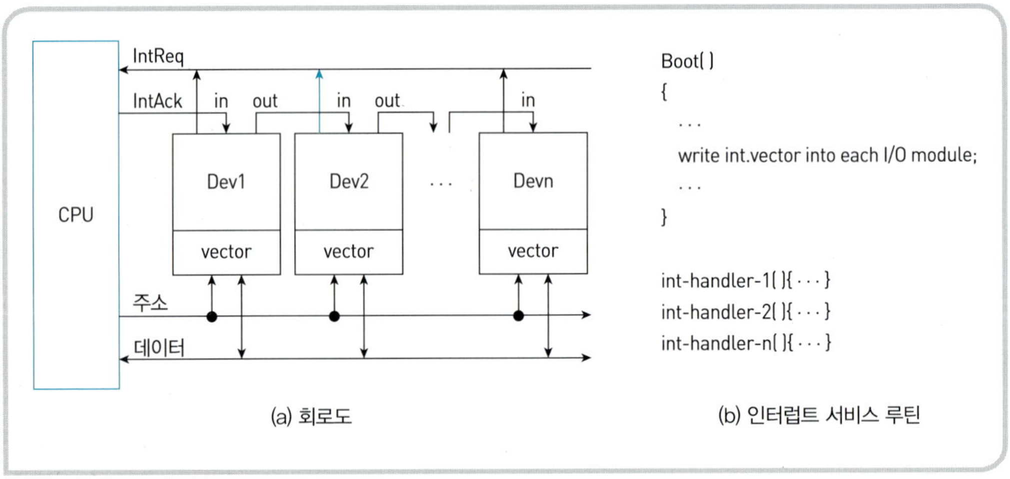

그림 10-14 데이지 체인

인터럽트 확인선은 [그림 10-14(a)]와 같이 첫 번째 입출력장치로 입력되고, 내부 회로를 거쳐 출력되어 두 번째 입출력장치로 연결된다. 그 이후도 계속 이와 같이 체인 형태로 연결된다. 인터럽트 벡터는 인터럽트 서비스 루틴의 시작 주소이다. 컴퓨터는 초기화 과정에서 [그림 10-14(b)]와 같이 각 입출력 모듈의 인터럽트 벡터 레지스터에 인터럽트 벡터를 저장

한다. 즉, 입출력장치에게 자신의 인터럽트 서비스 루틴이 적재된 기억장치 주소를 갖고 있게 만든다. [그림 10-14(a)]에서 Dev2가 인터럽트를 요청하였다고 할 때, 인터럽트를 처리하는 과정은 다음과 같다.

- 중앙처리장치는 명령어 사이클의 인터럽트단계에서 인터럽트 요청이 있음을 알아내고, 인터럽트 확인 신호(IntAck)를 보낸다.
- IntAck는 Dev1로 입력된다. Dev1은 자신이 인터럽트를 요청하지 않았으므로 이 신호를 다음 체인으로 전달한다.
- 인터럽트를 요청한 Dev2는 IntAct를 받고 자신이 보관하고 있는 인터럽트 벡터를 데이터 버스로 실어 보낸다. 그리고 IntAck를 다음 체인으로 전달하지 않는다.
- 중앙처리장치는 IntAck를 보내면서 데이터 버스를 읽는다. Dev2가 인터럽트 벡터를 전송하므로, 이 값을 프로그램 카운터로 적재한다. 따라서, 인터럽트단계가 끝난 후 바로 Dev2의 인터럽트 서비스 루틴을 수행할 수 있다.

데이지 체인 방식에서 인터럽트 요청이 발생하였을 때 중앙처리장치는 인터럽트 확인 신호를 보내면서 데이터 버스를 읽어 인터럽트 벡터를 구할 수 있다. 입출력장치는 인터럽트 확인 신호를 받았을 때, 자신이 인터럽트를 요청하였다면 인터럽트 벡터를 데이터 버스로 출력하고, 그렇지 않다면 인터럽트 확인 신호를 다음 체인으로 넘겨준다. 인터럽트 확인 신호를 전파하는 회로는 조합논리회로로 만들어져 있으므로 별도의 클럭을 필요로 하지 않는다. 이 과정이 마치 하드웨어로 인터럽트 요청을 확인하는 것과 마찬가지이므로, 데이지 체인 방식을 하드웨어 폴링(hardware polling)이라고도 한다. 데이지 체인 방식의 기능을 요약하면 다음과 같다.

- **인터럽트 요청 장치 구별 방법**: 인터럽트 확인 신호를 체인으로 연결한다. 입출력장치는 자신이 인터럽트를 요청하지 않았다면 인터럽트 확인 신호를 다음 단으로 전달하고, 인터럽트를 요청하였다면 인터럽트 벡터를 데이터 버스로 보내고 인터럽트 확인 신호를 전달하지 않는다.
- **인터럽트 서비스 루틴 결정 방법**: 중앙처리장치는 인터럽트단계에서 인터럽트 확인 신호를 보내고 데이터 버스를 읽어 인터럽트 서비스 루틴의 시작 주소를 결정한다.
- **우선순위 결정 방법**: 체인을 연결한 순서가 우선순위이다.

데이지 체인 방식으로 다중 인터럽트를 처리하는 방식은 한 개의 인터럽트 요청선을 공유하면서 여러 개의 입출력장치를 구별할 수 있다는 장점이 있다. 반면에 각 입출력 모듈마다 인터럽트 확인 신호를 연결하는 회로와 인터럽트 벡터 레지스터를 갖고 있어야 한다는 것이 단점이다.

10.3.6 우선순위 인코더

이 방법은 다중 인터럽트를 제어하는 별도의 인터럽트 제어기(interrupt controller)를 사용한다. 인터럽트 제어기는 우선순위 인코더(priority encoder)를 포함하고 있다. 우선순위 인코더는 입력신호 중에서 우선순위가 가장 높은 신호의 번호를 출력하는 조합논리회로이다.

[그림 10-15(a)]와 같이 인터럽트 제어기는 입출력장치가 연결할 수 있는 여러 개의 인터럽트 요청선(IntReq)을 제공한다. 입출력장치는 인터럽트 제어기에게 인터럽트를 요청하고, 인터럽트 제어기가 다중 인터럽트를 중재하여 중앙처리장치에게 인터럽트를 요청한다. [그림 15(b)]와 같이 컴퓨터는 초기화 과정에서 인터럽트 서비스 루틴을 기억장치에 적재하고, 인터럽트 벡터 테이블을 인터럽트 벡터로 초기화한다. 중앙처리장치가 인터럽트를 처리하는 과정은 다음과 같다.

- 인터럽트 요청을 확인한 중앙처리장치는 인터럽트 확인 신호(IntAck)를 내보낸다.
- 인터럽트 확인 신호를 받은 인터럽트 제어기는 인터럽트를 요청한 장치들 중에서 우선순위가 가장 높은 인터럽트 번호를 데이터 버스에 실어준다.
- 중앙처리장치는 데이터 버스에서 읽은 인터럽트 번호를 사용하여 인터럽트 벡터 테이블에서 인터럽트 서비스 루틴의 주소를 구한다.

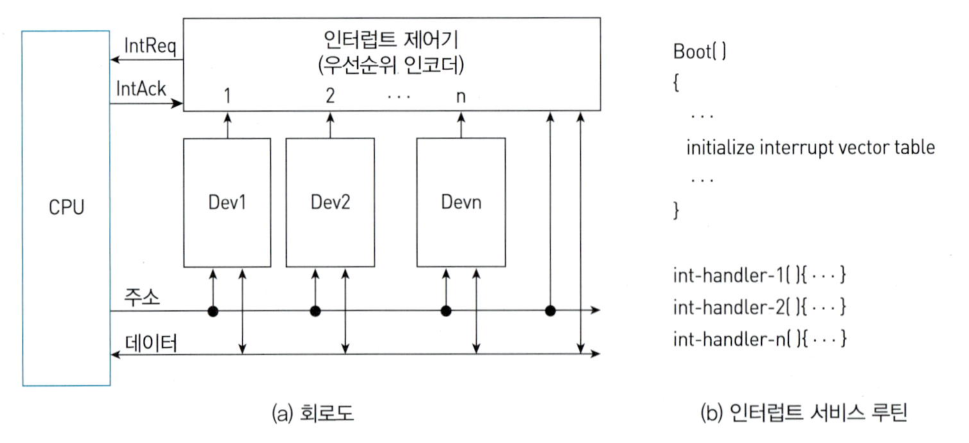

그림 10-15 인터럽트 제어기

인터럽트 제어기를 사용하는 다중 인터럽트 처리 방법을 다음과 같이 요약할 수 있다.

- **인터럽트 요청 장치 구별 방법**: 중앙처리장치가 인터럽트단계에서 인터럽트 확인 신호(IntAck)를 보내면, 인터럽트 제어기 안에 있는 우선순위 인코더가 인터럽트 요청 장치를 구별하여 데이터 버스로 인터럽트를 요청한 장치의 번호를 제공한다.
- **인터럽트 서비스 루틴 결정 방법**: 중앙처리장치는 인터럽트 벡터 테이블에서 인터럽트 번호에 해당하는 인터럽트 벡터를 프로그램 카운터에 적재한다.
- **우선순위 결정 방법**: 우선순위 인코더로 우선순위를 결정한다.

인터럽트 제어기를 사용하는 다중 인터럽트 처리 방법은 중앙처리장치로 연결되는 한 개의 인터럽트 요청선을 여러 개의 입출력장치들이 공유하는 장점이 있지만, 인터럽트 제어기를 필요로 한다.

지금까지 다중 인터럽트를 지원하는 네 가지 방법을 설명하였다. 일반적으로 상용 프로세서는 이 방법들을 중복해서 사용한다. 다만, 데이지 체인 방식과 우선순위 인코더 방식은 서로 배타적이다. 프로세서는 이 두 가지 방식 중 하나만 사용한다. 프로세서는 인터럽트 요청선을 두 개 이상 제공한다. 그 중 하나는 NMI(Non-Maskable Interrupt)로 사용한다. NMI는 상태 레지스터의 인터럽트 가능 플래그로 제어할 수 없는, 즉 항상 인터럽트 요청을 받아야만 하는, 우선순위가 가장 높은 인터럽트이다. NMI는 외부에서 발생하는 전원 차단과 같은 중요한 사건을 검출하기 위하여 사용된다. 나머지 인터럽트 요청선은 입출력장치를 연결하는데 사용된다. 그렇지만 여러 개의 입출력장치가 한 개의 인터럽트 요청선을 공유하도록 구성할 수도 있다. 예를 들면, [그림 10-15(a)]에서 여러 개의 입출력장치가 인터럽트 제어기의 우선순위 2번 입력을 공유하도록 회로를 구성할 수 있다. 이때 우선순위 2번에 해당하는 인터럽트 서비스 루틴 안에서 소프트웨어 폴링으로 인터럽트 요청 장치를 구별해야 한다.

10.4 직접기억장치액세스

프로그램 구동 입출력과 인터럽트 구동 입출력 방식은 중앙처리장치가 입출력 과정에 개입한다. 컴퓨터가 전송률이 낮은 입출력장치와 데이터를 전송하기 위하여 주로 이 방법들을 사용한다. 그렇지만 속도가 빠르고 한 번에 많은 데이터를 전송할 때는 비효율적이다. 직접기억장치액세스(DMA, Direct Memory Access) 방법은 중앙처리장치의 개입을 없앤 입출력 방법이다.

DMA 방법은 입출력장치가 주기억장치와 직접 데이터를 교환한다. DMA 방식의 데이터 전송을 제어하기 위하여 DMA 제어기(DMA Controller)를 사용한다. DMA 제어기도 입출력 장치의 일종이다. 데이터를 전송하도록 DMA 제어기를 설정하는 과정에 소요되는 부담이 크기 때문에, DMA 방식은 한 번에 블록 단위로 데이터를 전송한다. 일반적으로 한 개의 블록은 512바이트부터 4K바이트 정도이다. DMA 제어기는 여러 개의 입출력장치를 구동할 수 있다. DMA 제어기와 입출력장치의 연결을 채널(channel)이라고 한다.

DMA 제어기가 데이터 전송을 수행하는 동안에 중앙처리장치는 아무 일도 하지 않고 기다린다. 따라서 중앙처리장치가 사용할 시스템 클럭을 DMA 제어기가 훔쳐가는 것처럼 보일 수 있다. 이런 이유로 DMA 전송 방식을 사이클 훔침(cycle stealing)이라고도 한다. 실제로 초기 DMA 방식은 DMA 전송 중에 중앙처리장치로 인가되는 시스템 클럭을 차단하였다.

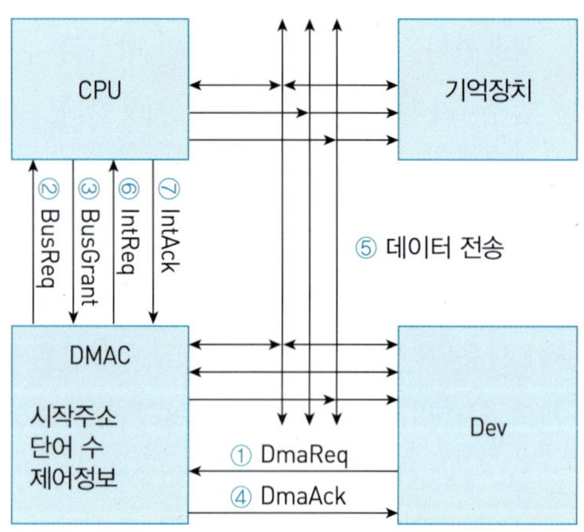

그림 10-16 DMA 제어기 연결과 DMA 처리 과정

[그림 10-16]은 DMA 제어기와 입출력장치가 시스템 버스에 연결된 모습이다. DMA 제어기도 하나의 입출력 장치이기 때문에 시스템 버스에 연결되어 있다. DMA 전송을 시작하기 위하여 중앙처리장치는 사전에 준비할 사항이 있다. 중앙처리장치는 프로그램을 실행하여 다음과 같은 정보를 먼저 DMA 제어기에게 알려주어야 한다.

- **주기억장치 주소**: 입출력 데이터를 저장하고 있는 주기억장치의 시작 주소
- **단어 수**: 입출력장치로 전송할 데이터의 단어 수
- **데이터 전송 방향**: 입력 또는 출력
- **입출력장치 번호**: 입출력장치가 연결된 채널 번호

이와 같은 내용으로 DMA 제어기를 초기화 한 후, 중앙처리장치는 입출력장치에게 데이터를 전송하라는 명령을 전달하고 나서 다른 작업을 수행한다. 나중에 입출력장치가 데이터 전송 준비를 마치면, 다음과 같은 절차에 따라 데이터를 전송한다.

① DMA 요청(DmaReq): 입출력장치는 입출력 준비를 마치고 DMA 제어기에게 DMA 요청 신호를 보낸다.
② 버스 요청(BusReq): DMA 제어기는 중앙처리장치에게 자신이 버스를 사용할 것을 허가해달라고 요청한다.
③ 버스 허가(BusGrant): 중앙처리장치는 즉시 버스를 사용하도록 허가한다. 중앙처리장치는 버스 사용권을 DMA 제어기에 넘기고, 아무 일도 하지 않고 대기한다.
④ DMA 확인(DmaAck): DMA 제어기는 입출력장치에게 DMA 전송이 허가되었음을 통보한다.
⑤ 데이터 전송: DMA 제어기는 주소 버스로 기억장치 주소와 입출력장치 포트를 번갈아 공급하고, 읽기/쓰기 그리고 입력/출력 제어신호를 생성함으로써 지정된 단어 수만큼 데이터를 전송한다.
⑥ 인터럽트 요청(IntReq): 데이터 전송이 완료되면, DMA 제어기는 중앙처리장치에게 인터럽트를 요청하여 데이터 전송이 끝났음을 알린다.
⑦ 인터럽트 확인(IntAck): 중앙처리장치는 인터럽트 확인 절차를 거쳐 DMA 제어기에 대한 인터럽트 서비스 루틴을 수행한다. 이 과정에서 인터럽트 서비스 루틴은 다시 또 다른 데이터를 전송할 것인지 아니면 데이터 전송을 그만둘 것인지 판단하여 그에 적절한 조치를 취한다.

[그림 10-17]은 DMA 제어기의 내부 구조이다. 왼쪽의 신호 시스템 버스에 연결되고, 오른쪽 신호는 입출력장치와 연결된다. 시스템 버스에 연결되는 신호들의 용도는 다음과 같다.

- 주소 버스: 중앙처리장치가 DMA 제어기를 프로그램 할 때 DMA 제어기의 입출력 포트를 지정한다. DMA 방식으로 데이터를 전송할 때 DMA 제어기가 주소를 공급한다.
- 데이터 버스: DMA 제어기를 프로그램 할 때 입력으로 사용된다. 데이터를 전송할 때 DMA 제어기가 데이터 버스를 구동한다.
- 칩 선택: DMA 제어기도 일종의 입출력장치이므로 고유의 입출력 포트를 갖는다. 시스템 주소 버스를 디코드하여 DMA 제어기의 입출력 포트를 결정한다.
- 레지스터 선택: 주소 버스의 하위 비트에 연결되며, 내부 레지스터를 선택한다.
- IOR과 IOW: 프로그램을 수행하여 DMA 제어기 안에 있는 레지스터를 액세스할 때 사용되는 입력과 출력 제어신호이다.
- MR과 MW: DMA 방식으로 데이터를 전송하는 도중에 DMA 제어기가 기억장치에 대한 읽기와 쓰기 제어신호를 공급한다.

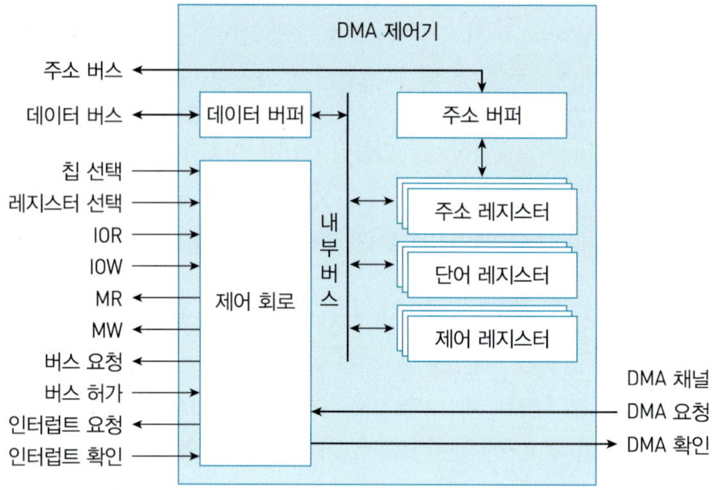

그림 10-17 DMA 제어기의 내부 구조

나머지 제어신호에 대하여 [그림 10-16] DMA 처리 과정에서 설명하였다. DMA 요청과 DMA 확인 신호는 입출력장치로 연결되며, DMA 제어기가 관리하는 채널마다 한 쌍씩 있다. DMA 제어기는 동작을 설정하는 세 가지 레지스터가 포함하고 있다. 이것들은 채널마다 마련되어 있다.

- 주소 레지스터: DMA 동작을 수행할 기억장치 주소를 저장한다.
- 단어 레지스터: 한 번의 DMA 동작으로 전송할 단어 수를 저장한다.
- 제어 레지스터: 데이터 전송 방향을 저장한다.

DMA 동작을 수행할 때, 주소 레지스터 값이 시스템 주소 버스로 제공된다. 한 개의 단어를 전송하고 나면 DMA 주소 레지스터 값은 증가하고, 단어 레지스터 값은 감소한다. 단어 레지스터 값이 0이 될 때까지 단어 전송을 반복한다. DMA 제어기는 입출력장치에 대한 데이터 전송 이외에도 기억장치 한 영역에서 다른 영역으로 복사하는 기능도 제공한다.

인터럽트에서는 중앙처리장치가 입출력에 관여하므로, 인터럽트단계에서 콘텍스트 스위치(context switch)를 수행한다. 즉, 프로그램 카운터와 상태 레지스터를 저장하고 프로그램 카운터에 인터럽트 벡터를 적재한다. 그렇지만 DMA 방식에서는 중앙처리장치가 개입하지 않기 때문에 콘텍스트 스위치를 수행할 필요가 없다.

사용자 수가 많은 대형 컴퓨터 시스템은 중앙처리장치의 부담을 덜어주기 위하여 입출력 동작을 전담하는 전용 제어기를 사용하기도 한다. 이러한 시스템에서 입출력을 전담하는 제어기를 입출력 채널(I/O Channel) 또는 입출력 프로세서(I/O processor)라고 한다. 입출력 채널은 자체로 프로세서와 기억장치를 갖고 있는 소형 컴퓨터이다. [그림 10-18]은 입출력 채널을 사용한 컴퓨터 시스템의 구조이다. 중앙처리장치는 입출력 채널에게 데이터 전송 명령을 전달하기만 하고 직접 데이터 전송에 개입하지 않는다. 입출력 채널은 시스템 버스와 독립적으로 입출력장치와 데이터를 송수신하고 DMA 방식으로 시스템의 기억장치로 전달한다.

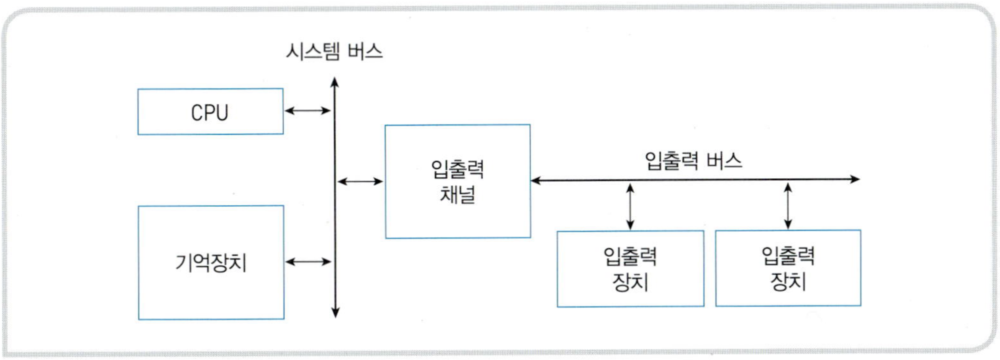

그림 10-18 입출력 채널

10.5 요약

컴퓨터는 전자회로로 동작하는 반면에 입출력장치는 종류가 다양하고 기계 동작을 포함하고 있다. 따라서 특별한 관리가 필요하며, 중앙처리장치와 입출력장치 간의 차이점을 해결하기 위하여 입출력 모듈을 도입한다. 입출력 모듈은 전기 신호를 입출력장치 고유의 신호 형식으로 변환하고 입출력장치를 컴퓨터 시스템에 연결하는 역할을 담당한다. 컴퓨터는 입출력장치를 주소로 구분하며, 입출력장치에게 할당한 주소를 포트라고 한다. 입출력 포트는 기억장치 맵 또는 입출력 맵으로 컴퓨터의 주소 공간에 할당된다.

컴퓨터와 입출력장치는 세 가지 방법으로 데이터를 교환한다. 프로그램 구동 입출력 방법은 중앙처리장치가 모든 입출력 과정을 관리한다. 개념은 간단하지만, 입출력장치의 동작이 느릴 때 입출력장치가 데이터를 준비하는 동안 중앙처리장치가 시간을 낭비하는 문제점이 있다. 이 과정에 중앙처리장치가 무한 루프에 빠질 경우를 대비하여 워치독 타이머를 활용하여 오류 상태를 점검한다.

인터럽트 구동 입출력 방법은 중앙처리장치의 대기 시간을 제거한다. 이 방법을 사용하려면 미리 인터럽트 서비스 루틴을 기억장치에 적재해 두어야 한다. 인터럽트를 요청하는 장치가 여러 개인 다중 인터럽트의 경우에 인터럽트를 요청한 장치를 구별하는 방법이 필요하다. 컴퓨터의 기억장치에 지정되어 있는 인터럽트 벡터 테이블은 인터럽트 서비스 루틴의 주소를 모아 놓는 곳이다. 인터럽트 번호를 알면, 인터럽트 서비스 루틴을 구할 수 있다. 다중 인터럽트 처리 방법은 소프트웨어 폴링, 다중 인터럽트 요청선, 데이지 체인, 우선순위 인코더 방법이 있으며, 각 방법에 대하여 하드웨어 구조, 인터럽트를 요청한 장치를 구별하는 방법, 인터럽트 서비스 루틴 결정 방법, 그리고 우선순위 결정 방법을 알아두어야 한다.

입출력장치와 기억장치 간에 데이터를 직접 교환하는 직접기억장치액세스 방법은 DMA 제어기가 데이터 전송 과정을 제어한다. 중앙처리장치는 미리 DMA 제어기에게 데이터 전송에 필요한 기억장치 주소, 단어 수, 데이터 전송 방향, 입출력장치 번호를 알려주면, DMA 제어기가 시스템 버스를 구동하여 블록 단위로 데이터를 전송한다.

연습문제

10.1 입출력장치 개요

01 올바른 것을 선택하라.

(1) 입출력장치는 중앙처리장치에 비하여 속도가 (느리다, 빠르다).
(2) 대부분의 입출력장치의 데이터 전송 단위는 (단어, 바이트)이다.
(3) 대부분의 입출력장치는 (전자식, 전자기계식)으로 동작한다.
(4) 입출력장치는 기억장치에 비하여 오류 발생 가능성이 (크다, 적다).

02 입출력 모듈의 기능을 가장 잘 설명한 것은?

① 입출력장치의 주소를 결정한다.
② 입출력장치와 컴퓨터의 차이점을 해결한다.
③ 입출력장치의 통신 속도를 결정한다.
④ 입출력장치의 데이터를 영구적으로 보관한다.

03 입출력 모듈 안에 있는 신호변환기(transducer)의 역할은?

① 시스템 버스에서 주소를 받는다.
② 전기 신호를 기계 동작으로 변환한다.
③ 시스템 버스에서 데이터를 받는다.
④ 통신 속도와 데이터 형식의 차이점을 해결한다.

04 입출력 모듈 안에 있는 버퍼의 역할은?

① 시스템 버스에서 주소를 받는다.
② 전기 신호를 기계 동작으로 변환한다.
③ 시스템 버스에서 데이터를 받는다.
④ 통신 속도와 데이터 형식의 차이점을 해결한다.

05 핸드쉐이킹(handshaking)이란?

① 사람이 사용하는 입출력장치 구동 방법
② 통신장치가 사용하는 입출력장치 구동 방법
③ 컴퓨터와 입출력장치가 데이터를 주고받는 절차
④ 컴퓨터와 기억장치 간에 데이터를 전송하는 방법

06 명령어와 관련이 있는 제어신호를 선으로 연결하라.

(1) LOAD	•	•	㉠ MR
(2) STORE	•	•	㉡ IOR
(3) INPUT	•	•	㉢ MW
(4) OUTPUT	•	•	㉣ IOW

07 입출력 명령에 해당하는 동작은?

① 기억장치에서 데이터를 적재하라.
② 기억장치에 데이터를 저장하라.
③ 입출력장치로 데이터를 출력하라.
④ 키보드의 Num Lock LED를 켜라.

08 [그림 10-4] GPIO 장치를 기억장치 주소 공간 FF00h~FF03h로 연결하는 회로도를 그려라.

09 필요한 명령어를 사용하여, 문제 8의 회로에서 다음 기능을 수행하는 명령어를 적어라.

• LOAD [레지스터], [기억장치 주소]:	기억장치에서 레지스터에 데이터를 적재한다.
• STORE [기억장치 주소], [레지스터]:	레지스터 값을 기억장치로 저장한다.
• INPUT [레지스터], [입출력 포트]:	입출력 포트에서 레지스터에 데이터를 입력한다.
• OUTPUT [입출력 포트], [레지스터]:	레지스터의 값을 입출력 포트로 출력한다.

(1) 상태 레지스터의 값을 읽어 레지스터 R0에 저장한다.
(2) 명령 레지스터로 레지스터 R1의 값을 출력한다.
(3) 포트 A의 값을 읽어 레지스터 R2에 저장한다.
(4) 포트 B로 레지스터 R3의 값을 출력한다.

10 디바이스 드라이버에 대한 설명이 아닌 것은?

① 프로그램이다.
② 응용 프로그램이다.
③ 운영체제의 일부이다.
④ 입출력장치를 제어한다.

10.2 프로그램 구동 입출력

01 중앙처리장치의 개입이 가장 많은 입출력 방법은?

① 프로그램 구동 입출력 ② 인터럽트 구동 입출력
③ 직접기억장치액세스 ④ 입출력 채널

02 프로그램 구동 입출력 방법으로 데이터를 입력할 때 중앙처리장치가 수행하는 일이 아닌 것은?

① 상태 검사 ② 인터럽트 요청 검사
③ 기억장치에 데이터 저장 ④ 입출력장치에서 데이터 입력

03 워치독 타이머의 기능은?

① 입출력장치의 데이터 전송률을 측정한다.
② 입출력장치의 데이터 전송 단위를 측정한다.
③ 입출력장치가 전송 준비를 마쳤는지 검사한다.
④ 입출력장치가 제한된 시간 내에 동작하는지 검사한다.

04 프로그램 구동 입출력 방법의 가장 큰 문제점은?

① 기억장치의 낭비가 크다.
② 별도의 입출력 모듈이 필요하다.
③ 상태를 검사하는데 시간을 많이 소요한다.
④ 중앙처리장치가 동작하지 않는 시간이 존재한다.

05 [그림 10-4]의 입출력 모듈의 상태 레지스터가 [그림 10-9]와 같다. 입출력 모듈이 기억장치 맵 FF00h~FF03h에 연결되어 있다고 가정하자. 프로그램에 의한 입출력 방식으로 포트 A에서 데이터를 입력하여 리턴하는 C 프로그램 함수를 완성하라.

```
#define  IO_STATUS   0xF400   // 입출력 모듈의 상태 레지스터 주소
#define  IO_DATA     0xF402   // 입출력 모듈의 데이터 레지스터 주소
#define  READY       0x01     // 입출력 모듈의 데이터가 준비되었는지 검사할 값

int      *pstatus;            // 상태 레지스터에 대한 포인터
int      *pdata;              // 데이터 레지스터에 대한 포인터

int function()
{
    pstatus = ________________              // 포인터 변수 = 상태 포트
    pdata = _________________               // 포인터 변수 = 데이터 포트

    while (____________________ = = 0) ;    // 상태 검사
    return __________;                      // 데이터 입력 및 리턴
}
```

10.3 인터럽트 구동 입출력

01 인터럽트 구동 입출력의 장점은?

① 중앙처리장치는 입출력 동작에 관여하지 않는다.
② 중앙처리장치는 인터럽트 벡터를 설정할 필요가 없다.
③ 중앙처리장치가 입출력 동작을 모두 제어하므로 개념이 간단하다.
④ 입출력장치에서 데이터를 전달할 준비가 되었는지 검사하지 않는다.

02 올바른 것을 선택하라.

(1) 중앙처리장치는 (인출단계, 실행단계)의 마지막에 인터럽트 요청 신호를 검사한다.
(2) 인터럽트 가능 플래그는 외부 인터럽트를 (마스크 한다, 마스크하지 않는다).
(3) 인터럽트 가능 플래그는 내부 인터럽트를 (마스크 한다, 마스크하지 않는다).
(4) 인터럽트 서비스 루틴을 마치고 원래 수행하던 프로그램으로 복귀할 때 인터럽트 가능 플래그의 값은 (인터럽트 가능 상태, 인터럽트 불가능 상태)이다.

03 인터럽트 서비스 루틴에서 수행하는 일을 순서대로 나열하라.

A. 레지스터 복구	B. 입출력 및 기억장치 액세스
C. 레지스터 저장	D. 인터럽트 서비스 루틴에서 복귀

04 인터럽트 구동 입출력 방법은 프로그램 구동 입출력 과정의 어느 부분을 개선하는가?

① 입출력 중 발생할 수 있는 에러를 복구하는 과정

② 입출력장치가 데이터를 전송할 준비가 되었는지 검사하는 과정

③ 기억장치의 데이터를 중앙처리장치의 레지스터로 전송하는 과정

④ 입출력장치에서 데이터를 중앙처리장치의 레지스터로 전송하는 과정

05 인터럽트 벡터 테이블은?

① 인터럽트 서비스 루틴들이 적재되어 있는 기억장치 영역이다.

② 인터럽트 서비스 루틴의 시작 주소를 모아놓은 기억장치의 영역이다.

③ 인터럽트 서비스 루틴에서 전송할 데이터를 모아놓은 기억장치 영역이다.

④ 인터럽트 서비스 루틴이 사용하는 입출력장치의 주소를 모아놓은 기억장치 영역이다.

06 다중 인터럽트 처리 방법에 있어서 소프트웨어 폴링 방법의 우선순위 결정 방법은?

① 우선순위 인코더의 자체 기능

② 하드웨어로 인터럽트 확인선(INTACK)을 연결하는 순서

③ 중앙처리장치 내부에서 인터럽트 요청선을 검사하는 순서

④ 대표 인터럽트 서비스 루틴에서 인터럽트 요청 여부를 물어보는 순서

07 소프트웨어 폴링 방법의 장점은?

① 인터럽트 서비스 루틴이 간단하다.

② 우선순위가 하드웨어로 결정한다.

③ 한 개의 인터럽트 요청선을 여러 개의 입출력장치가 공유한다.

④ 인터럽트 요청선에 의하여 인터럽트를 요청한 장치를 구별할 수 있다.

08 데이지 체인 방식에서 중앙처리장치가 인터럽트 요청 장치를 구별하는 방법은?

① 인터럽트 요청 신호로 구별한다.
② 인터럽트 확인 신호를 보내고 주소 버스를 읽는다.
③ 인터럽트 확인 신호를 보내고 데이터 버스를 읽는다.
④ 인터럽트 서비스 루틴 안에서 입출력장치에게 물어본다.

09 데이지 체인 방식에서 체인 형태로 연결되는 신호는?

① 주소 버스 ② 데이터 버스
③ 인터럽트 요청 신호 ④ 인터럽트 확인 신호

10 그림과 같은 회로를 사용하는 다중 인터럽트 처리 방법은? 입출력 모듈 안에 있는 INT는 인터럽트를 요청하였는지 나타내는 플립플롭이다.

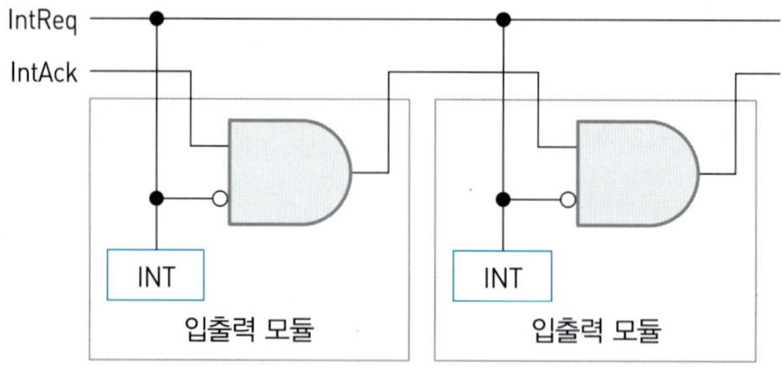

11 인터럽트 제어기 안에 포함되어 있는 논리소자는?

① 디코더 ② 멀티플렉서
③ 디멀티플렉서 ④ 우선순위 인코더

12 우선순위 인코더 방식에서 중앙처리장치가 인터럽트 요청 장치를 구별하는 방법은?

① 인터럽트 요청 신호로 구별한다.
② 인터럽트 확인 신호를 보내고 주소 버스를 읽는다.
③ 인터럽트 확인 신호를 보내고 데이터 버스를 읽는다.
④ 인터럽트 서비스 루틴 안에서 입출력장치에게 물어본다.

10.4 직접기억장치액세스

01 DMA 채널이란?

① DMA 제어기와 기억장치의 연결 ② DMA 제어기와 입출력장치의 연결
③ 중앙처리장치와 입출력장치의 연결 ④ 중앙처리장치와 DMA 제어기의 연결

02 DMA 전송을 위하여 중앙처리장치가 DMA 제어기에게 알려주어야 할 사항이 아닌 것은?

① 레지스터 번호 ② 기억장치 주소
③ 데이터 전송 방향 ④ 전송 데이터의 단어 수

03 DMA 전송 과정을 순서대로 나열하라.

A. 인터럽트 요청	B. 인터럽트 확인	C. 버스 요청	D. 버스 허가
E. DMA 요청	F. DMA 확인	G. 데이터 전송	

04 DMA 전송 과정 중에 DMA 제어기 안에 있는 주소 레지스터와 단어 레지스터의 동작은?

① 주소 레지스터는 감소하고, 단어 레지스터도 감소한다.
② 주소 레지스터는 증가하고, 단어 레지스터는 감소한다.
③ 주소 레지스터는 감소하고, 단어 레지스터는 증가한다.
④ 주소 레지스터는 증가하고, 단어 레지스터도 증가한다.

05 DMA 동작 중에 중앙처리장치는?

① 기억장치 주소를 생성한다.
② 프로그램 카운터를 저장한다.
③ 수행하던 일을 멈추고 가만히 기다린다.
④ 프로그램 카운터와 상태 레지스터를 저장한다.

06 입출력 채널이란?

① DMA 제어기이다. ② 인터럽트 제어기이다.
③ 데이지 체인 제어기이다. ④ 입출력을 전담하는 컴퓨터이다.

Chapter

11

고성능 컴퓨터

Chapter

11 고성능 컴퓨터

전자식 컴퓨터가 개발된 이후 1990년대 이전까지 컴퓨터는 반도체 기술의 발달에 따라 외형은 작아지면서 처리 용량을 높이는 방향으로 발전하였다. 프로세서의 처리 비트 수가 증가하고 기억장치 용량이 증가하였다. 1980년대부터 컴퓨터 조직을 변경함으로써 성능을 개선하는 방법을 도입하였다. 그 예가 캐시기억장치와 명령어 파이프라인(instruction pipeline)이다. 1990년대부터 프로그램 실행 특성을 분석하여 컴퓨터가 자주 사용하는 명령어를 더 빠르게 실행하도록 구조를 개선한 축소명령어집합 컴퓨터를 도입하였고, 한 번에 여러 개의 명령어를 인출하여 동시에 여러 개의 명령어들을 실행하는 슈퍼스칼라 구조(superscalar architecture)도 도입하였다. 2000년대 들어서는 한 개의 칩에 여러 개의 프로세서를 탑재한 멀티 코어 프로세서(multi-core processor)도 개발되어 사용되고 있다. 이 장에서는 프로세서 성능을 개선하는 방법을 설명한다.

- 11.1 축소명령어집합 컴퓨터: 명령어 실행 특성을 분석한 결과를 반영하여 명령어 집합에서 자주 사용되지 않는 명령어를 제거하고 단순한 명령어를 빠르게 실행하도록 구조를 개선한 컴퓨터를 소개한다.
- 11.2 슈퍼스칼라 프로세서: 프로그램을 구성하는 명령어 중에서 함께 실행할 수 있는 명령어를 동시에 실행하는 구조를 소개한다.
- 11.3 병렬처리 컴퓨터: 한 번에 실행하는 명령어 수와 데이터 수에 따른 컴퓨터 분류 방법을 소개하고, 병렬처리 컴퓨터의 구조, 특성, 응용분야에 대하여 설명한다.

11.1 축소명령어집합 컴퓨터

컴퓨터 하드웨어 성능이 좋아지고 소프트웨어도 발전함에 따라, 컴퓨터 응용 분야가 확대되었다. 1990년대까지 컴퓨터는 이전 버전의 프로세서와 명령어 호환성(instruction compatibility)을 유지하면서 프로세서 비트 수를 확장하고 새로운 명령어를 추가한 계열

(family) 형태로 발전해 왔다. 구체적으로 다음과 같은 방향으로 프로세서 기술이 발전하였다.

- **복잡한 명령어 추가**: 고급 프로그래밍 언어가 표현하는 문장을 가능한 적은 수의 기계 명령어로 번역하도록 복잡한 명령어를 추가하였다.
- **복잡한 주소지정방식 추가**: 고급 프로그래밍 언어에 있는 다양한 데이터 액세스 방법을 지원하기 위하여 복잡한 주소지정방식을 채택하였다.
- **명령어 파이프라인 도입**: 명령어 사이클의 인출단계와 실행단계를 동시에 실행하는 기술을 도입하였다. 1980년대에 도입한 명령어 파이프라인 기술은 하드웨어 자원을 늘리지 않고 처리 속도를 높이는 획기적인 기술이다.

이런 노력의 결과로 컴퓨터 하드웨어는 고급 프로그래밍 언어로 작성한 프로그램을 적은 수의 명령어로 번역하여 실행할 수 있게 되었다. 그렇지만 명령어가 복잡해짐에 따라 상대적으로 구현이 쉬운 마이크로프로그램 제어장치를 채택하게 되었고, 이것은 프로세서 동작을 느리게 만드는 요인이 되었다. 계속 이런 방법으로 컴퓨터 구조를 개선하기엔 하드웨어 구조가 너무 복잡해졌고, 따라서 프로세서 개발자들은 다른 구조를 고안할 생각에 이르렀다.

이런 과정을 거쳐 명령어 구조가 간단한 축소명령어집합 컴퓨터(RISC, Reduced Instruction Set Computer)가 개발되었다. 이 절에서는 RISC 프로세서의 특징과 RISC 프로세서의 주요 개념인 명령어 파이프라인과 분기예측 기법에 대하여 설명한다.

〈11.1.1〉 축소명령어집합 컴퓨터 특징

1980년대에 프로세서 개발자들은 컴퓨터 구조를 개선하기 위하여 프로세서가 명령어를 실행하는 특성을 분석하였다. 기계어 프로그램을 실행하면서 어떤 명령어를 자주 사용하는지, 어떤 유형의 오퍼랜드를 자주 사용하는지, 어떤 주소지정방식을 자주 사용하는지, 그리고 어떤 명령어 종류가 실행 시간을 많이 소모하는지 분석하였다. 분석 결과를 요약하면 다음과 같다.

- 단순한 데이터 전달 명령어를 사용하는 빈도가 가장 높다.
- 배열이나 상수 데이터보다 단일 변수 데이터를 처리하는 빈도가 높다.
- 복잡한 주소지정방식 명령어보다 단순한 주소지정방식 명령어를 사용하는 빈도가 높다.
- 서브루틴 호출은 스택으로 파라미터를 전달하므로 시간을 많이 소모한다.

- 분기 명령어는 실행단계에서 분기 여부를 결정하므로 파이프라인을 도입하여 명령어를 중첩 실행함으로써 얻는 성능 개선 효과를 반감시킨다.

이런 분석 결과는 고급 프로그래밍 언어 기능을 가능한 하나의 명령어로 처리하도록 만든 효과가 그렇게 크지 않음을 보여주는 것이다. 오히려 단순한 명령어를 빠르게 실행하도록 개선하는 것이 전체적인 성능 개선에 도움을 줄 수 있다는 것을 의미한다. 컴퓨터 구조 연구자들은 다음과 같은 특징을 갖는 축소명령어집합 컴퓨터를 제안하였다.

- **많은 범용 레지스터 탑재:** 컴파일러 최적화 기법을 사용하여 서브루틴을 호출할 때 레지스터를 통하여 파라미터를 전달하는 등 레지스터 사용을 최대한 늘리고 기억장치 액세스를 가능한 줄이도록 기계어 명령어를 생성한다.
- **복잡한 명령어 제거:** 단일 변수를 처리하는 명령어를 빠르게 실행할 수 있는 하드웨어 구조를 채택한다. 복잡한 명령어 기능을 여러 개의 단순한 명령어로 실행한다.
- **복잡한 주소지정방식 제거:** 기억장치를 액세스하는 명령어를 적재와 저장 명령어로 제한하고, 데이터 처리 명령어는 레지스터 주소지정방식만을 사용한다.
- **하드와이어드 제어장치 도입:** 명령어 형식이 간단해짐에 따라 하드와이어드 제어장치를 적용할 수 있고, 프로세서의 명령어 처리 속도를 개선할 수 있다.
- **명령어 파이프라인 활용:** 가능한 한 개의 사이클에 한 개의 명령어를 처리할 수 있도록 명령어 파이프라인을 설계한다.
- **분기예측 기법 도입:** 명령어 파이프라인 도입 효과를 반감시키지 않도록, 분기 조건에 대한 연산 결과를 예측 실행하는 방법을 도입한다.

RISC가 만들어지면서 이전의 프로세서 구조를 복잡명령어집합 컴퓨터(CISC, Complex Instruction Set Computer)라고 부르게 되었다. 처음에는 CISC의 단점을 개선하기 위하여 RISC를 개발하였으나, 최근에는 CISC도 RISC의 특징에 해당하는 파이프라인, 분기예측, 컴파일러 최적화 기법을 도입하고 있다.

11.1.2 명령어 파이프라인

자동차 조립 라인을 생각하면 파이프라인을 쉽게 이해할 수 있다. 자동차 조립 라인은 긴 컨베이어 벨트에 여러 개의 조립 단계로 구성되어 있으며, 단계마다 한 가지 조립 작업을 수행하면서, 일정한 시간 간격으로 조립 중인 자동차를 다음 단계로 전달한다. 조립 라인의 마지막 단계에서 일정한 시간마다 완성된 자동차를 생산한다. 이와 같이 파이프라인은 처리할 작업을 여러 단계로 나누고, 처리 중인 작업을 다음 단계로 전달하면서, 각 단계를 동시에 실행하도록 운영하는 방법이다.

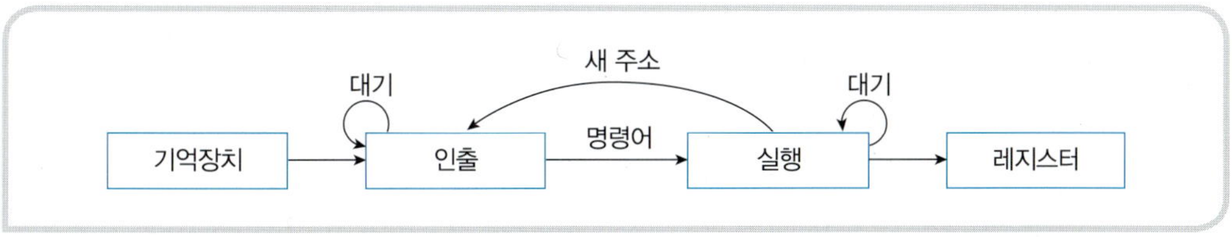

그림 11-1 2단계 명령어 파이프라인

[그림 11-1]은 1980년대 초에 도입한 2단계 파이프라인이다. 명령어 사이클은 인출단계와 실행단계로 구분되어 있고, 각 단계는 동시에 동작한다. 인출단계는 쉬지 않고 기억장치에서 명령어를 인출하여 실행단계로 전달하고, 이와 동시에 실행단계는 인출단계에서 인계 받은 명령어를 처리한다. 프로그램 실행 중 분기가 발생하면 새로운 주소에서 명령어를 인출해야 한다. 어차피 명령어를 실행하려면 인출단계를 처리하는 하드웨어도 있어야 하고 실행단계를 처리하는 하드웨어도 있어야 한다. 명령어 파이프라인을 도입함으로써, 별도로 하드웨어를 추가하지 않더라도 명령어를 병렬로 처리할 수 있다는 것이 가장 큰 장점이다.

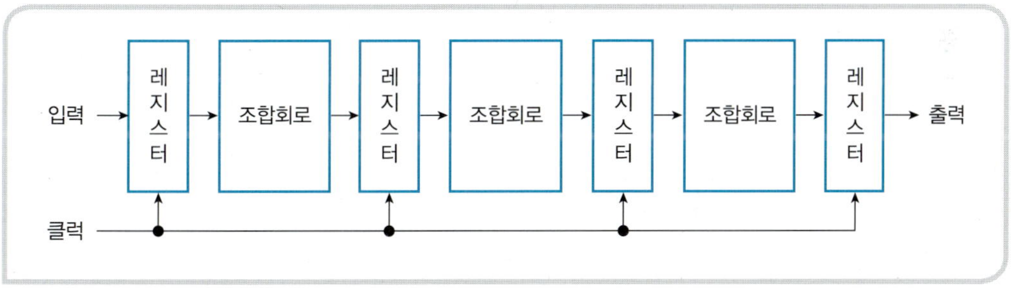

그림 11-2 파이프라인 구조

[그림 11-2]는 3단계로 구성한 파이프라인 구조이다. 외부에서 입력한 데이터를 조합회로에서 처리한 후 각 단계의 레지스터에 적재하여 다음 단계로 전달한다. 파이프라인의 각 단계에서 작업을 처리하는 시간이 같도록 파이프라인을 설계해야 한다. 파이프라인에서 데이터를 다음 단계로 전달하는 시간 간격은 시간을 가장 많이 소모하는 단계에 맞추어져야 한다. 파이프라인 단계를 세분화할수록 조합회로 부분의 지연시간을 줄일 수 있어서 전체적인 성능을 더 높일 수 있다. 예를 들면, 파이프라인을 n단계로 만들면 최대 n배의 성능 향상을 기대할

수 있다. 그렇지만 다음과 같은 요인 때문에 실제로 파이프라인에 명령어들을 연속적으로 공급하지 못한다.

- 분기 명령어 실행: 조건분기 명령어는 명령어를 디코드 한 후에 분기 주소를 결정하고, 실행단계에서 분기 여부를 결정한다. 그러므로 실행단계의 결정에 따라 인출단계에서 이미 인출한 명령어를 버리고 새로 파이프라인을 채우는 동작을 수행하는 경우가 발생할 수 있다.
- 자원 충돌(resource conflict): 각 파이프라인 단계는 자신이 맡은 동작을 실행하기 위하여 처리장치의 레지스터, 연산기, 기억장치와 같은 구성 요소를 사용한다. 이러한 구성 요소를 자원(resource)이라고 한다. 만일 파이프라인 단계들이 같은 자원을 동시에 사용한다면, 파이프라인 처리는 지연되어야 한다. 예를 들면 폰 노이만 구조는 기억장치 모듈이 한 개이므로, 명령어 인출과 데이터 인출을 동시에 수행할 수 없다. 자원의 수를 늘리면 자원 충돌을 해결할 수 있다.
- 데이터 의존성(data dependency): 여러 개의 명령어를 동시에 처리하고 있으므로, 명령어가 처리하려는 오퍼랜드 값이 아직 결정되어 있지 않을 수도 있다. 예를 들면 다음과 같은 두 개의 명령어가 연속해서 있다고 생각해 보자.

```
I1:    R1 ← R2 + R3
I2:    R4 ← R1 + R5
```

명령어 I1의 실행이 끝나 레지스터 R1에 값이 확정되어야만 명령어 I2를 실행할 수 있다. 명령어 I2가 명령어 I1의 실행 결과인 레지스터 R1을 사용하기 때문이다. 이런 현상을 "데이터 의존성이 존재한다"고 말한다.

[그림 11-3]은 RISC 형태인 ARM 프로세서의 5단계 파이프라인 구조를 간략하게 표현한 것이다. ARM 프로세서는 모든 명령어의 길이가 32비트 단어이고, 명령어 캐시(I-cache)와 데이터 캐시(D-cache)를 별도로 갖고 있어서, 명령어와 데이터를 동시에 인출할 수 있다. [그림 11-3]에 점선으로 구분된 부분이 한 개의 단계이다. ARM 프로세서 파이프라인은 다음과 같은 단계로 구성되어 있다.

- 명령어 인출(FI, Fetch Instruction): 명령어 캐시에서 한 개의 명령어를 인출한다.
- 명령어 디코드(DI, Decode Instruction): 명령어 디코더가 명령어를 해독하고, 레지스터 파일에서 명령어 처리에 필요한 오퍼랜드를 읽는다.

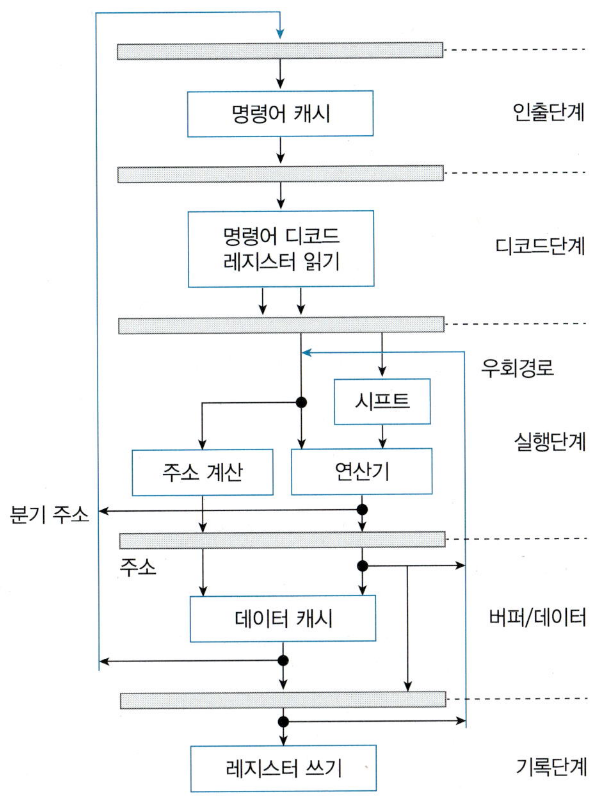

그림 11-3 ARM 프로세서의 5단계 파이프라인

- 명령어 실행(EI, Execute Instruction): 한 개의 오퍼랜드를 시프트하면서 연산기에서 계산한다. 기억장치 적재 또는 저장 명령어는 이 단계에서 기억장치 주소를 계산한다.
- 버퍼/데이터(BD, Buffer/Data): 적재 또는 저장 명령어는 데이터 캐시를 액세스한다. 데이터 캐시를 사용하지 않는 데이터 처리 명령어는 연산 결과를 한 사이클 지연시킨다.
- 기록(WB, Write Back): 명령어 실행 결과를 레지스터에 기록한다.

ARM 프로세서는 단계마다 서로 다른 하드웨어 자원을 사용한다. [그림 11-3]을 보면 레지스터 파일에서 두 개의 읽기와 한 개의 쓰기를 동시에 실행할 수 있다. 그러므로 명령어를 실행할 때, 레지스터에서 자원 충돌은 발생하지 않는다.

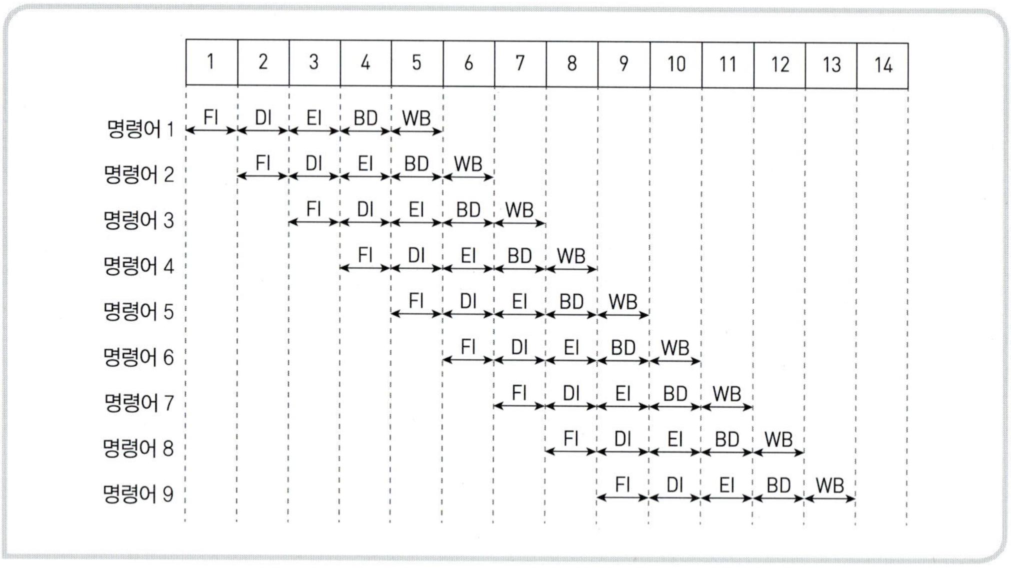

그림 11-4 ARM 파이프라인의 명령어 연속 실행

[그림 11-4]는 ARM 프로세서가 명령어를 연속 실행할 때, 파이프라인의 실행 모습이다. 처음에 파이프라인이 비어 있더라도, 구간 5부터 파이프라인이 모두 채워져 모든 단계가 동시에 동작한다. 파이프라인을 사용하지 않았다면 9개의 명령어를 처리하는데 45개의 구간이 필요하지만, 5단계 파이프라인에서는 13개의 구간이 필요하다. 만일 명령어들이 파이프라인으로 계속 공급된다면, 최대 5배의 성능 개선 효과를 달성할 수 있다. 이런 효과를 얻기 위하여 명령어들이 쉬지 않고 파이프라인 다섯 단계를 모두 지나가야 한다.

[그림 11-3] ARM 파이프라인은 뒤쪽에 있는 단계의 처리 결과를 앞쪽에 있는 처리 단계로 미리 전달하는 우회경로(forwarding path)를 네 개 포함하고 있다. 왼쪽 우회경로는 분기 목적지 주소를 인출단계로 전달하고, 오른쪽 우회경로는 오퍼랜드를 실행단계로 전달한다. 만일 우회경로가 없다면, 명령어를 실행하는 과정에 생성된 주소나 오퍼랜드를 레지스터에 기록한 후, 그 레지스터를 읽어 사용해야 한다. 우회경로가 있음으로써, 주소나 오퍼랜드를 먼저 이전 파이프라인 단계에서 사용할 수 있다.

분기 목적지 주소를 인출단계로 전달하는 우회경로를 살펴보자. 각 우회경로는 다음과 같은 기능을 한다.

- 실행단계에서 분기 명령어가 결정하는 목적지 주소를 인출단계로 전달한다. 따라서 분기 명령어를 실행할 때, 실행단계가 끝난 후 분기 목적지 주소에 있는 명령어

를 인출할 수 있다.

- 버퍼/데이터 단계에서 데이터 캐시에서 읽은 분기 주소를 인출단계로 전달한다. 데이터 캐시에 저장되어 있는 값으로 분기하는 명령어(LDR PC)가 이 경로를 사용한다.

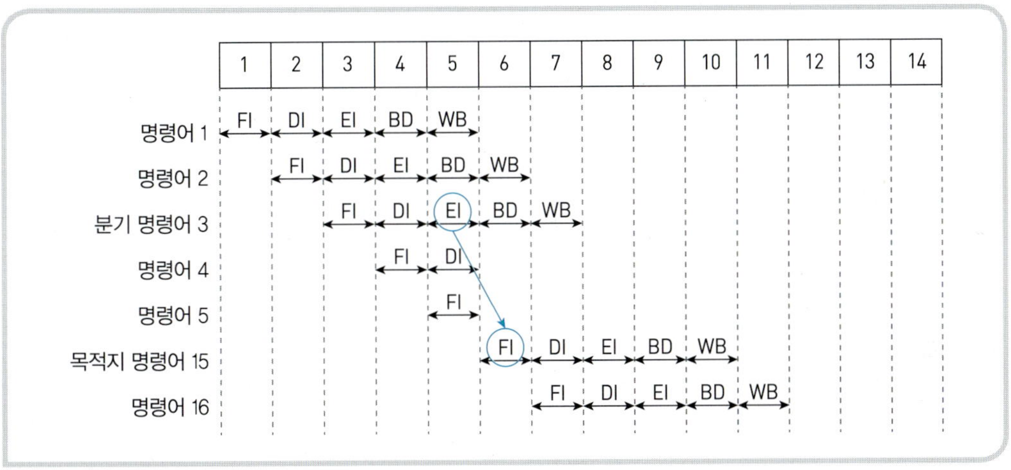

그림 11-5 ARM 프로세서의 분기 명령어 처리

우회경로에 의하여 분기 주소를 사용하는 시기를 앞당길 수 있다. 분기 명령어를 실행할 때 파이프라인 처리 과정을 살펴보자. [그림 11-5]는 명령어 3이 조건분기 명령어일 때 파이프라인 실행 모습이다. 명령어 3이 끝나고 명령어 15로 분기한다고 가정한다. 우회경로에 의하여 실행단계가 끝난 후 분기 목적지 주소를 알 수 있으므로, 목적지에 있는 명령어 15를 구간 6에서 인출할 수 있다. 미리 인출하였던 명령어 4와 명령어 5를 버리고 파이프라인을 다시 채워야 한다. 만일 우회경로가 없다면 명령어 3의 처리가 끝난 구간 8에서 명령어 15를 인출할 수 있다. 그러므로 우회경로에 의하여 두 개의 구간에 해당하는 시간을 절약한 셈이다.

이제 오퍼랜드를 실행단계로 전달하는 우회경로를 살펴보자. 각 우회경로는 다음과 같은 기능을 수행한다.

- 버퍼/데이터 단계의 연산 결과를 실행단계로 전달한다. 따라서 연산 결과를 레지스터나 기억장치에 저장하기 전에 실행단계에서 연산 결과를 사용할 수 있다.
- 마지막 기록단계에서 데이터 캐시에서 읽은 오퍼랜드를 레지스터에 기록함과 동시에 실행단계로 전달한다.

오퍼랜드를 실행단계로 전달하는 우회경로는 데이터 의존성이 있는 경우에 한 개의 시간 구간을 절약하는 효과를 제공한다. 명령어 간 데이터 의존성 때문에 파이프라인에서 지연이 발생하는 예를 살펴보자. 명령어가 다음과 같은 순서로 실행된다고 가정하자.

```
I1:    LOAD    R0, A           // R0 ← Mem(A)
I2:    LOAD    R1, B           // R1 ← Mem(B)
I3:    ADD     R2, R0, R1      // R2 ← R0 + R1
I4:    STORE   C, R2           // Mem(C) ← R2
```

이 명령어 간에는 다음과 같은 의존성이 존재한다.

- 명령어 I1과 명령어 I2는 서로 의존성이 없다.
- 명령어 I1에서 A를 레지스터 R0에 적재한 후 명령어 I3이 레지스터 R0을 사용할 수 있으므로, 명령어 I3은 명령어 I1에 대하여 데이터 의존성이 존재한다.
- 명령어 I3은 레지스터 R1을 사용하므로 명령어 I2에 대하여 데이터 의존성이 존재한다.
- 명령어 I4는 레지스터 R2를 사용하므로 명령어 I3에 대하여 데이터 의존성이 존재한다.

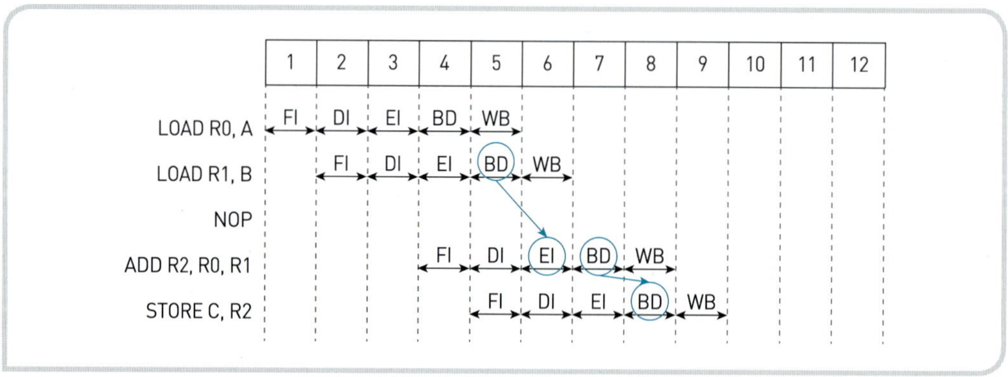

그림 11-6 데이터 의존성에 의한 파이프라인 지연

이와 같은 데이터 의존성 때문에 이 명령어들을 연속해서 실행할 수 없다. [그림 11-6]은 예제 프로그램이 ARM 파이프라인에서 실행되는 과정을 보여준다. ADD 명령어는 레지스터 R0과 R1의 값이 모두 결정되는 구간 5 이후에 레지스터를 읽어 실행할 수 있다. 따라서 ADD 명령어는 LOAD R1, B 명령어에 이어 바로 시작하지 못하고 한 개의 시간 구간만큼 지연되어 실행되어야 한다. 만일 우회경로가 없다면 R1에 B를 적재한 이후에 R1을 사용할 수 있으므로 ADD 명령어는 두 개의 시간 구간만큼 지연되어야 한다.

ADD 명령어가 레지스터 R2에 적재할 연산 결과를 결정하는 시기는 구간 6이고 구간 7에서 버퍼/데이터 단계로 전달한다. STORE 명령어가 데이터 캐시에 연산 결과를 저장하는 시기는 버퍼/데이터 단계이다. 따라서 STORE 명령어는 ADD 명령어 다음에 바로 시작할 수 있다. 만일 우회경로가 없다면 구간 9에 이후에 R2의 값을 사용할 수 있으므로 STORE 명령어는 한 개의 시간 구간만큼 지연되어 시작되어야 한다.

데이터 의존성으로 인한 파이프라인 지연을 제어하는 방법은 두 가지 방법이 있을 수 있다. 첫 번째는 컴파일러가 데이터 의존성을 검출하여 의존성이 있는 명령어 사이에 NOP 명령어를 추가하는 방법이다. 두 번째는 하드웨어로 데이터 의존성을 검출하고 의존성을 발견하면 다음 단계 처리를 한 개의 시간 구간만큼 지연시키는 방법이다.

〈11.1.3〉 분기예측

분기 명령어는 파이프라인의 연속 흐름을 방해하는 주요인이다. RISC 프로세서는 분기 명령어를 실행하기 전에 목적지 주소를 예측함으로써 분기 명령어로 인한 파이프라인 지연을 가능한 줄이는 방법을 채택하고 있다. 이 방법을 분기예측(branch prediction)이라고 한다. 조건분기 명령어에서 조건이 참으로 판정되어 분기 목적지로 이동하는 것을 taken이라 하고, 조건이 거짓으로 판정되어 다음 명령어를 실행하는 것을 not taken이라고 한다. 분기예측 기법은 다음과 같이 동작한다.

- 분기 명령어에 대하여 taken과 not taken 중 하나를 예측하여 실행한다.
- 예측하여 실행하기 때문에, 실행 결과를 레지스터나 기억장치에 기록하지 않는다. 나중에 분기예측이 틀렸을 때, 원래 상태로 복구하기가 매우 복잡해지기 때문이다.
- 분기 명령어의 목적지가 결정된 후, 예측이 올바르면 실행 결과를 갱신한다.
- 예측이 틀렸으면 그 동한 예측 실행한 결과를 버리고 프로그램 카운터를 올바른 위치로 복구하고 다시 실행한다.

분기를 예측하는 방법은 다음과 같이 네 가지 방법이 있을 수 있다.

- **다음 명령어 선택(predict never taken)**: 조건분기 명령어의 조건 검사를 거짓이라고 예측하고, 항상 다음에 있는 명령어를 예측하여 실행한다.

- 목적지 명령어 선택(predict always taken): 조건분기 명령어의 조건 검사를 참이라고 예측하고, 항상 분기 목적지에 있는 명령어를 예측하여 실행한다.
- 동작코드에 의한 예측(predict by opcode): 프로그램에 나타난 조건분기 명령어의 형태에 따라 taken 또는 not taken으로 예측한다. 예를 들면, "branch if zero"와 같이 긍정 조건문은 taken으로 예측하고, "branch if not zero"와 같이 부정 조건문은 not taken으로 예측한다.
- 상태도에 의한 예측(predict by taken/not taken switch): 분기 명령어를 실행할 때 taken인지 not taken인지 실행 결과를 기록해 두고, 그 분기 명령어를 다시 실행할 때 이전 기록에 따라 분기를 예측한다.

[그림 11-7]은 네 가지 상태를 사용하여 분기를 예측하는 상태도의 예이다. 두 번 연속해서 예측이 틀렸을 때 예측을 변경한다. 이 상태도는 다음과 같이 동작한다.

- 초기 상태는 00이고, 처음에는 항상 taken으로 예측한다.
- 안정 taken 상태(00): taken으로 예측한다. 만일 분기 조건을 판정한 결과가 taken이면, 상태를 변경하지 않고 그대로 남아 있는다. 만일 분기 조건을 판정한 결과가 not taken이면, 다음 상태를 01로 변경한다.
- 불안정 taken 상태(01): taken으로 예측한다. 만일 분기 조건을 판정한 결과가 taken이면, 00 상태로 돌아간다. 만일 이번에도 분기 조건을 판정한 결과가 not taken이면, 다음 상태를 11로 변경한다.
- 안정 not taken 상태(11): not taken으로 예측한다. 만일 분기 조건을 판정한 결과가 not taken이면, 상태를 변경하지 않고 그대로 남아 있는다. 만일 분기 조건을 판정한 결과가 taken이면, 다음 상태를 10으로 변경한다.
- 불안정 not taken 상태(10): not taken으로 예측한다. 만일 분기 조건을 판정한 결과가 not taken이면, 11 상태로 돌아간다. 만일 이번에도 분기 조건을 판정한 결과가 taken이면, 다음 상태를 00으로 변경한다.

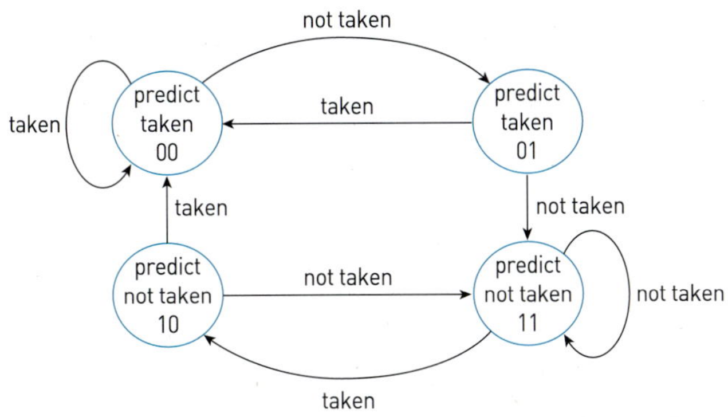

그림 11-7 분기예측 상태도

상태도에 의한 예측 기법은 프로그램에 포함되어 있는 반복문을 처리하는데 효과적이며, [그림 11-7] 상태도를 사용하는 경우, 예측 정확도를 75% 이상 유지하는 것으로 알려져 있다. 이 방법을 사용하려면 프로그램에 포함되어 있는 분기 명령어에 대하여 예측 결과가 옳았는지 아니면 틀렸는지에 대한 기록(history)을 저장해 두는 자료 구조가 필요하다. 이것을 분기목적지버퍼(BTB, Branch Target Buffer) 또는 분기기록테이블(BHT, Branch History Table)이라고 한다. 분기목적지버퍼는 [그림 11-8]과 같이 세 개의 필드로 구성되어 있다.

분기 명령어 주소	목적지 주소	상태

그림 11-8 분기목적지버퍼(BTB)의 구조

- **분기 명령어 주소 필드:** 분기 명령어가 저장되어 있는 기억장치 주소를 저장한다.
- **분기 목적지 주소 필드:** 분기 명령어가 taken으로 판정할 때 프로그램 카운터에 적재할 분기 목적지 주소를 저장한다.
- **상태 필드:** 분기 명령어를 실행할 때 taken으로 판정할지 아니면 not taken으로 판정할지 결정하기 위한 분기예측 상태도의 상태 코드를 저장한다.

가상기억장치의 페이지 기법에서 사용하는 변환우선참조버퍼(TLB)와 마찬가지로 분기목적지버퍼도 프로세서가 하드웨어로 운영하는 자원이며 연관 액세스가 가능한 특수 기억장치이다. 분기목적지버퍼의 용량이 클수록 더 많은 분기 명령어에 대한 기록을 저장할 수 있다. 그렇지만 용량에 한계가 있으므로, 새로운 분기 명령어를 수행할 때 기존에 분기목적지버퍼에 저장되어 있는 것 중 하나와 교체할 필요가 있다.

11.2 슈퍼스칼라 프로세서

컴퓨터 구조에서 벡터(vector)란 배열(array)에 저장되어 있는 데이터를 의미한다. 벡터와 상대적으로 한 개의 변수에 저장되어 있는 데이터를 스칼라 데이터(scalar data)라고 하고, 스칼라 데이터를 처리하는 명령어를 스칼라 명령어(scalar instruction)라고 한다. 컴퓨터 구조 연구자들은 컴퓨터가 프로그램을 실행하는 특성을 분석하면서 배열이나 상수 데이터를 처리하는 명령어보다 스칼라 데이터를 처리하는 명령어의 실행 빈도가 높다는 것을 발견하였다. 이 연구 결과를 바탕으로 스칼라 명령어 중에서 동시에 실행할 수 있는 것들을 찾아내어 동시에 실행시키는 슈퍼스칼라 프로세서(superscalar processor)를 개발하게 되었다.

이 절에서는 슈퍼스칼라 프로세서 구조를 제시하고, 슈퍼스칼라 프로세서의 명령어 실행과 관련된 데이터 의존성(data dependency), 그리고 명령어 스케줄링 정책(instruction scheduling policy)에 대하여 설명한다.

11.2.1 슈퍼스칼라 프로세서 구조

여러 개의 스칼라 명령어를 동시에 실행하려면 동시에 실행할 수 있는 명령어들을 추출할 수 있어야 하고 또한 명령어들을 동시에 실행할 수 있도록 하드웨어 자원이 여러 개 있어야 한다. [그림 11-9]는 이 두 가지 목적을 이루기 위한 슈퍼스칼라 프로세서 구조이다.

- 명령어 인출장치(instruction fetch unit): 명령어 캐시에서 여러 개의 명령어를 동시에 인출하여 명령어 스케줄러(instruction scheduler)로 보낸다.
- 명령어 스케줄러(instruction scheduler): 인출된 명령어들을 대상으로 동시에 실행할 수 있는 명령어를 선택하여 처리장치로 보낸다. 이때 대상 명령어들을 저장하는 버퍼를 명령어 윈도우(instruction window)라고 한다. 그리고 실행할 수 있는 명령어를 처리장치로 전송하는 것을 명령어 발송(instruction issue)이라고 한다.

- 처리장치(processing unit 또는 functional unit): 슈퍼스칼라 프로세서는 여러 개의 처리장치를 포함하고 있으며, 처리장치마다 다른 명령어를 동시에 실행할 수 있다.
- 레지스터 파일(register file): 각 처리장치와 데이터를 주고받을 수 있는 여러 개의 경로를 갖고 있어야 한다.

한 개의 처리장치는 한 개의 명령어에 대한 실행단계를 처리한다. 처리장치의 기능을 산술과 논리 연산을 담당하는 정수연산장치(integer unit), 실수 계산을 담당하는 실수연산장치(floating-point unit), 조건분기와 무조건분기 명령어를 담당하는 분기장치(branch unit), 그리고 기억장치 액세스를 담당하는 적재저장장치(load store unit)로 나눌 수 있다. 한 개의 처리장치가 이와 같은 네 가지 기능 모두를 포함하도록 만들 수도 있고, 한 개의 처리장치가 이것들 중 한 가지 기능만 수행하도록 만들 수도 있다. 슈퍼스칼라 프로세서가 하드웨어로 한 번에 처리할 수 있는 명령어의 최대 수를 기계 병렬도(degree of machine parallelism)라고 한다. 일반적으로 기계 병렬도는 처리장치 수와 같다.

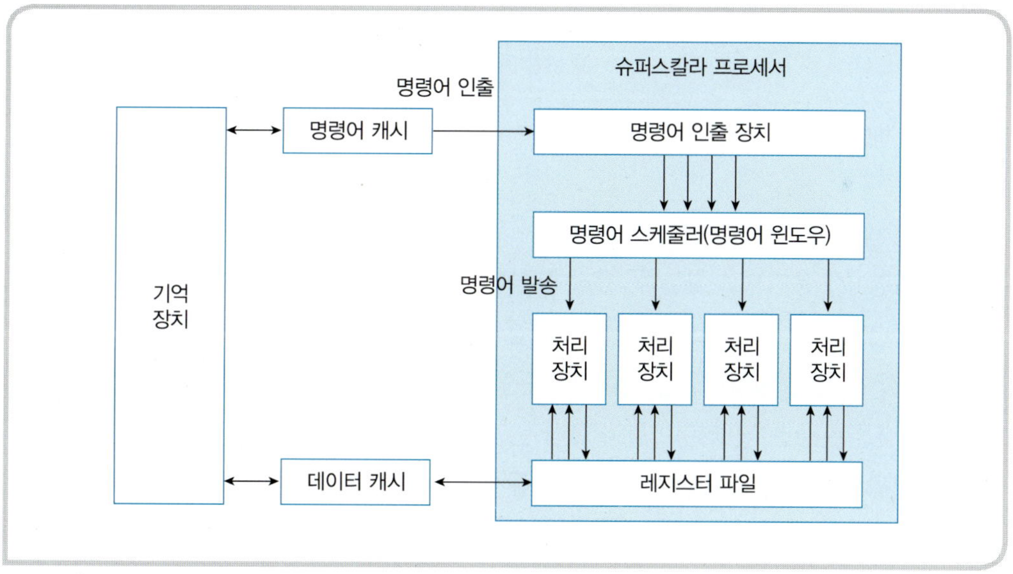

그림 11-9 슈퍼스칼라 프로세서의 구조

그림 11-10 명령어 파이프라인의 비교

슈퍼스칼라 프로세서의 스케줄러는 명령어 윈도우에 있는 명령어들 중에서 동시에 실행할 수 있는 명령어를 동적으로 찾는다. 동적이란 명령어를 실행하는 중에 명령어 사이클의 한 단계로 실행한다는 것이다. 이와 상대적으로 컴파일러가 프로그램을 기계어로 번역하면서 동시에 실행할 수 있는 명령어들을 찾아 이것들을 한 개의 긴 명령어를 만들고, 프로세서는 컴파일러가 만들어 놓은 긴 명령어를 실행하는 것도 있다. 이것을 VLIW(Very Long Instruction Word) 프로세서라고 한다. 컴파일러가 이미 동시에 실행할 수 있는 명령어들을 하나의 긴 명령어로 만들기 때문에 VLIW는 내부에 스케줄러가 없다. 다시 말하면 VLIW는 슈퍼스칼라의 스케줄러 기능을 컴파일러에게 맡긴 것이다.

[그림 11-10]은 네 단계의 명령어 사이클을 갖는다고 가정하고 일반 RISC 프로세서, 슈퍼스칼라, VLIW 파이프라인을 비교한 것이다. 슈퍼스칼라와 VLIW는 두 개의 처리장치를 갖고 있다고 가정한다. RISC 파이프라인은 한 번에 한 개의 명령어를 처리한다. 이상적인 경우에 슈퍼스칼라 파이프라인은 매 단계마다 두 개의 명령어를 처리한다. 두 개의 명령어들이 한 개의 긴 명령어로 만들어져 있는 VLIW는 실행단계에서 세부 명령어를 나누어 실행한다.

11.2.2 데이터 의존성

프로그램은 명령어들을 순차적으로 나열한 것이고, 명령어들은 필연적으로 서로 연관성을 갖고 있지만, 그 중에는 동시에 실행할 수 있는 명령어들도 있다. 이런 특성을 명령어 수준 병렬성(ILP, instruction-level parallelism)이라고 하고, 임의의 프로그램에 대하여 동시에 실행할 수 있는 명령어의 수를 명령어 수준 병렬도(degree of ILP)라고 한다.

서로 독립인 명령어들을 동시에 실행할 수 있다. 서로 독립이란 서로 의존하지 않는다는 의미이고, 명령어들을 동시에 실행하는데 아무 문제가 없다는 의미이다. 프로세서는 서로 의존하는 명령어들을 동시에 실행할 수 없다. 의존성의 종류는 다음과 같은 세 가지가 있다.

- 자원 의존성(resource dependency): 자원 충돌(resource conflict)과 같은 개념이며, 명령어들이 같은 하드웨어 자원을 사용하는 것을 의미한다. 하드웨어 자원을 늘림으로써 자원 의존성을 해결할 수 있다.
- 프로시저 의존성(procedure dependency): 파이프라인에서 순차적인 명령어 처리 흐름을 방해하는 분기 명령어에 의한 의존성이다. 원칙적으로 분기 명령어 이전 명령어들과 이후 명령어들을 함께 실행할 수 없다. 그렇지만 분기예측 기법을 사용한다면 이 문제를 해결할 수도 있다.
- 데이터 의존성(data dependency): 한 개의 명령어가 사용하는 오퍼랜드를 다른 명령어도 사용할 때 발생하는 의존성이다. 데이터 의존성은 세 가지 종류가 있으며 잠시 후에 설명하기로 한다.

```
I1:     LOAD    R0, A
I2:     LOAD    R1, B
I3:     ADD     R2, R0, R1
I4:     SUB     R3, R0, R1
```

(a) 프로그램

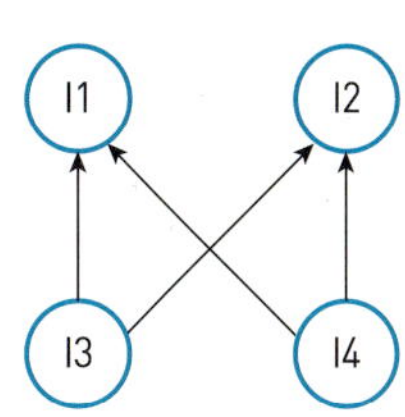

(b) 의존성 그래프

그림 11-11 명령어 수준 병렬성의 예

명령어 수준 병렬도를 결정할 때는 자원 의존성을 고려하지 않는다. 예를 들어 [그림 11-11(a)]의 프로그램에 대한 명령어 수준 병렬도를 구해보자. [그림 11-11(b)]는 프로그램에 대한 의존성 그래프이다. 의존성 그래프는 동시에 실행할 수 있는 명령어들을 한 줄에 배치하고, 한 명령어가 의존하는 명령어를 화살표로 연결한 것이다. 명령어 I1과 I2는 동시에 실행할 수 있다. 명령어 I3은 레지스터 R0와 R1을 사용하기 때문에 명령어 I1과 I2에 의존하며, 명령어 I4도 마찬가지이다. 이 예제에 대한 명령어 수준 병렬도는 2이다.

슈퍼스칼라 프로세서는 디코드가 끝난 명령어들 중에서 함께 실행할 수 있는 명령어들을 동시에 실행하도록 스케줄한다. 그러므로 뒤에 있는 명령어가 앞에 있는 명령어보다 먼저 실행을 시작할 수 있고, 뒤에 있는 명령어가 앞에 있는 명령어보다 먼저 종료할 수도 있다. RISC 파이프라인은 항상 명령어를 차례대로 실행하기 때문에, 앞에 있는 명령어가 생성하는 오퍼랜드를 뒤에 있는 명령어가 사용하는가 하는 관점에서 데이터 의존성을 분석하였다. 그렇지만 슈퍼스칼라 프로세서에서는 뒤에 있는 명령어를 먼저 실행시킬 수 있는가, 뒤에 있는 명령어가 먼저 종료되더라도 프로그램이 올바로 실행되는데 문제가 발생하지 않는가 하는 관점에서 데이터 의존성을 살펴보아야 한다. 슈퍼스칼라 프로세서에서 발생할 수 있는 데이터 의존성의 종류는 다음과 같이 세 가지가 있다.

- 데이터 의존성(true data dependency, write-read dependency): 앞에 있는 명령어가 어떤 오퍼랜드 값을 결정하고 뒤에 있는 명령어가 그 오퍼랜드를 사용한다. 즉, 같은 오퍼랜드에 대하여 먼저 쓰기(write) 동작을 하고 나중에 읽기(read) 동작이 발생한다.
- 출력 의존성(output dependency, write-write dependency): 앞에 있는 명령어가 어떤 오퍼랜드 값을 결정하고 뒤에 있는 명령어가 다시 또 그 오퍼랜드에 다른 값을 기록한다. 즉, 같은 오퍼랜드에 대하여 먼저 쓰기를 하고 나중에 다시 또 쓰기를 한다.
- 반의존성(anti-dependency, read-write dependency): 앞에 있는 명령어가 어떤 오퍼랜드를 사용하는데, 뒤에 있는 명령어가 그 오퍼랜드에 값을 기록한다. 즉, 같은 오퍼랜드에 대하여 먼저 읽기를 하고 나중에 쓰기 동작을 한다.

넓은 의미에서 데이터 의존성이란 용어는 위 세 가지 의존성을 모두 포함하며, 좁은 의미로 사용할 때는 첫 번째 의존성만 지칭한다. 좁은 의미의 데이터 의존성을 없앨 수 없지만, 레지스터 재명명(register renaming)이란 기법을 사용하면 출력 의존성과 반의존성을 없앨 수 있기 때문이다. 예를 들어 가면서 한 가지씩 살펴보자.

좁은 의미의 데이터 의존성은 쓰기 후에 읽기를 할 때 발생한다. 다음 명령어들을 생각해 보자.

```
I1:    ADD    R1, R2, R3        // R1 ← R2 + R3
I2:    SUB    R4, R1, R3        // R4 ← R1 − R3
```

이 예제에서 명령어 I1이 레지스터 R1에 데이터를 기록(write)하고 나서 명령어 I2가 레지스터 R1을 읽는다(read). 명령어 I1과 I2를 동시에 인출하고 동시에 디코드 할 수 있으나, 둘 다 동시에 실행하거나 명령어 I2를 먼저 실행할 수 없다. 슈퍼스칼라 프로세서 스케줄러는 명령어 I1을 먼저 실행하여 레지스터 R1에 적재할 값을 결정한 다음에 명령어 I2를 실행하도록 스케줄 해야 한다.

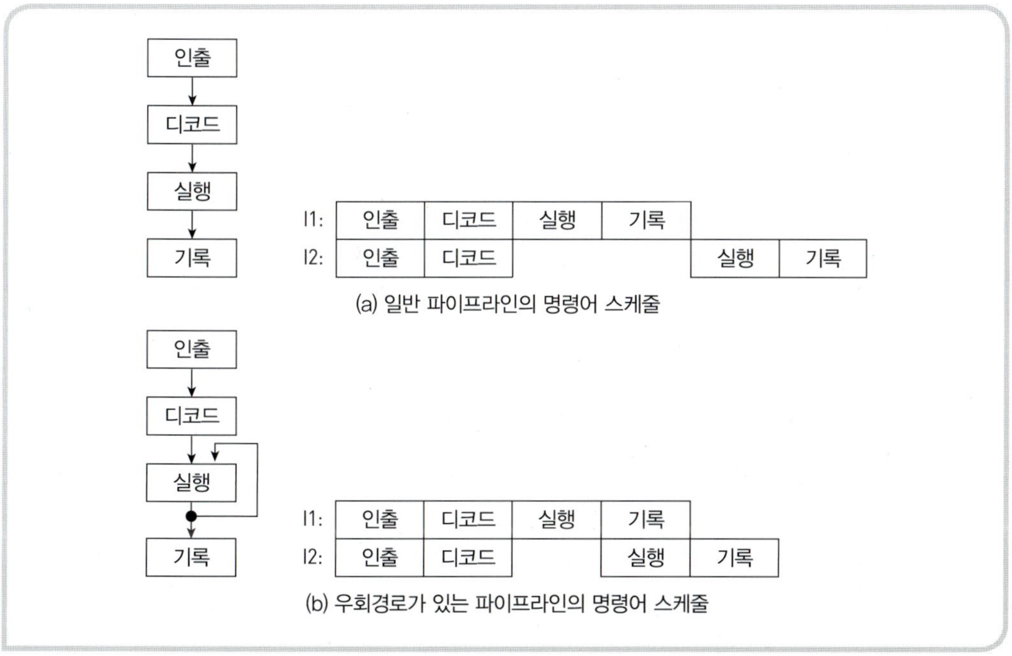

그림 11-12 데이터 의존성이 있을 때 명령어 스케줄

[그림 11-12]는 4단계 파이프라인에서 이 명령어들을 스케줄 한 모습이다. [그림 11-12(a)]는 우회경로가 없는 파이프라인이다. 명령어 I1이 레지스터 R1에 값을 기록한 후 명령어 I2의 실행단계가 수행될 수 있으므로, 명령어 I2는 두 개의 구간만큼 지연되어 실행되어야 한다. [그림 11-12(b)]는 우회경로가 있는 파이프라인이다. 명령어 I1을 기록함과 동시에 명령어 I2를 실행할 수 있다. 이때 명령어 I2의 실행단계는 한 개의 구간만큼 지연된다.

출력 의존성은 한 개의 레지스터에 대하여 연속해서 쓰기 동작을 할 때 발생한다. 예를 들어 다음 명령어들을 분석해 보자.

```
I1:   LD    R1, A         // R1 ← Mem(A)
I2:   ADD   R3, R1, R2    // R3 ← R1 + R2
I3:   SUB   R1, R2, R4    // R1 ← R2 - R4
```

명령어 I1과 I2는 레지스터 R1에 대하여 데이터 의존성이 있기 때문에 동시에 스케줄 할 수 없다. 명령어 I1과 I3은 둘 다 레지스터 R1을 목적지 레지스터로 사용한다. 이 경우를 "명령어 I3은 명령어 I1에 대하여 출력 의존성이 있다"고 말한다. 이때 명령어 I1과 I3을 동시에 시작할 수 있으나, I3이 I1보다 먼저 종료될 수 없다. 구체적으로 다음과 같이 분석할 수 있다.

- 명령어 I2는 데이터 의존성 때문에 반드시 명령어 I1 다음에 실행되어야 한다.
- 명령어 I1과 I3은 직접 데이터 의존성이 없으므로, 동시에 실행을 시작할 수 있다.
- 다만, 명령어 I1의 실행이 끝나고 명령어 I2가 레지스터 R1의 값을 읽은 다음에 명령어 I3이 R1에 값을 기록해야 한다.
- 만일 명령어 I3이 명령어 I1보다 먼저 실행을 마치면, 명령어 I2가 읽는 레지스터 R1의 값이 틀린 값이기 때문이다.

그렇지만 다음과 같이 명령어 I1이 기록하는 레지스터 R1과 명령어 I3이 기록하는 레지스터 R1을 분리한다면, 명령어 I1과 I3을 동시에 스케줄 할 수 있다.

```
I1:   LD    R1a, A          // R1a ← Mem(A)
I2:   ADD   R3, R1a, R2     // R3 ← R1a + R2
I3:   SUB   R1b, R2, R4     // R1b ← R2 - R4
```

이 코드에서 레지스터 R1a와 R1b는 서로 다른 레지스터이다. 이와 같이 프로그램을 실행하는 도중에 목적지 레지스터를 변경하는 기법을 레지스터 재명명(register renaming)이라고 한다. 레지스터 재명명을 할 수 있다면 출력 의존성을 제거할 수 있다.

반의존성은 데이터 의존성과 읽기 쓰기 순서가 반대로 배치되었을 때 발생한다. 즉, 같은 레지스터에 대하여 먼저 읽기를 하고 나중에 쓰기를 한다. 반의존성의 예는 다음과 같다.

```
I1:   ADD   R1, R2, R3     // R1 ← R2 + R3
I2:   SUB   R2, R0, R3     // R2 ← R0 − R3
```

명령어 I1은 레지스터 R2를 읽고, 명령어 I2는 레지스터 R2에 값을 쓴다. 만일 명령어 I1을 실행하기 전에 명령어 I2가 먼저 실행을 종료한다면, 명령어 I1이 읽는 레지스터 R2 값은 틀린 값이다. 그러므로 명령어 I2는 명령어 I1이 레지스터 R2를 읽은 다음에 실행할 수 있다. 슈퍼스칼라 프로세서는 반의존성이 존재하는 명령어에 대하여 의존하는 명령어를 먼저 종료하지 않도록 스케줄 해야 한다. 그렇지만 다음과 같이 레지스터 재명명 기법을 사용하면 반의존성도 제거할 수 있다. 즉, 명령어 I1과 I2가 사용하는 R2를 분리하는 것이다.

```
I1:   ADD   R1, R2a, R3    // R1 ← R2a + R3
I2:   SUB   R2b, R4, R3    // R2b ← R4 − R3
```

데이터 의존성 중에서 출력 의존성과 반의존성은 명령어들이 출력 레지스터를 공통으로 사용함으로써 발생한다. 레지스터 재명명 기법을 사용하는 스케줄러는 명령어가 사용하는 레지스터를 동적으로 할당한다. 이를 위하여 슈퍼스칼라 프로세서는 논리 레지스터와 물리 레지스터를 구별한다.

- **논리 레지스터**: 명령어에 표현되는 레지스터
- **물리 레지스터**: 실제로 명령어 스케줄러가 사용하는 레지스터

물리 레지스터 수는 논리 레지스터 수보다 많다. 명령어는 논리 레지스터로 표현되어 있다. 스케줄러는 명령어를 스케줄 하면서 레지스터를 물리 레지스터 중에서 사용하지 않거나 사용이 끝난 레지스터로 할당한다. [그림 11-13]은 간단하게 표현한 레지스터 재명명 예제이다. 스케줄러는 명령어마다 명령어에 표현된 레지스터를 물리 레지스터로 할당하는 매핑 테이블을 갖고 있다. 이 매핑 테이블을 스코어 보드(score board)라고 한다. 명령어에 표현된 레지스터는 논리 레지스터이며 매핑 테이블의 인덱스로 사용한다. 스케줄러는 새로운 값을 기록하는 논리 레지스터에 새로운 물리 레지스터를 할당한다.

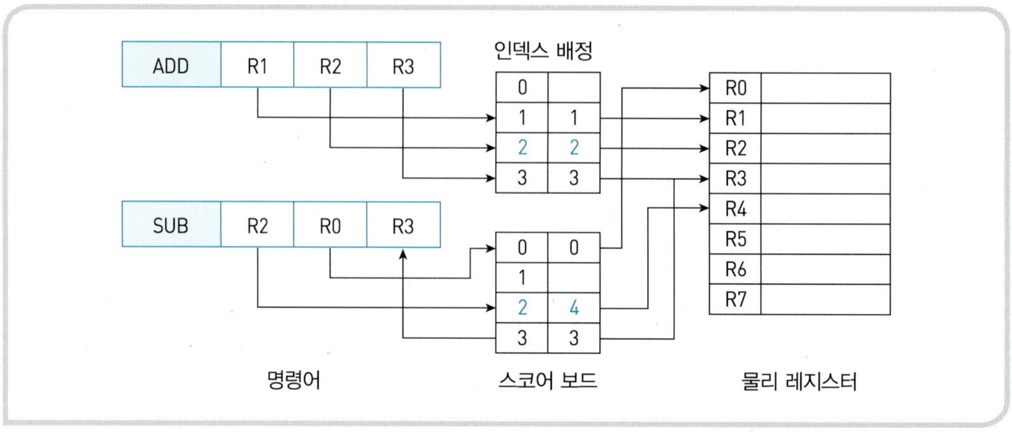

그림 11-13 레지스터 재명명

슈퍼스칼라 프로세서에서 레지스터 재명명 기법은 동시에 실행할 수 있는 명령어 수를 늘리는데 기여한다. 일반적으로 프로그램 자체의 명령어 수준 병렬도는 2~3 정도이나, 레지스터 재명명 기법을 도입함으로써 명령어 수준 병렬도를 3~4 정도까지 증가시킬 수 있다.

11.2.3 스케줄링 정책

슈퍼스칼라 프로세서는 여러 개의 명령어를 인출하여 함께 실행할 수 있는 명령어들을 찾아 동시에 실행한다. 프로그램에 있는 명령어 수준 병렬도를 반영하여 기계 병렬도(machine parallelism)까지 동시에 명령어들을 실행할 수 있다. 슈퍼스칼라 스케줄링은 명령어를 실행단계로 전달하는 발송정책과 실행이 끝나 결과를 목적지에 기록함으로써 명령어를 마치는 종료정책으로 나누어 생각할 수 있다.

발송정책(issue policy)은 명령어에 나타난 순서대로 발송하는 방법과 순서와 다르게 발송하는 방법이 있을 수 있다.

- **순서대로 발송하는 방법**(in-order issue): 뒤에 있는 명령어는 앞에 있는 명령어보다 항상 나중에 발송해야 한다. 동시에 발송할 수는 있다.
- **순서와 다르게 발송하는 방법**(out-of-order issue): 데이터 의존성이 없을 때, 뒤에 있는 명령어를 앞에 있는 명령어보다 먼저 발송할 수 있다.

슈퍼스칼라 프로세서는 명령어 수준 병렬도를 더 많이 활용할 수 있는 '순서와 다르게 발송하는 방법'을 채택하고 있다. 이 경우에 출력 의존성이 문제가 될 수 있으므로 레지스터 재명명 기법에 도입하여 출력 의존성을 제거하는 방법도 동시에 채택하고 있다.

종료정책(completion policy)도 명령어에 나타난 순서대로 종료하는 방법과 순서와 다르게 종료하는 방법이 있을 수 있다.

- 순서대로 종료하는 방법(in-order completion): 뒤에 있는 명령어는 앞에 있는 명령어보다 항상 나중에 또는 같은 시간에 종료되어야 한다.
- 순서와 다르게 종료하는 방법(out-of-order completion): 뒤에 있는 명령어는 앞에 있는 명령어보다 먼저 종료될 수 있다.

슈퍼스칼라 프로세서는 순서와 다르게 발송하는 발송정책을 채택하고 있으므로, 당연히 뒤에 있는 명령어가 먼저 실행을 마칠 수 있다. 뒤에 있는 명령어를 먼저 종료하려면, 반의존성도 문제가 되지만 분기 명령어에 때문에 생기는 프로시저 의존성도 문제가 될 수 있다. 슈퍼스칼라 프로세서가 분기 명령어 이후에 있는 명령어들을 예측 실행함으로써 이 명령어들이 먼저 종료할 수 있기 때문이다. 분기 명령어를 실행하면서 예측 경로가 올바른 때는 문제가 없다. 그렇지만 예측이 잘못된 때는 실행하지 않아야 할 명령어를 이미 실행하고 그 결과를 기록까지 하기 때문에 심각한 문제가 발생한다. 잘못 기록한 레지스터 값을 실행하기 이전으로 복구해야만 하는데, 이 과정이 매우 복잡해진다. 따라서 슈퍼스칼라 프로세서는 '순서대로 종료하는 방법'을 채택하고 있다.

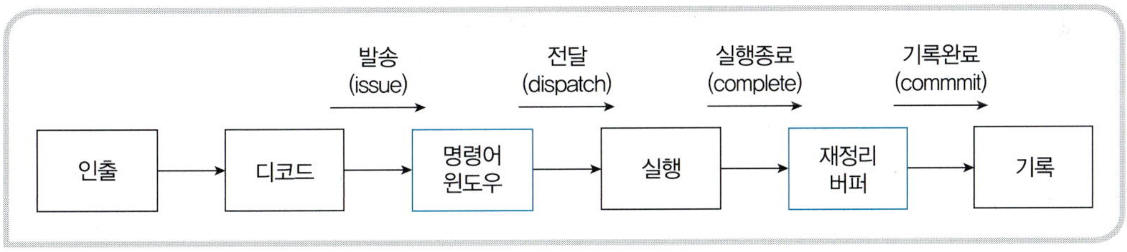

그림 11-14 슈퍼스칼라 파이프라인과 버퍼

지금까지 분석 결과를 정리하면, 슈퍼스칼라 프로세서는 '순서와 다르게 발송하고 순서대로 종료(out-of-order issue with in-order completion)'하는 정책을 사용한다. 이 정책을 구현하기 위하여 슈퍼스칼라 프로세서는 [그림 11-14]와 같이 두 가지 버퍼를 사용한다.

- 명령어 윈도우(instruction window): 디코드 한 명령어들을 저장한다. 스케줄러는 함께 수행할 수 있는 명령어들을 순서와 상관없이 선택하여 실행단계로 보낸다. 명

령어를 명령어 윈도우에 저장하는 과정이 발송(issue)이고, 실행할 명령어를 실행 단계로 보내는 과정이 전달(dispatch)이다.

- 재정리 버퍼(reorder buffer): 명령어를 순서와 다르게 전달하므로 뒤에 있는 명령어가 먼저 실행단계를 마칠 수 있다. 실행이 끝난 명령어는 재정리 버퍼로 들어가고 스케줄러는 이 안에 있는 실행 결과를 순서에 맞게 목적지로 기록한다. 처음 동작이 실행종료(complete)이고, 나중 동작이 기록완료(commit)이다.

예제를 통하여 슈퍼스칼라 프로세서의 스케줄러 구조와 스케줄링 방법을 살펴보자. 일반적으로 명령어 종류 별로 슈퍼스칼라 프로세서가 처리하는 시간이 다를 수 있다. 예를 들어, 실수 명령어는 정수 명령어보다 처리 시간이 길다. 그리고 적재/저장 명령어도 정수 명령어보다 처리 시간이 더 길 수 있다. 따라서 동시에 명령어를 실행하더라도 끝나는 시간이 다를 수 있다. 다음과 같은 슈퍼스칼라 프로세서를 예로 들어 스케줄링 정책을 설명하고자 한다.

- 두 개의 명령어를 동시에 인출하고 디코드 한다.
- 세 개의 처리장치를 갖고 있다. 적재/저장장치(LU)는 명령어를 실행하는데 두 개의 사이클을 소모한다. 정수장치(IU)는 한 개의 사이클을 소모한다. 실수장치(FU)는 두 개의 사이클을 소모한다.
- 실행이 끝난 두 개의 명령어를 동시에 기록할 수 있다.

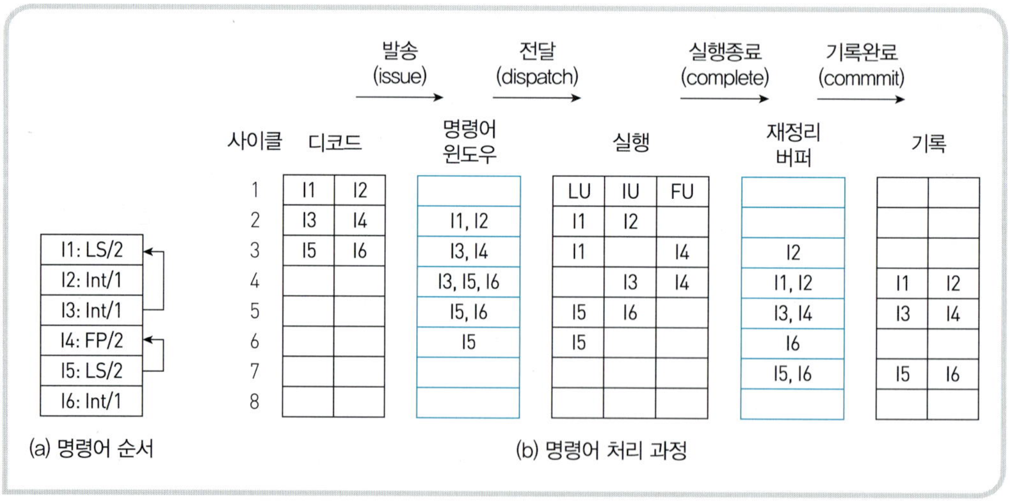

그림 11-15 슈퍼스칼라 스케줄링 정책

[그림 11-15]는 '순서와 다르게 시작하고 순서대로 종료'하는 스케줄러의 명령어 처리 과정을 보여준다. [그림 11-15(a)]는 프로그램에 나타난 명령어 순서이다. 각 명령어에 대하여 명령어의 종류와 실행 사이클 수를 표현하고 있고, 화살표는 명령어 간 데이터 의존성을 표시한 것이다. LS 명령어는 LU에서, Int 명령어는 IU에서, 그리고 FP 명령어는 FU에서 실행될 수 있다. [그림 11-15(b)]는 명령어가 처리되는 과정을 보인 것이고 그 해석은 다음과 같다.

- 사이클 1: 명령어 I1과 I2를 동시에 발송한다.
- 사이클 2: 명령어 I1과 I2를 실행장치로 전달하면서 동시에 명령어 I3과 I4를 디코드 하여 발송한다.
- 사이클 3: 정수 명령어 I2는 실행을 종료하고 재정리 버퍼로 들어간다. 그렇지만 아직 적재 명령어 I1이 종료되지 않았기 때문에 명령어 I2를 기록하지 못한다. 정수 명령어 I1은 아직도 실행 중이다. 명령어 I3은 적재 명령어 I1과 데이터 의존성 관계에 있기 때문에 전달될 수 없다. 실수 명령어 I4는 이전 명령어들과 의존성이 없으므로 실행장치로 전달된다.
- 사이클 4: 적재 명령어 I1이 실행을 종료한다. 이제 명령어 I1과 I2를 기록할 수 있다. 적재 명령어 I1과 의존성이 있는 명령어 I3을 처리장치로 전달하고, 실수 명령어 I4는 아직도 실행 중이다. 다음 명령어 I5와 I6은 디코드를 마치고 발송된다.
- 사이클 5: 정수 명령어 I3과 실수 명령어 I4가 실행을 종료한다. 둘 다 종료하였으므로 명령어 I3과 I4를 기록한다. 명령어 I5와 I6을 처리장치로 전달한다.
- 사이클 6: 정수 명령어 I6이 실행을 종료하였으나, 적재 명령어 I5가 종료하지 않았으므로 명령어 I6를 기록할 수 없다. 적재 명령어 I5는 아직 실행 중이다.
- 사이클 7: 적재 명령어 I5가 실행을 종료하고, 명령어 I5와 I6을 기록한다.

슈퍼스칼라 프로세서는 여러 개의 스칼라 명령어를 동시에 실행하고 동시에 종료한다. 슈퍼스칼라 프로세서는 분기예측과 레지스터 재명명 기법을 함께 사용해야 성능 개선 효과를 볼 수 있다. 최근에는 RISC 프로세서뿐만 아니라 CISC 프로세서도 슈퍼스칼라 기능을 채택하고 있다.

11.3 병렬처리 컴퓨터

병렬처리 컴퓨터는 한 개 이상의 명령어 또는 한 개 이상의 데이터를 동시에 처리하는 컴퓨터이다. 슈퍼스칼라 프로세서는 한 개의 프로세서가 한 개의 프로그램을 구성하는 여러 개의 명령어를 동시에 실행하지만, 병렬처리 컴퓨터는 여러 개의 프로세서가 한 개 또는 여러 개의 프로그램에 속한 명령어들을 동시에 처리한다. 사실 병렬처리 컴퓨터는 컴퓨터 발전 과정과 함께 개발되고 사용되었다. 초기에는 신호처리 프로그램과 같이 계산량이 많은 프로그램을 고속으로 처리하기 위하여 특수한 병렬처리 컴퓨터를 개발하여 사용하였다. 프로세서가 한 번에 처리하는 데이터 비트 수가 증가함에 따라 크기가 작은 데이터 여러 개를 한 개의 명령어로 처리하고, 그래픽 처리와 같이 많은 데이터에 대하여 같은 연산을 병렬로 처리하고, 한 개의 칩 안에 여러 개의 프로세서를 탑재한 멀티 프로세서를 사용하고 있다.

이 절에서는 먼저 병렬처리 컴퓨터를 분류하고, 각 병렬처리 컴퓨터의 구조와 특징에 대하여 설명한다.

11.3.1 컴퓨터 분류

1966년 플린(Flynn)은 컴퓨터가 처리하는 명령어 스트림과 데이터 스트림의 수에 따라 컴퓨터를 분류하였다. 명령어 스트림(instruction stream)은 컴퓨터가 수행하는 프로세스(process)와 같다. 프로세스는 프로그램이 컴퓨터에 적재되어 실행되고 있는 상태이다. 제어장치(CU, control unit)는 명령어 흐름을 관리하므로, 컴퓨터가 처리하는 명령어 스트림 수는 한 개의 컴퓨터 안에 있는 제어장치 수와 같다. 제어장치가 여러 개이면 프로세스 여러 개를 동시에 처리할 수 있다. 데이터 스트림(data stream)은 컴퓨터가 한 번에 처리하는 데이터 수를 말한다. 컴퓨터는 실행단계에서 데이터를 처리하므로, 데이터 스트림 수는 처리장치(PE, processing element) 수와 같다. 처리장치가 여러 개이면 여러 개의 데이터를 동시에 처리할 수 있다.

플린은 이와 같은 기준에 따라 컴퓨터를 다음과 같이 네 가지로 분류하였다.

- SISD(Single Instruction stream, Single Data stream)
- SIMD(Single Instruction stream, Multiple Data stream)
- MISD(Multiple Instruction stream, Single Data stream)
- MIMD(Multiple Instruction stream, Multiple Data stream)

SISD형 컴퓨터는 [그림 11-16(a)]와 같이 한 개의 제어장치(CU)가 한 개의 명령어 흐름을 처리하고 한 개의 처리장치(PE)가 한 개의 데이터 흐름(DS)을 처리한다. SISD형 컴퓨터는 병렬처리 컴퓨터가 아니고 한 번에 한 개의 데이터를 처리하는 단일 프로세서(uni-processor) 시스템이다.

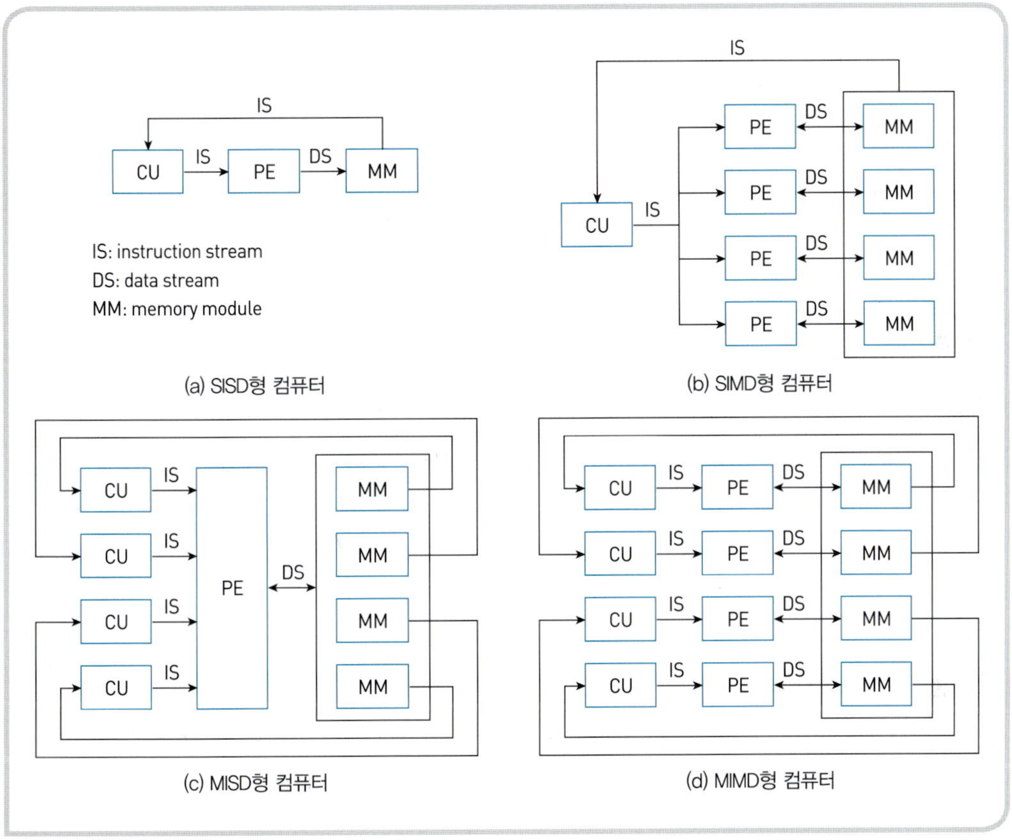

그림 11-16 플린의 컴퓨터 분류

SIMD형 컴퓨터는 [그림 11-16(b)]와 같이 한 개의 제어장치(CU)가 한 개의 명령어를 여러 개의 처리장치로 전달하고 각 처리장치는 자신만의 데이터를 처리한다. 처리장치는 기억장치에서 데이터 스트림을 공급받는다. 제어장치가 한 개이기 때문에 처리장치들은 서로 다른 데이터에 대하여 같은 명령어를 실행한다. 예를 들어, 제어장치가 덧셈 명령어를 전달하면, 각 처리장치는 서로 다른 데이터에 대하여 덧셈을 한다. SIMD형 병렬처리 컴퓨터는 배열 프로세서(array processor)와 벡터 프로세서(vector processor)가 있다.

MISD형 컴퓨터는 [그림 11–16(c)]와 같이 여러 개의 제어장치가 서로 다른 명령어를 처리장치로 전달하고 처리장치는 한 개의 데이터 스트림을 처리한다. 여러 개의 명령어들이 한 개의 데이터를 처리한다는 것인데, 이러한 컴퓨터는 있을 수 없다. MISD는 컴퓨터를 명령어 스트림과 데이터 스트림의 수로 분류하는 과정에서 합성된 용어이고, 실제로 이런 구조의 컴퓨터가 개발된 사례도 없다.

MIMD형 컴퓨터는 [그림 11–16(d)]와 같이 컴퓨터가 여러 개의 명령어가 여러 개의 데이터를 처리한다. MIMD형 컴퓨터는 한 개의 컴퓨터 안에 여러 개의 프로세서가 들어 있고 각 프로세서는 서로 다른 명령어를 처리하는 멀티 프로세서(multi-processor) 시스템이다.

플린의 컴퓨터 분류에서 SIMD형과 MIMD형 컴퓨터가 병렬처리 컴퓨터에 해당한다. SIMD형 컴퓨터는 한 개의 명령어가 서로 다른 여러 개의 데이터를 동시에 처리하고, MIMD형 컴퓨터는 여러 개의 프로세서가 각각 다른 데이터를 처리한다. 현대적인 용어로 데이터 스트림에 의한 병렬처리 가능성을 데이터 레벨 병렬도(data-level parallelism)라고 하고, 명령어 스트림에 의한 병렬처리 가능성을 쓰레드 레벨 병렬도(thread-level parallelism)라고 한다. 쓰레드는 운영체제가 스케줄 하는 명령어 흐름의 단위를 나타내는 용어이다.

11.3.2 SIMD형 프로세서

하나의 명령어로 여러 개의 데이터를 처리하는 SIMD형 프로세서는 배열 프로세서(array processor)와 벡터 프로세서(vector processor)가 있다.

배열 프로세서(array processor)는 [그림 11–17]과 같이 주로 대규모 계산 작업을 담당하는 보조 프로세서(back-end processor) 형태로 개발되고 있다. 호스트 프로세서(host processor)는 일반 목적용 컴퓨터 시스템에 탑재된 프로세서이고, 계산량이 많은 프로그램과 데이터를 SIMD형 배열 프로세서로 전달하여 빠르게 계산하고 그 결과를 받는다.

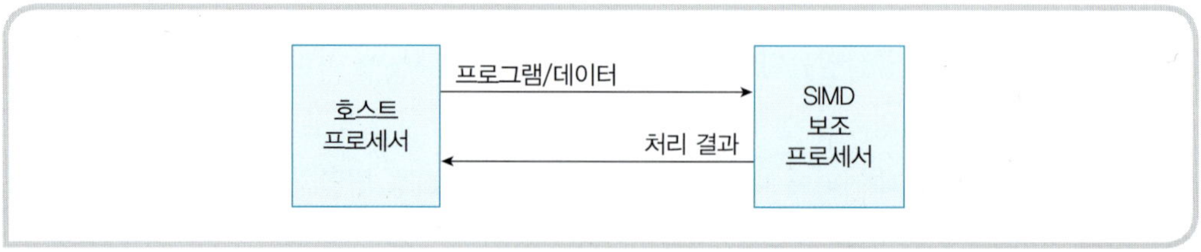

그림 11–17 보조 프로세서

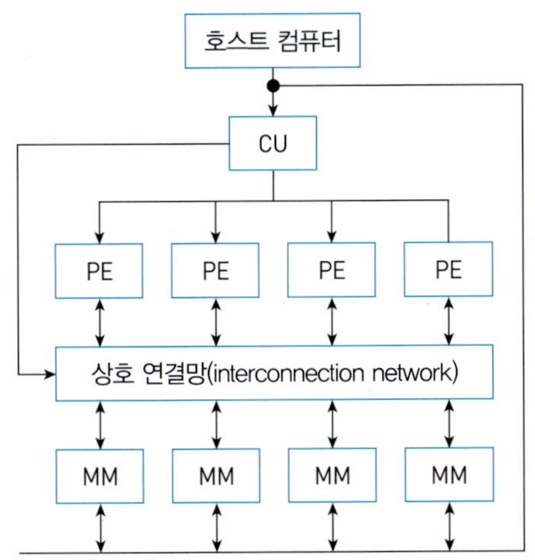

그림 11-18 배열 프로세서의 구조

[그림 11-18]은 전통적인 배열 프로세서의 구조이다. 배열 프로세서의 제어장치(CU)와 기억장치 모듈(MM)이 호스트 컴퓨터와 연결되어 있다. 제어장치는 처리장치(PE)에게 같은 명령어를 수행하도록 지시한다. 처리장치는 기억장치 모듈에서 자신이 처리할 데이터를 인출하여 같은 계산을 수행한다. 배열 프로세서의 처리장치 수는 1,024개 이상으로 그 수가 상당히 많다. 처리장치는 서로 상호연결망(interconnection network)을 통하여 데이터를 주고받을 수 있다.

배열 프로세서는 범용 프로세서의 성능이 좋지 않았던 시절에 영상처리와 같이 많은 양의 데이터에 대하여 같은 연산을 동시에 수행하기 위하여 사용되었다. 프로세서 처리 능력이 상당히 증가함에 따라 현재 배열 프로세서는 범용 프로세서에 SIMD형 명령어를 수용하는 형태와 그래픽 프로세서(graphic processor) 형태로 진화하였다.

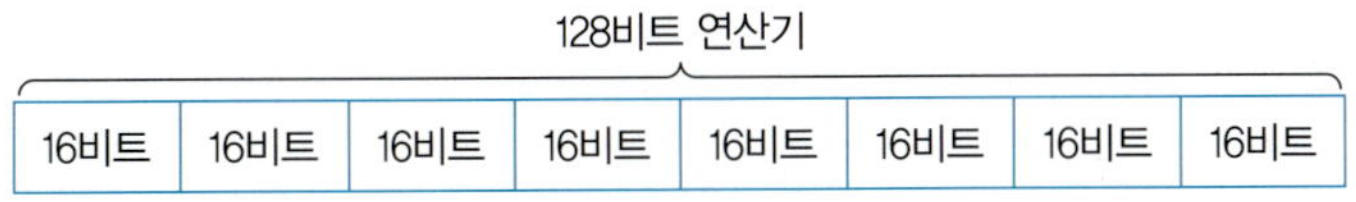

그림 11-19 연산기 분리

표 11-1 256비트 SIMD 멀티미디어 명령어의 활용

명령어 종류	오퍼랜드
Unsigned add/subtract	8비트 32개, 16비트 16개, 32비트 8개, 또는 64비트 4개
Maximum/minimum	8비트 32개, 16비트 16개, 32비트 8개, 또는 64비트 4개
Average	8비트 32개, 16비트 16개, 32비트 8개, 또는 64비트 4개
Shift right/left	8비트 32개, 16비트 16개, 32비트 8개, 또는 64비트 4개
Floating point	16비트 16개, 32 비트 8개, 64비트 4개, 또는 128비트 2개

최근에 개발되는 범용 프로세서의 연산기는 데이터 처리 비트 수가 32비트를 넘어 64, 128 비트는 물론 한 번에 256비트를 연산할 수 있는 규모로 발전하고 있다. 프로세서의 데이터 처리 능력에 비하여 멀티미디어 데이터는 훨씬 비트 수가 적다. 일반적으로 영상 데이터는 8비트이고, 음성 데이터는 16비트이다. 따라서 연산기의 처리 비트를 나누어 크기가 작은 데이터를 여러 개 처리하도록 운영할 수 있다. [그림 11-19]는 128비트 연산기를 8개의 16비트 연산기로 나누어 사용하는 예이다. 이것은 한 번에 8개의 16비트 데이터를 동시에 연산할 수 있다. 이렇게 운영하도록 만든 명령어를 SIMD 멀티미디어 명령어 확장(SIMD multimedia instruction extension)이라고 한다. 〈표 11-1〉은 256비트 연산기를 데이터 크기에 따라 나누어 사용할 수 있는 SIMD 명령어의 예를 제시한 것이다. SIMD 멀티미디어 명령어 확장은 기존의 프로세서에 별도로 SIMD형 처리장치를 추가하지 않고 멀티미디어 데이터를 병렬로 처리할 수 있다는 장점이 있다.

2000년대 이후 널리 사용하는 그래픽 프로세서(GPU, Graphic Processing Unit)는 원래 컴퓨터 모니터를 제어하는 그래픽 가속기(graphic accelerator)로 시작하였다. 특히 게임 분야에서 빠른 그래픽 처리가 중요해짐에 따라 빠르게 계산할 수 있는 구조가 필요해졌다. 컴퓨터 그래픽은 화소(pixel)의 모임이고, 각 화소에 대하여 같은 산술 연산을 수행함으로써 화면의 움직임을 생성한다. 화소 한 개를 처리하는 프로세스를 쓰레드(thread)로 볼 수 있다. 그래픽 프로세서는 수많은 쓰레드가 서로 다른 데이터를 동시에 계산하는 SIMD형 프로세서이다. 그래픽 프로세서의 데이터 처리 능력이 급속도로 개선됨에 따라 계산량이 많은 신호처리 분야에서도 이 프로세서를 사용하게 되었고, 이에 따라 이름을 범용 그래픽 프로세서(GPGPU, General Purpose GPU)라고도 한다.

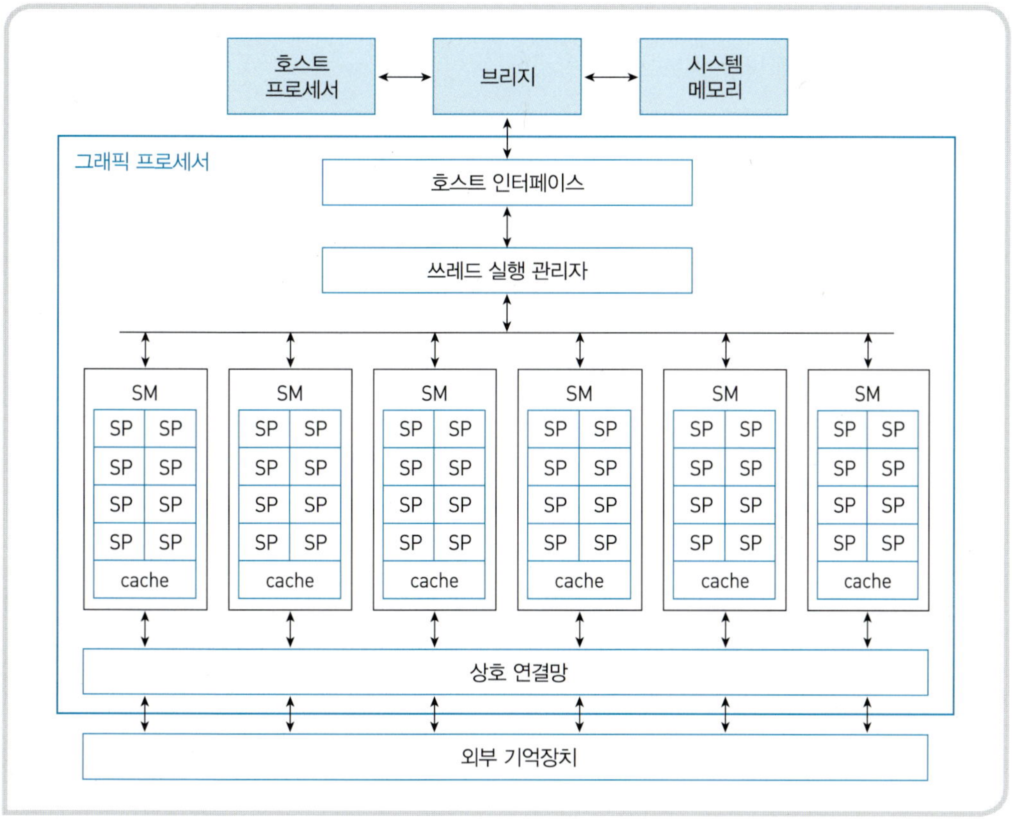

그림 11-20 그래픽 프로세서 구조

[그림 11-20]은 간단하게 그린 NVIDIA 그래픽 프로세서의 구조이다. 그래픽 프로세서는 호스트 프로세서의 보조 프로세서로 사용된다. 실제 프로세서 수는 그림에 나타난 수보다 훨씬 많다. 스트리밍 프로세서(SP, Streaming Processor)는 그래픽 프로세서의 기본 처리장치이다. 이것이 여러 개 단위로 조직되어 스트리밍 멀티프로세서(SM, Streaming Multiprocessor)를 구성한다. 스트리밍 멀티프로세서는 자신들만 공유하는 지역 기억장치(local memory)를 갖고 있다. 한 개의 그래픽 프로세서는 여러 개의 스트리밍 멀티프로세서를 포함하고 있으며, 상호연결망(interconnection network)을 통하여 외부에 있는 전역 기억장치(global memory)에 연결된다.

그래픽 프로세서 제조회사들은 하드웨어 특성과 상관없이 그래픽 프로세서에서 실행되는 병렬 프로그램을 개발할 수 있도록 CUDA(Compute Unified Device Architecture) 플랫폼을 제공하고 있다. CUDA 플랫폼은 그래픽 프로세서의 하드웨어 구조를 가상화하고, 프로그램 중에 서로 다른 데이터에 대하여 같은 동작을 수행하는 부분을 그래픽 프로세서로 처리하도록 표현하는 방법을 규정한다. 이 플랫폼을 사용하면 그래픽 프로세서의 하드웨어 구조를 모르더라도 어렵지 않게 병렬 프로그램을 작성할 수 있다.

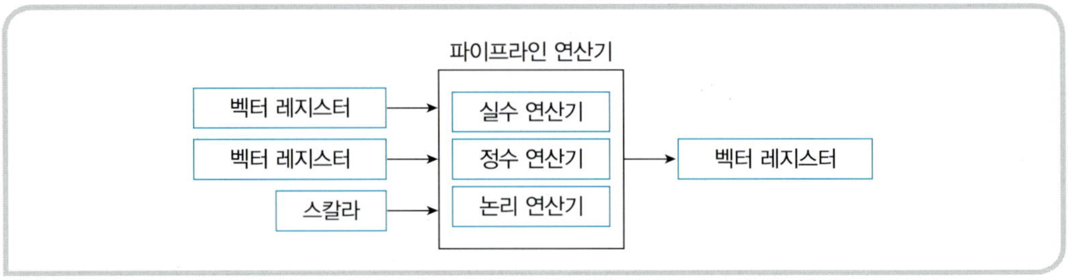

그림 11-21 벡터 처리장치

벡터 프로세서(vector processor)는 하나의 명령어로 여러 개의 데이터를 처리한다는 점에서 배열 프로세서와 같은 SIMD형 프로세서이다. 배열 프로세서는 하나의 명령어가 기능이 같은 여러 개의 처리장치에서 서로 다른 데이터를 동시에 연산한다. 이에 비하여 벡터 프로세서는 여러 개의 데이터를 벡터 레지스터에 저장해두고 파이프라인 방식으로 연산한다는 점이 다르다.

[그림 11-21]은 간단하게 표현한 벡터 프로세서의 구조이다. 벡터 프로세서는 여러 개의 벡터 레지스터(vector register)를 갖고 있다. 벡터와 스칼라 데이터 간 연산을 위하여 스칼라 레지스터도 갖고 있다. 벡터 레지스터는 여러 개의 데이터를 저장하는 레지스터이다. 예를 들면 하나의 벡터 레지스터는 32비트 데이터 64개를 저장할 수 있다. 벡터 처리장치인 파이프라인 연산기는 파이프라인 형태로 동작하도록 만들어져 있고 매 클럭마다 벡터 레지스터에서 공급되는 데이터에 대하여 새로운 연산을 시작할 수 있다. 예를 들어 벡터 레지스터에 대하여 C[n] = A[n]×B[n]을 계산하는 과정을 살펴보자.

- A, B, C는 길이가 64인 벡터 레지스터이다.
- 64개의 벡터 데이터가 A와 B 벡터 레지스터에 저장되어 있다.
- 벡터 곱하기 명령어를 실행하면, 파이프라인 연산기는 C[0] = A[0]×B[0]을 계산하고, 다음 클럭에 C[1] = A[1]×B[1]을 계산한다.
- 이와 같은 계산을 64번 반복하여 벡터 레지스터에 대한 계산을 완료한다.

벡터 프로세서는 범용 프로세서이면서 처리장치가 벡터 레지스터와 파이프라인 연산기를 포함하고 있다고 생각할 수 있다. 최근에 많이 사용하고 있는 신호처리 프로세서들은 벡터 처리장치를 포함하고 있다. 프로그래머는 벡터 프로세서의 기능에 대하여 알고 있어야 하며, 배열을 처리하는 부분을 벡터 명령어를 사용하도록 소스 프로그램을 작성해야 한다. 벡터 프로세서 전용 컴파일러는 벡터 명령어를 포함한 기계어 명령어를 생성한다.

11.3.3 MIMD형 컴퓨터

MIMD형 컴퓨터에 해당하는 멀티 프로세서(MP, multi-processor) 시스템은 한 개의 컴퓨터 안에 여러 개의 프로세서가 있고 각 프로세서들이 별도의 프로세스를 실행하는 컴퓨터이다. 프로세서마다 다른 프로그램을 실행하므로 쓰레드 레벨 병렬도(thread-level parallelism)를 활용하는 구조를 갖고 있다. 멀티 프로세서 시스템은 다양한 형태로 구성될 수 있다. 멀티 프로세서 시스템을 구분하는 관점은 다음과 같다.

- **연결 방법 관점**: 프로세서가 상호연결망으로 연결되어 있으면 밀결합 멀티 프로세서(tightly coupled MP), 통신장치로 연결되어 있으면 소결합 멀티 프로세서(loosely coupled MP)
- **기억장치 공유 관점**: 한 개의 기억장치를 공유하면 기억장치 공유 멀티 프로세서(shared memory MP), 각자 기억장치를 갖고 있으면 기억장치 분산 멀티 프로세서(distributed memory MP)
- **프로세서 종류 관점**: 프로세서들이 같은 종류이면 대칭형 멀티 프로세서(SMP, Symmetric MP), 프로세서들이 다른 종류이면 비대칭형 멀티 프로세서(Asymmetric MP)

소결합 시스템은 프로세서마다 독립적으로 기억장치, 입출력 채널을 갖고 있으며, 서로 통신 채널로 연결된다. 한 개의 컴퓨터라기보다 여러 개의 컴퓨터를 네트워크로 연결한 것으로 볼 수 있으므로 멀티 컴퓨터라고도 한다. 이러한 컴퓨터 시스템은 분산 컴퓨터 시스템(distributed computer system)으로 분류되고 별도의 연구 분야에서 다룬다.

밀결합 시스템은 하나의 운영체제로 두 개 이상의 프로세서들을 통합 제어하는 진정한 의미의 멀티 프로세서 시스템이다. 각 프로세서는 독립적으로 명령어를 수행할 수 있다. 운영체제는 각 프로세서에게 작업을 할당하고 파일과 입출력장치를 공유하도록 지원한다. 밀결합 시스템은 [그림 11–22]와 같이 기억장치를 공유하는지 공유하지 않는지에 따라 두 가지로 구분될 수 있다.

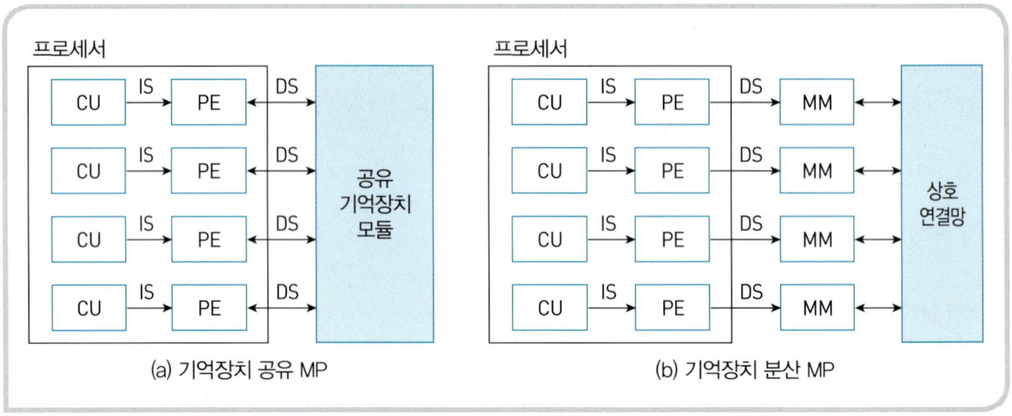

그림 11-22 밀결합 멀티 프로세서 시스템

대칭형 멀티 프로세서(SMP, Symmetric Multi-Processor) 시스템은 컴퓨터에 내장된 프로세서 종류가 같고 역할이 고정되어 있지 않은 병렬처리 컴퓨터이다. 운영체제는 상황에 따라 프로세서에게 운영체제 처리를 수행하도록 지시할 수도 있고 응용 프로그램 처리를 지시할 수도 있다. 이와 상대적으로 비대칭형 멀티 프로세서(AMP, Asymmetric Multi-Processor) 시스템은 프로세서마다 역할이 고정되어 있는 병렬처리 컴퓨터이다. 비록 프로세서 종류가 같다고 하더라도 맡은 역할이 다르면 비대칭형 멀티 프로세서로 분류한다. 예를 들어, 한 개의 프로세서는 운영체제만 담당하고 다른 프로세서는 응용 프로그램만 담당한다면, 이 시스템은 비대칭형이다.

대칭형 시스템은 프로세서 역할이 고정되어 있지 않으므로 프로세서를 추가할수록 컴퓨터의 전체 성능이 따라서 증가할 가능성이 높다. 비대칭형 시스템은 프로세서 역할이 고정되어 있으므로 운영체제를 수정해야만 프로세서 수 증가에 따른 성능 개선 효과를 볼 수 있다. 최근의 개인용 컴퓨터 운영체제인 윈도우와 리눅스는 대칭형 멀티 프로세서 시스템을 지원한다.

〈11.3.4〉 병렬처리 한계

컴퓨터를 구성하는 자원의 수를 증가시키면 성능도 그에 비례하여 증가하는 성질을 비례성(scalability)이라고 한다. 실제로 프로세서 수를 늘리더라도 성능은 그에 비례하여 개선되지 못한다. 프로세서들이 작업을 나누어 실행하는 과정에서 서로 동기화(synchronize)가 필요하기 때문이다. 프로세서들은 자신에게 할당된 데이터만으로 모든 작업을 수행하지 못하고 중간에 서로 데이터를 교환하거나 한쪽에서 처리한 결과를 다른 쪽으로 전달할 필요가 있다. 병렬처리 프로세서의 성능 한계를 제시하는 두 가지 유명한 법칙이 있다. 하나는 암달의 법칙이고, 다른 하나는 구스타프슨의 법칙이다.

암달의 법칙(Amdahl's law)은 프로세서 수를 늘리더라도 속도를 개선하는데 한계가 있다는 관점이다. 처리할 작업 전체의 크기를 1이라고 하고, 이 중에서 병렬로 처리할 수 있는 부분을 P(0〈P〈1)라고 하면, 직렬로 처리할 수 있는 부분은 (1−P)이다. 한 개의 프로세서로 이 작업을 처리하는 시간은 다음과 같다.

단일 프로세서 처리 시간 = {직렬처리 시간 + 병렬처리 시간} = (1−P) + P = 1

S개의 프로세서로 이 프로그램을 실행하면 병렬처리 부분을 P/S로 개선할 수 있으므로, 전체 처리 시간은 다음과 같다.

다중 프로세서 실행 시간 = {직렬처리 시간 + 병렬처리 시간} = (1−P) + P/S

그러므로 프로세서 수가 S개로 증가함에 따른 처리 시간 개선은 다음과 같다.

$$\text{처리 시간 개선} = \frac{1}{(1 - P) + P/S}$$

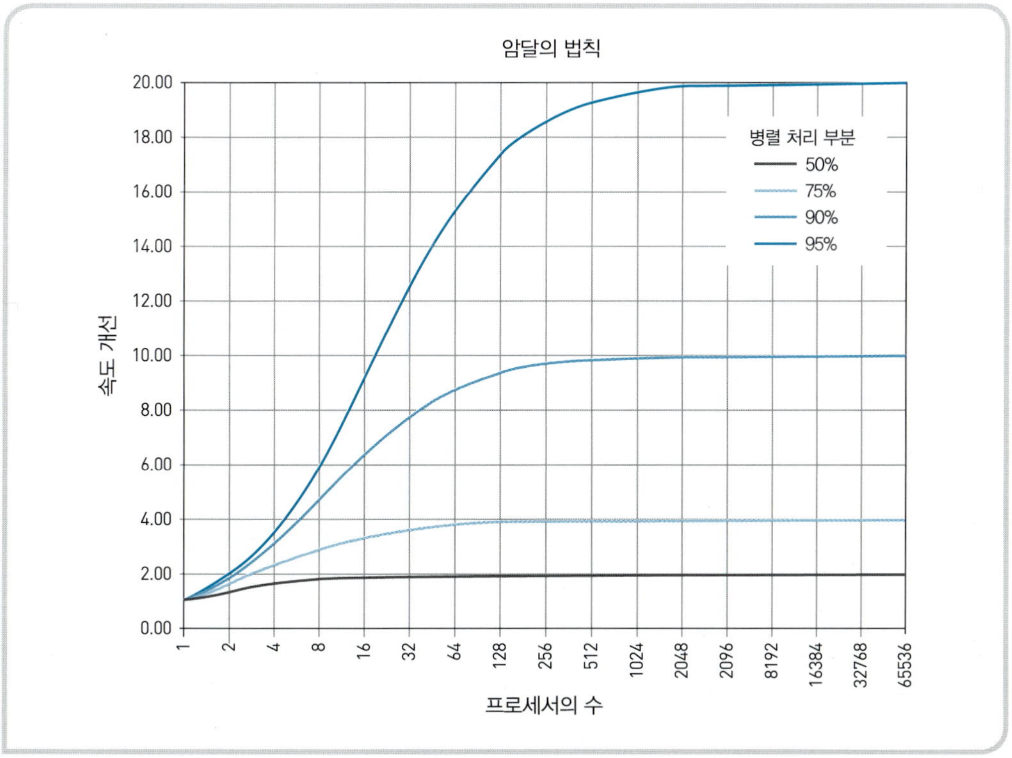

그림 11-23 암달의 법칙(위키백과)

[그림 11-23]은 처리 시간 개선에 대한 그래프이고, 프로세서 수를 늘리더라도 처리 시간 개선은 한계에 도달함을 보여준다.

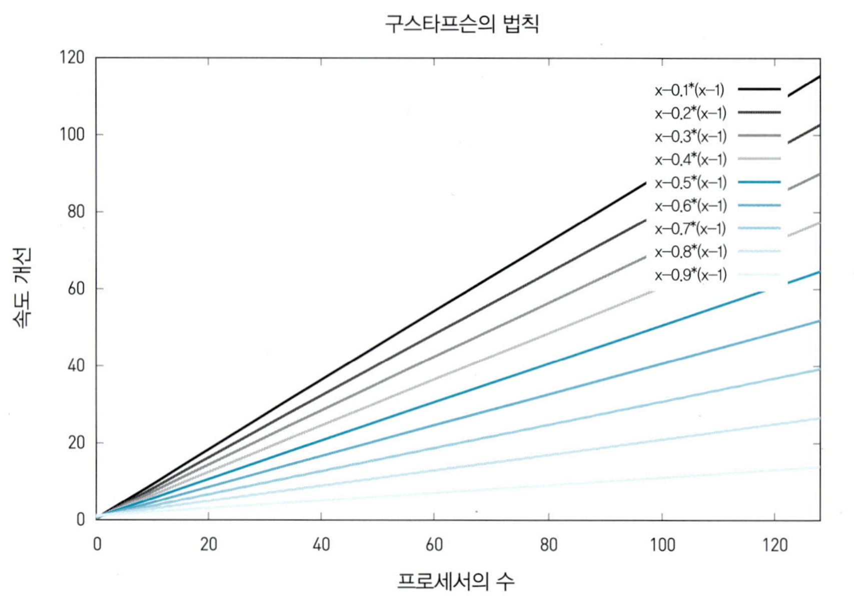

그림 11-24 구스타프슨의 법칙(위키백과)

구스타프슨의 법칙(Gustafson's law)은 프로세서 수에 비례하여 처리 시간을 개선할 수 있다는 주장이다. 이번에는 작업의 양을 고정하지 않고 임의의 크기의 작업을 P개의 프로세서로 처리한 시간을 기준으로 정한다. 직렬처리 시간을 a라고 하고, 병렬처리 시간을 b라고 하면, P개의 프로세서로 작업을 처리한 시간은 다음과 같다.

다중 프로세서 처리 시간 = a + b

만일 한 개의 프로세서로 작업한다면 병렬처리 시간이 b×P로 늘어난다. 따라서 한 개의 프로세서로 실행한 시간은 다음과 같다.

단일 프로세서 처리 시간 = a + b x P

암달의 법칙은 단일 프로세서 처리 시간(즉, 작업의 양)을 1로 고정하였으나, 구스타프슨의 법칙은 단일 프로세서에서 전체 작업을 처리한 시간이 프로세서 수에 비례한다. 작업 전체에 대한 직렬처리 부분의 비율을 α=a/(a+b)라고 할 때, 처리 시간 개선은 다음과 같다.

$$\text{처리 시간 개선} = \frac{a + b \times P}{a + b} = P - \alpha \times (P-1)$$

이 식을 그래프로 표현한 것이 [그림 11-24]이다. 이 식은 만약 문제 크기가 증가함에 따라, 즉 작업 양이 커짐에 따라, 병렬처리 시간 부분(b)이 커진다면 α 값이 작아지고, 처리 시간 개선은 프로세서 수(P)에 비례할 수 있다는 의미를 포함하고 있다. 암달의 법칙은 전체 작업의 양을 1로 고정시킴으로써 프로세서 수가 증가함에 따라 작업 양도 함께 증가할 수 있다는 것을 고려하지 않았다. 처리할 데이터의 양이 일정할 때 프로세서의 수만 자꾸 늘린다고 해서 병렬처리 성능이 그 수에 비례하여 개선되지 않음은 당연하다고 할 수 있다. 구스타프슨의 법칙은 프로세서 수 증가에 따라 병렬처리 비례성을 보장한다는 것을 보여준다.

11.4 요약

기본형 컴퓨터를 개선하기 위하여 한 동안 계열 개념을 도입하고, 기존 프로세서와 호환성을 유지하면서 명령어 수를 늘리고, 고급 프로그램 언어로 작성한 프로그램을 가능한 적은 수의 기계어 명령어로 변환하도록 명령어 집합을 개선하였다. 그 결과 프로세서 구조가 복잡해졌고, 이에 따라 구조가 간단한 축소명령어집합 컴퓨터(RISC)를 개발하게 되었다.

RISC의 특징은 레지스터 수 증가, 단순한 명령어 형식과 단순한 주소지정방식, 하드와이어드 제어장치, 명령어 파이프라인 활용도 증대, 그리고 컴파일러에 의한 최적화 기법 도입 등이다. 특히 명령어 파이프라인은 자원을 증가시키지 않고 처리 과정을 병렬화 함으로써 컴퓨터 성능을 획기적으로 개선한 기법이다. 그렇지만 명령어에 있는 데이터 의존성과 분기 명령어로 인하여 명령어를 파이프라인에 연속적으로 공급하지 못한다. 분기 명령어 문제를 해결하기 위하여 분기예측 기법을 도입하였다. 분기예측 기법을 지원하기 위하여 기존에 처리하였던 분기 명령어에 대한 실행 이력을 저장하는 분기목적지버퍼(BTB)를 도입하였다.

슈퍼스칼라 프로세서는 스칼라 명령어 중에서 동시에 실행할 수 있는 명령어들을 동시에 실행하는 프로세서이다. 이를 위하여 명령어 처리부를 여러 개의 처리장치로 분리하고, 명령어 스케줄러는 동시에 실행할 수 있는 명령어를 찾아 처리장치로 발송한다. 이 과정에서 프로그램에 존재하는 데이터 의존성이 문제인데, 레지스터 재명명 기법으로 출력 의존성과 반의존성을 해결할 수 있다. 슈퍼스칼라 프로세서는 명령어 병렬도를 최대로 활용하기 위하여 순서와 다르게 발송하는 정책을 채택하고 있으며, 분기 명령어의 예측 실행으로 인한 오류를 수정하기 어려움을 반영하여 순서대로 종료하는 정책을 채택하고 있다.

플린(Flynn)은 컴퓨터가 처리하는 명령어 스트림과 데이터 스트림의 수에 따라 SISD, SIMD, MISD, MIMD 네 가지 형태로 컴퓨터 시스템을 분류하였다. SIMD와 MIMD가 병렬처리 컴퓨터에 해당한다. SIMD는 한 개의 명령어로 여러 개의 데이터를 처리할 수 있는 컴퓨터이고, 배열 프로세서와 벡터 프로세서가 있다. 처리장치 수가 수천 개에 달하는 배열 프로세서는 주로 보조 프로세서로 사용된다. 배열 프로세서는 멀티미디어 명령어 확장과 그래픽 프로세서 형태로 발전하였다. 벡터 프로세서는 배열 데이터를 한 개의 명령어로 처리하도록 지시하는 벡터 명령어와 벡터 명령어를 처리하는 파이프라인 구조의 처리장치를 갖는다. 최근에 많이 사용하는 신호처리 프로세서들이 벡터 프로세서의 예이다. MIMD형 컴퓨터는 멀티 프로세서 시스템이다. 멀티 프로세서 시스템은 기억장치를 공유하는가 공유하지 않는가에 따라 구분될 수 있다. 대칭형 멀티 프로세서 시스템(SMP)은 시스템을 구성하는 프로세서의 종류가 같고 그 임무가 고정되어 있지 않다.

멀티 프로세서 시스템은 프로세서 수에 따라 성능이 비례하여 증가하지 않는다. 비례성의 한계를 제시하는 법칙으로 암달의 법칙과 구스타프슨의 법칙이 있다. 암달의 법칙은 프로세서 수를 늘리더라도 속도를 개선하는데 한계가 있다고 주장하고, 구스타프슨의 법칙은 프로세서 수에 비례하여 문제 크기도 함께 증가한다면 처리 속도를 개선할 수 있다고 주장한다.

연습문제

11.1 축소명령어집합 컴퓨터

01 프로세서 계열(family)의 특징이 아닌 것은?

① 기존 명령어에 새로운 명령어를 추가한다.

② 기존 주소지정방식에 새로운 주소지정방식을 추가한다.

③ 상향 호환성(upward compatibility)을 지원한다.

④ 하향 호환성(downward compatibility)을 지원한다.

02 올바른 것을 선택하라.

(1) RISC는 CISC보다 명령어 수가 (적다, 많다).
(2) RISC는 CISC에 비하여 레지스터 수가 (적다, 많다).
(3) RISC는 (고정 길이, 가변 길이) 명령어 형식을 채택한다.
(4) RISC는 CISC에 비하여 주소지정방식이 (간단하다, 복잡하다).
(5) RISC의 제어장치는 (하드와이어드, 마이크로프로그램) 방식이다.

03 RISC 형식의 컴퓨터에서 찾아보기 힘든 명령어는?

① R1 ← R2 + R3　　② R1 ← R2 + Mem(A)

③ CALL SUBROUTINE　　④ BRZ　TARGET

04 명령어 파이프라인의 특성을 가장 올바로 설명한 것은?

① 여러 개의 명령어를 동시에 인출할 수 있다.

② 명령어 사이클 단계를 시간적으로 중첩해서 실행한다.

③ 연산기를 여러 개 장착하므로 단위 시간당 계산량이 많아진다.

④ 하드웨어가 추가되지만 명령어를 동시에 처리할 수 있어서 문제가 되지 않는다.

05 파이프라인으로 명령어를 동시에 처리를 하는데 가장 문제가 되는 명령어 종류는?

① 시스템 제어 명령어 ② 데이터 전달 명령어
③ 데이터 처리 명령어 ④ 프로그램 제어 명령어

06 ARM 파이프라인에서 분기 명령어와 데이터 의존성을 고려하여 다음과 같은 프로그램이 실행되는 과정을 제시하라. 필요하면 중간에 NOP를 추가하라. [그림 11-5]의 ARM 프로세서의 분기 명령어 처리 과정을 참고하라.

```
I1
I2: 분기 명령어이고 I7로 분기한다.
I3
I4
I5
I6
I7: 분기 목적지
I8: I7과 데이터 의존성이 존재한다.
I9
```

07 파이프라인 우회경로(forwarding path)의 기능은?

① 인출한 명령어들을 저장해 두었다가 실행단계로 전달한다.
② 분기 목적지를 예측하여 프로그램 카운터로 전달한다.
③ 파이프라인 단계의 처리 결과를 기록하면서 동시에 다른 단계로 전달한다.
④ 주기억장치에서 캐시기억장치를 거치지 않고 직접 레지스터로 데이터를 전달한다.

08 상태도에 의한 분기예측 기법을 사용하는 프로세서는 분기예측 상태를 몇 개나 관리하는가?

① 함수마다 한 개 관리한다. ② 함수 호출마다 한 개 관리한다.
③ 분기 명령어마다 한 개 관리한다. ④ 프로그램 전체에 대하여 한 개 관리한다.

09 연관 액세스 기억장치가 아닌 것은?

① 페이지 테이블(page table)
② 캐시기억장치(cache memory)
③ 분기목적지버퍼(branch target buffer)
④ 변환우선참조버퍼(translation look-aside buffer)

10 분기목적지버퍼(branch target buffer)를 사용하는 목적은?

① 분기예측 ② 명령어 해석
③ 캐시 미스 방지 ④ 데이터 의존성 검사

11.2 슈퍼스칼라 프로세서

01 스칼라 명령어란?

① 단일 변수를 처리하는 명령어 ② 배열 변수를 처리하는 명령어
③ 조건분기를 처리하는 명령어 ④ 기억장치를 액세스하는 명령어

02 슈퍼스칼라 프로세서의 스케줄러의 역할은?

① 기억장치에서 인출할 명령어를 결정한다.
② 인출한 명령어들 중에서 디코드할 명령어를 결정한다.
③ 분기 명령어의 경우 어느 쪽을 예측하여 실행할지 결정한다.
④ 디코드한 명령어들 중에서 실행단계로 넘길 명령어를 결정한다.

03 VLIW 프로세서에서 각 명령어들 중에서 동시에 실행할 명령어들을 모아 긴 명령어를 만드는 일은 누가 실행하는가?

① 컴파일러 ② 스케줄러
③ 프로그래머 ④ 명령어 인출기

04 기계 병렬성과 밀접한 관련이 있는 슈퍼스칼라 프로세서의 구성 요소는?

① 스케줄러 수 ② 처리장치 수
③ 인출장치 수 ④ 레지스터 파일 수

05 프로그램의 명령어 수준 병렬도(degree of instruction parallelism)를 설명하는 것은?

① 동시에 실행할 수 있는 명령어들의 수
② 다른 명령어와 함께 실행될 수 있는 특성
③ 다른 명령어와 함께 실행될 수 없는 특성
④ 레지스터 때문에 동시에 명령어를 실행할 수 없는 특성

06 다음 명령어들 중에서 동시에 실행할 수 있는 명령어는?

```
I1:   LOAD      R1, Mem(A)
I2:   ADD       R3, R3, R2
I3    STORE     Mem(B), R3
```

① I1, I2　　② I2, I3　　③ I1, I3　　④ I1, I2, I3

07 문제 6번의 명령어들 중에서 I1과 I3 간에 존재하는 의존성은?

① 반의존성　　② 자원 의존성
③ 출력 의존성　　④ 데이터 의존성

08 다음 프로그램을 레지스터 재명명 하여 다시 작성하라.

```
I1:   LOAD    R1, Mem(A)
I2:   LOAD    R2, Mem(B)
I3:   ADD     R3, R1, R2
I4:   ADD     R1, R2, R4
I5:   SUB     R1, R2, R4
```

09 조건이 [그림 11-15]와 같을 때, 그림의 왼쪽 프로그램을 수행하는 과정을 표시하라.

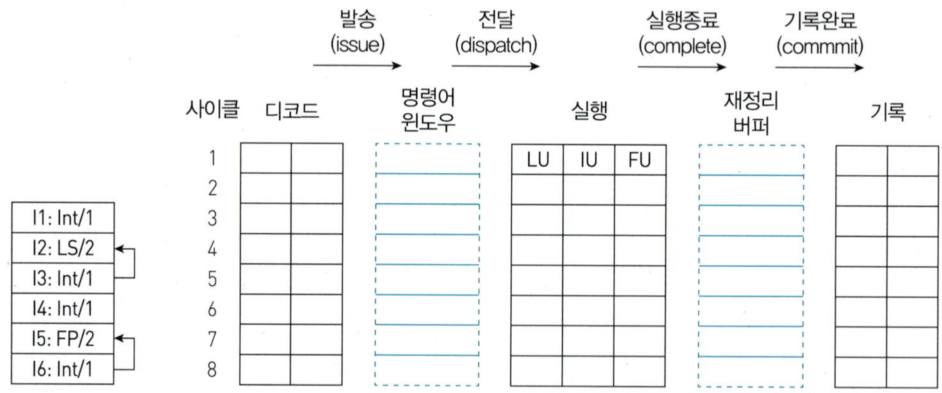

(a) 명령어 순서　　(b) 명령어 처리 과정

11.3 병렬처리 컴퓨터

01 플린(Flynn)은 SISD, SIMD, MISD, MIMD로 컴퓨터를 분류하였다. 설명에 해당하는 컴퓨터를 적어라.

(1) 실제로 구현된 적이 없는 컴퓨터는?
(2) 단일 프로세서 컴퓨터는 어느 종류인가?
(3) 배열 프로세서 컴퓨터는 어느 종류인가?
(4) 멀티 프로세서 컴퓨터는 어느 종류인가?

02 주로 대용량 계산을 수행하는 보조 프로세서로 사용되는 것은?

① 범용 프로세서
② 배열 프로세서
③ 벡터 프로세서
④ 슈퍼스칼라 프로세서

03 그래픽 프로세서는 어떤 구조를 갖는다고 볼 수 있는가?

① SISD
② SIMD
③ MISD
④ MIMD

04 SIMD 멀티미디어 명령어 확장을 올바로 설명한 것은?

① 그래픽 연산을 처리하는 명령어
② 그래픽과 음성 데이터를 처리하는 명령어
③ 배열 데이터에 대한 계산을 수행하는 벡터 명령어
④ 큰 연산기로 크기가 작은 데이터 여러 개를 병렬로 계산하는 명령어

05 A[n] x B[n]과 같이 배열에 대한 실수 연산을 한 개의 명령어로 수행할 수 있는 프로세서는?

① 범용 프로세서
② 배열 프로세서
③ 벡터 프로세서
④ 슈퍼스칼라 프로세서

06 소결합 시스템에 해당하는 것은?

① 리눅스 시스템
② 분산 처리 시스템
③ 멀티프로세서 시스템
④ 공유 기억장치 시스템

07 기억장치 분산 멀티 프로세서 시스템에서 프로세서 간에 데이터를 교환하는 장치는?

① 기억장치 ② 통신장치
③ 벡터 연산기 ④ 상호연결망

08 대칭형 멀티 프로세서 시스템(SMP)의 조건을 모두 선택하라.

① 프로세서 종류가 같다.
② 프로세서 종류가 다르다.
③ 프로세서 임무가 고정되어 있지 않다.
④ 프로세서와 기억장치가 대칭적으로 배치되어 있다.

09 비례성(scalability)이란?

① 기억장치 용량을 측정할 수 있는 특성
② 프로세서의 처리 능력을 측정할 수 있는 특성
③ 슈퍼스칼라 프로세서의 처리장치 수가 많은 특성
④ 자원의 수를 증가시키면 성능도 비례하여 개선되는 특성

10 암달의 법칙에서 프로그램의 병렬처리 효율을 제한하는 요인은?

① 시스템에 내장된 프로세서의 수
② 시스템에 내장된 기억장치 모듈의 수
③ 프로그램 중에서 직렬로 처리해야 하는 부분
④ 프로그램 중에서 병렬로 처리할 수 있는 부분

11 문제 크기가 1이다. 이 중에서 병렬처리 부분의 크기가 0.8이고 나머지 부분을 직렬로 처리해야 한다. 한 개의 프로세서로 이 문제를 해결하는데 시간이 1 소요된다. 암달의 법칙에 따른 처리시간과 효율을 계산하라.

(1) 4개의 프로세서로 병렬처리 하는데 소요되는 시간은?
(2) 4개의 프로세서로 병렬처리 할 때 속도 개선은 몇 배인가?
(3) 8개의 프로세서로 병렬처리 하는데 소요되는 시간은?
(4) 8개의 프로세서로 병렬처리 할 때 속도 개선은 몇 배인가?

12 4개의 프로세서로 어떤 문제를 해결하는데 시간이 2만큼 소요되었다. 그 중에서 직렬처리 시간이 1이고 병렬처리 시간이 1이다. 구스타프슨의 법칙에 따른 처리 시간과 효율을 계산하라.

(1) 단일 프로세서로 이 문제를 해결하는데 소요되는 시간은?

(2) 4개의 프로세서로 병렬처리 할 때 속도 개선은 몇 배인가?

(3) 문제 크기를 두 배로 늘리고 병렬처리에 사용된 프로세서 수를 8개로 늘렸다. 이때 문제해결 시간이 2이다. 그 중에서 직렬처리 시간이 1이고 병렬처리 시간이 1이다. 단일 프로세서로 이 문제를 해결하는데 소요되는 시간은?

(4) 문제 (3)에서 8개의 프로세서로 병렬처리 할 때 속도 개선은 몇 배인가?

appendix

부록

ToyCOM 시뮬레이터

부록 ToyCOM 시뮬레이터

ToyCOM 시뮬레이터는 '7장 중앙처리장치 설계'에서 제안한 ToyCOM을 실행하는 프로그램이다. 시뮬레이터의 실행 화면인 [그림 A-1]은 [그림 7-1]의 ToyCOM 프로그래머 모델을 그대로 보여준다. 컴퓨터가 프로그램을 실행하는 과정을 한 눈에 볼 수 있도록 이 프로그램을 개발하였다. 텍스트 형식으로 작성된 프로그램을 기억장치에 적재할 수 있고, 클럭 단위로 명령어를 실행시키면서 프로세서 내부의 동작을 확인할 수 있다.

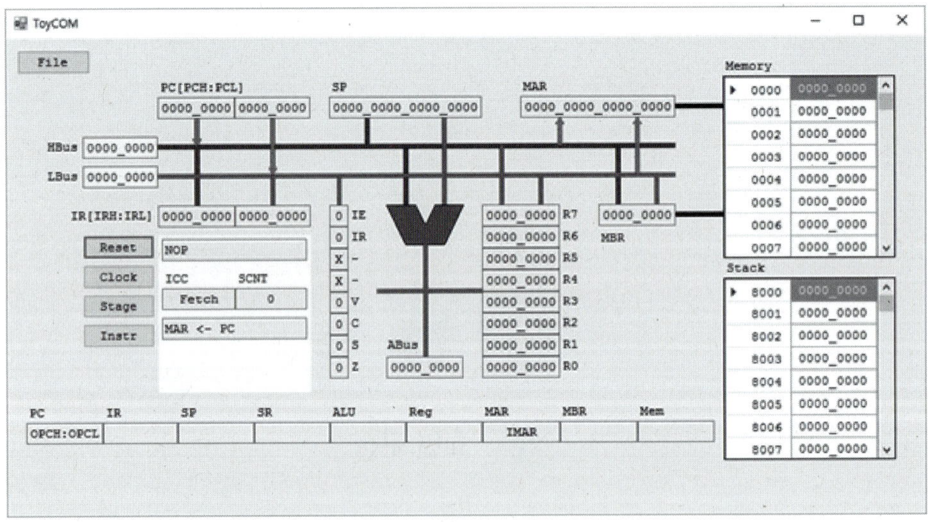

그림 A-1 리셋 후 ToyCOM 시뮬레이터 초기 화면

A.1 기능

- ToyCOM 프로그램 적재: 텍스트 파일로 작성된 ToyCOM 프로그램을 기억장치에 적재한다.
- 명령어 실행: 기억장치에 적재되어 있는 프로그램을 시뮬레이션에 의하여 실행하고 그 결과를 화면에 표시한다. ToyCOM 시뮬레이터는 프로그램을 세 가지 단위(시스템 클럭 단위, 명령어 사이클을 구성하는 단계 단위, 또는 명령어 단위)로 시뮬레이션한다.
- 레지스터와 기억장치 상태 표시: 중앙처리장치 내부의 레지스터와 버스 그리고 기억장치의 상태를 표시한다. 기억장치의 값을 수정할 수도 있다.
- 제어장치의 상태 표시: 명령어 레지스터(IR)에 적재되어 있는 명령어를 해독하여 니모닉 코드로 표시하고, {명령어 사이클 코드(ICC), 명령어 실행 클럭 수(SCNT)}에 생성하여야 할 제어신호를 표시한다.

A.2 화면 구성

ToyCOM 시뮬레이터의 실행 화면에는 시뮬레이터의 동작을 제어하기 위한 5개의 실행 버튼이 있고, ToyCOM의 상태를 보여주는 시스템 버스와 연산기 버스, 레지스터, 제어장치 그리고 기억장치가 표시되어 있다. 이것은 '7장 중앙처리장치 설계'에서 제시한 프로그래머 모델과 같다.

- 실행 버튼
  - File: ToyCOM 기계어 프로그램을 적재한다.
  - Reset: ToyCOM을 리셋한다.
  - Clock: 한 개의 클럭 단위로 프로그램을 실행한다.
  - Stage: 명령어 사이클의 한 단계 단위로 프로그램을 실행한다.
  - Instr: 명령어 단위로 프로그램을 실행한다.

- 버스
  - HBus(파란색): 시스템 버스 중에서 상위 바이트의 값을 표시한다.
  - LBus(초록색): 시스템 버스 중에서 하위 바이트의 값을 표시한다.
  - ABus(초록색): 연산기의 출력 값을 표시한다.

- 레지스터

레지스터	기호	비트 수	연결
프로그램 카운터	PC[PCH:PCL]	16	HBus, LBus
명령어 레지스터	IR[IRH:IRL]	16	HBus, LBus
스택 포인터	SP	16	HBus, LBus
범용 레지스터	R0~R7	8	HBus, LBus, ABus
상태 레지스터	SR	8	ABUS: 플래그의 값을 표시한다.
기억장치 주소 레지스터	MAR	16	HBus, LBus
기억장치 버퍼 레지스터	MBR	8	HBus, LBus

- 기억장치
  - 전체 용량은 64KB이다.
  - Memory 부분은 0000~7FFFh까지의 프로그램 영역을 표시하고, Stack 부분은 8000~FFFFh 범위의 기억장치 값을 보여준다.
  - 그리드를 조절하여 확인하고자 하는 주소를 변경할 수 있다.

- 제어장치
  - 명령어를 IR에 인출한 후 기계 명령어를 디코드하여 어셈블리 명령어를 표시한다.
  - 제어장치의 명령어 사이클 코드(ICC)와 시퀀스 카운터(SCNT)의 값을 표시한다. 따라서 현재 진행 중인 명령어 사이클의 단계와 클럭 수를 알 수 있다.
  - 해당 {ICC, SCNT}에서 수행해야 하는 마이크로오퍼레이션을 표시한다.
  - {ICC, SCNT}에서 생성해야 할 마이크로오퍼레이션을 수행하기 위하여 제어장치가 생성하는 제어신호를 표시한다.
  - 생성된 해당 제어신호에 의하여 동작하는 레지스터가 처리장치에 표시된다.

A.3 ToyCOM 프로그램

ToyCOM 시뮬레이터는 텍스트 파일로 작성된 ToyCOM 프로그램을 기억장치에 적재하는 기능을 갖고 있다. 텍스트 파일의 한 줄은 다음과 같은 세 개의 필드로 구성된다.

```
주소: 데이터 ; 주석
```

- 주소 필드: 16비트의 주소를 16진수로 적고 콜론(:)을 붙인다.
- 데이터: 한 개 이상의 8비트 데이터를 16진수로 나열한다. 한 줄에 여러 개의 수가 나열될 수 있으며, 주소 필드로 지정한 주소부터 연속적으로 기억장치에 배치한다.
- 주석: 한 줄에서 세미콜론(;) 이후는 모두 주석으로 처리된다.

ToyCOM 프로그램을 적재하는 과정은 다음과 같다.

1. ToyCOM 어셈블리 프로그램을 작성한다. 이 때 프로그램이 적재될 기억장치 주소도 고려해야 한다. 예제 프로그램은 다음과 같다.

```
0000:  BR      100h             // 100h 번지로 무조건분기

0100:  LDI     R1, #20h         // R1 ← 20h
0102:  LDI     R2, #40h         // R2 ← 40h
0104:  CALL    200h             // CALL 200h
0106:  HALT                     // 프로그램 종료

0200:  ADD     R0, R1, R2       // R0 ← R1+R2
0202:  RET                      // 리턴
```

2. 프로그램을 수동으로 기계어로 번역하고, ToyCOM 데이터 형식에 맞추어 데이터 파일을 작성한다. 예제 프로그램에 대한 데이터 파일은 다음과 같다.

```
; ToyCOM Program Example

0000:  FE 80   ; 0000 offset: 10000 000 11111110   BR 100h offset = 100h – 2 = 0FEh

0100:  20 09   ; 00001 001 00100000      100h: LDI R1,#20h
0102:  40 0a   ; 00001 010 01000000      102h: LDI R2,#40h
0104:  FA F8   ; 11111 offset(0fa)       104h: call 200h offset = 200h – 106h = 0FAh
0106:  01 00   ; 00000 xxx 000 00001     106h: HALT

0200:  28 28   ; 00101 000 001 010 00    ADD R0,R1,R2
0202:  00 48   ; 01001 x   x   x   00    RET
```

3. ToyCOM 시뮬레이터의 [File] 버튼을 누르면, [그림 A-2]와 같은 파일 열기 다이얼로그가 나타난다. 소스 파일을 선택하고 열기를 누른다. ToyCOM 시뮬레이터는 데이터 파일을 해독하여, 기억장치에 적재한다. [그림 A-3]과 같이 화면의 메모리 그리드에서 데이터가 적재되었음을 확인할 수 있다.

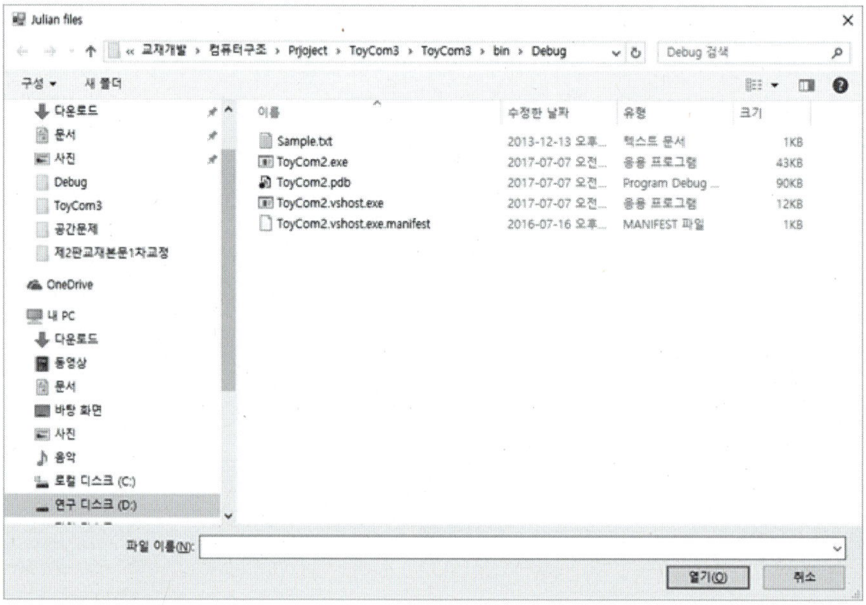

그림 A-2 파일 열기 화면

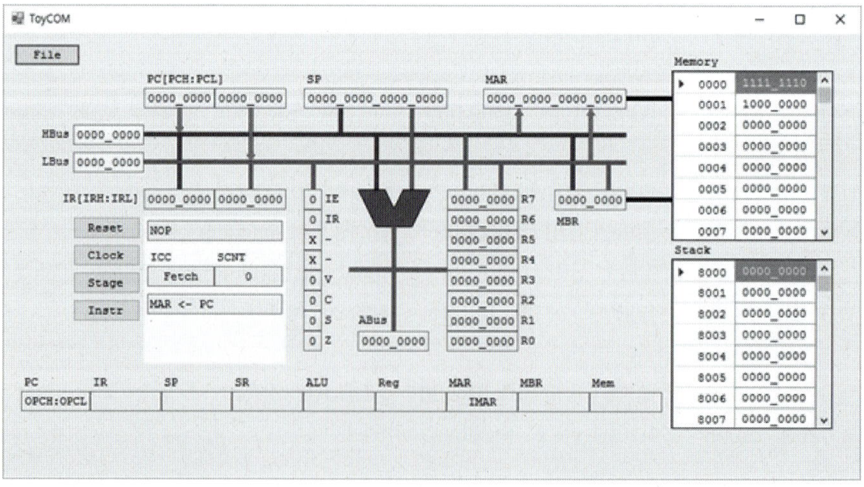

그림 A-3 데이터를 기억장치에 적재한 후 ToyCOM의 상태

A.4 시뮬레이션

[리셋] 버튼을 누르면, SP를 포함한 모든 레지스터의 값이 모두 0으로 초기화된다. [그림 A-3]은 예제 프로그램이 적재되고, 리셋한 후의 상태이다.

- 제어장치의 상태는 {ICC=Fetch, SCNT=0}이다.
- 마이크로오퍼레이션으로 MAR ← PC를 실행한다.
- 제어장치는 PC에 출력 제어신호 OPCH, OPCL을 생성한다. 이에 의하여 PC의 값이 HBus와 LBus에 실린다.
- 제어장치는 MAR에 인가되는 입력 제어신호 IMAR을 생성한다. 이 신호에 의하여 HBus와 LBus의 값이 다음 클럭이 인가된 후에 MAR로 적재된다.

이 상태에서 클럭 버튼을 누르면, 첫 번째 클럭이 다음의 ToyCOM 상태를 화면에 표시한다. 그 결과는 [그림 A-4]이다.

- 클럭이 인가된 후 HBus와 LBus의 값이 MAR에 적재되고, 제어장치의 상태는 {ICC=Fetch, SCNT=1}이다.
- 마이크로오퍼레이션 MBR ← Mem[MAR], PC ← PC+1을 실행하기 위한 제어신호 MR(Memory Read)와 IncPC(Increment PC)를 생성한다.
- 제어신호가 생성되었지만, 아직 레지스터에 결과가 반영되지 않는다. 클럭이 하나 더 인가된 후에 MBR과 PC의 값을 갱신한다.

클럭 버튼을 누를 때마다, 제어신호가 생성되고 이에 따라 ToyCOM의 상태가 변한다. [그림 A-5]는 명령어 인출단계가 끝난 후 시스템의 상태를 보여준다. 인출한 명령어가 BR 100이고 제어신호로 PC ← PC + offset을 생성한다. 이 명령어가 실행되고 나면, [그림 A-6]과 같이 PC의 값이 0100h으로 변경되고, 다시 명령어 인출단계로 들어간다.

이와 같은 방법으로 프로그램을 클럭, 단계, 또는 명령어 단위로 시뮬레이션하여, ToyCOM의 상태 변화를 확인할 수 있다.

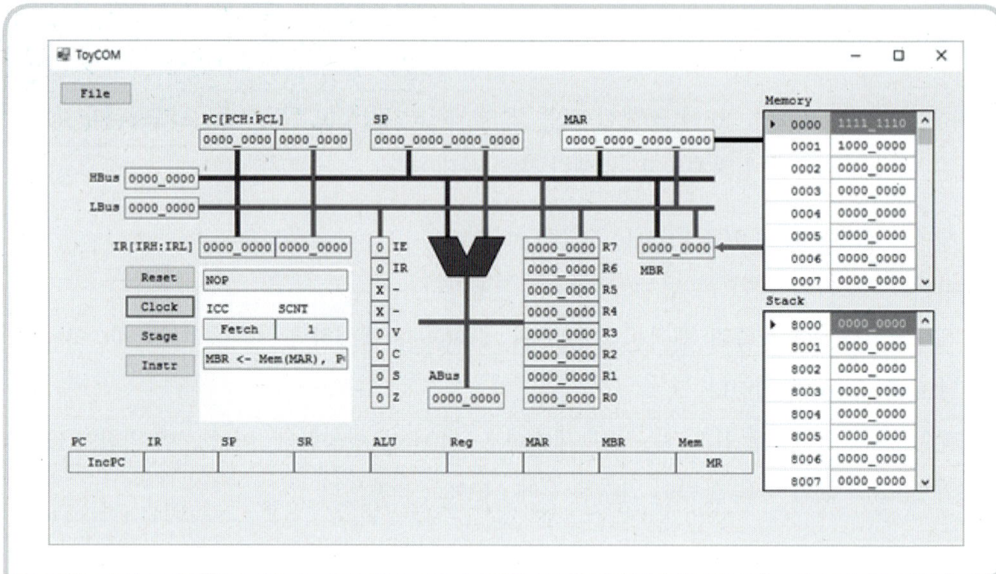

그림 A-4 첫 번째 클럭 인가 후 ToyCOM의 상태

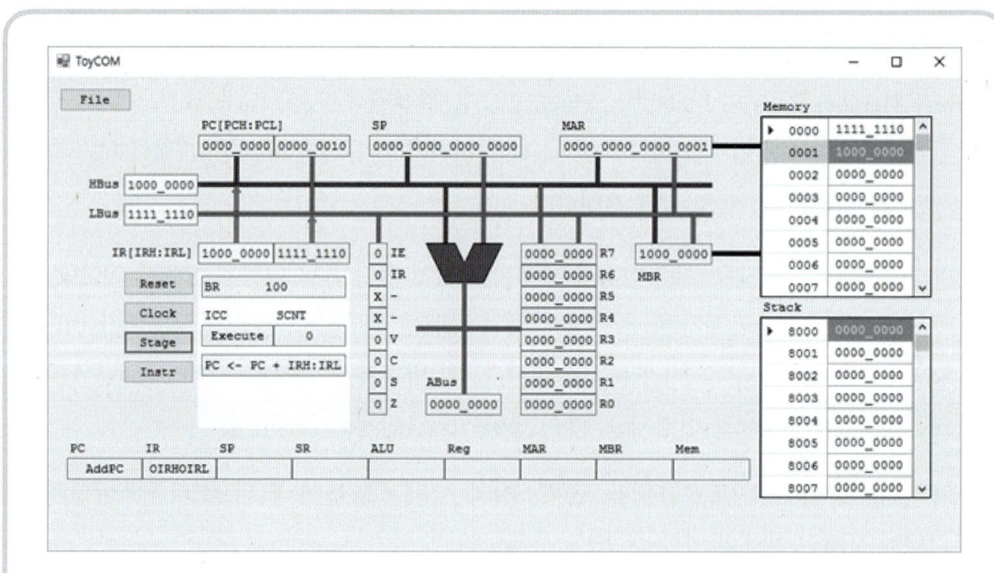

그림 A-5 명령어 인출 후 ToyCOM의 상태

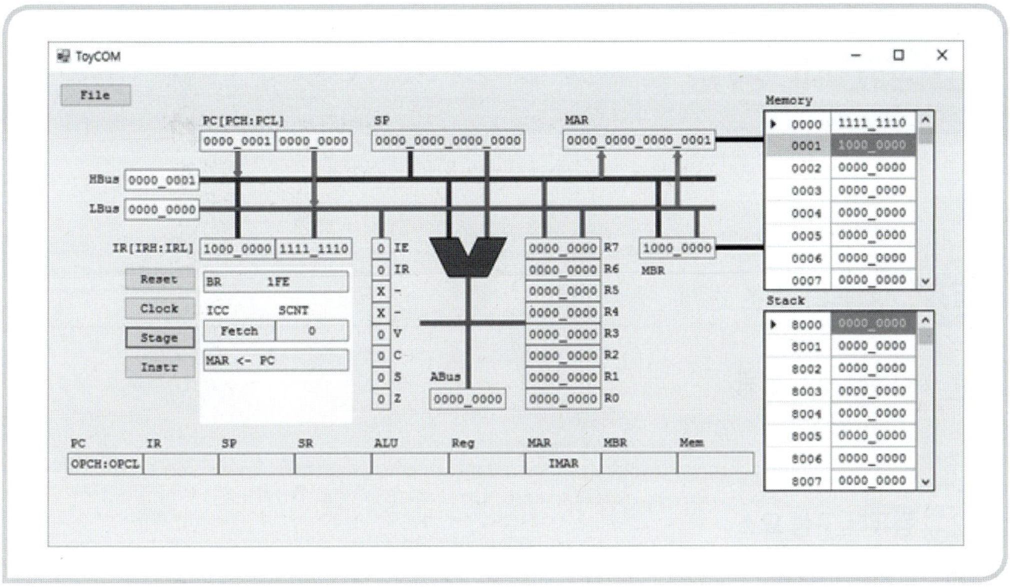

그림 A-6 분기 명령어 실행 후 ToyCOM의 상태

A.5 이전 버전과의 차이점

ToyCOM3는 이 교재 초판과 함께 배포한 ToyCOM2를 수정한 것이다. ToyCOM3은 스택 운영 방법이 이전과 다르다. 이 차이점을 다음 표에 정리하였다. 스택 운영 방법이 수정됨에 따라, CALL, RET 명령어의 마이크로오퍼레이션도 수정되었다. 그리고 소스 코드를 수정하는 과정에서 발견된 몇 가지 오류도 수정하였다.

항목	TOYCOM2	TOYCOM3
Stack 운영	PUSH 때 SP 증가	PUSH 때 SP 감소
SP 초기값	8000h	0000h
Stack area	8000h ~ C000	FFFF ~ C000
PUSH	SP ← SP +1 Mem(SP) ← Rs	P ← SP – 1 Mem(SP) ← Rs
POP	Rd ← Mem(SP) SP ← SP – 1	Rd ← Mem(SP) SP ← SP +1

연습문제 정답

1장 컴퓨터 구조 소개

1.1 컴퓨터 구조 범위

1. ④ 2. ① 3. ④ 4. ① 5. ①

1.2 컴퓨터 구성 요소

1. ④ 2. ① 3. ①, ② 4. ② 5. ④ 6. ④ 7. ① 8. ①, ③ 9. ① 10. ④

1.3 컴퓨터 발달 과정

1. ① 2. ③ 3. (1) 진공관 (2) 집적회로(IC)

4. ④ ((2016−1980)/2 = 36/2 = 18, 2^{18} = 256K = 262,144배)

5. ①

6. (1) 마이크로프로세서 (2) 마이크로제어기

7. ④

2장 논리회로 기초

2.1 수와 코드

1. $(2195.12)_{10} = 2\times10^3 + 1\times10^2 + 9\times10^1 + 5\times10^0 + 1\times10^{-1} + 2\times10^{-2}$

$= 2000 + 100 + 90 + 5 + 0.1 + 0.02 = (2195.12)_{10}$

2. (1) $(421.3)_5 = 4\times5^2 + 2\times5^1 + 1\times5^0 + 3\times5^{-1} = 100 + 10 + 1 + 0.6 = (111.6)_{10}$

(2) $(726.4)_8 = 7\times8^2 + 2\times8^1 + 6\times8^0 + 4\times8^{-1} = 448 + 16 + 6 + 0.5 = (470.5)_{10}$

3. 0, 1, 2, 3, 4, 5, 6(7개의 수 사용)

4. (1) $(101111101)_2$ (2) $(101\_111\_101)_2 = (575)_8$ (3) $(1\_0111\_1101)_2 = (17D)_{16}$

5. 8진수: 1_010_100_111_011_010.101_011_1 = $(124732.534)_8$

16진수: 1010_1001_1101_1010.1010_111 = $(A9DA.AE)_{16}$

6. (1) '♡◇◇♠' = 10_01_01_00 = 1001_0100 = 94h

(2) 10111100 = 10_11_11_00 = ♡♣♣♠

7. 여러 가지 답이 가능하다. 가능한 답의 예는 다음과 같다.

- 동물이 16종류이므로 2진수 0000~1111의 수를 부여한다.
- 동물을 가축, 조류, 파충류, 야생동물 순으로 나열한다.
- 동일한 종류 안에서 가나다 순서로 동물을 배치한다.

동물	이진수	동물	이진수	동물	이진수	동물	이진수
개	0000	거위	0100	개구리	1000	늑대	1100
말	0001	닭	0101	도마뱀	1001	원숭이	1101
소	0010	오리	0110	두꺼비	1010	치타	1110
양	0011	학	0111	뱀	1011	호랑이	1111

8.

10진수	BCD 코드	3초과 코드
(1) 301	0011_0000_0001	0110_0011_0100
(2) 408	0100_0000_1000	0111_0011_1011
(3) 516	0101_0001_0110	1000_0100_1001
(4) 1026	0001_0000_0010_0110	0100_0011_0101_1001
(5) 1225	0001_0010_0010_0101	0100_0101_0101_1000

9. C: 43 o: 6F m: 6D p: 70 u: 75 t: 74 e: 65 r: 72 ' '(공백): 20

A: 41 r: 72 c: 63 h: 68 i: 69 t: 74 e: 65 c: 63 t: 74 u: 75 r: 72 e: 65

2.2 조합논리회로

1. (1)

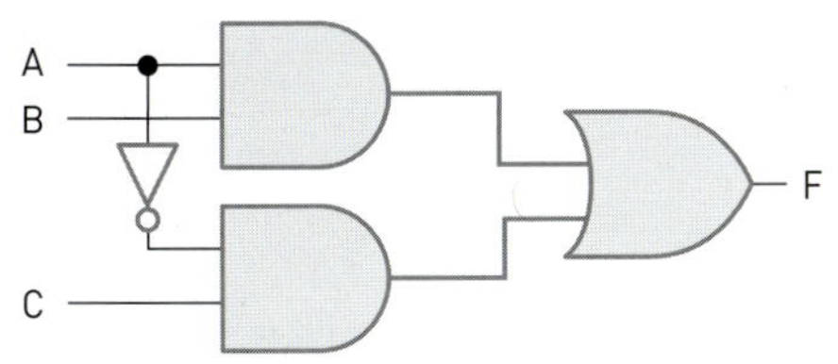

(2)

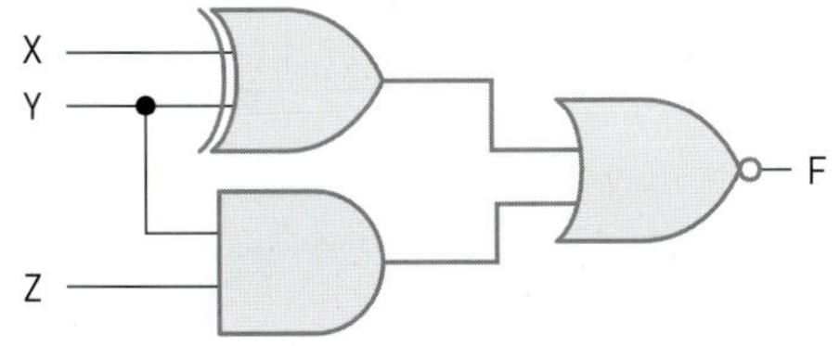

2. 네 비트 A, B, C, D를 더하여 한 비트의 자리올림수(C)와 두 비트의 합(S_1S_0)을 구한다.

입력				자리올림수	합		설명
A	B	C	D	C	S_1	S_0	$A + B + C + D = C\_S_1S_0$
0	0	0	0	0	0	0	0 + 0 + 0 + 0 = 000(0)
0	0	0	1	0	0	1	0 + 0 + 0 + 1 = 001(1)
0	0	1	0	0	0	1	0 + 0 + 1 + 0 = 001(1)
0	0	1	1	0	1	0	0 + 0 + 1 + 1 = 010(2)
0	1	0	0	0	0	1	0 + 1 + 0 + 0 = 001(1)
0	1	0	1	0	1	0	0 + 1 + 0 + 1 = 010(2)
0	1	1	0	0	1	0	0 + 1 + 1 + 0 = 010(2)
0	1	1	1	0	1	1	0 + 1 + 1 + 1 = 011(3)
1	0	0	0	0	0	1	1 + 0 + 0 + 0 = 001(1)
1	0	0	1	0	1	0	1 + 0 + 0 + 1 = 010(2)
1	0	1	0	0	1	0	1 + 0 + 1 + 0 = 010(2)
1	0	1	1	0	1	1	1 + 0 + 1 + 1 = 011(3)
1	1	0	0	0	1	0	1 + 1 + 0 + 0 = 010(2)
1	1	0	1	0	1	1	1 + 1 + 0 + 1 = 011(3)
1	1	1	0	0	1	1	1 + 1 + 1 + 0 = 011(3)
1	1	1	1	1	0	0	1 + 1 + 1 + 1 = 100(4)

3. $Y_0 = I_1' I_2'$, $Y_1 = I_1' I_0$, $Y_2 = I_1 I_0'$, $Y_3 = I_1 I_0$

4. (1) Enable 신호: 부논리(L일 때 enable)

   (2) Select 신호: 정논리

   (3) Output 신호: 부논리(선택된 출력이 L)

5. 256개의 입력 조합들 중 8개만 사용한다. 입력신호들 중 여러 개의 입력이 1인 경우 인코더로서의 기능을 상실한다.

6. 입력(INPUTS): 부논리
   출력(OUTPUTS): 부논리

7.

입력									출력			
1	2	3	4	5	6	7	8	9	D	C	B	A
H	L	H	H	L	L	H	L	H	L	H	H	H
H	L	H	H	L	H	H	H	H	H	L	H	L

8.

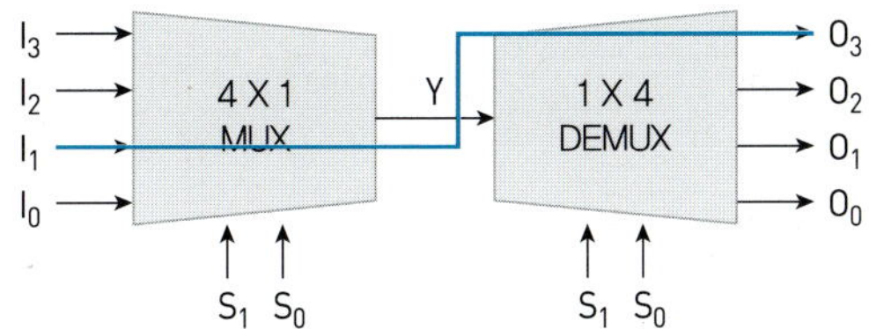

9. A와 B가 선택선으로 사용되고, 이 값에 따라 G1의 입력이 네 개의 출력 중 하나로 전달된다. 문제의 경우 G1에 인가된 값 0이 Y2로 전달된다.

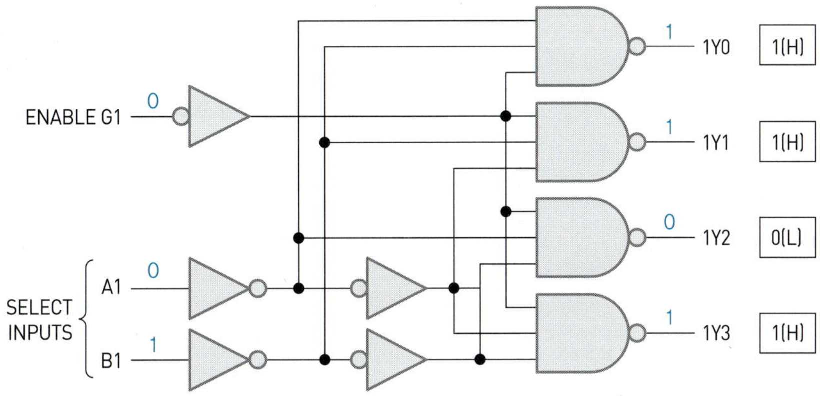

10. $CS_3S_2S_1S_0 = A_3A_2A_1A_0 + B_3B_2B_1B_0$

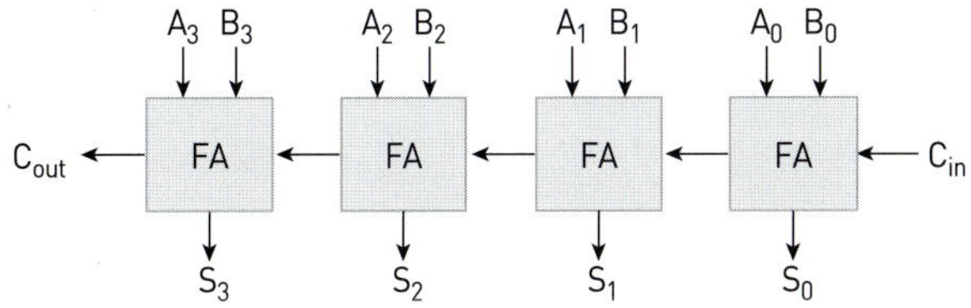

2.3 순차논리회로

1.

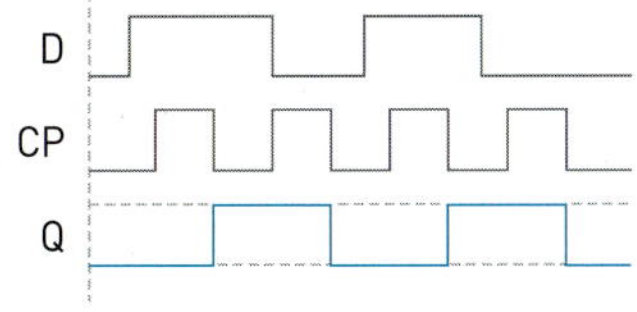

2.

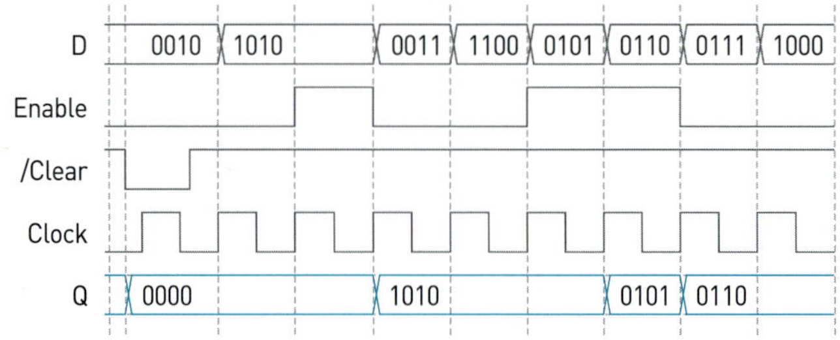

3. (1) 키가 12개이고 $2^3 <= 12 <= 2^4$이므로, 4비트

   (2) 코드를 만드는 장치가 필요하므로 인코더

   (3) 코드를 저장하고 나서 직렬로 변환해야 하므로 시프트 레지스터

4. 시계, 신호등, 전기밥솥, 세탁기, 전자레인지 등 시간을 측정하는 모든 기계

2.4 레지스터 전송

1. ②, ④

2. (1) INT: PC ← 8　(2) R3 ← R1 − R2　(3) A+B: R1[0] ← 1　(4) T2: IR ← MBR

3장 컴퓨터 구성 요소

3.1 프로그램 실행

1. (1) 프로그램 (2) 다르다. (3) 이진수 코드 (4) 어셈블리어 (5) 폰 노이만

2. ①, ③　　3. ③

3.2 컴퓨터 구성 요소

1. (1) 프로그램 카운터(PC): 다음에 실행할 명령어의 주소를 저장한다.

   (2) 명령어 레지스터(IR): 현재 실행 중인 명령어를 저장한다.

2. (1) 다음에 실행할, 명령어의 주소　(2) 현재 실행 중인, 명령어 코드

3. ③　4. ③　5. ②　6. (1) 변경하지 않고 (2) 변경하여 (3) PC (4) 데이터 처리

7. (1) 데이터 전달 (2) 프로그램 제어 (3) 데이터 전달 (4) 데이터 처리 (5) 데이터 처리

8. ③　9. ②　10. 주소 1100번지에 저장된 1000_1101이 출력된다.

11. (1) 64K바이트 (2) 128M바이트　12. ④

13. (1) 주소 (2) 입출력 포트

3.3 시스템 버스

1. ④ 2. ③ 3. 4G바이트 4. ③ 5. ① 6. ② 7. ②

3.4 명령어

1. ② 2. ① 3. ④ 4. ④ 5. ③ 6. ④ 7. ① 8. ② 9. ④

10. (1) 4비트 (2) 16비트 (3) 24비트 (4) 16비트

    (5) -2^{15}부터 $2^{15}-1$까지(16비트 정수의 표현 범위와 같다.)

11. (1) 6(동작코드) + 4(레지스터) = 10비트

    (2) 6(동작코드) + 4(레지스터) + 16(즉치 데이터) = 26비트

    (3) 6(동작코드) + 24(기억장치 주소) + 4(레지스터) = 34비트

    (4) 6(동작코드) + 4(레지스터) + 16(입출력 주소)= 26비트

    (5) 6(동작코드) + 4(레지스터) + 4(레지스터) + 24(기억장치 주소) = 38비트

12. ④ 13. ④

3.5 명령어 실행 과정

1. (1) 8비트 (2) 8비트 (3) 4비트

2.

레지스터 전송문	어셈블리 명령어	명령어 코드
R11 ← Mem[64h]	load R11, Mem[64h]	0010_1011_0110_0100
Mem[48h] ← R13	store R13, Mem[48h]	0011_1101_0100_1000
R13 ← Mem[80h]	load R13, Mem[80h]	0010_1101_1000_0000
R13 ← R14 and R15	and R13, R14, R15	1010_1101_1110_1111

3. ② (기억장치의 용량이 256바이트이므로 1004번지가 없다.)

4. (1) IR=2281h, PC=24h ; IR에 Mem[23h]:Mem[22h]가 저장되고, PC가 2 증가한다.

   (2) R2 ← Mem[81h] (3) R2=44h

4장 중앙처리장치

4.1 중앙처리장치 구조

1. ④ 2. ③ 3. ④ 4. ② 5. ② 6. ② 7. ① 8. ④

4.2 레지스터

1. ④ 2. ③ 3. ② 4. (1) 라 (2) 다 (3) 나 (4) 가 (5) 마

5. 부호 플래그=0 제로 플래그=0 자리올림수=0 짝수 패리티=1 오버플로우= 0

6. ① 7. ③ 8. (1) 기억장치의 일부 (2) Last-In-First-Out (3) 한 곳

9. ② 10. ④

11.

레지스터	값
R3	789Ah
R2	2222h
R1	1111h
R0	1111h
SP	F00Ah

주소	값
F00Eh	89ABh
F00Ch	0000h
F00Ah	2222h
F008h	1111h
F006h	4567h
F004h	3456h
F002h	2345h
F000h	1234h

12. ② 13. ① 14. ②

4.3 인터럽트

1. ① 2. ② 3. C−A−B−E−D 4. ①, ④ 5. ②, ⑤ 6. ③ 7. ②

8. SR = 4085h // POP SR: SR ← Mem[SP], SP ← SP + 2

PC = 1206h // POP PC: PC ← Mem[SP], SP ← SP + 2

SP = F808h

9. (1) 인터럽트 서비스 루틴을 수행하면서 상태 레지스터의 값이 변경될 수 있기 때문에

(2) 인터럽트 서비스 루틴을 수행한 후 프로그램을 수행하던 위치로 복귀하기 위하여

10. ①, ④ 11. ② 12. (1) ③ (2) ⑤ 13. ④ 14. ①, ③, ④

4.4 명령어 사이클

1. ④ 2. ②

3. (1) 인출단계와 실행단계를 거치므로, 클럭 8개 소모한다.

(2) 인출단계, 간접단계, 실행단계를 거치므로, 클럭 12개를 소모한다.

(3) 인출단계, 간접단계, 실행단계를 수행하고, 인터럽트단계를 거친 후 인터럽트 서비스 루틴으로 들어간다. 그러므로 클럭 16개를 소모한다.

5장 연산기

5.1 연산기 개요

1. ② 2. ①, ③ 3. ② 4. ②

5.2 정수 표현

1. ③ 2. (1) $-(2^{n-1}-1) \sim (2^{n-1}-1)$ (2) $-(2^{n-1}-1) \sim (2^{n-1}-1)$ (3) $-2^{n-1} \sim (2^{n-1}-1)$

3.

방법	+29	-29	+120	-120
부호화 크기	0001_1101	1110_0011	0111_1000	1000_1000
1의 보수	0001_1101	1110_0010	0111_1000	1000_0111
2의 보수	0001_1101	1110_0011	0111_1000	1000_1000

4. (1) 0000_0000_0000_0000, 1000_0000_0000_0000
   (2) 0000_0000_0000_0000, 1111_1111_1111_1111
   (3) 0000_0000_0000_0000

5. (1) 42 (2) −63 (3) −5

6.

수	8비트	16비트
+78	0100_1110	0000_0000_0100_1110
-78	1011_0010	1111_1111_1011_0010

5.3 논리 연산

1. (1) R1=56h(0101_0110) (2) R1=2ah(0010_1010) (3) R1=bfh(1011_1111)
   (4) R1=30h(0011_0000)

2. A6h(1010_0110) 3. ① 4. (1) bfh(1101_1111) (2) 20h(0010_0000)

5.4 시프트 연산

1.

16진수	2진수	왼쪽 논리시프트 (2진수, 16진수)	오른쪽 논리시프트 (2진수, 16진수)
9Bh	1001_1011	0011_0110 (36h)	0100_1101 (4Dh)
D2h	1101_0010	1010_0100 (A4h)	0110_1001 (69h)

2. (1) −54 (2) 1001_0100 (3) −108, 같다. (4) 1110_0101 (5) −27, 같다. 3. ③ 4. ③

5.5 산술 연산

1. (1) 0011_1100 (2) 0111_1010 (3) 1011_0110 (4) 182 (5) −74

   (6) 부호 플래그=1, 제로플래그=0, 자리올림수=0, 오버플로우=1

2. (1) −22 (2) 0010_0000 (3) 0011_0110 (4) 1100_1010 (5) 1110_1010 (6) −22 (7) 같다.

3.

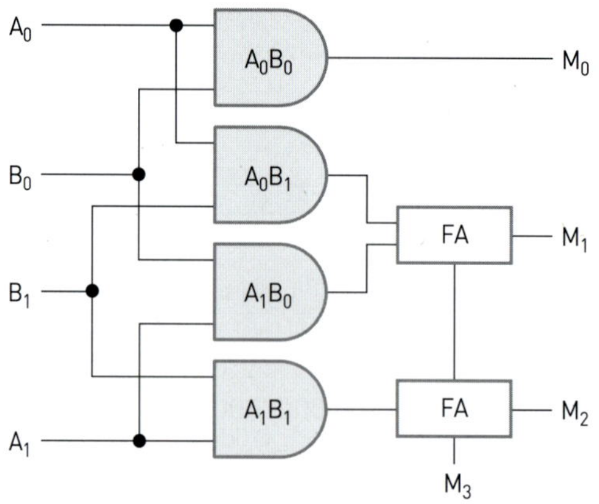

4.

단계	상태	M	C	A	Q	P
1	초기 상태	1011	0	0000	0101	4
2	곱 계산		0	1011	0101	4
3	오른쪽 시프트		0	0101	1010	3
4	오른쪽 시프트		0	0010	1101	2
5	곱 계산		0	1101	1101	2
6	오른쪽 시프트		0	0110	1110	1
7	오른쪽 시프트		0	0011	0111	0

5.

단계	상태	M	C	A	Q	P
1	초기 상태	1011	0	0111	1011	4
2	왼쪽 시프트		0	1111	0110	4
3	CA ← A-M		1	0100	0110	4
4	Q ← 1		1	0100	0111	3
5	왼쪽 시프트		0	1000	1110	3
6	CA ← A-M		0	1101	1110	3
7	CA ← A+M, Q ← 0		1	1000	1110	2
8	왼쪽 시프트		1	0001	1100	2
9	CA ← A-M		1	0110	1100	2
10	Q ← 1		1	0110	1101	1
11	왼쪽 시프트		0	1101	1010	1
12	CA ← A-M		1	0010	1010	1
13	Q ← 1		1	0010	1011	1

5.6 실수 표현

1. ① 2. ①, ④ 3. ②

4. (1) -101.00101 (2) -1.0100101×2^2

(3) 0100_1010_0000_0000_0000_000 (소수점 이하에 오른쪽을 0으로 채운 23비트)

(4) 1000_0001 (2+127=129)에 해당하는 2진수 (5) C0A50000

5. 생략 6. (1) 42F53EFA (2) 2.782227

5.7 실수 연산

1. A-C-D-B 2. ③ 3. ②

6장 명령어 집합

6.1 명령어 특성

1. ④ 2. ③ 3. ④ 4. ①

5. (1) Complex Instruction Set Computer (2) Reduced Instruction Set Computer

6. ④ 7. ②

6.2 주소의 수

1. ④

2.

(1) 3-주소 명령어 형식	(2) 2-주소 명령어 형식	(3) 1-주소 명령어 형식

MUL R1, B, C
ADD R2, A, R1
SUB R3, D, E
DIV Y, R2, R3
	LD R1, B
	MUL R1, C
	ADD R1, A
	LD R2, D
	SUB R2, E
	DIV R1, R2
	ST Y, R1
		LD D
		SUB E
		ST T
		LD B
		MUL C
		ADD A
		DIV T
		ST Y

3. ③　4. ④　5. ①

6.3 주소지정방식

1. (1) 500 (2) 800 (3) 300 (4) 200 (5) 752
2. (1) 621 (2) 621 − 530 = 91 (3) 11_1010_0101 (−91에 대한 10비트 2의 보수 표현)
3. (1) 0 (2) 2 (3) 0 (4) 1　4. (1) 부호 없는 수 (2) 정수 (3) 정수 (4) 짧다 (5) 인덱싱
5. ②　6. (1) 120 (2) 216 (3) 812 (4) 423　7. ④　8. ④

6.4 오퍼랜드 저장

1.

시작 주소	Little-endian	Big-endian	정렬 여부
1200	23202842	42282023	O
1203	4f8e2423	23248e4f	X
1208	34892d7b	7b2d8934	O
120a	cda23489	8934a2cd	X
120c	10f7cda2	a2cdf710	O

6.5 명령어 종류

1. (1) exchange (2) output (3) translate (4) set carry flag (5) test (6) clear bit
2. (1) Zero = 0, Carry = 1, Sign = 0, Overflow = 0 (2) R1 = 227, R2 = 194 (3) [(C=0)] = FALSE (4) not taken (5) R1 = −29, R2 = −62 (6) [(S ⊕ OV) = 1] = false (7) not taken
3. ①　4. ④

5. PC=2420, SP=6502, Mem[6503:6502] = 3180　　6. ①

7. SR=7b23, PC=2356, SP=6506　　8. ④

7장 중앙처리장치 설계

7.1 프로그래머 모델

1. (1) 64 (2) 16 (3) 16, 2 (4) 16 (5) 16 (6) 8 (7) 없다　　2. ①　　3. ③　　4. ④

7.2 명령어 형식

1. ②, ④　　2. ①　　3. (1) 3 (2) −128~127 (3) −1024~1023　　4. ②　　5. 4개

7.3 명령어 집합

1.

레지스터 전송 언어	명령어	명령어 코드
R5 ← #45h	LDI R5, #45h	00001_101_01000101 (0D45)
R4 ← R7	MV R4, R7	00010_100_111_001_00 (14E4)
Mem(R7:R6) ← R5	ST (R7:R6), R5	00010_110_101_000_01 (16A1)
R1 ← R2 + Mem(500)	명령어 없음	없음

2.

명령어	2진수 코드	16진수 코드
INC R2	00100_010_000_000_00	2200h
NOT R4	00100_100_000_000_11	2403h
SUB R0, R0, R2	00101_000_000_010_10	280Ah
XOR R1, R6, R7	00110_001_110_111_10	31DEh

3. (1) XOR R3, R3, R3　R3=0 (2) NEG R2　R2=DDh (3) DEC R1　R1=A7h
(4) AND R1, R4, R5　R1=0Bh　　4. (1) 0 (2) 1 (3) 0 (4) 0　　5. ①　　6. ①, ②

7.

조건분기 명령어	2진수 코드	16진수 코드	PC 값
BRC + 20h	10110_000_0010_0000	B020	2122
BRAE - 20h	10110_111_1110_0000	B7E0	20E2
BRLT + 10h	11110_000_0001_0000	F010	2102
BRGT - 10h	11011_111_1111_0000	DFF0	20F2

8. ④　9. ③

10. 기존의 명령어와 중복되지 않는 비트 패턴을 할당하면 모두 정답. 아래는 정답의 예시이다.

명령어	비트 패턴					동작
	15 - 11	10 - 8	7 - 5	4 - 2	1 - 0	
MFSP SP, (Rs+1:Rs)	00010	—	Rs	010	00	SP[15:8] ← Rs+1, SP[7:0] ← Rs
MTSP (Rd+1:Rd),SP	00010	Rd	—	010	01	Rs+1 ← SP[15:8], Rs ← SP[7:0]
PUSHSR	00011	—	—	001	00	SP ← SP + 1/Mem(SP) ← SR
POPSR	00011	—	—	001	01	SR ← Mem(SP)/SP ← SP - 1

7.4 명령어 사이클

1. ④　2. ④　3. ①

7.5 마이크로오퍼레이션

1. ④　2. ②　3. ④　4. ③　5. ④　6. ④

7.

주소	명령어	인출단계 클럭 수	실행단계 클럭 수	소계
0000h	BR　100h	6	1	7
…				
0100h	LDI　R1, #20h	6	1	7
0102h	LDI　R2, #40h	6	1	7
0104h	CALL　0200h	6	9	15
0106h	HALT	6	0	6
…				
0200h	ADD　R0, R1, R2	6	1	7
0202h	RET	6	6	12
총계		42	19	61

7.6 제어신호

1. ④　2. ②

3.

명령어	마이크로오퍼레이션	제어신호		
		입력	출력	기타
ST	MAR ← Rd+1:Rd	IMAR	ORs+1H, ORsL	
	MBR ← Rs	IMBRL	ORsL	
	Mem(MAR) ← MBR			WrMem
POP	MAR ← SP	IMAR	OSP	

POP	MBR ← Mem(MAR)	IMBRL		RdMem
	Rd ← MBR, SP ← SP + 1	IRdL	OMBRL	IncSP
INC	Rd ← Rd + 1	IRdA	ORdL	INC
SHR	Rd ← SHR Rd	IRdA	ORdL	SHR
CMP	SR ← Rs1 - Rs2	ISRL	ORs1L, ORs2H	SUB
CLC	SR, C ← 0			CLC
BRZ	Z=1: PC ← PC+IRH[10:8]:IRL		OIRH, OIRL	AddPC

8장 제어장치

8.1 제어장치 기능

1. ① 2. ④ 3. ② 4. ④ 5. ④ 6. ②

8.2 제어장치 종류

1. ①, ④ 2. ③ 3. (1) 제어주소 레지스터 (2) 제어단어 (3) 제어버퍼 레지스터

4. (1) ○ (2) X (3) ○ (4) ○ (5) X

8.3 하드와이어드 제어장치

1. ① 2. ② 3. ④ 4. ② 5. ② 6. ④

7.

명령어	비트 패턴					명령어 추출 논리식
	15 - 11	10 - 8	7 - 5	4 - 2	1 - 0	
MV Rd, Rs	00010	Rd	Rs	001	00	MV = OP[2] · SOP1[1] · SOP2[0]
ASR Rd	00100	Rd	X	001	11	ASR = OP[4] · SOP1[1] · SOP2[3]
SUB Rd,Rs1,Rs2	00101	Rd	Rs1	Rs2	10	SUB = OP[5] · SOP2[2]
BRA target	11001	Target 〈offset〉				BRA = OP[25]

8.4 마이크로프로그램 제어장치

1. (1) 제어 기억장치 (2) 제어주소 레지스터(CAR) (3) 제어 버퍼 레지스터(CBR) (4) 순서제어기

2. ③ 3. ② 4. ① 5. ④ 6. ①

7. 4비트(아무 것도 동작하지 않는 경우도 고려해야 하므로, 9개의 신호를 부호화해야 한다.)

8. ① 9. ① 10. ④ (서브루틴의 시작 주소는 주소필드(target)로 주어진다.)

11. FET, FET+1, ⋯, FET+n, EXE, EXE_INST1, ⋯, EXE_INST1+e1, EXIT, EXIT+1

9장 기억장치

9.1 기억장치 특성

1. ① 2. ① 3. ② 4. ① 5. ④ 6. ② 7. (1) D (2) A (3) C (4) B 8. ④
9. ②, ④ 10. ①, ② 11. B–A–D–C 12. ④ 13. ① 14. ④

9.2 반도체 기억장치

1. ③ 2. ③ 3. (1) $2^{24} \times 8 = 16M$ (2) $2^{24} \times 8 = 16M$ (3) $2^{18} \times 8 = 256K$
4. ① 5. ④ 6. ④ 7. ① 8. ④ 9. (1) 블록, 페이지 (2) 블록 (3) 블록 (4) 페이지

9.3 기억장치 모듈 설계

1. (1) 주소 19비트, 데이터 8비트 (2) 주소 22비트, 데이터 32비트 (3) 8배 (4) 4배 (5) 32개 (6) 3×8 디코더 2. (1) SRAM12 (2) SRAM02 (3) SRAM13 (4) SRAM03

9.4 캐시기억장치

1. ④ 2. (1) 단어 (2) 블록 3. 평균 액세스 시간 = $t_c + (1 - h) \times t_m$ = 20nsec 4. ④
5.

매핑 방법	주소의 구성			비교기	
	태그 필드	라인 필드	단어 필드	비트	개
직접매핑	13	12	7	13	1
완전연관매핑	25	0	7	25	$2^{12} = 4096$
4-way 집합연관매핑	15	10	7	15	4

6. ④

7. 〈 캐시기억장치 상태 〉

라인 번호	태그	캐시 라인 번호				USE
		11	10	01	00	
00	0000	03h	02h	01h	00h	3
01	0010	0bh	0ah	09h	08h	0
10	1010	2bh	2ah	29h	28h	2
11	1101	37h	36h	35h	34h	1

〈 주소 2Eh: (실패) 〉

라인 번호	태그	캐시 라인 번호				USE
		11	10	01	00	
00	1011	2fh	2eh	2dh	2ch	0
01	0010	0bh	0ah	09h	08h	1
10	1010	2bh	2ah	29h	28h	3
11	1101	37h	36h	35h	34h	2

〈 주소 36h: (적중) 〉

라인 번호	태그	캐시 라인 번호				USE
		11	10	01	00	
00	1011	2fh	2eh	2dh	2ch	1
01	0010	0bh	0ah	09h	08h	2
10	1010	2bh	2ah	29h	28h	3
11	1101	37h	36h	35h	34h	0

〈 주소 33h: (실패) 〉

라인 번호	태그	캐시 라인 번호				USE
		11	10	01	00	
00	1011	2fh	2eh	2dh	2ch	2
01	0010	0bh	0ah	09h	08h	3
10	1100	33h	32h	31h	30h	0
11	1101	37h	36h	35h	34h	1

8. ③ 9. ②, ③

10. M(Modified, 수정), E(Exclusive, 배타), S(Shared, 공유), I(Invalid, 무효)

〈9.5〉 가상기억장치

1.

가상주소	페이지 테이블 인덱스	페이지 테이블 값	물리주소/부재
1130h	1	0	0130
2400h	2	3	3400
43FFh	4	x	Page fault
5730h	5	2	2730
689ah	6	1	189a
74bah	7	x	Page fault

2. ③ 3. ① 4. ① 5. ② 6. ④ 7. (1) D−B (2) D−C−B (3) D−C−A−B

10장 입출력

〈10.1〉 입출력장치 개요

1. (1) 느리다 (2) 바이트 (3) 전자기계식 (4) 크다 2. ② 3. ② 4. ④ 5. ③

6. (1) − ㉠ (2) − ㉢ (3) − ㉡ (4) − ㉣ 7. ④

8.

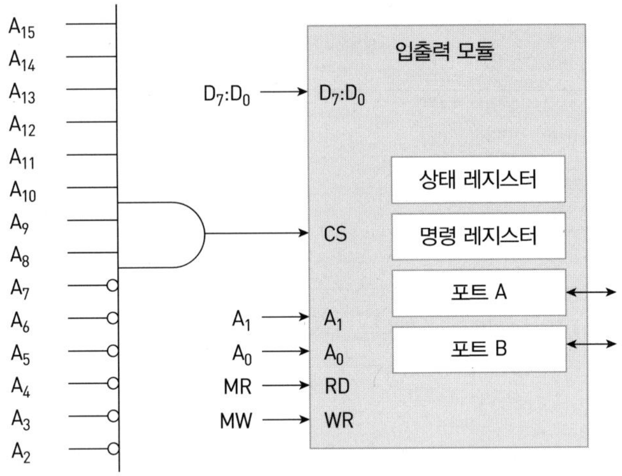

9. (1) LOAD R0, FF00h (2) STORE FF01h, R1 (3) LOAD R2, FF02h (4) STORE FF03h, R3

10. ②

〈10.2〉 프로그램 구동 입출력

1. ①　　2. ②　　3. ④　　4. ③

5.

```
pstatus = IO_STATUS;
pdata = IO_DATA;
while ( (*pstatus & READY) == 0) ;
return *pdata;
```

〈10.3〉 인터럽트 구동 입출력

1. ④　　2. (1) 실행단계 (2) 마스크 한다 (3) 마스크하지 않는다 (4) 가능 상태

3. C−B−A−D　　4. ②　　5. ②　　6. ④　　7. ③　　8. ③　　9. ④　　10. 데이지 체인

11. ④　　12. ③

〈10.4〉 직접기억장치액세스

1. ②　　2. ①　　3. E−C−D−F−G−A−B　　4. ②　　5. ③　　6. ④

11장 고성능 컴퓨터

11.1 축소명령어집합 컴퓨터

1. ④ 2. (1) 적다 (2) 많다 (3) 고정 길이 (4) 간단하다 (5) 하드와이어드 3. ②

4. ② 5. ④

6.

명령어	1	2	3	4	5	6	7	8	9	10	11	12	13	14	15	16
I1	FI	DI	EI	BD	WB											
I2		FI	DI	EI	BD	WB										
I3			FI	DI												
I4				FI												
I7					FI	DI	EI	BD	WB							
NOP						FI	DI	EI	BD	WB						
I8							FI	DI	EI	BD	WB					
I9								FI	DI	EI	BD	WB				

7. ③ 8. ① 9. ① 10. ①

11.2 슈퍼스칼라 프로세서

1. ① 2. ④ 3. ① 4. ② 5. ① 6. ① 7. ②

8.

```
I1:  LOAD   R1a, Mem(A)
I2:  LOAD   R2, Mem(B)
I3:  ADD    R3, R1a, R2
I4:  ADD    R1b, R2, R4
I5:  SUB    R1c, R2, R4
```

9.

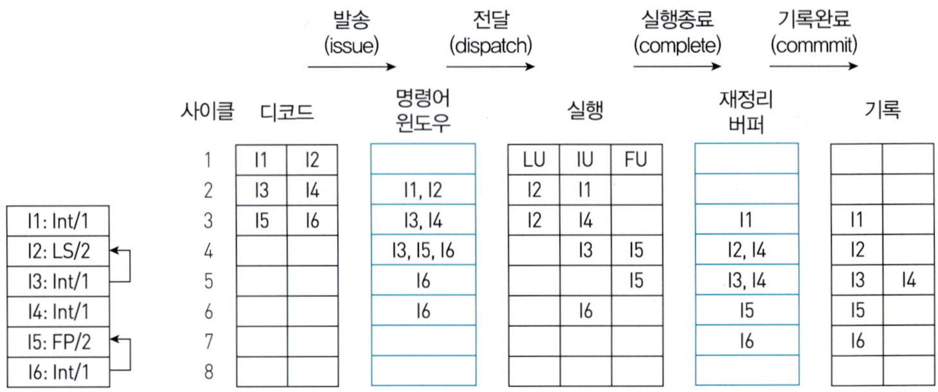

(a) 명령어 순서 (b) 명령어 처리 과정

〈11.3〉 병렬처리 컴퓨터

1. (1) MISD (2) SISD (3) SIMD (4) MIMD 2. ② 3. ② 4. ④ 5. ③ 6. ②

7. ④ 8. ①, ③ 9. ④ 10. ③

11. (1) 0.2 + 0.8/4 = 0.4 (2) 속도 개선 = 1/0.4 = 2.5배

 (3) 0.2 + 0.8/8 = 0.3 (4) 속도 개선 = 1/0.3 ≅ 3.3배

12. (1) 단일 프로세서 처리 시간 = 1 + 1×4 = 5 (2) 속도 개선 = 5/2 = 2.5배

 (3) 단일 프로세서 처리 시간 = 1 + 1×8 = 9 (4) 속도 개선 = 9/2 = 4.5배

찾아보기

ㅂ

ㅅ

ㅇ